开福年鉴

KAIFU YEARBOOK

2017

中共长沙市开福区委
长沙市开福区人民政府 主办
开福区史志档案局 编

方志出版社
Publishing House of Local Records

图书在版编目（CIP）数据

开福年鉴. 2017 / 开福区史志档案局编. — 北京：方志出版社，2018.3
ISBN 978-7-5144-3041-7

Ⅰ. ①开… Ⅱ. ①开… Ⅲ. ①区（城市）—长沙—2017—年鉴 Ⅳ. ①Z526.44

中国版本图书馆CIP数据核字（2018）第059216号

开福年鉴（2017）

编　　者：开福区史志档案局
责任编辑：齐　笑
出 版 人：冀祥德
出 版 者：方志出版社
地址 北京市朝阳区潘家园东里9号（国家方志馆4层）
邮编 100021
网址 http://www.fzph.org
发　　行：方志出版社图书经销中心
电话（010）67110500
经　　销：各地新华书店
印　　刷：湖南雅嘉彩色印刷有限公司
开　　本：889×1194　1/16
印　　张：24
字　　数：683千字
版　　次：2018年3月第1版　2018年3月第1次印刷
印　　数：001～500册
ISBN 978－7－5144－3041－7　定价：220.00元

《开福年鉴》编纂委员会

《开福年鉴》编辑部

编辑说明

一、《开福年鉴》是以马克思列宁主义、毛泽东思想、邓小平理论、“三个代表”重要思想、科学发展观、习近平新时代中国特色社会主义思想为指导，坚持辩证唯物主义和历史唯物主义的立场、观点和方法，真实反映全区自然、政治、经济、文化、社会等方面情况的年度地情文献。

二、本卷采用分类编辑法，设类目、分目、子目等层次。全卷共设二十九个类目，正文设概况、条目、专题、附录、图表等，以条目为主体，书中插排彩色专版。

三、《开福年鉴》2017卷由长沙市开福区史志档案局编纂，所载内容均由各部门、各单位专人撰写，年鉴编辑人员加工整理，最后由编委会和出版社审核定稿。

四、本卷统计资料由区统计局提供，个别单位有些数据由于统计口径和统计时间等原因，与统计公布的数据不完全一致，引用时请以开福统计公报为准。

五、本卷所列机构领导名录包括各街镇、区直机关、事业单位副科以上（含副科）实职领导干部、部分单位内设（二级机构）、民主党派负责人，均以2017年12月31日任职为准。

六、本卷资料中排插的图片均由各相关部门提供并审核，彩色专版部分图片由区委宣传部 提供。

长沙市开福区行政区划图

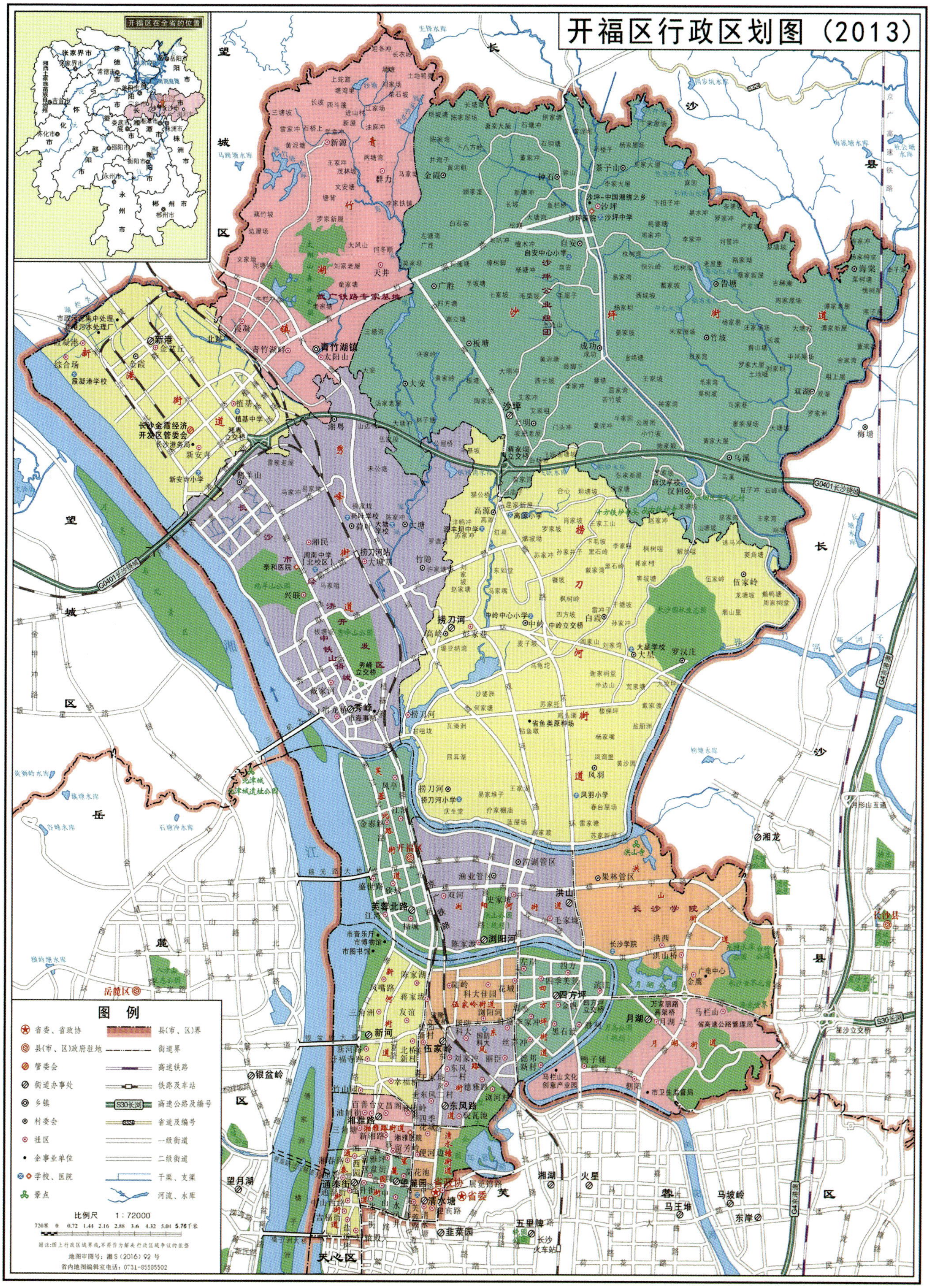

中国共产党长沙市开福区纪律检查委员会
中国人民政治协商会议长沙市开福区委员会
长沙市开福区人民政府
欢度春节
长沙市开福区人民代表大会常务委员会
中国共产党长沙市开福区委员会

2月14日，湖南省委书记、省人大常委会主任徐守盛（左四）到荷花池社区走访调研

5月10日，省委常委、市委书记易炼红（右三）到正在提质改造的陈家湖社区调研

12月23日，省委常委、市委书记易炼红（右三）率市“四大家”领导到区观摩重大项目建设情况

3月24日，市委副书记、市长胡衡华（右三）到区调研交通微循环工作

12月20日，市委副书记、市长陈文浩（右三）调研开福区

6月6日，长沙市委副书记徐宏源（右二）调研社区全面提质提档工作

3月3日，长沙市人大常委会党组书记、主任袁观清（右三）到开福区调研

6月2日，长沙市政协党组书记、主席范小新（右二）到开福区调研

8月24日，区委副书记、代区长刘拥兵（右二）一行赴新亚胜调研

产业升级

2016年，新引进金融类企业区域总部11家；铺排物流产业项目53个，物流产业实现主营业务345亿元；文化产业增加值占GDP比重达16.5%。新引进红星美凯龙、海王医药、台湾金库银行等重点产业项目12个，签约金额达85亿元。

芙蓉路金融商务区

滨江文化创意园

长沙“统一”企业有限公司生产车间

繁忙的长沙新港码头

5月25日，湖南首趟企业专线货运班列在恩瑞物流城发出

长沙新港等待出航的集装箱

开福区委书记沈裕谋（右二）在长沙国际会议中心项目工地调研

7月18日，普华永道入驻开福开幕注沙仪式

金霞经开区负责人调研园区产业发展情况

湘绣技能比武

金霞保税店人气爆棚

鸟瞰长沙医药健康产业园

高岭国际商贸城

长沙金霞保税店

城市提质

2016年，开福区率先全市推行“九位一体”主次干道提质改造，进行景观亮化，率先全市推行街区制，陈家湖社区成为全省首个“小区无围墙、管理到楼栋”的示范社区。造绿复绿近666.67公顷，新增绿地400余公顷。

长沙地铁1号线一期工程全长23.55千米，北起开福区政府站，沿黄兴路、芙蓉路到达最南段的尚双塘高架站，设20座车站，总投资141.9亿元，从2010年12月26日开工建设，2016年6月28日正式开通试运营。

畅通南北的黄兴北路成为长沙最具朝气的梦想大道

浏阳河风光带

汉回村蔬菜专业合作社推出对外众筹认养的菜地，吸引了不少市民

社区休闲场所

浏阳河滨河南路风光带忙碌的建设现场

碧水蓝天年嘉湖

贯穿长沙中心城区的湘江滨水风光带是市民亲水休闲的好去处，2016年开福区开启湘江风光带金霞段的建设，实现风光带的北延

整修一新的沙坪撇洪渠

民生升温

2016年，加快推进“三区三体系”建设，投入民生资金192亿元，重点服务群众就好学、就好业、就好医、安好居、兜好底、守好望，民众获得感、幸福感大幅提升。

4月24日，“2016年启程·青竹湖环山骑行赛”热力开赛

5月10日，长沙市委书记易炼红（右一）在全市社区全面提质提档观摩现场与居民交谈

开福区金湾小学

湘江韵律群众文化活动

市民在公园跳广场舞

阿达来提（左二）的爱心演绎着“维汉一家亲”佳话

都市赶集

烈士公园广场舞

在琼花艺术节上，市民与琼花合影自拍

悦童心

史家坡小学的600余名孩子手拿彩笔，在20米长卷上描绘“中国梦”

长沙市周南秀峰学校孩子们在阳光下奔跑

严实治理

2016年，在严实治理中实现了基层党建的全面加强。推进基层党建创新，开展“五零”社区创建；落实全面从严治党，聚焦主责主业，基层党组织的凝聚力、战斗力有效提升，政治生态更加风清气正、山清水秀。

志愿者爱心护学

志愿者给门店发放规范经营宣传资料

环卫工人冲洗路面

开福区青竹湖环卫所清理印刷品垃圾

新湘路社区正在进行拆违

9月2日，工商部门牵头组织全区各职能部门在月湖街道打击非法传销行动

陈家湖社区提质改造前与后

目 录

街道 270

文件选编 306

报刊摘登 321

经济社会统计资料 347

彩页目录 1

Contents

特 载

打好四大战役 迈向北富征程 加快建设强盛精美幸福厚德的新开福

——在区委五届五次全体（扩大）会议暨经济工作会议上的讲话

开福区委书记　沈裕谋

（2017年1月10日）

一、总结成绩，我们交出了满意答卷

2016年，面对宏观环境多变、经济下行压力加大、复杂因素相互交织的不利情况，区委常委会坚决执行中央、省、市各项决策部署，牢牢把握“稳住、进好、调优”总基调，推动全区经济“稳中有进、进中向好”，实现“十三五”良好开局，也为2017年经济指标跳起摸高、争先进位夯实了基础。

1.坚定政治立场，着力增强“四个意识”，在思想上政治上行动上同以习近平同志为核心的党中央保持高度一致。实践证明，发展面临的形势越复杂、肩负的任务越艰巨，越要增强政治意识、坚定政治方向、保持政治定力。我们坚持把学习贯彻习近平总书记系列重要讲话精神作为一项重大政治任务，组织7次区委中心组学习和10余次区委常委会专题学习，用“四个意识”武装头脑、协调行动、指导实践，坚定不移贯彻落实上级决策部署，做到忠诚、干净、担当。以“四个意识”统领发展大局。成功召开区第五次党代会，按照“五位一体”总体布局、“四个全面”战略布局、五大发展理念、建设“四更”长沙的要求，明确未来发展的主题、目标、战略和任务，把开福发展推向新的更高起点。以“四个意识”领导经济工作。牢牢把握经济工做主动权，加强经济运行调度，坚持每季度召开经济形势分析会，及时传达学习贯彻中央、省委、市委对经济工作的新研判、新政策、新要求，并召开项目建设、开放型经济、现代服务业等专题会议，研究部署相关工作。以“四个意识”狠抓绩效落实。履行党委意识形态工作责任制，把好“总开关”，做到思想政治方向不偏移。以“四力”践行“四为”，推动供给侧结构性改革、创新开放、城市工作、民生事业、党的建设等重大决策部署在开福落地生根、落实生效。

*2.坚持项目为王，着力扩大有效投资，在引领新常态中实现经济平稳较快发展。*以财税为中心，以项目论英雄，全年共铺排重点项目153个，总投资233.2亿元，其中纳入市重大项目投资进度达145%。华创国际建成开业，湖南日报传媒中心完成建设，富兴世界、传化智能公路港即将竣工，香江红星美凯龙、长沙国际会议中心启动建设，新引进医药健康产业园、华远中心等投资过10亿元项目5个。启动潮宗街、伍家岭、丝茅冲等7个棚改项目，完成签约3885户，进度居全市前列。实施农村集体土地拆迁项目55个，征收土地近600公顷，完成腾地293.33公顷。通过项目带动、投资拉动，全年预计实现地区生产总值800亿元，增长11.3%；社会消费品零售总额723亿元，增长9.5%；固定资产投资720亿元，增长15%。完成地方财政总收入133亿元，增长11%，其中税收收入114亿元，税收占比达85.5%，收入增幅和完成进度居内五区第一，收入质量居第二，税收总量连续两年居全省城区首位。

*3.保持发展定力，着力兴效益型产业，在改革创新中实现动能转换活力迸发。*落实五大发展理念，推进产业发展迈向特色化、高端化、集群化。“三金”平台全面发力。金融商务区汇聚省级以上金融机构59家，各类金融分支机构300余家，金融业实现税收38亿元，占税收收入的33.6%，业态覆盖率全市占比90%以上。金霞经开区铺排物流产业项目54个，物流产业实现主营业务收入345亿元，完成货物吞吐量4000万吨，分别增长10%、12%。金鹰文化区建设上升到省级层面，马栏山文化创意集聚区整体规划抓紧推进，以“三馆一厅”为主体的滨江文化园、以中南传媒为主导的泊富广场成为全省文化创意的“金色摇篮”，文化产业增加值占地区生产总值比重达14%，占比全省第二。开放格局纵深推进。在全市率先成立区口岸办，跨境电商产业园、金霞保税店运营良好，金霞保税物流中心顺利开通港澳直通车和进口通道，完成报关近1万票、货值21.8亿美元。“中欧快线”月发车量由1列增加到8列，排名跃居全国第四。全区实际到位外资6.4亿美元，增长8.5%；完成外贸进出口总额8亿美元，增长9.5%。创新创业积蓄后劲。出台专项政策，支持北辰动漫产业园、菁芒创客等“双创”平台发展，启动开福创园、军民融合产业园建设，“双创”潜力释放，带动市场主体强势增长，全年新增创业主体约1.5万户，增长31%。深化改革有序落地。完成改革“规定动作”，坚持问题导向，从影响区域经济社会发展的重大问题入手，启动了园区体制改革、水利管理体制改革、城投集团现代企业制度改革等三大“自选动作”，进一步增添了发展动力。

*4.突出建管并重，着力建设精美开福，在提升城市品质中彰显现代都市魅力。*落实中央、省委、市委城市工作会议精神，深入建设“宜居宜业、精致精美、人见人爱”的品质开福，城市宜居性、舒适性和美誉度持续提升。功能更全。完善路网建设，黄兴北路、开福寺路、佳园路等建成通车，马栏山通道完成改造，全长近20千米的开福大道即将完工。实施8条支路街巷微循环改造，新增3处人行立体过街设施。率先全市实施“六纵八横”主次干道“九位一体”立体改造，社区拆违还路近40万平方米，新增停车场25处停车位5100余个。疏浚化粪池1300余座、管道近25万米，虽经11次强降雨但开福没有“看海”。环境更美。特色小镇和美丽乡村建设扎实推进。投入3.6亿元对22个社区进行全面提质提档，陈家湖“街区制”经验在《人民日报》头版推介报道。加快绿色发展，造绿复绿近666.67公顷，新增绿化面积近11万平方米，基本建成湘江风光带、浏阳河风光带和环城绿带。率先全市进行景观亮化，完成“一江一河五路”近500栋楼宇亮化。推进“三车三场”、黑臭水体专项整治，投入1.5亿元实施浏阳河流域水环境综合治理，“开福美”“城北亮”成为长沙新的标志性景观。管理更严。继续实施最严城管，将管理责任延伸到98个社区，持续开展“十大专项整治”活动，整治广告招牌1万余平方米，拆除违法建筑45万平方米。深化文明创建，推进创建工作标准化、精细化、常态化。

5.增进民生福祉，着力建设“三区三体系”，让

幸福在家门口升级。投入民生资金近55亿元，占公共财政预算支出的83.8%。全面实施阳光招生，启动24所学校改扩建，新建学校6所。启动家庭医生签约服务试点工作，提质改造3个社区卫生服务中心，建成10个村卫生室，群众的参与感、呼应感和受益感不断提升。社会保障健全完善，城镇登记失业率控制在2.08%以内。社会治理全面加强，社区居民服务用房平均面积增至877平方米，群众自治组织增至769个。严抓安全生产，创新推行农村道路交通安全城市化管理，创建食品药品安全示范区，稳妥化解重点信访遗留问题，社会大局保持和谐稳定。

6.全面从严治党，着力推动党委主体责任落实，营造了山清水秀的政治生态。不忘初心、继续前进，高标准、严要求推进“两学一做”学习教育，创新开展“四最”评选、“四赛”活动，强化党员意识，发挥党员作用。推行党建创新“书记项目”和党组织书记履行基层党建工作责任制，创新推动“五零”社区（村）创建，全面落实基层党建7项重点任务，加强非公企业、社会组织、国有企业及园区党建工作，基层党组织的凝聚力、战斗力不断增强，全市基层党建述职排名第一。落实“好干部”标准和市委“六用六不用”标准，树立“三重三用”选人用人导向，全年共调整干部4批次186人，一批表现突出、群众公认的干部得到提拔重用，配齐配强了科级领导班子，全区干事创业的氛围更加浓厚。带头把纪律和规矩挺在前面，实现派驻监督全覆盖和一体化建设，压实“两个责任”，用好监督执纪“四种形态”，推进“雁过拔毛”式腐败问题和“纠‘四风’、治陋习”专项整治。开展史上最严换届风气监督，圆满完成换届工作。围绕党规条例，开展书记带头讲党课1600余次。启动第一批4个社区（村）专项巡察，推进全面从严治党向基层延伸。始终保持惩治腐败高压态势，全区各级纪检监察系统共立案100件，查处乡科级干部20人，移送司法机关2人，党纪政纪处分99人。

一年来，区委总揽全局，支持人大及其常委会依法履行职能，支持政府工作创新和落实，支持政协开展政治协商、民主监督、参政议政。加强民族、宗教、外事、侨务以及非公经济等统战工作，推进民主党派与异地商会“同心结对”活动，寻找最大公约数，画出最美同心圆。加强群团工作，充分发挥工青妇等人民团体的作用。加强党管武装工作，推进军民融合深度发展。

对照上级要求和群众期盼，我们也清醒地看到工作中存在的问题和不足：经济外向度不高，新兴产业发展不快；“城市病”治理任重道远；解决环境保护、公共服务、安全稳定等民生问题压力增大；基层和国有企业党建、党风廉政建设还存在薄弱环节；区委常委会自身建设仍需加强，等等。对此，我们将坚持问题导向，切实加以解决。

二、把握大势，我们绘就了宏伟蓝图

谋篇布局，必先审时度势、观形谋势。做好2016年的经济工作，必须深入领会中央、省委、市委对当前经济新方位的科学判定，坚持在全国、全省、全市的大格局中看问题，以“跳起来摘桃子”的精神定目标、谋思路、绘蓝图，着力把发展新趋势转化为发展新优势。

1.从宏观大势看，经济形势总体有利。当今世界，唯一不变的是变化。从目前的国际经济动向看，虽然有美联储加息、人民币贬值、大宗商品价格波动等复杂因素影响，但新技术革命、产业变革处于“窗口期”，有力推动着世界经济结构深度调整，各类新型供给能力迅速形成，世界经济处于缓慢复苏进程中，给我们提供了总体有利的国际环境。从国内看，我国仍处于发展的重要战略机遇期，经济长期向好的基本面没有改变。2016年，中央将经济增速预期目标定为6.5%左右，财政政策更加积极有效，货币政策保持稳健中性，为我们提供了平稳向好、精准调控的宏观环境。从省市看，省委提出构建“四大体系”、打造“五大基地”，全市实施服务业发展“112计划”、创新能力“倍增计划”，并集中推进交通、市政等基础建设，扩大有效投资需求，为我们争先进位提供了强有力支撑。

2.从地缘格局看，区位优势上升明显。契合产业发展规律，国家生产力布局正由东部沿海地区向中西部转移，长江中游城市群正成长为中国经济增长的“第四极”。英国地理学家与地缘政治家麦金德在《历史的地理枢纽》一书中指出，“谁控制了心脏地带，谁就控制了世界岛；谁控制了世界岛，谁就控制了世界”。而长沙就是湖南的心脏地带，得开福者领湖湘。随着长沙先后迈入“高铁时代”“地铁时代”“磁浮时代”，开福作为省内唯一集“铁路、公路、水运、航空、管道”五种物流要素于一体的区域，在全省“一核三极四带多点”空间布局中枢纽地位更加明显。特别是随着省市打造内陆开放高地的战略实施和产业布局，金霞物流园、保税物流中心、长沙新港、长沙铁路货运新北站以及“五定班列”“五定班轮”“中欧快线”等对外开放平台作用彰显，必将实现开福经济地位、功能定位、交通区位的多重重构和致强崛起。

3.从发展趋势看，动能转换前景广阔。实现发展动能转换，是适应和引领经济发展新常态的核心问题。近年来，我们一方面坚持实事求是、保持战略定力，突出抓好以投资拉动为重心的要素驱动；另一方面摆脱路径依赖和思维定式，把开放创新作为新常态下经济发展的新引擎，大力实施“大众创业、万众创新”，着力在提高全要素生产率上求突破，推动经济尽快转入“要素+创新”双驱动的轨道上来。通过持之以恒努力，开福主要经济指标稳中有进，市场主体不断增加，产业结构持续优化。这些积极的趋势性变化，使开福经济的块头更大、质量更优、回旋余地更广、发展后劲更足，为我们提升标杆、争先进位铺好了底子、打实了基础。

4.从改革方向看，政策红利深度聚焦。推进供给侧结构性改革，最终目的是满足需求，主攻方向是提高供给质量，根本途径是深化改革。省党代会提出大力实施“创新引领、开放崛起”战略，市党代会提出打造国家智能制造中心、国家创新创意中心、国家交通物流中心“三个中心”，将带来更多资源要素的密集投放。湖南补齐开放型经济短板和金融业短板，长沙打造开放型经济桥头堡，马栏山文化创意集聚区建设进入省级层面，也为开福区带来了更加有力的政策支持。我们要把握时间节点，敏锐捕捉机遇，发挥产业“轻型”“新型”的优势，广纳资源要素，聚焦政策红利，做强实体经济。

基于以上分析，2017年开福发展的总体思路是：全面贯彻党的十八大和十八届三中、四中、五中、六中全会和中央、省委、市委经济工作会议精神，以及省、市、区党代会精神，按照“五位一体”总体布局、“四个全面”战略布局和建设富饶美丽幸福新湖南的部署要求，把握新常态，践行新理念，推动新发展，坚持“稳住、进好、调优”总要求，坚持以推进供给侧结构性改革为主线，以“升级发展、成就北富”为主题，推进“两有”发展、建设“两富”开福，着力打好改革攻坚、产业升级、城市提质、民生升温“四大战役”，建设强盛、精美、幸福、厚德的新开福，为长沙创建国家中心城市实现基本现代化担当更大责任，以优异的成绩迎接党的十九大胜利召开。

主要奋斗目标是：地区生产总值增长13%；地方财政总收入增长13%；固定资产投资增长16%；社会消费品零售总额增长12%以上；规模工业增加值增长10%左右；城镇登记失业率控制在3%以内；居民人均可支配收入增长9%。

以上奋斗目标，具有坚实基础和现实条件，把握了“十三五”发展目标和争先进位的发展要求，体现了省会中心城区的大局观念和责任担当。主要基于三个方面的考虑：一是充分考虑了中央、省委和市委的部署要求。2016年是党的十九大召开之年，是贯彻落实省市党代会决策部署的开局之年。开局之年首战必胜。省委、省政府提出2016年经济增长预期目标为8%左右，市委、市政府把2016年经济工作的增速确定为9%–9.5%，我们适当提高增长预期，高于省市3~5个百分点，既切合实际、符合要求，又能够增强信心、激发斗志。二是充分考虑了区党代会目标的具体实施。区第五次党代会提出，到“十三五”末经济总量要跨过1000亿元大关，财政总收入超过200亿元。实现这个目标，我们地区生产总值年均增速必须保持在两位数。三是充分考虑了开福当前的实际情况。经过多年的自力更生、内涵发展，开福区产业基础更好、承载能力更强、城市辐射更广，“三金”片区快速崛起，金融商务、物流商贸、文化创意对区域经济增长贡献度不断攀升。特别是近年来持续推进项目建设，新产能逐步释放，为我们从“L”型发展向“V”型提升稳固了预期。可以说，实现13%的奋斗目标，有基础，有条件，有支撑。

准确把握2016年经济工作的总体思路，核心是要把握“改革创新、争先进位、统筹发展”的工作要求。其中，改革创新是动力。唯改革者进，唯创新者强，唯改革创新者胜。面对新常态下的新挑战，我们要积极转变思维方式，树立新常态下的新理念，做出新常态下的新作为。争先进位是目标。2016年全区工作的总体目标是“争先进位、勇夺第一”。我们要进一步提升标杆、提振信心、比学赶超，不仅与长沙的几个区比，也要与中部省会城市的城区比，与沿海先进发达地区的城区比。统筹发展是关键。经济工作既要抓住“牛鼻子”、重点突破，又要学会“弹钢琴”、系统推进，实现经济社会全面协调可持续发展。

三、精准发力，我们吹响了集结号角

2016年经济工作的重点，就是组织推进“四大战役”。要迅速成立和高效运转“四大战役”指挥系统，制定路线图，排出时间表，下达任务书，切实加强调度推进，尽快形成会战态势。

（一）打好改革攻坚战。要按照习近平总书记“四个有利于”的要求，坚定不移全面深化改革，抢占发展先机，赢在改革新的起跑线上。

1.推进系统性改革，强化基础支撑。2016年是全面深化改革的第四个年头，中央层面，主要领域“四梁八柱”性改革的顶层规划、结构研究、结构支撑已经完成。接下来，区一级抓改革任务落实落地的担子将会越来越重。要完善落实机制，对中央和省市自上而下推动的改革，区委改革办、9个专项组和各有关部门要抓好任务的分解落实和分步推进，列出时间表、明确责任人、坚持项目化，及时跟踪问效，严格责任追究，以激励添动力，以倒逼加压力，不折不扣把改革任务落实到位。

2.聚焦结构性改革，提高供给质量。当前经济面临的突出矛盾，根本上是结构性问题。“三去一降一补”五大任务，落实到开福区，重点要抓好三个方面：一是招商引企活楼。经过前期努力，开福区房地产总体库存明显下降，其中住宅地产库存基本消化，但商业地产库存压力依然存在。要推广北辰发展动漫产业模式，通过“政府扶持、低租引进、先租后买、科学去化”，引导商业楼宇提升招商质效，引进符合产业定位的优质企业，实现控总量、去库存与调结构、提品质有机结合，促进产业先行、平台运营型房地产业健康发展。二是振兴实体经济。深化审批制度改革，创新机制，再造流程，继续采取点对点、一对一、制度化、常态化的措施，帮助企业降成本、解难题。要加大对中小微企业的扶持力度，进一步降低企业的融资成本、制度性交易成本、人工成本、物流成本，真正为实体经济让利。三是补齐发展短板。充分发挥先天的滨水资源优势、后天的开放平台优势和产业的集聚发展优势，通过扩大开放促调整、促转型、促创新，在更高层次吸纳先进技术，吸引尖端人才，以金融、物流等生产性服务业的壮大和知识经济、研发团队的涵养，补齐开放型经济和科技创新的短板。

3.深化关键性改革，释放发展红利。哪里有发展的“肠梗阻”，改革就往哪里突破。只有向纵深推进、向关键聚焦，才能真正把改革的效果体现出来、把发展的动力激发出来。深化大城北体制改革。抓好2016年区委1号文件的落实，以16条改革举措，推动园区“管理去行政化、经营重市场化、发展强产业化”，实施产业倍增计划，实现管理体制升级、规划布局升级、产业发展升级、人才队伍升级。春节后要立即启动人事薪酬制度改革工作，做好设立财政金库有关报批工作，年内完成国家级经济技术开发区各项申报准备工作。深化水利管理体制改革。通过调整机构设置、调优人员管理、调活保障机制，建立责任明晰、人员合理、科学高效的水管体制，探索人事管理新模式，带动街道管理体制改革，激发系统内干部队伍活力。深化城投集团化改革。按照“产权清晰、权责明确、政企分开、管理科学”的要求，建立现代企业制度。积极探索城投走集团化、市场化道路，健全融资、建设、经营、偿债良性循环的长效机制，推动平台公司兼并重组，做大资产规模，做优企业效益，做强集团实力。加强集团公司党建工作，确保实现国有资产保值增值。

（二）打好产业升级战。向特色优势要竞争力，围绕建设“金融、物流、文化、信息、康养”五大功能谷，主动转型，扩大供给，提升质效，打造增长点，形成引爆点。

1.扭住项目建设牛鼻子。坚持项目为王战略，将重点项目向产业项目倾斜，将产业项目向“三金”片区集聚，以大项目、好项目、新项目促投资、提质效。扩大招商引项目。树立全球视野，着力引进一批世界500强、行业50强企业。围绕建设富有活力、特色鲜明、全国一流的区域金融中心，优化做强金融商务区。推进金融创新，探索成立科技银行、天使基金等，积极发展互联网金融，服务和支持以科技引领的长沙智造业。积极对接浙商银行、东莞银行、台湾金库银行等金融机构，发展总部经济，扶植上市企业，形成集聚集群效应，增强金融辐射力。金鹰文化区要主动跟进万达、华侨城等战略投资商，加快朝正垸、苏托垸“两垸”开发建设；金霞经开区要面向全球寻找第三支力量，与香江高岭国际商贸城、红星美凯龙形成三足鼎立局面。加强调度建项目。向改革项目要动力，向产业项目要实力，向城市项目要魅力，向民生项目要合力，做到干部贴着项目干、部门围着项目转、领导盯着项目看。全年计划实施重点项目151个，总投资325亿元。城市棚改重点推进火车北站、黄兴北路片区等12个续建项目的扫尾清零，启动潮宗街二期、德雅路片区二期等7个棚改项目，力争完成棚改征收3600户、面积20万平方米以上。农村拆迁重点推进金霞片区、金鹰片区47个项目，力争新增用地400公顷以上。优化服务促项目。加大闲置土地“支帮促”工作，盘活存量土地，提高利用效益，着力为项目建设提供组织保障、法治保障、环境保障。增强抓项目、建项目的实效性，完善前期审批、要素保障、跟踪服务等一揽子体系，开辟“绿色通道”，提升项目开工率、投资率、达效率。构建“亲”“清”政商关系，职能部门要做到“不叫不到、随喊随到、服务周到”，全力打造高效的服务环境、公平的竞争环境、公正的法治环境，以良好的软环境助推项目建设、企业发展、产业升级。

2.建设创新创意集聚区。围绕创新引领战略和打造国家创新创意中心，把创新落实到产业升级和实体经济发展上，实现产业链、创新链、资金链无缝对接。扶持文创产业发展，重点推进“一带一园一区”建设，一带，即浏阳河生态文化产业带；一园，即北辰文化创意产业园，要涵养壮大动漫产业，重振动漫湘军雄风；一区，即马栏山文化创意集聚区，要按照“产城融合、产业兴城、城市新区”的思路，以湖南广电为依托，推进金鹰城大型全媒体节目生产基地建设和AR/VR视频谷建设，尽快形成“北有中关村、南有马栏山”“北有光谷、南有云谷”的网络信息产业新格局。推进军民深度融合，依托国防科大驻区优势，挖掘高校、科研院所的科技人才资源和科研项目资源，组建产业研究院和技术中心，大力发展物联网、大数据、云计算、信息安全等高新技术产业。集聚创新创业载体，继续实施创新创业“135工程”和“创新创业在开福三年行动计划”，打造一批创新创业基地，发展创新创业特色街区，建设科技服务平台。

3.打造内陆开放新高地。金霞经开区要咬定“建设大城北、进位国家级”的战略目标，担当打造内陆开放新高地的主体责任，用好用活中央和省市大力发展开放型经济的有利政策，对标重庆，深耕开放型经济，打造长沙东部开放型经济走廊桥头堡。升级开放通道。积极申报金霞铁路一类口岸，加快推进长沙新港、火车货运新北站、传化智能公路港建设，推进铁路港、水运港、公路港“三港互通”“多式联运”，提升物流枢纽功能。拓展“五定班列”新线路，推进“中欧快线”新发展，实现增量、提速、降成本，将其打造成为湖南“国际黄金通道”。拓展开放平台。加快中部进出口商品展示交易中心、跨境产贸城等开放平台建设，整合提升口岸和保税平台功能，扩大进口指定口岸种类、属地申报和口岸验放适用范围，大力发展对外贸易和跨境电商。提升开放水平。依托“中欧快线”“五定班轮”“五定班列”，深化国际产业合作和贸易互通，促进保税加工、保税物流、保税服务多元化发展。引进培育一批大型国际物流和贸易集成商，发展内陆在岸转口和过境贸易，开拓国际贸易分拨、中转、销售、结算业务，努力建成区域性贸易基地。

（三）打好城市提质战。省委家毫书记在省党代会参加长沙市代表团讨论时强调，要树立“精明增长”理念，彰显城市特色与个性。要以国家中心城市为标准，做优城市设计，加强城市建管，完善城市功能，打造更加“宜居宜业、精致精美、人见人爱”的品质开福。

1.要“精”于规划设计。强化“规划是法”的理念，树立城市发展为民的思想，切实增强系统思维，加强空间开发利用管控，坚持地上地下统筹、里子面子并重。注重城市设计和特色塑造，把好山好水好风光融入规划设计，努力让居民望得见山、看得见水、记得住乡愁。遵循城市发展规律，抓住编制《长沙市开福区土地利用总体规划》契机，加快对接“总体、控规、街区、专项”四个层面的城市规划，完善“南提、北拓、东进、西联”的空间布局。

2.要“明”扬先进文化。文化是城市繁荣的根脉，是城市发展的动力。我们既要物质富裕，也要精神富有，努力构筑思想文化高地、道德风尚高地，实现全区精神文明和物质文明协调发展。要厚植历史文化基因，加强对历史文化遗产的保护和利用，少留遗憾，多留遗产。要打造文化之城、博物馆之城、好人之城、读书之城、创新创意之城，通过深入建设“五城”，成就厚德开福。要推进黄兴北路宗教历史文化街区、开福寺和潮宗街历史文化街区、霞凝物流古镇建设，建成一批具有长沙印记、开福标识的文化地标和文化景观。

3.要“增”强承载功能。亚里士多德曾经讲过，城邦源于保生存，成于求幸福。上海世博会提出，城市让生活更美好。要立足满足群众需求、便利群众生活，落实“规划引领、统筹推进、集约发展、适度超前”的原则，坚持精致工艺，力求精美品质，加快完善基础设施配套。要按照“做强交通枢纽、做精关键节点、做到全域畅通”的要求，继续推进城区主次干道“九位一体”提质改造，建设开福大道、金霞大道、青竹湖大道、中青路、洪山路等主干道，提质湘江东岸以及五一路、万家丽路两厢亮化。要加快背街小巷改造、综合管廊建设、慢行系统完善，疏通城市毛细血管，推动道路、管道加密成网，为区域转型发展提供坚实的承载支撑。

4.要“长”优宜居环境。推进智慧城区建设，拓展城市管理、民生服务、社会治理、公共安全等领域的数字化应用，提升城市治理体系和治理能力的现代化水平。强化公共服务，建设一批具有国际水准的服务设施，增强城市宜居性。本着对子孙后代负责的精神，把生态系统作为绿色的基础设施来打造，继续深化社区提质提档、新三年造绿、环境保护、最严城管、夜景亮化“五大行动”，加大浏阳河流域水环境综合治理力度，加快特色小镇和美丽乡村建设，制定年度方案，形成标准体系，构建长效机制，让市民享受更多蓝天白云、绿水青山的健康都市生活。

（四）打好民生升温战。民生是最大的政治、最重的责任、最好的政绩。区第五次党代会提出，要让人民群众生活得更加体面、更有尊严，这是本届区委的最高追求，也是推动经济社会发展的最终体现。要矢志推进“三区三体系”建设，坚持有质效、有温度的发展，以发展速度来提升民生温度。

1.保障“底线民生”。建设更高水平的社会保障体系，加快解决征拆群众的安置问题，逐步解决住房困难家庭的住房问题；进一步落实全民参保计划，完善社会救助体系和养老服务体系，建设5个街道老年人日间照料中心和社区养老机构。建设充分就业现代化强区，鼓励创业带动就业，切实解决民生就业之痛，动态消除“零就业”家庭。

2.关注“热点民生”。开福人民热爱美丽家园、向往美好生活，希望工作更好、收入更高、出行更畅、办事更顺、居住环境更优、就学就医更方便。要坚决兑现让群众幸福指数跑赢GDP增速的承诺，加快建设教育现代化强区，持续推进阳光招生，启动清水塘小学、沅丰坝中学等10所学校的改扩建，完成江湾小学等19所学校的标准化建设。构建现代公共文化体育服务体系，筹建一批24小时图书馆，建成城区15分钟、农村30分钟公共文化体育服务圈，努力给群众发放更多文体福利。着力解决开福民众“挨着好医院四处求良医”的矛盾，建设医卫健康现代化强区，推进分级诊疗，促进驻区优质医疗资源下沉到基层一线，建成10个社区“健康小屋”、4个名医工作站（室），努力为人民群众提供全生命周期的卫生和健康服务。推行“两票制”改革，支持医药健康产业做大做强。

3.打造“平安民生”。安全是最大的民生，中国虽有13亿人口，但没有一个是多余的。要进一步健全公共安全体系，加快构建立体化社会治安防控体系，推进社会治理“网格化”、基层群众“自治化”、公共安全“常态化”。要深入开展“五零”社区（村）创建，做实做细小区物业管理，妥善处理房产办证等遗留问题。要时刻绷紧安全生产这根弦，坚决落实安全生产责任制，牢固树立安全发展观，深入推进乡村道路城市化管理，常态开展领导带队检查安全生产工作，确保不发生重特大安全事故。

四、严实治理，我们担负了重大责任

做好2016年的经济工作，关键在党，关键在人。要坚持把方向、控全局、抓大事，进一步加强和改进区委对经济工作的领导。要提振精、气、神，激励广大干群以“争”的意识、“敢”的气魄、“拼”的干劲，主动想事、扎实干事、奋力成事，为大局添彩、为开福增光。

1.要谋格局。党员领导干部的格局决定了城市的格局，有多大的格局才会有多大的作为。城市应该有自己的梦想、追求和自信，有梦想就有目标，有追求就有希望，有自信就有力量。开福这片土地从来不甘平庸，开福这方人民从来不畏困难。要破除禁锢，加快发展，争先进位，引领潮流。要有乘胜追击、奋勇争先的进取意识。昨天的成绩已经归零，明天的业绩要靠今天的打拼来刷新。要破除小成则满、小富即安的保守心态，进一步强化省会中心城区的责任与担当，紧盯国内先进城市标准，自觉把工作放到中央“四个全面”的大布局中去考量，放到省委“创新引领、开放崛起”的大战略中去把握，放到市委“创建国家中心城市”的大蓝图中去定位，善向优者学、勇与强者比、敢与高者争，推动开福各项工作和综合实力全市率先、全省领先、中部争先。要有开放包容、锐意创新的时代观念。开放创新是时代潮流、发展大势、客观要求。身处这个大气的时代、开放的世界，必须顺势而为、乘势而上，积极进取、自信自强，以思想观念的创新引领事业的发展。当前最大的危险是什么？那就是处在一个变动中的世界，我们却无所作为、无动于衷。要打破原来的思维定式，以开放的心胸、共赢的理念，大胆鼓励创新、全力推动创新。要有严谨细致、精益求精的工匠精神。一个地方的发展并不是靠说了什么，关键是看干成了什么。要坚持高起点谋划、高效率运转、高质量完成，破除庸懒散漫、疲沓拖拉的懈怠作风，树立雷厉风行、马上就办的效率意识，做到立说立行、提速提效、优质服务。

2.要强自身。能力不足的危险，是我们党执政面临的“四大危险”之一，只有不断补充新知识、学习新本领、掌握新方法，才能适应新形势、辨识新方位、引领新常态。要树立政治眼光。政治眼光体现政治思想、政治立场和政治鉴别力，是领导干部的基本素质。要坚持用政治的眼光看待问题、分析问题、处理问题，树牢“四个意识”，推动中央、省市和区委各项决策部署落实。忠诚不绝对，就会绝对不忠诚。要确保政令畅通，决不允许说一套、做一套，决不允许搞上有政策、下有对策。要善用法治思维。违背法律底线，小错也会酿成大错。事实告诫我们，解决新问题不能仅仅靠传统思维、传统办法，更要靠法治思维、法治手段。要让依法、守法、遵法、信法成为一种常态、一种规则、一种文化，成为根植于内心的修养和无须提醒的自觉。要增强经济才能。经济形势千变万化，越是在经济下行时期，越要把经济搞上去；越是由非常态转向新常态，我们越是要学经济、懂经济、会抓经济。要深刻领会习近平总书记关于经济工作系列讲话精神，准确把握党中央对经济形势做出的重大判断、对经济工作做出的重大决策、对经济工作思想方法做出的重大调整，努力成为经济领域的“行家里手”，成为经济工作问题的“终结者”。要提高专业水准。行政也是一门技术，需要专业的知识和素养，要坚持把提升“专业化”水准作为“必修课”，加强分析研究，把分管工作的政策、程序、原理、实情搞通、搞透、搞精，做到精深化研究、精准化决策、精细化操作，着力打造业务素质的“升级版”。只有公职人员能力升级，才能实现城北开福发展升级，才能以最小的资源消耗、最轻的社会创伤，获得最好的行政效果。要涵养人文情怀。能否适应社会发展，有无现代化本领，取决于个人的文化素养、道德水平和思维能力。总有一种坚持不会被辜负，那就是学习。要注重加强文化知识的学习，通过研读政治经济理论和人文科学，吸收前人在修身处事、治国理政等方面的智慧和经验。

3.要实作风。换届工作已经完成，新班子要有新气象、新风貌、新作为。打好“四大战役”，关键在落实，重点在实干。弘扬想干事、不避事的精神品质。能否勇于担当，不仅关乎一个人的能力素质，更关乎一个人的职业操守、精神品格。人生所有的履历都必须排在勇于负责的精神之后。“为官避事平生耻”。干部就是要干事、勇担当。电影《我不是潘金莲》告诉我们，不干事、不担当就是腐败，不能只想当官不想干事，只想揽权不想担责，只想出彩不想出力。要坚持“干”字当头，真抓实干、少说多干、埋头苦干，对定下来的工作部署，要一个问题一个问题地研究，一件事情一件事情地解决，一个项目一个项目地推进，撸起袖子加油干，踏石留印，抓铁有痕。营造敢干事、不怕事的浓厚氛围。坚持一手抓正导向，一手抓正激励，强化“以实干论英雄，凭绩效用干部”的鲜明导向，重用想为、敢为、勤为、善为的干部，坚决把不称职、不适宜、不作为、乱作为的干部调整下来，让干事者有位子，不干事的没市场；落实“三个区分开来”，完善容错、纠错、防错的保护机制，用制度为干事创业者吃下“定心丸”、撑起“保护伞”、开行“直通车”，决不让英雄流汗又流泪、“领头羊”成为“替罪羊”。坚守干成事、不出事的廉洁底线。祸患常积于忽微，而常生于多欲。要贯彻落实中纪委七次全会精神，增强全面从严治党系统性、创造性、实效性。要坚持把纪律和规矩挺在前面，严守廉洁底线、不越法纪红线、筑牢思想防线。要加强巡察工作，始终保持惩治腐败高压态势，准确运用监督执纪“四种形态”，着力构建不敢腐、不能腐、不想腐的体制机制，确保各级干部既想干事、又能成事、还不出事。要继续深入开展“成就北富我要给力”“厚德开福向我看齐”主题活动，在干事创业中尽显广大党员干部的英雄本色。

同志们，蓝图越是宏伟，越要振奋精神；任务越是艰巨，越要激扬状态。站在新起点，迈向新征程，我们一定要勿忘昨天的苦难辉煌、无愧今天的使命担当、不负明天的伟大梦想，万众一心，携手共进，打好“四大战役”，实现争先进位，为“升级发展、成就北富”，加快建设强盛、精美、幸福、厚德的新开福而努力奋斗。

开福区人民代表大会常务委员会工作报告

在长沙市开福区第五届人民代表大会第一次会议上的讲话

开福区第四届人大常委会主任　许振勤

2016年11月27日

四年主要工作回顾

过去的四年，在区委的正确领导、全体代表的监督支持和“一府两院”的积极配合下，区人大常委会深入贯彻党的十八大和习近平总书记系列重要讲话精神，坚持党的领导、人民当家做主、依法治国的有机统一，依法履职，主动作为，为推动开福区民主政治建设和经济社会发展发挥了地方国家权力机关的积极作用。四年来，共召开区人民代表大会6次，举行区人大常委会会议32次、主任会议78次，听取和审议“一府两院”和常委会各工作部门的工作报告89项，做出决议决定22项，任免国家机关工作人员275人次，组织常委会组成人员和人大代表开展各类考察、调研和检查活动125次。

一、服务大局在推动发展中显现成效

常委会始终围绕全区的战略目标和区委的决策部署，紧紧抓住事关全局和长远的重大问题，行使法定职权，推动开福发展。

1.坚持党的领导，落实区委决策。常委会始终把坚持党的领导贯彻于人大工作各方面、全过程，牢牢地把握了正确的政治方向、政治立场和政治原则。坚定不移地维护区委总揽全局、协调各方的核心作用，坚持常委会党组向区委报告人大工作的制度；坚持围绕区委的决策，依法决定重大事项；坚持落实区委的人事安排意见，依法进行人事任免；坚持紧扣区委的战略目标和工作中心来谋划工作、确定议题、开展调研、履职行权。

2.围绕发展大局，决定重大事项。常委会会议先后听取审议开福区行政区划调整及撤镇析置街道、街镇区划调整、合并村（社区）等重大事项，并做出了相关决议;根据发展需要和法律规定，及时做出决定将新增的5个棚户区改造项目分别纳入市、区年度国民经济和社会发展计划，通过区人民政府提出的棚户区改造配套资金和偿还计划安排;多次听取投融资工作情况，先后审议通过区人民政府年度续贷和新增贷款资金计划、金霞经开区贷款等投融资计划。常委会依法行使重大事项决定权，为开福区的深化体制改革、提升城区品质、优化产业结构等重大方面提供了支持、创造了条件，有效地推动了区域经济社会发展。

3.紧扣中心重点，开展人大工作。常委会注重紧贴中心、联系实际开展调查研究，在精心选题的基础上，先后组织开展区域金融产业发展、社区办公服务用房建设、拆控违、《行政强制法》实施情况、潮宗街历史文化街区保护建设等一系列专题调研，形成调研报告40多篇，为区委科学决策、区人大常委会依法履职、区人民政府工作推进提供了意见和建议。主任会议成员服从区委的统一安排和调度，分别在重点工程建设、棚户区改造等重点和中心工作中担负了重任，为区域经济发展和社会进步做出了应有贡献。一大批人大代表在开福发展的宏伟事业中，带头示范，

发动群众，化解矛盾，解决问题，彰显了代表的担当，体现了代表的作为。

二、任免职权在严格规范中依法行使

四年来，常委会坚持党管干部与人大依法任免相结合的原则，完善人事任免程序，健全人事任免制度，落实人事安排意见，切实把好任职提请、任前法律考试、任时拟任发言、常委会票决、颁发任命书以及任后监督等环节和关口，制定并实施了常委会主任会议组织宪法宣誓仪式工作细则，增强了国家机关工作人员的责任意识、法制意识和公仆意识。本届以来，区人大常委会接受了2名区人民政府区长和9名区人民政府副区长辞职，接受了1名区人民法院院长和1名区人民检察院检察长辞职；增开了一次人民代表大会，选举了区人民政府区长1名；任命了区人民政府副区长9人次；共任免区人民政府组成部门负责人65人次，区人大常委会各工作机构主任、副主任107人次，“两院”法律职务人员94人次，区人民法院人民陪审员192人次。依法做好了代表资格审查服务工作，先后对终止的24名区四届人大代表，对补选的24名区四届人大代表，对新当选的219名区五届人大代表的代表资格适时依法进行审查确认，补选了2名市十四届人大代表。

三、监督工作在积极探索中不断创新

常委会坚持围绕中心、突出重点、讲求实效的思路，按照监督法的规定和要求，综合运用考察、检查、调研和审议、评议、询问等多种监督方式，督促和支持“一府两院”依法履职，监督工作的规范性、针对性、实效性明显增强。

1.强化法律监督，保障国家各项法律法规有效实施

常委会选择关系改革发展稳定大局与人民群众普遍关注的实际问题，开展一系列执法检查活动。紧紧扭住规划龙头，开展《中华人民共和国城乡规划法》执法检查，推动城乡规划工作健康有序发展。先后组织对妇女权益保护法、税收征收管理法、森林法、人民防空法、禁毒法、食品安全法等法律法规的贯彻实施情况进行执法检查，提出相关审议意见。配合省、市人大常委会开展《湖南省安全生产条例》《长沙市水资源管理条例》等地方性法规的执法检查，有效保障了各项法律法规在本行政区的贯彻实施。

2.突出工作监督，促进“一府两院”依法行政公正司法

一是加强对经济运行情况的监督。听取和审议“十二五”规划纲要实施情况中期评估、“十二五”规划执行结果和“十三五”规划纲要编制情况。审查批准了区本级财政预决算和预算调整方案，重点审查了公共财政资金安排和事关民生的部门预算，为规范预算编制、强化预算执行、完善预算管理发挥了积极作用。为加强政府性债务管理，防范政府性债务风险，多次听取审议政府债务情况，并对街道负债情况进行调研，提出意见建议。每年听取审计部门对预算执行情况的审计报告，提出审计意见并督促政府有关部门逐项整改审计报告反映的问题，同时加强了对整改落实情况的跟踪检查。

二是加强对司法机关工作的监督。着眼于推动公正司法、维护公平正义，连续三年对区人民法院、区人民检察院、区公安分局和区司法局的执法规范化建设情况进行审议，先后听取和审议区人民法院关于电子诉讼和执行、区人民检察院关于查办和预防职务犯罪、区司法局关于社区矫正管理等工作情况的报告，有效推动了开福区司法公正进程。开展“司法公正长沙行”活动，推动了全区司法活动在阳光下运行，在监督中规范，在规范中提升，增强了人民群众对公正司法的信心。

三是加强对民本民生问题的监督。致力于民本民生问题的解决，常委会及主任会议每年坚持对民政、教育、城管、食安、住保、交通、农水、卫计等部门的工作开展调研、提出意见、进行督促。精心选择了品质开福建设、社区办公用房建设、棚户区改造、学前教育、基层卫生医疗配套改革、农村公路建设、被征地农民拆迁补偿安置等群众关心关注的热点问题，作为常委会会议或主任会议议题，以实地考察、听取汇报、专题审议等形式，来推动民生工作强实效、提档次。继续开展“三湘环保世纪行”“农产品质量安全行”“三湘农民健康行”“民族团结进步行”活动，并取得成效。

3.创新监督方式，着力增强权力机关监督工作实效

常委会坚持与时俱进、有所作为的工作原则，紧

贴人大监督工作的时代要求和现实需求，积极探索监督工作的新内容、新形式和新方法。

一是整合开展评议询问。评议和询问是本届常委会监督工作的重点和亮点。2014年以来，常委会先后对区城管局、区农林水利局、区环境保护局、区建设局、区商务和旅游局、区工信局、区工务局、区征地办、区教育局等9个部门进行工作评议，对区人社局、区规划分局等7个部门开展专题询问，增强了政府部门接受人民监督的意识，也搭建了政府部门与群众交流互动的平台。常委会不断加大创新力度，在2014年首次开展工作评议后，认真总结，继续探索，2015年把工作评议和专题询问两种监督方式整合运用，2016年，改“因部门问事”为“因事问部门”，选定“建设教育现代化强区”主题，对评议问题涉及到的部门单位进行专题询问，突出了监督重点，扩大了监督范围，回应了社会关切，取得明显实效。

二是现场开展庭审评议。连续三年组织开展人大代表旁听法院庭审并进行评议和主任会议成员旁听庭审工作，通过随机抽样案件、组织专家和代表旁听庭审、审阅案卷、测评计分、意见反馈、督促整改等环节，对区公安分局的侦查批捕、区人民法院的开庭审判和区人民检察院的出庭公诉等进行监督，把司法监督的会场搬到了司法工作的现场，有力地提升了开福区公正司法的水平。

三是健全信访受理机制。常委会高度重视信访维稳工作，进一步健全了受理机制，规范了转办程序，强化了督办工作。四年来，共受理人民群众来信266件（次），接待来访群众327人（次）。对群众反映的问题，依法依规依程序及时转交有关部门办理，对一些重要信访案件，进行专函交办和重点督办，推进了一批影响社会稳定的涉法涉诉案件得到妥善处理，维护了群众合法权益，促进社会和谐稳定。

四、代表工作在扎实推进中得到提升

人大代表是国家权力机关的组成人员，是人民代表大会的主体和基础。充分发挥人大代表的作用，是坚持和完善人民代表大会制度的必然要求，也是做好常委会工作的基本保证。常委会坚持尊重代表主体地位，不断加强和改进代表工作，努力为代表依法履职创造条件，代表作用得到进一步发挥。

1.精心打造代表活动品牌。结合代表工作实际，顺应代表工作要求，创造性地在代表中开展“两联系、三带头、当四员”主题活动，引导代表联系选区和选民，带头遵纪守法、服务大局、履职为民，当好宣传员、监督员、联络员、服务员。重点推动了街道和社区的人大代表活动室建设，实现代表活动阵地的“全覆盖”，搭建了闭会期间代表履职的平台。在主题活动中，人大代表依托活动阵地，走访接待选民、收集社情民意、提出工作建议，帮助解决问题。各级代表共接待选民7300余人次，提出各方面工作建议390多条，帮助解决问题1560多个。

2.努力提高代表履职水平。完善代表培训制度，强化了代表培训工作的针对性、常态化和实效性，通过集中学习、分期培训、专题讲座等方式，不断提高代表的政治素养、法律水平和履职能力。先后组织举办全国人大北京培训基地代表履职培训班、厦门大学代表素质提升班等，各代表联组也积极组织举办各类学习培训，丰富了代表培训工作的形式和内容。进一步加强了代表服务工作，共邀请代表156人次列席常委会会议，安排代表296人次参加执法检查和考察调研活动，扩大了闭会期间代表对区人大常委会工作的参与度，切实保障了人大代表的知情知政权。全面铺开了区人大代表向选区选民述职工作，共有105人次非职务代表向选区选民报告了当选代表以来的履职情况。支持代表联组立足辖区开展专题调研，听取街道社区工作汇报，提出建议意见。注重对代表的联系走访，把关心代表落到实处，开展为代表送生日祝福和鲜花的活动。认真做好了省、市人大代表的联络服务工作，代表履职的积极性、实效性明显增强。

3.认真办理建议批评意见。区四届人大一次会议以来，共收到议案1件，建议、批评和意见232件。经过及时交办、积极督办，所有建议、批评和意见已全部办结并逐件答复了代表。对区四届人大一次会议确定的《关于推进车站北路北延线建设和苏托垸保护性开发，加快推进城北新区经济发展的议案》的办理情况进行认真审议，提出审议意见，强化了跟踪问效。区人民政府对此高度重视，将车站北路北沿线建设、苏托垸保护性开发作为区政工作重点，多次专题研究，反复调度部署，积极推进建设。目前，车站北路北延线被命名为开福大道，部分路段已经建成通车。

苏托垸保护性开发工作全面推进，并上升到市委、市政府决策层面。

4.依法做好换届选举工作。根据《宪法》《地方组织法》《选举法》的规定和省、市人大工作会议精神，在区委的领导下，常委会严格把握换届选举各阶段、各环节法律程序，周密部署、科学调度，有条不紊地推进各项工作，保证了换届选举的顺利进行和圆满成功，共选举产生区五届人民代表大会代表219名。所选代表中，妇女代表、非中共党员代表、基层一线代表比例均符合要求，新一届人大代表结构进一步改善，整体素质进一步提高。

五、自身建设在忠诚履职中全面加强

常委会始终把自身建设放在重要位置，主动适应新形势、新任务和新要求，结合工作实际，不断提高依法履职能力和机关工作水平。

1.务实进取，履职能力不断提升。坚持和完善各项学习制度，组织常委会组成人员和人大机关干部学习了党的十八大和十八届二中、三中、四中、五中、六中全会以及习近平总书记系列重要讲话精神，用理论武装头脑、指导实践、推动工作。先后开展以宪法、组织法、选举法、代表法等为主要内容的法律法规专题学习，着重提升了机关干部运用法治思维和方式解决问题、推进工作的能力。常委会坚持用制度来规范权力运行，用制度来提升履职水平，建立和健全了常委会会议议事规则、主任会议议事规则、常委会和主任会议工作规程、规范性文件备案审查和信访接待等工作制度，实行了常委会组成人员对重大问题的电子表决，不断提高议事、决事、办事的效率水平。

2.转变作风，机关活力不断增强。常委会在坚持依法履职、集体行权、不断提升议事决策能力的同时，切实加强了机关作风建设。扎实开展党的群众路线教育实践活动、“三严三实”专题学习教育活动以及“两学一做”学习教育。按照区委统一部署，主任会议成员和机关干部积极参与了“一推行四公开”“结对联系服务群众”“一进二访”、精准扶贫等活动。认真执行党风廉政建设责任制，深入开展警示宣传教育，党员干部廉洁自律意识得到不断强化。

3.凝心聚力，工作水平不断提高。加强了对常委会各工作机构的领导，各工作机构努力加强自身建设，依法履行职能，组织开展各项专题调研，为常委会审议重大事项提出许多行之有效的工作建议和决策依据。注重建立健全协调配合、上下联动的工作机制，共同推进开福区人大工作的发展。主动接受省、市人大的工作指导，配合省市人大常委会做好了在开福区的专题调研、代表考察、执法检查等各项工作。每年召开“一府两院”联席会议，加强联络沟通，形成相互理解、支持、促进的浓厚氛围。加强了对街道人大工作的领导和指导，定期召开联络会议，促进基层人大作用的发挥。定期编发《开福代表工作》刊物，宣传法律法规、发布工作动态、交流工作经验、推介先进典型。

各位代表，四年来，区人大常委会工作所取得的进展和成效，是区委高度重视、正确领导的结果，是常委会组成人员和全区人大工作者认真履职、辛勤努力的结果，是“一府两院”密切配合、协同奋斗的结果，更是各位代表和全区人民关心帮助、监督支持的结果。在此，我代表区四届人大常委会，向所有从事、关心和支持开福区人大工作的同志们表示衷心的感谢！

各位代表，区四届人大常委会的工作虽然有新的作为、新的进步、新的成绩，但离宪法和法律赋予的重大职责，离党和人民的殷切期待，离改革发展的时代要求，还有一定差距。例如：在重大事项决定权的运行机制方面需要进一步完善；在监督工作适应新形势、增强实效性方面需要进一步探索；在落实人民代表大会制度、合力推进人大工作方面需要进一步加强，等等，这些问题都有待于在今后工作中认真研究并加以解决。

回首四年来的工作，我们对坚持和完善人民代表大会制度，做好新时期开福人大工作，有了更加深切的认识和体会：

——必须坚持正确的政治方向。党的领导是人民当家做主和依法治国的根本保证，也是坚持和完善人民代表大会制度、做好新形势下人大工作的根本保证。任何时候任何情况下，都要自觉坚持党的领导，努力使党的主张经过法定程序成为国家意志，确保人大工作有利于加强和改善党的领导，有利于巩固党的执政地位。

——必须坚持忠诚于宪法法律。宪法是人民代表大会制度建设的根本法律依据。人大的职权是宪法和法律所赋予。人大工作要始终忠诚于宪法和法律，维护宪法和法律权威，牢固树立法治理念，自觉运用法治思维，依法行使权力，规范履职行为。

——必须坚持服务经济发展大局。人大工作要放在全区工作大局中去谋划和推进，做到与区委重大决策部署的贯彻实施紧紧相扣，与政府重点工作的推进紧密相连，与人民群众的呼声息息相关，始终围绕中心服务大局。

——必须坚持人大代表主体地位。要始终尊重人大代表的主体地位，要充分发挥代表联系群众、凝聚人心、集中民智、反映民声的重要作用，把创新代表工作方式、激发代表履职热情摆到更加突出的位置，为代表执行职务做好服务工作。

——必须始终坚持以人为本。人民当家做主是社会主义民主政治的本质和核心。要始终坚持把人民利益放在第一位，把实现好、维护好、发展好最广大人民根本利益作为人大工作的出发点和落脚点，真诚倾听群众呼声，真实反映群众愿望，真情关心群众疾苦，真正做到权为民所用、情为民所系、利为民所谋。

——必须始终坚持探索创新。做好新形势下人大工作，需要更新观念、开阔视野、提升境界，主动适应改革开放和现代化建设的新形势、社会主义民主政治建设的新要求，在严格依法履职的前提下，解放思想，与时俱进，使人大工作更加贴紧实际，增强实效。

今后五年工作建议

各位代表，“十三五”是开福区率先建成全面小康、率先实现基本现代化的重要时期。2016年召开的区第五次党代会，为全区经济社会发展描绘了新的蓝图。本次大会即将选举产生的区第五届人大常委会，承载着全区人民的期望，肩负着服务、保障、推进开福实现新发展新跨越的历史重任。今后五年，是开福升级发展、成就北富的关键时期，必须深刻认识到，我们服务发展的责任比过去任何时候都更重大，我们保障民生的任务比过去任何时候都更紧迫，我们加强民主政治建设的使命比过去任何时候都更崇高。凝万众之心聚力发展，解百姓之忧共创和谐，是常委会不变的工作基调。

人民代表大会制度始终同党和人民进行的艰苦奋斗和做出的不懈探索紧密联系在一起，始终同党和人民创造的辉煌成就和形成的重要经验紧密联系在一起，具有强大的生命力和巨大的优越性，发挥了极为重要的制度功效。面向未来，在坚持和发展中国特色社会主义、实现中华民族伟大复兴的中国梦的历史新征程中，我们必须坚定人民代表大会制度自信，增强政治定力，走好自己的路，把国家根本政治制度坚持好、完善好、发展好。新一届区人大常委会和全体人大代表，要以高度的政治责任感，在区委的坚强领导下，紧紧围绕全区改革发展大局，全面履行宪法和法律赋予的职权，积极投身开福升级发展、成就北富的伟大实践，全力促进开福“十三五”规划的组织实施，努力谱写开福民主法治建设的光辉篇章。在此，区四届人大常委会对今后五年工作提出以下建议：

一、要充分发挥人民代表 大会的制度优势

人民代表大会制度是人民当家做主的根本途径和最高实现形式，也是党在国家政权中充分发扬民主、贯彻群众路线的最好实现形式，具有强大的生命力和巨大的优越性。区人大常委会要不断增强坚持和完善人民代表大会制度的自觉性和主动性，在建设中国特色社会主义的伟大实践中不断推进人民代表大会制度的完善和发展，使我们党的坚强领导核心的政治优势得到进一步发挥，国家一切权力属于人民的制度优势得到进一步发挥，民主集中制的体制优势得到进一步发挥。

二、要全面服务开福改革发展的中心大局

要增强人大工作的政治性和大局性，谋大事、议大事、管大事，紧紧围绕区委确立的“升级发展、成就北富，打造强盛、精美、幸福、厚德的现代都市新名片”的奋斗目标，以及“两化融合、三金致强、项目为王、严实治理”的发展战略，精心谋划、铺排和推进人大工作。坚持重要工作、重大事项向区委请示报告，自觉地把人大工作置于区委领导之下。坚持围绕发展大局履职行权，依法促进区委重大决策部署的落实。要规范行使重大事项决定权，结合实际构建重大事项框架，建立健全科学的运行机制。要坚持严格任免程序，着力加强干部任后监督，努力实现党管干部与人大依法任免相统一。要正确处理好与“一府两院”的关系，在监督中支持，寓支持于监督，形成在区委领导下各国家机关相互支持、密切配合的工作格局，共同推动工作落实，更好地服务全区人民。

三、要不断增强依法监督的工作实效

要认真履行宪法法律赋予人大的监督职权，敢于监督，善于监督，依法规范监督形式，严格执行监督程序，切实加大监督力度，彰显人大监督的法律效力和刚性品质。要创新改进监督方式，综合运用各种法定方式实施监督，着力在丰富监督形式上有新内容、着力在跟踪监督落实上有新举措。要围绕全区改革发展稳定大局，针对人民群众普遍反映的热点难点问题，找准监督工作的切入点。要坚持依法治区，加强对国家机关权力运行的监督，保证国家机关及其工作人员按法定权限行使权力、履行职责，推动法律法规在开福区范围内的有效实施，促进“一府两院”运用法治思维和法治方式解决发展中的问题。

四、要充分发挥人大代表的主体作用

代表工作是人大重要的基础工作，要把保障代表依法履职行权，作为保证人民当家做主的政治机制，支持和促进代表更好地履职尽责。要创新代表活动品牌，在代表中深入开展“成就北富我给力”“厚德开福向我看齐”等主题活动。要加强代表活动阵地建设，打造一批精品代表活动室。要坚持开展代表培训工作，着力提高代表履职意识和能力。要坚持邀请人大代表参与常委会会议和主任会议，完善和充实闭会期间的代表活动，努力为代表履职搭建平台、提供服务。要不断提高代表议案建议批评意见的质量水平，加大督查办理的力度，积极回应代表和人民群众的关切。

五、要与时俱进开创人大工作崭新局面

要自觉遵循人大工作的规律特点，有效契合人大工作的时代需求，不断开创人大工作的新局面。要坚持用新理论、新知识武装头脑，深入学习领会党中央治国理政新理念新战略新思想，认真学习宪法和法律法规，不断提高常委会组成人员和机关工作人员的理论水平和法律素养。要坚持解放思想，探索创新，在继承和巩固以往经验做法的基础上，继续创新工作制度、工作机制和工作方法。要坚持把纪律和规矩挺在前面，加强党风廉洁建设，切实改进工作作风。要充分发挥区人大各专门委员会和常委会各工作机构的作用，加强对街道人大工作的领导和考核，形成整体合力，共同推动开福区人大工作迈上新台阶。

各位代表，过去的收获坚实了我们前行的底蕴，美好的蓝图激发了我们前行的热情，神圣的使命赋予了我们前行的力量。我们深知，中国共产党是领导我们事业的核心力量，民主法治是社会主义制度的内在要求，忠诚干净担当是公职人员应有的品德和素质，让我们牢记习近平总书记的教导：“在新的奋斗征程上，必须充分发挥人民代表大会制度的根本政治制度作用，继续通过人民代表大会制度牢牢把国家和民族前途命运掌握在人民手中。这是时代赋予我们的光荣任务。”不忘初心，继续前行，在中共开福区委的坚强领导下，紧紧团结和依靠全区人民，忠诚履职，开拓奋进，为开福升级发展、成就北富而努力奋斗。

政府工作报告

在长沙市开福区第五届人民代表大会第一次会议上的讲话

开福区人民政府代区长　刘拥兵

2016年11月26日

一、2016年及本届政府的工作回顾

2016年，在市委、市政府和区委的正确领导下，在区人大、区政协的监督支持下，区政府全面落实党的十八大和十八届三中、四中、五中、六中全会精神，求真务实、锐意进取，全区实现地区生产总值800亿元（预计数，下同），同比增长11.5%；社会消费品零售总额739亿元，同比增长12%；固定资产投资730亿元，同比增长16%；地方财政总收入133亿元，同比增长11%，其中税收收入113亿元，占比达85%；居民人均可支配收入达46000元。一年来，我们重点抓了以下五个方面的工作：

（一）坚持提质增效，产业结构优化升级。我们把转型升级作为“第一任务”，现代服务业“主引擎”地位进一步巩固，实现增加值660亿元，对地区生产总值增长贡献率达85%。“三金”平台强势发力。金融商务区新引进中国人寿、德勤、普华永道等企业区域总部11家，已汇聚省级以上金融机构59家，各类金融分支机构300余家，金融业实现税收38亿元，占税收收入33.6%。金霞经开区铺排物流产业项目53个，物流产业实现主营业务345亿元，同比增长10%；实现货物吞吐量4000万吨，同比增长12%。马栏山创意集聚区整体规划抓紧推进，金鹰文化区建设得到省委、省政府的高度重视和支持，水环境综合整治、湖南广电节目生产基地等顺利实施。开放格局纵深推进。在全市率先成立区口岸办。长沙金霞保税物流中心完成报关近1万票、货值21.8亿美元。全区实际到位外资6.4亿美元，同比增长8.5%；完成外贸进出口总额8亿美元，同比增长9.5%，开放型经济不断延伸。创新创业蔚然成风。举办创新创业大赛，搭建北辰动漫文化产业园、菁芒等多个“双创”平台，入驻企业近100家。启动开福创园、军民融合产业园建设，创新创业形成良好生态。

（二）坚持项目为王，发展基础不断夯实。我们把项目建设作为“第一抓手”，发展动力日益强劲。产业项目稳中有进。新引进红星美凯龙、老百姓医药健康产业园、金健油脂等重点产业项目12个，签约金额达84亿元。湖南九州通现代医药物流中心、“爱尚通程”电子商务物流园、普洛斯金霞物流园建成运营，华创国际、富兴世界金融中心、湖南日报传媒中心、福天兴业综合楼、普菲克综合生产研发中心、中石油西南化工湖南分销基地等即将竣工或投入运营。交通路网畅通有序。完成马栏山通道改造，精英路、开福寺路、潘家坪路等建成通车，打通佳园路等断头路、瓶颈路，实施8条支路街巷微循环改造，新增3处人行立体过街设施，疏通万达广场、湖南广电、湘雅医院、北辰三角洲周边“肠梗阻”。征收拆迁推进有力。启动潮宗街、伍家岭、丝茅冲地块等7个棚改项目，完成签约3607户，进度居全市前列。新启动的26个征地项目完成15个，16个扫尾项目完成71%，实现腾地266.67公顷，为未来发展置换更多空间。

（三）坚持品质导向，承载能力显著增强。我们把城市品质作为“第一品牌”，环境面貌更趋精致。城市功能不断拓展。新增停车位5200余个。社区拆违还路40万平方米，新建交通微循环设施150套。疏浚化粪池1300座、管道25万米。率先全市进行“九位一体”主次干道提质改造，芙蓉路、东风路、中青路、福元路等全线提质，体育馆路、营盘路等增设自行车道，城区“骑行族”有了专用车道。城乡环境不断改善。深化水生态文明建设，完成浏阳河流域水环境综合治理和12处黑臭水体整治。持续开展“三车三场”专项整治。造绿复绿666.67公顷，新增绿地400公顷，完成32个拆违复绿项目，湘江风光带、浏阳河风光带、环城绿带基本建成。城市形象不断彰显。率先全市进行景观亮化，金融商务区、东风路亮化提质工程稳步推进，湘江东岸亮化提质及一江一河五路近500栋楼宇亮化全面完成。率先全市推行街区制，实施“社区全面提质提档三年行动计划”，对22个社区进行提质改造，陈家湖社区成为全省首个“小区无围墙、管理到楼栋”的示范社区，相关经验在《人民日报》头版推介。

（四）坚持民生优先，保障力度持续加大。我们把民生保障作为“第一追求”，人民群众更有获得感。社会事业协调发展。浏阳河小学、金湾小学建成使用，江湾小学等7所学校启动建设，新增普惠性民办幼儿园13所，完成“美丽校园”建设22所，全面实施阳光招生。启动家庭医生签约服务试点工作，完成3个社区卫生服务中心维修改造，建成5个街道老年人日间照料中心和10个村卫生室。新建2个街道综合文化站，提质12个社区（村）综合文化服务中心。社会保障日益健全。稳妥推进机关事业单位养老保险制度改革。城镇新增就业1.5万人，城镇登记失业率控制在2.23%。发放城乡低保资金4800万元。政府购买民生保险实现全覆盖。完成荷叶、板塘二期等安置房建设，多措并举解决3000户住房困难家庭的住房问题。社会治理有效加强。“智慧开福”扎实推进。严抓安全生产，积极创建食品安全示范城区，平安稳定基础不断夯实。提升社区自治能力，社区事项核减近75%，社区办公服务用房平均达到877平方米。各类群众自治组织增至769个，居民自治意识、共建程度进一步提升。

（五）坚持严实治理，执政水平全面提高。我们把自身建设作为“第一责任”，进一步提高运转效率、务实水平和攻坚能力。法治建设扎实推进。成立全省首个区政府行政复议委员会。认真落实区人大及其常委会的决议决定，主动接受人大的法律和工作监督、政协民主监督和社会各界监督，承办省、市、区人大代表建议和政协提案共156件，办复率达到100%。政务服务更加优化。深化商事登记制度改革，推行“五证合一、一照一码”①登记制度，新增商事主体1.3万个。整合规范各类行政审批事项158项，金霞经开区行政审批制度改革基本完成。街道政务服务中心完成标准化建设。廉洁建设切实加强。深入开展“两学一做”②学习教育。深化治庸问责，依法查处9件行政违纪案，处理15人。加快公务用车改革，“三公”经费大幅下降。强化重大项目投资绩效管理，审计政府投资项目400个，核减率达12.5%，行政效能和服务水平显著提升。

国防工作、人民防空、双拥优抚、应急工作等扎实开展，民族宗教、外事侨务、老龄老干、史志档案、机关后勤等工作不断进步，工会、共青团、妇联、残联、侨联、工商联等群团组织为区域发展做出了积极贡献。

各位代表，2016年是本届政府任期的收官之年。2013年以来，本届政府紧紧依靠全区人民，真抓实干、致强崛起，全区综合竞争力、城市美誉度、干部精气神、群众获得感大幅提升，区域经济社会实现跨越发展，全面实现区四届人民代表大会第一次会议确定的各项目标任务。

四年来，我们加速赶超，“开福实力”持续攀升。地区生产总值年均增长12.1%；地方财政总收入是2012年的2倍，年均增长17.7%，税收收入在内五区率先过百亿元；固定资产投资年均增长18.6%；高新技术产业增加值占地区生产总值比重由2012年的10.5%增长到2016年的22%。综合实力、投资潜力、新

① 五证合一，一照一码：即将工商营业执照、组织机构代码证、税务登记证、社会保险登记证、统计登记证合为一证，并发放统一社会信用代码的营业执照。

② 两学一做：学党章党规、学系列讲话，做合格党员。

型城镇化质量3个指标排名全省市辖区首位，成为全省首批全面小康社会达标区县。

四年来，我们加快升级，“开福转型”大步向前。坚持转型创新，产业结构不断优化。三次产业比重由2012年的0.9：25.3：73.8调整为0.3：17.5：82.2，服务业增加值从2012年的392亿元增长到660亿元，成为拉动经济增长的核心力量。金融业、文化创意产业、物流商贸业成为全区三大支柱产业，金融商务的竞争优势、文化创意的比较优势、物流商贸的绝对优势充分展现。相继开通“五定班轮”③“五定班列”“湘欧快线”，金霞经开区成为湖南乃至中部对外开放的重要交通物流枢纽。激发区域创新活力，获评全国科普示范城区、全国产业集群区域品牌建设试点区，开放型、创新型经济的支撑能力进一步增强。

四年来，我们加强建管，“开福品质”充分彰显。以完善功能、提升品质为重点，倾力建设“宜居宜业、精致精美、人见人爱”的新开福。突出规划引领，辖区控规编制实现全覆盖。地铁1号线实现试运行，开福迈入“地铁时代”；黄兴北路建成通车，十年梦想终成现实；芙蓉路完成提质改造，成为长沙最美主干道；万家丽路完成快速化改造，开福大道即将竣工通车，城北交通更加畅通，人气商气持续北移。高效推进棚户区改造，累计完成征收1.2万户、面积200万平方米，黄兴北路棚改经验在《人民日报》推介；先后实施农村征地拆迁项目112个，总面积近1066.67公顷，改善了人居环境，拓展了发展空间。推进最严城管、拆违控违、环境治理等攻坚行动，城区绿化率提高至42.6%，空气质量优良天数逐年增加，“开福美”“城市绿”“天空蓝”成为城市常态。

四年来，我们加大惠民，“开福幸福”全面绽放。累计投入民生资金192亿元，用实实在在的惠民举措，增强了群众的获得感。新增优质学位1.6万个、普惠性幼儿园64所，获评国家义务教育发展基本均衡区县、全国社区教育实验区、全省首批教育强区。完成11个街道社区卫生服务中心、40个村卫生室的改扩建，成功创建省级慢性病综合防控示范区。建成全省城区首个残疾人综合服务大楼。计生工作连续12年“国优”、14年“省优”，获评全国计生协会先进单位、阳光计生行动示范区。获批全国公共文化服务体系示范区。基本医疗保险、基本养老保险实现全覆盖，在全市率先实现城乡同保。在全省首创食品安全信息化监管平台，成为全国首个电梯安全标准化管理试点区，安全生产形势总体平稳。连续10年保持全省“平安区县”称号。妥善解决1.8万户产权办证遗留问题。圆满完成行政区划调整。创新“五零”④网格化社会治理模式，获批全国社区治理与服务创新实验区、全国和谐社区建设示范城区。涌现出全国各类道德文明典型14人次，居民幸福指数与日俱增。

四年来，我们加压奋进，“开福效能”不断提升。突出为民务实清廉，深入推进职能和作风“两个转变”，政府自身建设进一步加强。定期深入街道向人大代表、政协委员通报经济社会发展情况。承办人大议案、代表建议和政协提案800余件，办复率100%。坚持把法治思维贯穿政府履职全过程，在全市率先推行政府法律顾问制度，率先将依法行政纳入目标管理考核，获评全省首批基层法治示范区、全省“六五”普法依法治理先进区，打造了法治政府建设的“开福标杆”。推进行政审批制度改革，全面取消非行政许可审批事项，精简区本级行政审批事项63项，精简比例高达63.6%。扎实开展党的群众路线教育实践活动、“三严三实”⑤专题教育活动和“两学一做”学习教育，严肃廉洁纪律，“四风”问题得到有效整治，营造了风清气正、干净干事的良好氛围。

四年的奋斗历程充满艰辛，四年的发展成就来之不易。这些成绩的取得，是区委科学决策、正确领导的结果，是区人大、区政协监督支持的结果，是全区人民团结进取、顽强拼搏的结果，是社会各界通力合作、关心支持的结果，凝聚了历任领导、离退休老同志和全区广大干部群众的心血和汗水。在此，我代表区人民政府，向全体人大代表、政协委员和全区人

③ 五定班轮：定装卸港口、定运输线路、定班轮船期、定运输时间、定全程运价；五定班列：装卸车站固定、运行线路固定、班列车次固定、货物发到时间固定、运输价格固定；湘欧快线：即湖南省首条直达欧洲的国际铁路货运专列。

④ 五零：服务零距离、安全零事故、环境零污染、治安零发案、居民零上访。

⑤ 三严三实：严以修身、严以用权、严以律己；谋事要实、创业要实、做人要实。

民，向各民主党派、人民团体、工商联和各界人士，向在开福创业的境内外投资者和建设者，向奋斗在各条战线上的全区广大干部，向所有关心、支持开福建设和发展的同志们、朋友们，致以崇高的敬意和衷心的感谢。

四年发展实践，饱含成功的喜悦，也蕴含深刻的启示：

只有团结才能奋进。区委把关定向，政府狠抓落实，“四大家”班子和衷共济、同频共振，团结带领全区人民把心思和精力放在抓工作上，营造了团结和谐的良好氛围，交出了赶超进位的优异答卷。只有务实才能兴区。全区上下“干”字当头、“实”字打底，靠实干打赢了项目建设、棚改征拆、拆违控违等一系列攻坚战，在务实进取中推动了开福的蓬勃发展。只有创新才能致强。开福立足自身实际，创新体制机制，明晰产业定位，形成产业优势，打造了“三金”名片，加快了致强崛起，开福人民找回了应有的自豪和自信。只有共建才能共享。我们始终秉持为民宗旨，坚持共享发展，全面改善民生福祉，切实解决就业、就医、就学等实际困难，发展成果惠及最广大群众，赢得了开福人民的理解、信任和支持，形成全区上下共谋发展、共建开福的良好氛围。

成绩催人奋进，问题不容忽视。主要表现在：创新能力不强，开放型经济发展不足；都市工业和高新技术产业仍是经济发展的“短板”；信访维稳压力依然较大，社会治理的良好格局亟待形成；干部队伍知识结构和能力水平与新形势发展的要求和群众期待还不完全适应。我们将采取有效措施，切实加以解决。

二、未来五年的目标任务

各位代表，我们始终与以习近平同志为核心的党中央保持高度一致，坚决把中央、省、市的决策部署贯彻落实到改革、发展、稳定的各项工作中，按照区第五次党代会确定的开福区未来五年发展的宏伟蓝图和既定目标，大干新五年，实现大发展，再上新台阶。新一届政府工作的总体思路是：以马克思列宁主义、毛泽东思想、邓小平理论、“三个代表”重要思想、科学发展观为指导，深入贯彻习近平总书记系列重要讲话精神，按照“五位一体”⑥总体布局、“四个全面”战略布局、五大发展理念⑦、建设“四更”长沙⑧的决策部署，以“升级发展、成就北富”为主题，实施“两化融合⑨、三金致强、项目为王、严实治理”四大战略，打造强盛、精美、幸福、厚德的现代都市新名片，为长沙建设国家中心城市、实现基本现代化贡献更多开福力量。

未来五年的主要预期目标是：地区生产总值年均增长10%；地方财政总收入年均增长10%以上；固定资产投资年均增长12%；社会消费品零售总额年均增长12%；城镇登记失业率控制在3%以内；居民人均可支配收入年均增长9%；价格总体水平基本稳定；单位地区生产总值综合能耗、主要污染物减排完成约束性指标。

为了实现上述目标，我们将重点抓好四个方面的工作：

（一）围绕强盛名片，打造经济发展升级版。坚持创新引领、开放崛起，实施两化融合、三金致强、项目为王，建成“金融、物流、文化、信息、康养”五大功能谷，推动区域经济能量更大、实力更强、结构更优。优化产业支撑升级，以现代服务业为主导，推动金融商务、物流商贸、文化创意产业优势最大化，加快马栏山创意集聚区建设，力争在全国形成“北有中关村、南有马栏山；北有光谷、南有云谷”的网络信息产业新格局，打造区域性金融总部、国家级现代物流中心、全国性文化创意产业旗舰，为长沙建设国家创新创意中心、交通物流中心贡献更多力量。以新兴产业为支撑，深度拥抱“互联网+”，支持发展分享经济，深化军民融合发展。以都市工业为补充，依托大交通、大物流，打造品牌产业基地，形成规模产业集群。以幸福产业为助力，推进文旅、健康、养老等幸福产业繁荣发展。做强园区助推升级，大力推进金霞经开区建设，打造千亿级产业，争创国家级园区。加快体制机制改革，完善基础设施配套，

---

⑥ 五位一体：党的十八大报告指出，建设中国特色社会主义，总布局是经济建设、政治建设、文化建设、社会建设、生态文明建设五位一体。

⑦ 五大发展理念：党的十八届五中全会提出的创新、协调、绿色、开放、共享的发展理念。

⑧ “四更”长沙：建设能量更大、实力更强、城乡更美、民生更爽的长沙。

⑨ 两化融合：城市化与产业化融合，产业化与信息化融合。

畅通内外交通网络，积极引进国内外领军型物流商贸企业，大力培育高岭国际商贸城等大型商贸项目，推动园区成为“物流之都、加贸中心、服务新城”。改革创新引领升级，以改革抢占先机、以创新赢得未来。加快财税、金融、投融资等重点领域改革，最大程度释放改革红利、增添发展动力；促进生产需求有效对接，助推“四新”经济[⑩]蓬勃发展，营造创新创业浓厚氛围，打造财富洼地、人才福地、创新高地。扩大开放加快升级，坚持开放发展，充分发挥“三港互通”“多式联运”[⑪]“口岸作业”的平台优势，构建更宽领域、更深层次、更高水平的开放格局，努力在长沙打造东部开放型经济走廊中主动担当发力，在湖南开放崛起战略布局中实现更多作为。

（二）围绕精美名片，争当城市品质排头兵。按照建设国家中心城市的理念和标准，提升城市品质，加强城市建管，充分展示开福的城市形态、经济业态、功能状态、文化神态、自然生态之美。突出特色。保护治理“一江四河十湖”等自然生态，留住开福特有的地域环境、文化底蕴等“基因”，把好山好水好风光融入城市规划设计，彰显开福江河环绕的自然禀赋，传承湖湘经世致用的历史文脉。建设美丽乡村，打造特色小镇，留住最美乡愁。坚持绿化、彩化、美化、亮化、净化、序化、文化立体推进，建设精美开福，做到“不负山水不负民”。完善功能。助推4条地铁建成运营，拉通“12纵22横”交通网络，实施4条主干道快速化改造，打通瓶颈路、断头路，建成“公交都市”，全面形成“南北通达、东西对接、内外畅通”的立体交通体系。加快地下综合管廊建设，完善城区排水防涝设施，建设下凹式绿地、人工湿地、可渗透地面、透水性广场，逐步建成海绵城市。持续推进城市棚改征收、农村征地拆迁和城中村改造，全面完善公共停车场、城市绿道、自行车道、人行通道等公共设施配套，大力实施街区制[⑫]和社区提质提档，让城市更具通透性，更有人情味。加强管理。学习借鉴先进城市经验，完善城市管理标准体系，提升城市管理智能化、全域化、精细化水平，构建“大城管、互动型、数字式、法治化”工作格局。继续实施“最严城管”，推动更高水平的城市管理从高档楼宇小区向老旧社区延伸、从主次干道向背街小巷延伸、从城市核心区向城郊接合部延伸、从地上设施向地下管廊延伸，城市精美品质全面升级。保护生态。持续推进环保执法行动，让绿水青山与金山银山相得益彰；完成黑臭水体治理，深化水生态文明建设；实施新一轮“三年造绿大行动”，深入推进“清霾”“碧水”“净土”“静音”四大行动，让开福天更蓝、山更绿、水更清。

（三）围绕幸福名片，建设和谐共享首善区。坚持有温度的发展、办普惠型民生，大力推进“三区三体系”[⑬]建设，让幸福指数跑赢GDP增速。社会保障更广覆盖。坚持居民收入增长与经济发展同步，多渠道增加居民收入，让百姓的钱袋子“鼓”起来。实施就业优先战略，坚持就业创业并举，以创业带动就业，让劳动者用勤劳的双手创造幸福生活。完善社会保险体系，实施全民参保计划；健全社会福利制度，支持慈善事业发展；不断完善社会救助和住房保障体系，实现特困群众基本生活救助、医疗帮扶、住房保障全面托底，让开福人民生活得更加体面、更有尊严。社会事业更优发展。深化教育领域综合改革，在全市率先实现教育基本现代化。创新教育理念，提升教育水平，加强教师队伍建设，推进资源均衡配置，完善城乡学校布局，加快学校标准化建设，努力实现“校校成优校、师师做良师、生生皆成才”。围绕“健康开福”，加快基层能力提升、公共卫生推进、人才队伍优化、医疗资源互通、老龄健康提质、卫生信息惠民等六大体系建设，实现辖区医疗卫生服务能力、服务功能、服务秩序、服务管理和服务效果现代化，为全区人民带来更多的健康福祉。深化计生优质服务，提高出生人口素质，促进人口均衡发展。建设

⑩ “四新”经济：“四新”指新技术、新产业、新业态、新模式，是在制造业与服务业融合发展的背景下，以现代信息技术深化应用为基础，以市场需求为导向，以技术创新、应用创新、模式创新为内核并相互融合的新型经济形态。

⑪ 三港互通、多式联运：由水路、铁路、公路三港相互衔接、转运而共同完成的运输过程。

⑫ 街区制：是城市建设布局的一种形式，它的特点是在城市规划的道路边上建设房子，且不设围墙，有利于增加公共道路和路网密度，兼顾公共交通和居住品质，提升公共综合质量。

⑬ 三区三体系：即建设充分就业现代化强区、教育现代化强区、医卫健康现代化强区；健全更高水平的社会保障体系、现代公共文化体育服务体系、公共安全防控体系。

多层次养老服务体系，让老年人活得健健康康，过得舒舒服服。深化文艺创作精品工程，推出更多文化精品力作，促进文化惠民。实施全民健身计划，人均体育场地活动面积达到2平方米以上，努力实现体育健身设施全覆盖。社会环境更加和谐。推进“平安开福”建设，加快构建全方位、立体化的公共安全防控体系；严厉打击各类违法犯罪活动，不断提升开福民众安全感；深化“五零”创建，抓实物业管理，提升社会治理水平；拓宽社情民意表达渠道，加强社会矛盾排查处理，积极妥善解决历史遗留问题；强化安全生产底线和红线意识，抓好道路交通、危险化学品、建筑工地、消防、特种设备等重点领域的安全防控，严防较大以上安全事故发生。创建食品安全示范城区，让人民群众吃得放心、用得安心。全面抓好社会治安综合治理，维护社会大局稳定。

（四）围绕厚德名片，构筑道德文明新高地。坚持以社会文明厚植道德土壤，以法治精神提升道德水平，实现良法和美德相辅相成，法治和德治相得益彰。建设法治政府。落实权力、责任、负面“三张清单”，加快建立法治政府建设指标体系，依法决策、规范用权、公正执法，依法全面履行政府职能。主动接受区人大及其常委会的法律监督、工作监督和区政协的民主监督，高度重视社会监督和新闻舆论监督。全面实施政府法律顾问制度，充分发挥行政复议委员会作用，深入推进“七五”普法，弘扬法治文化，浓厚法治氛围。锻造严实队伍。坚持严实治理，着力打造想为、敢为、勤为、善为的行政团队。把忠诚融入血液，把百姓放在心上，带头守纪律、讲规矩，做党性纯、能力强的执行者，当人贤、心正的示范者。善于攻坚克难，在难题面前敢闯敢试，在矛盾面前敢抓敢管，在风险面前敢作敢为，建立健全容错纠错机制，树立“干部要干事，为官要有为”的价值导向。坚守道德防线、廉洁底线、法律红线，全面落实党风廉洁建设责任制和“一岗双责”。实行廉洁性审查和问题约谈制度，严肃查处违纪违法案件。严格落实中央“八项规定”、省委“九条规定”和市委“两规定一办法”，从严整治为官不为、弄虚作假、急功近利等行为，坚决防止“四风”问题反弹。创建文明高地。打通主流媒体、互联网、老百姓“三个舆论场”，弘扬道德主旋律、彰显文明正能量。挖掘宣传各类道德模范、身边好人、现代乡贤，在全区形成见贤思齐、德行开福的良好风尚。大力践行社会主义核心价值观，全面提升市民思想道德、科学文化、民主法治素养，让“为国尽忠、为职尽责、为家尽孝”成为厚德开福的精神内核，让“环境优美、秩序优良、服务优质、言行优雅”成为文明开福的基本要求，打造开放包容、诚信友爱、崇德向善的精神文明高地。

三、2017年的工作任务

2017年是新一届政府的开局之年，也是实施“十三五”规划的关键之年，政府工作的总体思路是：深入贯彻落实党的十八届六中全会、省第十一次党代会、市第十三次党代会和区第五次党代会精神，围绕“升级发展、成就北富”，坚持“两有”（有质效、有温度）发展，建设“两富”（物质富裕、精神富有）开福，确保经济社会平稳较快发展。

2017年全区经济社会发展主要目标是：地区生产总值增长10%以上；地方财政总收入增长10%以上；固定资产投资增长16%；社会消费品零售总额增长10%以上；规模工业增加值增长10%左右；城镇登记失业率控制在3%以内；居民人均可支配收入增长9%；单位地区生产总值综合能耗、主要污染物减排完成约束性指标。为实现以上预期目标，重点抓好四个方面的工作：

（一）兴效益型产业，加快转型升级。坚持创新引领、开放崛起，实施三金致强、两化融合、项目为王。全年计划实施重点项目119个，总投资305亿元，以项目促投资，以投资稳增长，加快产业升级，推动跨越发展。

1．推进产业优化升级。以“三金”片区⑭为平台，强优势、补短板，加快“金融、物流、文化、信息、康养”五大功能谷建设，构筑以现代服务业为主导、新兴产业为支撑、都市工业为补充的现代产业体系。做强金融商务业，打造区域性金融总部和创新型金融机构集聚地。以金融商务区为依托，加快富兴世界金融中心等商务楼宇建成运营，加速黄兴北路两厢开发，大力发展金融新业态，提升金融增加值和贡献率。做优物流商贸业，打造中部物流商贸中心。大力

⑭ “三金”片区：未来五年发展重点，即提质金融商务区，做强金霞经开区，建好金鹰文化区。

发展智慧物流、冷链物流、现代物流，推进火车货运新北站、传化智能公路港、深国际物流港等现代物流平台建设，启动红星美凯龙家具MALL项目建设，提升高岭国际商贸城运营水平。做大文创产业，打造全国性文化创意产业旗舰。抓紧马栏山创意集聚区发展规划编制和建设；加快浏阳河生态文化产业带、北辰动漫文化产业园、潮宗街历史文化街区建设；推进湖南广电节目生产基地建设和金鹰大厦前广场改造；壮大数字出版、动漫文化等创意经济；积极申报沙坪湘绣国家品牌示范区。做精都市工业，打造产业集聚区，依托沙坪工业组团，大力发展现代物流装备工业、文化技术产业、装配式建筑工业、食品加工业等，推进中民筑友、佳海工业园建设。做实新兴产业，依托国防科大驻区优势，加快军民融合步伐，促进科技、信息产业发展。顺应“互联网+”趋势，推动互联网与实体经济深度融合，促进“四新”经济、分享经济蓬勃发展。做好幸福产业，支持北辰建设大健康产业园，加快老百姓医药健康产业园、长沙医药健康产业园等建设，推动文旅、健康、养老等生活性服务业向精细化和高品质转变，形成幸福产业生态圈。

2．提升招商引资质效。坚持精准招商与精心营商并重，推动现有优势转化为现实动力。根本在引好企业。树立全球视野，着力引进一批世界500强、国内百强企业，主动跟进万达、华润等战略投资商，加快项目落地；积极对接浙商银行等金融机构，推动签约入驻；着力引进全球著名商贸企业进驻高岭国际商贸城，实现共赢发展；培育一批效益好、辐射强、潜力大的科工企业，在智能制造领域有所突破；加强区域交流和经贸合作，鼓励支持本土企业开拓外部市场，形成开放共赢新局面。关键在做活土地。管好用好土地资源，加快黄兴北路两厢、鸭子铺等重点地块招商。实施精准招商，推进朝正垸开发，建设具有滨水特色的城市副中心；加快苏土毛垸开发，打造产城融合的生态服务新城。规划建设企业总部基地、医疗器材及医药产业集聚地，进一步厚实财税基础。重点在增效楼宇。加快楼宇产业集聚、企业集中、功能集成，对富兴世界金融中心、华创国际、泊富国际等重点楼宇加大招商指导力度，提高楼宇入驻率、企业属地率、税收贡献率，培育更多特色楼宇、专业楼宇、总部楼宇。

3．加大创新开放力度。坚持创新引领。深入实施创新创业“135”工程⑮和“创新创业在开福三年行动计划”。培育1家市级以上示范创客空间、2家市级以上中小微企业创业示范基地。充分发挥华创军民融合创新创业基地、开福创园等“双创”平台优势。推进文化创意研究院、现代物流研究院、装配式建筑产业研究院、军民融合研究院建设，加快完善产学研用技术创新体系。加强知识产权保护，加快构建“互联网+产业”体系，培育发展更多高新技术企业，为长沙建设国家创新创意中心贡献更多力量、担当更大责任。坚持开放崛起。发挥开放型经济主战场、桥头堡的优势和作用，进一步推进长沙新港、火车货运新北站、传化智能公路港以及中部进出口商品展示交易中心、跨境产贸城等开放平台建设。拓展“五定班列”新线路，推进“湘欧快线”新发展，打造湖南“国际黄金通道”。全区全年实现内联引资增长13.5%以上、实际到位外资增长8%以上，进出口总额增长10%以上。坚持改革推动。深化商事制度改革，加快金霞经开区、区城建投、区水利管理体制机制改革，推动行政审批制度改革向深层次迈进，做到审批更少、流程更优、效率更高。

（二）创品质型城区，提升精美程度。围绕建设国家中心城市的理念和标准，建设更加“宜居宜业、精致精美、人见人爱”的品质开福。

4．完善基础设施配套。全方位提升城市承载功能，让开福人民工作更便捷、生活更舒适。推进地铁3号、5号、6号线建设和1号线北延。重点建设提质开福大道、中青路、青竹湖大道、冯蔡东路“两纵两横”城北主干道。启动竹隐北路、滨河北路、铁港南路等支路建设，升级改造捞刀河收费站，打通新河路等断头路、瓶颈路，完善传化、香江等重大项目配套路网。加快“公交都市”、城市绿道、自行车道、人行通道和公共停车场等配套设施建设，健全城市立体交通体系。紧抓长沙地下综合管廊试点契机，完善地下管网建设，疏浚排水堵点。推进市六水厂、苏土毛垸污水处理厂等配套管网建设。继续抓好出入城口综

---

⑮ 创新创业“135”工程：即省委、省政府提出的在全省建设100个产业园区、3000万平方米标准厂房、引进5000个创新创业企业。

合整治、城市景观亮化，重点提质湘江东岸以及五一路、万家丽路两厢亮化，让“城北亮”成为夜长沙最靓丽的风景。

5．加快城市有机更新。落实“四增两减”⑯政策，优化城市功能布局。加快火车北站、黄兴北路片区等10个续建项目的扫尾清零，启动潮宗街二期、德雅路片区二期等8个棚改项目，确保棚改工作继续走在全市前列。稳妥高效推进金霞、金鹰片区47个农村征地拆迁项目。集中精力抓好福鑫苑、双河湾、竹隐、中岭、天井、潇湘华庭等安置房建设，确保拆得下、稳得住、安得好。加快推进西园北里历史步道建设，对40个社区全面提质提档，重点提质改造四季花城、上麻园岭等10个老旧社区，让幸福在家门口升级。

6．加速城乡融合步伐。坚持以人为本，保护性开发建设东北片区。加速推进高岭村等5个城中村改造。加快白土线、袁青线提质改造和陶东坝桥（新源村）改建，创建“四好农村路”示范区。提质改造江湾生鲜市场等6个城乡农贸市场。完成社区（村）换届选举和农村土地确权工作。有序提质社区（村）公共服务中心，实现社会治理重心下移、多元参与。加快美丽乡村建设，培育沙坪湘绣小镇、青竹湖文创小镇、植基电商小镇、金霞耕读小镇、板塘都市工业小镇、汉回民俗小镇等一批特色小镇，形成衔接城区、带动农村、辐射周边的配套产业链条。

7．注重生态环境治理。加强自然资源的保护与管理，加快生态环境的治理与修复，充分展现开福青山环城、碧水绕城、绿树融城、繁花簇城的城市魅力。实施新一轮“三年造绿大行动”，新增绿地400公顷，完成70万平方米环城绿带建设。加快鹅羊山公园、洪山公园建设，加强青竹湖森林公园、秀峰山公园等维护管理，高标准建设湘江、浏阳河和捞刀河风光带。推进“清霾”“碧水”“净土”“静音”四大行动，抓紧完成黑臭水体综合整治，力争空气质量优良率达到80%以上，“开福蓝”持续呈现，“开福水”更加清澈。

8．严格城市常态管理。树立“严管城市就是厚待市民、厚植优势”的理念。优化机制抓落实。坚持属地为主、条块结合，推进综合行政执法，同步治理城市顽疾。深化智慧城市管理建设，将公共垃圾站、建筑垃圾专用消纳场纳入“智慧环卫”平台管理，提升作业效率。美化环境抓提质。加快实施城区主次干道路面、人行道、绿化、亮化、立面、公共空间、地下管网、交管设施、慢行系统等“九位一体”提质改造。严格城市日常管理，提升机械作业的标准化、流程化和精细化水平。推进垃圾智慧分类，不断提升垃圾分类处置能力。加强物业管理工作，通过示范带动，提升管理和服务水平，着力解决停车难、执法难、治安防控难等问题。持之以恒抓整治。以更高的质量、更大的规模、更强的力度，推进拆违控违、城乡环境、“三车三场”⑰、广告招牌等专项整治行动，建立良好的市容秩序，营造美好的城市环境。

（三）办普惠型民生，增长幸福指数。坚持有质效、有温度的发展，把城市经济实力转化为城市魅力，进一步提升开福人民的幸福指数。

9．加快教育现代化强区建设。坚持教育优先发展、均衡布局，进一步缩小校际、片区、城乡办学差距，加快实现教育基本现代化。继续推进学校建设“三年行动计划”和“美丽校园”建设。启动清水塘小学、沅丰坝中学等10所学校的改扩建或提质优化，建成创远小学等5所小学、福泽园等2所幼儿园，完成江湾小学等19所学校的标准化建设。支持民办教育发展，推动青竹湖湘一外国语学校创办高中部和湘郡培源学校建设。深化教育云平台建设，提升教育软实力。加强教师队伍建设，引进紧缺教育人才，推进“三名工程”⑱，探索交流轮岗机制。深入实施阳光招生，加强素质教育，促进教育事业向更高层次均衡发展。

10．加快医疗卫生现代化强区建设。坚持人民健康优先发展战略，大力推进“健康开福”。启动公共卫生服务大楼和沙坪卫生服务中心建设。建成10个社区“健康小屋”、4个名医工作站（室），家庭医生签约重点人群服务覆盖率达到60%以上。创建全国基

⑯　四增两减：增加公共绿地、增加公共空间、增加配套设施、增加支路网密度，减少居住人口密度、减少开发强度。

⑰　三车三场：即渣土车、砂石车、混凝土搅拌车；消纳场、砂石场、混凝土搅拌场。

⑱　三名工程：名校、名校长、名师。

层中医药工作示范区，街道社区卫生服务中心建成中医药综合服务区，并开展中医药适宜技术服务。优化人口计生服务，符合政策生育率保持在99.2%以上，人口自然增长率控制在9‰以下，孕产妇产前筛查率达到80%以上，新生儿疾病筛查率达到80%以上，创建全国计划生育优质服务示范区。

11．加快充分就业现代化城区建设。实施更加积极的就业创业政策，启动区人力资源市场建设，健全"互联网+开福人社"网络平台，加大"双创"扶持力度，提高公共就业服务的针对性和主动性。鼓励创业带动就业，大力扶持大学生、失业人员创业就业，促进城乡就业困难人员群体稳定就业、安心创业。城镇新增就业1.5万人、下岗失业人员再就业5000人。

12．加快现代公共文化体育服务体系建设。促进辖区内图书馆、博物馆等公共设施共建共享。推动区、街、社区三级文化体育阵地设施网络完善，尽快启动区文体活动中心选址和建设。新建1个街道全民健身中心，提质1–2个市级示范性街道综合文化站、12个示范性社区（村）文化服务中心。充分整合辖区体育资源，规划布局更多运动场馆和公园，广泛开展丰富多彩的文体活动，让开福人民享有更加优质的文化生活，拥有更加健康的身心素质。

13．加快更高水平的社会保障体系建设。以社保兜底，编制更高层次、更广范围的民生幸福网。落实全面参保计划，强化社会保险扩面征缴，有序推进机关事业单位养老保险制度改革。妥善解决征拆群众的安置问题，逐步解决住房困难家庭的住房问题。完善养老服务体系，建设5个街道老年人日间照料中心和社区养老机构。推进区社会福利中心建设，大力发展公益慈善事业，引导社会力量积极参与公益。支持残疾人事业发展，关心妇幼健康，保护妇女儿童权益，建立健全留守儿童、妇女、老年人、失独家庭的关爱服务和扶残助残体系。完善社会组织培育发展政策，深化全国社区治理和服务创新实验区建设。

14．加快公共安全防控体系建设。深化"平安开福""天网工程""地网工程"建设，以反恐防暴为重点，坚决打击"两抢一盗"、电信诈骗、黄赌毒、非法集资、传销等违法犯罪行为，强化风险防控和动态管理。推进"智慧开福""智慧安保"建设，提升社会治理水平，保持全省"平安区县"称号。扎实开展信访突出问题化解行动，有效解决信访积案。完善安全生产监管机制，加强安全知识宣传，重点抓好道路交通、危险化学品、建筑工地、消防、特种设备等重点领域安全监管，坚决杜绝较大以上安全事故发生，保持省级"安全生产示范城区"称号。健全应急管理体系，提升应急处突能力。加强食品药品监管执法，促进社会共建共治，争创食品安全示范城区。

（四）建法治型社会，夯实厚德底蕴。坚持依法治区和以德治区相结合，做到法治和德治相辅相成、相互促进。

15．进一步提高法治水平。依法设定权力、行使权力、制约权力。规范行政程序，建立权责一致、分工合理、执行顺畅、监督有力的行政管理体制。深入实施政府法律顾问制度，将公众参与、专家论证、风险评估、合法性审查、集体讨论决定纳入法定程序。健全行政复议案件审理机制，充分发挥行政复议委员会作用。统筹推进法律监督、司法监督、民主监督，拓宽群众监督、舆论监督等社会监督渠道，构建一体监督的制度体系，打造职能科学、权责法定、执法严明、公开公正、廉洁高效、守法诚信的法治政府。

16．进一步建设厚德开福。建设更高水平的文明城市，深化文明单位、文明校园、文明家庭创建活动。加快社会诚信体系和个人征信体系建设，完善失信"黑名单"发布制度。突出价值引领，项目化运作、组织化规范、专业化支撑，推进学雷锋志愿服务制度化。大力弘扬民族精神和时代精神，广泛开展形式多样的爱国主义教育，传承湖湘红色文化，凝聚共同奋斗的精神力量。深入推进学习宣传道德模范、文明旅游和网络文明传播"三个专项"活动，评选身边好人，讲述开福故事、传播开福声音、提升开福形象，以厚德开福建设汇聚人才、集聚人气、凝聚人心。

17．进一步提升服务质量。增强"三服务"[⑲]效能，提升公共服务水平。加强政务服务窗口管理，切实做好"12345"市民服务热线工作。加快推进"互联网+政务"，拓宽政府信息公开渠道，进一步提升政务公开水平。依托网格化服务管理成果，深化"五零"创建，夯实健康发展的基层基础。推进行政审批

⑲ 三服务：服务基层组织、服务项目企业、服务人民群众。

“两集中、两到位”改革，落实权力清单、责任清单。积极妥善解决历史遗留问题，脚踏实地为基层排忧解难，着力打通服务群众“最后一公里”。

18．进一步加大廉洁建设。始终与以习近平同志为核心的党中央保持高度一致。全面落实党风廉洁建设责任制，规范领导干部从政行为。带头倡俭治奢，从严控制“三公”经费。严格执行“三重一大”规定[20]。加强行政监察，加大对重点领域、重点项目、重点资金的审计监督，严肃查处违法违纪案件。加强风险岗位廉洁管理，坚决压缩行政权力寻租空间。

同时，我们将继续支持工会、共青团、妇联、残联、侨联、工商联等群团组织开展工作，加强民族宗教、外事侨务、双拥共建、国防教育、人民武装、老龄老干、史志档案、机关后勤等工作，努力建设安居乐业、幸福和谐的开福。

各位代表，同志们，前景无限好，携手共奋进。让我们在市委、市政府和区委的坚强领导下，在区人大、区政协的监督支持下，不忘初心，继续前进，以更加坚定的信心、更加昂扬的斗志、更加务实的作风，为实现“升级发展、成就北富”而努力奋斗。

⑳　“三重一大”规定：即重大事项决策、重要干部任免、重大项目安排和大额资金的使用，必须经集体讨论做出决定。

政协长沙市开福区第四届委员会常务委员会工作报告

在区政协五届一次会议上的讲话

开福区政协第四届委员会主席　熊建伟

2016年11月25日

四年奋进，在团结携手中砥砺前行

政协长沙市开福区第四届委员会任期的四年，是开福经济社会阔步前行的四年，也是开福政协工作继往开来、积极作为的四年。四年来，区政协在中共开福区委的坚强领导和市政协的指导下，团结带领全体委员，深入学习贯彻党的十八大及三中、四中、五中、六中全会精神，坚决贯彻落实区委、区政府各项发展战略，坚持以改革创新为动力，以“汇聚委员正能量，共促开福大发展”为主题，全心全意助推发展，凝心聚力促进和谐，倾情倾力关注民生，以时不我待的紧迫感和使命感，在开福这方热土上燃烧激情，播撒希望，付出汗水，收获成果。

一、围绕中心、服务发展，助力开福前行

区政协充分发挥人民政协智力密集的优势，紧紧抓住事关开福发展全局的重大问题，积极开展各种形式的协商议政、考察、调研、监督等活动，深度融入开福发展大局,为推进党政科学民主决策发挥了重要作用。

咨政建言着眼全局。四年来，区政协组织委员围绕“十三五”规划、财政预算报告、“两院”工作报告、区划调整、乡镇撤并等重大问题开展协商建言，与区委、区政府领导和有关部门负责人坦诚交流发展思路，真诚交换意见建议。本届共召开全体会议5次、常委会议23次（其中专题考察9次）、主席会议44次，提出许多富有建设性的意见和建议，得到区委、区政府的充分肯定和采纳，为开福发展大局建睿智之言、献务实之策。

协商考察紧扣热点。四年来，区政协充分发挥协商民主的主渠道作用，紧紧围绕区委、区政府中心工作，对开福区规模畜禽养殖退出机制、政府购买社会服务、街道法律工作顾问制度、中小型生产企业转型升级等课题组织专题协商会议15次，对开福区义工工作、企业工资集体协商、闲置楼宇盘活、农村环境卫生整治等情况开展专题考察21次，并提出切实可行的协商、考察建议呈报区委、政府。其中，《关于建立开福区规模畜禽养殖业退出长效机制的建议》《关于政府向社会力量购买服务的建议》《关于在互联网+电商形势下，中小企业转型升级的建议》等一大批建议得到了区委、区政府主要领导的认可，助推开福区域经济的发展，促进社会民生问题的解决。

课题调研打造精品。四年来，区政协找准切入视角，认真打造议政精品，共向区委提交调研报告12篇。其中，《加快物流产业发展的思考和建议》的调研报告获全省政协系统优秀调研报告二等奖、中国物流学会课题三等奖；《关于注重现代与历史、商务与文化的融合，有效做好黄兴北路商务区和宗教历史文化街区的开发建设》得到了省委常委、市委书记易炼红同志的亲自批示，现已转交市城乡规划局，纳入长沙市历史步道规划之中；《霞凝古街申报纳入湘江古镇群建设》的建议由湘江古镇群开发建设领导小组正

式批准同意，拉开了古镇建设新序幕。

民主监督改进政风。四年来，区政协先后向教育、建设、卫生等14个区直职能部门派驻民主监督员，积极参与各职能部门的日常工作督查、行风政风评议等工作，定期召开民主监督员工作会议，有效促进部门的作风转变。并先后组织对区交通运输局、区城乡建设局、国土分局、交警大队等单位开展民主评议，通过现场考察、委托暗访、听取汇报、回访复查等多种方式，督促被监督单位发现问题，整肃工作作风，提升服务水平，打通服务群众的最后一公里。

融入中心主动作为。四年来，区政协牢固树立大局意识，与党委、人大、政府等其他几套班子同舟共济，不畏艰辛，勇挑重担，在项目建设、区域招商、社区整治等各项重点工作中建功立业，积极作为。区政协班子成员担任黄兴北路、潮宗街、火车北站、炮后街、拆违控违等多个项目指挥部的政委、副指挥长，直接服务于中心，助力旧城改造、项目拆迁、城区提质等；配合政府开展招商引资、社区提质改造、抗灾救险等工作，为开福经济发展和民生改善倾注心血。

二、与时俱进，积极创新，提升履职水平

四年来，区政协立足工作本职，紧扣时代脉搏，积极探索履行职能的新形式、新领域、新途径，以创新求发展，以创新求实效，推动履职水平的整体提升。

强化委员履职管理。结合政协工作实际，全面推行委员实绩考核，创新委员进退留转和奖惩机制，出台了《政协委员履职考核办法》，建立《政协委员履职考核档案》，由政协委员会、各专委会、街道政协联络处实行“三合一”的履职考核评定。四年来，共有30名委员因积极履职、贡献突出被评为开福区优秀政协委员，共有32名委员因履职不到位被约谈提醒，14名被书面提醒,7名被劝辞。这一敢为人先的制度创新，赋予了政协工作源源不断的生机和活力。

拓展委员履职平台。区政协全面强化委员工作站（室）制度化、规范化建设，不断延伸委员履职空间。依托全区17个委员工作站、5个委员工作室组织委员开展经常性履职活动。四年来，委员们共组织履职活动1022次，在基层共收集群众问题5103个，通过反馈、跟踪、督办解决4847个，拉近了人民政协与人民群众的距离。2016年，区政协积极响应省政协“互联网+政协云”的新理念，依托信息化手段，在芙蓉北路街道首开“线上委员工作站”试点，并在全区推广。“线上委员工作站”的建设，极大提升了各工作站的信息收集能力与服务群众能力，使开福政协成为“互联网+协商”这一新模式的先行者、排头兵。

创新基层协商模式。2015年以来，区政协着眼于党政所想、群众所盼、社会所需、委员所能，在委员参与街道、社区事务协商方面进行积极的探索和实践，在全省率先推出了基层协商这一全新创举，打通了基层“微循环”。近年来，委员利用各街道“线上+线下”两位一体的基层协商平台，直接立足基层协商解决问题114个。其中“指导富雅花园小区成立业主委员会，促进小区自治”“拆除安置小区违建单车棚改建社区公园”“协商增加金霞片区公交车线路问题”“关于欧洲馆运营问题协商”等案例的成功开展，为群众解决近在眼前的生活难题，带来了触手可及的便利实惠。2016年6月20日，人民政协报新闻研究部主任秦志勇到区政协调研采访，给予了高度赞誉，将开福政协的基层协商模式称之为新形势下政治协商的“开福版本”。

三、关注民生，主动发力，促进社会和谐

“民为邦本，本固邦宁”。关注民生、履职为民，是人民政协工作的分内之责、应守之义。四年来，区政协充分发挥联系面广、包容性大的优势，坚持为民情怀，关注民生视角，为增进社会发展和民生福祉谏诤言、出实招、谋良策。

社情民意为民代言。四年来，区政协通过调研考察、开设信箱、网上征集等形式，广泛收集社情民意，共收集社情民意992条，其中全国政协采用3条，省政协采用16条，市政协采用58条，区政协采用30条，有24条得到了省市领导的批示。开福区社情民意工作2013、2014年位居全市区县排名第一，2015年位居全市第一。委员们撰写的《关于送达证据副本，维护被告人自行辩护权利的建议》《警惕藏传佛教在内地的发展》《关于加强高层小区电梯安全管理的建议》《拆违以后还需拆围》等一大批优秀信息，“直通”中央、省、市、区，解决许多涉及群众利益的具体问题，树立了贴近百姓，务实有为的人民政协新

形象。

提案办理惠及民生。四年来，区政协共收到提案585件，其中集体提案34件，立案472件，立案率为80.7%，办结率100%；共办成A案245件，占立案数的51.9%。提案工作为社会民生改善发挥了积极作用，其中，《关于湘江世纪城风光带建设的建议》，结束了湘江世纪城风光带长期无人维护管理的历史；《关于治理楚家湖污染的建议》，促成了楚家湖污水处理厂、楚家湖生态修复等一批项目的落地；《对失独家庭提供人道主义关爱的建议》促成了《开福区计划生育特殊家庭帮扶办法》的出台，《关于建设好鹅羊山公园，凸显区域生态优势的建议》，经四年持续督办，已于2016年下半年动工建设。

精准扶贫传递温暖。四年来，区政协始终心系群众，情牵民心，坚持以"双百帮扶"与"爱心助学"两大品牌为抓手，鼓励委员奉献爱心、助残助学，积极参与社会公益事业。领导班子带头开展"结对帮扶"，深入联系户解决实际困难，释增慧、黄泽圣、汤萌、李亮等一大批委员，乐善好施、扶危济困，弘扬正能量。本届全区政协委员累计捐款103.88万元，累计慰问贫困户近千人次（其中，"爱心助学"活动资助中小学生152名）。

存史资政倾力传承。区政协始终把"存史资政"作为对历史、对社会、对人民义不容辞的责任，广泛动员政协委员及各界人士撰写亲历、亲见、亲闻的文史资料，先后编辑出版《潮宗古街》《开福山水》《政协32年》；着眼开福政协工作需要，汇编《开福政协》月刊46期，编印了《社情民意信息汇编》《优秀提案汇编》《基层协商案例选编》《开福政协摄影俱乐部影集》等，为开福政协事业积累宝贵经验；立足保护区内历史文化资源，积极推进对文昌庙、东岳宫、龙王庙等历史遗迹进行抢救性修复等工作，提升了开福文化软实力。

四、多措并举，务实有为，聚集工作合力

区政协着眼于人民政协事业的长远发展，按照"创新、务实、高效"的工作要求，不断内提素质、外塑形象、完善机制，全面提升政协工作水平。

人文关怀激发活力。委员是政协履职的主体，区政协十分重视委员队伍建设，重视对委员的人文关怀，先后两次组织委员前往复旦大学、南京大学学习培训，邀请专家学者对委员进行集体"充电"，使委员们在互动交流中融洽感情、提升能力；坚持主席会议每周走访委员，深入委员单位，倾听委员意见，鼓励委员建功立业，协调解决委员工作中的相关问题；经常组织委员开展摄影和各类体育比赛，并开展生日慰问、爱心互助等活动，增进队伍活力和凝聚力，让委员有更多的获得感。

合作共事增进共识。区政协始终坚持团结、民主主题，积极为各民主党派、工商联、无党派和社会各界人士创造协商空间、优化议政条件。每年中秋组织各民主党派、工商联、无党派人士举办联谊茶话会；在各项履职活动中诚挚邀请各方人士参与，广泛听取各方意见。四年来，各民主党派、工商联和无党派委员共牵头组织履职活动145次，参与基层协商46次，提交提案172件，撰写社情民意205条，在政协履职中大展身手，建树良多。

交流联谊互促互惠。区政协始终坚持开放、交流的理念。四年来，共接待人民政协报、省（市）政协领导和兄弟区县（市）政协133个批次到区考察调研，并就社会组织创新、垃圾分类、ppp项目运作模式等一系列课题赴兄弟区县调研学习，借鉴各地成功经验。开福政协美誉度和影响力在交流中得到推介和提升。

机关建设提升效能。政协机关是政协工作开展的"总开关"。四年来，区政协坚决落实各级党委部署，坚持以群众路线教育、"三严三实""两学一做"为抓手，以履职活动为依托，切实加强机关思想、组织、作风和制度建设，形成团结、务实、高效的工作氛围。

各位委员，"积力之所举则无不胜，众智之所为则无不成"，开福政协四年来取得的成绩离不开中共开福区委的正确领导和上级政协的精心指导，离不开区人大、区政府的大力支持和离退休老同志、社会各界的关心帮助，离不开全体政协委员的团结协作、努力奋斗。在此，我谨代表开福区政协第四届常委会，向重视、关心、支持区政协工作的区委、区人大、区人民政府、各级各部门和社会各界人士表示诚挚的感谢。向为开福政协工作做出过重大贡献的区四届政协领导班子、全体常委、委员及历届政协老领导、老同志致以崇高的敬意。

四年来的所得、所思、所感

四届区政协继承和发扬历届政协的优良传统，不断深化对人民政协性质、地位、作用的认识，在工作实践中积累了许多经验。这些经验，既是长期积累的宝贵财富，也是政协工作必须遵循的重要原则，值得我们倍加珍惜。

一、坚持党的领导，是发展政协事业的根本保证。中国共产党是中国特色社会主义事业的领导核心。四年来，区政协牢固树立核心意识，自觉服从区委领导，坚定不移地维护区委权威、贯彻区委决策，做到与区委在思想上同心同德、目标上同心同向、行动上同心同行，确保党的重大决策部署在政协工作中得到全面贯彻落实。实践证明，只有坚持中国共产党的领导，人民政协事业才能有可靠的政治保证，才能始终沿着正确的政治方向前进。

二、坚持服务大局，是履行政协职能的首要任务。四年来，区政协牢固树立大局意识，自觉将政协工作融入全区工作大局，选准结合点、切入点，突出针对性、实效性，在选择课题上求精、查找问题上求实、协商议政上求专、建言成果上求效，力求参政参到点子上，议政议到关键处，积极促成履职成果转化，有力推动开福经济社会又好又快发展。实践证明，只有自觉围绕中心、服务大局，把心思和精力集中到干事创业上，把智慧和力量凝聚到促进发展上，人民政协才能在履行职能中发挥作用、实现价值。

三、坚持以人为本，是弘扬政协主旨的应有之义。人民政协始终坚持为民理念，始终把维护和保障最广大人民的根本利益放在心上。四年来，区政协牢固树立民本意识，始终把群众的利益放在首位，选择人民群众普遍关心的热点、难点问题，解难事、办实事、干成事，使一些涉及群众切身利益的实际问题得到妥善解决，架起了党委政府与人民群众的“连心桥”。实践证明，只有坚持以人为本、履职为民，才能始终保持与群众的血肉联系，树立人民政协为人民的良好形象。

四、坚持团结民主，是发挥政协作用的永恒主题。人民政协是党和政府联系社会各界的桥梁和纽带。四年来，区政协坚持把发扬民主、增进团结、凝聚人心、促进和谐贯穿于政协工作的全过程，坚持各党派团体、各界人士平等相待、民主协商、合作共事，为他们参政议政、发挥作用创造良好环境，协助区委、区政府做好协调关系、理顺情绪、化解矛盾的工作，努力营造开福政通人和、共谋发展的大好局面。实践证明，只有牢牢把握团结、民主两大主题，团结一切可以团结的力量，调动一切积极因素，才能更好地助力经济发展，服务民生改善。

五、坚持开拓创新，是推动政协前行的不竭动力。四年来，区政协牢固树立创新意识，积极探索履职新思路、新方法、新机制。坚持以思路创新推动工作创新，在实践中不断丰富拓展工作思路，开辟履职平台；坚持以方法创新推动工作创新，积极探索丰富委员活动方式，履职目标更加明确，工作重点更加突出；坚持以机制创新推动工作创新，健全完善政协工作机制，不断激发自身内在活力。实践证明，政协工作只有坚持在继承中发展、在发展中创新、在创新中前进，才能跟上时代步伐，始终保持旺盛的生命力。

同时，我们也清醒地看到，尽管我们的工作取得一定的成绩，但相较于时代的需求与人民的期盼还有一定的差距。主要是：政治协商的内容、形式、程序还有待进一步规范；民主监督的渠道、方式、方法还有待进一步探索；参政议政的成果转化还有待进一步深化；提案和反映社情民意的质量还有待进一步提高等等。这些都需要我们认真研究，在今后的工作中不断改进、完善。

科学谋划开福政协未来五年的新征程

今后五年，是开福致强崛起的关键期，加快转型升级的攻坚期，率先实现基本现代化的决胜期，也是开福政协事业继往开来、再迈雄关、再创辉煌的重要阶段。2016年8月召开的中共开福区第五次党代会，已描绘了开福未来五年发展的宏伟蓝图。新的时代引领新的征程，伟大目标催生壮志雄心。区委确定的发展战略既是全区人民的共同追求，也是政协今后五年工作的努力方向。

未来五年，区政协工作的指导思想是：在中共开福区委的坚强领导和市政协的指导下，全面贯彻落实区委第五次党代会确定的“升级发展，成就北富”发展主题，高举团结、民主旗帜，积极履行政治协商、民主监督、参政议政三大职能，以“成就北富我给力，厚德开福向我看齐”为工做主线，服务开福经济社会发展大局，为打造“强盛、精美、幸福、厚德”的现代都市新名片做出新的更大的贡献。

贯彻新精神，牢固树立使命意识。当前和今后一个时期，全区各级政协组织和广大政协委员要把学习贯彻区第五次党代会精神作为一项重要政治任务来抓，切实把思想和行动统一到区委的决策部署和要求上来，牢固树立“舍我其谁”“功成不必在我、建功必须有我”的使命和担当，激励委员在各自岗位上建功立业，以骄人的业绩为“成就北富”大业增光添彩。区政协领导班子在区委的统筹下，将在委员中组织开展 “成就北富我给力，厚德开福向我看齐”的主题活动，充分汇集全体政协委员的智慧力量，引导委员积极投身全区征收拆迁、项目建设、经济发展、信访维稳主战场，为开福发展大局奋力拼搏，无私奉献。

适应新常态，全力助推开福发展。紧紧围绕区委第五次党代会总体工作部署，准确把握开福区“成就北富”大局中所面临的机遇和挑战，积极谋划推进开福发展的新思路和新办法。围绕区委提出的“两化融合、三金致强、项目为王、严实治理”四大战略和“兴效益型产业、创品质型城区、办普惠型民生、建法治型社会”四大任务，抓住经济社会事业和改革发展的重点领域和关键环节，组织委员多层次、多形式地开展调研、考察、协商，吸纳各方智慧，提出诤言良策，为“升级发展、成就北富”高点起步汇智尽力。具体而言，每年分别组织5个专项考察、5个专题协商，每年评议1个单位，派出五个民主监督小组进驻5个单位。做到每次协商、调研都有高质量的调研报告和协商建议，每次考察、评议和小组监督都有过程、结论和反馈。

顺应新期盼，努力增进人民福祉。“人们对美好生活的向往，就是我们的奋斗目标”。区政协将坚持把关注民生、保障民生、改善民生作为履行职能的出发点和落脚点，着力反映和解决人民群众最关心、最直接、最现实的利益问题。坚持挖掘社情民意信息深度，充分发挥社情民意 “直通车”作用；坚持强化民主监督组织化程度，促进被评议单位服务能力的提升，维护群众利益；坚持拓展建言广度，重点关注民生保障和改善问题，提高人民群众幸福指数；坚持开展基层协商，依托“线上+线下”履职平台，解决基层民生中的热点难点问题；坚持把握扶贫工作精度，探索建立扶贫长效机制。

增进新共识，广泛汇聚各界力量。区第五次党代会报告中明确提出：“要把各界智慧凝聚起来、创造活力激发出来，共同为开福发展画出最大最美的同心圆”。作为中国共产党领导下的多党合作和政治协商的重要机构，为改革增进共识、为发展凝聚力量，是人民政协的职责、使命所在。未来五年，我们将积极响应区委要求，充分发挥人民政协桥梁纽带的作用，坚持做好团结稳定工作，畅通社会各阶层、各方面利益诉求表达渠道；坚持深化与各民主党派、工商联、人民团体的合作共事，为各界创造参政建言空间；坚持加强与各界别、各社会组织、各阶层群众的联系，最大限度地把全区人民的意志和力量汇集起来，为实现开福的致强崛起共同奋斗。

落实新要求，全面提升履职水平。积极适应转型创新发展新形势对人民政协工作提出的新要求，不断增强履行职能的紧迫感和使命感，夯实履职基础，增强履职活力，提高履职成效。坚持体制机制创新，在创新中提升政协工作的制度化、规范化、程序化水平，并结合发展需求不断推进工作创新；坚持强化委员动态管理，进一步完善委员履职考核办法，激发委员活力；坚持促进委员能力提升，按照每年到中组部定点的高校轮训一次的总体安排，实现届内委员培训的全覆盖；坚持加强组织建设，全面加强全区各级政协队伍的思想、作风和能力建设，使队伍呈现崭新面貌。

2017年开福政协的履职重点

2017年是第五届区政协扬帆起航、奋发作为的开局之年，区政协将在中共开福区委的坚强领导下，紧紧围绕“升级发展、成就北富”的发展主题，以昂扬向上、矢志不渝的精神状态，以志不求易、事不避难的责任担当，切实坚定信心、集聚动力、破解难题，实现第五届政协工作的良好开局。

议政建言精准发力。区政协将围绕区委党代会工作报告提出的目标要求，顺势而谋，因势而动，将议政建言与“成就北富”建设大局紧密结合起来，充分用好人民政协话语权。一是精心开展专题协商。聚焦区域经济发展和社会热点问题，就金霞保税跨境电商的发展、住宅电梯的运行与安全、农安小区提质改造、对困境儿童的关爱工作、提高全民义务教育均等化水平开展五次专题协商，广泛听取政协委员及相关专家的意见和建议，为区委、区政府提供高质量的决策参考，并做好专题协商与提案督办的结合文章。二是认真组织专题考察。着眼全区工作大局和基层民生课题，组织对金鹰片区文化产业发展、禁毒工作、乡村道路交通安全城市化管理工作、社区卫生服务中心能力建设、残疾人“生活小秘书”项目建设五个专题开展考察，为实现社会全面发展谏诤言、谋实招。

履职任务目标明确。一是实现提案工作新突破。加强委员培训，提高提案撰写质量；精心征集提案，突出集体提案比重，推动政协提案从“数量型”向“质量型”转变；继续推行主席会议领衔督办重点提案，精选5件提案作为重点督办提案，其中2件分别呈请区委书记、区长签批，3件由主席会议领衔督办，并由各专委会各选一件提案进行对口促办。二是实现社情民意新突破。继续重视和加强社情民意工作，建立更为广泛、更加顺畅的社情民意通达渠道，确保开福区社情民意继续全市领先，让政协工作更接地气、更能反映群众意愿和呼声。三是实现民主监督新突破。充分履行政协民主监督职能，组织对区文体新局开展民主评议；采取界别与专委会相结合的方式，向区法院、区发改局、区食药局、区城管局、区交通局等5个单位派驻民主监督小组；加大对区直部门执行区委、区政府决定落实情况的监督，实现重点监督与常态监督的有机结合，进一步优化政风行风，推进工作落实。四是实现履职成果转化的新突破。结合自身工作实际，配合区委出台《政协委员履职成果采纳和反馈工作制度》，为政协各项履职成果的良性转化提供坚强制度保障。

主题活动务求实效。区政协将按照“交朋友、连真心、解民困、促和谐”的总体要求，为开福发展凝聚最大合力。一是深化精准扶贫活动。深刻领会习总书记提出扶贫工作“贵在精准，重在精准，成败之举在于精准”的工作要求，重点对贫困学生和残疾人特困家庭进行“一对一”精准帮扶，重在“扶智”，变“输血式扶贫”为“造血式扶贫”。二是丰富基层协商活动。区政协将着力推进“线上委员工作站”建设全覆盖，实现“线上”“线下”协商平台的有机融合，并探索建立《基层协商考核办法》，不断强化、完善基层协商能力，真正为人民群众办好实事、解决难题、提供帮助。三是全面贯彻工做主线。区政协将把“成就北富我给力，厚德开福向我看齐”这一工做主线全面贯彻到各项履职任务中，在委员队伍中大力倡导干事创业的履职意识，形成比学赶超的竞争氛围；努力弘扬崇德向善的价值理念，充分发挥政协委员的表率和示范作用，为开福社会各界传递积极向上的正能量。

固本强基重点突出。2017年，区政协将坚持以制度建设为重点，把打牢基础、练好内功作为展示政协魅力、扩大政协影响的基石。一是加强队伍建设。按照“属地”“就近”原则，科学合理地将委员划分到各个委员工作站；继续探索完善委员工作室，更好地发挥委员特长服务社会；强化委员动态管理，科学设定委员履职内容，完善委员履职考核办法，全面推行委员百分制量化考核；提升队伍履职能力，精选一批委员赴厦门大学学习培训；继续坚持每周走访委员制度和生日上门慰问制度；精心组织活动，根据委员爱好、特长设立多个兴趣小组；营造学习氛围，由政协各办委牵头，以机关为主体每月开展一次学习活动；继续做好《开福政协》月刊的编辑工作。二是加强自身建设。切实发挥好政协领导班子的核心堡垒作用、专委会的基础作用、街道联络处（委员工作站）的平台作用，共同营造“严谨高效、勇争一流”的履职氛围。三是加强制度建设。在认真总结第四届区政协制度建设经验的基础上，重点建立健全政协成果采纳和反馈机制、政协履职考核机制、提案办理回访机制、基层协商考核办法等四项常态工作机制，修改完善相关工作制度，出台第五届政协制度汇编，推进政协工作的制度化、规范化、程序化。四是加强作风建设。通过教育引导和制度规范，在机关和委员中积极营造“讲政治、勇担当、善协作、守纪律”的良好风气，更好的服务开福发展大局。

各位委员，各位同志。回首往昔，我们收获成果，铸就辉煌；放眼未来，我们信心百倍，满怀期待。今天，开福政协第五届委员会正踌躇满志，整装待发，即将踏上新的征途。“潮平岸阔催人进，风正扬帆当有为”，让我们在中共开福区委的坚强领导下，和衷共济，群策群力，开拓进取，为开福“升级发展、成就北富”建功立业，为长沙建设成为国家中心城市贡献力量。

大事记

1月

1月5日 区委四届二十次全体（扩大）会议暨经济工作会议召开。

1月6日 市人大常委会主任袁观清到区四方坪街道调研胜利村城中村改造拆迁工作。

1月8日 金霞经开区召开“产业兴园”总结表彰暨经济工作会议。总结回顾园区“十二五”发展成果，谋划“十三五”规划发展任务，安排部署2016年度工作。

1月11日 政协开福区四届五次会议开幕。区政协委员、特约委员、列席人员等400余人出席。

1月12日 开福区第四届人民代表大会第六次会议开幕，

1月13日 区四届人大六次会议和政协四届五次会议圆满完成各项议程，胜利闭幕。

1月15日 市委原副书记、原市长袁汉坤，市人大常委会原副主任易希文，市政协原副主席唐正湘等12位市级老领导到金霞经开区考察高岭国际商贸城、金霞跨境保税直购中心项目。

1月16日 长沙栖凤路新增894株法国梧桐。栖凤路绿化提质改造项目东至二环线，西至两馆一厅，全长约4千米，全线新栽种法国梧桐894株，提质绿化面积7022.9平方米。

1月21日 “一带一路”中老粮食合作成果发布会暨老挝大米中国首发仪式在金霞保税区举行。省、市相关部门和老挝农林部、工贸部、驻华大使馆负责人，及沈裕谋、杨应龙、张春雄等区领导出席。

同日 青竹湖生态科技（产业）园管委会与北京齐尔布莱特科技有限公司正式签订“汽车之家”电商项目入园协议，这是继“芒果汽车”之后，落户青竹湖园区的又一汽车电商项目。项目落地后，将以线上线下结合模式，开展汽车及其零部件、饰品的销售及批发，汽车维修、保养、寄售、代购、代销、租赁等业务。

1月22日 区委组织召开机关离退休干部区情通报会，廖建华、谢伟峰、周志军、邹犇淼等区领导，以及部分老干部代表参加。

同日 国家财政部社会保障司副司长秦斌一行到长就社保工作进行调研，实察看开福区大学生创业就业示范点——佳海工业园雷邦科技有限公司。

1月23日 2016意大利购物节暨开福区消费节在万达广场启动，40多个意大利品牌集中热卖，市政协副主席、市工商联主席彭继球，区委副书记、区长沈裕谋等出席开幕式。

1月26日 市委副书记、市长胡衡华到区朝正垸拆违现场督查拆违工作。

1月27日 区总工会开展“爱心慰问 情暖职工”大型走访慰问活动，为410余名各类困难职工送去慰问金33万元。

同日 台湾合作金库商业银行董事长廖灿昌一行，就在长沙选址开设分行事宜，到区考察洽谈。

1月29日上午，法国驻武汉领事馆总领事马天宁到开福区湖南进出口商品展示交易中心调研，并对接了解金霞保税物流中心招商合作情况。

2月

2月1日 省委常委、长沙市委书记易炼红到望麓园街道水风井社区指导检查工作。

同日 市人大常委会主任袁观清到区走访慰问困难群众和离退休老红军。

2月2日 省民政厅厅长段林毅到望麓园街道荷花池社区走访慰问失独、残疾等困难群众。

同日 区委、区政府领导与200名环卫工人共进猴年小年“团年饭”，并向全区环卫工人送上新春祝福。活动得到爱心企业的支持。郴州瑞钮博环卫设备有限公司向区环卫局捐赠了价值100万元的10座环卫工作间（休息室）。

2月4日 区人大常委会组织举行首次新任命国家工作人员宪法宣誓仪式。

2月5日 市委领导到区走访慰问全国最美社区人、中国好人卢瑞雄和第五届全国道德模范提名奖获得者谢子龙。

2月14日 省委书记徐守盛到区望麓园街道荷花池社区走访慰问基层工作人员和社区群众，考察“服务基层群众最后一公里”工作有关情况和社区居民公共文化生活。

2月15日 全区2015年度“六个走在前列”绩效考核通报讲评暨2016年项目建设推进大会召开。

2月17日 湖南省“青年之声”平台传承社工联合长沙市红十字会的志愿者，在望麓园街道富雅坪社区开展新春送爱心“手工义卖坊”社会实践活动，将义卖所得善款捐赠给社区困难青少年家庭。

2月22日 区第四届纪委第六次全体会议召开，贯彻落实习近平总书记系列重要讲话和中央、省、市纪委全会精神。

2月26日 人民日报、中央电视台等中央驻湖南省媒体负责人到金霞经开区开展专题采访调研，围绕园区经济发展的新理念、新举措、新亮点、新突破、新成就，实地参观考察了国控湖南、中民筑友、高岭国际商贸城、金霞跨境产贸城等项目。

3月

3月3日 市人大常委会党组书记、主任袁观清率主任会议成员到区调研，考察清水塘炮后街棚改项目、浏阳河风光带滨河南路段，以及中民筑友和芒果汽车项目现场，并召开调研会议。

同日 2016经济形势分析报告会暨湖南省浙江商会招商会在北辰三角洲举行。区委副书记、区长沈裕谋出席并作《新发展的浅思考》主题报告

3月6日 省委常委、市委书记易炼红到区调研重大项目建设工作，实地察看星沙联络线、朝正垸水环境综合整治景观工程，督促检查各项工作推进情况。

3月7日 “开启幸福·巾帼迈步”2016年开福区女干部庆“3·8”健步走比赛暨“家庭助廉”活动在沙坪街道汉回村举行。

3月10日 团省委书记汤立斌一行率队到区调研青年创业基地工作，实地调研乐共享创业基地、菁芒创客空间等

3月12日 区全民义务植树活动开展。2000多名植树志愿者在6个植树点铺种草皮5000余平方米，栽种香樟、桂花等苗木820多株，增绿达1.2万平方米。

3月15日 长沙市“崇德尚信 诚实守信”主题活动暨开福区“3·15”国际消费者权益日活动在湘雅路老百姓大药房前坪举行。

3月16日 省总工会组织全省100名乡镇（街道）工会主席到四方坪街道观摩学习工会组织规范化管理和精细化服务工作。

3月25日 华创国际举行名企集体签约入驻仪式，中国人寿财产保险股份有限公司湖南分公司、中国平安财产保险股份有限公司湖南分公司、普华永道中天会计师事务所、平安普惠投资咨询有限公司湖南分公司、西部证券股份有限公司、上海吉祥航空股份有限公司，以及湖南九鼎江山电子商务有限公司7家名企集体入驻。

4月

4月1日 区环卫局配备240多名环卫人员在城北二环线以外正式“履新”作业，区环卫全面接管二环线外260万平方米道路清扫保洁工作。

同日 沙坪街道全面完成拟合并村（社区）村（居）民投票工作。合并村（社区）后，沙坪街道所辖村（社区）总数将由原来的13个减至7个。

同日 捞刀河街道全面完成合并村（社区）村（居）民投票工作，合并村（社区）后，捞刀河街道所辖村（社区）总数由原来的11个精减至6个。

4月6日 市委宣传部到区调研文化产业项目，到潮宗街、滨河南路、沙坪湘绣广场实地走访。

4月6日 区一季度财政收入完成进度及税占比排名全市第一。

同日 青竹湖生态科技（产业）园管委会与湖南顺瑞医疗投资有限公司举行战略合作协议签约仪式，顺瑞医疗投资有限公司入驻青竹湖园区创业服务大厦。湖南顺瑞医疗投资有限公司注册资本1000万元人民币，经营范围包括医疗器械产品研发、销售等领域。

4月7日 秀峰街道全面完成合并村（社区）村（居）民投票工作，合并村（社区）后，秀峰街道所辖村（社区）总数由原来的10个精减至8个。

4月8日 省政协副主席杨维刚一行到区乐共享创业基地调研青年创业相关工作，了解平台的商业模式和运行现状，听取平台内青年创业团队的工作情况汇报。

4月11日 由新河街道举办的长沙市第三届琼花艺术节闭幕。

同日区环卫局采购的新型不锈钢保洁车正式投入使用，该批新式保洁车共595台， 300台发放到各环卫所。

4月15日 全市棚户区改造、房屋征收和拆违复建工作会议召开，市委书记易炼红、市长胡衡华到会并作讲话。

同日 秀峰街道新大塘社区、湘荷村正式挂牌成立，新大塘社区由原大塘基社区、大塘村合并成立，湘荷村由原湘粤村、荷叶村合并成立。

同日 沙坪街道6个新成立村（社区）举行揭牌仪式，此次区划调整改革后，沙坪街道下辖5个村、2个社区，减少6个行政村。

4月18日 老百姓医药健康产业园项目签约仪式在金霞经开区举行。老百姓医药健康产业园项目落户金霞。

同日 捞刀河街道4个新成立的村（社区）在15日顺利挂牌后，分别召开临时工作委员会第一次全体会议，正式进入合署办公。

同日 青竹湖街道彩霞社区、新太安社区、天胜社区、金霞新村社区正式挂牌运行。此次区划调整改革后，青竹湖街道下辖社区（村）由15个精简至11个。

4月19日青竹湖生态科技（产业）园管委会与长沙墅美美网络科技有限公司举行战略合作协议签约仪式，标志着该公司正式入驻青竹湖园区湖心岛创意软件园。长沙墅美美网络科技有限公司经营范围包括网络技术研发，房地产中介服务、文化艺术咨询、文化活动策划、广告设计制作发布等。

同日 区党风廉政建设主体责任书记集体约谈暨推进区纪委派驻机构统一管理和两项专项整治工作会议召开。

4月20日 长沙金霞保税物流中心与湖南湘欧快线物流有限公司、湖南网邦软件科技有限公司举行项目签约仪式。

4月21日 开福区工商业联合会（总商会）第六次会员代表大会召开。鲁碧君当选为区工商联（总商会）第六届执行委员会主席（会长）。

4月24日 “活力开福·率先星城”2016年开福区全民健身节系列活动启动式暨“骑乐无穷”自行车骑行活动在高岭国际商贸城举行，800余位骑行爱好者参加。

4月25日 开福区第四次妇女代表大会召开。选举产生新一届执行委员会和区妇联领导班子，周庆辉当选为区妇联主席。

4月26日 共青团开福区第四次代表大会召开。会议选举蔡哲为共青团开福区第四届委员会书记，肖冠男为副书记，“90后”社会组织负责人李慰为兼职副书记。

4月27日 开福区工会第四次代表大会召开。齐芳当选为区总工会第四届委员会主席；王辉君、徐凡、杨新初当选为副主席；董志平当选为兼职副主席。

4月28日 区第四次归侨侨眷代表大会召开。选举产生区侨联第四届委员会委员和领导班子，刘芳当选为区第四届侨联主席。

同日 互联网智能终端及云平台项目签约入驻金霞经开区。

4月29日 市委常委、组织部部长程水泉一行到区专题调研基层党建工作，实地察看望麓园街道富雅坪社区、新河街道陈家湖社区、洪山街道洪山桥社区、清水塘炮后街棚改项目和滨河南路浏阳河风光带项目。

同日 2016（湖南）新能源汽车推广应用及产业发展对接会在青竹湖国际会展中心举行。

同日 中央统战部、国家宗教事务局相关领导到区调研调研宗教工作。

同日 开福区美术家协会成立大会暨第一次会员代表大会召开，选举产生协会第一届主席、副主席、秘书长。美术领域专家学者近150余人参加。

4月30日 汉沙公路（檀木岭至沙坪段）提质改造项目正式启动。该路段长1990米，路面宽6米，计划投资480万元。

5月

5月1日 区党政机关实行错时上下班制度，上下班时间统一调整为：夏季作息时间（7月1日至9月30日）：9:00—12:00，13:30—17:30；冬季作息时间（10月1日至次年6月30日）：9:00—12:00，13:00—17:00。（红网）

5月4日 市委副书记、市长胡衡华率队到区调研棚改工作，实地察看清水塘炮后街、历史步道、开福寺及周边地块等棚改项目，并召开调研会议。

5月5日 市人大常委会主任袁观清率队到区督查防汛工作，实地察看北辰三角洲深基坑、滨河南路、沙河堤防、捞刀河堤防、筒车坝泵站等地防汛准备情况，并听取相关工作情况汇报。

5月10日 省委常委、市委书记易炼红一行到区调研经济社会发展情况，实地察看了清水塘炮后街棚改项目、陈家湖社区提质改造情况、浏阳河风光带建设、车站北路北延线建设项目，随后召开调研座谈会。

5月12日 省减灾委组织各成员单位在月湖公园东广场举行2016年“5·12”国家防灾减灾日集中宣传活动，副省长、省减灾委主任蔡振红出席并讲话。

5月13日 湖南百英信息科技有限公司揭牌仪式在金霞电商大厦举行，全省最大外贸公共服务平台——湖南外贸网正式落户金霞，面向全省商务部门和外贸企业提供服务。

5月16日 区委副书记、区长沈裕谋率队赴上海对接招商工作，分别考察上海临港集团和红星美凯龙集团。向上海临港集团推介了跨境电商产贸城项目，并就临港园区建设、跨境贸易和物流等进行交流。与红星美凯龙就在区投资的家居MALL、智慧物流城、商业综合体项目有关具体问题进行探讨，进一步深化共识。

5月17日 区2016年科技活动周“军民融合·创新创业”座谈会在伍家岭街道科大佳园社区举行。

5月19日 省政协主席、省委常委、省委政法委书记李微微到区民营企业发展、供给侧结构性改革等工作。

5月21日 2016中部(高岭)建材家居批发交易会暨高岭国际建材家居城开业典礼举行，湖南建材家居从此开启“买全球、卖全球”新时代。

5月23日 省委常委、市委书记易炼红率队到区调研公共停车设施建设与管理工作，实地察看湘江大道大西门停车场、湘雅路口停车场等多个公共停车场建设项目，专题调研破解省会停车难。

5月24日 开福区政府行政复议委员会正式成立。区政府行政复议委员会负责审核重大、疑难、复杂的行政复议案件，研究全区行政复议工作中的重大问题及其他相关工作。

5月27日 滨河南路浏阳河北岸风光带绿化工程全面完工，三条游步道和沿线三大休闲广场全面建成。

5月31日《开福年鉴》创刊工作动员暨《开福年鉴（2016）》组稿培训会召开。《开福年鉴》编纂工作正式启动。

6月

6月2日 市政协党组书记、主席范小新率市政协主席会议成员到区调研，考察新河街道陈家湖社区、浏阳河风光带滨河南路段、芙蓉北路街道政协联络处“线上委员工作站”和高岭国际商贸城建材家居馆，并召开会议。

6月3日 开福区首家24小时街区自助图书馆在烈士公园南大门前坪东北面正式建成并免费开放，这是目前长沙市面积最大、藏书最多、服务最优的街区自助图书馆。

6月5日第45个世界环境日，长沙市第二届环保文化节开幕式暨浏阳河生态环保益行活动在滨江文化园启动。省委常委、市委书记易炼红，市委副书记、市长、市环委会主任胡衡华为长期从事环保事业的工作者代表颁发国家环保部纪念章，为环保志愿者小分队代表授旗。

6月8日 中欧班列（长沙—欧洲）统一品牌启用发车仪式在金霞经开区霞凝货场举行。副省长何报翔，副市长廖健等省市区领导出席。

6月17日 省委常委、市委书记易炼红，市委副书记、市长胡衡华与市四大家领导班子以及市直部门、区县(市)、园区负责人一道，到区观摩造绿复绿项目，实地察看浏阳河风光带滨河南路提质改造项目和湘江风光带开福区段提质改造项目。

6月22日 湖南省异地商会“同心结对”开福行活动举行。

6月24日 全区重大项目建设观摩讲评会召开，对浏阳河风光带、福鑫苑农民安置房、车站北路北延线等15个全区重点项目进行现场观摩讲评。

6月27日 “两学一做”学习教育联区领导、市委常委、市纪委书记李军到区走访慰问老党员和生活困难党员，调研基层社区学习教育工作，并为基层支部党员上党课。

6月28日 省委常委、市委书记易炼红，副省长张剑飞，市委副书记、市长胡衡华到长沙地铁1号线一期工程开福区政府站，慰问1号线一期工程建设单位和建设者代表，参观“换乘时代，感恩同行”摄影展，并试乘体验。

6月29日 区庆祝中国共产党成立95周年大会召开，表彰32个先进基层党组织、102名优秀共产党员、50名优秀党务工作者和10名优秀社区（村）党组织书记。

6月30日 首辆港澳直通车从香港发车，直达长沙金霞保税物流中心，港澳直通车的抵达，开辟了香港至金霞保税物流中心的物流新通道。

7月

7月4日 省委常委、市委书记易炼红专题调研城市建设工作，到城区防涝排渍指挥部检查城区防涝排渍工作，对防汛工作做出调度部署。

同日 开福区首届“感动星城·开启幸福·十大魅力教师”事迹报告会及海推公选活动在市一中开福中学举行，现场票决开福区首届“感动星城·开启幸福·十大魅力教师”10名、“魅力教师提名奖”10名。

7月7日 省体育产业集团到区对接“互联网+体育”公共服务平台项目。

7月8日 全国物流园区工作年会在世纪金源大饭店开幕，国家发改委等政府部门领导，中物联物流园区专委会会员单位代表，各地物流园区管委会及入驻企业代表，各地物流工作牵头部门、行业协会、学会代表，各类物流企业，物流教学、研究、投资咨询单位和物流地产商、园区设备供应商代表参加。

同日区创新创业大赛启动仪式在珠江花园酒店举行。大赛分报名-海选-赛前辅导-初赛-精英特训-决赛六个环节。其中海选选出50个入围项目，初赛选出20个入围决赛项目，决赛选出10个获奖项目。大赛设立一等奖1名，二等奖2名，三等奖3名，优胜奖4名，奖金分别为20万元、10万元、5万元、3万元。

7月11日 省委常委、市委书记易炼红率队到区调研陈家湖社区提质改造工作。经过提质改造后，社区基础设施显著提升，道路通达，环境优美，居民群众得到了真正实惠。

7月18日，全球四大会计师事务所之一普华永道进驻华创国际广场。

7月21日 区半年度城市管理工作讲评暨“长沙市城市管理示范街道、精品社区”创建工作会议召开。

7月23日 由省商务厅、英中贸易协会、市商务局、区政府和泊富国际广场联合举办的第四届英国精品购物节正式拉开序幕。商务部、省商务厅、市政府相关负责人和区委负责人出席。

7月24日 由区商务和旅游局、农水局，沙坪街道、捞刀河街道共同承办的长沙首届“开福荷花季”系列活动在捞刀河街道苏托垸正式启动。活动以“荷花绽放，开启幸福”为主题，含“荷骑有趣”水上骑行挑战赛、“荷荷美美”自拍大赛、“荷家欢乐”摘葡萄大赛、“锦绣荷山”亲子湘绣大体验、“荷田禅意”禅茶文化大体验、“林下荷风”丛林飞越大赛、“荷花之夜”晚会七大主题活动。

7月25日 永安期货长沙营业部与华创国际广场签订认购协议，成为第55家落户金融商务区的省级金融机构总部。永安期货是一家国有控股的专业期货公司，注册资本13.1亿元。

7月27日 市“一府两院”向市第十四届人大代表开福区联组工作通报会召开。市人大常委会党组书记、主任袁观清要求，与会代表要按照市委统一部署，依法做好人大换届工作。

7月28日 全区负责干部大会召开，宣布省委、市委关于区主要负责人职务调整的决定。廖建华任长沙市人民政府党组成员，不再担任开福区委委员、常委、书记职务；沈裕谋任开福区委书记，不再提名开福区人民政府区长候选人。

7月29日2016“开启幸福，品赏城北”征文、摄影大赛正式启动，以展示开福人民生机勃勃的创业场景，描绘开福的秀美风光，记录开福人民的幸福生活，呈现开福人民积极向上的精神风貌。

8月

8月2日 区青年企业家商会成立大会暨授牌仪式举行。

同日 长沙马栏山匍园路竣工通车，马栏山片区包括月湖大市场一带交通条件得到改善。

8月4日 省“湘防—2016”人防指挥机动通信系统开福片区D组野战训练在秀峰公园举行。

8月9日 2016 “大美湖湘·锦绣地铁”湘绣非遗文化展在长沙地铁一号线南门口站启幕，以图文并茂的形式介绍湘绣的“前世今生”，全方位展示了沙坪湘绣小镇的百件作品。

8月16日 中国共产党长沙市开福区第五次代表大会召开。全体代表、列席人员、特邀代表等340人参加。

同日 长银五八消费金融股份有限公司正式落户长沙（开福）金融商务区，成为第56家入驻的金融机构总部。长银五八消费金融股份有限公司由长沙银行、城市网邻（又称58同城）和通程控股共同发起成立，主要业务为开展个人消费贷款，公司注册资本3亿元。

8月18日 中共长沙市开福区第五次代表大会圆满完成预定的各项议程，胜利闭幕。

同日 中共长沙市开福区第五届委员会和纪律检查委员会第一次全体会议分别召开。

9月

9月8日 “百年繁华·全球共享——富兴世界金融中心全球招商大会暨品牌签约盛典”在世纪金源大酒店举行。国际国内400余家品牌商代表出席会议。

同日 开福区首届“感动星城·开启幸福·十大魅力教师”表彰暨庆祝教师节座谈会在长雅中学举行。

9月9日 省委常委、市委书记易炼红到清水塘北辰小学看望慰问基层教师和优秀教师代表，并观摩“网络联校”教学情况。

9月19日 长沙首个区县社科联在区揭牌成立。

9月21日 省委常委、市委书记易炼红到区调研重大项目建设情况，并看望慰问项目建设者。

同日 黄兴北路正式通车。黄兴北路北起三一大道，南至营盘路，全长约2486米，路幅宽度36米，双向六车道。黄兴北路通车后，能有效缓解芙蓉路至湘江路各条道路的交通压力。

同日 潘家坪路通车。潘家坪路是连接芙蓉路与东风路的东西向城市次干道，道路全长524米，路幅宽30米，双向四车道。潘家坪路有望继续向西延伸，从芙蓉路直达湘江路。

9月30日 省委书记杜家毫率省委、省人大常委会、省政府、省政协、省军区全体领导，及省会各界干部群众代表1500余人到湖南烈士公园，向革命烈士敬献花篮。仪式由省委常委、市委书记易炼红主持，沈裕谋、刘拥兵等区领导参加。

同日 2016开福区消费节开幕。

同日 区第二届统战人士趣味运动会举行。

10月

10月18日 区第五届人大换届选举投票日，选举新一届区人大代表。

10月19日 市人大常委会主任袁观清率市人大常委会组成人员到区考察重点工程和安居棚改工作，实地察看黄兴北路和潮宗街片区（一期）棚改项目现场，听取相关工作情况汇报。

同日 市委常委、宣传部部长黎春秋到湘雅路街道油铺街调研长沙市花鼓戏保护传承中心，强调要加强文化产业保护，开拓文化发展新思路，让文化扎根基层，惠及社会。

同日 市委常委高山到区调研政产学研工作，实地走访北辰文化创意园、湖南新亚胜光电股份有限公司、湖南嘉德集团和金霞电商大楼，并听取相关企业和单位汇报。

10月20日 长沙国际会议中心开工仪式在北辰三角洲举行。

10月25日 2016中国(长沙)科技成果转化交易会启动仪式暨主体活动在区世纪金源大饭店举行。

10月27日 区委书记沈裕谋带队赴杭州考察G20峰

会会场（杭州国际博览中心）拜访一批重点企业。与企业深入交流沟通，增加交往，寻求合作。

11月

11月3日 由市总工会、团市委、市妇女联合主办，区总工会承办的长沙市湘绣行业“百名绣工岗位技术练兵”劳动竞赛在沙坪湘绣文化广场举行，来自长沙市湘绣企业的近百名绣工参加比赛，10名选手获得奖项。

11月4日 2016年湖南省社科联常委联基层“社科专家服务团开福行”活动在开福区举行。

11月7日 湖南出入境检验检疫局党组书记、局长杨杰一行到金霞经开区调研口岸平台工作，实地考察西卡公司保税仓库、长沙新港、长沙跨境电商监管中心、中部（湖南）进出口商品展示交易中心和中欧班列等口岸平台运行情况。

11月8日 全市主次干道综合提质改造现场推进会在区召开，与会人员现场观摩东风路、体育馆路、营盘路、芙蓉路提质改造项目。

同日 跨境电子商务大学生创新创业孵化基地成立。该基地占地1000平方米，投资近500万元，由金霞保税物流中心与湖南信息学院、湖南金丝路国际贸易有限公司联合举办，将为大学生创新创业提供资金、经验，以及场地等多种支持。

11月17日 区财政总收入和税收收入，分别达到120.8亿元和103.5亿元，位列全省城区第一位。

11月25日 政协长沙市开福区第五届委员会第一次全体会议举行开幕式。

11月26日 区五届人大一次会议开幕。大会应到代表219人，实到代表216人。许振勤宣布大会开幕并主持会议。

11月29日区五届人大一次会议举行闭幕式。

同日 首届中国（长沙）进出口商品交易会暨开放崛起交流论坛在长沙金霞经济开发区保税大厦举行。

12月

12月23日 省委常委、市委书记易炼红，市委副书记、代市长陈文浩率市“四大家”领导和各市直部门、区县(市)、园区负责人，到传化智能公路港项目工地，实地观摩、点评、督导项目建设推进工作。

12月28日 “开福政务通”APP上线试运行，201项政务办理搬上移动互联网，政务办理实现从办事大厅8小时服务向全天候24小时的自助服务转变。

同日 信达资产湖南分公司签约落户开福。

12月30日 “爱在社区，圆梦中华”2017年江滨社区网络春晚举行，居民用歌舞、朗诵等形式喜迎新年。

（整理：张晓阳）

开福区概况

一、自然地理

区域位置　开福区位于北纬28°11′55″～28°23′35″，东经112°54′07″～113°04′39″。地处长沙市北部，湘江下游。东部与长沙市长沙县相邻；南部由东向西，依次与长沙市芙蓉区、天心区接壤；西部濒湘江，由南向北，依次与长沙市岳麓区、望城区隔江遥对；北部由西向东，依次与长沙市望城区、长沙县搭界。区人民政府驻长沙市芙蓉北路1段588号，电话区号0731，邮政编码410008。距长沙市人民政府驻地5.7千米。辖区东西直线距离17.2千米，南北直线距离21.5千米，总面积为188.3平方千米。其中陆地162.3平方千米，占86%；水域26平方千米，占14%。人口密度为每平方千米3475人。全区土地利用现状为：耕地面积3375.71公顷，林地3657.65公顷，园地121.66公顷，草地15.67公顷，城镇及工矿用地7333.8公顷，交通用地1417.51公顷，水域及水利设施用地2623.32公顷，其他用地328.11公顷。

地形地貌　开福区地处湘中丘陵向洞庭湖平原过渡地带，西濒湘江。地势南高北低：由东南向西北倾斜。地形岗丘绵延，谷地起伏，河涧纵横，湖塘星布。境内有湘江、浏阳河、捞刀河、沙河、白沙河及青竹湖、年嘉湖、楚家湖、月湖等1江4河10湖及4600口水塘。

境内最高峰三宫殿，位于青竹湖街道新源村，海拔234.8米，最低点山窑潭西北，位于捞刀河街道风羽村海拔28.0米。自然资源：开福区境内已探明地下矿藏有磷矿，储量未探明矿区位于青竹湖街道金霞新村。

水文气候　开福区境内河道属长江流域。主要河道有一级河湘江，流经开福区长度19.67千米；二级河浏阳河、捞刀河、沙河等3条，流经开福区总长29.70千米；三级河白沙河，流经开福区长度11.29千米。全区河流总长度60.66千米，河网密度0.32千米／平方千米，境内最大的河流为湘江，从南至北流经境内通泰街街道、湘雅路街道、新河街道、芙蓉北路街道、秀峰街道、青竹湖街道，全长19.67千米，流域面积180平方千米，主要支流有浏阳河、捞刀河、沙河、白沙河等。

开福区属于亚热带季风性气候，其特点是温暖湿润，雨量充沛，四季分明，生长期长。1951—2011年多年平均气温17.2℃，1月平均气温4.8℃(冬季均温10.6℃)，极端最低气温-12℃(1972年2月9日)；7月平均气温28.7℃—29.4℃(夏季均温29.5℃)，极端最高气温41.2℃(2003年8月2日)。最低月均气温0.3℃(1964年2月)，最高月均气温31.6℃(2003年7月)。平均气温年较差23.3℃—24.4℃，最高气温日较差23.8℃(2004年2月14日)。生长期年平均244—247天，无霜期年平均281天，最长达325天，最短为224天。年平均日照时数1771.01小时，年总辐射1762.6千卡／平方厘米。0℃以上持续期362.2—365天(一般为1月19日至次年1月16日)。年平均降水量1361.6毫米，年平均降雨日数为152天，最多达225天(1965年)，最少为121天(2011年)。极端年最大雨量2102.9毫米(1969年)，极端年最少雨量932.8毫米(2011年)，降雨集中在每年3月至8月，6月最多。主要气象灾害有洪涝、高温、干旱、低温阴雨、冰雹、大风、寒潮、雷暴等。2016年平均气温18.7℃，年内最高气温39℃，最低气温-1℃，年降水量1480毫米。

二、人口、民族

人口 2016年，全区年末户籍人口总数47.58万人，比上年末增加1.39万人，增长3.01%。其中男性人口23.12万人，占49%，女性人口24.26万人，占51%。全区出生人口5698人，年自然增长率为5.8‰，全年符合政策生育率99.5%，出生婴儿男女性别比为106：100。

民族 开福区境内人口，以汉族为主，土家族、苗族、回族、侗族、瑶族、满族、白族、蒙古族、维吾尔族、土族、壮族、布依族、佤族、朝鲜族、彝族、畲族、黎族、拉祜族、藏族、傣族、仡佬族、锡伯族、普米族、高山族、纳西族、达斡尔族、赫哲族、哈尼族、哈萨克族、羌族、独龙族、撒拉族等32个少数民族；超过300人的有土家族、苗族、回族、侗族、瑶族等5个民族。

三、建置、区划

建置沿革 秦汉以来，今开福区地域属长沙县。原城墙内属长沙县城，县署设城北连升街，城墙外属明道都。1914年，废都甲，设乡镇。明道都改为明道镇。1933年长沙设市，市县分治。长沙市划分4个区，今开福地域所含的城北属第四区。1938年，第四区改名为兴汉镇。1944年1月，镇乡改区，长沙市分为内四区、外四区，城北区限中山路以北，兴汉门以南，经武门以西至湘江边一带。至1949年8月，城北区辖ll保193甲，面积1.7平方千米。1949年8月5日，长沙解放，城北区建立区级人民政权。初期，仍沿用保甲制。1950年11月，组建半政权性、半群众性质的居民委员会7个。1951年11月，开展民主建政运动，成立7个街道人民代表会议办事处。1954年9月，撤销街道人民代表会议办事处，成立街道办事处，为区政府派出机构。其时，城北区共辖9个街道办事处：戥子桥、炮队坪、民主东街、留芳岭、彭家井、荷花池、文星桥、文昌阁、上大垅。1993年，郊区福安乡胜利村成建制移交北区管理。至1995年，北区面积达14.3平方千米，辖民主东街、望麓园、清水塘、北站路、上大垅、伍家岭、新河、黑石渡8个街道及胜利村，共计114个居民委员会。

1996年，长沙市区划调整时，在原北区基础上，划入长沙县、原望城县、原郊区所属的大片农村地区及原西区所属的部分街道，成立开福区，面积扩至188.3平方千米。截至2016年年底，开福区建置无变化。

行政区划 2016年，全区辖望麓园、清水塘、湘雅路、伍家岭、新河、东风路、通泰街、四方坪、芙蓉北路、洪山、月湖、浏阳河、秀峰、捞刀河、沙坪、青竹湖共16个街道；下辖98个社区居委会，9个村民委员会，1013个基层社会组织，其中备案基层社会组织326个。

四、国民经济和社会发展状况

综述 2016年，全区实现GDP817亿元，比上年增长11.1%。在GDP中，第一产业实现增加值1.7亿元，同比下降38.2%；第二产业实现增加值138亿元，同比增长6.1%；第三产业实现增加值677.3亿元，增长12.5%。全区三次产业结构为0.2:16.9:82.9；在GDP累计增幅中，第一、二、三次产业分别拉动-0.1%、1.1%、10.1%；三次产业对GDP增长的贡献率分别为-1.3%、9.9%、91.4%。全年全区共完成财政总收入133.35亿元，比上年增加13.21亿元，增长11%；完成公共财政预算收入46.02亿元，比上年减少4.68亿元，比上年下降9.23%；完成全口径税收入114.03亿元，同比增长14.03%，税收收入占地方财政总收入的比重为85.51%，比上年增长2.65%。

农业 全年完成农林牧渔总产值3.62亿元，比上年下降37.7%，其中，农业产值2.4亿元，同比下降40.9%；牧业产值1.03亿元，同比下降25.8%；渔业1810.5万元，同比下降43.1%。全年粮食种植面积2350公顷，比上年减少0.28公顷，粮食总产量1530万千克，比上年下降98.44%；生猪出栏5.73万头，比上年下降29.69%；家禽出笼9.24万羽，比上年下降49.34%；水产品产量142万千克，比上年下降30.73%。

工业和建筑业 全年全区完成规模工业总产值188.4亿元，增速比上年下降5.8%；实现规模工业增加值44.5亿元，同比增长6.6%，增速比上年上升0.2%。龙头企业支撑作用明显，全年工业总产值过亿元的企业30家，完成工业总产值154.4亿元，占全部规模工业总产值的81.9%。股份制经济占据主导地位，全年股份制企业完成工业总产值125.4亿元，占全部规模工业总产值的66.6%。全年新增规模工业企业10家。

全区具有资质以上等级的总承包和专业承包建筑企业及劳务企业67家，完成建筑业总产值313.4亿元，比上年增长3.1%；实现建筑业增加值80.6亿元，比上年增长6.9%。房屋施工面积1526.3万平方米，比上年下降11.2%；房屋竣工面积765.2万平方米，比上年增长17.9%。

固定资产投资　全年完成固定资产投资710.3亿元，比上年增长15.1%，增速同比下降2.3个百分点；全年累计完成工业投资95.8亿元，比上年增长15.2%。全年完成房地产开发投资150.8亿元，比上年增长78.7%。全年商品房销售面积275.6万平方米，比上年增长64.5%；其中住宅销售面积225.9万平方米，比上年增长73.9%；商品房销售额214.8亿元，比上年增长67.9%。

贸易　全区实现社会消费品零售总额726.2亿元，比上年增长10%，增速同比下降2.6%。按行业分组，批发业实现零售额124.2亿元，同比增长18.3%；零售业实现零售额540.8亿元，同比增长8.4%；住宿业实现零售额10.5亿元，同比增长4.0%；餐饮业实现零售额50.7亿元，同比增长10.2%。从商品销售类别看，全年限额以上批发零售企业实现零售额居前五的类别及制品类、中西药品类、汽车类、粮油食品烟酒类、服装鞋帽类，分别实现零售额83.7亿元、81.8亿元、35.7亿元、22.9亿元、10.9亿元，分别增长27.0%、-2.0%、22.4%、6.5%和-4.0%，对社会消费品零售总额增长贡献率分别为26.9%、-2.5%、9.9%、2.1%、-0.7%。其中，中西药品类、汽车类较去年增速提高10.7%和33.6%，贡献率较去年提高13.3%和14.7%。中西药品销售、网络汽车销售已成为开福区的行业特色。

经济合作　2016年，共实施内联引资项目178个，其中新投产项目124个，新审批外资项目15个，协助办理外资项目13个。全年实际到位省外境内资金97.6亿元，同比增长14.4%；引进市外境内资金形成固定资产267.6亿元，同比增长14.3%，其中区属209.6亿元，同比增长12.5%；外商直接投资实际到位资金6.39亿美元，同比增长7.1%，其中区属45446万美元，同比增长-4.4%，其中出口总额5.8亿元，同比增长-1.8%；进口总额1.2亿元，同比增长-20%。2016年，共计接待游客850万人次，比上年增长8%，完成旅游总收入90亿元，比上年增长5%。

全年园区完成规模工业总产值（含商贸物流）465.5亿元，同比增长4.9%；规模工业增加值（含商贸物流）109.4亿元，同比增长8%；商贸物流企业实现社会物流总额1426.5亿元，同比增长28.5%；营业收入351.7亿元，同比增长7%；货物吞吐量4213.6万吨，同比增长11.1%；服务业企业完成营业收入17.1亿元，同比增长2.4%；增加值4.8亿元，同比增长37.6%；园区实际到位外资18454万美元，同比增长11.3%；引进市外境内资金形成固定资产投资58亿元，同比增长36.8%；引进省外境内资金25.5亿元，同比增长20.3%；税收收入12.3亿元，同比增长18%；园区完成固定资产投资144.9亿元，同比增长27%。

交通和金融　2016年，争取上级补助资金1697万元，建设和提质改造农村公路19.5千米；查扣非法营运车辆491台，处罚435台，罚款630.77万元；查扣违法超限超载运输车辆1014台，处罚894台，罚款294.33万元。交通运输已形成由铁路、地铁、水路、公路等四种运输方式构成的交通运输网络。

境内通航河道3条，总长26千米，其中湘江为3级航道，最大航能力为1000吨级船舶。霞凝新港码头为全国内河23个主枢纽港一，开通的海运航线有日本、新加坡、北美、韩国、西欧、东南亚等10余条，通往国内27个港口,通达世界14个国家和地区的56个港口。

2016年，全区投入水利建设资金2000多万元，完成水利建设沙坪撇洪渠整治工程、苏托垸捞刀河大堤整治工程、小农水工程、甘嘴坨泵站清淤工程、墙板厂泵站箱涵工程、水利信息化建设工程、黑臭水体治理工程、农村安全饮水工程等。

金融，全区金融业实现增加值80.03亿元，占国内生产总值的9.9%；完成全口径税收30.55亿元，占总税收比重26.79%。

截至2016年年底，全区共引进11家金融机构总部和2家金融服务机构总部，汇聚59家金融机构300余家，涵盖银行、保险、证券、期货、基金、融资租赁、融担、小贷、资产管理、企业集团财务、金融中介服务等业态。

教育和科学技术　全区有中学7所，在校学生8542人；小学47所，在校学生32061人；幼儿园114所，其中公办园15所。全区小学、初中适龄人口入学率均达100%，小学辍学率0%，初中辍学率控制在0%以内，城乡义务教育秋季“一费制”全免率达100%，政策范围内农村义务教育阶段学生杂费免除率达100%。全年共接收外来务工人员子女8382名，占全区中小学生人数的21%。全年新建和启动新建学校7所（其中楼盘配套学校4所），扩建学校1所，并对23所中小学进行运动场提质建设、校园文化建设和维修改造。

全年新增高新技术企业22家，全区实现高新技术增加值177.3亿元，同比增长7.7%，占GDP比重21.7%；人均科普经费1.5元。全年专利申请总数3040件，增长35.5%，专利授权1513件，增长23.8%，其中发明专利授权511件，增长22.5%。

文化、体育和卫生　年末全区拥有群体艺术表演团体156（77家注册团体）个，文化馆1个，公共图书馆1个（含10个社区、村图书分馆）。共有晨晚练点500处，全年开展全民健身活动200余次，参加人数20万人。公共文化服务不断完善，已建成31个农家书屋、62所社区未成年人绿色网吧、69个示范性社区文体活动中心。

全区共有各类医疗卫生机构327个，新增21个，其中一级及以上医院28个，疾病预防控制机构1个。卫生技术人员13975人，床位9402张，新增62张。

环境保护和安全生产　全年空气质量优良率以PM10计为93.96%，以PM2.5计为74.2%，较2015年同期提升2.7%。湘江饮用水源保护区水质稳定达标，3个地表水监测断面地表水达标率达100%。区域环境噪声平均为54.6分贝，稳定达标。

全年共发生安全生产事故23起，各类安全生产事故死亡14人，其中，工矿商贸事其他故死亡1人、道路交通事故死亡13人。

人民生活和社会保障　2016年，居民人均可支配收入45719元，比上年增长8.3%，居民人均消费支出为29999元，比上年增长13%。

年末城镇登记失业率为2.08%；全年新增城镇就业人员7721人，失业人员再就业4855人，就业困难人员就业2529人，农村劳动力转移就业1314人；城镇零就业家庭实现动态就业援助100%。参加企业职工基本养老保险人数4.1万人，基本养老金社会化发放率100%；参加城乡居民养老保险人数4.38万人。

2016年末拥有敬老院1家，有床位86张，入住老人65人。街道社区服务中心16个，社区公共服务中心98个。全年发放城乡居民最低生活保障金4603.6万元，居民得到政府最低生活保障143322人次，其中，城市居民最低生活保障99826人次，农村居民最低生活保障43496人次。

五、精神文明建设

2016年，开福区继续以创建更高水准文明城市为主线，以“厚德开福”建设为主要目标，全面巩固提升文明创建成果。完善督查反馈机制、整改机制，明确标准、细化要求，形成日常督查新常态；配合全市文明程度指数季度测评和行业测评工作，明确主体、细化责任，落实强化诚信建设宣传教育、总结推广学雷锋志愿服务先进典型等10项重点工作。承办省市大型活动12场，利用各种节庆日举办各类创建活动180余场次，其中108项活动登上中国文明网要闻。

制度责任建设　2016年，全区召开各类文明创建部署会、协调会、调度会共24次。全区第五次党代会上提出打造“厚德开福”作为全区未来发展的一张精神文明名片。文明办制定《打造道德高地 建设厚德开福》行动方案，明确“为国尽忠，为职尽责，为家尽孝”的厚德开福精神，细化了工作举措。4月20日召开全区文明创建讲评会，时任区委书记廖建华明确各街道由一名副书记分管文明创建工作，一名街道副主任负责日常创建工作。在社区，明确一把手负责制，一线的文明创建专干必须人员固定。制定《开福区2016文明创建目标管理考核办法》,将街道排名结果纳入2016年度全区绩效考核管理体系，形成日常考评新常态。

品质开福建设　投入1.4亿元对陈家湖等10个社区综合提质改造。投入1.6亿元，全面开展湘江东岸夜景亮化工程、金融生态区亮化工程、东风路和万家丽北路两厢建筑亮化、出入城口美化亮化整治项目。拆除违法建设1171处，面积37万平方米。对8条街巷进行交通微循环改造；对4个社区公园、83处老旧化粪池实施提质改造；结合“秋风行动”“阳光暑假”工作，对9家校园周边网吧下达搬离通知书，查处违规经营网吧26家，对77家不符合创建要求的书店、音像店、歌舞厅、游戏厅做出停业整顿处罚。办理“门前三包”案件2800多起，拆除违章户外广告招牌380处；开展渣土整治行动229次，现场教育整改600余车（次）。投入资金140万元，新建和提质社区（村）文体活动中心（室）11个；投入资金220万元提质社区各类文明创建阵地，有效净化社会文化环境。

主题活动开展 结合传统节日开展多种多样的主题活动。承办了“我们的节日清明”全省未成年人清明祭英烈主题活动、“忠贞爱情和美家庭”湖南省我们的节日七夕等省市大型主题活动。开展“打造道德高地，建设厚德开福”“美德少年爱心倡议 应急救护志愿服务进社区”、长沙市开福区社区青少年宫暨社区青少年梦想实践基地启动仪式、暑期生态环境保护社会实践、“经典诗词弘扬传统美德 精彩书画点赞抗洪将士”、献礼“八一”建军节、“做主题宣讲赠红色书籍 中国好人杨德才积极传播奉献精神”“精美湘绣文化展走进长沙地铁 多样展示释放非遗文化魅力”、志愿者为公共场所公示语“纠错”提升文明传播新品味、“青少年手绘缤纷手抄报 致敬环卫工人倡议爱护环境”“五彩画作倡导节俭中秋 中国好人引领守望风尚”“好家风·网上行”传递接力、“世界清洁地球日”等系列活动。充分调动教育局、各中小学的积极性，围绕引导学生“立德树人”的目标，开展“清明祭英烈”“心理节”“争当美德少年”“童话节”“悦读节”“长征组歌未成版”等系列主题活动，在第四届“中华小导游”评选中开福区荣获优秀组织单位，推荐的1名选手荣获“优秀中华小导游”称号。

品牌典型推介 2016年开福区文明创建的品牌打造了“一营一街三园四墙”。一营：“好人大本营”，湖南省第一支以“道德模范”“身边好人”等先进典型人物自发组建的公益组织，全年共邀请全区24名好人，发动数千名志愿者，开展各类主题志愿活动13场次。2016年12月31日，《长沙晚报》以《长沙城北有座“好人大本营”》为题，对好人大本营品牌进行重点推介。一街：清水塘“国是家”主题文化街，红色文化与社会主义核心价值观相结合，重点打造的“国是家”主题文化街。三园：荷花池“诚立身”主题公园、沿江风光带“俭养德”主题公园和月岛河畔好人足迹主题公园。四墙：王家垅社区、金帆社区、江滨社区、金霞新村分别结合传统童谣、家风家训、国学经典打造的开福文化墙。全年推荐的史智勤、李汉湘被评为湖南好人；推荐的盛德其、苏珊、刘小鸥、张卫社、王艳辉荣登中国好人榜。推荐周海明、杨德才、黄秋月、王艳辉、杨珍荣参评感动湖南人物。开福区好人杨德才作为湖南好人每周一星接受了全媒体报道。

（整理：易厚德）

中共长沙市开福区委员会

书　记　沈裕谋（2016.7任）
　　　　廖建华（2016.7免）
副书记　刘拥兵（2016.7任）
　　　　谢伟峰
　　　　沈裕谋（2016.7免）
常　委　欧干军（2016.7任）
　　　　刘小虎（2016.7免）
　　　　刘文立（2016.7免）
　　　　杨应龙（挂职）
　　　　周志军（2016.7免）
　　　　邹犇淼
　　　　袁伟洁（2016.7免）
　　　　蔡　冰（2016.7任）
　　　　吴烂斌
　　　　张春雄（2016.1任）
　　　　舒全球（2016.1任）
　　　　何惠风（2016.7任）
　　　　晏成方（2016.7任）
　　　　卜超峰（挂职，2016.12任）
　　　　黎　明（援藏）

重要会议

【区委常委会议】 2016年区委召开常委会议共计32次。1月8日，研究干部人事工作，审议政府工作报告，审议《开福区国民经济和社会发展第十三个五年规划纲要（草案）》；1月15日，研究群团工作；2月1日，研究区项目建设、征收拆迁暨拆违控违工作总结部署会议方案，研究人事问题；2月6日，研究2015年全区绩效考核工作，研究征拆指挥部等机构调整工作，研究区2015年度“六个走在前列”绩效考核通报讲评暨2016年项目建设推进大会相关工作；2月15日，研究2016年全区党风廉政建设和反腐败工作；2月23日，研究政法工作；3月9日，研究党务工作，研究安全生产工作；3月29日，研究全面深化改革工作，研究“三区三体系”建设工作，研究2016年人才引进工作；4月11日，研究纪检监察工作，研究干部人事工作；4月18日，研究工商联及群团组织换届相关工作；4月21日，研究工青妇、侨联换届工作人事问题；4月26日，研究全区“两学一做”学习教育工作；5月19日，研究绩效考核“两体系一办法一规定”相关工作，研究《2015年开福区经济发展奖励方案（送审稿）》，传达学习上级意识形态工作会议精神及研究《开福区党委（党组）意识形态工作责任制实施方案（送审稿）》；5月24日，研究区“四大家”班子换届工作；6月1日，研究拟新提名人选考察对象名单；6月20日，研究全区纪念建党95周年表彰工作；研究中共长沙市开福区第五次代表大会代表选举工作。7月13日，研究市党代表推选工作；8月2日，传达贯彻省、市主要领导在与道路交通安全重点县、重点监管部门和重点企业主要负责人集体约谈时的重要讲话精神，研究安全生产工作，研究区下半年道路交通综合整治工作；8月10日，研究第五次党代会日程、党代表选举等工作，听取第五届区委、区纪委人事安排情况汇报，研究党代会报告和纪委工作报告。8月26日，研究《关于调整完善各类议事协调机构方案（审议稿）》，听取人大换届相关工作情况汇报，听取工作评议情况汇报，研究人大代表、政协委员推荐提名工作，研究干部人事工作；9月5日，听取

"8·29"事故约谈情况及省市专项督查问题整改工作汇报，并再次专题研究102号明电具体落实方案及开福区道路交通和危化品安全监管工作，听取建设充分就业现代化城区工作汇报，听取建设医卫健康现代化强区工作汇报；9月13日，研究干部人事工作，听取基层党建重点任务情况汇报，听取中共开福区委出席中国共产党湖南省第十一次代表大会代表候选人推荐人选情况汇报，听取市政协委员提名工作情况汇报，传达市委9月9日常委会议精神和9月12日全省换届风气监督工作视频会议精神；9月30日，审定区人大代表建议人员名单，听取市人大代表资源摸底情况汇报，听取区委党校工作情况汇报，审议《关于有效处置到区委区政府机关非访集访闹访行为的操作办法》，听取招商项目绩效审计工作汇报；10月17日，研究市人大代表推荐提名人选；10月21日，听取近期道路交通运输安全监管工作情况及区委常委会2016年第21次会议精神贯彻落实情况汇报，研究公车改革工作，研究与南粤基金共同设立开福棚改基金相关事宜，听取危化品管理工作情况汇报，听取全区防范处理邪教工作情况汇报；11月2日，听取区"两会"筹备工作情况汇报，研究审定《长沙市开福区关于深入推进军民融合创新创业暂行办法》，研究审定《长沙市开福区党政领导干部生态环境损害责任追究实施细则（试行）》；11月5日，研究预算调整及街镇国库集中支付改革工作；11月14日，研究区第五届政协委员建议人选名单，研究干部人事问题，研究区第五届人大、政协常委及人大专门委员会组成人员名单，研究非公党建工作；11月22日，研究人大、政协"两会"相关工作，研究区三年造绿复绿工作计划，研究区水管体制改革工作；11月24日，市"两会"督导组传达中央和省委、市委关于加强换届风气监督工作要求，传达贯彻省政府领导在全省安全生产工作紧急电视电话会议上的重要讲话精神，省安委办关于省煤业集团牛马司煤矿"11·20"较大瓦斯爆炸事故的通报并研究安全生产工作；12月2日，传达并贯彻落实长沙国有企业党的建设工作会议精神，研究深化大城北体制改革；12月24日，研究2017年度重大项目计划（送审稿），审议《区土地利用总体规划（2016—2020年）（送审稿）》，研究关于以基层党建为引领创建"五零"社区（村）的实施方案，研究区人大常委会党组关于建立和完善审计查出问题整改情况向区人大常委会报告机制的意见，研究区政协基层协商的实施意见，审议通过开福区推荐长沙市出席党的十九大代表候选人初步人选建议名单。

1月10日，区委五届五次全体（扩大）会议暨经济工作会议

【区委四届二十次全体（扩大）会议暨经济工作会议】 2016年1月5日上午，区委四届20次全体（扩大）会议暨经济工作会议召开。全面贯彻落实中央、省委和市委经济会议和市委全会精神，总结2015年工作，部署2016年工作任务。会议指出：2015年，面对宏观环境偏紧多变、经济下行压力加大、复杂因素相互交织的不利情况，区委常委会坚持以"四个全面"战略布局为统揽，主动适应、积极引领经济发展新常态，大步践行"六个走在前列"，围绕实现"两个率先"，总揽全局、协调各方、务实进取，推动各项工作在"十二五"规划实现圆满收官——经济发展再创新高，城市提质亮点纷呈，项目建设强力推进，深化改革务实有为，民生改善全面进步，党的建设不断加强。成绩来之不易，经验弥足珍贵，第一，团结就是力量；第

二，项目推动发展；第三，实干决定成败。2016年全区工作的总体要求是：全面贯彻党的十八大和十八届三中、四中、五中全会精神，按照“五位一体”总体布局和“四个全面”战略布局，牢固树立和贯彻落实创新、协调、绿色、开放、共享的发展理念，主动适应、积极引领经济发展新常态，围绕实现“两个率先”的总目标、加快建成“五区”的总定位，着力发展特色化产业、建设优质化项目、打造高品质城区、攻坚结构性改革、办好获得感实事，努力实现“十三五”规划精彩开局。2016年经济工作的基本基调仍然是“稳住、进好、调优”。“稳住”，就是要稳投资、稳供需、稳就业，保持主要经济指标增速继续高于省市平均水平。“进好”，就是要在供给侧、需求侧两端发力，推进结构性改革，发展特色化产业，建设优质化项目，增强经济发展的动力与活力。“调优”，就是要打好降成本、补短板、优治理等组合拳，进一步提升产业层次、城市品质和环境质量，推动转型升级取得更大突破。区委考虑，2016年经济增长的预期目标为10.5%左右，财政总收入增长11%左右，社会消费品零售总额增长13%左右，固定资产投资增长16%左右，城镇居民人均可支配收入增长10%左右。区委书记廖建华指出，要高度聚焦工作重点，牢牢抓住产业升级、项目建设、城市建管、深化改革、民生改善等工作重点，确保精准有效发力。一是要着力发展特色化产业。坚持“特色化、高端化、集聚化”发展，做好产业的“加法”和“乘法”，促特色产业壮大，让传统产业提质，使新兴产业倍增。二是着力建设优质化项目。要推动项目建设规模和体量更大、质量和效益更高，2016年计划铺排重大项目150个，投资额233.8亿元。三是着力打造高品质城区。贯彻落实中央城市工作会议精神和省市部署，纵深推进“宜居宜业、精致精美、人见人爱”的品质开福建设。四是着力攻坚结构性改革。全面深化改革要着眼一个“实”字，坚持突出问题导向、突出精准发力、突出完善制度、突出督查落实，把改革不断推向深入。五是着力办好获得感实事。把共享发展理念落到实处，让人民群众有更多获得感。事业兴旺，核心在党，关键在人。区委书记廖建华强调：必须充分发挥好全区各级党组织的领导组织作用和党员干部的先锋模范作用，以党的建设引领和保障各项事业发展，为实现“两个率先”、加快建成“五区”而努力奋斗。

【全区项目建设半年度讲评会】 6月24日下午，召开了全区项目建设半年度讲评会，既对前期项目建设进行一次集中检阅，又对进一步实现“稳住、进好、调优”目标进行再动员、再部署。区委书记廖建华指出2016年以来，围绕实现“两个率先”的总目标、加快建成“五区”的总定位和“稳住、进好、调优”的总基调，大力推进项目建设，有了一个很好的开端，形成很好的发展态势。项目覆盖率广，涵盖了产业发展、城乡建设、社会民生等各个领域；项目开工率高，全区全年铺排的153个重大项目已开工101个，开工率达66%，其中，纳入市对区考核的56个重大项目已开工39个，开工率达69.6%；项目带动力强，在消费和出口对经济增长贡献都没有较大提升的情况下，投资对经济发展的作用举足轻重。在项目建设的强力带动下，2016年一季度，开福区实现地区生产总值155.3亿元，同比增长12.8%，增速排全市第一，分别高于省、市平均水平5.5%、4%。1—5月，完成固定资产投资254.9亿元，同比增长16.3%；完成财政总收入66.3亿元，同比增长25.9%，总量排全市第一，增幅排内五区第一。2016年以来招引重大项目7个，新签约引进了红星美凯龙、德勤会计师事务所等行业龙头企业。区委书记廖建华强调，在经济运行的固有矛盾没缓解，经济下行的压力还在加大的情况下，要抓住新常态下的新机遇。要突出重点抓项目。第一，要抓重大项目。产业项目方面，重点围绕“三金”名片，在金霞经开区启动金健油脂、老百姓医药健康产业园等重点项目；在金融商务区力促华创国际、绿地中心等城市综合体项目建成竣工；在金鹰文化区要力促华侨城和广电强强联手开发朝正垸，争取万达集团入驻开发苏托垸。重点基础设施项目方面，要着力推进捞刀河路二期、渔业路二期、星沙联络线、长青路等城市主次干道的建设。征收拆迁项目方面，城市棚改要加快推进伍家岭片区、德雅路片区、潮宗街片区、汽电地块等棚改项目，完成棚改征收3600户以上；农村集体土地拆迁全年要启动400公顷的拆迁任务；要重点抓好九尾冲、板塘、福鑫苑、胜利村等安置房建设。城管市政项目方面，要以陈家湖社区为样板，抓好社区提质提档；要着力推进背街小巷提质改造、标准化示范道路提质维护、人行过街设施建设、排水堵点疏浚改造等重点工程。造绿复绿项目方面，要加快浏阳河风光带、湘江风光带、捞刀河风光带和环城绿带建设，打造一批景观带、景观路和绿色走廊。要结合社区提质改造和美丽乡村建设工作，打造一批特色示范社区（村）。观摩项目方面，要切实抓好车站北路北延线、富兴世界金融中心等重点项目建设，传化智能公路物流枢纽港要完成一期主体工程，高岭国际商贸城要启动二期开发。

区委办公室

主　任	张春雄（2016.1任）
	袁伟洁（2016.1免）
常务副主任	杨　佳（2016.9任）
	宋明明（2016.9免）
副主任	戴紫艳（2016.8免）
	喻　军　文琬莹
	尹显亮　胡　芳
	李宏波　易松柏（兼）
纪检组长	侯瑜芳

【概况】 区委办公室为中共长沙市开福区委员会的工作机构，共有编制数26个，其中行政编13个、参公事业编5个、工勤编8个，内设（挂靠）区委机要局（区保密局）、区委政研室、区委改革办、区委督查室、区接待办、信息科、秘书科等7个科室（局、办），党委信息工作连续7年荣获全省、全市先进，区保密局被评为2016年度长沙市保密工作优秀单位。

【政研调研工作】 2016年，紧扣区委重点工作，围绕基层党建、城市建管、征收拆迁、产业发展、社区提质提档、园区改革等全区中心工作，先后开展专题调研30余次，撰写一批对区委决策具有较高参考价值、对部门工作具有较强指导作用的调研文章。在中央、省、市各级媒体和刊物上发表经验推介材料、理论文章40余篇，陈家湖社区相关经验在《人民日报》头版推介。注重文稿质量，讲话稿、汇报材料的起草做到设大谋、出精品，全年起草各类领导讲话稿200余篇，字数近100万字。

【综合信息工作】 健全完善党委信息报送机制，出台《加强紧急突发事件信息报送互联互通的通知》《做好党委信息工作的通知》《信息工作考核办法》3个信息工作文件，建立区、街道、社区（村）三级信息员队伍花名册和紧急信息报送登记表2本台账，制定《开福区党委信息工作手册》；全年共向省、市上报信息900余条，80余条被《湖南信息》《综合与摘报》等省委内刊采用，260余条被《长沙要情》《长沙信息》等市委内刊采用。在省委信息处对各区县的排名中，开福区党委信息工作名列长沙市九区县第二，党委信息工作连续7年荣获全省、全市先进。建立网络问政“链式流程办理”机制，年内受理回复市委办公厅下发网络问政留言125条，回复率达96%以上。认真做好领导批示的反馈信息、预约信息、节假日信息工作，及时反馈重点紧急信息，确保全区全年重大紧急信息无一迟报、漏报、瞒报。

【督查工作】 坚决贯彻落实上级和区委决策部署，重点围绕省第十一次党代会、市第十三次党代会和区第五次党代会精神的贯彻落实，切实加大对产业发展、城市管理、项目建设等重点工作的督查力度，全年共开展重大督查90余次，刊发督查通报13期，督办交办问题300余个。强化督查结果运用，严格责任追究，有力地推动区委、区政府中心工作的落实，确保政令畅通。归口办理省、市主要领导批示件8件，区委主要领导批示件45件，到期办结率和满意率均为100%，做到事事有回音、件件有落实。牵头完成省、市重点工作督查26次，按要求向市委办公厅、市委督查室报送工作情况27次，均做到圆满按时办结。全力配合绩效考核，督促全区各级各部门全面完成市委、市政府下达的绩效考核任务，为开福区在市考中排名靠前提供坚强保障。

【秘书工作】 按照精文简会的要求，严格遵守会议审批制度，切实提高办会质量，统筹抓好会议安排，全年牵头承办区党代会、区委全会等全区性会议12次，承办或协办各类调度会、调研会300余次，其中，11月的办公室工作业务培训会特别邀请了市委常委办主任肖雄伟、市委办公厅法规处处长詹文科到区对全区各单位办公室主任进行业务指导和培训。严格办文制度，规范办文流程，着力精简文件，严格控制公文规格和数量。文电收发、归档、办理工作始终遵循准确、及时、安全、保密原则，及时无误送阅传达，处理上级文件594件、电文601份，落实领导批示1151件次，收发处理本级文电514份。

【接待工作】 2016年，区接待办秉持“文明热情、规范细致、节俭务实、创新高效”的指导理念，围绕区委、区政府的中心重点工作，在严格遵守中央“八项规定”的同时，统筹协调区四大办、相关职能部门及街道（社区）圆满完成会议会务、考察观摩等各项接待任务近90批次，5000人次。其中，中央、省级以上大型接待34批次，市级26批次，特别是高质量完成省委常委、市委书记易炼红近30次到区调研任务，展现推介开福区工作、展示开福形象、扩大开福区影响的担当。

【机要保密工作】 加大了保密知识的宣传教育，11月3日，在全区办公室系统业务培训会上向参会人员发放《区委办公室业务工作流程指南》100余套，其中包含了保密检查（自查）流程、信息发布保密审查流程、涉密载体销毁流程、涉密人员登记备案管理工作流程等内容。5月13日和9月13日在全区组织两次大型的保密业务知识培训，共有90多个单位的分管领导、涉密人员200多人参加，对全区14个单位的51名涉密人员进行摸底登记备案并签订了保密承诺书。对全区安全电子邮件系统进行升级改造，对90个安装单位的90多名操作人员进行操作培训。加强计算机管理，对计算机网络的使用管理提严格要求,根据上级文件精神，对全区96个单位进行保密自查与指导，区保密局被评为2016年度长沙市保密工作优秀单位。

（王盛林）

文件目录

1月6日，开发〔2016〕1号 关于制定开福区国民经济和社会发展第十三个五年规划的建议

2月2日，开发〔2016〕2号 关于转发《政协长沙市开福区委员会2016年工作要点》

2月25日，开发〔2016〕3号 关于进一步加强和改进党的群团工作的实施建议

3月2日，开发〔2016〕4号 关于印发《长沙市开福区开展国家食品安全城市创建工作的实施方案》的通知

2月26日，开发〔2016〕5号 关于调整部分区委领导职责分工的通知

4月15日，开发〔2016〕6号 关于印发《关于全面推进区纪委派驻机构统一管理工作的实施方案》的通知

4月20日，开发〔2016〕7号 关于法制办和总工会成立党组的通知

4月22日，开发〔2016〕8号 关于构建现代公共文化体育服务体系的实施意见

4月22日，开发〔2016〕9号 关于加快建设充分就业现代化城区的实施意见

4月22日，开发〔2016〕10号 关于健全更高水平社会保障体系的实施意见

4月27日，开发〔2016〕11号 关于加快完善公共安全体系的实施意见

5月6日，开发〔2016〕12号 关于打造“健康开福”、建设医疗卫生现代化强区的实施意见

6月21日，开发〔2016〕13号 关于做好中国共产党长沙市开福区第五次代表大会代表选举工作的通知

10月12日，开发〔2016〕14号 关于进一步加快发展现代服务业的实施意见

11月24日，开发〔2016〕15号 关于印发《区委文件审核工作办法》的通知

12月27日，开发〔2016〕17号 转发《区委宣传部、区司法局关于在全区公民中深入开展法治宣传教育的第七个五年规划（2016—2020年）》的通知

纪律检查与行政监察

中共开福区纪律检查委员会

书　记　欧干军（2016.8任）
　　　　刘小虎（2016.8免）
副书记　周朝旭（2016.8任）
　　　　张赞斌（2016.8免）
　　　　喻寄宏
常　委　刘　科　蔡　亮
　　　　曾跃文　罗小静
　　　　刘　曦
　　　　刘　敏（2016.8免）
　　　　彭　庆（2016.8任）

区监察局

局　长　周朝旭（2016.8任）
　　　　张赞斌（2016.8免）
副局长　蔡　亮　龚　闯

【概况】　中共长沙市开福区纪律检查委员会（以下简称区纪委）机关为区委工作机构，与区监察局合署办公，在区委、区人民政府和市纪委、市监察局的双重领导下进行工作，履行党的纪律检查和政府行政监察两项职能，对区委、区人民政府负责。2016年，开福区纪委监察局机关共有行政编制26个，工勤编1个，政府雇员1个,实有人数25人，内设机构为8个：办公室、党风政风监督室（区政府纠正行业不正之风办公室）、信访室、第一纪检监察室、第二纪检监察室、第三纪检监察室、第四纪检监察室、案件审理室。深化压实“两个责任”，从严管党治党基础有效夯实。充分发挥纪委组织协调作用，推动全区各级各部门单位党委主体责任和纪委监督责任的落实。精准定责。印发2016年党风廉政建设主体责任和监督责任清单，明确党委主体责任清单38项，其中，领导班子18项，党委主要负责人10项，其他班子成员10项。纪委监督责任清单22项。要求各级党委对党风廉政建设责任签字背书，实行目标管理，实现“两个责任”可查、可考、可究。日常督责。区委书记专题调研纪检监察工作2次；区委书记、区长专门就落实党风廉政建设主体责任与全区16个街道、60个区直部门党政主要负责人进行集体约谈；区纪委书记就“两个责任”落实分批约谈街道、区直部门党政主要负责人、纪检组织负责人70余人次；发放“两个责任”纪实手册，实行“动态跟单”制度，对照任务清单开展常态化督查，有效督促“一岗双责”落实和“两个责任”上肩。严格追责。推动《问责条例》贯彻落实，针对“四风”和腐败问题多发频发的部门单位，实行“一案双查”。2016年，办理问责案件20件，问责53人。

把握运用“四种形态”，执纪审查效果明显提升。坚持严管就是厚爱，把纪律和规矩挺在前面，用纪律管住全体党员。加大执纪审查力度。坚持节奏不变、力度不减，始终保持惩治腐败高压态势。2016年，全区各级纪检监察组织共立案100件，结案100件，结案率100%，涉及乡科级干部20人，移送司法机关2人。严肃查处了一批群众反映强烈、问题反映集中的典型案件。改进执纪审查方式。坚持抓早抓小、动辄则咎，把对干部的严管厚爱体现在抓教育预防、抓日常管理上。2016年，开展任前廉政谈话619人次，信访监督谈话186人次，谈话函询131人次，给予轻处分65人、给予重处分20人，轻处分占处理总人数的76.4%。畅通信访举报渠道，实行信访举报受理双向承诺、领导包案和阳光处访，2016年，共受理群众信访举报180件，同比下降40%，直接核实信访举报线索54件，转立案13件、立案查处31人。严格落实案件监督管理各项制度，坚持快查快办，依纪依法安全文明办案，确保办案人员零违纪、执纪审查零事故。提

落实全面从严治党主体责任集体约谈会议

升执纪审查效果。既注重案件查办，又注重成果运用，通过办案提高教育监督管理的针对性和实效性。深入剖析典型案例，发挥办案治本功能，扎实开展“以案释纪、以案说法”活动，案例警示材料《给村官戴上“紧箍咒”让“小微权力”不再任性》《对农户玩花招，3名“粮耗子”被查》等在《湖南日报》《长沙晚报》媒体报道，达到查处一案、教育一批、管住一片的效果。

扎实开展两项专项整治，作风建设成效持续巩固。坚持一个环节一个环节抓，一个节点一个节点抓，从严从实推进作风建设常态长效。深化两项专项整治。严格落实省、市纪委专项整治推进会议精神，扎实开展“雁过拔毛”式腐败问题和“纠‘四风’、治陋习”专项整治。牵头组织区财政、审计等部门对全区2013年以来成立的各工程项目指挥部财经纪律执行情况进行专项检查。通过一系列举措，全区公款吃请、公车私用、红包礼金等问题得到有效遏制，专项整治取得明显成效。2016年，查处“雁过拔毛”式腐败案件20件，给予党纪政纪处分43人，给予组织处理5人。针对弄虚作假套取人口安置费、截留挪用安置户购房款、虚造工程项目套取集体资金等典型违纪问题给予党纪政纪处分16人。加强换届风气监督。按照全覆盖、全过程、全方位监督的要求，成立4个换届风气巡回督查组开展监督检查10余次。强化换届纪律宣传，组织观看《镜鉴——湖南衡阳、四川南充“两案”警示录》等警示教育片30余场次。向全区党员干部、“两代表一委员”发送换届纪律提醒短信8000余条次。全区未发现一起违反换届选举工作纪律问题，确保换届圆满完成。严肃执纪问责。加强作风类案件的调查处理，对干部作风问题“零容忍”，发现一起，查处一起。2016年，共查处违反作风建设规定案件15件，问责45人，其中给予党纪政纪处分26人，涉及乡科级干部13人。查处涉赌涉毒案件13件13人，涉及机关干部4人。通报曝光典型案例，分9期在三湘风纪网、长沙廉政网等媒体通报违反中央八项规定、“雁过拔毛”式腐败、涉赌涉毒等问题，对70人点名道姓公开曝光，释放越往后执纪越严、处理越重的强烈信号。

标本兼治综合治理，预防腐败体系不断完善。坚持既毫不手软地惩治腐败，又科学有效预防腐败发生。严格贯彻执行党纪条规。紧密结合“两学一做”学习教育，坚持把学习贯彻《自律准则》《处分条例》《问责条例》和《监督条例》作为各级党委中心组学习、党校干部教育培训的重要内容，全区各级党委书记讲授廉政党课80余场次，区委党校开展《自律准则》《处分条例》“送宣讲进基层”30余场次，组织全区2万余名党员干部开展《自律准则》《处分条例》知识测试，80余名纪检监察干部带头撰写学习心得体会，实现各级党组织和党员干部学习贯彻全覆盖。加强廉政文化建设。构建“环境示廉、载体传廉、活动促廉、家庭助廉、教育倡廉、案件警廉”的“六廉”体系，筑牢廉洁自律思想防线。拍摄党风廉政建设专题宣传片，打造北辰滨江廉政文化主题公园，发掘廉政历史、传承勤廉典故、宣传廉洁新政，创建立体化、大众化、阵地化的廉政文化品牌。在全区16个街道建立廉政文化宣传专栏，107个社区（村）建立廉政文化长廊。组织新任领导干部任前廉政知识测试2批35人次，举办党纪条规、纪律审查等各类培训班3期200余人次，向全区科级以上干部发送廉政短信6000余条次，组织党员干部参观长沙市廉政警示教育基地2000余人次。不断扎紧制度笼子。加强对权力的监督制约，强化对“三重一大”事项决策、执行情况的监督检查。进一步加强村级财务监管，梳理出台《开福区村级权力运行清单》，提高村级事务透明度和规范性。加强对制度执行情况的监督检查，切实抓好监督的再监督，检查的再检查，做到用制度管权管事管人，防止权力滥用和腐败问题的发生。

深化纪检体制改革，执纪监督水平全面提高。聚焦主责主业，重实干、出实招、求实效。开展社区（村）巡察。出台《开福区社区（村）巡察工作办法》，启动对沙坪街道双湖村、青竹湖街道霞凝社区、秀峰街道戴家河社区、捞刀河街道大星村等4个涉农社区（村）首批巡察，对巡察发现的问题和线索，分类处置、建立清单台账，加强跟踪督办。扎实推进纪检监察工作一体化建设。坚持把全区纪检监察工作一体化建设作为推动全面从严治党向基层延伸的重要抓手，统筹谋划布局，精心部署实施。出台推进全区纪检监察工作一体化建设、全面推进区纪委派驻机构统一管理、建立纪检监察工作片区（联组）联动协作机制等制度方案，实现16个街道纪工委书记专职专责专岗，区纪委对60个区直部门单位派驻纪检组全覆盖，43个设党委的社区（村）设纪委、64个设党（总）支部的社区设纪检小组或纪检委员。按照区域就近、分线归口整合的原则，将16个街道划分为4个片区、32个区直派驻机构划分为4个联组，形成整体联动、上下协同、高效运转的基层纪检监察工作新格局。加强队伍自身建设。牢固树立“信任不能代替监督”的理念，对纪检干部队伍教育从严、管理从严、处理从严，对纪检干部违纪违规行为不护短、不遮掩，严防“灯下黑”。切实提升干部素质，坚持开展“五访五查”“每周一课”活动，推进机关干部学习常态化。加大干部教育培训力度，共举办各类业务培训3批80余人次。通过严教育、严管理、严监督，树立纪检干部忠诚、干净、担当的良好形象。

（秦立泓）

组织工作

区委组织部

部　长　晏成方（2016.8任）
　　　　周志军（2016.8免）
副部长　浣　琳　沈继红（兼）
　　　　任功胜
　　　　谭尚丰（兼）（2016.4任）
　　　　陈　峰（2016.4免）
副部长(兼)　陈朝晖　周海燕
　　　　易松柏
纪检组长　张　澜（2016.4任）

【概况】 开福区委组织部是开福区委主管组织工作和干部工作的职能部门。2016年，开福区委组织部共有18个编制，其中12个行政编、5个事业编、1个工勤编，实有干部职工17人，设有办公室、党建科（加挂研究室）、干部科、基层党建工作领导小组办公室、绩效考核管理办公室、党员干部现代远程教育管理中心、非公有制经济组织和社会组织党工委7个业务科（办、室）。

2016年，区委组织部拍摄选送的《“开福先锋”掌上行》作品，获评全市党员教育电视片观摩交流活动一等奖。

推进重点任务落实。全区组织系统按照市委组织部和区委的要求，扎实抓好“两学一做”、换届选举等两件大事和党员组织关系集中排查、基层党组织按期换届等七项重点任务的落实，取得明显效果。在“两学一做”学习教育中，创新开展“四最”评选（最爱读本、最强达人、最赞党课、最美事迹）、“四赛”活动（基层书记赛党建、全体党员赛积分、在职党员赛业绩、无职党员赛承诺），得到基层党员干部的广泛参与和普遍欢迎，省委、市委学习教育《情况通报》先后6次对开福区学习教育工作进行推介，其中，省委《情况通报》第17期以《开福区开展“六小”主题实践活动创新非公企业和社会组织学习教育》为题，重点推介了开福区学习教育的经验做法。在领导班子集中换届工作中，严格落实区委主体责任、纪委监督责任、组织部门直接责任，精心部署，严密组织，确保组织意图的全面实现，区“四大家”领导班子成员、法检两长、

2015年度社区村党组织书记履行基层党建工作述职评议会现场

市党代表、人大代表等均满票或高票当选，“两代表一委员”完全符合素质、结构要求。在落实基层党建七项重点任务工作中，专题研究部署、专项督促检查、专人跟踪问效，确保任务落实。通过党员组织关系集中排查，全区289名失联党员重新与党组织取得联系；督促10个未按期换届基层党组织进行换届；引导党员主动补交2008年4月以来欠缴党费26.1万元；组建非公企业党组织38家、社会组织党组织7家；开展党代会代表和党员违纪违法未给予相应处理情况排查清理，对121名党员给予处理；推进党建促脱贫攻坚，机关工委牵头组织各部门援建34户农村贫困无房户、危房户，对口帮扶长沙县上杉市村；以“两学一做”学习教育为契机，抓严抓实领导机关民主生活会和组织生活会，区委先后组织6次中心组学习，党员领导干部为基层党员上党课132场次。

推进组织工作创新。在基层党建工作方面：围绕层层压实责任，坚持以上率下，实施书记项目。区委高度重视党建工作，沈裕谋担任区委书记以来，先后主持召开3次区委常委会，分别就基层党建七项重点任务、“两新”组织党建、国有企业党建进行专题研究，对全区基层党建工作进行调度讲评，深入到13个社区调研指导基层党建工作。在区委的高度重视和书记的示范带动下，全区16个街道、11个区直机关党组织实施27个党建创新“书记项目”，每名党组织书记结合各自实际，谋划确定一个党建领办项目，以项目化的方式带头推动落实。沙坪街道的村级后备干部队伍建设、东风路街道的“先锋集结号”、教育局的“双培工程”等书记党建项目，起到了党建工作引领事业发展的重要作用。围绕夯实基层基础，充实党务力量，加大资金投入。连续两年面向社会公开招聘两批共70名专职党务工作者，安排到社区（村）从事党务工作，并作为后备干部进行培养；从改非领导干部、退休干部中选派20人成立党建顾问团，到非公企业和社会组织党组织担任党建指导员，区财政给予400元/月的交通补贴。区财政每年安排党建经费3000万元，社区运转保障经费达到每年80万元，新增非公企业和社会组织党建经费160万元。坚持把社区提质提档作为推进社区建设的重要抓手，区政府投资7000多万元用于31个达标和提质的社区居民活动中心建设，全区社区居民服务用房平均面积达到877平方米，其中30个社区在1000平方米以上；启动22个社区提质改造项目，其中，陈家湖社区提质提档工作在《人民日报》头版推介报道。围绕创新方式方法，实施智慧党建，加强网格管理。利用信息化手段，创新实施“智慧党建”项目，建成了全区智慧党建体验中心，开发“开福先锋”智慧党建后台软件，大力推进智慧党建与智慧社区对接融合，打造了江湾社区等一批集智慧生活、智慧政务、智慧网格、无线Wi-Fi于一体的智慧社区。推行扁平化管理，健全社区（村）区域化党建组织网络，加强社区（村）下辖党支部、党小组等网格党组织建设，在城市社区建设了一批“先锋工作室”“党员家庭服务站”、庭院支部、楼栋支部，在农村全部按标准化建设“党小组工作室”，实现网格党组织有阵地、有制度、有经费、有活动的“四有”目标。

在干部选任管理方面：坚持正确用人导向，注重从基层一线培养选拔干部。区委按照“好干部”标准和市委“六用六不用”用人要求，提出“重人品、重实绩、重公认”的选人导向和“用顺、用准、用正”的用人方法，将培养锻炼后备干部与推进重点工作攻坚有机结合起来，让干部到一线锻炼成长，从基层一线提拔使用干部。先后抽调210余名年轻干部到黄兴北路棚改征收、鸭子铺片区拆违控违等项目中工作，2016年11月，再次抽调41名干部组成潮宗街独栋征收攻坚组，项目建设主战场成为干部锻炼成长的重要平台。三年来，从这批干部中提拔使用75人，占到全区提拔干部数量的70%以上，形成重基层重实干的良好氛围。推进体制机制改革，激发干部队伍活力。在扎实推进党的建设制度改革的同时，区委确定“园区体制改革、城建投体制改革、水管所体制改革”等三项重点改革，向深化改革要活力。2016年，水管所体制改革基本完成，在原新河水管所基础上成立区水利建设管理中心，在不增编制、不增机构的前提下，分流消化了20%左右的现有水管人员（现有97人），落实了水管干部按机关事业单位人员购买养老保险的政策。通过这一改革，较好地解决水管系统多年来存在的建管不分、人多事少、队伍不优、活力不强的问题。坚持从严管理干部，实施全员绩效考核。在全区建立起指标、责任、执行、激励“四位一体”环环相扣的绩效考核体系，将全区101个考核单位分为常委部门四大办、经济管理、社会发展等10个类别，在同类别中进行排名比较，对表现不好、实绩不优、排名靠后的班子和个人严格追责问责。近三年来，共有5个班子评为三类，15名领导干部评为基本称职以下，24名干部受到调整岗位、免职降职、诫勉谈话等组织处理。

【开展“四最”评选、“四赛”“六小”活动】 4月26日，开福区委印发关于《关于在全区党员中开展“学党章党规、学系列讲话，做合格党员”学习教育实施方案》的通知，创新开展“四最”评选（最爱读本、最强达人、最赞党课、最美事迹）活动和“四赛”活动（基层书记赛党建、全体党员赛积分、在职党员赛业绩、无职党员赛承诺），得到全区各级党组织和基层党员干部的广泛参与和普遍欢迎，经区“两学一做”学习教育协调小组精心组织评选，共评选出了10本“最爱读本”书籍、8支“最强达人”队伍、14堂“最赞党课”精品、35个“最美事迹”人物，并予以表彰通报。省委、市委学习教育《情况通报》先后6次对开福区学习教育工作进行推介。开福区针对非公企业和社会组织党组织分布零散、党员流动较快、工学矛盾突出等情况，结合“两学一做”学习教育，创新开展“小课堂、小承诺、小关爱、小建议、小竞赛、小典型”的“六小”主题实践活动，增强学习教育的灵活性、生动性和实效性，引导党员立足本职优服务、当先锋、作表率，全年，非公企业和社会组织党组织开展“六小”主题活动200余起。开福区“六小”活动进企业进项目的做法，被湖南省“两学一做”学习教育《情况通报》第17期、长沙市“两学一做”学习教育《情况通报》第10期及《湖南日报》《长沙晚报》、红网、新湖南等媒体重点推介。

【创新创优绩效考核管理办法】 5月19日，第13次区委常委会会议研究审定年度全区绩效考核工作“两体系一办法一规定”，即：《开福区2016年度市“六个走在前列大竞赛”暨绩效考核工作目标体系》《开福区2016年度工作目标考核体系》《开福区绩效考核管理创新创优工作评价办法》《开福区机关事业单位工作人员绩效考核奖金发放管理暂行规定》。2016年，全区绩效考核工作紧扣区委“绩效考核要精简、精细、精准”的指向要求，进一步调准调优绩效考核“指挥棒”，聚焦实现“两个率先”、加快建成“五区”，坚持目标引领，做到内容更精、导向更明、指标更简，同时，新增“创新创优工作”考核维度。考核体系上，街道设置五大版块，重点围绕推进结构性调整、转型创新发展、建设现代化中心城区、率先建成全面小康，全面加强党的建设5个方面设置指标，突出考核“3+5”重点指标（3：项目建设、征收征地和财税工作；5：安全生产、食药品安全、文明创建、城市管理和控违拆违）；区直部门（含垂直管理部门）围绕本部门主业主责，区委政府重点工作和党的建设，设置职能职责、公共指标和党建引领三大版块，突出考核区委四届二十次全体（扩大）会议暨经济工作会

开福区“两学一做”学习教育“最强达人”知识竞赛

议、区政府工作报告明确的目标任务以及市对区考核目标的分解任务，项目指挥部突出考核项目推进的速度与质量。绩效考核的组织实施，引入360度考核、比较法考核和工作记录法考核来验证目标的完成效果，针对每个业务指标都设置对应的个性考核方式，探索解决“外行考内行”和考准考实考出差距的问题。

【中共开福区第五次代表大会召开】 8月16日至18日，中共长沙市开福区第五次代表大会召开，大会选举产生41名区委委员、8名区委候补委员、17名纪委委员和21名市党代表，大会审议通过区委工作报告和区纪委工作报告，科学谋划未来五年开福区的奋斗目标、发展战略和重点任务。与会的248名党代表来自社会各行各业，包含专业技术人员、先进模范、党政领导等优秀代表，具有广泛的代表性。代表选举工作自6月底开始，到8月8日结束，先后经过选举单位综合各方面意见逐级推选代表候选人预备人选；区委组织部、各选举单位联合考察、纪检、审计、综治、信访、计生等多部门联合审查、5个工作日的公示确定代表候选人；24个选举单位在区委指导下采用无记名投票方式，实行差额选举等环节，确保推荐提名、选举等过程、代表资格及结构比例严格按照选举法规和省市要求。

【创建“开福区智慧党建微平台”】 2016年，区委主动适应党建工作信息化、智能化的新要求，实施智慧党建创新，重点打造“开福区智慧党建微平台”项目。经过反复研究论证、修改调试，创建了系统完善、功能齐全、操作方便的党建管理服务平台。智慧党建由开福先锋微网站、开福先锋APP、开福先锋微信公众号3个主体板块构成，打造“开福先锋”智慧党建项目，构建区委、机关街道党（工）委、社区党组织三级党员管理服务平台，打造覆盖全区的立体型党建工作阵地；实现从组织建设（包括支部地图、党员人数、组织考核等）、党员管理（如党员学习、党员积分、党员服务等）到党务工作（包括党务资料、政策发布、互动交流）的全部数字化，拓展各党员参与社会事务的时间和空间维度，实现“一机在手，尽悉发展动态”的服务宗旨，打造指尖上的党建信息盛宴，让党建深入群众，让群众更好地融入党建。

（刘　斌）

宣传工作

区委宣传部

部　长　舒全球
区文明办主任、副部长（兼）
　　罗海嵩（2016.5.31任）
　　彭　震（2016.4.12免）
副部长　易德乾　李亚雄
　　甘　芳
纪检组长　郭云建
文明办副主任　贺　喜
网宣办主任、新闻中心主任　李　香
文产办主任、办公室主任　邵凤清（兼）

【概况】 开福区委宣传部内设理论教育科、网络宣传管理办公室（加挂“开福区新闻中心”牌子）、开福区精神文明建设委员会办公室、开福区未成年人思想道德建设工作办公室、开福区群众文化科、开福区文化产业发展办公室、开福区委宣传部办公室7个科室。宣传部有在职在编干部职工13人。2016年，区委宣传部获“湖南省调研信息工作先进单位”（湖南省委宣传部颁发）。

3月22日，开福区举办“微理论·微宣讲”比赛

在第四届“中华小导游”评选中开福区荣获优秀组织单位，1名选手荣获“优秀中华小导游”称号；史智勤、李汉湘被评为湖南好人；盛德其、苏珊、刘小鸥、张卫社、王艳辉荣登中国好人榜；推荐周海明、杨德才、黄秋月、王艳辉、杨珍荣参评感动湖南人物，周海明、杨德才进入前十名；区委宣传部选送的女声小组唱《中国的四季》获评2016年“欢乐潇湘”全省群众文艺会演决赛二等奖，舞艺中山艺术团获评2016年“欢乐潇湘”全省群众文艺会演决赛优秀文艺团队，北辰艺术团在长沙市庆祝中国共产党成立95周年“红旗颂”大型群众合唱比赛获金奖，《中国的四季》《星火》《关公的大刀》等作品获2016“欢乐潇湘 品质长沙”全市群众文艺会演决赛金、银奖。

理论教育工作。聘请中央党校经济学部发展教研室主任谢鲁江等专家学者，围绕供给侧改革、习近平总书记关于治国理政的新思想新理念新战略等重大理论热点问题，举办区委中心组学习7次。全区各级党组织举办中心组学习300多次，赠送各类书籍3万余册。组织开展“微理论·微宣讲”竞赛及巡讲等系列活动500余场次，开福区获评全市“微理论·微宣讲”比赛优秀组织奖，卢瑞雄获评全市最美基层宣讲人。举办“书香开福 幸福北城”全民阅读学习活动、“流动书吧行走开福”“开福大讲堂”“青年沙龙”“红色大课堂”等学习活动100余场次。率先全市成立区级社科联，承办了湖南省社科普及进基层、“社科专家服务团开福行”等特色活动。在省市刊物发表调研文章30余篇，中宣部采用舆情信息100余篇。

意识形态工作。全面推进意识形态工作责任制的贯彻落实，召开区委常委会专题研究意识形态工作，印发《开福区党（工）委（党组）意识形态工作责任制实施办法》（开办发〔2016〕26号），出台《开福区加强意识形态领域情况分析研判工作实施方案》（开宣发〔2016〕5号），成立开福区意识形态领域情况分析研判小组，将意识形态工作纳入全区绩效考核。加强对文化市场、公益宣传平台、网络宣传平台、学校、宗教场所、报告会、研讨会、论坛、博物馆、图书馆、文化馆等阵地的管理。利用电子显示屏、公交车站台、跨线桥等大型户外平台，开展省、市党代会等重大节会的社会宣传，悬挂大型横幅标语120余条，刊播标语1万余次，全年意识形态领域健康向上、思想舆论环境平稳向好。

新闻宣传工作。2016年，围绕区第五次党代会、人大政协两会、项目建设、创新创业、社区提质提档、党的建设等主题，在中央省市主流媒体上稿3000余篇，其中中央媒体上稿140余篇，《湖南日报》头版头条2篇、市州版头条6篇，《长沙晚报》头版头条11篇，各类专版专题36个；在《人民日报》头版、《瞭望》新闻周刊推出了陈家湖社区拆墙透绿、试行街区制的报道；在《新华每日电讯》《光明日报》、湖南卫视新闻联播推出了盲人杨德才《“碰壁”人生照样精彩》《他双目失明，却给别人带去光明》的宣传报道，在中央省市媒体推出了“中国好人”周海明典型事迹的宣传报道。组建“微开福”新媒体官方微信矩阵，“微开福”、《开福手机报》刊发新闻稿件3000余条；编发《舆情摘要》240期，区领导批示办结60余件；组织网评200余次，转发各类贴文2000余条；开展“开启幸福 品赏城北”征文、摄影比赛，充分展示了开福的城市之魂、山水之韵、人文之美；稳妥处置了捞刀河8.29较大交通事故舆情，全年无重大舆情事件发生。

文明创建工作。制定《2016年文明创建目标管理考核办法》《打造道德高地 建设厚德开福行动方案》;抓实诚信建设宣传教育、推进学雷锋志愿服务等10项重点工作。全年拆除违法建筑1171处，对8条街巷进行交通微循环改造，对83处老旧化粪池实施提质改造。新建清水塘“国是家”、荷花池“诚立身”、风帆广场“俭养德”社会主义核心价值观主题园（街）和月岛河畔好人足迹主题公园。开展各类主题创建活动，推出“红色志愿服务”“好人大本营”等文明创建品牌，承办“清明祭英烈”、湖南省“我们的节日·七夕”“长征组歌少年版”等省市区活动316场次。2016年，新增各级文明单位21个，其中省级文明单位有周南中学、长沙市博物馆2个，市级文明单位19个。2016年，城市文明指数测评开福名列内五区第2。

文化事业工作。在烈士公园南大门建立城区面积最大、藏书最多的24小时自助图书馆，完成湘雅路街道1个市级示范性综合文化站的新建和沙坪街道1个示范性综合文化站、湖畔、四季花城等12个社区（村）文化服务中心的提质工作。成立开福区书法家协会、美术家协会，举办“幸福开福·首届名家书画作品邀请展”“厚德开福·首届名家书法篆刻邀请展”、中国革命领袖诗词书画展。承办2016长沙首届浏阳河文化艺术节闭幕式暨大型声乐套曲《浏阳河颂》音乐会，“重访长征路·誓做接班人”——《长征组歌》少年版走进校园音乐会等活动。举办“湘江韵律”群众文化系列活动200余场次，推出“文化大篷车”“阳光娱乐节”等系列品牌文化活动。

文化产业工作。服务“一区一带一园”（马栏山文化创意集聚区、浏阳河文化旅游产业带和北辰文化创意产业园）建设。马栏山创意集聚区整体规划持续推进，省广电东西广场前坪改造、节目生产基地等项目进展顺利。马栏山涵洞、滨河南路景观带等一批基础配套项目投入使用。北辰文化创意产业园已引进蓝猫、奥飞等120余家动漫游戏相关企业。对接湖南日报、沙坪湘绣等项目单位，推动日报传媒中心、绣坊街等一批省、市重大文化项目建设。组织伊飞湘绣等企业参加深圳文博会等各级各类节会活动6场；支持北辰等企业举办各类招商节会和推介活动4场，引进泊富文化投资基金、武林风等一批重大文化项目。2016年，开福区完成文化产业增加值76.9亿元，占全区GDP比重9.4%，远远高于全国全省全市同级指标占比。2016年，开福区文化产业实现税收收入22.6亿元，占全区税收收入19.8%，同比增长66%，对开福区2016年财税增量的贡献率60%。

【开展文明校园创建系列活动】 3月20日，长沙市文明校园创建系列活动暨开福区“美好人生 美德先行”未成年人思想道德建设主题活动在开福区启动。开福区制定《“文明校园”创建实施方案》，围绕立德树人根本任务，长沙深入推进文明校园创建工作，以立德树人为根本，以学生为中心，加强师德建设，重点围绕领导班子建设、思想道德教育、活动阵地建设、教师队伍建设、校园文化建设、整洁优美环境等方面开展创建工作。2016年，全年举办“美好人生 美德先行”主题创建活动26场，浓厚了校园文明氛围。

【文化部调研开福区传统文化传承创新情况】 4月14日，文化部政策法规司巡视员李红琼率调研组调研开福区传统文化传承创新情况。省文化厅党组书记、厅长李晖，厅党组成员、副厅长肖凌之及市、区相关单位负责人参加。李红琼一行先后实地考察了沙坪湘绣博物馆、长沙市“三馆一厅”、开福区江湾社区综合文化服务中心、省工艺美术馆、湖南和李陶瓷有限公司，并认真听取考察点负责人的情况汇报。李红琼高度肯定开福区在传承和发展传统文化中取得的显著成效，要求在现代公共文化服务体系建设中，进一步推进“互联网+文化”的发展，加大传统文化与互联网平台的有效结合，努力实现传统文化的创造性转化、创新性发展，让文化发展成果惠及更多人民群众。湘绣产品有着深厚的历史文化底蕴，开福区是湘绣发源地，开福区湘绣企业在传承传统技艺的同时，紧贴消费者的需要，开发了湘绣与笔记本、服装、家居生活用品等的结合产品，深受消费者喜爱。

【“相约长沙最美乡村”活动启幕】 4月23日，以“美丽乡村·相约汉回”为主题的沙坪风情小镇自驾游活动在沙坪汉回村启幕。活动延续“记住美丽乡愁，筑梦美丽乡村”主题，推出长沙美丽乡村自驾游热门线路地图，举办“记住·乡愁”首届长沙美丽乡村摄影大赛，开展“乡味·乡愁”长沙市民福袋等一系列“乡里活动”。汉回村以“美丽乡村相约汉回”为主题，推出“沙坪一日游”。汉回村位于开福区东北部沙坪小镇，是长沙市唯一的少数民族聚居村，山水相映，森林覆盖率达70%以上。近年来，该村以独特资源优势，将具有民族宗教特色的旅游休闲与农业观光作为主导产业大力发展，先后获评“中国少数民族特色村寨”“湖南省特色旅游名村”等。沙坪风情小镇有着“中国湘绣之乡”美誉，也是开福区重点打造的集休闲旅游、文化产业、

3月30日，开福区举行“美丽长沙 美德先行”活动

健康养生的综合旅游景区。此次推出的“沙坪一日游”包括汉回民俗文化村、清真寺、民族团结广场、星月岛婚庆园、铁炉寺、湘绣文化广场和湘绣博物馆等景点，市民在“一日游”中感受民族融合的地域风情。“相约长沙最美乡村”活动由长沙市委、市政府主办，已连续举办5年，成为长沙一大文化品牌，共吸引100万以上长沙市民热情参与。

【建设北辰动漫游戏集聚区】 2016年，开福区启动北辰动漫游戏集聚区建设。该区位于开福区北辰三角洲B1、E1地块，总建筑面积10万平方米，核心区4万平方米，是截至2016年年底湖南省动漫游戏企业最集中、动漫游戏业态最丰富的区域。聚集区以动漫游戏产业为核心，发展动漫游戏+旅游、婴童、教育、影视等全产业链，涵盖动漫游戏企业办公区、展销区、教育区和衍生品设计区，着力打造全省动漫游戏体验展厅，通过线上线下平台汇聚全省上千个优秀动漫游戏作品、6000多种产品及企业资源。截至2016年年底，聚集区共入驻动漫游戏相关企业120余家，占湖南省动漫游戏相关企业38.46%（2016年年底，湖南省动漫游戏相关企业共312家）。湖南省委常委、长沙市委书记易炼红，省文化厅党组成员、副厅长肖凌之，长沙市委常委、宣传部部长、副市长黎春秋等领导先后参观指导。

【成立好人大本营】 3月2日，长沙市开福区“好人大本营”工作站挂牌暨“好人志愿服务队”成立仪式在荷花池社区道德文化广场举行。湖南省劳动模范、“敬业奉献”中国好人、荷花池社区书记余柳英是好人大本

3月2日，开福区“好人志愿服务队”成立

营发起人。全国道德模范任菲莉、全国最美社区人卢瑞雄、助人为乐好人盛德其作为好人代表上台发出志愿服务活动倡议。现场成立以“助人为乐”“诚实守信”“见义勇为”“敬业奉献”“孝老爱亲”为主题的五支“好人志愿服务队”，启动新一轮学雷锋志愿服务活动。活动由长沙市文明办主办，开福区委宣传部、区文明办、望麓园街道承办。湖南省文明办副主任李力明，省文明办志愿服务处处长李仕铭，长沙市委宣传部副部长、文明办主任郑力虎，开福区委常委、宣传部部长舒全球等领导出席，300多名社区居民参加活动。

【建成“国是家”主题文化街】 11月18日，湖南“国是家”主题文化街揭牌仪式，在开福区清水塘路举行。为深入培育和践行社会主义核心价值观，强化国家和民族意识，激发民族志气，增强凝聚力，引导未成年人热爱祖国，大力弘扬爱国主义精神，引导市民崇德、尚德，形成见贤思齐、德行天下的良好风尚。主题文化街用原创性的主题设计、别致的文化墙，以及醒目的公益广告等形式，集中展示“24字核心价值观”。主题文化街还展示了青年毛泽东在18岁便表现出来的忧国忧民的思想情怀和“利国福民”的改革抱负；长沙市第一中学“以天下国家为己任”的教学思想；心存善良点点滴滴帮助他人的“报亭爷爷”蔡宗义事迹等，与清水塘路的景色相映衬，融入街区每一个角落中，使主题文化

11月8日，“国是家”主题文化公园揭牌

街成为彰显核心价值观、凸显清水塘文化特色的道德教化场所和人文景观。仪式现场，省委宣传部副部长、省文明办主任刘进能和开福区委常委、宣传部部长舒全球为清水塘“国是家”主题文化街揭牌。省文明办副主任李力明，市文明办主任郭润葵，及省、市、区文明办相关部门负责人和社区居民200余人参加揭牌仪式。揭牌现场，开福区文明办还表彰了一批优秀基层志愿者和志愿组织。

【举办“中国好人·声音故事”学习活动】 12月17日，由湖南省文明办指导，湖南文明网、长沙市文明办、开福区文明委举办的“用心聆听·致敬好人”暨中国好人传声音故事学习活动，在长沙市开福区东风路街道砚瓦池社区举行。湖南省委宣传部副部长、省文明办主任刘进能出席活动，200余名社区党员、群众和志愿者参加学习活动报告会。来自各行各业的5名宣讲员现场以“讲故事”的形式，将群众身边好人的事迹讲出来。湖南省委宣传部副部长、省文明办主任刘进能向社区好人、居民和志愿者代表，赠送了100多张“中国好人·声音故事”光碟。“中国好人·声音故事”是由中国文明网、湖南省文明办指导，湖南文明网和湖南人民广播电台新闻频道共同策划推出，已完成21位湘籍“中国好人”事迹的录制，湖南广电名家名嘴卢莎莎、丁文山、曾致、舒高、王欢等倾情参与录制，在红网、湖南人民广播电台新闻频道、湖南文明网等媒体及其微信公众号推出。

（蔡振宇）

统战

区委统战部

部　长　何惠风（2016.8任）
　　　　周志军（2016.8免）
副部长　涂　浩（2016.9免）
　　　　张曙辉
　　　　王　凤
　　　　刘　川（2016.9任）

【概况】 开福区委统战部编制核定数为行政编5个、工勤编1个。在职干部共9人，其中部长1名，副部长3名，纪检组长1名，台办主任1名，其他干部3人。内设办公室、党外人士联络办公室、归口管理区委台湾工作办公室、区归侨侨眷联合会。2016年，在全省统战部长会议上，开福区作为全省唯一的区县在会上作典型发言。

教育培训有特色。着重打造一个全新的统一战线学习品牌——“同心大讲堂”，以通过精心的讲演课题设置，利用区内线上线下微传媒资源，搭建一个开放型、知识型、互动型的学习平台。全年开讲六期，吸引来自区各民主党派、党外知联会、工商联、台侨人士等在内的广大统战成员，区相关区直部门、街道、社区统战工做主要负责人及企业负责人共1300多人参加。依托党校、社会主义学院等培训主阵地，加强党外代表人士教育培训，举办“升级发展 成就北富”2016年开福区统战工作培训班，组织全区优秀党外代表人士60余人参加，提升他们的统战理论素养和业务工作能力。创新培训方式，在清华大学举办非公经济人士高校素质提升班，开创本地培训与异地培训相结合，常规培训与专题培训相结合，党校办班培训与知名高校办班培训相结合，全面提升非公人士的综合素质。开展树立和践行社会主义核心价值体系、非公经济人士理想信念教育、坚持和发展中国特色社会主义学习实践活动等主题教育活动。围绕各民主党派市委换届、党外代表人士走访季等重大活动，由部领导带队对各民主党派、党外代表人士开展全面走访，广泛深入开展“同心”教育。扎实开展党外代表人士“两学一助”学习教育活动，成立工作机构、制定工作方案、召开动员会议、发放必读书目，打造开福区党外代表人士陈家湖社区社会实践基地，为党外代表人士提供实践锻炼平台。坚持开展党员领导干部与党外人士交朋友活动，建立区领导与党外代表人士交朋友制度，书记、区长带头与结对的党外朋友谈心交流。实行统战部领导联系党派、知联会，机关干部联系党外代表人士制度，联系党外代表人士30多名。

“四同创建”有成效。截至2016年年底，全区已创建各级授牌的“同心社区”6个，“同心园区”1个，“同心项目”4个，“同心乡村”1个。其中，已获评省级4个，市级5个。2016年，新推荐参评省级1个，市级2个。2016年初，以区委办、政府办两办名义出台下发“一意见一办法”（《关于深化和拓展“四同创建”活动的实施意见》及《关于“四同创建”活动的考核办法》），召开“两个座谈会”（各民主党派市委专职副主委支持开福区“四同创建”工作座谈会及区直对口部门支持“四同创建”工作座谈会）,着力从加强组织领导、创新机制建设、强化保障措施等方面下功夫，推动“四同创建”向纵深发展。进一步深化党派社区联姻合作模式，整合优势资源开展各项主题活动。致公党区工委开展“守护蓝天碧水、共建品质开福”环保宣传和志愿分享会活动，致公党长沙市委主委、市人大常委会副主任王国海出席发表讲话，省委统战部副巡视员王和平对致公党员在同心社区建设中取得的成绩给予充分肯定。

招商引资有实绩。启动开福区统一战线“凝心聚力 共赢开福”精准招商活动，利用统战优势为开福经济发展搭建起一个多方共赢平台。组织挂职派驻，做好“引”字文章。成立青年招商小分队，选派5名优秀年轻干部其中包括优秀的党外干部，到深圳、广州的湖南商会、长沙商会担任副秘书长，直接参与商会工作。通过走访考察企业及行业协会，与其高层及相关人员对接座谈，积极宣传开福区的区情区貌、区位及政策和资源优势、投资环境和招商项目等，提升开福区在外省的知名度。先后组织远光集团、宝湾物流、深利源集团和华岸春天集团等40多家企业到开福区进行实地项目考察，成功引进中房联落户开福区；远光集团筹建驻长沙市办事处，并将成立长沙分公司，随后设厂。开展同心结对，做好“联”字文章。成功举办湖南省异地商会会长“同心结对”开福行活动，邀请湖南省浙江商会等8家在湘全国各省市异地商会会长，各民主党派区工委主委、区党外知联会会长现场观摩考察项目，签订商会与党派友好结对合作意向书。2016年，成功引进华龙证券、中山证券两家公司落户开福区，永安期货初步达成落户开福区意向，另多个新建项目正在积极洽谈中。

促进和谐有作为。开展基层协商民主试点。江湾社区建立“群商荟”，群商荟融合更多的统战资源，结合统一战线工作的特色，组织社会不同群体精英共同商议群众所关心，反映的问题。洪山桥社区成立“圆桌议事会”，其中议事会成员中统战人士6名，占30%，从解决“谁来协商”“怎么协商”“协商什么”入手，对社区的“大情小事”展开协商，直接或间接参与的居民300余人，解决、解释、转办一批群众关心关注的民生问题。加强党外代表人士工作。成立区党外代表人士队伍建设联席会议领导小组，建立党外科职干部年度集中述职制度，建立党外后备领导干部数据库。高度重视党外代表人士队伍建设，在党外干部的实职安排上，严格按照政策落实，全区共有党外科级实职领导干部25名，其中正职9名。促进阶层关系和谐。把新的社会阶层人士工作作为新形势下统战工作新的“着力点”。加强联系帮助，充分发挥街道统战网络的作用，对全区新的社会阶层人士进行一次全面调查摸底，了解掌握他们的特点、数量、行业分布和思想状况，并建立新的社会阶层代表人士“信息库”，做好新的社会阶层人士管理、服务工作。加强平台搭建，结合“四同创建”，组织党外知识分子参加创建“同心社区”主题活动，组织区党外知识分子联谊会举办“爱心扶贫”公益画展，共拍卖作品33幅，所得善款40360元，全部捐赠给省委统战部扶贫点安化县黄石村的贫困家庭和留守儿童。支持非公有制经济健康发展和非公经济人士健康成长。积极开展光彩事业，引导基层商会、非公企业和非公有制经济人士全面践行社会主义核心价值观。组织秀峰街道商会会员为200余名困难群体送去慰问金、大米、油等物资；组织10家会员企业参与“2016年全国民营企业招聘周”活动，组织20多家会员企业参加在区人力资源和社会保障局举办的招聘会，区工商联会员企业通过参加招聘会、自主招聘等方式，为社会提供5000余个就业岗位。促进民族宗教关系和谐。连续5年开展和谐寺观教堂创建活动，开福寺、铁炉寺获全国创建和谐寺观教堂先进集体，城北堂获全省创建和谐寺观教堂先进集体；加大宗教防抵御渗透工作力度，成功取缔、处置了世纪金源酒店藏传佛教非法传教、长沙慈爱放生共修组月湖公园非法“放生”、三贵街9号8楼韩国基督教非法传教等非法宗教活动。促进海内外关系和谐。充分运用亲情、乡情、友情、商情开展港澳台和海外统战工作。接待台湾合作金库银行董事长廖灿昌一行以及台湾商统会交流团到区经贸交流考察。做好台商、台企服务工作，圆满解决罗莎公司二期土地问题。积极协调园区等部门，组织召开现场办公会协调处理统一企业的用电问题。深入开展对台交流，组织区涉台教育基地负责人、街道负责人赴台开展考察学习并2次接待台湾台南、高雄里长大型参访交流团到长沙市学习交流。积极与电子政务中心对接，借助网络民情员及群工队员平台，建立华侨、归侨、侨眷、港澳居民数据库，提高侨联群众工作的信息化程度。做好侨联重点人士的工作，引导他们参与家乡建设。区侨联海外顾问刘国宪积极引荐长沙市一中开福中学与美国俄亥俄州劳伦城市学院合作项目签约，建立一中开福中学毕业生输入劳伦学院就读的绿色通道，成为开福与海外文化交流、东西方视角优秀人才培养的一个新起点。承办市侨联“侨界空巢老人关爱行动”启动仪式，关爱、帮助困难侨界群众、空巢老人。用爱心推动社会和谐进步，区侨联副主席魏玛丽创立社区“幸福家长公益大讲堂”“社区心灵驿站”等公益品牌活动，投资30万元建立社区公益图书馆，个人当选为“湖南省十大杰出青年海归人物”。

加强对工商联、侨联换届工作的领导和指导，确保换届工作的顺利完成。选举出的新一届班子在队伍结构素质上实现优化，侨联新一届班子增加了新侨比例，委员平均年龄由46.6岁下降到39.3岁。新一届委员均具有大专及以上文化程度，其中大学本科学历3人，硕士研究生学历9人。依托“党外人士专题议政”和“党外人士看开福、议开福、助开福”等平台开展专题议政，将重大问题的调研献策和基层民生的建议建言纳人专题议政范围，拓宽党外人士建言献策渠道，着力构建“大议政、议大政”的工作格局。党外人士围绕“开福区‘十三五’规划”“升级发展 成就北富”等重大问题深入调研，提交调研成果20余篇，提出意见建议80多条，一批建议被区委、区政府及有关部门采用。构建三级信息工作网络，制定可操作性的信息稿件奖励办法，促进区信息稿件数量质量的同步跃升。2016年，开福区统战人士撰写的《涉警宜用规范执法代替文明执法》被中央统战部《零讯》采用。在市委统战部信息调研宣传工作会议上，开福区作调研工作典型经验介绍。以开展“两学一做”学习教育实践活动和“三严三实”专题教育活动为契机，全年共组织各类学习12次，开展专题讨论3次，每名干部撰写心得体会8篇以上。同时，建立健全了7类10余项工作机制和制度。通过扎实改进工作作风，针对突出问题认真整改并逐步建立健全长效机制，统战部门和统战干部能力形象得到全面提升。

【举办湖南省异地商会会长“同心结对”开福行活动】 6月22日下午，湖南省异地商会会长“同心结对”开福行活动隆重举行。此次活动由开福区委、区政府主办，区委统战部、区工商联承办，以“合作交流 携手共赢”为主题，以打造区域经济的发展引擎、商务交流的平台为目的，整合统战资源力量、发挥统战联络优势，组织举办的一次深度招商推介活动。来自湖南省上海商会、湖南省深圳商会、湖南省江西商会、湖南省江苏商会、湖南省川渝商会、湖南省浙江商会、长沙市广州商会、湖南省福建商会等8个驻湖南省、驻长沙市商会会长及秘书长受邀出席。各商会嘉宾一行实地考察了北辰时代广场、高岭商贸城、芒果汽车、湖南进出口商品展示交易中心，深入了解开福区有关项目、企业的发展情况及开福区的投资环境，对开福区近年来在经济建设上取得的成就表示了肯定。在“同心结对”活动启动仪式上，区委常委、常务副区长邹犇淼介绍了开福区区情和招商引资项目；各民主党派开福区工委、区党外知联会与8个驻湖南省、驻长沙市异地商会签署交换了合作意向书，并作表态发言。省工商联副主席、市政协副主席、市工商联主席彭继球高度肯定了本次活动的举办是开福区统一战线在服务区域经济社会发展探索上的创新举措，就如何开展活动，确保活动效果提出指导性的意见建议。区委书记廖建华代表开福区委、区政府对来自全国各地的驻湖南省、驻长沙市商会会长齐聚开福，指导考察开福区经济社会发展，并与开福区各民主党派、党外知识分子联谊会开展“同心结对”活动表示感谢，并期望政企“同心”，共同合作；目标同向，共赢发展；携手同行，共创未来。2016年，开福区统一战线积极响应“凝心聚力‘十三五’”行动号召，启动开展“凝心聚力 共赢开福”精准招商主题活动。“同心结对”和此前实施的“挂职派驻”，同为该活动的两项重点内容。活动的开展，开辟了统一战线服务区域经济发展的崭新视角，为推动区“十三五”规划的实施，凝聚共识、凝聚智慧、凝聚力量，提供了统一战线的有力支持。

【开展“一座城帮一个村”精准扶贫活动】 11月25日—27日，由开福区委统战部牵头，区党外知联会、芙蓉北路街道湘江世纪城物业及部分业主组成的爱心志愿者团队，驱车远赴怀化市通道县，参与省委统战部“知识力量·看湘知湘推湘”通道行第五版块：“一座城帮一个村”活动。活动期间，爱心志愿者与该县坪坦乡及横岭村的负责人进行座谈，深入了解乡村发展现状与困惑；与当地的孩子开展游戏互动活动，向他们赠送了学习及生活用品；走访横岭村贫困户，送去了慰问金和大米、食用油。开福区知联会将继续通过知联会会员和湘江世纪城的网络平台进行广泛宣传发动，呼吁社会各界关注支持，解决横岭村发展实际困难问题，帮助该村实现早日脱贫。

（周　涛）

政法

区政法委

书　记　蔡　冰（2016.8任）
　　　　刘文立（2016.8免）
副书记　袁亿华　冯士文
　　　　汤伟平　林　实
　　　　谢跃明
　　　　罗　毅（2016.10任）

区社会管理综合治理委员会办公室

主　任　冯士文
副主任　罗　毅（2016.10免）
　　　　浣花媛

区维护稳定领导小组办公室

主　任　谢跃明
副主任　侯胜台

【概况】 区委政法委内设综治办、维稳办，有编制12人。2016年，区综治工作、维护稳定工作被评为全市先进，检察院被评为全国检察机关宣传先进单位，公安分局被评为全省公安队伍建设成绩突出集体，司法行政、反邪教、信访积案化解工作被评为全市先进，信访工作因在G20峰会期间表现突出，被国家信访局表彰为先进集体，开福区连续12年保持全省“平安区县”荣誉称号。

维护社会稳定。注重把全力维护社会稳定作为政法工作的基本任务，牢记稳定是第一责任，确保全区社会大局持续稳定。坚持源头治理，防范化解社会矛盾。坚持日常排查、重点摸底与专项布控相结合，广泛开展不稳定因素排查，全年排查化解征地拆迁、涉军涉企、劳资纠纷等问题1600余起。认真实施社会稳定风险评估，对全区9个重点项目进行评估，制定防范、化解、应急预案。充分发挥调解作用，拓宽专业性、行业性调解，全年共调处各类矛盾纠纷1598起。坚持处置原则，强化应急处突工作。在及时收集、研判、运用好情报信息的基础上，按照分级负责、快速反应、统一指挥、协调联动的维稳处突和应急处置原则，依法迅速稳妥处置了各类堵路、堵门、“维权”集访等群体性事件101起，出色完成各类重要会议安保任务112场次。同时，确保G20峰会、十八届六中全会、省市区党代会等重点时期全区社会大局稳定。坚持依法治理，维护信访秩序。建立健全信访工作机制，按照“属地管理”“五包一”“县级领导包案”等要求落实信访责任，全年共化解信访积案16起。着力打造“阳光信访”，建立“一网一微”信访宣传服务平台，全年共办理网上投诉642件，形成让群众“多上网少走访”的信访新格局。积极开展信访专项救助，帮扶信访困难对象12人次。坚持对敌斗争，保障政治安全。狠抓全区国家安全人民防线建设，认真开展隐蔽斗争，全面落实涉疆涉恐各项工作举措，确保全区社会政治大局持续稳定。反渗透、反邪教工作卓有成效，防范和处理邪教工作实现“三零”目标，办理的“零始天运”邪教专案被评为湖南省十大“扫黄打非”案件之首。

推动平安建设。把平安建设作为政法工作的根本目标，牢记平安是人民群众的第一需求。强化严打整治措施。坚持“严打整治、保基促稳”的方针，组织开展“一打三整”百日会战、“禁毒扫黄”“打黑除恶”等专项严打行动十余次，摧毁黑恶势力团伙10个、侵财犯罪团伙64个，刑事破案1546起，移送起诉犯罪嫌疑人1148名，提起公诉1055人，依法判决997人，提高人民群众安全感。特别是侦破“9·30”特大持枪抢劫案得到了书记易炼红的高度肯定，分局专案组荣获集体二等功。凸显治安防控成果。健全治安防控体系，创新打造“智慧安保”系统，推进“天网工程”三期建设，全区公共监控摄像头达到6000个，实现对街巷干道、重点部位全域覆盖。扎实推进“三实”及车辆信息集中采集工作，新增信息68.4万条。深化“联合巡防、夜间巡逻”以及“红袖章”工程，大力发展平安志愿者、法律义工等群防群治队伍，通过信息研判、预警布控抓获嫌疑人350余名，全区社会治安实现“六零五降四升”。提升服务管理。不断加强特殊人群服务管理，率先在全省实行政府购买服务介入社区矫正工作，并在全省政府购买社区矫正服务电视电话会议上作典型发言。广泛开展“零发案”竞赛、“四个十佳”评选、平安家庭创建等基层平安建设活动，继续完善亲民警务工程，密切了警民关系，通过典型推荐，不断巩固和扩大活动成果。

推进公正执法。坚持严格规范公正文明执法，牢记促进社会公平正义是政法工作的核心价值追求。以人为本，坚持执法为民。引导带领全区政法综治维稳各部门着眼民意，以绩效考核和民调成绩为指挥棒，不断改进作风，把执法过程变成服务群众的过程。全区政法机关精心打造方便快捷的窗口服务，搭建“一窗式”业务受理平台，推进“一门式”就近办理业务，提高人民群众的满意度。建立完善案件繁简分流、简易程序、小额速裁、审限动态监控等体制机制，建设了金霞中心法庭、交通巡回法庭等利民基础工程，大力开展司法救助帮扶，着力解决好群众反映强烈的“打官司难”“诉讼成本高”“审办时间长”等问题。创新打造“警银亭”“点援制”等执法司法活动“互联网+”服务模式，利用微信、微博、网络等数字化平台推行自助办理、网上办理、预约办理，让“数据多跑路，群众少跑腿”，人民群众对政法机关和执法人员的满意率大幅提升。以律立纲，狠抓执法规范。按照精细化管理要求，在全区政法机关不断深化执法规范化建设，狠抓执法信息化和执法质量考评。区法院突出司法能力建设，结合审判权运行机制改革打造专家型法官队伍，实现“让审理者裁判，由裁判者负责”的目标。区检察院深入开展“判处实刑未执行刑罚”专项整治行动，对23名判处实刑未执行刑罚的罪犯进行甄别监督，抓捕归案。公安分局严格实行执法活动同步录音录像，将执法资格等级考试作为民警晋职晋升的前置条件。区司法局建立律师库，引导律师为职能部门提供法律服务，促进各部门依法行政。以点带面，培育法治文化。加强主题法治宣传教育，在全区开展“雨露·法律六进”“青少年法治宣传教育周”等系列活动百余场次，营造了良好的法治氛围。全面推行“如法网”学法用法考试系统，提升公职人员运用法治思维和法治方式推动发展、化解矛盾、维护稳定的能力。以群众需求为向导，探索建立区、街道、社区（村）三级立体化公共法律服务体系，全年打造公共法律服务工作站（点）6个、公共法律服务志愿点5个。切实加强法治文化载体建设，按照区委、区政府社区全面提质提档部署推动创建民主法治示范社区（村），统筹安排从业律师、法律工作者联点社区担任法律顾问，提升基层法治水平。以实创效，深化司法改革。全区政法机关严格按照省、市、区部署要求，坚持分解落实、分步推进、分线督查，推行项目化，列出时间表，明确责任人，全年11项司法体制改革任务全面落实到位。

服务区域发展。服务区域发展是政法工作的光荣使命，政法工作关系到发展大局，关系到人民群众的切身利益。营造安定有序的建设环境。全区政法机关努力强化服务保障措施，依法促进黄兴北路、火车北站、金鹰、金霞片区项目建设工作，以及炮后街、潮宗街、丝茅冲棚改和泰阳商城、君悦三期等城市建设难点问题顺利推进，全年妥善审理与重点工作、重点项目相关案件300余件。营造优质高效的发展环境。组织开展政法机关“服务经济月”活动，结合“三联三访”工作要求，积极联系重点项目、重点企业开展对口帮扶，全年共走访企业50余家，开展法律服务30余次，努力为企业发展创造更加安全、公平、宽松的环境。营造公平正义的司法环境。全年依法审结民事案件9174件，依法保护了市场主体。同时，依法保护合法民间借贷和企业融资行为，推动缓解小微企业融资困难，抑制高利贷等不法行为，全年审结借款类纠纷案件1960件。

加强队伍建设。按照政治过硬、业务过硬、责任过硬、作风过硬要求着力加强政法队伍建设。牢固树立理想信念。坚定的理想信念是政法队伍的政治灵魂。全区政法队伍坚持把理想信念摆在第一位，扎实开展“两学一做”学习教育活动，组织开展中央、省、市、区会议文件精神专题学习讨论30余次，护忠诚、讲纪律、守规矩意识不断增强。切实提高专业能力。正规化、专业化、职业化是党对政法队伍的要求，也是政法队伍履行好职责使命的保障。全区政法机关精心组织开展“战训合一”岗位练兵、培训180多次，培训政法干警600多名。组织赴江西省南昌市、海南省乐东黎族自治县的学习更是带回来许多政法工作的新经验、新做法，开拓了政法工作新视野。狠抓纪律作风建设。全区政法机关开展党纪条规学习教育，强化“两个责任”，严肃认真落实中央、省、市、区关于纪律作风建设的各项规定。开展“治四风、除陋习”专项整治行动，建立明察暗访长效机制，进行专项检查110余次，发布督查通报23期，分批次前往长沙市廉政教育基地学习，队伍作风得到全面提升。四是传递政法工作正能量。加强政法工作宣传推广，在省市主流媒体、杂志刊发经验材料60余篇，平安开福微信公众号得到广泛关注。暖心惠警掷地有声，每季度开展基本体能与健康指数测试，警务食堂、“医疗绿色通道”等配套设施逐步改善。加强舆情应对，严格落实依法处置、舆情应对、社会面管控“三同步”原则，积极主动协调宣传部门加强舆情应对处置，维护了政法机关的良好形象。

（郭　宁）

机关党建

区直属机关工作委员会

书　记　盛　诺
副书记　张志成　戴　英
　　　　陈　铭　（2016.2任）
纪检书记　廖莺燕　（2016.4免）
　　　　易厚德　（2016.9免）

【概况】 2016年，区直属机关工委机构编制管理部门核定编制人数4人，实际在岗8人，管理区直机关党支部48个、其中党总支部6个、直属退休党支部5个，共有党员1452人。

规范基层党组织建设。区直机关工委定期召开党建工作座谈会、务虚会和党务工作会议，从思想教育、组织建设、作风建设、党建创新四个方面将年度目标任务细化为14项28个具体工作；每月定期召开支部书记月工作例会、安排部署党建工作，每季度进行党建工作督查并进行

开福区机关迎国庆趣味运动会

讲评。组织48名机关工委直属党（总）支部书记向机关工委进行集体述职。召开党建专题会议17次、下发文件通知56份、开展集中检查调研3次，组织党建专题活动29次。实施支部、党员“两个积分管理办法”；建立自评、互评、讲评“三个考评机制”；进行党员承诺、管理积分、党费收缴、重要事项“四个公开”；开展“三亮三比”活动，促进机关党建工作的细化、量化、常态化。2016年，发展党员12名，办理预备党员转正13名。按标准收缴及补缴党费69万元。及时维护和更新“党员信息管理系统”信息；组织区直机关科级及退休干部集中学习4次。2016年，区直机关表彰先进基层党组织9个；区委表彰先进基层党组织5个、优秀共产党员9名，优秀党务工作者7人。创新党员教育管理方式，开展“先锋大课堂”活动4次，选拔学员参加全区“两学一做”学习教育，开展最爱读本、最赞党课、最美事迹、最强达人系列评比竞赛活动，并获得最爱读本和最赞党课全区第一名的好成绩。

发挥党建示范引领作用。指导和鼓励区直机关党组织创新党建工作的载体和形式，并为机关党组织搭建多个活动平台。督促区直机关党组织开展党建联系点、结对共建活动，帮助连点社区加强社区党建阵地建设；要求区直机关党员领导干部按照“六必须”要求参加社区（村）党员大会、骨干会议、拆违控违动员会议，组织区直机关党员干部深入群众谈心谈话、走访慰问、结对帮扶、志愿服务活动，动员区直机关近千名在职党员进社区，参与社区组织的志愿服务活动并开展“一进二访”活动。2016年，慰问区直机关困难党员10人、社区困难群众76人。

开展文娱活动，活跃机关文化氛围。组织全区90名区直机关青年党员成立区直机关青年党员志愿服务队，开展植树造绿、扶贫帮困和红十字应急救护培训等志愿服务活动。为活跃区直机关职工干部文化活动氛围，成立99人的“书画兴趣小组”、104人的“国学兴趣小组”以及82人“篮球兴趣小组”。联合区总工会、区文

开福区机关迎国庆趣味运动会

体新局等职能部门开展“‘3·8’巾帼健步”和趣味运动会等文体活动。推荐评选“我身边的雷锋”“优秀志愿者”4名，全面完成区直机关党报党刊发行征订任务、购买在职女职工特殊疾病保险413份，购买机关干部未成年子女意外伤害保险457份。

落实党风廉政建设责任，推进机关作风建设。严格落实“一岗双责”和“三重一大”集体决策制度，按要求填写《廉政纪实手册》、按时报送“四种形态”报表和党风廉政综合信息。认真履行纪检派驻机构党风廉政建设监督职责，开展“纠四风、治陋习”专项整治和“雁过拔毛式”腐败问题专项整治。2016年，查处区直机关违规违纪党员干部5名。

（廖　柯）

机构编制

区机构编制委员会办公室

主　任　刘修平

副主任　浣　赛

事业单位登记管理局局长　刘水清

【概况】　开福区机构编制委员会办公室为区机构编制委员会的常设办事机构，负责全区行政管理体制和机构改革以及机构编制日常管理工作。辖一个二级机构：事业单位登记管理局，副科级全民事业单位，有在编在岗职工6人。

规范行政审批制度改革，完成中介服务清理规范工作。区编办牵头，继续深入推进全区中介服务清理规范工作，基本完成清理工作任务，形成《长沙市开福区政府部门行政审批中介服务事项目录》，6月27日，经政府常务会审议通过，共涉及9家单位，拟保留17项、规范调整8项、取消3项，共计28项。做好园区行政审批制度改革工作。2016年，按照《长沙金霞经济开发区深化行政审批制度改革实施方案》，形成《长沙市开福区区直部门下放园区涉企行政职权目录》，其中授权或委托园区实施的共计11项；在园区设立金霞国税分局、地税分局和工商分所；创新在区政务服务中心的城乡建设局窗口开辟“园区审批绿色通道”，优先办理园区相关审批业务。按照要求公布园区行政审批制度改革的权力清单、责任清单和流程清单。采取技术审查和行政审批相分离的运行方式，实行技术审查先行，改进审批措施。制定《长沙金霞经济开发区行政审批事中事后监管制度》《长沙金霞经济开发区行政审批工作管理办法》《长沙金霞经济开发区行政审批监督检查制度》，完善监管机制，为园区企业办事提供便利。园区的改革成效多次在《新湖南》《长沙晚报》上推介和报道。筹划简化优化公共服务流程工作。2016年，开福区编委办于6月初下发《开福区简化优化公共服务流程方便基层群众办事创业工作方案》，全面梳理开福区的公共服务事项目录，形成《长沙市开福区公共服务事项目录（送审稿）》，共计158项，为切实解决人民群众“办证多、办事难”等问题，为提高公共服务质量和效率奠定了基础。承接市级下放权限工作。开福区承接了市级下放权限权限共计33项，开福区编委办建立工作机制，及时动态调整区级权限，不断完善政府部门权责清单制度体系。对所有可以采用事后监管和间接管理方式的事项不设前置审批，减少审批环节，压缩审批时限，实现审批整体提速50%以上。

推进体制机制创新。创新谋划开福区三大体制改革。开福区新一届区委领导班子提出“升级发展、成就北富”，将大城北体制改革、水管体制改革和城建投体制改革作为全区主动谋划的三大改革。大城北体制改革工作受到市编办领导的高度重视，听取改革工作相关汇报，将对大城北体制改革工作中有关机构编制事项给予最大程度的支持。水管体制改革工作由开福区编委办牵头，经过多次调研和座谈会专题研究，并报区委常委会议审议通过，形成具体的改革方案。城建投体制改革已经召开全区第一次调度会，确立改革基本方向。创新实践纪委派驻机构和乡镇区划调整改革。2016年，开福区对现有的32个区直纪检组重新调整，新任命32名区纪委派驻区直部门纪检组长，采取单独派驻和综合派驻，以综合派驻为主的新模式，确保在不加编不增人的情况下不断夯实监督执纪的力量，实现区纪委对60个区直部门单位派驻纪检组全覆盖。推进开福区乡镇区划调整改革。经2016年第二次编制、人事工作会议研究，制定并下发《关于区划调整后青竹湖街道机构、编制配备的通知》（开编委发〔2016〕6号），成立开福区青竹湖街道办事处，做好乡镇区划调整中有关机构编制工作。理顺动物卫生监督所管理体制。开福区编委办规范设置区动物卫生监督所，撤销由区农水局与街道共同管理的四个动物卫生防疫站，将原有人员收编至区动物卫生监督所一并管理，厘清权责。根据农村地域广的特点，区动物卫生防疫监督所采取设置两个农村动防工作点和一个城区动防工作点的模式，实现全覆盖管理和防治分离。落实职务职级并行、公车改革、养老保险等工作。按照规定的实施范围，负责审核各单位的机构编制情况；审核纳入实施范围的单位及人员是否为在职在编人员。对各单位申报的符合职级晋升条件的人员是否为在职在编人员进行审核；对各单位纳入养老保险的人员是否为在职在编人员进行审核；按照规定的实施范围对公务用车制度改革涉改机构及参改人员进行审核。

严格机构编制管理。坚持从严执行机构编制政策法规、从严规范机构编制管理、从严审核进人程序，守住“全区各级行政编制、各类专项编制不突破中央和省核定的总额，以及事业编制总数以2012年底数为基数”这一红线。机构编制实名制管理。及时更新机构编制台账和完善机构编制实名制数据管理系统，对新录用人员、调动人员、退休人员等信息在台账数据和机构编制实名制数据系统及时调整和更新，并将操作过程中发现的问题及时向省市机构编制部门反映，为实名制新系统的进一步完善提出建议，对省编办反馈的实名制核查问题逐项进行整改落实。完成开福区食药监重组和青竹湖撤镇设街实名制等工作。实施机关群团统一赋码工作。2016年，开福区下发《关于开展区直机关、区编办直接管理机构编制的群众团体统一社会信用代码赋码工作的通知》开编办发〔2016〕3号文件，56家单位全部完成初次录入系统，换发新的《统一社会信用代码证书》。其中8家单位由于法人等变动，进行变更换证工作。推进机构编制信息化建设。按照省市要求，在2015年完成的192家机关事业单位中文域名注册基础上，2016年，完成33家单位的域名注册工作，合计225家，覆盖率为108.37%；结合事业单位登记年检和机构改革工作，指导7家单位进行中文域名变更，注销3家单位的中文域名；与中编办对接，完成新注册单位的缴费，老注册单位的续费，变更及注销等工作。开福区9家有网站的单位，全部完成党政机关网站挂标工作。

【水管体制改革圆满完成】 2016年，开福区水管体制改革工作由区编委办牵头，经过多次调研和座谈会专题研究，并报区委常委会议审议通过，形成具体的改革方案。为解决建管分离的问题，成立区水利建设管理中心，由中心进行水利设施建设，区农水局进行监督管理；为整合农水系统执法资源，将区水政监察大队更名为水政渔政监察大队，新增渔政监察、河道保洁巡查管理、涉河建设管理等职能；为解决水利管理所人多事少、年龄偏大、专业人员偏少等问题，对现有水管人员采取到龄退休、退休解聘、提前解聘和街道自行安置等方式，分流消化20%左右的水管人员，为今后招聘专业技术人员优化队伍结构提供充分条件；为解决人员待遇保障的问题，水管所编制到人的人员、参加2008年全市水利系统考试并录取定岗的工作人员及政策性安置人员，计52人，参照事业单位性质购买社保、医保，解决他们的后顾之忧。截至2016年年底，开福区水管体制改革圆满完成。

【利用“互联网+”创新事业单位登记管理】 2016年，开福区编委办依托事业单位在线网络平台，构建“互联网+”模式创新事业单位登记管理工作，为办事人员提供方便，也大大提高工作效率。构建“互联网+宣传”沟通平台，把相关信息在“开福区公众信息网”公开，提高各单位的参与度。构建“互联网+业务”便民平台，组建综合业务咨询QQ群、微信群，实现业务办理全程无缝对接。构建“互联网+公示”监督平台，通过“开福区公众信息网”将事业单位法人登记变更和撤销的名单对外公示，接受全社会监督，增强工作透明度。截至2016年年底，完成140家事业单位的年度报告公示，81家单位91项变更事项，依法注销登记12家事业单位，新设立登记3家事业单位。

（黄　意）

老干部工作

区委老干部局

局　长　周海燕
副局长　唐伟业　陶劲凯
　　　　黄　维（2016.9免）
老干部活动中心主任、副局长（兼）
　　　　谭　蓉

【概况】　区委老干部局编制7人，开福区老干部活动中心是局所属公益一类事业单位，编制3人。区委老干部局直接管理和服务的老干部共185人，其中机关军队离休干部8人，代管离休干部5人，企业离休干部54人，机关县级退休干部110人。

区委政府高度重视。区委、区政府对老干工作中的重点项目、重大活动和困难问题，给予了大力支持。区委政府主要领导多次出席老干部区情通报会，在起草政府工作报告、党代会报告，实施重点工程项目均组织召开座谈会，征求老干部意见建议；及时调整区老干部工作领导小组，由区委副书记谢伟峰任组长，组织、协调、指导全区老干部工作。2016年，共组织5场形势报告会和区情通报会、4次区委政府工作座谈会、2次重点项目（潮宗街、沙湖桥）规划座谈会、2次工作调研，引导老干部积极为开福建设出谋划策，老干部畅所欲言，提出很多很好的意见和建议。

党建工作引领全局。结合自身实际，按照“规定动作做到位，创新动作有特色”的要求，积极有序地推进“两学一做”学习教育的深入开展。知行统一，思想教育摆上新高度。局工委举办读书赠书活动，为每名离退休干部党员配发了学习资料，并按照“四就近”原则对高龄、活动不便和居住分散的离退休干部党员主动“送学上门”，使“两学一做”学习教育在老干部党员中全覆盖。同时，通过“五老四教”“金牌讲师团”等平台载体，为老干部在党课宣讲、志愿服务、文明创建、项目建设等重要工作中发挥余热提供了广阔平台，使他们“离岗不离党、退休不褪色”。典型引路，党性锤炼落实新要求。“两学一做”学习教育中，区机关县级退休干部朱志雄、王书高两名老党员的先进事迹——《责任精神品位》《感党恩 跟党走》入选全区“两学一做”学习教育“最美事迹”读本。通过身边典型的人物事迹，点燃广大老干部继续为党的事业增添正能量的革命激情。上下结合，组织建设结出新成果。以点带面，在直管的6个离退休干部党支部中建立工委委员学习教育联系点制度。4名班子成员每人负责1~2个支部，分工合作，定期交流，协调和指导离退休干部党员搞好学习教育。2016年，机关县级退休干部党委荣获“全市先进基层党组织”称号，任长林、王书高、胡金广等3名老党员分别获得市“优秀党支部书记”“优秀共产党员”“优秀党务工作者”称号。

待遇落实保障到位。严格按政策保障老干部医药费、离休费和生活补贴及时足额到位，离休干部及无固定收入遗孀配偶的生活待遇得到了充分保障。2016年，组织机关离退休干部和企业离休干部参加健康体检175人次，省医保报销企业离休干部医药费21.9万元，做好8位去世的离退休干部丧葬处理工作，协调有关部门解决老干部异地医疗、

2月1日上午，老干部书画专家组和社区“小小书画家”组开展“老少同乐送春联”活动

拆迁等方面的实际问题8件，并及时答复离退休干部关注的调资、生活补贴发放等方面的问题。2016年，重点做好了春节、“七一”“老年节”慰问及“酷暑问安康”活动，走访慰问老干部及看望生病住院离退休干部100余人次，发放慰问金和慰问物资75万多元。针对困难老干部党员，申请5万元“帮困解难”专项资金，区委组织部下拨4万余元困难党员帮扶资金，为70多名老党员解决实际困难。针对不同的离退休干部群体，区老干部局不断加强亲情化、个性化服务，先后组织四大家正职老领导参加“夜游开福”，观摩湘江东岸和城区亮化工程建设，参观黄兴北路棚改项目、地铁一号线等重点工程建设；组织女干部到望城区蝴蝶谷开展“三八节”活动；组织老干部到金井参观生态茶园；“七一”前夕，组织老党员到田汉故居开展“两学一做”主题实践日活动；开展军转离退休干部“八一”活动；组织企业离休干部参观克明面业；开展“活力开福、率先星城”首届老干部运动会和离退休干部棋牌赛等有益健康、积极向上的活动。

服务管理逐步完善。严格落实中办《意见》及省委、市委《实施意见》精神，结合开福区实际，创新服务方式、优化服务环境、细化服务措施。在保持原有管理服务关系不变的基础上，将广大离退休干部纳入到全区400多个网格中，为就近学习、就近活动、就近得到关心照顾、就近发挥作用搭建了广阔平台。以社区党组织为依托，以社区服务为载体，不断完善老干部门、单位、社区、养老机构、家庭相结合的“五位一体”服务新模式，提高离退休干部的幸福指数，调动了离退休干部发挥作用的热情，实现离退休干部工作和社区工作的双赢发展。全区大批的离退休干部在参与基层党建、维护社会治安、文明创建、关心教育下一代、促进社会和谐等方面发挥着积极作用，成为了公益事业的积极参与者、精神文明的中坚传播者、良好风尚的有力推动者。同时，积极整合社区公共资源、医疗资源、人文资源，搭建老干部社区就近养老平台、医疗保健平台、学习活动平台，给老干部提供亲情化、个性化、多样化的服务，让老干部参与学校、医院、养老院的社会活动，提升老干部的自我存在感和社会地位。更加广泛地发挥涉老组织作用，满足他们的精神文化需求。

老干部余热发挥显著。充分发挥老干部党性强、经验足、热情高、见识广的优势，为开福区建设不遗余力，为下一代成长奉献余热。他们有的活跃在项目拆迁、拆违控违一线，服务经济建设；有的活跃在宣讲讲台、网络舆论之中，服务文化建设；有的活跃在志愿活动、社区建设岗位，服务基层管理。特别是区10名“五老”金牌讲师团成员，带领全区185名“五老”在基层开展宣讲347场次，弘扬正能量，22540人次接受教育；17支“五老”志愿服务队，下设137支分队，“五老”志愿者达到3000多名，一大批老干部党员进社区、进乡村发挥余热，长期在学校周边开展交通疏导、网吧巡查、食品安全监督、法律宣传和义务巡逻活动，为净化社区文化环境筑起“防火墙”。

（康万强）

关心下一代工作

区关心下一代工作委员会

【概况】 2016年8月，区关心下一代工作委员会进行人员调整，谢伟峰、邹犇森和晏成方任名誉主任，戴源任主任，周海燕、邹青、陶劲凯和唐晓云任副主任，朱湘汉、卢瑞雄等9人任委员，办公室设区委老干部局，唐晓云兼任办公室主任。

教育为先，突出主题活动。区关工委下发专门文件，制定“宏图励志、创新图强”主题活动方案，并在年初召开专干会议，对主题活动进行布置，区教育局、妇联、共青团和各街道分层次组织动员“五老”积极参与，形成条块结合、全面推进的局面；各街道关工委广泛开展纪念红军长征胜利80周年和建党95周年宣讲活动；2016年，有185名“五老”参与宣讲，宣讲347场次，22540人次接受教育；组织召开全区庆祝“老年节”暨关工委成立30周年大会，并将近年来涌现的优秀事迹编印成《德润北城》一书。各级关工委采用各种方式开展主题教育活动。丰富活动内容，吸引青少年。东风小学等5所小学组织1000多名少年儿童到烈士公园祭拜先烈；区关工委联合区教育局向东风路街道所辖五所小学捐赠普法和安全方面的图书1500册；开展以“远离毒品，健康成就未来”征文活动。创设生动情境，感染青少年。科大佳园社区10名老教授设立“科普大篷车”，先后到各社区、学校、贫困地区开展科普活动30多次；东风路街道蚌塘社区关工委组织辖区内中小学生开展社会主义核心价值观24字书写比赛；清水塘街道清水塘社区组织辖区内的红领巾志愿服务队到市博物馆听百岁老人、老红军彭飞鹏讲当红军时的故事；朱湘汉、李卓湘等“五老”积极联系高校，在假日继续开展“模拟法庭”活动，等等。开展社会实践，锻炼青少年。新河街道三角洲关工委组织青少年到长沙博物馆体验志愿者工作；江湾社区动员青少年参加社区公益捐助活动；幸福桥社区“朝阳宣讲团”宣告成立，卢瑞雄带领“朝阳宣讲团”宣讲30多场，受众达3000多人次；浏阳河关工委组建“亲子栽培”队伍，教青少年认识农作物，亲自动手栽培农作物。

创新思路，打造亮点品牌。2016年，区关工委多次到金霞经济开发区调查研究，成立园区关工委，在区关工委的指导和支持下，园区将关心下一代工作摆到重要位置，作为惠民生、顺民意的工程来抓，纳入中心组学习，纳入党工委统一安排部署，纳入园区经济社会发展统一规划，使园区关心下一代工作有载体、有活动、有成效。区关工委推广“课后来吧”服务青少年的模式，新增3个社区课后课堂：江湾社区组建“青少年梦想乐园”，开通“青少年梦想悄悄话”热线；荷花池社区设立“小荷开心课堂”；江滨社区组建“夕阳红护校队”。众多从事关心下一代工作的“五老”利用担任基层党支部书记的优势，以党建带关键，促进关工委工作的开展，东风路街道周政定、洪粪德等“五老”将庭院党支部活动室综合利用，放置小课桌，设立图书室，成为小学生的“课后课堂”；区关工委委员卢瑞雄、邓学东、马玲、李卓湘号召党员志愿者在“两学一做”活动中为关心下一代工做出资出力，开展义务帮教、帮学和社会实践等活动，推动“五好关工委”创先争优活动。

倾情服务，加大关爱力度。文明巡访，净化环境。不少社区“五老”自发组成巡查队伍长期在社区和学校周边进行义务巡查，开展交通疏导、网吧巡查、食品安全监督、法律宣传和义务咨询活动，为净化学校周边和社区文化环境筑起“防火墙”，幸福桥社区卢瑞雄领头的“夕阳红党员义务巡逻队”，湘春路社区刘桂娥领头的“湘春红韵”安全巡视小分队，科大佳园社区沈佩兰领头的“市场经营监督志愿者队”等。校外辅导，合力育人。社区组织“五老”人员和社会志愿者采取建立家长学校、四点半学校、校外辅导站等方式推进学校、家庭、社会三结合，形成合力育人的局面。由区教育局关工委牵头，与青竹湖街道和向阳小学联合创办“向阳小学少年宫”；向阳小学与相邻的天胜社区携手开展共建文明家园和文明校园活动，学校聘请天胜社区的工作人员和居民担任学校辅导员，学校聘任学校老师和学生为社区的文明宣传员和监督员；四方坪街道丝茅冲社区以盛德其等“五老”为首成立“花季护航协会”，为青少年的健康成长保驾护航。扶贫帮困，多办实事。各级关工委采取争取上级支持、社会募捐、一对一帮扶等方式扶助贫困儿童，区关工委在“六一”儿童节来临之际，走访慰问20名困境儿童，发放慰问金2万元；区教育局帮扶残疾儿童的“携手爱心基金”共资助68名学生；秀峰街道联合多方力量在戴家河社区“怡嘉阳光家园”组织开展“关爱孤残儿童 让爱洒满人间”主题活动，戴家河社区党员与残疾人当场签订帮扶协议书；伍家岭街道的“爱希会残疾儿童服务中心”，收治残疾儿童70多名，为40名残疾儿童提供一对一康复治疗，为20个残疾儿童家庭提供上门服务。

（康万强）

史志档案

区史志档案局

局　长　周立辉

副局长　曾洁如　王从福

11月14日，市委党史联络组调研开福区党史、联络工作

【概况】 开福区史志档案局是区委直属事业单位，负责全区党史、区志及档案管理三大块业务工作，现有在职在编人员7名，临聘人员3名，无内设机构，在政务中心设查档窗口1个。2016年，完成年初制定的各项工作任务，查档窗口被评为区政务优秀窗口，党史、地方志、档案工作分别被评为全市先进单位，档案宣传工作被评为全省先进单位，在区级目标管理考核中被评为一类单位。

党史及党史联络。开展党史“四进”，发挥好党史育人、资政作用。结合建党95周年和纪念红军长征80周年纪念活动和党的十八届六中全会精神，开展系列党史宣教活动。在区政府机关大厅、陈家湖社区中心广场等地通过展板进行巡回展出，开展党的十八届六中全会精神和市、区党代会精神以及市委党史联络组成立30周年宣传活动，宣传长沙市、开福区过去五年来的成就。区委中心组学习邀请省委党史研究室主任张志初到区宣讲党的十八届六中全会精神，围绕“怎么看、怎么学、怎么做”进行阐述。区委党史联络组、区史志档案局和汉回村在沙坪街道汉回民族广场开展党史宣教活动，200多名党员干部参加展览学习。普及党史知识，党史宣教重点向部门、街道、社区延伸。将2016年征订的党史专刊《湘潮》杂志390份赠送给开福区所有基层党组织、相关部门以及县级退休干部。编印了《中共长沙市开福区历史大事记（1919—2010）》于并6月29日在开福区庆祝建党95周年大会上向全体与会单位和个人首次发放550余本《中共长沙市开福区历史大事记》。全年向有关社区赠送《中共长沙市开福区历史》《中共长沙市开福区简史》《中共长沙市开福区历史大事记》近100本。开展党史编研，推进部门史工作。完成《长沙改革开放实录》课题题目报送。区委党史联络组、区史志档案局联合对试点单位部门史志编纂工作进行来稿的审定和修改，并邀请市党史研究室主任陈香成到区调研把关审定。完成洪山管理局《洪山地区发展史》终审。完成金霞经开区《金霞经济开发区志》终审。农林水利局《农林水利史》、沙坪街道《成功村史》已完成复审，正处于修改完善阶段。开展联络活动，丰富党史联络工作。党史联络组成员赴长沙县田汉儿童时学堂陈列馆参观学习。组织党史联络组成员到铜官窑参观学习。党史联络组朱志雄和李正宇等领导参与鹅羊山观星台建设设计方案的讨论，参与黄兴北路《城道》、潮宗街历史文化名街、政协《开福山水》的研讨工作，为区委中心工做出谋划策。

地方志工作。遵循“开门修志，众手成志”原则，推进方志存史、鉴今作用。开展《开福区志》统稿工作。已完成第一、二轮统稿任务，并完成全部整改工作。配套部分（编纂委员会名单、序言、凡例、总述、附录等）和图片部分（开福区区域位置图、开福区地形图、开福区行政区划图、开福区交通图以及其他有关图片）资料搜集工作同步进行。《开福区志》政治部类，在全国方志学会·城市区志年会上，接受了来自全国的评审专家的评审和交流学习。配合省、市做好《湖南年鉴》《长沙年鉴》组稿发行及“双十”年度人物、年度事件评选工作。《湖南年鉴》采用概述1条，条目5条，《长沙年鉴》采用概况1条，条目9条，“长沙滨江文化园开园 三馆一厅同步开放”入选年度事件。开展《开福年鉴》编纂工作，正式启动《开福年鉴》创刊及首刊组稿工作。开展《乡镇简志》编纂工作。制定《长沙市开福区乡镇（街道）简志编纂工作实施方案》，召开动员大会，正式启动乡镇简志编纂工作，并开展业务培训，编印简志编纂手册。截至11月30日，全区17个承编单位20个篇目的简志任务全部完成初稿编写，交稿率100%。为纪念《地方志工作条例》颁布实施十周年，利用门户网站、微信、QQ、电子显示屏、横幅、展板、宣传栏、宣传资料等形式进行宣传，宣传、贯彻落实《地方志工作条例》和《湖南省〈实施地方志工作条例〉办法》、国家、省、市《地方志事业发展规划纲要（2015—2020年）》以及《长沙市人民政府关于进一步加强新时期地方志工作的意见》，在全区范围内营造良好的学志用志氛围，使更多的干部群众关心和支持方志工作，推进依法修志进程，促进读志用志工作。

档案管理。夯实档案工作基础，推进全区档案工作上等升级。贯彻档案法，做好档案日宣传工作（具体见专题条目）。征订《档案时空》150份，分发至全区各街道，征订《中国档案报》《中国档案》等期刊，普及档案理论知识。依法治档，扎实推进档案工作规范化。根据国家档案局8号令的要求，完成全区54个区直单位和16个街道的《机关文件材料归档范围和保管期限表》的修改、审批、发文工作。加强档案工作督查落实。组织对全区16个街道和部分社区、村级档案工作进行全面检查，主要针对8号令、11号令的执行情况进行落实，并将检查结果进行通报。做好区级档案规范化管理创建工作。出台《关于做好档案规范化管理工作的通知》，在注重往年档案工作规范化省一级单位复查的基础上，通过以奖代补，动员督促全区各单位争创档案工作规范化管理先进单位，国税局晋升省特级，沙坪街道办事处省一级，评选出2个先进街道、4个示范社区。加强业务培训和指导，提升全区档案业务能力（具体见专题条目）。加强对本区档案整理公司的管理。针对平时或检查中发现档案整理公司出现的问题及时提出整改意见，并对他们提出相关要求，遇到问题及时协商解决。档案信息化和档案利用工作稳步推进。筹集12万元资金，完成信息化系统的软件升级工作。做好服务器及数据库维护工作，加强数据备份，确保数据安全。全区大部分单位完成历史档案数据录入，以及永久档案的全文扫描工作，截至2016年年底，档案数据库共有数据条目830101条，全年新增数据103606条。全年共接待查阅婚姻登记、公证书、拆迁协议等档案的群众共计2931人，查阅卷宗3517卷，开具证明4220份。加强管库建设，做好安全防范工作。完善库房温控自动控制设备的更新，购买大型复印机、照相机、移动硬盘等设备。按时放置防虫、防鼠药等，确保库房达到“九防”要求，坚持库房每日安全检查，确保库房安全。通过到浏阳市、望城区学习馆库建设经验，向区政府提出建设新档案馆的报告。丰富馆藏档案。加大档案进馆的收集力度，以文书档案、工程档案、公证档案、声像档案为重点，共接收城建投、黄兴北路拆迁指挥部、卫生局、计生局、民政局、公证处等单位档案共计20602盒，收集照片1000余张。

【启动《开福年鉴》创刊及组稿工作】 5月31日，区委、区政府召开《开福年鉴》创刊工作动员大会，标志着开福区正式启动《开福年鉴》创刊及首刊组稿工作。全区98个承编单位参加

6月8日，开展“6·9”国际档案日宣传活动现场

动员会。会上，印发了区委、区政府联合发文开办函〔2016〕7号《关于切实做好2016年度〈开福年鉴〉组稿工作的通知》和开办发〔2016〕24号《关于印发〈开福年鉴〉编纂工作方案的通知》，明确成立由区委书记为顾问、区长为主任，区领导为副主任，区直部门一把手为成员的年鉴编纂委员会，组建由史志档案局局长周立辉为组长、史志档案局副局长王从福、街道分管领导为副组长，相关编纂人员为成员的年鉴编辑部，制定工作方案，明确组织、机构、人员、经费等事项，进行年鉴编纂业务培训。截至2016年年底，全区110多个单位和部门已全部完成初稿149篇近100万字的撰稿任务，交稿率100%。《开福年鉴》组稿范围涉及长沙金霞经开区、洪山管理局、产业园、保税物流区、各街道办事处、区属各部门，及驻区中央、省、市相关单位计110余家。

【开展“6·9”国际档案日宣传活动】 6月8日，由省、市档案局、开福区委、区政府联合主办，开福区史志档案局具体承办的以“档案与民生”为主题的“‘6·9’国际档案日”大型系列宣传活动在开福区四方坪街道金帆社区启动。此次活动旨在通过系列活动彰显档案“存凭、留史、资政、育人”的特殊价值，发挥档案工作“记录历史、传承文明、服务社会、造福人民”的特殊作用，提高档案工作的社会影响力和社会公众参与度。活动现场精彩纷呈。金帆社区书记介绍了社区居民家庭建档情况、长沙市档案馆展出长沙老照片、著名书法家张锡良向省档案馆捐赠了数十幅书法作品、文史专家陈先驱向长沙市档案馆捐赠了70多卷亲自编纂的文史书籍、长沙档案与经济社会发展的历史文化、档案故事展览、开福区家庭建档示范户档案展览、“档案与民生”文娱表演、家庭档案讲座、有奖答题、咨询及宣传资料发送。区委书记廖建华、区委副书记谢伟峰、区委办主任张春雄、副区长何惠风给全区家庭建档示范户颁发荣誉证书。省档案局局长胡振荣、市档案局局长谭利平等省市领导出席当天的活动。

【开展《开福区志》政治部类评审工作】 10月25日，全国方志学会·城市区志年会在长沙市召开。正在编纂中的《开福区志》政治部类，经区志总编室数次修改形成送审稿，接受来自全国的评审专家的评审和交流学习，会上得到与会专家的一致好评，并收到了若干中肯的评审意见。会后，总编室以专家意见为指导蓝本，结合开福区实际，对《开福区志》政治部类和区志正文进行修改完善，力争把志书打造成全国优秀方志精品书刊。

（杨　伟）

党校

区委党校

校　长　谢伟峰
常务副校长　蹇敦波
副校长　邹　青(2016.9免)
　　　　胡晓峰
办公室主任　杨书杰
教研室主任　张　群

【概况】 区委党校（行政学院）为副县级参照公务员管理的事业单位，内设办公室、教研室2室，人员编制10名。

干部教育培训工作。2016年，全面完成区干部教育领导小组下达的培训任务，举办12个类别23个班次主体培训班，培训1687人次。其中举办“两学一做”学习教育支部书记培训班8期737人；党员发展对象培训班3期

2016年11月8日，区委常委、区委宣传部部长舒全球（右一）在文明创建培训班上作动员讲话

247人；中青年干部培训班1期，培训时间51天，培训人数37人；举办新招录党务工作者、群团、保密、安全生产、统战干部、纪检监察、宣传及文明创建及教育系统党组织书记党建工作培训班各1期。全年开展“送党课下基层”活动80余场次，进机关、进社区、进农村、进学校，听课的党员干部和群众5000余人次。

科研调研工作。围绕贯彻落实党的十八届六中全会精神及党委政府发展战略部署，加强科研调研。完成省级课题1项、市级课题2项，撰写调研报告、论文14篇，获省、市奖项5项。其中，区委党校课题组撰写的调研报告《楼宇经济发展现状调查与对策探讨——以长沙市开福区为例》得到市委副书记徐宏源的肯定性批示。撰写的《湖南跨境电子商务发展现状及对策——以金霞保税物流中心为例》得到区委书记沈裕谋的批复和肯定。先后编印4期《党校视窗》，为“四大家”领导和街道、部门主要领导提供理论服务。

教师培养工作。派出教职工赴中央、省市委党校参加培训进修和理论研讨，拓展眼界，提升理论水平，促进教师之间的交流探讨。建立由领导、专家教授和基层先进人物代表等组成特聘兼职教师队伍。通过公开招考引进全日制硕士研究生1名。根据教师专长，明确队伍研究方向。

（张　叶）

信访

区信访局

局　长　易松柏

副局长　唐立志（2016.10任）

　　　　刘伏云（2016.2任）

　　　　周新平　潘　格　李晓庆

【概况】 2016年，开福区信访局内设办公室、接访一科、接访二科、网络信访、综合协调、群众工作指导六个科室，行政编制8名。

稳妥处置来信来访。2016年，开福区信访局受理群众来信324件，办理省市转办案件642件，比2015年分别上升350%和494%。受理来访1201批2911人次，比2015年分别下降24.4%和46.3%。信访事项按上级要求全部及时录入全国信访信息系统；初信初访均按时办结，按时办结率100%。信访反映内容主要是国有土地上房屋征收、集体土地上房屋拆迁、民政、教育文体、劳动保障、环境保护、交通运输等问题。

推进网络信访建设。7月15日，按照省市“横向到边、纵向到底”的要求，建设“一网一微”宣传和服务平台，建立开福信访微信公众号，开通短信服务。推广网上信访“足不出户、高效快捷、公开透明”的特点，提高网上信访的应用率，树立网上信访好用、管用的导向，形成“多上网少走访”的信访环境，以信息化助力“阳光信访”，提升信访工作亲和力和影响力。2016年，全区办理网上投诉642件、网上建议9件，办结率100%，回访满意率92%。

深化信访积案化解。3月，根据省市统一安排部署，开福区信访局在全区开展“信访积案化解攻坚年”活动，对突出信访问题和信访积案调查摸底，排查出突出信访问题92件，实行县级领导包案制度。2016年，共化解信访积案16件，其中通过信访救助帮扶了生活困难的信访对象12人次，促使他们息访息诉。

创新群众工作方法。2016年4月，开福区委群众工作办公室推出开福“群工纵贯线”品牌，以“五真”工作法为抓手，以创建“五零”社区（村）为目标，发动广大村（居）民自治组织、“两代表一委员”、群团组织、群工队员、社会组织参与群众工作，全面升级网格化社会服务管理信息平台，切实加强社区信息化建设，建设大数据、大格局、大联动的“群工纵贯线”，推动全区群众工作进一步提质增效。2016年，市、区各级党员干部共结对帮扶困难群众1042户（其中市直部门结对239户），累计帮扶慰问资金300万元；全区107个社区（村）群工站公开承诺民生实事459件，办结426件。2016年，上报市级交办重大民生问题5个，调度区直部门交办民生问题22个，调度街道交办民生问题98个。

（邱　波）

长沙市开福区人大常委会

区人大常委会

主　任　许振勤

副主任　王颂交　李光华

　　　　袁剑英　罗伟明

　　　　周桂林（2016.11任）

　　　　李正元（2016.11免）

工作机构

副调研员　吴劲松　王建兵

纪检组长　张龙健

办公室

主　　任　陈志兴

副 主 任　黄　筠

城乡建设环境保障工作委员会

城乡建设环境与资源保护工作委员会（2016.11更名）

主　　任　李炳庚

法制委员会（2016.11新增）

主任委员　韦清燕（2016.11任）

内务司法工作委员会

主　　任　韦清燕（兼）

教育科学文化卫生工作委员会

主　　任　杨全红（2016.9任）

　　　　　谢含滋（2016.9免）

农业财政经济工作委员会（2016.11撤销）

主　　任　罗放军（2016.11免）

副 主 任　易　文（2016.11免）

财政经济委员会（2016.11新增）

主任委员　罗放军（2016.11任）

农业农村工作委员会（2016.11新增）

副 主 任　易　文（2016.11任）

选举任免联络工作委员会

主　　任　刘家伶（2016.9任）

　　　　　杨全红（2016.9免）

副 主 任　刘家伶（2016.9免）

【概况】　开福区人大及其常委会设置办公室、城乡建设环境与资源保护工作委员会、法制委员会（加挂内务司法工作委员会牌子）、教育科学文化卫生工作委员会、农业农村工作委员会、财政经济委员会、选举任免联络工作委员会7个部门。区第五届人大常委会共依法选举产生区人大代表219名，常委会组成人员29名，市人大代表开福区联组48人，省人大代表开福区小组8人。2016年，区人大常委会履行宪法和法律赋予的各项法定职权，全年共组织召开区人民代表大会2次，常委会会议8次，主任会议25次；听取和审议“一府两院”专项工作报告17项；做出决议、决定7项；组织常委会组成人员和人大代表开展考察、调研32次。

长沙市开福区第五届人民代表大会第一次会议，选举产生开福区第五届人民代表大会常务委员会主任、副主任、委员。

人民代表大会

2016年1月12至13日开福区第四届人民代表大会第六次会议召开

会议听取和审查区人大常委会工作报告；听取和审查区人民政府工作报告；

审查和批准长沙市开福区国民经济和社会发展第十三个五年规划纲要（草案）；审查和批准区人民政府关于2015年财政预算执行情况及2016年财政预算（草案）的报告；听取和审查区人民法院工作报告；听取和审查区人民检察院工作报告；

2016年11月25日至29日开福区第五届人民代表大会第一次会议召开

会议听取和审查开福区人民政府工作报告、开福区人大常委会工作报告、开福区人民法院工作报告、开福区人民检察院工作报告；选举产生开福区第五届人民代表大会常务委员会主任、副主任、委员；选举产生开福区人民政府区长、副区长；选举产生开福区人民法院院长；选举产生开福区人民检察院检察长；选举产生开福区出席长沙市第十五届人民代表大会代表；决定开福区第五届人民代表大会专门委员会的设立，表决通过开福区第五届人民代表大会各专门委员会主任委员、副主任委员、委员人选；

监督工作

司法监督方面：区人大常委会推进依法治区。一是精选议题，听取专项工作汇报。2016年，区人大常委会听取和审议区人民政府关于社区（村）调整合并工作情况的报告，听取公、检、法、司关于执法规范化建设工作情况的报告。开展对《中华人民共和国治安管理处罚法》《中华人民共和国道路交通安全法》《中华人民共和国食品安全法》等法律法规的贯彻实施情况的执法检查，并积极配合省、市人大常委会做好在开福区的执法检查、考察调研工作，促进有关法律法规在开福区的有效实施。二是创新监督方式，增强监督实效。继续组织开展人大代表旁听法院庭审评议，年初分别制定并下发了《开福区人大常委会开展庭审评议工作实施办法》和《关于做好2016年人大代表参加庭审评议工作的实施方案》，明确庭审评议活动的要求和具体部署。2016年6月至9月，组织3个街道代表联组、7名专家学者旁听了法院两次庭审，并对庭审过程中合议庭组成人员、出庭支持公诉的检察员、辩护人（代理人）的庭审表现进行满意度测评。在庭审结束后组织评议专家查阅相关卷宗。三是规范性文件备案审查工作有序开展。进一步理顺和完善规范性文件备案工作，做到对外有案必备，对内有件必审。共收到政府的规范性文件8件，报备8份。四是认真办理信访事项，积极化解社会矛盾 。在办理信访工作中，关注民生、关注社会热点问题，对重要信访件及时转办、跟踪督办、办结反馈。一年中，接待群众来访15人次，办理群众来信9件，阅处率、办结率100%。每件都依照有关法律，按照办理制度和工作规程及时处理，做到件件有着落，事事有回音。

经济监督方面：区人大常委会加强对经济运行情况的监督，听取和审议区人民政府关于2015年财政预算执行情况和2016年财政预算（草案）的报告，审查和批准区人民政府关于2015年区本级决算（草案）的报告；听取和审议区人民政府关于2016年上半年财政预算执行情况的报告；审查和批准区人民政府关于2016年预算调整情况的报告。听取和审议区人民政府关于2015年财政预算执行情况的审计报告。调研全区纳税情况、投融资情况，为区域经济健康发展提出建议和意见。

工作评议方面：2016年，区人大常委会加大监督工作创新力度，改“因部门问事”为“因事问部门”，选定“建设教育现代化强区”主题，选定“建设教育现代化强区”主题，对区教育局开展工作评议，并对区教育局、区人社局、区规划分局等单位开展专项询问。区人大常委会党组、主任会议多次研究讨论，形成方案，明确要求。区人大专门成立评议工作领导小组，组建两个评议小组，各小组在区人大常委会的统一领导下，组织代表进行座谈走访、意见征集，共组织60余名代表参与评议，召开座谈会20余场次，收集各类意见建议360余条次，各被评被询部门高度重视评议工作，成立专门班子，制定工作方案，积极认真接受评议和询问。

民生方面：常委会听取和审议现代化教育强区专项工作报告，助推开福区现代化教育强区的率先实现。听取和审议品质开福建设情况的专项工作报告，推进城市管理工作常态长效，促进城区品质提升。以“司法公正长沙行”“环保世纪行”“农产品质量安全行”“三湘农民健康（长沙）行”和“民族团结进步行”等五行活动为抓手，综合运用各种方式开展监督，在改善生态环境、提升农村医疗卫生水平、保障农产品质量安全、维护少数民族合法权益、促进

市人大常委会主任袁观清（右二）率市人大主任会议成员调研开福区

社会公平正义等工作中取得成效。相关委办一年来工作撰写《关于村（社区）合并工作的调查报告》《关于品质开福建设的调查报告》等12份调研报告，为常委会议、主任会议决策提供有价值的参考。

服务大局中心方面：支持重大事项的审议通过。区人大常委会会议对涉及全局和长远发展的重大事项进行审议时，坚持党的领导、坚定政治方向、坚守政治自觉。全力支持了对区人民政府提出的关于新增棚改项目纳入全区国民经济计划等重大事项的审议通过。参与区域发展的中心任务。组织开展潮宗街历史文化名街保护建设的专题调研，形成调研报告供区委决策参考。扎实做好群众工作，依托湘粤村群众工作站，努力为社区群众排忧解难。

人事任免 坚持党管干部与人大依法任免相统一的原则，严格按照法定程序，认真行使人事任免权。坚持任前法律考试、任前发言、颁发任命书等制度，不断完善任前履职培训和任后监督机制，把充分体现区委意图和依法任免有机结合。全年共依法任免区人民政府副区长8人次，任免区人民政府组成部门负责人18人次，任免街道人大工委主任42人次，任免“两院”法律职务人员30人次。

代表工作 区人大常委会切实加强和改进代表工作。重点推动提升一批街道代表活动室的建设管理水平。加强与代表的联络、沟通、互动，定期向代表通报人大工作计划和全区工作动态，邀请代表列席常委会会议，安排代表参加考察调研活动，全面铺开区人大代表向选区选民述职工作，认真做好省、市人大代表的联络服务工作。

建议办理方面：区四届人大六次会议期间和闭会期间，收到区人大代表的建议、批评和意见共40件。其中涉及城市建设、棚改、市政方面的13件，城市管理、交通、规划方面的 8件，商务、民政、人社、教育、农林水利等其他方面的19件，分别交由21个区属相关部门负责办理。截至2016年年底，全部建议办理完毕，办复率为100%，见面率100%，代表的满意率达到97%以上。其中办结的23件（A类），占总数57.5%，计划办的14件（B类），占总数35%，拟为暂不具备条件办理的3件（C类），占总数7.5%。

2016年是换届之年，根据《中华人民共和国宪法》《中华人民共和国地方各级人民代表大会和地方各级人民政府组织法》《中华人民共和国全国人民代表大会和选举法》的规定和省、市人大工作会议精神，开福区人大代表选举工作依法依规从9月开始，分为前期准备，宣传发动、选民登记及推荐和确定代表候选人、进行投票选举等3个阶段进行。全区以社区、村为单位，以便于选民参加选举和代表联系选民为原则，共划分为101个选区（含1个解放军选区）。全区参加投票选举人数302486人，参选率98.7%。经过上下协力，在10月18日，219名开福区第五届人民代表大会代表顺利产生。

在新选举产生的219名代表中，妇女代表72名，占代表总数的32.9%；各民主党派、无党派人士78名，占代表总数的35.6%；工人、农民、专业技术人员等基层代表121名，占代表总数的55.3%；四届代表连任的67名，占代表总数的30.6%；军人、少数民族、归侨侨眷和宗教方面的代表10名，占代表总数的4.6%。所选代表中，年龄35岁以下的22名，占代表总数的10.0%。所选代表中，大专以上文化程度的206名，占代表总数的94.0%。所选代表均符合上级文件有关代表结构的要求。

自身建设 人大常委会切实加强机关自身建设，不断提升机关干部工作水平。一是严格落实自学和集中学习制度，针对《中华人民共和国各级人民代表大会常务委员会监督法》、新《中华人民共和国预算法》等法律法规开展专题学习；组织干部赴厦门大学参加素质提升班培训，积极开展“三严三实”专题学习，和“两学一做”学习教育，做到全员全程参与。二是加强党风廉政建设。全体机关干部深入学习并认真落实党风廉洁建设的各项规定和要求。巩固作风建设成果，建立常态长效机制。没有出现违反党风廉政建设的情况。按照“三严三实”的要求，建立健全改进工作作风、密切联系群众的长效机制。深入基层，倾听民意，联系代表，夯实常委会履职的民意基础。三是加强制度建设。梳理本届常委会的各项规章制度，总结工作经验。巩固制度建设成果，形成职责明确、规范有序、务实高效的运行机制。四是加强协作形成合力。自觉接受上级人大的工作指导，配合省、市人大的各项工作，以坚持和完善人民代表大会制度为主线，以常委会依法履职、促进区域发展为重点，以人大代表积极发挥作用为重要内容，细化措施，拓宽渠道，多角度、多层次加强人大新闻宣传工作。继续办好《开福代表工作》刊物，精心策划、认真组稿，提升质量，全面推介人大工作、展示代表风采、体现有效作为，用心将其打造成为区人大工作重要的宣传平台。

（周莎莎）

重要会议

【开福区第四届人大常委会第二十五至三十二次常委会】

长沙市开福区第四届人民代表大会常务委员会第二十五次会议于2016年1月7日举行，会议听取和审议区四届人大六次会议筹备工作情况、区人大常委会工作报告起草情况，以及区人大常委会2016年工作要点（草案）情况的报告；听取和审议区四届人大代表异动、补选代表的资格审查报告；补选市人大代表1名；初审《开福区国民经济和社会发展第十三个五年规划纲要（草案）》；初审区人民政府关于2015年财政预算执行情况和2016年财政预算（草案）的报告；听取和审议区人民政府关于2015年财政收入完成情况的说明。区人大常委会主任许振勤，副主任王颂交、李光华、李正元、罗伟明，委员刘芳等21人出席会议。区委副书记、区人民政府区长沈裕谋，区委常委、区委组织部、统战部部长周志军，区委常委、区人民政府常务副区长邹犇淼，区人民法院院长耿明生，区人民检察院检察长谢勇等列席会议。

长沙市开福区第四届人民代表大会常务委员会第二十六次会议于2016年2月4日在区人大526会议室举行，会议审议通过《开福区人大常委会主任会议组织实施宪法宣誓仪式的工作细则（试行）》；会议表决通过相关人事任免事项，决定任命周桂林为开福区人民政府副区长。区人大常委会主任许振勤、副主任王颂交、李光华、袁剑英、李正元、罗伟明参加会议，区委副书记、区长沈裕谋，区委常委、组织部部长、统战部部长周志军列席会议。

长沙市开福区第四届人民代表大会常务委员会第二十七次会议于2016年4月27日在区人大526会议室举行，会议表决通过相关人事任免事项并进行宪法宣誓；听取和审议区人民政府关于合并村（社区）工作情况的报告。区人大常委会主任许振勤，副主任王颂交、李光华、袁剑英、李正元、罗伟明等21人出席会议。区委副书记、区人民政府区长沈裕谋，区委常委、区委组织部、统战部长周志军等列席了会议。

长沙市开福区第四届人民代表大会常务委员会第二十八次会议于2016年6月30日在区人大526会议室举行。与会的区人大常委会组成人员及列席人员视察了开福区品质开福建设情况，先后现场察看滨江社区餐厨垃圾综合处理回收加工点、陈家湖社区提质改造项目、栖凤路沿线绿化提质改造、滨河南路浏阳河风光带等。会议听取和审议区人民政府关于品质开福建设的专项工作报告。区人大常委会主任许振勤，副主任王颂交、李光华、袁剑英、李正元、罗伟明出席会议，区委常委、区人民政府副区长袁伟洁、部分区人大代表列席会议。

长沙市开福区第四届人民代表大会常务委员会第二十九次会议于2016年8月12日在区人大526会议室举行。区委书记沈裕谋出席会议并讲话。沈裕谋高度肯定了区人大及其常委会的工作成绩，并从“人大”二字对当前人大工作提出要求：一是“人”就是要坚持以人民为中心的发展思想。二是“大”就是要坚持大格局、大情怀、大团结。要有大格局，凝心聚力，把思想统一到党代会的各项部署上来。要有大情怀，坚持为人民用权、为人民履职、为人民服务，将“鱼水情深”熔铸在灵魂里、“公仆情

区人大主任会议成员考察潮宗街

怀”贯注在血脉中、“开福情结”铭刻在内心处。要促进大团结，区人大常委会和“一府两院”要增进理解尊重、加强沟通交流、积极配合支持，凝聚团结干事的良好环境。

会议表决通过相关人事任免事项：任命刘拥兵为开福区人民政府副区长、并决定为代理区长；免去袁伟洁、汤建尧、何惠风、李忠的开福区人民政府副区长职务；同意沈裕谋辞去开福区人民政府区长职务；同意耿明生辞去开福区人民法院院长职务；同意谢勇辞去开福区人民检察院检察长职务，报经长沙市人民检察院检察长提请长沙市人大常委会批准。会上举行宪法宣誓仪式，新任的区人民政府副区长、代理区长刘拥兵面对国旗国徽向宪法宣誓，许下庄严承诺。

区四届人大常委会召开第三十一次会议，表决通过相关人事任免事项。会议任命：戴智明为区人民法院审判员、审判委员会委员、副院长，并决定为代理院长；宋宽馀为区人民检察院检察员、检察委员会委员、副检察长，并决定为代理检察长，报长沙市人民代表大会常务委员会和长沙市人民检察院备案；周朝旭为区监察局局长；张华为区人民政府办公室主任；缪舜为区发展和改革局局长；刘勇为区财政局局长；戴紫艳为区环境保护局局长；杨全红为区人大常委会教科文卫工作委员会主任；刘家伶为区人大常委会选举任免联络工作委员会主任；黄伟斌为区人大常委会青竹湖街道工作委员会主任；胡容为区人大常委会望麓园街道工作委员会主任；孙艳文为区人大常委会清水塘街道工作委员会主任；任伟为区人大常委会湘雅路街道工作委员会主任；张燚为区人大常委会伍家岭街道工作委员会主任；杨剑为区人大常委会新河街道工作委员会主任；彭礼为区人大常委会东风路街道工作委员会主任；吴新辉为区人大常委会通泰街街道工作委员会主任；刘飞为区人大常委会芙蓉北路街道工作委员会主任；罗小红为区人大常委会洪山街道工作委员会主任；方云南为区人大常委会月湖街道工作委员会主任；邱自力为区人大常委会浏阳河街道工作委员会主任；甘培虎为区人大常委会秀峰街道工作委员会主任；谢含滋为区人大常委会捞刀河街道工作委员会主任。会议同时还免去了相关人员职务。

会议还听取和审议区人民政府关于2016年上半年财政预算执行情况的报告，以及2015年财政预算执行和其他财政收支情况的审计报告；审查和批准区人民政府2015年区财政决算。

区人大常委会主任许振勤，副主任王颂交、李光华、袁剑英、李正元、罗伟明出席会议。区委常委、区人民政府常务副区长邹犇淼，区委常委提名人选晏成方，区人民政府副区长提名人选李杨列席会议。

长沙市开福区第四届人民代表大会常务委员会第三十次会议于2016年9月8日在区人大526会议室举行。本次会议议程确定为一项:关于任命开福区选举委员会组成人员的决定。

区人大常委会主任许振勤，副主任王颂交、李光华、袁剑英、李正元、罗伟明，委员刘芳等出席会议。

长沙市开福区第四届人民代表大会常务委员会第三十一次会议于9月22日在区人大526会议室举行。会议通过相关人事任免并进行宪法宣誓；审查和批准区人民政府关于三一大道—潘家坪（天祥日杂公司宿舍）棚改项目新增纳入2016年开福区国民经济和社会发展计划的报告；听取和审议区人民政府关于全区棚改工作的专项工作报告；传达了上级文件精神。区人大常委会主任许振勤，副主任王颂交、李光华、袁剑英、李正元、罗伟明等19人出席会议。区人民政府常务副区长邹犇淼，区委常委组织部部长晏成方等列席会议。

长沙市开福区第四届人民代表大会常务委员会第三十二次会议于2016年11月8日举行。会议听取区财政局局长刘勇受区人民政府委托所作的关于2016年区财政预算调整方案的报告；听取区人大常委会农财工委主任罗放军关于2016年区财政预算调整方案初步审查结果的报告；会议以举手表决的方式通过区人民政府关于2016年财政预算调整方案的报告；听取区人大常委会办公室主任受主任会议委托所作的的关于区五届人大一次会议筹备工作情况的报告；会议以举手表决的方式通过区人大常委会关于召开长沙市开福区第五届人民代表大会第一次会议的决定。区人大常委会主任许振勤，副主任王颂交、李光华、袁剑英、李正元、罗伟明出席会议。区人民政府副区长提名人李扬，区人民法院代理院长戴智明，区人民检察院代理检察长宋宽馀等列席了会议。

【区人大常委会2016年工作评议暨专题询问会议召开】 9月14日上午，区人大常委会2016年工作评议暨专题询问会议召开。会议围绕“建设教育现代化强区”对区教育局进行工作评议和集中测评，并对区教育局、区人社局、区规划分局进行专题询问。区委副书记谢伟峰从“组织得力、选题科学、调研深入、多方参与、评价客观”等方面，对工作评议和专题询问取得的成效予以高度评价区人大常委会主任许振勤充分肯定了建设教育现代化强区前期所取得的成绩以及评议询问工作的阶段性成效，并就整改落实阶段工作提出要求。区委常委、常务副区长邹犇淼从“认识要高、胸襟要广、整改要实”三个方面，对做好下阶段整改工作进行安排部署。区人大常委会全体组成人员、部分区人大代表、被评议询问单位班子成员、区政府各组成部门负责人参加会议。

【市“一府两院”向市人大代表开福区联组通报2016年上半年工作】 7月27日上午，长沙市“一府两院”向市第十四届人大代表开福区联组通报2016年上半年工作情况会议在区机关902会议室召开。副市长陈中代表市人民政府通报2016年上半年全市经济社会发展情况，市中级人民法院、市人民检察院书面汇报2016年上半年工作。与会的市人大代表认真审议市“一府两院”的工作，对上半年的工作成绩予以充分肯定，并就下半年工作提出意见建议。市人大常委会党组书记、主任袁观清出席会议并表示：全市上半年经济社会稳步健康发展，成绩来之不易。感谢开福区联组的各位市人大代表对市人大常委会工作的支持以及在各自岗位上付出的辛勤努力。下半年要继续努力、奋勇前行，确保实现全年工作目标。他要求，按照市委统一部署，严格依法做好人大换届工作。区委书记廖建华、区人大常委会主任许振勤、市人大常委会联工委主任盛国政、市中级人民法院副院长刘永革、市人民检察院副检察长徐百坚、区人大常委会副主任袁剑英等领导参加会议。

【区人大常委会主任会议考察听取车站北路北延线建设情况】 4月8日上午，区人大常委会主任许振勤主持召开主任会议考察听取车站北路北延线建设情况。主任会议成员现场考察了车站北路北延线两段的建设情况，听取金霞经开区、区工务局关于建设情况的汇报。

文件目录

开常人发〔2016〕1号　长沙市开福区人大常委会关于周桂林等同志职务任免的通知

开常人发〔2016〕2号　长沙市开福区人大常委会关于王海等同志职务任免的议案

开常人发〔2016〕3号　长沙市开福区人大常委会关于生艳绯同志任职的通知

开常人发〔2016〕4号　长沙市开福区人大常委会关于杨知强等同志职务任免的通知

开常人发〔2016〕5号　长沙市开福区人大常委会关于王海等同志职务任免的通知

开常人发〔2016〕6号　长沙市开福区人大常委会关于杨长征等同志职务任免的通知

开常人发〔2016〕7号　长沙市开福区人大常委会关于胡继红等同志职务任免的通知

开常人发〔2016〕8号　长沙市开福区人大常委会关于刘拥兵同志任职的通知

开常人发〔2016〕9号　长沙市开福区人大常委会关于袁伟洁等同志职务任免的通知

开常人发〔2016〕10号　长沙市开福区人大常委会关于接受耿明生同志辞去开福区人民法院院长职务的决定

开常人发〔2016〕11号　长沙市开福区人大常委会关于接受谢勇同志辞去开福区人民检察院检察长职务的决定

开常人发〔2016〕12号　长沙市开福区人大常委会关于杨全红等同志职务任免的议案

开常人发〔2016〕13号　长沙市开福区人大常委会关于戴智明同志任职的通知

开常人发〔2016〕14号　长沙市开福区人大常委会关于宋宽馀同志任职的通知

开常人发〔2016〕15号　长沙市开福区人大常委会关于缪舜等同志职务任免的通知

开常人发〔2016〕16号　长沙市开福区人大常委会关于杨全红等同志职务任免的通知

长沙市开福区人民政府

区　长　刘拥兵（2016.11任）
　　　　沈裕谋（2016.8免）
副区长　邹犇淼
　　　　卜超峰（挂职，2016.2任）
　　　　袁伟洁（2016.8免）
　　　　汤建尧（2016.8免）
　　　　何慧风（2016.8免）
　　　　廖　勇
　　　　李　扬
　　　　李　忠（2016.5免）
　　　　周桂林（2016.11免）
　　　　易文斌（2016.11任）
　　　　朱　江（2016.11任）
　　　　蒋　君（2016.11任）
　　　　杨光华（2016.11任）
　　　　生艳绯（挂职，2016.4任）
副调研员　唐绍金　陈再武　贺福明
　　　　刘新兰　任新良　乐俊旺
　　　　陈世伟　桂志华
　　　　曹佑安（2016.9免）
　　　　梁文胜

重要会议

2016年，区政府共召开常务会议18次。

1月6日，召开政府（2016）第1次常务会议。研究《政府工作报告》；研究《关于加快发展养老服务业的实施办法》。

2月24日，召开政府（2016）第2次常务会议。研究区政府领导分工问题；研究《开福区建筑工程公司整体改制方案》；研究开福区开展国家食品安全城市创建工作；研究对深圳平安前海企业管理有限公司湖南分公司的奖励政策有关问题；研究调整城市规划建设领导小组招投标监管组议事规则；研究汉沙公路结算审计历史遗留问题。

3月11日，召开政府（2016）第3次常务会议。研究2016年审计项目计划；研究“三区三体系”有关工作；研究阳光招生政策落实措施和推进教育现代化强区建设工作；研究全区安全生产工作；研究夜景亮化设施建设管理办法。

4月9日，召开政府（2016）第4次常务会议。研究卫计系统有关工作；研究《开福区2016年棚户区改造房源组织及房屋销售奖励（补贴）方案》；研究《开福区专利补助实施办法》；研究2016年城管项目方案；研究陈家湖社区环境提质改造项目；研究公交都市建设及治超工作。

4月15日，召开政府（2016）第5次常务会议。研究防汛抗旱、农村自来水普及及渔民转产转业工作；研究城区防涝排渍工作；研究城中村改造工作；研究财政融资工作计划；研究湘春路西入口棚改项目税费问题；研究《开福区重大行政决策合法性审查暂行办法》；研究成立区政府行政复议委员会；研究部分区政府领导分工调整。

5月6日，召开政府（2016）第6次常务会议。研究湘江东岸亮化工作；研究公安、消防工作；研究环城绿带及公园建设；研究2015年开福区经济发展奖励方案（建议稿）；研究开福区推进赋权强园工作；学习书记易炼红署名文章。

5月30日，召开政府（2016）第7次常务会议。研究残疾人“两项补贴”资金方案；听取教育现代化强区工作推进情况；研究“三车三场”办公人员津贴费用发放标准；学习《关于加强换届风气监督的实施意见》。

6月20日，召开政府（2016）第8次常务会议。研究区道路交通综合整治工作；研究建筑垃圾专用消纳场规范审批管理制度；研究国庆新村四栋房屋确权及资产处置方案；研究市政化粪池维护和房屋自由排水体系疏浚外包服务项目调整方案；研究芙蓉中路（八一桥至潘家坪）等提质改造项目实施方案；研究收取城市道路占用费及城市道路挖掘修复费；研究《创客空间认定及奖励实施细则（送审稿）》；研究金霞保税物流中心相关问题。

6月27日，召开政府（2016）第9次常务会议。审议《长沙市开福区建设工程质量安全监督提前介入管理工作流程（送审稿）》《开福区临时建筑工程项目审批备案流程（送审稿）》及《长沙市开福区临时建筑工程质量安全监督管理工作流程（送审稿）》；研究听取开福区2016年城区市政基础设施项目前期工作计划；听取安全生产工作情况汇报；研究开福区行政审批中介服务事项清理规范工作。

7月21日，召开政府（2016）第10次常务会议。听取应对强降雨过程及水毁隐患整治相关工作情况汇报；研究农村土地确权登记颁证有关工作；研究湘江东岸夜景亮化有关工作；研究宁乡县沩山乡开福路建设资金有关问题；研究国药控股股权转让税收贡献奖励有关问题；研究金霞经开区资产购置有关工作；学习习近平总书记在庆祝中国共产党成立95周年大会上的讲话精神。

8月17日，召开政府（2016）第11次常务会议。学习《开福区人民政府工作规则》和《开福区人民政府全体会议、常务会议及专题会议（区长办公会议）工作规范》；通报区政府正副区长、副调研员工作分工；安排近期区政府重点工作。

9月2日，召开政府（2016）第12次常务会议。学习《中国共产党问责条例》；研究道路交通安全工作；研究城市管理工作会议精神落实工作。

9月29日，召开政府（2016）第13次常务会议。传达中国共产党长沙市第十三次代表大会精神；学习《湖南省党政领导干部生态环境损害责任追究实施细则（试行）》并研究区内落实方案；听取关于提高社区专职工作人员工资待遇的情况汇报；听取招商项目绩效审计工作汇报；传达贯彻省市安全生产工作相关讲话、会议和文件精神，研究危化品专项整治行动方案；传达省市财税工作会议精神，安排下阶段财税工作；研究电子数字化管理平台建设和推进特种设备（电梯）安全责任保险工作；审议《长沙市开福区关于深入推进军民融合创新创业暂行办法》；研究与南粤基金共同设立开福棚改基金相关事宜。

10月20日，召开政府（2016）第14次常务会议。审议《开福区突发事件总体应急预案（送审稿）》；研究公车改革工作；研究金盆丘社区二期农民安置房建设工作；研究第三季度经济形势分析。

11月5日，召开政府（2016）第15次常务会议。研究预算调整工作及专项资金管理办法；研究街道国库集中支付改革工作。

11月21日，召开政府（2016）第16次常务会议。传达学习党的十八届六中全会精神、《关于贯彻落实党的十八届六中全会精神推进全面从严治党向纵深发展的意见》（湘发〔2016〕22号）及戴道晋2016年11月10日在全省安全生产工作紧急电视电话会议上的讲话；听取卫计工作及医卫健康强区建设情况汇报；研究支持保税中心外贸工作；审议《政府工作报告（送审稿）》。

12月2日，召开政府（2016）第17次常务会议。落实全面从严治党主体责任区长集体谈话；研究《政府工作报告》责任分解；研究《2017年度重大项目计划（送审稿）》；研究《开福区2016年棚户区改造房源组织及房屋销售奖励方案》的补充建议；研究消防安全工作；研究部分区政府领导分工调整。

12月15日，召开政府

区委副书记、区长刘拥兵（右二）专题调研教育现代化强区建设工作。

（2016）第18次常务会议。学习传达省第十一次党代会精神；听取现代公共文化体育服务体系建设工作汇报；研究长沙市城北投资有限公司企业债券发行工作；审议区土地利用总体规划。

区人民政府办公室

主　任　张　华（2016.8任）
　　　　张雄伟（2016.8免）
副主任　刘小鸥
　　　　肖友义（兼）
　　　　刘勇红（兼，2016.4任）
　　　　李　茁（2016.4免）
　　　　莫红宇
　　　　刘伟平
　　　　刘　飞（2016.9免）
　　　　任　伟（2016.9免）
　　　　胡　芳（2016.9免）
　　　　杨夏女（2016.9任）
　　　　莫　琳（2016.4任）
纪检组长　李建波（2016.4任）
政研室主任　张文华
应急办主任　祖　向

【概况】 区政府办内设政研室、督查室、秘书科、机要室等4个职能科室，核定行政编制16名，其中领导职数6名：主任1名，副主任5名。另核定机关后勤服务编制5名。另有区电子政务中心、区应急管理办公室等2个二级机构，区电子政务中心为副科级全额拨款事业单位，编制4名；区应急管理办公室为全额拨款事业单位，编制3名。

督查工作　2016年全年共开展决策督查10次、专项督查督办34次、督查调研5次，刊发督查通报12期。抓好全局工作督查。以落实市《政府工作报告》和全区目标管理考核任务为督查工做主线，将《政府工作报告》确定的110项重点内容，逐一分解到全区57个部门、单位，每季度定期督查，逐项“对账”通报。开展议定事项督查。对18次区政府常务会会议纪要开展专项督查6次，确保政令畅通。突出重点工作督查。以项目建设、产业发展、城市管理、环境整治、信访维稳等经济社会发展的重点事项，分时期督查督办38次，确保政府阶段性重点工作得到全面落实。规范领导批示件登记交办、督促督办、反馈上报和整理归档流程，全年共办理省、市领导批办事项27项，办理区领导批示件24件，办复率100%。发挥协调作用，帮助部门解难事。全年收到各部门、各街道提请事项25件，全部交办到相关职能部门及街道，实现左右联动、上下互动。提高建议、提案承办质量，真心为民办实事。共承办由市政府交办的国家、省、市人大建议和政协提案共25件，其中市人大建议10件、省人大建议1件，国家人大建议1件，市政协提案10件，主办14件，会办11件；承办区人大建议、区政协提案189件，办复率均为100%，实现“给代表委员一个满意的答复，给人民群众一个满意的交代”的工作目标。整合督查资源。联合区委督查室、区监察局及相关职能部门开展联合督查15次，形成督查合力。并制定《开福区督查工作制度》，为督查工作有章可循提供了制度保障。加大督查结果运用。对于督查中发现的突出问题，报区委、区政府领导，进行问责追究，对5名工作不力的人员进行通报批评或者扣发当月绩效奖金；6期督查通报运用到全区绩效考核。

研究室工作　2016年，区政府研究室始终注重调查研究，及时衔接沟通，围绕中心、服务大局，坚持做到主动思考、主动服务、主动作为，以文辅政成果丰硕，参谋助手作用明显。文稿服务上水平。全年共撰写或审改工作汇报、讲话发言、领导署名文章等各类综合材料120余篇，其中《持用“四力”，践行“四为”》《唤醒“四种意识”，做合格共产党员》等理论文章在省纪委《清风》、市委《决策咨询》刊物上发表，做到高标准、高质量、出精品、创一流，充分发挥了“政府智库”职能，参政设谋能力稳步提升。调查研究接地气。深度思考区委、区政府的“关注点”，重点工作中的“薄弱点”、基层工作中的“困难点”、具体工作中的“关键点”，围绕现代服务业、城市征收工作、重大项目建设等重点，秉着“当高参、谋大事、出精品”的原则，形成《巧用“组合拳”，打造新样板——开福区陈家湖社区提质改造项目的实践与思考》《巧用“四力”组合拳，提质道路出成效》等一批有分量、有价值的理论调研文章，为领导科学决策提供有效素材。政务信息有新意。围绕服务领导决策、服务中心工作、服务民生改善三大主题，进一步完善政务信息报送体系，对全区经济发展、民生改善、自身建设等方面的新思想、新措施进行总结、提升和宣传，较好地发挥了参谋助手作用。整理上报各类信息118篇（条），省市采用40余篇（条），连续五年被评为全市政务信息工作先进单位。

秘书与机要工作 围绕中心工作，履行工作职责。公文运行科学规范。严格公文处理程序，规范运作，切实降低公文差错率。实行拟稿部门初核、秘书科校核、分管主任审核、主任总把关的公文审核制度，把好公文质量审核关。制发各类公文500余份，接收和办理省市来文850件，坚持质量和效率并重，实行办文办事限时制度和公文处理全程跟踪服务制度，急件急办，特件特办，密件专办。会务活动周密筹办。共组织承办区政府常务会、区长碰头会70余次，抓好开福金秋经贸文化节、经济形势分析会、“两会”代表委员考察活动等全区性重大会议、活动的协调。接待工作热情周到。处理领导批示上访信件200余件，对领导签批的上访信件进行跟踪督办落实，落实率达到100%，群众来信来访“事事有回音、件件有着落”。档案管理标准规范。执行档案工作和保密工作的法律、法规和有关规定，保证各类档案完整齐全。日常工作运转高效。政务值班推行双运行制，提前落实到人，无脱岗、断岗现象，确保机关工作正常运转和机关安全。

应急管理工作 强化管理机制，完善预案体系。应急管理工作纳入全区绩效考核内容，编制《开福区应急工作手册》，新增应对强降雨天气防洪排渍预案等17个专项预案。强化应急值守，加强信息报送。制定区机关年度值班安排表，实行24小时值班制、首问责任制和领导带班制，不定期开展督查，推进值班工作的规范化和制度化，提升应急快速反应能力。加大对信息报送工作的督导和责任追究力度，突发事件信息严格执行30分钟内电话报告，2小时内文字报送的要求。强化队伍建设，加强应急演练。整合全区应急力量，建立综合应急救援大队、城管特勤应急分队、森林火灾扑救常备队等骨干应急救援力量。各街道和各专项预案牵头部门均组建一支综合应急救援队。组织各类应急演练，全年共开展20余场次综合应急演练以及50余场次专项演练。强化应急宣教，提升应急能力。开展系列宣传教育活动，举办消防安全、公共卫生、安全生产等应急培训15场次，培训2000余人次。开展应急常识宣讲活动，面向市民群众开展防灾减灾、应急避险、自救互救知识宣传，普及公众应急常识，通过微信短信平台发送应急常识和宣传资料30多万条张。强化应急平台，建立预警网络。升级改造区社会综合治理创新工程网格化系统平台，启动区应急平台综合应用系统建设，系统覆盖全区16个街道、104个社区，实现区、街道、社区三级管理，满足应急信息实时下达、上传和视频指挥、调度的要求。构建应急工作联系网，建设预警短消息发送平台，缩短突发事件信息处理时间，提高全区应急响应及处置的效率。（杨　杰）

文件目录

开政发〔2016〕1号　关于印发《关于加快发展养老服务业的实施办法》的通知

开政发〔2016〕2号　关于印发《开福区农业“三项补贴”改革实施方案》的通知

开政发〔2016〕3号　关于对《政府工作报告》主要目标任务实施责任管理的通知

开政发〔2016〕4号　关于做好第三次全国农业普查的通知

开政发〔2016〕5号　关于印发《开福区财税目标管理考核办法》的通知

开政发〔2016〕6号　关于同意授权长沙金霞经济开发区管理委员会为长沙金滨投资有限公司和长沙金腾投资有限公司投资方的批复

开政发〔2016〕7号　关于2016年安全生产监管执法计划的批复

开政发〔2016〕8号　关于2016年安全生产行政执法检查工作计划的批复

开政发〔2016〕9号　关于认真做好2016年度建议提案办理工作的通知

开政发〔2016〕10号　关于同意秀峰街道合并村（社区）方案的批复

开政发〔2016〕11号　关于同意捞刀河街道合并村（社区）方案的批复

开政发〔2016〕12号　关于同意沙坪街道合并村（社区）方案的批复

开政发〔2016〕13号　关于同意青竹湖街道合并村（社区）方案的批复

开政发〔2016〕14号　关于对

湖南省供销合作社燎原电影院重大火灾隐患单位销案摘牌的通知

开政发〔2016〕15号 关于成立长沙市开福区人民政府行政复议委员会的通知

开政发〔2016〕16号 关于印发《长沙市开福区人民政府行政复议委员会工作规则（试行）》的通知

开政发〔2016〕17号 关于《开福区汽电地块棚户区改造项目（一期）社会稳定风险评估初步成果》的审查批复

开政发〔2016〕18号 关于《长沙市黄兴北路棚户区改造项目（S10-2-1号地块）社会稳定风险评估初步结果》的审查批复

开政发〔2016〕19号 关于《开福区潮宗街街区棚户区改造项目（S10-2-1号地块）社会稳定风险评估初步结果》的审查批复

开政发〔2016〕20号 关于调整长沙市城北投资有限公司董事会监事会成员的通知

开政发〔2016〕21号 关于调整长沙开福城市建设投资有限公司董事会监事会成员的通知

开政发〔2016〕22号 关于调整长沙市恒通置业有限公司董事会监事会成员的通知

开政发〔2016〕23号 关于同意长沙开福城市建设投资有限公司为沙坪城镇化贷款提供担保的批复

开政发〔2016〕24号 关于《开福区伍家岭片区棚户区改造项目（东南角地块）社会稳定风险评估初步结果》的审查批复

开政发〔2016〕25号 关于《浏阳河小学及幼儿园建设项目社会稳定风险评估初步结果》的审查批复

开政发〔2016〕26号 关于《伍家岭路建设工程项目社会稳定风险评估初步结果》的审查批复

开政发〔2016〕27号 关于印发《长沙市开福区人民政府有关部门及有关单位（机构）安全生产工作

开政发〔2016〕28号 关于成立开福区“0112”长沙通洲运输有限公司湘AZ2655号货车生产经营性死人交通事故联合调查组的通知》

开政发〔2016〕29号 关于《长沙市德雅路（芙蓉路——东风路）建设工程项目社会稳定风险评估初步结果》的审查批复

开政发〔2016〕30号 关于《开福区德雅路片区棚户区改造建设工程项目（丝茅冲地块）一期社会稳定风险评估初步结果》的审查批复

开政发〔2016〕31号 关于清理规范区政府部门行政审批中介服务事项的决定

开政发〔2016〕32号 关于采用政府购买服务方式实施安置房建设项目有关事宜的批复

开政发〔2016〕33号 关于采用政府购买服务方式实施道路建项目有关事宜的批复

开政发〔2016〕34号 关于同意实施《开福区危险化学品事故灾难应急预案》《开福区烟花爆竹行业事故灾难应急预案》的批复

开政发〔2016〕35号 关于对《中共开福区第五次党代会报告》中区政工作实施目标管理的通知

开政发〔2016〕36号 关于印发《开福区计划生育特殊家庭扶助关怀办法》的通知

开政发〔2016〕37号 关于对开福区青竹湖大道“3.1”一般道路交通事故调查报告的批复

开政发〔2016〕38号 关于对“7.22”京广铁路线丝茅冲至捞刀河区间X25080次列车停车事件调查报告的批复

开政发〔2016〕39号 关于印发《开福区突发事件总体应急预案》的通知

开政发〔2016〕40号 关于印发《开福区地质灾害防治工作方案》的通知

开政发〔2016〕41号 关于对区五届人大一次会议《政府工作报告》2017年目标任务实施责任管理的通知

开政发〔2016〕42号 关于采用政府购买服务方式实施双河湾农民安置房建设项目有关事宜的批复

开政发〔2016〕43号 关于对开福区中山亭市粮食局宿舍“8·25”触电事故调查报告的批复

民族宗教和外事、侨务

区民族宗教和外事侨务局

局　长　周玲利
副局长　吴　骥
　　　　李志强（2016.10任）

【概况】 开福区民族宗教和外事侨务局属直属机关事业单位，在编在岗职工6人，临聘人员2人。2016年，围绕工作任务，确保全区民族宗教和外事侨务领域的和谐、团结、稳定，为开福区“升级发展、成就北富”做出积极贡献。

加强宣传热心服务。结合民族团结进步宣传月、“防灾减灾日”宣传周等活动，采取设立宣传点、举办培训班和讲座等形式，加强群众对民族宗教和外事侨务相关政策和法规的学习理解。利用创建“侨法宣传角”“全国社区侨务工作示范单位”等契机，开展侨法“进社区”主题宣传活动。落实各类惠民政策。进一步规范程序、加强审核，切实做好少数民族和“三侨”考生成分证明、更改审核认定工作，及时为更改民族成分及少数民族考生和“三侨”考生高考加分办理有关手续。2016年，共有67名少数民族考生得到实惠。开展调研活动。为落实好省民宗委会议精神，全面贯彻党的宗教工作基本方针，对区内的宗教活动场所和教职人员队伍的基本情况、清真饮食情况、非法宗教活动、民间信仰活动情况进行深入调查，在此基础上客观分析现状和问题，形成数据翔实、对策可行的调研报告，为开展工作提供保障。

规范行政审批执法。在局网站显要位置对申请设立、登记宗教活动场所等行政审批事项进行公示，增强工作透明度。依照《宗教事务条例》赋予的行政执法职能，依法受理审批事项，运用法律适当，程序合法，行政行为规范。多次取缔各种非法宗教活动，责令限期整改。推进汉回村回民墓地建设。按照市政府的要求，长沙市民族宗教事务局牵头组织开福区政府、市伊斯兰教协会、沙坪街道、汉回村等单位成立长沙市开福区汉回村回民墓地项目建设指挥部，通过公开合法的招投标程序，确定项目建设单位，长沙市开福区汉回村回民墓地项目建设正式开工。

强化宗教事务管理。依法加强宗教事务管理，与各宗教场所签订安全责任书。9月中旬，在市公安消防特勤基地举行宗教场所首届消防运动会。坚决制止宗教“两乱”行为，规范基督教家庭聚会点管理，严防境外宗教势力渗透。协调政法、公安、街道等部门开展开福寺“观音圣诞”法会大型宗教活动及宗教活动场所周边环境整治。协助市民宗局纪检组对全区宗教活动场所的财务管理开展调研。加强宗教活动场所建设管理。完成宗教工作基本情况摸底工作，全区少数民族经营的拉面馆23家，民间信仰场所6处，未开放登记宗教场所7处；完成办理市人大252号、33号建议会办意见；按照市局要求，统计、规范开福区佛道教场所功德箱设置，共计4处场所，56个功德箱；完成市委宣传部《历史上的开福宗教》书稿，征求8个场所意见并上报。

做好涉侨信访维稳。加强与街道、区直有关部门之间的协调联系，协调解决香港居民曾仁杰的信访件等多起信访问题。落实好归侨侨眷的合法权益。2016年，发放无业老归侨生活补助费1.56万元；春节期间，走访慰问23名困难归侨侨眷，发放慰问金9200元；7月初，帮助印尼困难归侨邵觉生争取到4000元临时救助。开展“侨务工作明星社区、示范单位”创建。2016年，水风井社区获得“全国侨务工作示范单位”荣誉称号。

开拓对外交流工作新局面。1月29日，接待法国驻武汉总领事馆总领事马天宁一行到金霞保税物流中心调研考察，现场召开座谈会，介绍区内招商合作方面的情况，进一步推动法方与长沙的经贸往来；3月初，按照中联部要求，为积累和梳理外国政党干部培训组赴地方考察的宣传素材，结合开福区特色推荐汉回村新农村建设参考点；9月8日，接待奥地利驻广州总领馆商务领事一行到世纪金源大酒店参与富兴世界金融中心全球招商大会。全面规范因公出国（境）管理。健全机制，规范管理，完善因公出国审核制度，严格控制因公出国组团。做好区民政局领导赴日本参加防灾减灾体系建设培训的审核工作及区民宗局领导赴香港参加“全省外事侨务港澳干部研讨班”的审批工作。

（陈　蓉）

法治政府建设

区法制办公室

主　任　刘小鸥
副主任　彭　娜　梁　棵

【概况】 开福区人民政府法制办公室设综合科、法律审查科、依法行政指导监督科、复议应诉科等4个内设科室。行政编制为6名，核定领导职数3名，其中：

主任1名，副主任2名，临聘人员4名。2016年，区政府法制办获“开福区项目建设先进要素保障单位”称号。2016年6月，区政府法制办主任刘小鸥获得中央文明办评选的“中国好人”称号（敬业奉献类）。

依法行政组织推动。起草并以区政府办名义下发《开福区2016年依法行政考核方案》，明确推进依法行政的工作责任和考核指标，为全区2016年推进依法行政工作确定目标方向。同时，区政府法制办充分发挥区推进依法行政工作领导小组办公室的统筹协调和督促指导作用，按照市对区依法行政工作考核的相关要求，精心组织调度，及时收集相关资料，并代区政府起草2016年度依法行政工作报告，向市政府报送，确保开福区依法行政工作在考核中取得佳绩。

政府涉法事务审查。区政府法制办主任列席政府常务会议18次，就政府工作的涉法问题提出专业的意见和建议，为政府决策提供了依据和参考。区政府法制办对政府的重大民商事行为和疑难法律问题进行审查把关，2016年以来，就政府合同和涉法事项出具法律意见或建议71份，特别是对区政府与中建五局签署的战略合作协议、区民政局按照区政府安排与中国人民财产保险股份有限公司签订的民生保险采购合同等政府合同进行严格审查，为区政府开展重大经济活动提供法律服务，规避法律风险；针对万达公司要求返还税费的有关问题、区政府与南山公司的相关纠纷、有关红星美凯龙项目招商的会议纪要等事项进行深入研究，提出法律意见，为区政府研究处置疑难问题提供了有针对性的法律依据。

执法人员监督管理。落实行政执法人员资格制度和证件管理制度，做好执法人员上岗培训、换发证件等相关工作，按照省、市关于行政执法人员执法资格考试和换发执法证件的工作安排，2016年组织605名行政执法人员参加行政执法资格考试，并在考试前组织举办两期全区执法人员执法资格考试培训，邀请法律专家针对行政执法资格考试所涉及的21部法律、法规和依法行政纲领文件进行深入讲解，有效提升执法人员应对执法资格考试的能力和依法开展行政执法工作的水平。进一步健全行政执法投诉举报制度，完善行政执法投诉案件受理及处理程序，公布举报投诉电话，在开福区人民政府法制网上开设行政执法投诉专栏，拓宽社会监督渠道，有效监督行政执法行为，切实保障公民、法人和其他组织的合法权益。

行政执法案卷评查。牵头制定《开福区人民政府2016年度行政执法案卷评查工作方案》，提请成立案卷评查工作组，在全区15个行政执法单位上报的行政执法案卷中抽取了110本案卷进行严格评查。在评查过程中围绕行政执法行为的合法性和规范性问题，对案件事实认定、证据材料收集、适用法律准确性、裁量权基准运用、做出处罚或许可的决定是否适当、法律程序到位等方面的问题进行严格评查，对每一个被评查单位都形成针对性强、内容详尽、建议可行的书面情况反馈，并到被评查单位逐一进行当面反馈和现场交流。

编纂发布行政执法指导案例。2016年，从区直各行政执法部门上报的13例行政执法案例中选取了《欧XX车辆擅自在公路上超限行驶行政处罚案》《长沙市XX医疗美容有限公司诊疗活动超出登记范围行政处罚案》《长沙XX食品有限公司排放水污染物超过国家水污染物排放标准行政处罚案》3个典型意义较突出、参照性较强的案例，经过严格筛选、专家论证、多轮修改和不断完善，汇编成《开福区2016年度行政执法指导案例》，于12月初在开福区人民政府门户网和开福区人民政府法制网上发布，作为指导全区行政执法部门执法工作的范例样本。

规范性文件管理。2016年，共对9份政府规范性文件进行合法性审查，按照规范性文件管理的要求进行“统一登记、统一编号、统一发布”，报市政府和区人大备案；代区政府接受区直部门、各街道（镇）报送备案的规范性文件5件，并对区直部门和各街道（镇）强化规范性文件报备率、及时率、规范率“三率”工作进行指导和督促。2016年，区政府法制办进一步完善全区规范性文件网络管理系统，对所有区政府规范性文件都及时在开福区政府门户网和开福区政府法制网的政府规范性文件数据库中进行公布，并标注效力动态，同时建立网上检索系统，提高规范性文件数据库查询的便捷性、准确性，提升了规范性文件管理效率和管理水平。

行政复议、诉讼应诉。2016年，区政府作为当事人的行政复议、行政诉讼共156件，区政府法制办代理区政府应诉，审查行政诉讼答辩状或行政复议答复书，整理证据材料和法律依据，及时向审判机关或复议机关提交；组织应诉人员准备诉讼代理词，参加庭审，有理、有据、有节地论证和说理，把握应诉工作的主动权；同时加大与涉诉部门、街道（镇）的沟通协调力度，凝聚工作合力，化解难题，维护法治政府的良好形象和当事人的合法权益。

承办区政府行政复议案件。按照《长沙市开福区行政复议工作规范化建设实施细则》内容要求，承担公民、法人或者其他组织对区政府下属的工作部门和街道办事处的具体行政行为不服向区政府申请行政复议的案件承办工作，2016年，收到行政复议申请51件，不予受理的6件，依法做出行政复议决定16件（其中做出维持决定的9件、做出责令履行决定的7件），以复函形式做出处理的5件，当事人撤回申请的3件，转到2017年审查的21件，法定时间内结案率100%。

依法行政培训。提升领导干部和公务人员依法行政理念，先后开展多轮依法行政培训研讨。除举办全区执法人员执法资格考试培训和多场国有土地上房屋征收与补偿法务专题培训外，2016年11月21日和22日举行全区物业管理法律法规政策专题培训，邀请法律专家为全区各街道、社区（村）分管和从事物业管理的干部职工、在开福区登记注册或从事管理的物业服务企业，以及区内各业主委员会的相关人员作了有关物业管理相关法律、法规和政策的专题讲座，增强了物业管理工作责任者、参与者的法律意识和依法办事的能力。区政府法制办主任还为区城管执法大队等执法单位作了多场法治专题讲座，有效提升了相关单位的依法行政工作水平。

服务重点征收拆迁项目。区政府法制办坚持将全员力量铺排到国有土地上房屋征收工作中，对黄兴北路片区、火车北站片区的多个棚改征收项目进行全程法律把关，2016年共审查政府做出的房屋征收决定公告9份，房屋征收补偿决定56份，组织代理因政府做出征收决定和征收补偿决定引起的行政复议、行政诉讼案件68件，代区政府起草搬迁催告书10份，向法院申请强制执行10件。区政府法制办对于征收拆迁中的疑难法律问题认真研究论证，提出处理意见，为征收拆迁工作依法高效开展提供积极保障，特别是对于黄兴北路一期项目被征收对象加拿大籍华人邓杰申请国际投资仲裁一案，区政府法制办进行周密调查和分析论证，起草案件情况汇报，提出法律观点，并随区政府到商务部、省政府办公厅和市政府办公厅进行对接，协助做好案情汇报和研究处理等工作，为区政府应对该案提供卓有成效的参谋服务。同时，积极参与金鹰片区、金霞片区农村集体土地上的征地拆迁工作，对金鹰片区的强征腾地工作进行统筹协调和督促指导；对金霞片区香江二期等重点征拆项目中的涉法疑难问题进行研究处理，协调望城区人民政府撤销国有土地使用证等工作有序开展；组织代理因政府做出征收土地方案公告和因当事人不服《农用地转用、土地征收审批单》等涉及集体土地征拆而引起的行政复议、行政诉讼案件49件。

【全省首创成立区政府行政复议委员会】 5月24日，举行开福区政府行政复议委员会成立仪式，由区委副书记、区长、区政府行政复议委员会主任沈裕谋向受聘任的6位区政府行政复议委员会非常任委员颁发聘书，区政府行政复议委员会由此正式成立并开始履行职责。成立区政府行政复议委员会是开福区在全省首创，标志着开福区行政复议规范化建设达到更高水平，工作创新走在省、市前列，特别是聘任6位法律专家担任区政府行政复议委员会非常任委员，在提升行政复议工作水平，确保政府依法行政方面起到积极的推动作用，新华网、《湖南日报》《长沙晚报》、红网等主要媒体均对开福区率先成立区政府行政复议委员会的工作进行报道。12月1日，区政府法制办组织召开开福区政府行政复议委员会疑难法律问题研讨会议，邀请6位非常任委员就如何合法有效提高拆除违法建筑的行政效率进行深入讨论，在区政府法制办提出对策的基础上，对需要探讨的六个方面的问题进行研究，推动行政工作优质高效依法开展，区委副书记、区长刘拥兵亲自出席会议并讲话。

【深入推进政府法律顾问制度全面实施】 开福区政府法制办在2015年率先全市全面推行政府法律顾问制度的基础上，严格按照《长沙市开福区人民政府办公室关于全面推行政府法律顾问制度的通知》和《开福区人民政府法律顾问管理办法（试行）》的要求，认真抓好法律顾问的使用和监督管理。2016年，在原有8家法律顾问单位的基础上，通过公开招标方式择优选择了4家优秀律师事务所补充进入开福区法律中介定点服务库，为需要聘请法律顾问的单位提供了更大的选择空间，法律顾问工作队伍进一步壮大。截至2016年年底，开福区有39家单位聘请了法律顾问，其中区直单位26家，街道（管委会）8家，项目指挥部4家，开福区政府另聘请两家律师事务所担任常年法律顾问。开福区政府法制办在日常管理中切实加强法律顾问合同备案登记和年度考核的落实，对各单位签订的法律顾问合同及时审查和备案登记，2016年11月底，开展全区政府法律顾问考核工作，根据法律顾问年度工作情况和聘任机关反馈意见，结合聘任机关的依法行政工作情况，就法律顾问年度工作质量做出履职评价，作为各单位续聘、解聘、另行选聘政府法律顾问的参考依据，确保全区政府法律顾问队伍的高水平、高质量，工作走在全市前列。

（刘　媛）

人事

区人力资源和社会保障局

局　长　陈朝晖
纪检组长　杨　晓
副局长　周　惠　杨柳艳　曲立秋
　　　　陈　磊

【概况】 开福区人力资源和社会保障局于2011年1月按照区委、区政府机构改革精神正式组建，将原区劳动和社会保障局、原区人事局的职责、区民政局承担的农村社会保险的职责、开福区卫生局承担的新农村合作医疗职责，划入区人力资源和社会保障局。新增促进就业小额担保贷款工作和城乡居民养老保险工作。现有办公室、综合管理科、工资福利和专业技术科、就业和职业能力建设管理科、社会保险管理科、法规科等六个职能科室，下设人力资源管理中心、社会保障管理中心、劳动保障监察大队（加挂劳动人事争议仲裁委员会的牌子）三个二级机构(均为参公单位)。本局编制人数为47人，其中行政编制15人，事业编制32人。

立足人才优先，不断加强和推进人才队伍建设。创新人才引进机制。2016年，全区面向社会公开招聘事业单位工作人员34名；面向全省各级实施公务员法的机关公开选调工作人员12名（其中区法院选调法官5名）；教育系统选调骨干教师11名，招聘编外合同制教师97名；基层医疗卫生系统公开招聘基层医疗卫生单位专业技术人员和管理人员32名，确保各单位选到所需的优秀人才。积极参与各项引智工作。2016年，全区共有9家企业申报省级人才引智项目，其中6家通过审批，获批专项经费23万元。9家企业申报市级人才引智项目，其中7家通过审批，获批专项经费38.5万元。开展人才服务工作。全区评审通过副高26人、中级109人，对符合认定条件的全日制院校毕业生进行任职资格认定328人。同时积极开展公务员和专业技术人员继续教育，与市委组织部、市委党校联合举办培训班两期，培训20人，组织全区公务员骨干培训班一期，培训65人。

立足民生为本，就业创业举措推陈出新。抓好创新创业带动就业示范创建活动。2016年，开福区人民政府被评为“长沙市创新创业带动就业示范区”;望麓园街道被评为“长沙市创新创业带动就业示范街道”；营盘街等两个社区被评选为“湖南省创新创业带动就业示范社区”；湖南乐共享文化传播有限公司被评为“长沙市创新创业带动就业示范基地”。以创业带动就业。2016年，全区新增创业主体12941户，带动城乡就业27375人，扶持大学生创业489人；全区城镇新增就业、下岗失业人员再就业、就业困难对象再就业、农村劳动力新增转移就业分别达7205 人、4737人、2457人、1295人，零就业家庭实现100%动态清零，城镇登记失业率为2.08%；技能培训4910人次，创业培训1529人次，已发放灵活就业社会保险补贴资金755万元，累计发放创业担保贷款 955万元，带动就业2756人。全力推进创业平台的载体建设。设计开发集社保、医保、就业、培训、维权于一体的“互联网+开福人社”网络平台。搭建了菁芒、乐共享、财商、长沙医药健康产业园、民间手工艺、中健等六个创客空间，其中菁芒创客空间被评为市级示范创客空间。加快开福创园项目建设。项目选址华创国际广场A3栋写字楼，规划总面积10000平方米，其中一期3层，约4000平方米，投资约600万元。

立足全面保障，不断加强社会普惠力度。强化社保基金监管。建立健全基金监督组织和内审管理制度，切实发挥社会保险稽核的基础作用，抓好养老金待遇领取资格认证工作，杜绝养老保险基金的流失。2016年，全区企业基本养老保险基金收入8.85亿元，基金支出1.88亿元，滚存结余25.46亿元。推进社会保障卡发放工作。成立开福区社会保障卡服务中心，配套相关人员、设施，发放社保卡17.8万张，完成市局目标任务的105%。不断提高医疗保障待遇。全年办理新参保单位 599家，为3252人办理新参保手续，城乡居民医保征缴基金7800万元，完成全年任务的103%。

立足和谐稳定，劳动关系协调扎实有效。建立劳动纠纷“超前预防”“应急处置”“沟通调解”三大机制。按照全区劳动监察“网格化”管理要求，对全区的各级各类企业进行专项检查。2016年，接待劳动保障监察举报投诉咨询4500 件，其中当面咨询1500起，来电咨询3000起。立案155件，已结案115件，涉及劳动者1120人，移送公安案件5件。共对45家违法企业下达限期整改指令书要求责令改正；处理14起劳资纠纷群体性突发事件；接到拖欠农民工工资来电来访投诉咨询1200起，依法受理并解决处理拖欠工资案件23起，涉及农民工767人，追讨金额 2400余万元，确保全区社会大局的稳定。

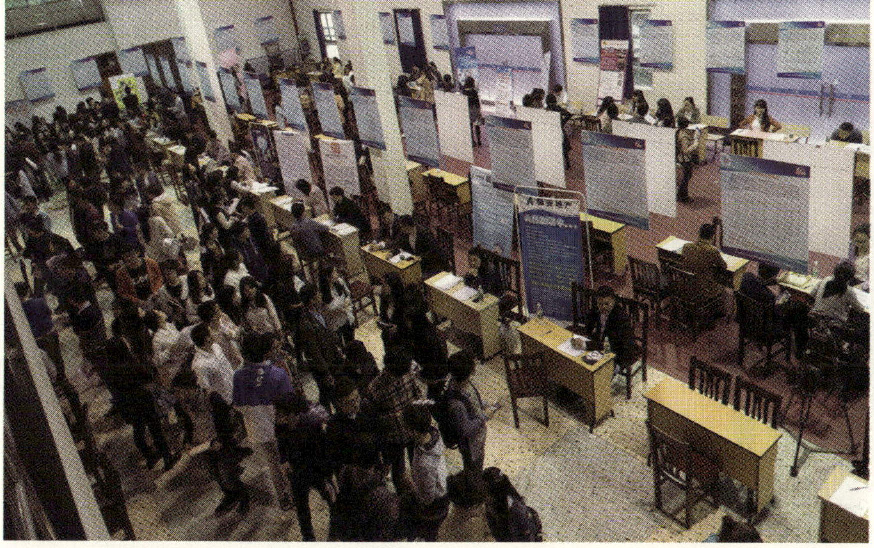

招聘会现场

【开福区创业创新大赛决赛圆满落幕】 5月31日，由开福区人民政府主办、开福区人力资源和社会保障局承办、湖南乐共享文化传播有限公司协办，以“青春创未来 共圆开福梦”为主题的创业创新大赛决赛在珠江花园大酒店完美收官。经过激烈角逐，比赛评选出一等奖、二等奖、三等奖、最佳人气奖各1名，优胜奖7名。开福区委常委、常务副区长邹犇淼出席决赛现场并致辞，长沙市人力资源和社会保障局党委副书记、副局长王河出席活动。比赛过程通过微信平台进行网络直播，确保大赛的公开、公平、公正。同时，组委会邀请5家风投机构全程参与，有助于推动创业创新项目落地开花，逐步转化为现实生产力。本次大赛旨在培育创新思维，激发创业活力，释放创业激情，为开福区经济社会发展营造良好氛围。此次比赛参加项目多，关注度高，大赛自4月下旬启动以来，收到各类参赛项目100余个，网上投票第一天点击突破10万人次，经过资格筛选和严格评比，36个项目进入初赛，15个项目进入决赛，而在决赛中进入前10名的项目代表开福区参加长沙市的总决赛，开福区可以享受入驻园区、贴息贷款、培训辅导、资金扶持等方面的优惠政策。

【基层劳动监察协管员和劳动人事争议调解员培训班开训】 7月19日，区人社局在洪山街道举办“基层劳动监察协管员和劳动人事争议调解员培训班”，全区各街道、社区（村）共160多人参加此次培训会。培训目的主要是为进一步规范劳动保障监察和劳动人事争议仲裁的工作，加强劳动监察处理基础工作和完善劳动人事争议调解处理机制，切实维护劳动者合法权益和劳动关系的和谐稳定。培养一批既懂劳动人事争议调解政策、了解调解方法和技巧，又热心从事调解工作，责任心强的调解队伍。培训邀请了长沙市劳动人事争议仲裁院院长姚正华、长沙市劳动保障监察支队队长陈长发授课，两位专家分别对“劳动争议调解知识与技巧”和“劳动保障监察讲义”进行讲解。培训以PPT课件方式进行，图文并茂，生动直观，互动交流发言热烈，针对性强。

【荣获“湖南省人力资源诚信服务示范机构”】 11月8日，区人力资源管理中心顺利通过省人社厅人力资源诚信服务示范机构评审验收，荣获全省人力资源诚信服务示范单位，并获得授牌。开福区人力资源管理中心牢固树立诚信服务意识，不断提升诚信服务水平，深入推进开福区充分就业现代化城区建设工作，为“升级发展、成就北富”做好服务工作，而获此殊荣。

（彭妮娜）

招聘会现场

政务服务

区政务服务中心

主　任　刘　忠

副主任　田承明　张端华　邓继龙

纪检组长　廖莺燕（2016.5任）

【概况】 开福区政务服务中心位于芙蓉北路盛世路1号开福区政府大院东北角。占地面积2000余平方米，共三层，其中一层、二层为办事大厅，三层为中心办公室和会议室。内设办公室、业务科、信息科、热线办，现有在编干部10人，设有23个办事窗口，常驻窗口工作人员34人，驻窗首席代表13人。

窗口管理服务。严格实行首问负责、限时办结、责任追究制。继续开展“雷锋家乡学雷锋，微笑服务进窗口”主题实践活动，设立学雷锋志愿服务站，开展“雷锋式服务明星”“雷锋号红旗窗口”评比活动。完善政务中心大厅建设，先后制定修订了《区政务服务中心大厅管理制度》《安全巡检员岗位职责》等管理考核制度，严肃工作纪律；组织中心管理层和各窗口单位首席代表赴望城区政务服务中心、长沙县政务服务中心参观考察，学习借鉴兄弟单位的服务理念和管理经验，推动窗口服务水平向更高层次发展；充分利用“互联网+政务服务”的技术和理念，在九区县（市）率先推出“开福政务通”手机APP，将政务服务系统的功能模块融入网上政务服务办事大厅、3D实景政务大厅，开启了实体政务大厅与网上政务大厅“双轨”并行、无缝对接的新型政务服务模式。全年政务大厅共接待办事群众52056人次，受理事项41203件，办结事项39380件，群众满意度99%以上。

行政审批服务。全区行政许可66项、行政确认28项、行政备案51项，已全部编制流程清单并对外公布。已进驻区政务服务中心或各分中心的行政许可54项、行政确认25项、行政备案45项，其余21项因场地有限及全年办件量少，经区政府分管领导同意暂时不进窗。所有145项行政许可、行政确认、行政备案事项全部实现网上审批，其中110项直接使用网上政务服务和电子监察系统，35项使用自建系统的部门采取二次录入方式同步数据。在政务大厅城乡建设局窗口加挂“园区涉企审批绿色通道”，对重大投资项目行政审批实行委托全程代办。

政府信息公开。进一步完善和规范政府信息主动公开工作机制，采用月督查、季通报的形式对各单位的信息公开情况进行督查、通报，确保各单位信息公开数量、质量。5月中旬，组织全区政府信息公开暨政府网站工作业务培训班，中心副主任就区政府信息公开工作进行讲评和业务指导，并对政府信息公开的内容、信息更新的时效性，以及办理政府信息依申请公开的方式和程序提出明确的要求。2016年，全区各单位在信息公开专栏发布信息23246条，通过区长信箱回复群众各类咨询、投诉、建议等57条，通过市长信箱回复群众140条，回复率100%。在区政务服务中心大厅设立固定的信息公开查阅点，各街道、各部门都设立了政务公开栏，群众可根据需要查阅相关政务信息。严格按照国务院《政府信息公开条例》等规定和《长沙市政府信息公开实施办法》办理政府信息依申请公开工作。建立完整的依申请公开台账，及时登记每一件信息公开申请的内容、受理和答复情况。规范依申请公开对外答复机制，聘请专业法律顾问指导全区依申请公开工作，使信息公开申请答复更加准确、规范，有效避免政府有关部门被申请行政复议或行政诉讼情况发生。共收办区本级政府信息依申请公开申请67件，答复67件，答复率100%。

“12345”市民服务热线。严格执行《开福区“12345”市民服务热线考核办法》，每月下发考核《情况通报》，建立健全工单分类办理、工单跟踪督办、恶意投诉工单申报等工作机制，加强工作人员业务培训，促进工作顺利开展，不断提升群众满意度。组织全区热线成员单位业务培训，通过培训增强全区热线工作人员的业务素质与处理工单水平，强化热线服务意识。全年共签收市热线办交办工单5239件，按时办结率100%；满意工单5047件，工单满意率96.2%，新增及变更热线平台信息库信息共计223条。在全市月考核排名中，共获得4次全市第一名，全年考核排名获得中心城区第一名。

（林伸辉）

机关事务管理

区机关后勤服务中心

主　任　马子房（2016.9任）
　　　　曾　亮（2016.9免）
副主任　唐国胜　欧阳丹
　　　　李　姣（2016.4任）

【概况】　开福区机关后勤服务中心内设办公室、国有资产管理科、公共机构节能管理科、物业保卫科、生活保障科、公务用车管理科6个科室。核定全额拨款事业编制9名，其中主任（正科职）1名，副主任（副科职）3名，纪检组长（副科职）1名。2016年，开福区机关后勤服务中心深入贯彻区委、区政府指示精神，围绕治理和服务两大主题，创新精细化服务理念，推动国有资产管理、公共机构节能管理、物业安保、生活保障、公车管理工作取得新进展。

资产管理突出“管”“查”“协”。实施动态监管。国有资产管理科与全区16个街道签订非经营性资产委托管理协议书，严格审核监督各行政事业单位自用资产使用状况。安装“新中大”财务系统，实现全区国有资产动态化管理，对国有资产从“入口”到“出口”实施全程监管。对租赁单位实行档案管理，年收取租金全部上缴非税收入管理局。加强监督检查。联合区财政局、区工务局对望麓园街道、沙坪街道及下属社区国有资产管理工作进行抽查，督促建立相关台账。每半年开展一次区直部门办公用房使用情况核查，对闲置办公用房及时回收，合理调配，有效缓解全区办公用房紧张问题。全力支持重点项目。配合完成朝正垸城中村改造拆迁指挥部、黄兴北路拆迁指挥部、潮宗街拆迁指挥部等重点工程的拆迁工作，协助各拆迁指挥部完成非经营性资产国有土地房屋征收面积1919.85平方米，征收补偿款2289万余元。

节能管理突出“宣”“推”“审”。加强节能宣传。公共机构节能管理科利用公共平台发送节能知识各类信息900余条，粘贴节能宣传画报500余份，组织开展“节能宣传周”活动，倡导绿色低碳发展理念。推动新能源项目。完成食堂餐厨生活垃圾转化有机生物化肥科技项目，搭建机关大院能耗远程监控平台，指导精英路社区完成光伏屋顶项目、新竹二小完成太阳能屋顶热水系统等新能源项目。规范技改项目评审。邀请省节能监测中心、市能源局专家对2016年申报开福区节能配套资金的37个项目进行现场审查。经自主申报、街道推荐、资料审阅、专家现场查看、上级部门会审，共有18个区级和7

个市级节能项目顺利通过评审并挂网公示。

物业安保突出“治”“新”“安”。开展区治大院综合整治工作。制定园林年度养护计划书，严格按照国家林业局颁布的《园林养护手册》按月实施园林养护，一年来共施肥2吨、尿素肥1吨、植物肥料4吨。补、换苗木近70平方米，近5000株新苗的成活率达到98%以上，修枝造型按季、按标准及时完成。完成168个喷水设施的修复，确保夏秋季园林正常施水。设立政府主楼二楼、四楼、六楼及南门形象岗，展示政府的良好形象。更新升级老旧设备。全年区直机关各类大小维修共计752件次。完成一办公楼电梯、开水房及卫生间改造更换，安装车库车牌自动识别系统，设置长沙市区政府机关首家母婴室，为女性照料婴儿提供便利。加强大院安全秩序管理。建立安保联动机制，安保人员配合维稳、信访部门做好上访人员疏导、劝解工作，一年以来共处置182次、涉及1600人次的信访缠访、闹访、黑车治理及民政纠纷事件,未发生一例影响机关正常办公秩序和危及人身及公共财产安全事故。加强保安和维稳队员白天、晚上的巡逻次数，大院监控实施无缝覆盖，全年大院未发生一例治安案件。车辆按照机关大院交通运行方案正常运行和停放。划定区治大院车辆行驶“路线图”，确保院内道路畅通，明确机动车位标识，确保车辆井然有序。定时清理车库，对不按要求停放的车辆粘贴“违规停放通知书”，规范机动车辆停放。

生活保障突出“规”“保”“严”。规范窗口管理。机关食堂新增5个售卖窗口，截至2016年年底共有售卖窗口18个，极大缓解就餐人员排队时间长的现象。加强员工培训考核，组织员工进行菜肴制作和售卖计价等技能训练，提高厨艺和售卖窗口员工计价的速度、准确率，并定期进行考核；加强“两会”餐饮保障。两会期间，食堂全体工作人员加班加点做好各项准备工作，共承担近260桌及1600多份盒饭的用餐，保障了大会安全优质用餐，得赢了代表、委员们的普遍好评。严格物资采购。食堂所有蔬菜全部通过公开招标签订合同，并定期检测，肉类、禽类、鱼类产品当天宰杀当天送货，米、油、干货类在政府定点采购的大型超市或有资质的供应单位进货，所有物资严格执行采购、验货、领货、使用、签字、认可流程,杜绝一切管理上的漏洞。

公车管理突出“搭”“配”“妥”。公车管理平台现有车辆109台，现有司乘人员55人，自2016年下半年实施公务用车改革以来，公车管理中心不断探索先进办法，完善管理机制，坚持改革创新。搭建管理平台。根据上级政府相关文件要求，制定公务用车管理中心职能定位和机构设置，制定《开福区公务用车管理实施细则（试行）》《公务用车出行及记录资料的管理规定》及《公务用车交通事故应急处理办法》等相关制度，为公务用车管理提供制度依据。合理配置资源。采取“三定、五统一”的管理模式实行定点维修、定点加油、定点保险，对车辆进行统一购置、统一编制、统一标识、统一调度、统一处置。严格实行申请审核、派车登记制度，合理配置公务用车资源。建立完善档案体系。建立公务用车出行记录档案、公务用车维修保养管理档案和公务用车保险管理档案，制定“公务用车运行情况报表”，切实记录车辆驾驶人、出行次数、累计行程、燃油费用、维修费用、违章违停等信息，全方位把控车辆运行情况，为公务出行提供安全、高效、快捷、舒适的用餐保障。

作风建设突出“严”“扶”“谐”。成立绩效考核领导小组。出台《关于开展严肃工作纪律、整顿工作作风专项考核工作的通知》，并完善制定《作风建设责任书》和《绩效考核管理办法》，督促领导干部严格履行“一岗双责”责任制，要求全体职工严格遵守中心工作纪律。落实群众工作日制度。成立群众工作队伍，解决联点单位白霞村安置用房通水问题，开展党建帮扶，中心党支部联合白霞村党支部举办“重温誓词、手抄党章、温暖民心”活动，发挥党组织战斗堡垒作用。打造过硬队伍。机关后勤服务中心以“精细化服务”为工作理念，坚守物业管理标准化、专业化、精细化、品牌化、人性化“五个承诺”，推行后勤服务讲党性、讲正气、讲学习、讲效能、讲廉洁“五项举措”，开展环境整治、秩序整治、安全整治“三项整治”，打造出一支求真务实，开拓创新、扎实工作、干事创业的过硬队伍。

【建成长沙市区县（市）机关大院首个“母婴室”】 5月10日，开福区机关“母婴室”建成并投入使用。母婴室面积约6平方米，位于开福区区治机关主楼三楼的楼道一侧。母婴室布置简洁而温馨，除配备必要生活用品外，还设有婴儿台、衣柜、自动冷暖供水等设施，墙面装饰了卡通墙贴，桌椅上摆放各色婴儿玩具，营造出童趣的氛围，周到的设施与布置旨在给女性照料婴儿带来舒适感和安全感。母婴室的设置，不仅方便了带有婴儿到政府机关办事的女士，还分担了机关女干部职工因双重身份带来的压力，也体现了单位对员工的人文关怀和以人为本的和谐理念。这是长沙市区县（市）机关大院中首个“母婴室”，由于其服务功能性强，深受干部职工好评，分别在人民网、大湘网、《长沙晚报》等媒体进行报道。

（杜　琼）

信息化建设

区电子政务中心

主　任　肖道刚

【概况】 抓网络建设。加强政务外网建设。经过两期建设，实现全区所有的区直部门、街道及社区（村）电子政务外网的全覆盖。升级互联网出口带宽。将全区电子政务外网互联网出口带宽由原来的400M升级到1.5G，提升网上办事和社区办公速度。建设社区无线网络。依托电子政务外网平台，在全区所有的社区（村）便民服务中心建设免费Wi-Fi服务，为居民群众免费提供网络接入服务。启动内网建设。按照国家、省、市关于内网建设的有关要求，完成内网机房建设。抓网站管理。严格绩效考核。将网站工作纳入到各相关部门及各街镇的年度目标管理考核任务，实行月跟踪、季通报。加强日常更新管理。制定区政府门户网站内容保障方案和考核细则。开福区政府门户网站上共发布各类信息36000余条，共办理市长信箱信件133件，区长信箱55件，答复率100%，群众满意率达到100%。同时，加强“两微一端”的建设，通过微开福政务微博发布各类信息138条，政务微信发布信息916条。实施网站升级改版。根据国家、省市2016年政府网站绩效考核的有关要求，对区政府门户网站进行优化升级。开展网站日常监测通报。以区政府文件下发《开福区政府门户网站日常监测工作方案》。截至2016年年底，共下发日常监测通报8期。实施政府网站集约化建设。按照政府网站集约化建设的有关要求，对教育局等六家单位网站进行整合，整合后的页面均按要求建立信息公开、办事指南及互动交流版块，并根据各自单位职能设有其他特色栏目，做到信息发布及时、办事指南清晰、互动交流有回应。抓维护管理。加强设备维护管理。引进专业的社会力量对全区所有终端、机房、视频会议等进行运维管理，对电子政务内外网设备设施实行定期巡检，对机房内的精密空调、UPS等重要设备，严格按照保养要求进行定期保养检测。实施全时段无缝监测。将重要设备及服务器纳入全市的7×24小时安全监控平台进行监测。抓网站漏洞整改。加强政府网站安全隐患整改，对存在安全漏洞的部分子网站进行督促整改。抓项目建设。深化网格化信息平台建设。重点加强与长沙市社会综合治税信息平台、长沙商事登记信息管理平台”的数据共享结合，打通网格化信息平台与微信随手拍功能，进一步畅通居民群众诉求通道。截至2016年年底，平台共录入人口数据52.49万人、楼栋信息3.22万条、房屋信息141.8万条。2016年，共采集上报民情日志37.7万条、处理办结流程事件44821件，办结42291件，事件办结率达到94%。全面推广社区公共服务信息平台建设。在试点建设的基础上，按照长沙市的部署，启动社区公共服务综合信息平台建设，完成40%的社区覆盖。完成全区应急综合平台建设。按照国家突发事件应急体系建设要求，完成区级应急指挥平台一期建设。建设政务服务新应用平台。开发区级政务服务微信APP和微信公众号，对网上政务服务事项进行全面梳理和流程再造，居民群众可通过移动端和PC端进行办事事项的查询、预约、办理、跟踪和诉求的反映。开展智慧开福建设前期工作。按照智慧城市建设的有关要求，开展智慧开福建设相关前期工作，已完成智慧开福建设总体规划、项目设计、可研报告初步成果。

（杨　杰）

政协长沙市开福区委员会

政协长沙市开福区委员会

主　席　熊建伟
副主席　刘永红（2016.11免）
　　　　邓毅芳（2016.11免）
　　　　杨　艳　焦　灿
　　　　廖耀群（兼，2016.11任）
　　　　林永红（2016.11任）
　　　　鲁碧君（兼，2016.11任）

工作机构

政协秘书长　李劲松
办公室
主　任　谭　栋
提案法治委员会
主　任　刘险峰
经济科技委员会
主　任　涂　浩（2016.9任）
　　　　章智民（2016.9免）
群团联络委员会
主　任　杨　奔
文教卫体育委员会
主　任　欧阳桂兰
人口资源环境委员会
主　任　贺　滟
纪检组长　王　佐

【概况】　2016年，政协长沙市开福区委员会设办公室、提案法治委员会、经济科技委员会、群团联络委员会、文教卫体育委员会、人口资源环境委员会6个工作机构，有在职在编干部职工12人。各街道设政协工作联络处。

围绕中心，服务发展大局。区政协充分发挥人民政协智力密集的优势，紧紧抓住事关开福发展全局的重大问题，积极开展各种形式的协商议政、考察、调研、监督等活动，深度融入开福发展大局，为推进党政科学民主决策发挥了重要作用。咨政建言着眼全局。2016年，区政协组织委员围绕财政预算报告、“两院”工作报告、政府工作报告开展协商建言，与区委、区政府领导和有关部门负责人坦诚交流发展思路，真诚交换意见建议。共召开全体会议1次、常委会议4次（其中专题考察2次）、主席会议12次，提出许多富有建设性的意见和建议，得到区委、区政府的充分肯定和采纳，为开福区发展大局建睿智之言、献务实之策。协商考察紧扣热点。2016年，区政协充分发挥协商民主的主渠道作用，紧紧围绕区委、区政府中心工作，对区政府购买社会服务、街道法律工作顾问制度、中小型生产企业转型升级等课题组织专题协商会议5次，对区义工工作、闲置楼宇盘活、农村环境卫生整治等情况开展专题考察5次，并提出切实可行的协商、考察建议呈报区委、区政府。其中，《关于政府向社会力量购买服务的建议》《关于在互联网+电商形势下，中小企业转型升级的建议》等一批建议得到区委、区政府主要领导的认可，助推开福区域经济的发展，促进社会民生问题的解决。课题调研打造精品。2016年，区政协找准切入视角，认真打造议政精品，共向区委提交调研报告2篇。其中，《关于注重现代与历史、商务与文化的融合，有效做好黄兴北路商务区和宗教历史文化街区的开发建设》的建议得到了省委常委、市委书记易炼红的亲自批示，现已转交市城乡规划局，纳入长沙市历史步道规划之中；《霞凝古街申报纳入湘江古镇群建设》的建议由湘江古镇群开发建设领导小组正式批准同意，拉开了古镇建设新序幕。民主监督改进政风。2016年，区政协结合2015年评议情况，组织对交警大队开展民主评议“回头看”，通过现场考察、委托暗访、听取汇报、回访复查等多种方式，督促被监督单位发现问题，整肃工作作风，提升服务水平。融入中心主动作为。2016年，区政协牢固树立大局意识，与党委、人大、政府等其他几套班子同舟共济，不畏艰辛，勇挑重担，在项目建设、区域招商、社区整治等各项重点工作中建功立业，积极作为。区政协班子成员担任黄兴北路、潮宗街、火车北站、炮后街、拆违控违等多个项目指挥部的政委、副指挥长，直接服务于中心，助力旧城改造、项目拆迁、城区提质等；配合政府开展招商引资、社区提质改造、抗灾救险等工作，为开福区经济发展和民生改善倾注心血。

依法依规，圆满完成换届。2016年，是区政协的换届选举之年，区政协以高度的政治责任感和历史使命感，认真贯彻省、市关于换届工作的文件精神，坚决执行区委的各项决策部署，结合四届区政协委员履职考核结果，并严格按照上级对新一届政协委员队伍结构的刚性要求（即委员队伍中，中共党员比重不得超过40%，非公有制经济人士比重不得超过20%），先后听取各民主党派、各界别、各专委会、各街道对换届工作的意见和建议，提出继续提名政协委员的建议人选名单，完成12名市政协委员的推荐工作。同时，区政协协助区委组织部、区委统战部，参加对委员建议人选的考察工作，严格把好委员审核关。在五届一次全会期间，区政协严格按照《中国人民政治协商会议章程》，确保各项工作依法依规，各项流程执行到位，换届工作风清气正，圆满完成换届选举，组建一支政治素质过硬、履职能力出众、服务热情高涨的委员队伍，为政协未来五年的事业发展奠定了坚实基础。

积极创新，提升履职水平。2016年，区政协立足工作本职，紧扣时代脉搏，积极探索履行职能的新形式、新领域、新途径，以创新求发展，以创新求实效，推动履职水平的整体提升。拓展委员履职平台。区政协全面强化委员工作站（室）制度化、规范化建设，不断延伸委员履职空间。依托全区17个委员工作站、5个委员工作室组织委员开展经常性履职活动。委员们全年共组织履职活动214次，在基层共收集群众问题972个，通过反馈、跟踪、督办解决885个，拉近了人民政协与人民群众的距离。2016年，区政协积极响应省政协“互联网+政协云”的新理念，依托信息化手段，在芙蓉北路街道首开“线上委员工作站”试点，并在全区推广。“线上委员工作站”的建设，极大提升了各工作站的信息收集能力与服务群众能力，使开福政协成为“互联网+协商”这一新模式的先行者、排头兵。创新基层协商模式。2016年，区政协着眼于党政所想、群众所盼、社会所需、委员所能，在委员参与街道、社区事务协商方面进行积极的探索和实践，在全省率先推出了基层协商这一全新创举，打通了基层“微循环”。委员全年利用各街道“线上+线下”两位一体的基层协商平台，共协商解决问题114个。其中“指导富雅花园小区成立业主委员会，促进小区自治”“拆除安置小区违建单车棚改建社区公园”“协商增加金霞片区公交车线路问题”“关于欧洲馆运营问题协商”等案例的成功开展，为群众解决近在眼前的生活难题，带来了触手可及的便利实惠。2016年6月20日，《人民政协报》新闻研究部主任秦志勇到区政协调研采访，给予了高度赞誉，将开福区政协的基层协商模式称之为新形势下政治协商的“开福版本”。

关注民生，促进社会和谐。2016年，区政协充分发挥联系面广、包容性大的优势，坚持为民情怀，关注民生视角，为增进社会发展和民生福祉谏诤言、出实招、谋良策。社情民意为民代言。2016年，区政协通过调研考察、开设信箱、网上征集等形式，广泛收集社情民意，共收集社情民意148条，其中全国政协采用1条，省政协采用2条，市政协

4月14日，区政协主席熊建伟（右二）率主席会议成员考察义工工作

采用13条，区政协采用4条。委员们撰写的《警惕藏传佛教在内地的发展》《关于对刑满释放人员建立基本养老制度》等一大批优秀信息，“直通”中央、省、市、区，解决许多涉及群众利益的具体问题，树立了贴近百姓，务实有为的人民政协新形象。提案办理惠及民生。2016年，区政协共收到提案128件，其中集体提案27件，立案93件，立案率为72.7%，办结率100%；共办成A案51件，占立案数的54.8%。提案工作为社会民生改善发挥了积极作用，其中，《关于政府惠民工程质量控制应征询民意的建议》《关于将大明大道纳入市政道路管理的建议》《对金霞保税物流园的思考及建议》等一大批委员提案，为开福区经济社会发展的谏诤言，谋实招。精准扶贫传递温暖。2016年，区政协始终心系群众，情牵民心，坚持以“双百帮扶”与“爱心助学”两大品牌为抓手，鼓励委员奉献爱心、助残助学，积极参与社会公益事业。领导班子带头开展“结对帮扶”，深入联系户解决实际困难，释增慧、黄泽圣、汤萌、李亮等一大批委员，乐善好施、扶危济困，弘扬正能量。全年全区政协委员累计捐款24万元，累计慰问贫困户两百余人次（其中，“爱心助学”活动资助中小学生36名）。存史资政倾力传承。区政协始终把“存史资政”作为对历史、对社会、对人民义不容辞的责任，广泛动员政协委员及各界人士撰写亲历、亲见、亲闻的文史资料，编辑出版了《政协32年》；着眼开福区政协工作需要，汇编《开福政协》月刊12期，编印了《社情民意信息汇

10月13日，爱心助学捐赠

编》《优秀提案汇编》《基层协商案例选编》《开福政协摄影俱乐部影集》等，为开福区政协事业积累宝贵经验；立足保护区内历史文化资源，积极推进对文昌庙、东岳宫、龙王庙等历史遗迹进行抢救性修复等工作，提升了开福区文化软实力。

务实有为，聚集工作合力。区政协着眼于人民政协事业的长远发展，按照“创新、务实、高效”的工作要求，不断内提素质、外塑形象、完善机制，全面提升政协工作水平。人文关怀激发活力。委员是政协履职的主体，区政协十分重视委员队伍建设，重视对委员的人文关怀，组织部分优秀委员前往南京大学学习培训，邀请专家学者对委员进行集体“充电”，使委员们在互动交流中融洽感情、提升能力；坚持主席会议每周走访委员，深入委员单位，倾听委员意见，鼓励委员建功立业，协调解决委员工作中的相关问题；经常组织委员开展摄影活动和各类体育比赛，并通过生日慰问、爱心互助等方式，增进队伍活力和凝聚力，让委员有更多的获得感。合作共事增进共识。区政协始终坚持团结、民主主题，积极为各民主党派、工商联、无党派和社会各界人士创造协商空间、优化议政条件，并在各项履职活动中诚挚邀请各方人士参与，广泛听取各方意见。2016年，各民主党派、工商联和无党派委员共牵头组织履职活动41次，参与基层协商23次，提交提案41件，撰写社情民意53条，在政协履职中大展身手，建树良多。交流联谊互促互惠。区政协始终坚持开放、交流的理念。2016年，共接待人民政协报、省（市）政协领导和广州市番禺区、江西省新余市、桂林市叠彩区等各地政协等多个批次到区考察调研，并就社会组织创新、垃圾分类、失独家庭帮扶等一系列课题赴兄弟区县调研学习，借鉴各地成功经验。开福区政协美誉度和影响力在交流中得到推介和提升。机关建设提升效能。政协机关是政协工作开展的“总开关”。2016年，区政协坚决落实各级党委部署，坚持以“两学一做”为抓手，以履职活动为依托，切实加强机关思想、组织、作风和制度建设，形成团结、务实、高效的工作氛围。

【政协长沙市开福区第五届委员会第一次全体会议开幕】 11月25日，政协长沙市开福区第五届委员会第一次全体会议隆重开幕。市政协副主席彭继球，市委督导组组长肖思源，副组长文振中，区委书记沈裕谋，区委副书记、代区长刘拥兵，区委副书记谢伟峰，区人大党组书记、主任许振勤，区政协党组书记、主席熊建伟等区四大家领导出席本次大会。区政协主席熊建伟代表区政协四届常务委员会作了工作报告，对四届政协工作进行全面总结。区政协副主席焦灿作了政协开福区第四届委员会常务委员会关于提案工作情况的报告。四年来，全体委员共提交提案585

件，立案472件，发挥了建言献策的重要作用。市政协副主席彭继球向会议的召开表示热烈祝贺，并寄语全体委员不忘初心，牢记使命，忠诚履职，服务大局，奋力开创开福区政协工作新局面。会议最后，区委书记沈裕谋作了重要讲话。他高度肯定了区四届政协的工作，并代表区委向新一届政协和政协委员提出希望。沈裕谋强调，政协工作是党的全局工作的重要组成部分，加强和改善党对政协工作的领导，是做好新形势下政协工作的根本保证，也是党委的重大政治责任。区委将一如既往地重视、关心和支持政协工作，努力为政协开展工作营造氛围、创造条件、提供保障，不断巩固和拓展党委重视、政府支持、政协主动、各方配合的工作新局面。

【区政协召开四届二十二次常委会议】 10月18日，区政协召开了四届二十二次常委会议，区政协党组书记、主席熊建伟，区委常委、常务副区长邹犇淼，区政府副区长提名人选易文斌，区政协主席会议成员及区政协全体常委、部分特约委员参加会议。先考察了本届重点提案——鹅羊山公园规划建设情况及芙蓉北路街道“线上委员工作站”建设情况，随后召开了常委会。会议对区交警大队民主评议“回头看”工作进行回顾和测评，并听取各职能部门对重点提案办理情况的简要汇报。会上，区政协各位常委、特约委员各抒己见，畅所欲言，对民主评议及重点提案督办情况提出宝贵意见和建议，并与被评议单位和承办单位进行深入交流。会议最后，区政协党组书记、主席熊建伟作了重要讲话，他肯定了各承办单位对重点提案的办理效果，并鼓励各单位继续努力，将提案工作认真办好，取得更大实效。

【人民政协报调研采访开福区政协工作】 6月20日，人民政协报新闻研究部主任秦志勇、省政协研究室副主任张辉学、市政协研究室主任杨名兴一行到开福区，调研采访开福区政协工作。区政协党组书记、主席熊建伟，党组副书记邓毅芳陪同调研采访。调研采访组一行先后观摩了清水塘、望麓园、芙蓉北路等街道政协委员工作站、委员工作室的建设，听取汤萌、孙喜峰、艾四海等政协委员的情况介绍，并现场观摩了望麓园街道举办的一次基层事务民主协商会。调研采访组听取熊建伟政协民主协商情况的全面介绍后，对开福政协委员参与基层事务协商这一创新性工作给予了高度肯定。杨名兴认为，开福区基层事务协商工作组织作用好、示范作用好、平台作用好；张辉学指出，开福区积极为政协委员搭建履职平台，制度建设规范到位，为民代言关注民生，基层政协建设工作走在了全国前列；秦志勇指出，开福区基层民主协商工作具有高度的人民性，意义重大，特色鲜明，希望开福区广泛发掘人才，提升主体作用，在实践中继续发扬和推广基层协商工作中好的做法。

2016年5月4日，区政协主席熊建伟（右一）率主席会议成员考察公共文化体育建设

【区政协召开“线上委员工作站”建设观摩会】 5月25日，区政协召开“线上委员工作站”建设观摩暨委员参与基层事务协商推进会，区委副书记谢伟峰，区政协党组书记、主席熊建伟及主席会议成员一同走进江湾社区，实地观摩了社区线上委员工作站的建设情况，并在社区会议室召开了座谈会。会议听取芙蓉北路街道关于工作站建设的经验介绍，各街道工委书记对如何更好推进这两项工作作了表态发言，主席会议成员就下一阶段工作的开展提出意见和建议。熊建伟在讲话中指出，江湾社区“线上委员工作站”建设紧贴街情，紧跟时代，紧扣民生，紧密勾连，卓有成效，希望各街道进一步深化认识，明确要求，强化举措，确保全区基层事务协商取得实效。谢伟峰副书记要求各单位在基层事务协商工作中要认识重要意义，坚持基本原则，确定主要内容，善用创新形式，保障成果落地；线上委员工作站的建设中要注重建设的标准化，功能的多样化，应用的常态化，管理的规范化，使之更好

为委员、群众所接受、认可。

【区政协召开霞凝古街申报湘江古镇群工作会议】 4月1日，区政协召开霞凝古街申报湘江古镇群工作会议。区政协党组书记、主席熊建伟，副区长李忠、区政协副主席杨艳和相关单位负责人参加会议。会议听取区政协关于将霞凝古街申报纳入湘江古镇群建设规划的建议，并就申报工作的可行性及具体操作进行分析讨论，提出多项意见和建议。熊建伟指出，霞凝古街申报湘江古镇群的工作有利于开福区发展，有利于文化保护，有利于民生改善，可以形成区内一个有历史底蕴的特色亮点。他要求各部门形成统一思想认识，立即行动，在市级统一规划形成前完成霞凝古街的申报工作。

【区政协召开四届二十次常委（扩大）会议】 3月18日，区政协召开四届二十次常委（扩大）会议暨重点履职工作动员大会，区委副书记谢伟峰、区政协主席熊建伟、常务副区长邹犇淼出席会议。会议上，熊建伟作了题为《增强使命意识，谱写履职新篇》的动员讲话，传达了各级政协会议精神，要求全体政协委员充分认识政协履职工作的必要性，深入明确政协履职工作的总目标，切实找准政协履职工作的发力点，奋力开创政协工作新局面，谱写政协履职新篇章。区政协党组副书记邓毅芳、副主席焦灿分别对2016年的基层事务协商、政协联络处及工作站、重点提案督办、民主评议等工作进行部署。邹犇淼就区政府如何配合开展好2016年的政协工作作了重要讲话，区交警大队等相关单位作了表态发言。会议最后，谢伟峰作了重要讲话，他高度肯定了区政协长期以来的工作成效，鼓励全体政协委员再接再厉，认真履职，为开福区域社会发展做出更大更新的贡献。 （陈 阳）

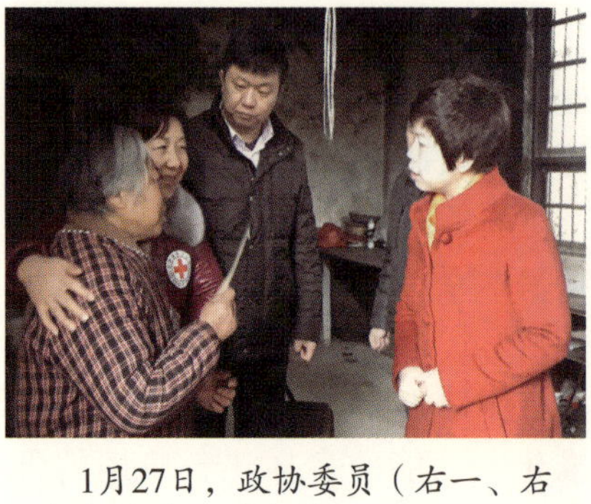

1月27日，政协委员（右一、右二）走访慰问困难群众

文件目录

开政协〔2016〕1号 关于“注重现代与历史、商务与文化的融合，有效做好黄兴北路商务区和宗教历史文化街区的开发建设”的调研报告

开政协〔2016〕2号 关于加强社情民意工作的办法

开政协〔2016〕3号 关于举办区政协委员专题学习班的请示

开政协〔2016〕4号 关于请求向市委、市政府专题建议的报告

开政协〔2016〕5号 关于“政府向社会力量购买服务”专题协商的情况报告

开政协〔2016〕6号 关于“政府向社会力量购买服务”专题协商的情况报告

开政协〔2016〕7号 关于我区现代公共文化体育服务体系建设工作的视察建议

开政协〔2016〕8号 关于我区现代公共文化体育服务体系建设工作的视察建议

开政协〔2016〕9号 关于我区街道社区卫生服务中心“中医药服务能力建设”的专题协商建议

开政协〔2016〕10号 关于我区街道社区卫生服务中心“中医药服务能力建设”的专题协商建议

开政协〔2016〕11号 关于对我区企业工资集体协商工作的视察建议

开政协〔2016〕12号 关于对我区企业工资集体协商工作的视察建议

开政协〔2016〕13号 关于“对失独家庭帮扶”的专题协商建议

开政协〔2016〕14号 关于“对失独家庭帮扶”的专题协商建议

开政协〔2016〕15号 关于对我区楼宇经济工作的视察建议

开政协〔2016〕16号 关于对我区楼宇经济工作的视察建议

开政协〔2016〕17号 关于“互联网+电商形势下，中小企业转型升级”的专题协商建议

开政协〔2016〕18号 关于“互联网+电商形势下，中小企业转型升级”的专题协商建议

开政协〔2016〕19号 关于报送资产清查结果的函

开政协〔2016〕20号 关于我区法律顾问制的专题协商建议

开政协〔2016〕21号 关于我区法律顾问制的专题协商建议

开政协〔2016〕22号 关于谢新飞等同志职务任免的通知

开政协〔2016〕23号 关于撤销唐晓丹同志开福区第四届政协委员资格的决定

开政协〔2016〕24号 关于涂浩等同志职务任免的通知

开政协〔2016〕25号 委员履职管理考核办法

开政协〔2016〕26号 关于任命专门委员会兼职副主任的通知

开政协〔2016〕27号 关于印发各委员活动小组分组名单的通知

社会团体

工会

区总工会

主　席　王辉君

副主席　徐　凡　杨新初

【概况】　开福区总工会有下属3个系统（区直机关、教育、卫生）工会联合会、16个街道工会联合会、99个社区工会联合会，以及有2075个基层工会,涵盖法人单位3281家，其中50人以上规模企业128家，会员95038人。区总工会机关编制4人。2016年，开福区总工会紧紧围绕区委和市总工会的决策部署，充分发挥工会组织的桥梁纽带作用，组织动员人民群众在改革发展稳定第一线建功立业，做好三服务——“服务中心、服务大局、服务职工”，在市总工会对区县的年度工作考核中和区委、区政府对区直部门的年度绩效考核中，开福区总工会均被评为优秀，在市总工会工资集体协商工作考核中被评为一类。

换届工作圆满完成。4月27日，开福区工会第四次代表大会在区政府901会议室召开。来自辖区各街道、社区及企事业单位的200名工会代表、21名特邀代表及33名列席代表代表参加大会。大会选举产生开福区第四届工会委员会、女职工委员会、经费审查委员会，以及区总工会第四届领导班子，优化了班子结构。大会首次选举了体制外的优秀基层职工代表——全国劳模董志平为区总工会兼职副主席，将“新的血液”融入新的领导班子中来。

夯实组织基础。全年共新建工会组织216家，涵盖法人单位502家，为年度任务的101%，新发展会员26083人，其中农民工会员20110人，职工入会率达99%以上。为提升基层工会活力，加大了对基层工会的资金投入和指导，加强典型建设，共选树市级示范基层工会1家，市级职工之（小）家5家。推荐评选市级优秀职工“娘家人”7人，市级优秀工会会员80人。推荐申报了世纪金源物业等4家企业（班组）市级“工人先锋号”。

开展劳动竞赛。2016年，区总工会引导广大职工积极投身“大众创业，万众创新”主战

11月3日，开福区总工会承办长沙市湘绣行业劳动竞赛

场，充分发挥广大职工主力军作用。开展“百家企业万名职工岗位技术练兵”劳动竞赛。11月3日，由长沙市总工会、共青团长沙市委、长沙市妇女联合会联合主办，开福区总工会承办的长沙市湘绣行业“百名绣工岗位技术练兵”劳动竞赛在长沙沙坪湘绣文化广场举行，来自全市湘绣企业的近百名绣工参加比赛。活动展现出了绣女的精神风貌，很好地宣传沙坪湘绣这块文化招牌。组织区内100家重点企业报名参加“安康杯”竞赛活动，通过开展“安全隐患随手拍”、消防演练等各种安全文化活动提高广大职工的安全健康意识和安全文化素养。在高温季节开展“夏日送清凉 关爱在身边”活动，对省、市、区重大项目的一线干部职工进行慰问，慰问物资（金）32万元。

弘扬劳模精神。为准确掌握当前开福区市级及以上劳模基本生活状况，切实做好2016年度市级以上劳模专项补助资金发放工作，6月对劳模低收入生活困难和特殊困难补助申报情况等基本生活状况进行认真摸底核实。9月，组织开福区部分在职的市级及市级以上劳模赴张家界，开展劳模休疗养活动。11月，组织全区所有全国劳动模范（先进工作者）进行一次免费体检。12月6日上午，在青竹湖街道太阳山社区居委会会议室举办“中国梦·劳动美”开福区劳模大讲坛活动，百余名企业职工参加，弘扬劳模精神，激发了正能量。

维护职工合法权益。2016年，开福区国有、集体及其控股企业工资集体协商建制率100%，规模以上非公企业工资集体协商建制率96%。3月23日，工资集体协商“春季要约行动”启动仪式在区政府901召开，13家企业行政方和工会主席现场签下工资集体协商协议，150多家企业代表和工会主席参加活动。启动仪式之后，对参会的企业代表和工会主席开展《湖南省企业工资集体协商条例》培训和集中宣传。一年来，区总工会把推进工资集体协商作为维护职工权益、建立和谐劳动关系的重点，通过开展多形式、多层次的协商要约，倡导灵活多样的协商方法，坚持重点突破与全面推进相结合，注重分类指导，着力破解“企业不愿谈”“职工不敢谈”“代表不会谈”等问题，新签协议145份，覆盖企业1035家，惠及职工1.5万人，树立协商典型企业3家，其中湖南新亚胜光电股份有限公司被评为市职代会和工资集体协商典型示范企业。区总工会致力于让广大职工更多的享受到改革发展成果，实现有温度的发展，做了大量工作。抓“项目化”帮扶。两次在全区范围内开展因大病致贫致困特别救助活动，救助27名患大病职工12.2万元。在金秋助学活动中，筹措救助资金14.8万元，资助困难职工和困难农民工子女73人。抓常规帮扶。春节慰问245人,14万元，其中区财政10万元；中秋国庆两节慰问102人,4万余元。抓建档立卡。对所有已录入工会帮扶工作管理系统的困难职工档案进行全面清理、重新审核，并为新符合条件的困难职工及时建档，较好地做到对困难职工进行精准识别与动态管理。抓职工医疗互助。共有226个单位共计10102名职工参加医疗互助，累计有437人次享受了医疗互助成果，互助金合计18万余元。

11月3日，开福区总工会承办长沙市湘绣行业劳动竞赛

丰富活动载体。充分利用工会阵地，开展各类宣传教育文体娱乐活动。春节期间，开展“送温暖”“送清洁”“送平安”及“送欢乐”等形式多样的志愿服务活动。1月，开展“学习十八大，送理论进企业”活动；5月，开展工人阶级宣传月活动、“最美职工”微博大赛，组织湖南罗莎食品有限公司、开福区望麓园

街道办事处等15支队伍参加在橘子洲洲头的为爱“益”起走·把“绿”带回家——长沙市职工徒步活动；6月，开展“珍爱生命 拒绝毒品”——禁毒宣传进企业、近职工活动。开福区总工会联合湖南本土专业婚恋机构——找红娘.com在长沙世纪金源大饭店举办“比武招亲”大型公益单身职工交友联谊活动，吸引了来自全区各机关、企事业单位的200余名单身职工前来参加；7月，开展寻找“长沙最火岗位”、安全隐患随手拍等活动，发布微博100条，其中获奖作品14条。积极引导劳动者转变就业观念，提升就业技能，9月和10月分别在新河街道和东风路街道举办职业指导大讲堂；9月，与区直机关工委、文体新局联合举办的区直机关迎国庆趣味运动会，共有38个区直机关部门的450多名选手参加比赛；10月，“欢乐潇湘·品质开福”——开福区“福满金秋”职工文艺会演，来自全区各企事业单位及街道、社区的职工朋友，共11支参赛队伍参加。全年报送信息35篇，在市级以上媒体发稿10篇。建设职工书屋，开展读书活动，全年新建区级职工书屋10家、市级职工书屋2家。通过一系列活动，促进广大机关干部职工养成健康生活情趣、保持高尚精神追求、激发忘我工作热情，为实现“升级发展 成就北富”宏伟目标凝心聚力。

【承办“百名绣工岗位技术练兵”劳动竞赛互动】 11月3日上午，由长沙市总工会、共青团长沙市委、长沙市妇女联合会联合主办，开福区总工会承办的长沙市湘绣行业“百名绣工岗位技术练兵”劳动竞赛在长沙沙坪湘绣文化广场隆重举行。来自长沙市湘绣企业的近百名绣工参加比赛，现场各位绣工都充分展示了自己的拿手绝活。湖南省总工会副主席钟小汩、长沙市总工会主席赵建强等领导出席活动。此外，来自长沙市湘绣协会和湘绣企业近百名代表进行现场观摩。“百名绣工岗位技术练兵”劳动竞赛活动旨在进一步推动湘绣行业的传承发展，提高职工整体素质，尤其对沙坪湘绣这块文化瑰宝传承与推广起到良好的宣传作用。

（王鹏燕）

共青团

共青团开福区委员会

书　记　赵潇枭（2016.9任）
　　　　蔡　哲（2016.9免）
副书记　陈　逍（2017.10任）
　　　　肖冠男（2016.9免）

【概况】 共青团长沙市开福区委员会共有工作人员5人，其中行政编制人数3人，政府雇员1人，临聘人员1人。

2016年，开福区共有青少年（6~28岁）约10.4万人，其中14~28周岁青年约7万人，据2016年年底团统数据，开福区共有共青团员4091人，团青比例为5.9%。开福区共有团委（团总支）31个，其中街道16个、区直5个（财政局、建设局、卫计局、教育局、审计局）、非公1个（湖南金霞发展集团公司）、学校团委3个（长雅中心、北雅中学、青竹湖湘一外国语学校），学校团总支6个；团支部487个，其中村、居委会、社区团支部107个，学校团支部195个，社会组织团支部7家（青年之声平台、政和社工、飞翔教育、长沙学院志愿者团队、仁与公益、倍力青少年体育俱乐部、青穗青少年公益发展中心），“两新”团组织178家。

加强组织领导，圆满完成换届。4月26日上午，共青团开福区第四次代表大会隆重召开，大会听取、审议通过共青团开福区第三届委员会工作报告，并顺利选举产生共青团开福区第四届委员会委员、常委、书记、副书记和兼职副书记，提出未来三年开福区共青团的总体工作思路，即“五项行动”：改革导航行动、青春建功行动、青年双创行动、同行发声行动、成长尽责行动。值得一提的是，此次团代会上开福区委精心指导团区委紧跟团中央改革步伐，在班子结构、委员构成、宣传载体等方面实现创新。在班子结构上，在全省各区县中首次通过选举在体制外的“两新组织”（新经济组织、新社会组织）负责人中产生一名90后团区委兼职副书记，将“新的血液”融入新的领导班子中来。在委员构成上，将选举的团员代表、委员结构比例调整为70%专兼职团干、30%其他一线青年代表，吸纳了大量基层一线青年加入到团干中心队伍中来。在宣传载体

8月3日上午，原共青团中央书记处第一书记秦宜智同志（右三）到望麓园街道富雅坪社区的湖南省“青年之声”青少年综合服务平台调研

上，充分运用新媒体手段加强与青年代表的互动，拍摄了适合青年口味的宣传片《奔跑吧开福青年》，制作“我们一起走过的这些年”H5页面，利用青年之声留言平台开设“青建言、青寄语”等板块，会前广泛号召广大青少年提前参与互动，会中与广大团代表直接交流沟通。

创新团建，扩大覆盖。结合产业、楼宇、直属建团，新建两新（即新经济组织、新社会组织）团组织172个。推进区域化团建示范创建，湘雅路街道“青年魔方”基层团建模式在全省推广并已上报团中央，得到了团中央书记处书记汪鸿雁的肯定。

创新路径，深化影响。运用新媒体手段，开设官方微博和“开福青年”官方微信，开展“为开福好青年点赞”“我最满意的青年工作”等新媒体典型引领活动。全年共于线上线下推荐展示各类青年典型80余名，并组建青年网络文明志愿者队伍，实现对青少年的有效正面影响。贯彻群团工作会议精神，落实团省委关于建立团干部直接联系青年制度，按照分组原则，区团委每个团干部分别联系不同街道、社区、企业的团员青年100名，密切联系青年。同时，积极开展“机关专题开放日活动”，组织企业、机关、学校、街道社区、社会组织等各领域的普通团员青年代表到区团委机关和青年之声、创新创业等阵地进行学习交流。

大力推进青年创新创业。坚持开展五四创业周活动，挖掘联系青年创业基地5家，向上级争取授牌“长沙青年创业示范基地”2家。建立健全开福区青联、青企协、青创协，举办“与市区人大、政协领导面对面”等青年双创沙龙10场，3月29日上午，“寻找最大公约数”青年双创沙龙活动在开福区菁芒创客空间举行，团省委相关部长、岳阳市君山区团委书记及创业青年们共同聚焦青年创业中的困惑，进一步引导和服务创业青年。配合区双创办组织开展“智汇开福 创享未来”2016年开福区创新创业大赛，7月8日举办大赛启动仪式，区团委组织10名青年创业代表参加到场。团省委书记汤立斌到开福区考察创新创业工作，调研乐共享创业基地、菁芒创客空间、中健众创空间等创业基地，并对众创空间项目孵化器、会议交流区、创业加速器、创客茶馆等场馆设施横向纵向发展提出宝贵意见。

持续深化志愿服务。“3·5”学雷锋活动日，与长沙博物馆、省“青年之声”综合服务平台、开福区文明办联合主办的“爱·12×12”十二星座遇见十二生肖公益微展活动，以“艺文温暖城市”为主题，以“学习雷锋精神、传播志愿文明”为宗旨，以“汇聚公益爱心，帮扶事实孤儿”为目标，展览所得善款全部用于“青年之声”平台大爱无疆协会事实孤儿项目，救助开福区等区县的事实孤儿。为庆祝“五四”青年节，在基层团委中开展“感恩母亲节，青年志愿微行动”、“5·12”防灾减灾宣传活动、“与书为伴·点燃梦想”青年读书沙龙活动、长沙市文明旅游“环月湖公益跑”活动。6月，地铁一号线试运行，区团委迅速落实，积极开展“美丽长沙 文明地铁”（一号线）学雷锋志愿服务活动，在马厂站与开福区政府站，通过社会征集、校园发动、微信及APP发布广泛动员社会力量加入志愿队伍，在6月30日当天至开通15天内为乘客提供信息咨询、道路指引、处理突发事件等相关服务，有力保障地铁的安全有序运营。

（龚平彰）

妇联

区妇女联合会

主　席　周庆辉
副主席　李艳兰

【概况】　开福区妇女联合会内设办公室、信访接待室。区妇联为正科级建制，行政编制3名，其中领导职数主席、副主席各1名。现办公室共5人，其中行政编制3人，事业编制1人，临时编制1人。

组织建设。优化工作环境。2月26日，开福区召开区党的群团工作会议。会议要求全区各级各有关部门要认真学习领会中央、省委和市委党的群团工作会议精神，切实保持和增强党的群团工作和群团组织的政治性、先进性和群众性，发挥好党联系人民群众的桥梁和纽带作用。同时，结合开福区实际，出台了《中共长沙市开福区委员会关于进一步加强和改进党的群团工作的实施意见》（开发〔2016〕3号），切实把思想和行动统一到决策部署上来，有效推动了全区妇女事业迈上新台阶。圆满完成妇联换届。4月，全区进行群团部门的换届工作，在换届筹备期间，区委书记多次召开群团部门调度会，对换届的程序、要求、人选等事项进行明确，要求要整合社会资源构建“大妇联”工作格局，开辟优秀女性参与社会管理的渠道。大会通过全体代表选举产生开福区妇联新一届领导班子,完善妇联组织结构，提高基层妇联组织服务能力、推进妇联基层组织建设。

区妇联在喜多多举办“巾帼助学子•情满加油吧”圆梦助学

打造群团服务“纵贯线”。区委为进一步密切党群干群关系，创新群众工作方式方法，提升群众工作品牌效应，创立由区委副书记牵头的“群工纵贯线”创建活动，从抓实规定动作、建立大数据平台、打造示范亮点、宣传推动典型、创新社会治理、实行“两代表一委员”驻站等方面进行全面的参与社会管理，妇联系统下的鑫晨婚姻家庭综合服务中心、鑫晨儿童公益活动中心、开福区家庭教育服务中心均涵盖其中，构成群众工作的纵贯线，更完善妇联工作的网格化。

宣传工作。做好“女”字文章。开展“徒步竞赛家助廉”活动。“三八”节期间，组织全区400余名女干部以轻松、愉悦的活动形式开展徒步走活动，倡导实现全民健身，低碳出行，发挥女干部“廉内助”的作用；组织女大学生创业加油吧的成员举办“巾帼助学子，情满加油吧”圆梦助学义卖活动，筹得1万余元善款，对湘西6名贫困学子进行资助；推进妇女创新创业，举办“春风行动”妇女专场招聘会，共吸引了150余家企业前来招聘，为女性求职提供就业岗位11000余个；深入推进妇女担保贷款项目，全年共发放女性小额担保贷款金额405万元；积极开展女大学生创业、巾帼家政、手工编织培训等10余次，培育创业优秀典型5人。开展农村妇女“两癌”普查工作，建立“两癌”工作长效机制。做好“儿”字文章。5月，联合开福区文明办、开福区民政局、开福区残联，以及开福区23家社会组织共同承办了“关爱孤残儿童，共建幸福家园”开福区“全国助残日、国际家庭日”志愿服务活动；“六一”儿童节期间，开展“爱心手拉手”活动，动员全区各部门结对特困孩子；8月，牵手新化县的留守儿童，组织长沙的20户家庭与新化的留守儿童现场结对，并向特困留守儿童捐赠了4万元的爱心善款，同时，“留守儿童心理健康教育志愿者服务点”正式授牌启动。9月，在花城小学开展“牵手流动儿童，爱心陪伴成长”活动，向学校捐赠了书籍和文具，给成绩优秀的流动儿童赠送了精美学习用品，并与“鑫晨公益”签约“校外德育辅导站”。做好“家”字文章。认真做好市妇联要求的“家庭教育下基层送课”活动；积极开展“家庭阅读年”活动，在江滨社区开展“亲子伴我读，全民阅读进家庭”主题活动；深入开展“两型家庭”创建工作，组织寻找“最美家庭”，实地走访、记录“最美家庭”感人事迹，结合完成家庭情景剧的编排和制作；与区委政法委联合举办“平安家庭”评选表彰大会；与文明办联合开展“忠贞爱情，金婚家庭”“我们的节日·七夕”主题活动；在全区广泛开展议家风家训家规、晒家庭幸福生活、讲家庭和谐故事、展家庭廉洁等活动，如：沙坪街道开展的最美“家风、家训”评选活动，评选了10户“最美家风家训”家庭。芙蓉北路街道于举行了“传承家庭美德创建文明家园”主题教育活动。湘雅路街道开展“我的家风家训”演讲比赛，进一步引导居民群众争做家庭美德的倡导者，弘扬社会正

区妇联举办留守儿童关爱活动

区妇联举办七夕活动

能量。

维权工作。做好信访接待。2016年，各级妇联组织认真关注妇女弱势群体的利益诉求，以促进社会大局和谐为目标，热情接访，主动援助，积极化解矛盾。同时，充分发挥人民陪审员、法律援助中心、“12338”维权热线的作用，加强与公安、检察、法院、司法部门的联系，有效地帮助妇女维权。截至2016年年底，全区妇联系统共受理来电、来访等投诉102件，处理率达98.44%。反映的主要问题依次为：婚姻家庭权益类43件，占总数的67.2%；劳动和社会保障权益类12件，占总数的18.8%；其他综合类4件,占总数的6.3%；文化教育权益类2件，占总数的3.1%；财产权益类2件，占总数的3.1%；人身权益类1件，占总数的1.6%。加大婚调委建设。为有效预防和化解婚姻家庭纠纷，开福区婚调委认真做到部门合作齐发力，创新模式优机制，积极做到主动服务，全程服务，精准服务。婚调室全年共接待处理个案51起，其中普通纠纷调解17个，家庭暴力个案34个。开展法律宣传。2月29日，省、市妇联在清水塘街道四季花城社区正式启动全省反家庭暴力法宣传活动，省人大常委会副主任谢勇、省原妇联主席杜亚玲等省市区领导参加活动。3月1日，区妇联组织街道妇联主席、妇女代表共50余人学习了《中华人民共和国反家庭暴力法》，重点对妇联干部从律法的亮点、重点和如何利用律法来开展信访接待工作进行详细的知识普及。4月8日，联合区司法局共同开展主题为“反对家庭暴力 共建平安家庭”活动，通过文艺节目展演、知识抢答、宣传资料发放等系列法治宣传教育活动的开展，帮助居民学习《中华人民共和国反家庭暴力法》、引导居民自觉运用法律来解决问题。

社会管理创新工作。构建鑫晨中心大枢纽。2014年，鑫晨婚姻家庭综合服务中心成立，经过两年的发展和沉淀，鑫晨中心快速成长。2016年，鑫晨中心接待全国各地的领导、妇联干部，

及社工组织几十批次，为长沙市乃至湖南省妇联工作的推广发挥了极大的作用，开福区妇联适时抓住这一契机，创新提升项目，打造鑫晨为平台型、枢纽型社会组织，组成2站6点的网络布局，广泛吸纳社会力量，“多元主体”共同参与到社区事业中来，把“被动等待政府的单一投入”变为“主动引入社会资源”，实现“多元主体”共同善治的社区治理新格局，构建了公益服务、便民服务两大品牌联盟，形成集普法驿站、创业驿站、便民驿站、快乐驿站、情感驿站和各社区特色服务项目的服务模式。设立儿童活动大阵地。开福区鑫晨儿童公益发展中心是第二个鑫晨品牌，目的就是为了更好的服务全区广大儿童。儿童公益发展中心自成立以来，依托自身丰富的载体设施，注重与家长结成帮扶对子，建立“儿童之家”，开设“校外德育辅导站”“四点半学校”“雷锋号志愿者工作站”等多个板块，服务涉及儿童心理咨询服务、生活技能培训、医疗卫生、健康教育等多个方面，组织各项传统品牌活动、社会公益活动、交流展示活动等20余项（次），使中心真正成为儿童的“读书园”“教育园”“游乐园”，成为家长们的“托教地”“启蒙地”“放心地”，产生良好的社会影响。搭建家庭教育大平台。2016年，在江滨社区成立开福区家庭教育服务综合服务中心，引入先进的教育理念和专业团队进行家庭教育，启动了“中国家庭文化与家长教育”工程，试点建立“和谐家庭指导站”，每周五晚上都有专业的家庭教育团队为市民讲授家庭教育知识，15户家庭签订了《家庭公约》，通过《家庭公约》项目帮助和指导家长解决教育孩子的困扰。

（漆雅蓝）

残联

区残疾人联合会

理事长　易献明

副理事长　刘向晖　李树平　唐春华

【概况】　2016年，开福区残联在编在岗人员5人，临聘人员2人，借调人员4人。截至2016年12月，全区共有持证残疾人6985人。2016年,开福区残联荣获“湖南省残疾人教育就业先进区县”“湖南省无障碍社区”“全市残疾人重点民生实事工作红旗单位”等称号；区残疾人托养机构获中残联全国会议现场观摩。

夯实基础，强化队伍，进一步完善基层组织建设。全年共集中举办残疾人工作者业务培训两期，培训基层残疾人工作者150余人次，通过考试考察聘任残疾人专职委员65人；9月底，以专职委员为骨干力量，实施完成全区6831名残疾人的基本服务状况和需求专项调查工作；共有37个社区申报参与长沙市残疾人工作“明星社区”创建活动，最终34个社区创建成功；以“全国助残日”“国际残疾人日”为契机，全年全区共开展助残活动30余场次，慰问、帮扶残疾人600余人。

落实政策，倾力帮扶，积极促进残疾人培训就业。2016年,共发放残疾人两项补贴共计703.98万元；共为113名残疾学生和贫困残疾人家庭子女发放助学补助37.2万元；为10户残疾人家庭发放贫困农村残疾人危房改造补贴款共计4万元；4月28日，开展“帮扶贫困残疾人，共享社会关爱阳光”残疾人专场招聘会，组织用人单位10家，提供就业岗位185个，成功就业15人；6月，为2名个体残疾人创业者申请创业扶持资金，共计2.8万元；8月，开办30人的手工艺制作班和20人的网络创业培训班，实现8名学员培训后就业；为全区220名智力、精神和重度肢体残疾人提供居家托养服务；配合省市残联启动“连千村帮万户”工程，选取捞刀河街道高岭社区作为联点村进行帮扶，为10户特困残疾人提供了“一对一”定点精准帮扶。

以人为本，真诚服务，扎实推进残疾人康复工作。2016年，

上级领导考察区残疾人综合服务大楼

全区共申报133名贫困残疾儿童进入市残联指定的康复机构进行康复训练，实现残疾儿童的康复全覆盖，通过电话回访，康复效果良好，家长满意度达100%；全区共筛查出22名假肢装配对象，最终为符合条件的16名缺肢残疾人配置适应个性化需求的假肢；10月底，完成全区80名低、弱视力患者配发助视器和康复训练工作，实施白内障复明手术50例，为2例眼底病和51例翳肉患者免费实行手术治疗；为129名残疾人进行辅具适配。

强化保障，造福于民，依法维护残疾人合法权益。2016年，为60户贫困残疾人家庭完成无障碍改造工作；完成市残联下达的2个无障碍社区改造任务，对伍家岭街道建湘新村社区、浏阳河社区进行无障碍社区改造；开办残疾人法律知识讲座3场次，共有600余名残疾人及其家属参加；全年全区办理残疾人来信来访72次，未发生残疾人赴市、省、京集体上访事件；全力支持政府征收拆迁工作，协助各指挥部成功化解了残疾人苏雄艳、泰阳商城强拆工作中涉及的6名聋哑残疾人的征收难题，保障了项目建设的顺利进行。

【搭建残疾人“生活小秘书”服务平台】 2016年，区残联以完善功能、提升品质为重点，倾力打造开福区残联工作创新名片，全力搭建“高效便捷、精准服务”残疾人“生活小秘书”服务平台。项目以残疾人需求为核心，为残疾人建立“互联网+信息平台+专业化+社区本土化”的信息共享平台，为服务对象提供医疗、健康、就业、创业培训、资源匹配、心理辅导等服务，服务平台开放第三方APP端口。年底已完成项目的调研、论证、规划、设计和招标，计划2017年进行试点和推广。

【中残联计财处领导考察残疾人综合服务中心】 4月19日，中国残联计划财务部副主任余朝晖一行，在市残联副理事长曾军、区残联副理事长刘向晖陪同下，考察了开福区残疾人综合服务中心。余朝晖一行参观了开福区残疾人综合服务中心，听取中心负责人关于开福区残疾人托养工作开展情况的汇报，充分肯定了区残疾人托养工作的成功做法和经验。4月，为期三天的全国残疾人托养服务社会组织培育专题现场会在长沙召开。4月20日下午，参会的全国各地残联托养工作负责人对区怡智家园智障人士服务中心、博爱凤亭家园、怡馨家园托养服务机构进行参观考察。参观团成员对机构内采取托养加实训的模式很感兴趣，纷纷表示经验值得借鉴。

【杨德才被授予“感动湖南人物”光荣称号】 杨德才，男，一级盲人，中共党员，身患冠心病、右中肺不张、脑腔梗等多种疾病，长沙市开福区精英路社区常住居民。1997年，因车祸失明后，克服视障困难，战胜疾病折磨，独立出资投入到关爱老弱病残、困难群体的事业中。2004年，开办了长沙市爱康残疾人就业服务中心，成立爱康残疾人志愿服务队，已免费培训和安置384名残疾人及下岗职工、农民工子女就业，培训费和食宿费全免。截至2016年年底，为社会奉献价值折合成人民币650多万元。2016年12月，中共湖南省精神文明建设指导委员会、省委宣传部授予杨德才感动中国之“感动湖南人物”光荣称号。

（黄　兰）

工商联

区工商业联合会（总商会）

主　席（会长）　鲁碧君
党组书记（第一副主席、第一副会长）　张曙辉
副主席（副会长）　刘日欣
副主席（副会长）、秘书长　宋　娜

【概况】 区工商联（总商会）行政编制3人。全区有基层商会28个，会员企业890家。其中16个街道商会，另有直属商会、女企业家商会、青年企业家商会、纸业商会、通信行业商会、佛文化用品商会、建材行业商会、藏珑商会、金满地小商品商会、万达联合商会、钓鱼协会、青年创业者协会等12个行业商会。商会会员行业涉及制造、贸易、建材、酒店、餐饮、旅游、化工、服务等各行业。2016年，获评全国“五好”县级工商联。

圆满完成换届工作。2016年是换届年，区工商联严格按照市

委统战部《意见》精神，精心筹划，指导16个街道商会、12个行业商会如期完成基层商会换届工作。4月，召开区工商联第六次会员代表大会，完成区工商联换届工作。通过换届选举，把一批政治上先进、工作上热心、行业上领先、形象上公认的非公有制经济代表人士充实到工商联执常委队伍，选举区工商联领导班子、执常委共计178名。11月，区人大、区政协换届，由工商联界别推荐产生31名政协委员、12名人大代表拟任人选。

搭建招商引资平台。“挂职派驻”成效显著。4月，区工商联与深圳、广州、东莞市的湖南商会、长沙商会达成战略友好合作单位，并在全区选派5名优秀年轻干部，担任异地商会的副秘书长参与商会工作，加强与异地商会间互动，推介开福区的招商投资环境，拓宽商会、企业之间交流渠道。2016年，成功引进中房联投在开福区注册公司；富士康旗下的准时达供应链公司落户区保税物流中心；海王生物已购入金霞经开区佳海工业园1.6万平方米办公场地，计划打造医药销售总部经济园；力促广东远光集团在开福区设立办事处，为下一步投资设厂奠定了基础。华润置地意向开发黄兴北路片区地块；深圳万年投资集团意向参与苏托垸一级土地开发；华凯物流意向在金霞经开区打造手机及智能电子产品工业园；神州天立投资集团计划在金霞经开区用地66.67公顷投资开发文教康旅产业；恩歌源集团计划在黄兴北路投资房地产开发；广州广盛投资有限公司计划在金霞经开区投资物流产业；中华供销总社旗下中农联控股有限公司意向投资10亿元，用地20公顷，打造一个农产品电子商务物流园、涉农大数据电商交易平台和冷链物流园。其中神州天立、恩歌源、广盛投资3家企业均已完成商业投资计划书。

开展学习教育活动。区工商联创新学习形式，丰富活动载体，确保学习培训活动富有成效。5月，与区司法局、区经信局联合主办“2016年开福区‘雨露·法律服务——企业行’大型宣传活动”，引导非公有制经济人士增强法治观念和诚信守法意识，成立“开福区企业联合人民调解委员会”，预防和化解企业的各类矛盾纠纷。6月，区工商联联合湖南友谊投资咨询集团开展同心大讲堂——“营改增”主题商务讲座，帮助企业尽快了解新税制、合理分享国家税改政策红利，参加讲座的141名企业家或财务主管，普遍反映受益颇多。同月，区工商联组织部分兼职副主席、副会长和基层商会会长参加市工商联举办的“解放思想 创业富民大讲坛”——《放眼全球化 提升领导力论坛》讲座。10月，区工商联组织50余名非公企业负责人在北京大学举办“非公企业升级发展研修班”培训，并实地考察百度集团和北京通用航空产业基地，与企业家就企业和开福区的升级发展进行深入交流与探讨。

引导企业健康发展。2016年，在首届长沙市民营企业创新成长力评选中，湖南瑞兹家居科技有限公司、友谊国际工程咨询有限公司、湖南新亚胜科技发展有限公司、长沙雅高彩印有限公司、湖南中立工程机械有限公司、湖南金六谷药业有限公司、老百姓大药房连锁股份有限公司7家会员企业获评“首届长沙市民营企业创新成长力100强”称号，长沙胜昊电子科技有限公司荣获“长沙市科技创新小巨人企业”“湖南师大产学研合作示范企业”称号，湖南新亚胜科技发展有限公司荣获“第二批长沙市智能制造试点示范企业、“2016年度光电行业影响力企业持续进步企业”等称号并认定为湖南省著名商标，湖南益乘科技有限公司获得湖南省商务厅颁发的“湖南省电子商务示范工程”称号，湖南佳一电力科技开发有限公司申请的7项技术专利获得国家知识产权局授权并认定为“湖南省著名商标”“中国著名品牌”。这些荣誉都反映了近年来全区民营经济创新发展的成果，引领开福区民营企业健康发展。8月2日，开福区青年企业家商会成立。青商会在会长邵帅的带领下，会员由成立之初的30人发展到35人，为青年企业家搭建了一个良好学习培训、交流合作的平台。

积极投身光彩事业。2016年，结合“一进二访”活动、“一推行四公开”工作等，区工商联筹资3万元，支持告塘、汉回联点村的基础设施建设，并走访慰问五保户、低保户、孤寡老人、困难党员、老工商业者等生活困难的人员，帮助他们解决一些力所能及的实际困难。引导基层商会、非公企业和非公有制经济人士提升责任意识，全面践行社会主义核心价值观。秀峰、沙坪、青竹湖等街道商会和女企业家商会、直属商会组织会员为困难群体捐钱捐物；中立工程机械、锐智实业、富霖机电、高岭建筑、金色地标等一大批会员企业捐资助学、慰问看望留守儿童和孤寡老人。为缓解就业难，组织会员企业参与“2016年全国民营企业招聘周”和人社局举办的招聘会。据统计，区工商联会员企业通过参加招聘会、自主招聘等方式，为社会提供了5000余个就业岗位。通过开展光彩事业系列活动，提升了非公经济人士的社会责任感和爱心奉献意识，展示了非公经济人士积极参与社会扶贫，弘扬传统美德，热心公益的良好社会形象。

注重展示会员风采。通过省、市、区三级工商联网站及时通报政策信息，利用开福里手、微信、QQ群，搭建交流平台推介企业产品。印发《开福商海》期刊，记载工商联工作成绩，展示活动开展和会员风采。为会员制作会员牌、会员证，让每一位会员企业家真正感觉到有组织、有“娘家”。

（宋　娜）

归侨侨眷

区归侨侨眷联合会

主　席　　刘　芳
副主席(兼)　周　戈　魏玛丽
　　　　　喻米玲　陈　伟
秘书长　　兰　涛（2016.9免）

【概况】　侨联行政编制2个。在职干部2人，其中主席1名，秘书长1名。另有兼职副主席4名。开福区有海外侨胞及留学人员1.61万人，归侨侨眷2.13万人，归国留学人员320余人，侨资企业60余家。

强化组织建设，切实做好区侨联换届工作。4月27日，召开了开福区第四次归侨侨眷代表大会，选举产生13名侨联委员。区侨联四届一次会议选举主席1名，副主席4名和秘书长1名。这次侨联班子换届，在委员人选配备中，继续提名的4人、新提名9人；平均年龄39.3岁；归侨4人，侨眷5人，归国留学生4人；均具有大专及以上文化程度，其中硕士研究生学历9人。与上届相比，大大增加了新侨的比例，优化了侨联班子的年龄结构及文化水平，配齐、增强了领导班子，为推动区侨联工作不断实现新的突破奠定了组织基础。

关注民生，维护侨益，进一步做好为侨服务工作。走访侨界重点人士，听取工作意见和建议。年初，区侨联走访市海外高层次人才联谊会秘书长刘国宪、美国休斯敦湖南同乡会会长罗雪梅及区侨联其他顾问等5位侨界重点人士，向他们送上节日问候并介绍开福区经济社会发展情况。4月和9月，区侨联通过“走访季”活动，先后走访雄新建设集团、瑞纳福实业有限公司、金牛角餐饮服务有限公司等9家侨资企业和部分新侨人士，着重了解了侨资企业家、新侨人士的发展情况以及对开福区经济社会发展、侨联组织建设以及如何进一步开展招商引资、海外联谊等工作的意见和建议。继续开展侨情调查，不断充实和完善侨情档案。积极与电子政务中心对接，借助网络民情员及群工队员平台，深入街道、社区（村）开展侨情调查摸底工作，进一步摸清基层侨情，建立华侨、归侨、侨眷、港澳居民数据库，逐步建立并提高侨联群众工作的信息化程度，夯实基层侨联工作基础。归侨侨眷活动中心定期开展活动。活动中心现有相对固定的会员有30多名年老的归侨侨眷，以开福区为主，覆盖内五区。活动中心坚持定期组织茶话会、歌唱会、外出游览等活动。全年开展活动17次，共291人次参加。关爱、帮助困难侨界群众、空巢老人。春节前后，区侨联对20户困难归侨、侨眷进行走访慰问，面对面地了解困难侨界群众的具体情况，为他们送去慰问品、慰问金，并寄予新春祝福。端午节前夕，承办了市侨联“侨界空巢老人关爱行动”启动仪式，开展针对老年人的家庭急救知识讲座，现场为60名侨界空巢老人送上了粽子、咸蛋、绿豆等慰问物资。依法护侨，切实维护归侨侨眷合法权益。2016年，共接待归侨侨眷来信来访2件次，区侨联协调相关单位，共同化解矛盾，有效地促进全区侨界的稳定和谐。10月，结合统战工作培训班，对各街道分管领导、各社区（村）侨联专干进行培训，强化了基层侨联工作者主动自觉维护侨益的意识和依法护侨的工作能力。

履职尽责，切实增强侨界参政议政能力。区侨联建立联系侨界人大代表、政协委员制度，定期邀请侨界人大代表、政协委员参加区情通报会、座谈会，切实履行参政议政和民主监督职能。区侨界本届有市人大代表1名，区人大代表2名，区政协委员5名。紧扣党委、政府中心工作，立足侨联职能职责，积极参加人大、政协组织的各项调研活动，以维护侨益、关注群众需求为切入点，积极为各项建设建言献策。2016年，提出《关于构建校园周边环境治理常态化管理机制的建议》《关于在社区普及未成年人绿色上网场所的建议》。

加强联谊，大力拓展海外交流交往。5月24日，在区侨联海外顾问刘国宪的引荐下，长沙市一中开福中学与美国俄亥俄州劳伦城市学院合作项目正式签约，建立一中开福中学毕业生输入劳伦学院就读的绿色通道，劳伦学院联合一中开福中学与俄亥俄州中学，组织开展夏令营、冬令营等系列友好往来活动。10月28日，区侨联副主席陈伟在日本拜会了日本侨报社社长、湖南人会会长段跃中，参加“新湖南到汉语角”活动，介绍长沙的发展变化，通过中国驻日使馆及其他重要人士发掘开福区在日优秀侨胞资源，互派团队进行交流考察，进行更密切的交流与合作。11月21日至28日，区侨联主席刘芳作为长沙市侨务代表团的一员，与马来西亚—中国丝绸之路企业家协会，菲律宾南安同乡会总会、南安商会进行交流，并在菲律宾南安同乡会总会、南安商会新一届就职典礼上致贺词，推进与海外侨社团的交往交流。

奉献爱心、弘扬本土文化，积极参与社会公益活动。区侨联副主席周戈带领他的团队与贵州丹寨县岩英小学结对帮扶，开展“助学圆梦”活动，将连续五年帮扶岩英小学，资助该学校的贫困学生、留守儿童和教师培训经费，2015年，捐款共计190万余元。区侨联副主席魏玛丽创立社区“幸福家长公益大讲堂”“社区心灵驿站”等公益品牌活动，2016年，投资30万元建立社区公益图书馆，取得良好的社会反响。5月，魏玛丽当选为“湖南省十大杰出青年海归人物”。区侨联委员刘晓继续通过其创办的博爱凤亭家园为残障人士提供康复训练、职业培训、培育就业、居家助残等服务。该机构还通过海外华人社团，倡导广大归侨侨眷和海外侨胞关爱智障人士，帮扶弱势群体，得到华侨华人及外国友人的关注和支持。由区侨联顾问郭晓鸣创办的湖南知青（侨心）艺术团，拥有团员近200人，大部分团员具有归侨侨眷身份，凝聚一批优秀的声乐专家和合唱精英，多次在全国、国际艺术大赛中获奖。6月27日，湖南知青（侨心）艺术团在长沙音乐厅湘江大厅为全区参与黄兴北路（片区）棚改征收工作的近300名干群进行专场演出。7月中旬，湖南知青（侨心）艺术团参加在俄罗斯索契举行第九届世界合唱大赛，演唱了颇具湖南特色的民歌《日头出来晒杨家》和《澧水船工号子》等曲目，高水平的演唱实力和载歌载舞的激情感动了来自世界各地的评委，最终夺得老年组冠军，为祖国、为家乡争得了荣誉。

【打造“侨之家”活动中心】 开福区侨联为凝聚侨心侨力，坚持“以侨为本、为侨服务”宗旨，启动建设开福区侨联“侨之家”活动中心。“侨之家”以“血缘亲情”“地缘乡情”“业缘友情”的“三缘”为纽带，以“爱国、爱乡、爱家”为精神内核，通过开展富有“侨”特色的各类活动，交朋结友、凝心聚力。“侨之家”活动中心设置有“侨之声”《谈中说外》课堂、“侨之美”展演活动、“侨之心”公益活动、“侨之窗”宣传角等4个活动版块。12月11日，“侨之家”联手向日葵公益团队在活动中心重磅推出“孩童安全”系列公益讲座，教孩子学会自我保护、自我救护的知识和能力。12月21日，“侨之家”正式挂牌，并开展《谈中说外》课堂第一期，长郡双语教师、长沙外国人之家秘书长李加勉作为《谈中说外》课堂第一期的首讲嘉宾，作了题为《为了更好的分享去看世界》的演讲，介绍了他出国探索的未知世界，分享了回国后的精彩生活感受。美籍留学生Aneeq以《我爱长沙》为题，介绍了一个外国留学生在长沙的学习生活和社会生活，分享他在中国的留学体会。两位嘉宾的精彩演讲赢得了现场听众的热烈欢迎。活动中心将根据侨界人士及居民群众的需求，围绕经济、文化、生活等领域，以侨界人物故事分享、海外风情展览、中西特色文化交流等为主题，分类开展活动，通过活动服务侨界，宣传侨界，联系侨情，凝聚侨心，汇集侨力。

【承办“侨界空巢老人关爱行动”启动仪式】 6月8日上午，由长沙市侨联主办、开福区侨联承办的“侨界空巢老人关爱行动”在开福区芙蓉北路街道江湾社区拉开帷幕，开福区近60名年老的归侨、侨眷参加启动仪式。活动现场开展家庭急救知识讲座、专家义诊、文艺表演等活动，并发放了粽子、咸鸭蛋、绿豆等慰问物资。新中国成立后，有很多爱国华侨回到祖国，投身到改革开放建设中，为全市的经济社会发展付出了辛勤的汗水，做出了无私的奉献。他们的子女大多在异国他乡求学创业，很多年老的归侨、侨眷成了空巢老人，为了让侨界空巢老人幸福、快乐地安度晚年，侨联启动“侨界空巢老人关爱行动”，坚持“以人为本、为侨服务”的宗旨，依托社区开展精神疏导、健康关爱、法律援助、传统节日走访慰问等服务，建设和谐的侨之家。

党外知识分子联谊会

区党外知识分子联谊会

会　长　廖紫君（女）

【概况】 加强组织建设。借助区委统战部在全区党外人士中开展“两学一助”学习教育活动的契机，组织理事学习习近平总书记的系列重要讲话，开展专题讨论活动。组织学习考察与联谊活动。与益阳市青年企业家协会联系，考察优秀会员单位，进行交流座谈。加强日常制度建设。知联会成立以来，建立副会长联组制度，将会内理事分为四组，每位副会长联系一组，组内理事与理事之间、组与组之间加强横向交流，增进理事感情，增强知联会活力。

发挥人才优势。开福区党外知识分子联谊会以“同心同行、共享共赢”为宗旨，引导理事立足本职工作、助力开福发展，把知联会自身发展与会内理事的共同发展作为主要目标。2016年，与长沙雷邦环保科技有限公司、湖南举华艺术品文化有限公司、益诚电子科技有限公司等理事单位打造了创新创业示范基地、扶贫助学众筹平台、儿童安全公益项目；区第五次党代会提出建设“三区三体系”，知联会积极行动，结合自身人才优势，以及医疗资源丰富的特点，开展课题调研，形成《重视民营医院发展，进一步促进开福区医疗卫生现代化强区建设》的调研报告。

积极参政议政。充分发挥知联会会员联系面广、群众基础好的特点，及时了解社会生活中的重要情况和群众关注的热点问题，积极建言立论。2016年，知联会理事上报信息15条，得到区委统战部的肯定。在新一届的人大、政协换届中，廖紫君、邓晖、黄勇当选为长沙市人大代表，戴和清、昌盛当选为开福区第五届人大代表，肖亮、李孟常、周寰奇、陈小丽等11名理事当选为开福区第五届政协委员。

扶贫帮困献爱心。依托省委统战部精准扶贫建设工作，知联会充分发挥理事力量，4月份，开展“心系黄石、情满安化”结对帮扶活动，为黄石村10户贫困家庭送去帮扶资金，并为黄石村的后续发展，组织爱心帮扶公益画展，共筹得的4万多元善款全部捐给黄石村；11月份，知联会与湘江世纪城爱心人士响应湖南省“凝心聚力十三五”行动，组织开展“一座城帮一个村”爱心活动，为怀化通道县横岭村送去爱心款，并签订帮扶协议，积极为横岭村村民的土特产寻找出路。

（周　涛）

红十字会

区红十字会

常务副会长　曾静玹
秘　书　长　冯德春

【概况】　浓厚氛围，对红十字运动的认知有新提升。红会利用“5·8”世界红十字日、“5·12”国际护士节、“6·14”世界献血日及每年9月的第二个星期六“世界急救日”等节日开展形式多样的宣传活动。全区16个街道按照区红十字会的部署因地制宜，创新宣传形式，累计制作宣传板报、宣传栏300余个，发放宣传资料10万余份。区政府将红会救护培训职能纳入建设现代化健康卫生强区总方案，每年安排下拨60万元作为开展公益性应急救护培训项目经费。

整合资源，对红十字运动的认同有新加强。面对当前区级红会人员紧缺，街道红会组织不健全的现实情况，区红会组织各街道的兼职红会干部参加市红十字会第九次全市会员代表大会及市基层红会专兼职干部培训班培训，提升基层红会队伍建设。利用卫计健全的网络平台带动红会基层网络建设；发挥计生协会经费保障和红会志愿服务的各自优势，对失独、特困计生家庭进行走访慰问。积极创建市红十字模范社区，2016年，创建市红十字模范社区3个。望麓园街道结合“平安街道”的创建，率先全市成立“街道红十字急救联盟”，红网、长沙新闻等多家媒体予以报道。富雅坪社区将创省文明单位与弘扬红十字精神有机结合，成立公益组织孵化基地。各街道结合健康义诊、无偿献血大力宣传红十字人道主义精神。

突出实效，对红十字运动的践行有新突破。围绕“三救、三献”红十字会的主要工作职能，扎实开展工作。救灾救助方面。做好防灾救灾准备工作，看望慰问受火灾群众2户；捞刀河社区获得省红十字会“博爱家园”项目支持，争取项目经费15万元；全区以不同形式对孤寡老人、留守儿童、特困群众走访慰问或义诊，累计发放慰问款物近百万元。救护培训方面。全年完成14名红十字救护师资培训，对原有的近30名红十字救护师资进行强化培训；开展区直机关救护员培训两期。对全区中小学校170名教师进行红十字救护员培训。开展应急救护普及培训60多场次，普及人数近万人。“三献”方面。2016年，有12人次到区红会登记参与自愿遗体器官捐献。完成无偿献血4242人次。

民主党派

民革开福区工委

主　委　廖耀群
副主委　易大林

【概况】　民革开福区工委有支部4个，党员111人，其中区人大代表1人、区政协委员6人。

加强队伍建设。2016年，完成下辖四个支部的换届选举工作，配齐配强了支部领导班子，一大批优秀的年轻党员进入支部班子队伍。配合做好市、区两级人大、政协换届相关工作，积极推荐人大代表、政协委员。区工委及所辖支部共产生1名市人大代表、1名市政协委员，1名区人大代表、6名政协委员。区工委主委廖耀群当选为区政协副主席。党派产生的代表、委员人数为历年最高。全年发展新党员6名。

开展“四同创建”活动。落实民革长沙市委和中共开福区委的要求，组织各支部开展“两学一助”学习教育工作，其中一支部开展的“讲党史、增共识”活动得到了民革市委的充分肯定。结合黄兴逝世100周年，8月15日，工委组织同心共建社区江湾社区30余名青少年赴黄兴故居参观学习，以传承民革光荣历史、扩大党派影响力。11月11日，在民革省委的指导下，组织承办了“江湾同心法律论坛”。论坛以“精准立法、促进社会文明”为主题，共有来自省市和社区基层的的专家、学者、部门代表、居民代表30余人参加。论坛的成果在民革中央主席、全国人大常委会副委员长万鄂湘到湖南调研时，得到万副委员长的充分肯定，并要求民革省委会同长沙市有关部门在江湾社区开展社区文明公约的法治化试点。

关爱抗战老兵。在抗战胜利纪念日前夕，会同中共开福区委统战部部长何惠风一行走访慰问了一支部老党员、抗战老兵黄天老人。老兵张贻惠、王光亚、周敏文老人因病去世后，工委专程前往吊唁、慰问。老兵邓横波百岁生日，区工委专程送上党派的祝贺，其家属十分感动。

加强宣传调研。充分发挥区工委的微信公众号作用，全年编发10余期，及时反映报道工委及各支部的工作，展现党员风采，传达上级精神，传播民革光荣历史，取得良好效果。完成2016年党派调研报告。

加强参政议政。社情民意工作保持平稳发展。工委主委廖耀群撰写的《涉警宣传中宜用规范执法代替文明执法》一文被中央统战部《零讯》采用，二支部主委李志员被民革中央评为社情民意工作先进个人。工委党员报送的社情民意无论是数量和质量在全市各工委、全区各党派领先，得到了民革市委、区政协、中共开福区委统战部的充分肯定。

民盟开福区工委

主　委　贺　滟
副主委　毛光宇　刘小军
　　　　陈振华　张刚林

【概况】　民盟开福区工委有支部8个，区人大代表1人、区政协委员7人。

加强自身建设。加强领导班子的政治把握能力、参政议政能力、组织领导能力、合作共事能力和解决自身问题能力建设。注重培养基层盟务干部的政党意识。组织盟员参加开福中学支部学习活动及教育支部“两学一助”活动。区工委班子开展“两学一助”工作推进会，参加民盟市委“两学一助”知识竞赛获二等奖。

积极参政议政。2016年，民盟区工委积极参政议政履职，形成调研课题：供给侧改革下的应用型本科人才培养；集体提案：《对金霞保税物流园区的思考及建议》；个人提案：《关于建立社区老年人心理咨询服务有效机制的建议》《关于加强社区公益图书馆专业化建设的建议》《关于推进现代农业发展的建议》《关于大力扶持青年社会组织，助力开福紧急社会发展的建议》；社情民意：《政府应当切实加大对居民生活垃圾分类指导》《关于要求幼儿园校车安装求救系统的建议》《关于银港水晶城小区消防通道长期被堵死的建议》《关于城郊道路监控补光灯干扰视线的建议》《关于防范和曝光“野鸡协会”的建议》《关于整治湘江风光带乱象的建议》《关于在紫薇路和龙柏路口增设红绿灯的建议》。这些调研课题、提案、社情民意，为政府决策提供了依据。

开展社会服务活动。2016年，组织骨干盟员参与玛丽委员的“品书会”，协助魏玛丽委员举办“幸福社区”公益大讲堂活动，携手“魏玛丽委员工作室”一起开展“社区心灵驿站”心理咨询公益活动；走访解区内失独家庭；组织民盟环保志愿者到黑麋峰考察调研，“垃圾围城”的现实教育震撼了每一个参访者，提高大家的环保意识；在湘潭组织“关爱地贫，携手同行”公益活动，协助举办全省地贫知识宣讲会。2016年，被民盟长沙市委授予“社会服务先进集体”荣誉称号。

创新工作特色。邀请区委统战部、商务局领导一同走访深圳商会；组织盟员参加区委统战部在黄金海岸酒店举办的各民主党派与湖南异地商会“同心结对”的启动仪式，民盟区工委与深圳商会结对。与雷邦科技签署协议，将餐厨垃圾的科学处理引入同心环保站；联合公益环保组织“绿色潇湘”，在开福区招募志愿者组建民间河湖长参与黑臭水体监督项目。

民建开福区工委

主　委　顾　涛
副主委　刘金明　陈必韬
　　　　陈　练

【概况】 完成区工委换届工作。2016年7月，民建开福区工委顺利完成换届工作，新的工委班子由一正三副组成。2016年，区工委共发展新会员7名，全部是经济届人士。

开展“两学一助”活动。2016年，分支部共开展“两学一助”活动6次，结合“同心助残”项目，开展“助力开福”中秋节、端午节慰问活动2次。

开展“同心助残”活动。以营盘街社区为基地，依托“残疾人服务大楼”开展“同心助残”项目的各种活动。创办“同心超市”“同心创业沙龙书屋”“同心文体活动室”“同心天使志愿服务队”等。

参政议政，调研履职。完成《湘绣之绣如何拭去——关于开福区湘绣旅游文化产业发展的调研》调研报告，获区统战系统调研成果二等奖。

民进开福区工委

主　委　彭　超

【概况】 加强自身建设。2016年，民进开福区工委发展新会员9名，其中硕士研究生4人，大学本科学历5人，为区工委注入新的血液。8月16日至19日，工委领导班子和四支部全体成员赴京参观了马叙伦故居和民进会史馆，并受到了全国政协副主席、民进中央常务副主席罗富和的亲切接见。10月16日，区工委组织全体支部成员参加“两学一助”会史知识抢答赛，在活泼有趣的形式中加强了思想政治教育和会史传统教育。开福区工委组织会员积极参加“同心大讲堂”的学习，及时把握时事形势，提升参政议政能力。2016年，区工委推选10名优秀会员分别担任区人大代表和政协委员，为全区的经济和社会发展献计献策。

积极参政议政。2016年，区工委领导班子带头并动员会员们撰写提案，围绕社会重点问题，会员们纷纷建言献策。彭超《关于规定在槟榔外包装醒目处标注“槟榔有害健康”文字的建议》、蒋玲丽《关于青少年食品安全的几点建议》、胡晓宇《关于清水塘北辰小学附近十字路口交通的社情民意》、张静《关于将法治理念和精神植根于中小学教育的建议》、唐志《大学生校园贷规范管理亟待加强》、周琦《关于改善新开铺等地下通道卫生条件较差、设置不合理的建议》等多篇提案，为政府部门决策提供良好思路。民进开福区工委直属一支部会员张静撰写的《从长沙市城市路桥车辆通行费被叫停看行政收费的改革路径》的调研报告，作为“献计新发展，建功‘十三五’”的优秀征文，报送市委。

报送宣传信息。民进开福区工委号召会员们针对社会重点、难点问题，积极反映社情民意。周琦《关于改善新开铺等地下通道卫生条件较差、设置不合理的建议》、吴晓军《助力新长沙，应从细微处着手》、刘彬《提升社区医院服务质量的建议》《关于改善小学生行为习惯的建议》等，反映民心民声，为社会发展积极献策。彭超、胡晓宇《学习光荣传统，圆梦“回家”之旅》、胡晓宇《开福区工委组织召开工委班子、支部主委会议》《开福区工委直属四支部召开支部大会暨三八节游园活动》、张静《民进开福区工委与江苏商会“同心结对”》《开福区直属一支部“两学一助”部署会》《民进开福区工委直属一支部召开第二次换届工作会议》《民进开福区工委举行“两学一助”活动暨会史知识抢答赛》《民进开福区区人大代表、区政协委员考察开福区美丽校园》等宣传信息，促进工委工作更好发展。

热心社会服务。2016年，民进开福区工委与四方坪街道科大景园社区结对共建“同心文化社区”，打造了名师文化讲堂、传统文化展厅、机器人学堂等社区文化建设版块，设有同心文化广场、同心名人工作室、同心创客空间等文化活动场所，组建“同心志愿者服务中心”，积极开展社区弱势群体帮扶活动，提供多元化的社区服务，成为区工委创建的优质品牌项目。民进开福区工委和江苏商会“同心结对”、携手共进，在合作共赢的理念下，助推开福区经济社会平稳发展。区四支部会员凌国平发挥自己专长，多次在社区为居民开展“义诊”活动；杨天沫在发展自身产业的同时，不忘回馈社会，积极参加各种捐助活动，为公益事业的发展献出一份绵薄之力。

农工党开福区工委

主　委　谷任光

【概况】　强化队伍建设。2016年，共发展7名新党员，党员队伍进一步壮大，全区党员达到203人。区工委设立了组织委员、宣传委员和办公室负责人，各支部明确相应职能的委员，有效对接相关工作，基层合力不断强化。区工委在原有微信、QQ交流平台的基础上，创建“kaifunonggong”微信公众号，发布3条新闻报道，党派活动宣传力度大幅提升。组织党员参加区委统战部组织的同心大讲堂、统战人士趣味运动会等活动，增进党派友谊。结合“万众创新、众人创业”精神，对党员创业之路献计献策。开展党员走访慰问活动50余人次。

强化履职尽责。2016年，农工党开福区工委成立以宣传委员为主体的年轻党员专题调研组，以区内各社区卫生服务中心为蓝本，深入基层调研，形成《开福区社区卫生服务中心分级诊疗服务承接能力的调研》，为中共开福区委、区政府提供了决策参考。王爱民、张智博分别在省、市人大提交《关于促进医养结合的建议》等建议案2篇；市政协委员顾竞所撰写的《关于建议长沙市中考制度由等级制改为总分制》提案被市政协评选为优秀提案。范雯向市政协提交的《关于畅通疫苗、生物制品等冷链药品运输的建议》，为规范药品市场、保证药品质量，确保广大人民群众的用药安全做出了积极的贡献。张智博、易军、顾竟、范雯等党员分别被市公共资源交易中心、市食药局、市卫生局、区工商分局等单位选聘为行业监督员。2016年，区工委带领各支部党员加强对口联系，拓宽参政议政和社会服务渠道，着眼社会热点难点问题，全年向农工党市委和各级政府部门上报《关于在全市推行公交“换乘免付或优惠”票制的建议》《关于在万家丽路地面辅道月湖公园路段增设人行过街通道的建议》《提升公务人员素质，树立良好公众形象》《关于长沙绕城高速联网改造后如何便民的意见》等10余条社情民意信息，涉及公共卫生、交通设施、市政建设等多个领域，为各级政府践行群众路线，从细微入手服务群众提供了信息渠道和决策参考。

贴心关爱民生。2016年，区工委在职党员在各自工作岗位建功立业，扎扎实实做好本职工作。一医院总支党员和医院全体员工的共同努力，成立全国脑卒中中心联盟首批500家“卒中中心”；以王爱民、唐红宇领衔的市一医院神经医学中心团队，继续荣获省、市重点学科先进单位，成为长沙市首批“名医工作室”。党员谷任光在望麓园街道办事处任职期间，成立长沙市第一个街道居民“急救联盟”组织，率先全市启动街区失独老人“无陪护服务”，街道辖区125名失独老人在住院期间可以享受由街道财政买单的陪护服务。区工委与伍家岭街道建湘新村联合创建的“同心健康社区”，开展“向城市美容师致敬”居民健康讲座、“居民幸福实用心理讲座”“第十九个全国高血压日”大型义诊活动等健康服务活动。区工委促成湖南省川渝商会泸州老窖湖南省分公司成为建湘新村“同心社区”建立定点帮扶单位，设立同心助学基金，募集助学资金5.7万元，向建湘新村社区20名贫困学生家庭捐助4万元。药业支部党员开展“手牵手一帮一”扶贫助学活动，对口支援湘西困难学子。党员易军率领公司全体员工，成立“诺舟连锁员工爱心公益基金会”，募集启动资金20万余元，招募志愿者500余名，重点实施贫困学子成长计划、智障、残疾、自闭症和孤寡老人等群体的阳光温暖计划，以及针对重大疾病人员的小海豚关爱计划，资助城步贫困中小学生30余人，累计金额9万元。2016年，资助贫困学生40余人，累计资助金额28万元。

致公党开福区工委

主　委　陈　旻

【概况】　热心社会服务。致公党开福区工委连续三年在水风井社区开展“一对一”结对帮扶活动。制定工作计划，积极发动党员志愿者，定期举办科普活动，为特困户黎珍意爱心捐款11000元，使黎珍意病情得到更好治疗，并帮助两个孩子顺利就学。致公党开福区工委联合随手公益、关爱抗战老兵和石门县教育基金会等社团公益组织，走访7个乡镇，101户贫困学生家庭，现场结对帮扶80多对，捐款约10万元。

强化队伍建设。7月20日下午，召开致公党开福区工委（扩大）会议，市委秘书长彭晓晖宣读致公党长沙市委对新一届工委班子的任命文件。开福区工委主委陈旻代表新一届开福区工委班子成员作表态发言。积极开展“两学一做”学习教育，组织致公党开福区工委全体班子成员参加“同心大讲堂”专题讲座。区工委为认真践行“两学一助”学习教育工作，陆续推出了“我们一起看长沙”“我们一起过中秋”“给残障人士送温暖”等系列活动，了解残疾人基本服务需求，让残疾朋友们感受到致公党组织的温暖。

积极参政议政。2016年，委员冯忠撰写的社情民意《关于加强高层小区电梯安全管理的建议》，解决涉及群众利益的具体问题，树立贴近百姓、务实有为的人民政协新形象。该建议得到区委、区政府的高度重视，有关部门迅速对全区各小区包括区政府办公大楼等物业电梯进行维护和排查，并进行专题协商，“住宅电梯的运行与安全”被列入开福政协履职重点，充分说明致公党员谏真言、谋实招，参政议政落到实处。

九三学社开福区工委

主　委　鲁碧君
　　　　章异新（2016.8代主委）
副主委　章异新　黄熙宇
　　　　国　晖　羿　莎

【概况】　九三学社开福区工委有支社4个，社员117人，其中区人大代表1人、区政协委员13人。

加强自身建设。组织区工委班子成员、支社主委参加学习。组织新社员参加九三学社长沙市委组织的新成员学习班。以支社为单位，开展座谈活动，发动社员为开福区发展献计献策。区工委和各支社建立“两学一助”学习教育微信群，丰富社员学习方式，通过交流不断学习、共同提高，逐步将学习教育融入广大社员的工作和生活中，做到学习工作两不误、两促进。

推进组织建设。严格把关，加强对入社申请者的考察审核。本着成熟一个发展一个的原则，将4名申请者放到支社进行考察，并获批准。激发潜力，充分发挥新社员积极性。九三学社开福区工委召开参政议政小组会议，鼓励社员开展调研。提案和建议都得到有关部门的重视和答复，拓宽了参政议政的领域，提高党派服务科学发展的水平。重视教育，加大对骨干社员培养力度。

落实制度建设。坚持区工委中心组学习制度，开展科普讲座、社区工委与老社员互动座谈。支社活动丰富多彩。一支社组织社员就开福区物联网开展研讨、而支社组织社员就如何提高支社活力开展讨论，开展支社活动。各支社还根据自身社员构成特点进行医疗服务、法律咨询、创业就业指导等社会服务工作。落实社内政协委员联系社员制度。2016年，社内政协委员组织所联系社员召开社情民意座谈会，为解决社区管理、道路交通、城市管理、环境保护等问题收集到了很多有益的意见和建议。

积极参政议政。围绕中心，深入调研。九三学社区工委与华瑞联芯、胜昊电子等企业联系，形成相关的调研报告。履行职责，献计献策。发挥社内人大代表、政协委员作用，积极建言。在区政协五届一次会议上，社内人大代表、政协委员围绕科技创新、农村建设、法律援助、城市建设、环境保护等课题提出18件提案及议案。关注开福，贡献力量。社区委要求全体社员，尤其是班子成员要带头为开福区的建设发表意见，不便于走动的老年社员的意见和建议由专人负责传递信息，为开福区建设创和谐社会环境。

强化社会服务。九三学社区工委加大社会服务的力度，深入社区、企业等进行法律和医疗知识的宣传。通过多种形式的社会服务，发挥了九三社的界别优势，同时也扩大了九三学社开福区工委的影响力。

（周　涛）

法 治

公安

区公安分局

局　长　廖　勇
政　委　周立强
副政委、纪委书记　刘海平
副局长　吴国旗　甘胜辉　胡雨平
　　　　邓集锋　张哲辉　王　坚
副局长、政工室主任　唐　江

【概况】　长沙市公安局开福分局坐落于长沙市东风北路刘家冲1号，机关办公楼于1997年1月建成投入使用。2016年，区公安分局共有民警职工696人、辅警339人，其中局党委班子成员10人、科室所队正副职干部128人、中队干部64人；派出所警力382人，占总警力的55%。全局现有党员民警644名，占民警总数的93%；副科级以上民警341名，占民警总数的49%。区公安分局共有33个内设机构，其中6个机关科室，指挥中心（办公室）、政治工作办公室、监察室（纪委）、后勤保障、法制科、警卫科；3个党团部门，机关总支、工会、团委；10个大队，刑事侦查大队、经济犯罪侦查大队、禁毒大队、国内安全保卫大队、第一治安管理大队、第二治安管理大队、人口与出入境管理大队、单位内部安全保卫大队、网络安全保卫大队、开福巡警大队；14个行政派出所，清水塘派出所、通泰街派出所、东风路派出所、新河派出所、洪山桥派出所、芙蓉北路派出所、望麓园派出所、湘雅路派出所、伍家岭派出所、四方坪派出所、捞刀河派出所、新港派出所、青竹湖派出所、德雅路派出所。

2016年，区公安分局大力推进公安部“四项建设”工作要求，紧密围绕省厅“三个一流”“两加强两提升”警务战略部署和市局“三型警队”“六大中心”警务结构改革，积极探索警务体制机制改革。全区呈现出“六零五降四升”特点。“六零”即：有重大影响的暴恐案件、恶性刑事案件、群体性事件、涉警舆情和群死群伤的治安、消防事故“零发生”；“五降”即：110报警总量57581起，同比下降6.04%；刑事案件发案数为5862件，同比下降10.19%；现行命案发3起，同比下降80%；治安案件总量7219件，同比下降6.0%；侵财类案件警情5287起，同比下降11.26%；“四升”即：刑事案件破案1557起，同比上升3.7%；刑事拘留1096人，同比上升9.8%；行政拘留1443人，同比上升11.95%；摧毁恶势力团伙10个，同比上升11.1%。开福区连续11年保持全省“平安区县”称号，区公安分局荣获2016年全省公安队伍建设成绩突出集体，四方坪派出所被公安厅命名为“全省公安机关执法示范单位”，社会治安环境始终保持稳中向好的发展态势。

从严治警，队伍建设树立新

“9.30”特大入室抢劫案经专案组历时19天，跨五省办案成功告破，追回估值3000万元财物，图为部分赃物

形象。持续加强党风廉政建设，着力构建“立体式监督”工作格局，严格执行“一岗双责”制度，贯彻落实党委主体和纪委督查“两个责任”。深入开展“雁过拔毛”式腐败问题专项整治和“纠‘四风’、治陋习”专项整治工作。全年，督察大队共开展各类督察行动320余次，现场督察单位窗口场所110个次，网上巡查单位窗口场所2500个次；查纠各类问题210起，下发督察通报25期，通报批评单位13个，通报批评民警14人，诫勉谈话民警4人；警务回访群众1436人次，整改不满意样本问题1152起。通过刚性、严密的警务督查和纪律监督，连续5年区公安分局未出现民警被司法机关立案调查的情况，队伍督察机制实现对问题民警第一时间“扯袖子”的监督效果。区公安分局狠抓“健康警队”建设，每季度组织开展基本体能与健康指数检测，综合评估民警健康状况，启动“五小工程”建设；筹建开福区文联、篮球等八大文体协会，积极组织民警参加形式多样的警营文化活动；进一步改善食堂膳食搭配，优化民警饮食环境；依托湘雅医院警务室完善分局民警就医联系协调机制，畅通民警、职工“医疗绿色通道”，提供便捷优质的医疗服务。督办侵犯民警权益案件13起，其中刑事、治安拘留侵犯民警权益嫌疑人28人，维护民警执法权威。

基层基础增强软实力。坚持“服务围着发展走，创新盯着管理做”的工作理念，努力为全区经济社会发展提供新动能，为人民群众带来更多获得感。强化“互联网+警务”思维，推行自助办理、网上预约办理。进一步精简审批事项、优化服务流程，新购并安装了出入境证件自助受理台4台，港澳证自助加签机1台共接待办理户口业务1988人次，办理身份证44733人次，办理出国（境）证照72335本。持续推进一元化户口登记，外籍人员72小时过境免签政策，全年共办理境外人员临时住宿登记36774人。着力加强窗口单位规范化建设，深化“一站式”服务标准，全年组织各所、队、室单位窗口工作人员的业务、素养拓展培训15场次，参训人员共计1200人次，区公安分局窗口接待单位实现全年“零投诉”。全面落实机关夜巡工作制度，共组织安排夜巡民警 4518人次，到岗率99%，现场处置警情共50余起，有效提升了全区路面巡逻防控见警率和快速反应能力。全局大力打造警务视窗、智能安防、警银亭等体验式、外延式服务平台，最大限度提升基层派出所警务效能。率先在四方坪派出所试点“1+3+3”警务运行架构，构建“情报主导警务，一室引领三队”勤务模式；清水塘派出所主导搭建“四张网格”防控格局，联合辖区多个部门，系统提升治安防控水平；分局派出调研组前往江西南昌调研学习“地网工程”先进工作经验，并启动“天网-地网-云端”立体式智慧小区建设申报立项工作。《人民公安报》以《开福：打造改革创新与平安发展新高地》为题对警务改革工作情况进行专门报道。紧紧围绕公安中心工作，创新工作方式，及时组织宣传报道，营造和谐舆论氛围，构建和谐警民关系、警媒关系。全年组织新闻发布会、通报会9场次，在各级媒体刊播稿件780篇，策划了“90后党员新风采”“中秋佳节我在岗”等报道，自助编导民警真实事迹为原型的“微电影”《父爱》，得到了省市公安机关和区宣传部门的推广，扩大了分局的社会影响力。做大做强“开福公安”官方微博和微信公众号，“开福公安”微博全年发布信息400余条，与网民互动700余次，“开福公安”微信粉丝超4万人，

“9.30”特大入室抢劫案专案组获市集体三等功

推送各类信息覆盖面达33万余人次，后台答复咨询、投诉事项200余人次，进一步增进了警民“键对键”的沟通交流。

打防整治，提升了辖区安全感。扫黑除恶工作常抓不懈，先后成功破获“2·19”故意伤害致死案、“5·17”非法制造储存爆炸物品案、“9·1”故意杀人案等一批严重刑事案件，成功侦破“中南纸业市场暴力阻工、寻衅滋事”等专案，打掉恶势力团伙10个，累计抓获恶势力团伙成员50人。区公安分局围绕“情指联动”“精准侦破”的实战思路，全年将侦破重点聚焦电信诈骗案件、重点侵财案件、跨区域系列犯罪案件。打击系列电信诈骗工作取得突破，成功侦破“7·5”特大电信诈骗案等案件58起，摧毁电信诈骗团伙8个，刑事拘留电信诈骗犯罪嫌疑人32名。先后侦破刘某某团伙系列入室盗窃案、“5·21”特大系列盗窃车财案、“9·30”特大入室抢劫案等一批涉案价值高、涉及案件多、社会影响大的侵财案件，其中“9·30”专案获省委常委、市委书记易炼红“侦破工作完美”的表扬肯定，省公安厅就此案专门发来贺电。全年侦破多发性侵财案件1088起，为受害群众挽回直接经济损失5000余万元，获得社会各界一致好评。以开展各项专项行动为载体，以“破大案、打团伙、抓逃犯、追损失”为目标，以打击侵害群众利益、危害社会稳定的涉众型经济犯罪为重点，以打击系列性、多发性经济犯罪为举措，以信息侦控、部门协作为支撑，强力打击各类经济犯罪，取得明显成效。先后成功破获“5·30”特大组织领导传销案、湖南鑫顺投资担保公司非法吸收公众存款案、朗田生物制药公司非法吸收公众存款案、创元资产管理有限公司被合同诈骗案等22起案件，刑事拘留犯罪嫌疑人60人，为群众、单位挽回经济损失6000余万元。有效营造全民禁毒氛围，联合街道、社区开展“扫毒害、保平安，促和谐、度佳节”为主题的“禁毒流动课堂”宣传活动，发放“毒品拦截提示卡”“禁毒预防宣传手册”等禁毒宣传资料8000余份，深入推进“6·27”工程，强化“禁毒宣传进校园”活动的组织实施，2016年，全省禁毒民众满意度调查区公安分局排名上升67个名次。坚持全警参与、合成作战，实行“大队、派出所、警务室”三级联动缉毒机制，并且联合政府、企业等社会相关职能单位，成立毒品查缉联席会议，构建“陆水空邮”立体查缉毒品体系，将缉毒破案作为重要内容纳入公安绩效评估考核，坚持每月排名通报，定期调度推进。始终保持打击毒品犯罪的高压严打态势，全年起诉毒品犯罪嫌疑人105人，查处吸毒人员666人，强制隔离戒毒人员147人，缴获毒品54千克。

深化信息化建设，维稳安保取得新成效。高标准完成“天网”三期项目招标落地工作，全区公共监控摄像头6000多个，其中高位高清探头90余个，实现对全区街巷网格、重点部位的视频全覆盖。统筹推进“三实”及车辆信息专项采集工作。通过“网格化”、社会化、直观化、靶向式等多种信息采集方式，全区采集“三实”及车辆信息68.4万条。对接医院、物流、学校、交通等外部单位17家，归集社会各类信息和网络信息5500余万条，抓获网上逃犯14人，获取各类线索38条，抓获违法犯罪嫌疑人员39人。针对全国“两会”、G20峰会及十八届六中全会、省党代会等各种敏感节点期间，主动介入开福区拆迁群体、涉军群体内开展工作，将敏感节点进京非访的重点人员名单及进京时间提前通报区委、区政府，实现维稳情况实时掌控、重点情报及时传导、敏感节点精准拦截。全年打击进京非访重点人员103人次；参与对各类重点对象训诫谈话160余人次，成功劝返进京人员120余人，强力保障了开福区社会治安面总体平稳运行。将反恐工作列为全年工作重点。开展现场维稳处突80余次，出动警力8753人次，强力处置“9·1”“9·3”等敏感事件30余起，快速处置网络有害信息55条，依法打处涉稳违法犯罪嫌疑人20人。创新建立“智慧安保”机制，为大型活动智能安保和群体性事件科学处置提供了强力科技信息支撑，并在全市公安机关微改革微创新大赛中荣获铜奖。按照“周密部署、扁平调度、科学指挥、确保安全、万无一失”的安保工作方针，全年圆满完成李克强、张高丽、马凯等中央领导考察和2016长沙国际马拉松、湖南国际车展、金鹰艺术节等各类警保卫活动340余次，出动警力1100余人次。构建物流业内部治安保卫工作长效机制，会同综治、邮政等部门开展联合检查，检查物流企业50余家。采取派出所实地检查和治安一队抽检相结合的工作模式，推动旅馆业实名登记上传工作。全年共下发旅馆责令整改通知书95份，登记上传旅馆从业人数1500人，当场处罚罚款人数421人，查处无证经营旅馆6家，取缔6家，治安拘留6人。开展消防"防灾减灾日""安全生产月"等宣传活动，全年就消防工作检查单位2272家，整改火灾隐患2220处，下发火灾行政处罚决定书82份，责令"三停"单位23家。联合区相关部门开展"卫生大清理、违章大拆除、秩序大整治、基础大提质""三车三场"等专项整治行动 400余次，出动警力5400余人次。全年没有发生重大火灾、治安事故。

规范执法提升公信力。区公安分局投入200余万元完成执法办案场所提质改造建设，投入40万元购置执法记录仪及相关采集设备，为一线执法单位配备采集工作站21台，执法记录仪493台，实现一线民警执法记录仪配备率100%。建立"案件会商、案件审核、案件评查"制度，形成"疑难案件必会商、日常案件必审核、每月卷宗必评查"的机制，加强执法活动事中监督和日常监管。集中推进落实立案归口管理、"三统一"执法过错责任追究、执法质量考评等执法改革措施，全面保障各单位执法活动依规有序展开。同时将公安部执法资格等级考试作为干部"能上能下"考核的重要条件，全力激发全警学法用法热情，全年区公安分局共提拔任用民警30余人，全部具备中级以上执法资格。运用湖南省厅阳光警务执法公开系统，对群众不满意、投诉率较高的案件，展开回访工作，修正工作不足。2016年分局被市公安局推荐参评全省公安机关"四项建设"执法规范化建设示范单位，四方坪派出所被公安厅命名为"全省公安机关执法示范单位"。

【成功破获特大销售有毒有害食品犯罪团伙】 8月30日，开福区公安分局成功查获"黑金刚""黄金玛卡""德国黑豹""POPE LOVE"等有毒有害保健品160种，计10000余粒，抓获涉案嫌疑人20名。5月以来，区公安分局第一治安大队结合日常行业场所管理工作实际，对历年来全区食品药品安全领域的违法犯罪信息进行梳理，发现社会面不少门店可能涉嫌销售有毒有害保健品的现象，同时还不乏服用该类保健品后引发心肌梗死、血压过低、心脏休克甚至猝死的情况。针对全区保健品销售市场存在的乱象，第一治安管理大队进行专门梳理分析，并将情况上报公安分局，公安分局立即成立专案组，组织力量对保健品行业进行秘密走访调查。通过实地侦查、秘密守点侦查等多种手段相结合，并借鉴外地公安机关的办理此类案件的经验和做法，经过前期的反复摸排、蹲点调查，扎实掌握了相关的证据事实。开福区公安分局以开展保健品市场清查整顿集中行动为契机，进行专案收网，成立由副局长王坚统筹负责、第一治安大队具体牵头的专案收网指挥部，制定严密的抓捕方案。8月30日，随着一声令下，参战民警对分布于全区11个街道的20处销售有毒有害食品的窝点进行集中查处。

【打掉特大组织领导传销团伙】 9月7日，开福区公安分局成功打掉一特大传销团伙，捣毁传销经理室14个、传销窝点195个，抓获重点涉案人员75人，遣返传销人员227人。2016年，开福区公安分局多次接群众举报，反映开福区洪山桥月湖居民安置小区一带有一批外来人员从事所谓的"连锁经营""资本运作"等非法传销活动。接到举报后，公安分局高度重视，立即安排由经侦大队牵头进行核实调查，梳理报案线索，及时将情况上报市局、区打击传销领导小组。开福区公安分局成立由副区长、公安局长亲自挂帅，副局长具体牵头，经侦大队骨干力量为主的"5·30"专案组。随后，在网技、银行等部门的大力支持下，专案组充分发挥专业优势，围绕非法传销案件的特点，综合运用多种手段，细致分析活动于月湖安置小区一带的非法传销人员的活动规律、层级结构、资金流向等，并对传销团伙主要成员进行侦控，广泛收集非法传销的违法犯罪事实和证据。经过近半年时间的缜密侦查，一个以王某然、曾某婷、吴某萍、蒋某波、郭某波为总管的非法传销组织网络清晰呈现出来。9月7日凌晨，根据专案指挥部统一指令，公安分局警力组成40个抓捕小组及由工商、街道、社区组成的20个清查小组统一出击，集中收网。

（邹　明）

检察

区人民检察院

检 察 长　宋宽馀（2016.12任）
　　　　　谢　勇（2016.8免）
副检察长　宋义平　廖耀群
　　　　　刘　立　宫　平
政工室主任　黄　宇
纪检组长　曾广军
反渎职侵权局局长　陈广益

【概述】　开福区人民检察院（以下简称“区检察院”）位于长沙市芙蓉北路陈家铺202号，机关现办公楼于2005年建成投入使用。共设置反贪污贿赂局、反渎职侵权局、侦查监督科、公诉科、监所检察科、民事行政检察科、职务犯罪预防科、控告申诉检察科、案件管理科、司法警察大队、政工室、办公室、纪检监察室13个科、局、室、队，在编83人。2016年区检察院被最高人民检察院、检察日报社授予“全国检察宣传先进单位”称号；继续保留全国检察机关“文明接待室”称号；继续保留“省级文明单位”荣誉称号。被湖南省人民检察院授予“全省检察信息化工作先进单位”“检察文化先进单位”称号。在湖南省检察机关反贪侦查业务竞赛中，反贪局侦查一室主任黄石被评为“优秀侦查员”。公诉科副科长黄淑元、检察员陈建平、陈亚萍撰写的课题论文均荣获长沙市宪法学研究会2016年度一等奖。

2016年，区检察院依法全面履行检察职能，大力加强队伍建设，各项检察工作取得新成绩，为打造强盛精美幸福厚德的新开福提供了有力司法保障。

区人民检察院举行升国旗仪式

区人民检察院办公大楼

依法履行查办和预防职务犯罪职能。全年共立案查办职务犯罪案件15件19人（贪污贿赂案件12件15人，渎职侵权案件3件4人），查办县处级国家工作人员4人，科级干部2人；提起公诉6件9人，判决5件9人。加大追逃追赃力度，追缉立案在逃人员1人。注重侦防一体化建设，开展预防警示教育2次、预防调查2次和职务犯罪分析3次，提供行贿犯罪档案查询3326次，从源头预防腐败犯罪发生。

依法履行批捕、起诉职能。始终将维护社会和谐稳定作为首要任务，全年共受理案件732件1040人，批准逮捕511件703人；受理审查起诉案件760件1162人，提起公诉703件1055人。依法从宽处理轻微刑事犯罪，对构成犯罪但情节轻微、无逮捕必要或可以免除刑罚的案件，依法不批捕154人，不起诉57人。坚决防范冤假错案，对事实不清、证据不足的案件，依法不批捕144人、不起诉14人。

依法履行诉讼监督职能。对侦查机关应立案而未立案的，监督立案40件；对不应当立案而立案的，监督撤案4件；纠正漏捕40人、纠正漏诉9人；对侦查活动中的违法情况提出纠正意见82件次，对刑事审判中的违法情况提出纠正意见6件次，全部得到采纳纠正。强化民事诉讼和行政诉讼监督，立案审查各类民事行政检察监督案件26件，对民事行政审判活动中的违法情况发出检察建议1份；创新监督方式，联合区公安分局、区食药监局建立食品安全检察联络室，助力健康开福建设。加强对刑罚执行和监管活动的监督，对全区纳入社区矫正范围的监外执行罪犯逐一核查，提出书面纠正违法意见36份，全部得到纠正。开展判处实刑未执行刑罚的专项活动，对23名判处实刑未执行刑罚的罪犯进行监督，督促抓捕归案。

提升队伍专业素质。加强队伍思想政治建设，认真开展“两学一做”学习教育，不断增强队伍的政治意识、大局意识、核心意识和看齐意识。开展纪律作风督查，对办案程序、规范文明执法等方面进行检查，发出《督察通报》8期，并将结果纳入考核管理。严格执行“三重一大”议事决策制度，严格控制“三公经费”和“四项费用”，严格规范公务车辆管理，确保机关安全运行。加强管理制度建设，完善相关制度，确保用制度管人、管事。开设“开检大讲堂”，邀请知名教授来院授课，切实提升干警素质。组织全院干警赴西南政法大学开展业务素能培训，有效提升队伍综合素能。组织参观长沙市廉政教育基地，提升干警廉洁自律意识。开展首批员额检察官遴选工作，检察队伍朝着专业化职业化方向迈进。

宣传活动现场

【督促水利局联动履职禁渔】 4月14日，在区检察院督促下，市渔政站与区农林水利局进行一次联合禁渔执法行动，除渔政工作人员外，贾忠军等4名检察官现场监督。此次行动共发放宣传资料30余份，对10余名捕捞者进行现场教育，没收电渔网2副，长濠渔网4条，并当场进行烧毁。这是自市人民政府发布常年禁渔通告以来的首次执法行动，也是继2015年区检察院在禁渔期（4—6月）内督促渔政执法部门履职的延续。2016年4月，为保护湘江水域生态环境和渔业资源，提升城市品质形象，区检察院民事行政检察科牵头与区农业林业水利局、市公安局开福分局联合制定《开福区禁渔监督与执法联动机制方案》，随后开展3次联合行动，收到良好成效。

【法警远赴湘西追逃嫌犯】 6月14日，区检察院法警大队从长沙远赴湘西土家族苗族自治州，将负案在逃的犯罪嫌疑人唐某从湘西土家族苗族自治州龙山县成功押解回长沙。唐某系反贪局侦办的一起案件中的重大行贿人，此人有犯罪前科并具备一定的反侦查能力。此次追逃任务的圆满完成，保证了犯罪嫌疑人及时到案，为顺利结案奠定了坚实基础，也是区检察院法警大队响应上级院提出的大练兵战略，苦练内功，提升警务技能水平和执法办案能力，服务检察执法办案所取得的战果。2016年，法警大队共执行传唤18人次，协助执行拘留、逮捕、监视居住8人次，协助追捕逃犯48人次，捕获1人。在办案过程中，法警队严格按照规定程序派警，密切配合检察办案人员，在统一指挥调配下，按要求履行协助搜查、调取证据等职责，为办案部门提供了有力的协助和保障作用。

【召开检侦联席会议】 9月21日，区检察院和区公安分局在区检察院召开了检侦联席工作会议，目的为进一步提高执法质量，切实加强检察机关和公安机关的联系配合，有效解决刑事诉讼实践中遇到的疑难问题，提升办案质量和效率。会上，侦查监督科科长盛杰就1月至8月做出存疑不捕的案件进行分类点评，对个案中存在的问题进行总结并提出改进措施。公诉科科长黄粮围绕公安机关对案件质量的重视程度情况、公安机关有待加强的地方和公诉科需要改进的地方作了发言。案件管理科章彤结合科室的自身要求分析与公安机关衔接时出现的问题，并对以后工作提出相关意见。副检察长宫平要求：检公是法律共同体，要相互配合、支持和理解；要实体和程序并用；讲求证据意识。区公安局政委周立强对未来公安机关的努力方向要求：杜绝办假案；提高诉讼参与意识，以庭审模式来收集证据；从法律素质、证据意识、个人修为三方面入手提升办案能力。

【省检察院验收文明接待示范窗口】 9月23日，由省人民检察院控告检察处处长王东晖等人组成的检察组，到区检察院考察,在区检察院院党组书记、代检察长宋宽馀及部分院领导陪同下对区检察院争创“全国文明接待示范窗口”工作进行考核验收。近几年来，区检察院坚持“立检为公、执法为民、化解矛盾”的工作方针，履行控告申诉检察职能，打造控申检察便民服务窗口，开展信访举报接待，确保涉检上访“三无目标”的实现。2016年，控申科共受理群众来信22件，受理举报线索9件，转反贪部门3件，转反渎2件，举报初核4件，初核移送立案3件；受理不服检察机关决定刑事申诉案件1件，法院判决的刑事申诉案件2件，立案复查3件，均办结息诉。办理控告阻碍诉讼代理人权利2件，受理刑事被害人救助3件，救助金额0.9万元。受理市院交办案件1件，办结1件。树立“稳定是第一责任”的观念，落实有关精神，以服务群众工作为基础，坚持把做好全国、全省“两会”、省市区党代会等特护期的维稳工作作为首要政治任务，按照市院、区政法委的统一部署，扎实推进涉检申诉积案化解工作，全力化解社会矛盾，为开福区特护期创造和谐稳定的社会政治环境做出贡献。因控申工作开展规范有序，控申科连续三届被最高人民检察院评为“全国检察机关文明接待室”。争创文明接待示范窗口工作已通过省人民检察院验收，即将迎接高检院检查验收。 （胡 玲）

法院

区人民法院

院　长　戴智明（2016.8任）
　　　　耿明生（2016.8免）
副院长　张　虎　曹新凯
　　　　王利兵　甘文韧
纪检组长　朱　礼
执行局局长　艾文博（2016.10任）
政工室主任　胡继红

【概况】 2016年，开福区人民法院（以下简称“区法院”）内设刑事审判庭、民事审判一庭、民事审判二庭、行政审判庭、未成年人案件综合审判庭、审判监督庭、立案庭、执行工作局、非诉行政案件执行局（与土地房屋征收审判庭合署办公）、金霞法庭、司法警察大队、纪检监察室、政治工作室、办公室、研究室、审判管理办公室共16个职能部门，在职工作人员共112人。

2016年，区法院忠实履行司法审判职责，服务发展大局，推进司法改革，严管理法院队伍，各项工作取得新的成绩。共受理各类案件16031件（含旧存3517件），结案12421件，同比上升24.03%和29.8%，收结案均创历史新高。

依法严惩刑事犯罪，维护社会稳定。发挥司法惩戒和威慑功能，审结刑事案件659件997人，其中判处5年以上有期徒刑犯罪分子85人。保持对涉毒犯罪的高压态势，依法审结此类案件82件，引导公众远离毒品；回应群众关切，依法审结危害食品、药品安全类犯罪案件14件18人，维护群众的生命健康权益；维护市场经济秩序，审结信用卡诈骗案件8件30人，为受害人挽回经济损失26.9万元；依法审结贪污、贿赂、渎职等职务犯罪13件，判处罪犯38人，促进反腐败斗争的深入开展。

平等保护市场主体，促进经济健康发展。依法受理民事案件9174件，审结6794件。促进和谐家庭关系建设，维护社会公序良俗，审结婚姻家庭、继承纠纷等案件535件；合理平衡劳资利益关系，依法审结劳动争议案件419件；妥善应对房地产纠纷可能引发的群体性诉讼，共审结买卖合同纠纷案件896件；依法保护合法的民间借贷和企业融资行为，推动缓解小微企业融资困难，同时，依法抑制高利贷等不法行为，审结企业借贷合同、金融借款合同等借款类纠纷1960件，维护了良好的金融市场秩序。

促进依法行政，提升法治政府水平。支持和监督行政机关依法行政，共审结行政案件165件，其中裁判决撤销行政行为或责令重作的3件。全力支持区域重点工程建设，切实做好炮后街、黄兴北路棚改、朝正垸城中村改造等重点项目征拆工作，受理涉及重点项目的征拆案件301件，结案215件，结案率71.4%。其中调解结案174件，调撤率80.9%，安排强制行动204场次，执行35场次。加强司法与行政良性互动，通过专题讲解、个案指导、司法建议等多种形式，及时向行政机关反馈发现的行政执法突出问题，有效预防和化解行政争议，促进法治政府建设。

提高失信行为成本，弘扬诚实守信风气。努力兑现胜诉权益，共受理各类执行案件5745件，执结4760件，分别同比上升63.3%和85%，执结标的额15.67亿元。深入推进执行信息化建设，执行指挥中心全面运行，实现强制执行全程录音录像和执行远程指挥、调度。依法采用拘留、罚款、查封、扣押、冻结等强制措施，加强与公安、工商、银行、交通等部门联动，构建社会化执行大格局，共查询被执行人银行账户信息32768条次，查到银行存款22亿元，对8名“老赖”依法采取强制措施进行拘留，向公安机关移送涉嫌拒不执行判决裁定犯罪案件2件。严格执行失信被执行人纳入“黑名单”制度，1261名被执行人被纳入失信被执行人名单，定期在网络、微信、城区显著位置的电子屏幕公布失信人名单22期440人次，59名失信被执行人迫于压力主动到法院履行义务。

坚持司法为民宗旨，维护群众合法权益。落实立案登记制，对依法应当受理的案件，做到有案必立、有诉必理。开通12368诉讼便民热线，通过提供诉讼知识、案件查询等服务，及时解答群众法律疑难问题。健全案件繁简分流、简易程序、小额“速裁”等机制，提高案件办理效率。实施司法救助，对无法执行到位、生活确有困难的刑事被害人和民事申请执行人共发放司法救助金20余万元，对生活困难群众缓、减、免交诉讼费236万元。认真贯彻“调解优先、调判结合”工作原则，着力构建诉讼与非诉讼相衔接的多元化解纠纷机制。在诉讼服务大厅内设立立案调解区，配备人员轮流坐班，专门开展对双方当事人的调解工作，加大诉前调解力度，促进纠纷及时、稳妥化解，诉前调解纠纷234起。加强与公安交警、保险、医疗等部门沟通，在交通事故赔偿、劳动争议、医疗纠纷等领域建立诉调对接机制，开展矛盾纠纷就地联动化解，延伸诉调对接职能。成立交通巡回法庭，妥善审结交通事故纠纷案件303件，其中调解结案60件，调解率20%。健全诉访分离机制，畅通诉求表达渠道，开通法院官方投诉网站、院长信箱，落实院长接待日、中层干部轮流接待、最高法院远程视频接访等接访工作机制，把合法诉求及时导入司法程序。共处理上级交办案件36件，有效处置进京访案件10件，连线最高法院视频接访1人次。认真办理申诉复查案件6件，其中依法驳回申诉2件，进入再审程序改判1件。

推进司法改革，不断提升司法公信。推行法官员额制，按照上级法院分配比例，经考试考核，遴选出46名首批员额制法官，使优秀审判资源集中到审判一线，实现不同人员分类管理。突出审判中心地位，坚持审判资源配置向一线倾斜，推行院庭长办案制度。探索审判权运行机制改革，减少行政审批环节，努力实现“让审理者裁判、由裁判者负责”的目标。运用信息化手段对案件立案、送达、开庭、审结、执行、归档等环节进行跟踪管理，实现对案件审理和执行全过程的有效监督。健全案件质量评查机制，严把案件质量关，通过每案必查，对发现的问题，定期向全院通报，对存在的问题进行分析整改，法官业务水平和案件质量不断提高。建立审限动态监控机制，依托信息化管理平台，对临近审限的案件，及时预警、催办、督办，提高案件质量与效率。推进审判流程、裁判文书、执行信息三大公开平台建设，继续通过法院网站、微博、公众开放日等形式向社会公开法院信息，拓展司法公开的广度和深度，以公开倒逼审判质效的提升。加大庭审公开力度，符合条件的案件全部公开审理，邀请人大代表、政协委员和社会公众旁听庭审1000余人次，通过网络庭审直播案件40件，上网公布生效裁判文书上网7368份。发扬司法民主，完善人民陪审员制度，进一步扩大参审范围，人民陪审员共参审案件3447件，案件陪审率达100%。

加强自身建设，打造过硬队伍。开展“三严三实”和“两学一做”学习教育，认真学习习近平总书记系列重要讲话精神，强化宗旨意识和群众观念。召开全院干警纪律作风建设会议，加强纪律作风和反腐倡廉建设，开展司法廉洁集中教育活动，严格落实中央八项规定精神，坚决查

未成年人综合法庭法官到校园给女生上“少女的自我防范”法治课

纠“四风”问题，对4名违纪干警做出了严肃处理。实施人才兴院战略，面向全国选调　名法官公务员。定期组织庭审观摩、裁判文书评选、学术研讨等活动，提高法官业务能力，打造专家型的法官队伍。强化岗位练兵，组织、参加各类业务培训8期，培训干警120余人次，切实提高法官正确适用法律、依法公正裁判的能力。深化庭审及裁判文书两评查工作，对发现的问题实名曝光、督促整改，促进干警提高业务能力。强化书记员定岗培训考核工作，对27名新进书记员进行岗培训，书记员履职能力得到较大提升。深入开展司法作风大检查，从严整顿院风院纪，聚焦“四风”问题和群众反映强烈的“六难三案”问题，深刻对照检查，边查边改、建章立制、整改落实，取得明显成效。建立明察暗访长效机制，对庭审活动、工作纪律、司法礼仪等进行专项检查38次，发布督查通报16期，督促整改存在的问题。加强与人民群众联系，积极开展结对帮扶活动，为中岭村、伍家岭村解决帮扶资金20余万元。

（王必杰　罗　晓）

司法行政

区司法局

局　　长　刘洪斌
副 局 长　任少文　邹小华
政工室主任　龙　罡
纪检组长　彭富强（2016.5免）

【概况】　开福区司法局是开福区人民政府组成部门，内设5个职能科室，办公室（含政治工作办公室）、法治宣传教育科(加挂开福区法治开福建设领导小组办公室牌子)、基层工作管理科、法律服务工作管理科（含行政审批科）、社区矫正科（2013年改为社区矫正工作管理局），下辖16个司法所，1个二级机构即开福区法律援助中心（开福区司法局公共法律服务中心）。司法局应有政法专项编制40名，其中局机关编制12名，法律援助中心编制3名、司法所编制25名，实际在编在岗人员30人。另有驻法院、检察院、交警大队、派出所调解室专职人民调解员22人（临聘人员）。全区有5个区直律师事务所、7个法律服务所。2016年，获评全国人民调解工作先进集体。

积极办理法律援助案件，建设公共法律服务中心。积极把好案件质量关，做到“四统一”，即统一受理、统一审批、统一指派、统一管理；注重案件质量反馈，加强案件回访和听庭力度，及时跟踪了解援助律师服务情况及办案质量，提升服务水平。截至12月31日，共受理法律援助案件325件，较上年增长43件。其中受理民事235件，刑事90件，解答来电、来访法律咨询2200余人次。以群众需求为导向，探索构建区、街道、社区（村）三级立体化公共法律服务体系，确定东风路、伍家岭、洪山、沙坪四个街道作为公共法律服务工作站，沙坪街道沙坪社区和浏阳河街道双河社区作为公共法律服务工作点试点单位。截至2016年年底，这些站点均已建设到位，并通过市局验收合格。创建“互联网+公共法律服务”新模式，拓展网站、微信服务，推行公共法律服务全流程、全地域网上提供，让“数据多跑腿、群众少跑路”，居民群众足不出户即可学习法律知识、进行法律咨询、申请法律援助、申请人民调解。利用微信、微网平台，率先全省实行法律援助案件“点援制”，得到《湖南日报》、湖南卫视、凤凰网等权威媒体的推介和报道。3月中旬和4月下旬，江西省司法厅和广西壮族自治区司法厅分别到区公共法律服务中心考察学习。下半年，省内云溪区、湘阴县、资兴市，市内雨花区、长沙县、岳麓区、芙蓉区等兄弟单位到区交流学习司法行政工作经验。

完善排查调处机制，有效化解社会矛盾纠纷。深入开展“三调联动化矛盾、息诉息访促平安”专项调解活动，对矛盾纠纷隐患进行地毯式摸排梳理并及时化解，截至11月底，全区共排查各类不稳定因素1500余起，受理各类民间纠纷1484起，调解成功1484起，其中重大矛盾纠纷88起，调解成功率为100%。与岳麓区签署区际边界矛盾纠纷联防联调协议，构建边界联防联调机制。“8·29”重大交通事故致人死亡案件，第一时间成立专案组，司法局局长亲自带队，分管副局长、辖区司法所所长、人民调解员细化分工，多次组织召开调解会，安抚和稳定死者家属情绪，通过一天一夜耐心细致对家属进行情、理、法沟通，最终达成一致协议，圆满了结此案，未引发群体性事件或增加新的矛盾。主动与医患、婚姻家庭、物业管理、环境保护、食品安全等领域的专业性、行业性人民调解委员会衔接，相继成立开福区人民联合调解委员会、湖南省交易市场协会人民调解委员会、企业联合人民调解委员会、婚姻家庭纠纷人民调解委员会，进一步延伸专业性、行业性人民调解触角。配合教育局推进“湖南省平安校园建设先进区”创建工作，目前全区54所中小学校均成立校园调解室。至11月底，全区各类专业性、行业性人民调解组织调解纠纷达335件，涉及金额达3000多万元。积极招募“法润三湘”公共法律服务志愿者队伍、建设公共法律服务志愿点，截至2016年年底，全区已建立5个公共法律服务志愿点，开展公共法律服务活动3次。2016年，东风路司法所获评全省模范化司法所，洪山司法所获评全省规范化司法所，全区司法行政阵地建设得到进一步加强。

强化法治宣传教育，提升普法工作实效。坚持中心组学法制度，推进领导干部和国家工作人员学法用法工作，将普法考试结果纳入全区干部绩效考核内容，全区共有4110名国家工作人员参加“如法网”学法用法考试，学分达标率、参考率、合格率均为100%。制定“雨露·法律六进”等系列活动方案，在伍家岭街道陡岭社区举办“雨露·法律宣传社区行”活动；在湖南高岭建设集团举办“雨露·法律宣传企业行”活动；在青竹湖街道金盆丘社区开展农村法治宣传月活动；在东风路司法所新址开展青少年法治宣传教育周启动暨东风路街道“131”公共法律服务平台揭牌仪式活动；在全区广泛开展“12·4”国家宪法日宣传活动，调动群众学法用法积极性，营造全区知法、懂法、守法、尊法的浓厚氛围，也以润物无声的形式让“法”步入每户百姓人家。组织参加全省法治文艺调演活动，报送开福区司法局原创作品——快板书《司法颂》和普法小品《借醋风波》到市局参选；及时向“如法网”报送普法依法治理活动，向“法治湖南网”投稿240篇，扩大普法工作社会知晓度；在浏阳河街道双河社区、清水塘街道四季花城社区、沙坪街道沙坪社区、四方坪街道科大景园社区建设法治宣传长廊，强化法治文化阵地建设；成立法治社区三年提质提档工作小组，按计划、定目标，有序推动全国、省、市级民主法治社区（示范社区）创建工作。12月29日，全区召开“六五”普法依法治理总结暨“七五”普法依法治理动员会，会上下发《中共长沙市开福区委 长沙市开福区人民政府 转发〈区委宣传部、区司法局关于在全区公民中深入开展法治宣传教育的第七个五年规划（2016—2020年）〉的通知》（开发〔2016〕17号文件），区人民政府副区长、公安分局局长廖勇全面总结了全区“六五”普法依法治理工作，区委常委、宣传部部长舒全球宣读了开福区“六五”普法依法治理工作先进集体和先进个人的表彰决定，区教育局、区城管局、东风路街道办事处作为全市先进集体代表作经验发言，区委书记沈裕谋对“七五”普法依法治理工作重点进行强调。会议也得到了《湖南日报》《长沙晚报》等权威媒体专题报道。

创新社区矫正管理，推进安置帮教工作。全区现有刑释解教人员722人；在册社区矫正人员253人，其中管制3人，缓刑223人，假释12人，暂予监外执行15人。2016年，省司法厅将开福区社区矫正中心建设纳入年度重点民生实事项目，开福区司法局高标准、严质量、全规范建设了心理咨询室、监控指挥中心及电子文书送达三大电子信息平台，进一步强化了工作实效，体现了执法的规范性和严肃性。运用GPS手机定位、指纹识别、电子腕带等科技手段，试点“人脸识别定位”系统，实行全面监控，确保不出现社区矫正人员脱管、漏管现象；严格落实重点帮教对象“逢放必接”制度，做好服刑在教人员信息录入及核实工作，确保每月衔接率100%、核实率98%以上。通过政府购买，联合德馨社工服务中心等部门开展教育培训及心理测量服务，全年完成心理测量服务341人，心理辅导600次；开展教育培训服务28次，服务人数2830人次，该项工作被新省、市媒体宣传推介，并在全省政府购买社区矫正社会服务电视电话会议上做典型发言。为社区服刑人员讲解国家惠民政策——SEYB免费培训项目，并对相关信息进行统计摸底；将有工作需求的社区矫正人员推荐至盛源通讯公司就业；积极协调民政、社保等部门，为身患严重疾病的刑满释放人员办理好低保、社保、大病救助等手续。

延伸法律服务触角，服务全区中心工作。及时与省司法厅、省律协和外省司法行政部门沟通衔接，搭建畅通的交流平台。引导律师及法律工作者参与重大项目建设、拆违控违等中心工作，为项目保驾护航，提供优质法律服务。试点“百名律师社区行”活动，统筹安排5个区直律师事务所、7个法律服务所的相关从业律师和法律工作者到联点社区担任法律顾问，提升基层法治水平。联合区经信局启动“中小微企业免费法律体检”专项法律服务活动，为数十家中小微企业提供免费法律体检。联合区商务局启动对接“一带一路”战略法律服务专项活动，充分发挥律师服务经济社会发展的职能作用，使律师成为对外开放的促进者。认真编制责任清单，完善事中事后监管措施，防止权力越位、缺位和错位；对各项涉法工作进行“法律体检”，进一步规范行政执法和内部管理。定期公示法律援助、行政审批等相关工作情况，接受社会监督；7月，集中开展案卷评查，不断提高案卷质量。

【举办“雨露·法律宣传——社区行”活动】 4月8日，开福区依法治区领导小组办公室联合开福区委政法委、宣传部、区妇联、伍家岭街道办事处、陡岭社区等单位在伍家岭街道组织开展的“雨露·法律宣传——社区行”活动。长沙市妇联副主席李晖，开福区委常委、政法委书记刘文立，开福区委宣传部部长舒全球到现场指导，200余人参加活动。刘文立为活动致辞，李晖为新成立的开福区婚姻家庭调解委员会进行现场授牌。为全面贯彻党的十八大和十八届四中、五中全会及习近平总书记关于全面推进依法治国的重要讲话精神，推进法治开福建设，2016年3月1日颁布实施《中华人民共和国反家庭暴力法》后，区司法局以公共法律服务中心为平台，联合区妇联、区民政局等有关部门组成开福区婚姻家庭调解委员会，为全区婚姻家庭矛盾纠纷调解提供法律援助。为强化工作实效，开福区司法局多措并举，通过文艺节目展演、知识抢答、宣传资料发放、发动“反家庭暴力倡议”并组织万人签名活动等系列法治宣传教育活动，传播法治文化，普及法律知识，有力地弘扬法治开福精神，推动促进社会稳定，家庭和谐，为建设社会主义和谐社会和全面小康社会营造了良好的法治环境。

【启动“百名律师社区行”活动】 5月3日，区司法局正式启动“百名律师社区行”活动，并召开座谈会。区委常委、政法委书记刘文立出席会议并做重要讲话，区政府副区长周桂林到会指导工作。为深入推进公共法律服务体系建设，提高社区（村）法律服务、法律保障和依法治理水平，区司法局在全区推行一社区（村）一法律顾问制度，启动“百名律师社区行”活动，以提供法律咨询、开展法治宣传、化解矛盾纠纷、指导涉法事务、协力法律援助、助推依法治理等方式，为社区和群众提供专业法律服务，让群众在家门口就能享受优质、高效的法律服务，同时不断提升基层组织民主自治、依法

治理的能力，在基层营造尊法学法、守法用法的良好法治环境，全面提高基层法律服务保障能力。周桂林指出，社区（村）法律顾问工作是为民、便民的一件大实事，要求各相关单位加强引导，满足群众法律需求，同时，充分挖掘法律资源，形成合力，管理把控到位，确保活动取得实效。刘文立要求，各相关单位要高度重视，全面了解群众诉求，并站在法治角度正面引导，着力破解重点难题。他同时强调，要建立联席会议制度和督查督办制度，对活动开展情况进行回访和考核。

【首开全省微信“挂号”选律师——“点援制”微信预约服务】 5月17日，“开福智慧司法云平台”正式上线，推出湖南省首个微信选律师平台。打开微信，关注“开福司法”公众号，进入“法律援助”，就可以随时随地挑选和预约心仪的律师进行帮助。当天上午，这种像医院挂专家号似的“点援制”微信预约服务，在开福区正式运行，开辟了全省法律援助新模式。点开微信公众号下的“法律援助”，截至2016年年底，有23位“值班”律师，他们的姓名，照片，律所从业年限和所擅长的领域均一目了然，点进“在线预约”，可以看到这位律师的具体值班时间，填写个人信息就可以进行免费预约，这种自主“点单”式的法律服务，被称为“点援制”。通过“互联网+公共法律服务”的新模式，“公共法律服务中心”陆续完善“网约”“微信约”，真正实现让“数据多跑腿、群众少跑路”，为老百姓提供更加便民利民的法律服务平台，也从普及法律知识，宣传法律常识，扩展到申请公正、查询人民调解室、矫正咨询和“挂号”律师等多样化帮助。

（肖跃华）

劳动仲裁

区劳动保障监察大队

【概况】 开福区劳动保障监察大队是开福区人社局下设二级机构，属于全额拨款独立核算事业单位，现有编制6人，负责开福区人力资源和社会保障局法规科工作，负责全区劳动保障监察工作，负责全区劳动人事争议仲裁工作和“12333”热线咨询工作。

完善劳动保障监察体系。在全区范围内统一管理标准，明确专、兼职监察员和协理员的工作职责，并将两网化工作标准列入目标责任状考核内容;严格规范工作流程，各级网格将工作流程图上墙公示，严格按照流程进行操作;规范工作制度，推行首问负责制、跟踪服务制和服务联系制；建立工资集体协商制度，有效协调企业和劳动者工资关系，维护广大劳动者的合法权益。

强化宣传引导。分别采取重点报道、接待宣传、网络宣传、上门宣传等多种形式。2016年，在信访大厅设立专门的劳动保障监察投诉和劳动人事争议仲裁受理室，做到来访专人接待，案件公平分配，办案无人打扰，有利于案件办理质量的提高，也理顺了日常事务的处理。由专人接待群众来访，有效地引导群众更多地以合法理性的方式进行投诉举报，从而强化劳动者的依法维权意识，畅通信访渠道，降低维权成本，提高劳动监察工作效能。并在人社局部门网站上公布了劳动人事方面详细的法律法规和相关政策及单位地址、电话、工作人员姓名，为劳动者咨询提供了便捷的通道。其次，是把宣传工作与专项检查工作同步部署、同步实施，贯穿于专项检查全过程，特别是对一些重点用人单位开展上门宣传，主动提供政策咨询和建议，为专项检查营造良好的工作氛围，充分发挥宣传引导和自查自纠的作用。对情节恶劣的案件采取重点报道的形式，有力打击用人单位恶意行为。2016年，对标杆公司恶意欠薪一案召开了新闻发布会，六家媒体受邀报道，反响强烈，效果显著。

提高日常案件处理效率。2016年，共接待劳动保障监察举报投诉咨询4650 件，其中当面咨询1550起，来电咨询3100起，立案181件，结案172件，涉及劳动者1219人，移送公安案件6件，行政处理处罚1件；接待拖欠农民工工资来电来访投诉咨询1400多起，依法受理并解决处理拖欠工资案件26起，涉及农民工795人，追讨金额 2400余万元，确保全区社会大局的稳定。全年受理仲裁案件356件，结案356件，到期结案率100%。参与处理突发事件10起，涉及劳动者560人，金额3450万元。

（彭妮娜）

国 防

人民武装

区人民武装部

部　　长　吴烂斌
政　　委　陈松华
副 部 长　王　雄
政工科长　石胜茂
后勤科长　杨　峰

【概况】 2016年，是省军区系统转隶军委国防动员部关键之年，区人武部强化思想引领，深入推进调整改革和各项工作任务落实，确定了新年度工作总体目标和思路："聚焦强军建军目标、持续党管武装合力、服从改革强军号令、紧抓基层民兵建设"，全体干部职工思想稳定，武装工作保持稳中有进的良好势头。

思想政治建设进一步加强。人武部党委"一班人"充分认识到党委自身建设的极端重要性，以"两学一做"、集体决策、民主生活会、廉政建设为重要抓手，锐意提升党委建设水平。通过一年的努力，党委班子把关定向和决策能力明显提高，确保单位建设始终保持向党中央看齐；班子成员能够心往一处想，劲往一处使，团结协作，主动作为，优势互补；党委委员严格按程序办事，重大问题集体研究，不搞个人说了算，始终坚持集体决定单位重大问题，并按分工负责抓好工作落实；"一班人"廉洁自律，自觉对照党章要求树立良好形象，遵守党纪党规不做违反政策规定的事。党委班子建设的成效，党委核心堡垒作用的加强，赢得了干部职工的信任，营造了单位新风正气。人武部党委对"两学一做"学习教育活动高度重视，从准备工作开始即用心尽力，收集意见、制定计划、准备资料，动员部署、传达文件、议学议教。为了抓好基层单位的学习教育活动，部党委下大力捋清了基层党组织底数，确定了开福区131个民兵营（党支部）的党员人数，及时补充和调整了基层党组织结构。部党委严格按计划组织实施，党委书记、副书记在学习教育活动中率先垂范，带头讲党课，带头践行党员承诺，在民主生活会上带头剖析思想问题，并在工作实践中带头整改提升。部党委还积极组织开展学习教育配合活动，拓展学习教育空间，7月1日，组织单位全体党员到杨开慧故居过党日，重温入党誓词，树立不忘初心，继续前行的思想；8月12日，组织单位全体党员到刘少奇天华纪念馆参观，接受革命传统教育。党委主要成员的带头、党委的积极组织，有力推动了单位"两学一做"活动的开展。

军事训练和战备工作扎实推进。区人武部着眼提高民兵、预备役人员应急应战能力，坚持主题主导，主线主抓，军事斗争准备步伐加快，战备工作扎实推进。主动与警备区对接战备方案计划，按照省军区"一防五反"作战行动（防空袭、反'三战'、反袭扰、反渗透、反恐怖、反网攻）、12种支援保障行动、5种社会救援行动所需的战斗力，定位各种能力要素，修订完善战备方案。狠抓了本级市属民兵应急五连建设，配置了割灌机、风力灭火器、便携式呼吸机等抢险应急器材。同时投入资金30万元提高伍家岭、浏阳河、四方坪三个街道基层武装部的硬件设施建设水平。10月至11月，圆满完成天宫二号与神舟十一号载人飞行陆上应急搜救任务备勤。区人武部按照习近平主席“能打仗、打胜仗”的重要指示，扎实推进军事训练有效落实。4月，组织一期96人的民兵应急分队训练；5月，组织一期40人的民兵医疗救护分队训练；6月，组织一期48人的民兵操舟机骨干集训；12月，组织一期180人的民兵森林防火训练，进一步提高民兵遂行多样化军事任务的能力。

民兵整组工作编实编强。根据警备区民兵整组计划安排，针对开福区防卫作战重要目标多、范围广、力量分散等情况，人武部着重对14个重要目标进行现地勘查，区分目标防卫等级，并逐个目标进行力量编组。通过整组，合理调整了民兵组织布局，优化了民兵组织结构，增强了基干民兵队伍的专业技术含量，建立详细的联系方法，提高民兵队伍遂行各项任务的能力。

征兵工作任务圆满完成。区人武部协调区征兵办各部门、各基层武装部及辖区内高等院（职）校共同努力，圆满完成2016年度新兵征集任务，达到军委国防动员部征兵工作“五率”量化考评标准。

安全管理工作规范有序。区人武部牢固树立安全发展理念，始终把安全稳定工作作为事关全局的基础性、经常性工作来抓。坚持每周交班会一次提醒，每月办公会一次安全形势分析，每次党委会一次研究部署和讲评。每月组织对武器装备、涉密载体、涉密信息、办公设施等进行排查，组织干部职工签订了保密协议和手机使用承诺书。对值班干部、值班保安进行防范突发事件培训，配备了电警棍、防暴盾牌、防暴头盔、防暴钢叉等应急器材，完善库房安防设施。全年未发生安全事故。

涉军维权工作取得实效。区人武部认真做好涉军维权工作，针对全区“军字号”家庭比例不断攀升，涉军维权事件不断增加的趋势，积极协调法院、司法、基层武装部调解军人家庭纠纷，全年处理较大涉军维权案件6起，维护了军人军属合法权益。区人武部有序开展“双带双促”活动（即在全区退伍军人中开展“带头建设家乡、促进经济发展，带头维护稳定、促进社会和谐”），使全区各行业涌现了不少这方面优秀退伍军人。区人武部扎实开展“学雷锋”活动。3月，人武部牵头组织辖区民兵开展“雷锋家乡学雷锋”“清洁母亲河”、义务植树等活动。

【破解民兵整组工作问题】 面对民兵整组工作近些年遇到的两个问题，一是地方企业和行业系统不愿参编的问题，二是地方企业人员流动快的问题，3月2日，区人武部召集辖区有关单位负责人深入研究对这些问题的破解办法。经过充分研讨，与会人员基本形成解决这些问题的一致意见，即针对第一个问题采取两项措施，一是地方企业和专业性比较强的行业应以对口组建专业队伍为主，一般不赋予应急维稳和抢险救灾任务；其专业训练主要采取以工代训的形式，结合企业生产经营、科研活动进行；基础性共同科目训练和思想教育，主要结合新员工培训和企业教育活动进行，尽可能减少对正常生产经营活动的干扰。二是要深入研究如何发挥民兵组织在平时生产生活中的作用。应指导企业、院校人武部紧密结合各自特点，主动适应本单位建设、发展、管理的需要，组织民兵队伍积极开展活动，体现出民兵组织对本单位建设的独特作用，以实际行动赢得单位领导的理解和支持，实现双赢（例如高校武装部依托大学生校卫队组建民兵组织，既完成整组任务，又能通过军事训练提高校卫队整体素质）。针对第二个问题采取的措施是，在抓好年度集中整组的基础上，各单位要主动适应新的形势，区分不同情况，采取相应对策，加大动态整组力度。对人员流动较快的编兵单位，原则上一个季度要核查调整一次，遇有重大变化随时进行调整，特别是要主动与人力资源部门建立有效的沟通机制，及时掌握人员动态，力求做到随时减员、随时补充，确保队伍实际在位率。区人武部对这些意见进行完善，形成工作机制。

【组织民兵舟桥分队训练】 6月20日，区人武部组织一期民兵骨干冲锋舟操作机集训，集训以提高民兵舟桥分队驾操冲锋舟执行作战、抢险能力为目的。此次集训人员为每个街道选派3人，共48名舟桥民兵。集训在湘江、河堤操坪组织实施。集训实施冲锋舟操作机理论讲解和实际水面驾驶操作、各种编队驾驶、模拟特殊水情驾驶、冲锋舟离靠岸方法、水上救生、植桩理论和操作方法、操作机一般故障处理等科目。为确保正规施训，提高训练效果，区人武部成立集训领导小组，对口抓好授课施教、组织协调和相关保障等具体工作落实。由于冲锋舟保障充分，训练编组新老搭配，教练员组织精讲多练，参训民兵训练认真，此次训练效率较高，加之实施封闭式管理，确保人员在位率，舟桥民兵队伍整体专业素质明显提高。6月22日，为检验集训成果，区人武部在湘江长沙段水域组织参训民兵实施“湘江——2016防汛”水上搜救科目演练。演练进行江面巡视巡查、搜救队形变化、绕圈定点救援等科目训练。随着指挥员口令，舟桥分队民兵分乘冲锋舟劈波斩浪，时而纵队行进，时而排出“三角阵型”，民兵个个精神抖擞，无惧辛劳，严格按照科目要求圆满完成演练任务。

（郑应琼）

消防

区公安消防大队

大队长　周　宏
教导员　周　银（2016.11任）
　　　　李　骞（2016.11免）
副大队长　刘　强

【概况】　开福区公安消防大队组建于1995年，隶属武警现役编制，共有执勤车辆12台，负责开福区188平方千米防火、灭火及抢险救援任务。消防安全专项整治。2016年，消防大队集中开展夏季消防检查和冬春火灾防控专项行动，部署人员密集场所、易燃易爆单位、高层地下建筑、违法建筑、三合一场所、大型城市综合体、轨道交通、小单位小场所等消防专项整治。共检查单位2391家，发现火灾隐患2388处，整改火灾隐患2355处，下发《责令改正通知书》1567份，下发行政处罚决定书82份，责令“三停”单位23家，临时查封27家，罚款114.08万元。参加节日重大活动消防安保20余次，受理举报投诉118起，将四方坪旧货市场挂牌为重大火灾隐患单位。

5月12日，大队伍家岭中队开展消防演练，向群众讲解怎么使用灭火器

灭火救援行动。中队多次开展高层、地下、城市综合体、化危场所、异形建筑调查摸底和灭火救援战术研究，共组织开展辖区情况、熟悉活动50多次，修订灭火预案25份，建筑消防设施摸底测试20余次。大队共接警697起，出动787次（含增援），出动消防车1085辆次，消防人员7667人次，抢救被困人员129人，疏散人员273人，抢救财产价值779.3

8月27日，区委常委、组织部部长晏成方（右二）带队进行消防安全检查

9月3日，深入北雅中学开展消防安全宣传培训

万元。2016年，全区共发生火灾324起，死亡0人，受伤1人，直接经济损失86.51万元。同比上年，火灾起数上升8.36%，亡人数下降100%，伤人数与上年持平，直接财产损失下降59.5%，实现火灾形势持续平稳。

消防基础设施建设。2016年，区政府为大队新增2台消防车和1台A类抢险救援车；增加政府专职消防员经费120万元，解决500万元消防车更新经费；在高岭新建大塘中心消防站，建设开福区首家消防安全教育科普基地，消防站占地1.33公顷。

微型消防站建设。2016年，区消防安全委员会下发《关于在全区社区建立微型消防站的通知》。积极组织拟建立微型消防站的消防安全重点单位和相关街道分管领导、社区负责人召开部署会和微型消防站建设培训会，全区已建成重点单位微型消防站118个，建成率80%，建成社区微型消防站68个，建成率76%，取得阶段性成效。

消防知识宣传教育活动。大队着力打造“开福消防”微信平台，依托“QQ群”、手机短信、电子屏、户外广告牌等多种宣传教育等方式，共举行大型宣传活动10次，发放宣传资料10000份，在各类媒体进行10余次消防宣传，通过消防信息平台向广大市民发送消防知识1万多条，悬挂宣传横幅300条，消防站对外开放24次，接待参观群众5000人，通过省消防协会进行义务培训，共培训单位80家，人员1000余人次，大力营造消防宣传教育的浓厚氛围。

（李佳沩）

人民防空

人民防空办公室

书　记　薛平平
主　任　古　华（2016.4任）
　　　　鲁碧君（2016.4免）
副主任　刘　杰　陈自力
纪检组长　刘鸿冰

【概况】 开福区人民防空办公室为区政府人民防空工做主管部门，也是区国防动员委员会的常设办事机构。区人防工作以《中华人民共和国人民防空法》《湖南省实施〈中华人民共和国人民防空法〉办法》为依据，按照“长期准备、重点建设、平战结合”的方针，全面加强人民防空一体化建设，全力提高信息化、现代化水平，人防工作迈上新台阶。内设综合科、工程科（行政审批科）和指通宣教科3个职能科室，行政编制7人，实际在编9人，退休人员5人，临聘人员4人。

人防工程建设不断加强。依据《中华人民共和国人民防空法》有关规定，聘请专业律师作为法律顾问，对工程维护管理中存在的问题依法依规逐一解决。积极维护国有资产的合法权益，对世纪金源购物中心、湖南建湘瓷厂等企业在项目开发建设中损毁的人防工程，依法要求其办理了人防工程拆除、报废手续。完成全区人防工程全面普查并对全区人防工程质量进行全面检查。抓实安全生产，做到一周一小查，一月一大查，并建立季度检查台账。全力推进“15012”项目建设，已完成选址工作，目前正在办理项目用地。2016年，平战结合收入20余万元，在产生社会效益的同时产生一定经济效益，为缓解人防工程维护管理经费不足提供了保障，减轻了财政负担。

过街通道建设惠及民生。为解决湘江世纪城及周边居民出行难问题和小区居民及孩子上班、上学横穿湘江北路存在的安全隐患。开福区人防办争取市人防办投资兴建湘江凤亭路和迎霞路口2条地下过街通道，并积极配合，为项目建设做好协调服务工作。2016年，两条地下通道已全部竣工验收并投入使用，为湘江世纪城及周边近50万居民出行提供了便利及安全保障。

指挥通信建设稳步推进。根据上级要求，更换短波电台，指挥通信的可靠性和保密性得到提高。8月3日，承担湖南省长沙片区人防指挥机动通信系统开福片区D组野战训练任务，并圆满完成，获省市领导好评。积极做好警报器维护管理，完成上级下达的警报器安装任务，对全区几十台防空警报器进行全面检修和刷漆，确保“11·1”警报器试鸣顺利完成，11月1日，全省防空警报试鸣中，开福区警报鸣响率100%。

人防宣传教育彰显成效。开福区人防办一直将人防宣传教育作为普法教育及国防教育的重要组成部分。为全面普及防空防灾知识，着眼人防宣传教育大众化，区人防办创新工作思路，开展丰富的人防宣传活动，全员动员建设人防的社会氛围越来越浓。深入推进“五进”工作。利用“5·12”防灾减灾日、“11·1”防空警报试鸣日等时机，积极开展人防宣传“进社区”“进学校”“进企业”“进机关”“进媒体”活动，加强人防宣传阵地建设。以“因地制宜、打造示范”为中心,将人防教育纳入中小学学校课程，创建“示范学校”2所，将人防宣传教育融入居民群众日常生活，创建陡岭社区、洪山桥社区、宿龙桥社区等“示范社区”10个，宣传教育群众达5万人次。认真落实《人防小博士》的配发工作，2016年10月联合区教育局、四方坪二小开展《人防小博士》赠书活动，与四方坪二小联合打造人防教育示范学校。充分发挥了“学校教育主阵地，课堂教学主渠道”的作用，使学校的人防安全知识教育经常化、制度化、规范化。认真铺排人防宣传工作，夯实基础，筑牢人防思想“防线”，敲响人防“警钟”。11月1日，联合吉福街社区开展大型人防宣传活动，共发放宣传资料1000余本，宣传教育群众1万人次。2016年，完成长沙市月湖人防主题公园一期建设，全力打造区人防宣传教育示范基地。

党建引领工作创新规范。积极推进“两学一做”学习教育，扎实开展“寄情红色岁月，践行入党初心”系列教育活动，搭建创先争优的平台。活动中，注重引导广大党员在学中做、做中学、学中改，着力强化“问题导向”和“马上就办”意识，努力打造一支想为、敢为、勤为、善为的人防干部队伍。一是利用“红色经典”开展学习教育。深入开展“赏析红色经典、寄情红色六月”活动，赠送每一位党员“红色三件套”，即1本《中国共产党章程》、1部新版《毛泽东传》、1部《毛泽东诗词鉴赏》；组织广大党员誊抄党章30天、品读红诗30首、精读伟人故事30例，通过学习“红色经典”净化心灵、陶冶情操。二是利用政治生日深化学习教育。在“七一”到来之际，精心准备“六个一”的集体政治生日，即给每位党员发送一条“生日”祝福，赠送一份“生日”礼物，发放一张“生日”贺卡，重温一次入党誓词，进行一次谈心谈话，开展一次志愿服务。同时，深入开展争当“想为、敢为、勤为、善为”的“四为党员”活动，依托“15012”工程、扩建月湖人防主题公园等人防建设项目，发动广大党员在工作岗位上践行党员标准，向组织送“生日回礼”。2016年获评区直机关“党建工作先进单位”。

湘防2016人防机动指挥训练

【获评“全省人民防空先进集体”】 2016年12月，开福区人防办被省人力资源和社会保障厅、省人民防空办公室联合授予“全省人民防空先进集体”荣誉称号。“十二五”规划以来，开福区人防办坚持“履行战备职能、参与城市建设、支援应急管理、服务经济发展”工作思路，贯彻国家、省、市人民防空会议精神，立足开福区实际，突出工作重点，着力抓实人防工程维护管理、深化人防宣传教育，努力促进人防事业与区域经济融合发展，为开福区“成就北富”做出了积极贡献，赢得了广泛好评。

（黄　翔）

农、林、水、牧、渔业

区农业林业水利局

局　　长　李新民
副 局 长　张继业（2016.11免）
　　　　　陈伏明
纪检组长　袁　晖
总工程师　邹双七
农办副主任　刘　彬
动监所所长　李　浩（2016.7任）

【概况】 开福区农林水利局内设办公室（行政审批科）、防汛抗旱办公室、农业农经科、林业科（森林防火办）、畜牧水产科、水利科6个职能科室。有二级机构6个，分别为开福区动物卫生监督所（开福区动物疫病预防控制中心）、农业科技推广站、农机安全监理站、水政监察大队、林业工作站、新河水利管理所，除新河水利管理所为差额拨款公益一类事业单位外，其他均为全额拨款公益一类事业单位，其中开福区动物卫生监督所（开福区动物疫病预防控制中心）为副科级全额拨款公益一类事业单位。核定行政编制12名，另核机关后勤服务全额拨款事业编1名，全额拨款公益事业编9名。区水利建设指挥部在区农水局挂牌，有聘用人员7人；2013年区河道整治领导小组办公室成立，聘用执法人员10人。隶属街道管理的水管所有8个，区农水局负责业务及工作经费，人事、财务由街道管理。

开福区行政面积188平方千米，其中农村面积约120平方千米，辖“一江四河”（湘江、浏阳河、捞刀河、沙河、白沙河），滨水资源丰富。有青竹湖街道、沙坪街道、捞刀河街道和秀峰街道4个涉农街道，农业人口6.3万余人，耕地3375.71公顷，2016年，全区农业加工业总产值120亿元。林地面积3657.65公顷，林木绿化率36.57%。防洪大堤75千米，共有11个千亩以上堤垸，其中万亩堤垸3个，区内现有小（2）型以上水库共19座，其中小（1）型水库2座。全区水面面积2000公顷，涵闸32处，排渍泵站27座，总装机3.5万千瓦，其中区级管理泵站16座，装机1.7万千瓦。全年累计完成农林牧渔总产值3.62亿元，同比下降37.7%，其中，农业产值2.40亿元，同比下降40.9%；牧业产值1.03亿元，同比下降25.8%；渔业1810.5万元，同比下降43.1%。全年粮食种植面积2350公顷，粮食总产量达1530万千克。居民人均可支配收入45719元，同比增长8.3%。2016年，获得年度森林防火工作优胜单位、年度林业工作先进单位、年度国土绿化优秀单位、年度项目建设先进业主单位、年度造绿复绿工作先进集体、年度重大动物疫病防控绩效考核优胜单位、市林业工作绩效考核优胜单位、市专项资金争取工作先进单位、区先进基层党组织、区直机关党建工作先进单位等荣誉称号。

强化落实，农业工作亮点纷呈。2016年，重金属修复试点工做主要集中在捞刀河街道、青竹湖街道、沙坪街道，涉及25个村（社区）、150个村民小组、5072户农户。开福区重金属修复总面积为1232.33公顷，其中可达标区生产区485.47公顷、管控专产区476.8公顷、扩面区270.07公顷。

完成石灰施用1232.33公顷、种植绿肥200公顷、喷施叶面阻控剂971公顷、优化水分管理1120公顷、深翻耕821.4公顷。2016年，共送样406个，其中土样139个，农产品样139个，水样128个，全部按要求完成工作任务。农产品质量安全工作保障体系建设稳步推进，全年完成蔬菜自检2046批次，完成年度计划的102%，合格率100%；市级例行抽样检测7次，90批次，合格率100%。耕地地力及家庭农场申报补贴发放到位，2016年，耕地地力保护补贴发放计税内种植面积2102.04公顷，双季稻26.89公顷，发放家庭农场项目补贴7.08万元。采取政府适当补贴、引进种植专业户的办法，共鼓励农户种植荷花333.33公顷，打造了改善生态效益、促进城乡品质提升的“荷花走廊”，每亩收入7000多元，其经验在《湖南日报》《长沙晚报》进行推介。作为省内重金属污染治理试点单位，争取省、市资金400多万元，对青竹湖、捞刀河、沙坪3个街道25个村150个村民小组的1232.33公顷耕地进行治理，且全部通过验收。精准扶贫工作。实现同城城乡同保；开展3期农民工、渔民转产转业及其他技能培训，培训400人，通过培训及种养示范基地的引领，开福区的种养业朝名、优、特、新方向发展。农机监理。全年拖拉机新上户16台，收割机3台，共检审拖拉机193台，驾驶员安全教育100人，2016年年底共补贴机具5台套，共完成申报补贴资金5.95万元。休闲农业管理。休闲农业累计接待游客235万人次，创产值2.4亿元，上缴税收1300万元，解决农村剩余劳动力3600人；农产品加工业及农产品贸易规模效益明显，年产值115亿元，占全区GDP比重的10%，沙坪街道汉沙公路两厢，一批休闲农业项目落地，实现年产值2.4亿元；农业产业化基地建设初具规模，全区共有农业产业化龙头企业22家，其中国家级龙头企业1家，省级4家，市级17家，星级的农家乐27家。农村土地承包经营权确权登记颁证工作。成立领导小组，制定《关于全面开展农村土地承包经营权确权颁证工作的通知》，明确确权登记颁证工作的指导思想、总体要求、基本原则和全区确权登记颁证范围，规范了农村土地承包经营权确权颁证工作流程，确定全区2016年7月至2017年9月全面完成农村土地确权登记颁证任务。

深化管理，林业改革成效显著。开福区林地面积3657.65公顷，森林总面积2666.67公顷，林木绿化率36.57%。2016年，全区实现林业总产值77250万元，其中第一产业3967万元，第二产业52158万元，第三产业21000万元（其中林下经济产值780万元）。全年共查处各类林业违法案件4起，配合市林业公安局和市林业园林执法支队查处案件10起，全年无重大毁林案件发生。扎实做好了辖区内150余株古树名木调查及数据采集工作，摸清了底子，为加强古树名木保护提供了坚实基础。投入3.48万元，完成全区706.67余公顷市级生态公益林数据修编及规划调整工作；发放生态效益补助资金31.4万元；投入1.6万元，对林地测土配方数据进行更新。完善《开福区森林防火应急预案》，明确各部门和成员单位职责，及时发布预警信息，大力开展森林防火宣传，共出动宣传车150台次，制作悬挂横幅80条，重点防火林区设立了固定宣传牌100个，发放、张贴《禁火令》18000份，切实抓好野外火源管控，增加森林防火专项投入100万元，新添置背负式森林消防泵2台套，开展两次森林防火专业技能培训和演练，切实提高消防队伍的救灾技能。积极引导生态休闲林业

森林防火演练

的发展，提升区域品位，全面发挥森林生态的优势，大力发展休闲度假、健身康复、农家乐等森林生态旅游项目；积极探索林业发展新机制，加快转变林业发展方式，规范林权流转，组建林业专业合作社等现代林业发展新方式，提升林业整体水平，促进区域经济的快速发展。基层林业管理体制进一步加强，基层林业站实施“一站式办公”服务；认真做好了野生动物保护宣传工作，配合市局开展“清网行动”，协助市局查处了3起野生动物违法案件。切实开展森林病虫害的较为科学的预测预报，林业有害生物防控措施得力；全区湿地保护11处，面积1229公顷。

加强监督，养殖产业持续健康发展。2016年，全区生猪出栏12.3万头，牛出栏0.01万头；羊出栏0.007万只；家禽出笼20.8万羽。2016年，全年共组织各类动物防疫疫苗157.29万毫升（头、羽份），其中生猪口蹄疫苗17万毫升，牛羊口蹄疫苗0.55万毫升，禽流感疫苗13万毫升，蓝耳病疫苗15万头份，猪瘟疫苗16.2万头份，鸡F4疫苗95万羽份，狂犬病疫苗0.44万头份，小反刍兽疫疫苗0.1万头份。全年动物防疫应免生猪口蹄疫12.8万头，实免12.8万头，免疫率为应免数的100%；应免猪瘟12.8万头，实免12.8万头，免疫率为应免数的100%；应免猪蓝耳病苗12.8万头，实免12.8万头，免疫率为应免数的100%；应免牛、羊口蹄疫苗0.05万头，实免0.05万头，免疫率为应免数的100%；禽流感免疫21.6万羽，占应免数的100%；免疫鸡新城疫18.5万羽，占应免数的100%。全区范围内有饲料生产企业1家，兽药饲料经营门店14家，其中兽药经营门店10个，全部完成GSP认证。区农林水利局联合区食药监局、区工商局组织2次全面大清查，没有发现经营违禁药品情况，同时对辖区发放溯源登记本，每季度组织一次督查，定期进行“瘦肉精”抽检工作。2016年，对全区7个街道113个村（社区）次330户，存栏生猪19992头，抽检瘦肉精1018批次，结果全部为阴性。区农林水利局年初制定开农发〔2016〕10号文件《关于印发〈开福区2016年春季集中免疫实施方案〉的通知》及《关于切实做好2016秋季重大动物疫病防控工作的通知》，同时印发《开福区畜禽防疫检疫宣传资料》6000份，发放到全区各养殖户，并在公共场所张贴，同时制作免疫申报宣传标语16条，做到家喻户晓。2016年，区财政安排重大动物疫病防控工作经费180万元，防疫员工资100万元，提高防疫员待遇，大大提高全体动物防疫员的工作积极性，养老保险、医疗保险列入涉农街道（镇）财政预算，强制免疫劳务补助经费已由财政统一打卡发放到各动物防疫员，扑杀补助经费按市、区审核后发放，区级配套资金已发放到养殖户。2016年，动物防疫用的消毒药剂6800千克，按畜禽存栏、养殖农户、养殖大户情况分配下拨至各街道；防疫员专用的防疫箱、器具、雨衣、雨裤、套鞋统一配套到位，防护用品保证区不少于50套，镇（街道）不少于30套，各种防疫疫苗按规定储备充足，达到了不打无准备之仗工作要求。年初区农林水利局下发了《关于印发〈2016年开福区动物疫病监测与流行病学调查计划〉的通知》，认真做好疫病监测和流行病学调查工作，按时按量完成疫病监测和流行病学调查工作任务。2016年全区计划水产品总产量230万千克，年底总产量达到235万千克，完成生产计划的102%。全年共举办特种水产养殖技术培训班2期，参加培训的人员210人次，发放养殖技术资料1200份，通过举办培训班，着重指导全区休闲渔业基地调整了生产经营方向，腾出80%的垂钓水面推广了雄性罗非鱼、美国加州鲈、黄颡鱼、生态甲鱼、淡水小龙虾的养殖，将外调鱼的资金全部用在自主养鱼，改变了传统的生产经营模式，实行了自养自钓，降低了生产成本，提高鱼品质量，吸引了垂钓爱好者对特种水产品的兴趣，带动了餐饮等服务项目，让休闲渔业基地在新的市场经济面前受到启发，重见了光明。全区休闲渔业总产值达6500万元。

规范管理，水利工程建设圆满完成。2016年，全区水利建设以沙坪撇洪渠整治工程、苏托垸捞刀河大堤整治工程、小农水工程、农村安全饮水工程等为重点。沙坪撇洪渠整治工程，施工范围为撇洪渠河口至“中国湘绣之乡”牌坊段，长度约为7.1千米，投入资金500万元，对该段进行清淤，对两岸现状护砌材料存在破损的部分进行修复，对渠道内现有的河坝进行改造或重建，保证了河坝满足防洪要求，对乌溪坝下游左岸的矮堤进行整坡处理等。苏托垸捞刀河大堤整治工程，该工程项目位于捞刀河大堤右岸，由区财政总投资900万元，进行堤顶硬化、对原先堤顶破损部分道路进行拆除，整体摊铺沥青混凝土路面，标划路面中线，保障行车安全及路面美观，边坡绿化和设置路灯等，实施长度为4.15千米，路面宽6.5米。甘嘴坨泵站进水前池清淤工程，该工程位于捞刀河苏托垸甘嘴坨，投资200万元，对蓄水前池及两条沟渠进行清淤，清淤长度1500米，对拦污格珊进行更换，进水渠道两侧及蓄水前池周围铺设了草皮，

水利建设——霞凝垸泵站

浆砌片石挡墙66米，1000米泥结石临时道路等。墙板厂泵站进水箱涵工程，该工程位于涝湖垸墙板厂泵站，项目投资约199万元，完成对进水渠的改造，将墙板厂泵站入水口箱涵与车站北路桥下过水箱涵进行对接，新建钢筋混凝土箱涵87.5米。水利信息化建设工程，主要针对开福区管辖的堤垸、泵站和小型水库，实现视频监控，大坝安全监测，水位、雨量等监测。区财政投入资金99万元，实现筒车坝泵站、墙板厂泵站等七座泵站以及青竹湖水库、立新水库等七座水库的视频监测系统的建设。小农水工程，针对汛期出现的渠道、水库、山塘等水毁情况，已对青竹湖、捞刀河、秀峰等街道小农水利设施实施修复，由区财政资金捆绑投资600万元，相继投入到各个街道实施。饮水安全工程，建设内容为白霞村白霞大道沿线1000米范围内村民及企业自来水入户，投入资金65万元，已解决1250人的饮水问题。黑臭水体治理工程，按照全市黑臭水体整治工程项目进度计划铺排，全区两年任务共34处，2016年需完成治理项目12处，分别是：涝湖垸4处、朝正垸4处、浏阳河2处、楚家湖及戴家河垸排渍渠，已完成12处既定目标。河道保洁管理进一步规范。完善工作方案，依据《湖南省河道保洁工作实施方案》及《湖南省河道保洁工作考评暂行办法》的文件精神要求，开福区完备完善《开福区河道保洁工作方案》《开福区河道保洁工作考核办法及细则》，进一步明确保洁工作的目标任务、整治范围、职责分工、工作步骤和工作要求，确保河道保洁工作高效有序完成。实行了保洁量化管理，完成对区内湘江、浏阳河、捞刀河、沙河、白沙河“一江四河”的河堤河滩面积测量工作。经测量，全区“一江四河”的河堤河滩面积为515.81万平方米。河道保洁管理按每5000～6000米配备1~2名保洁员，要求每天保洁时间不少于8小时，设立标志标牌共56块，形成规模化、系统化的管理模式，切实保障了河道保洁管理工作高效有序进行。加强了执法巡查监督。由街道、水管所对河道进行24小时值班巡查。对于非法卸砂行为，扣除作业工具，并进行严格处罚。对河滩种菜行为，加以劝解和引导，铲除菜地并进行披绿覆绿工作。5月中旬，对黑石渡舟桥部队旁岸坡菜地展开整治行动，彻底清除菜地3.33公顷，并对该处铺种草皮，并加强对河道卫生、设施、排污等状况的巡查监督，确保河道管理范围内干净整洁。建立在线监控系统。与省市监测系统联网，建立全区河道堤防保洁、禁卸在线视频监控系统，实行24小时监测，已建立浏阳河湘江路口、湘江北路码头、新港码头、中石油库码头、福元路大桥等15个监测站点，确保河道保洁管理工作线上线下同时开展。水行政执法力度进一步加强。加强了队伍建设，实行

"三同时"，即行车记录仪、执法记录仪、执法记录本同时，对整个执法巡查过程进行记录跟踪，做到有理有据有成效。加强执法人员专业培训，选派了3名水政执法人员参加省市水政执法培训班，并组织全体水政执法大队队员定期集体学习培训，进一步提高执法人员的业务素质和工作能力。规范执法案卷管理。按照一事一卷、一案一卷要求，对所有行政处罚案卷进行整理完善，明确专人，逐一审查，全部完善，确保所有案卷档案规范归档，为全年严格执法提供有力依据，并进行公开上网，确保案件处理公平、公开、公正。对市长信箱、区长信箱、"12345"等各类举报，及时登记、及时处理、及时回复，服务广大市民，保护河道环境。健全制度机制。进一步完善《水行政执法制度》，严肃水行政执法纪律，严格执法人员持证上岗、亮证执法。完善执法程序制度，依法对水行政执法的各个环节、步骤、权限、时限等进行具体规范，切实做到流程清楚、要求具体、期限明确。坚持执法巡查制度，做到不间断沿河巡查与视频监控相结合，逐步实现由事后查处向预防为主、防查并重的转变。定期开展专项执法活动，水利、城管、公安等相关单位配合，进行24小时值班巡查，值班电话24小时畅通。防汛抗灾工作取得实效。全区范围内有一江四河，防洪大堤7500米，上型水库19座，是防汛任务最重的城区之一。2016年汛期，面临1998年以来最大的汛情，降雨集中、汛期长、汛期来得早。1—9月累计降雨1544毫米，3—9月降雨1331毫米，特别是7月集中降雨335毫米，湘江、浏阳河、捞刀河均达到警戒水位。区防指全面落实防汛责任制，1月25日，下发《关于扎实做好2016年度汛前准备工作的通知》（长开防〔2016〕1号），明确防汛责任人、防御责任人，做到任务到人，责任上肩；完善防汛物资储备，共储备编织袋20万条,纤维布9.4万平方米，桩木110立方米,钢架管7.7万千克；明确防汛抢险队伍，每年对防汛抢险人员进行复核并重新登记造册，经统计各街道防汛人数达800人，确保人员固定、人数稳定、技术过硬；建立防汛预警信息平台，对于重大气象及水文情况，通过短信及时通知各防汛责任人，及时落实各项防汛工作。7月1—5日强降雨发生期间，区防指共安排180人值班值守，安排16支专业队伍，800人处置渍涝险情，安排警力3000人次现场疏导交通，通过短信平台发布各类预警及实时信息8000条次。全区共出动4800余人进行巡堤查险，及时处置险情8处，区城区防指共出动人员3500余人次（市政局参与600余人次），出动车辆、设备150余台次，处置堵点13处。全区未溃一堤一垸一坝一库，未伤一人，取得防汛抗灾决定性胜利。

【完成环城绿带建设】 2016年，依据市委、市政府对新三年造绿复绿工作总体要求，大力推进造绿复绿建设，市对区造绿任务333公顷，区自定计划造绿400公顷，全区已完成建设面积614公顷，完成市对区任务184.4%，完成自定计划153.5%。环城绿带生态圈开福段全长12500米，面积250公顷，有2个互通，分三期进行建设，2016年，由区农林水利局负责二期工程造绿69公顷，提质改造89公顷，总投资4918万元（含土地流转费用），共完成建设面积158公顷，占三年总任务的78%，超市里2016年任务数18%。

【探索发展都市农业"荷花走廊"】 2016年，开福区积极响应"农业供给侧结构性改革"的号召，把具有多重效益的荷花种植，作为农业生产结构和产品结构调整的新举措。采取政府引导、财政补贴的方式，对每一亩荷塘给予500元补助，并在播种、养护、收割、销售环节给予相应的指导和帮助，苏托垸水域范围内种植荷花333.33公顷，成为改善生态效益，促进城乡品质提神的"荷花走廊"，每亩收入7000多元，《湖南日报》《长沙晚报》在重要版面进行经验推广。

（张　甜）

工业与信息化建设

区经济和信息化局

局　长　王晓文
副局长　章异新　何乐鸣
纪检组长　黄　杰

【概况】 2016年，区经济和信息化局内设办公室、企业运行发展科、环资电力科、信息化科、企业安全监管科等5个科室。共有干部职工14人。

主要指标平稳增长。2016年，全区规模以上工业企业115家，1—12月全区完成规模工业总产值188.4亿元，完成规模工业增加值44.5亿元，同比增长6.6%（不含物流）；完成工业投资83.6亿元，同比增长15.2%。2013年到2015年，新增规模工业企业户数累计70户，2016年，新增规模以上工业企业10家，处内五区前列。

重点项目快速推进。积极跟进和协助完成佳海项目二期手续办理及建设，并做好相关的服务工作。佳海二期规划建设用地共计37.6公顷，建设相关手续全部办理完成。南部地块60栋标准厂房全部建成并交付使用，园区道路绿化等基础设施建设完成；北部地块已完成厂房主体建设，预计2017年5月建成并交付使用。佳海工业园项目二期招商工作同步推进，6月21日，协助佳海举办大型专题活动招商推介会，并先后带领湖南省瑞博科技有限公司、长沙勇玲贸易有限公司等多家企业赴佳海考察对接、购买厂房。2016年，佳海二期共引进企业171家。

新港码头

信息化水平大幅提升。全区共有2G基站921个，3G基站1249个，4G基站983个，其中，2016年，新建4G基站331个，新建室内分布系统109个，新建综合接入机房6个，基础通信水平得到大幅提高。全区无线信号实现全覆盖，4G覆盖率、宽带覆盖率正在逐步提高，移动宽带网络覆盖率为95%。信息技术广泛应用于经济发展、社会管理、民生事业等各个领域。“互联网+”方兴未艾，湖南华瑞联芯物联网应用技术有限公司、芒果车之家等公司成为全省重要“互联网+”企业；长沙海商网络技术有限公司等4家企业被选入湖南省经信委移动互联网重点企业宣传名册；2016年，共组织6批87个单位申报了省、市各类型专项资金项目87个，相关项目资金已审批，为企业争取资金1515.5万元。

社会职能分离移交接收平稳过渡。根据市里的统一安排部署，在市国资委、市企改办及相关行办的指导下，本着先易后难、先移交后理顺的工作思路，完成35个市属企业办社会职能分离移交协议的签订工作，完成100个已签订移交协议市属企业小区物业管理交接工作，落实市属企业小区社会化管理配套措施，积极有序推进中央、省属在长企业分离移交“三供一业”工作。社会职能分离移交各项工作平稳进行，顺利过渡。

电力“专改公”改造稳步推进。根据市政府对“专改公”工作的统一部署，开福区启动了左岸春天、御景龙城、警备司令部3个小区的项目改造，截至2016年年底，全面完成改造工作。

创新创业工作走在全市前列。2016年，全区创新创业工作呈现蓬勃生机，被市委、市政府评为创新创业带动就业示范区。发展创客空间。制定《开福区区级创客空间认定及奖励实施细则》。搭建菁芒、乐共享、财商、长沙医药健康产业园、民间手工艺、中健等6个创客空间，其中菁芒创客空间通过市级示范创客空间的验收。生物医药健康产业园被认定为省创业创新基地，6家创客空间租赁面积约2.5万平方米，运营团队人数280人，入驻企业近200家，带动就业约4000人。开福创园建设。开福创园（省级创新创业带动就业示范基地）项目已列为开福区2016年度改革创新项目。项目选址在华创国际广场A3栋写字楼，规划总面积10000平方米，其中一期3层，4000平方米，投资600万元。开福创园项目已经完成立项、预算编制、预算审核、公开招标，正在进行装修。拟引进国科咨询、复旦核桃树众创空间、上海来投吧信息技术有限公司、小马创业村等项目入驻华创国际广场开福创园。举办创新创业大赛。开福区首届创新创业大赛启动仪式于7月8日在珠江花园酒店正式举行，收到466个报名记录，符合条件的参赛项目143个，有50个项目进入初赛，于10月9日举行了创新创业大赛初赛，于10月31日举行了创新创业决赛。决赛诞生了创新创业冠、亚、季军，分别奖励20万元、10万元、5万元及享受入驻开福区园区的各项优惠政策。湖南经视、长沙新闻电视台、《长沙晚报》《湖南日报》《三湘都市报》、腾讯网、新湖南等新闻媒体参与报道。

湘绣产业成为国家产业集群区域品牌建设试点产业。沙坪玉玲湘绣、金球湘绣、伊飞湘绣三家企业被评为2016年工信部工业品牌培育试点企业，湘绣产业成为国家38家产业集群区域品牌建设试点产业之一。

（杨　娟）

重点行业发展情况

【工程机械】 2016年，位于沙坪街道范围内的工程机械配套大小企业有118家。其中达到规模工业企业认定条件的企业26家，年度生产总值27.1亿元，占全区工业生产总值的14.39%，缴纳税收1.05亿元，吸收就业人数近7000人。沙坪工程机械企业绝大部分都是为三一重工、中联重科等行业巨头做配套加工，企业自主品牌及产品市场认知度不高。绝大多数企业都是自主创业而来，产品研发的后劲不足。

【湘绣】 沙坪是湘绣的原产地，被称为“中国湘绣之乡”。湘绣在沙坪地区已有两千多年的历史，与苏绣、蜀绣、粤绣齐名，为中国四大名绣之一，荣获中国非物质文化遗产称号。沙坪拥有一批湘绣大师，在湘绣行业中造诣非凡。拥有国家级工艺美术大师刘爱云、周金秀、李艳、江再红，国家级刺绣工艺大师成新湘、李露等20人；高级工艺美术大师、湖南省工艺美术大师王坚义、邵春林、毛珊、赵蓬勃、邵春林、佘利纯等省级工艺美术大师100余人；特级刺绣师200余人，高级工艺美术师300人左右，一级刺绣师500余人。沙坪湘绣协会、湘绣企业积极与高职、技校合作，发挥现有湘绣大师的引领、示范作用培养年轻的湘绣大师，截至2006年年底，构成了一批职称结构合理、年龄梯队明显的湘绣队伍。

沙坪湘绣作为湘绣行业的主力军，对湘绣这一传统产业的发展起到至关重要的作用。2016年，区内聚集有150多家湘绣生产经营企业，规模以上湘绣企业5家，年产值2.1亿元。在国内外拥有较高知名度的自主湘绣品牌有湖南湘绣研究所、金球湘绣、再红湘绣、伊飞湘绣、玉玲湘绣、天利湘绣等30多个知名品牌，这些企业中湘绣原产地标志1个，中国驰名商标1个，拥有注册商标7个，获得各项专利近百项，产品获得数百项各类工艺美术大奖。湘绣（沙坪产区）被国家质量技术监督检验检疫总局列入地理标志保护产品。沙坪湘绣产量占全省湘绣总量的七成以上。

【生物医药】 2016年，全区规模以上生物医药企业主要有湖南金六谷药业有限公司、湖南杏林春药业有限公司等3家，年产值1.3亿元，其他均集中在湖南山河医药健康供应链有限公司，湖南山河医药健康供应链有限公司是长沙医药健康产业园为提升与聚集湖南生物医学资源而重点打造的平台项目。通过孵化基地平台，打造湖南生物研发高地，聚焦产业各类资源，转化生物医学成果，提升湖南生物医学技术水平与产业发展，抢占中部地区医药健康产业发展先机。该项目是实现产业领先，科技领先，促进全省经济发展，加快产业转型升级的重大举措。基地的建设依托湖南医疗市场资源，以政府为引导，企业为主体，市场化运作。按照国家战略与市场需求，进行IVD诊断试剂、生物材料、康复理疗、3D打印技术等生物医学技术研发，成果转化。拟打造医疗器械、生物医学技术为特色的高端生物医学工程产业链。开展国际生物医学技术合作和技术转移，并通过提供一站式的政、产、学、研、金、介、贸、媒等完善的产业服务体系，加速待转化项目在园区的落地与产业化。

【食品】 2016年，全区规模以上食品生产加工企业16家，累计实现产值32.2亿元，同比增长1%，其中长沙统一企业全年实现产值10.8亿元，为全区规模最大的食品企业，加比力（湖南）食品全年实现产值7.3亿元，同比增长7%。2016年，新增二家食品企业，分别为湖南细莫食品有限公司、湖南金津乐粮油有限公司。

企业选介

【长沙新奥燃气有限公司】 长沙新奥燃气有限公司于2003年9月8日成立，由长沙市燃气实业有限公司(中方)与新奥（中国）燃气投资有限公司(外方)合资成立，注册资本2.5亿元，中方占45%，外方占55%。是长沙市唯一特许经营管道燃气的公用行业企业，2004年获长沙市管道燃气20年特许经营权。长沙新奥燃气有限公司致力于“建设美丽生态、提升品质生活、推动智慧生产”，以天然气销售为载体，服务城市居民、园区、公建和工业的能源需求。经过十多年的经营实践，公司实现跨越式发展，在不断向能源服务标杆企业迈进。截至2016年年底，长沙新奥燃气拥有150余万民用户、1万余家工商用户，累计供气量近58亿立方米；投资30多亿元，建设完成储配站、门站、高中压调压站等20多个场站，各种管线近700万米。公司下设城南、城北、河西3家分公司和星沙、宁乡、储配3家子公司以及浏阳业务管理区，在职员工1800多人。

【中民筑友有限公司】 中民筑友有限公司是新型装配式建筑制造商和核心成套技术提供商。中民筑友有限公司总部位于长沙，首个产业园——中民筑友（长沙）产业园于2014年11月18日与湖南省长沙市开福区金霞经济开发区完成项目签约，并于同年12月26日完成项目用地摘牌，项目总投资15亿元,占地近40公顷，已于2015年5月投产，完全投产后可实现年产值约60亿元人民币。中民筑友有限公司秉承全力助推建筑产业现代化的使命，服务于国家战略，以深化建筑业改革，加快促进建筑产业现代化为己任，致力于成为中国最具竞争力的建筑科技产业集团。

中民筑友有限公司在借鉴和吸收美国、德国、新加坡、比利时等发达国家建筑工业化技术的基础上，依据国内相关标准与规范，通过自主研发形成拥有完全知识产权的、领先行业的五大建筑工业化技术体系，涵盖建筑设计技术、装备制造技术、现场装配技术、建筑信息技术和新材料技术，且经营团队具备国内一流建筑工业化研究设计及实施能力。

中民筑友有限公司以长沙为起点，已先后在上海、杭州、南京、惠州、衡阳等地布局绿色建筑科技园，研发建筑工业化技术，设计、生产及销售建筑预制组件。未来，中民筑友将继续在具备市场潜力的其他城市布局绿色建筑科技园，同步将拓展国际市场，力争成为建筑产业现代化领域的领军企业。

【长沙统一企业有限公司】 长沙统一企业有限公司于

“统一”企业有限公司生产车间

2010年9月1日成立，企业法人营业执照统一社会信用代码为91430100559544877X，注册资本3000万美元。公司注册住所：长沙市开福区金霞经济开发区中青路1301号。法定代表人：侯荣隆。公司类型：有限责任公司(台港澳与境内合资)。 经营范围：饮料（果汁及蔬菜汁类、茶饮料类、其他饮料类）、方便食品(方便面、其他方便食品)、调味料(固态、半固态）及 食品用 塑料包装容器工具等制品（食品用容器【聚酯无汽饮料瓶（材质PET）、热灌装用 聚对苯二甲酸乙二醇脂（PET）瓶（材质PET）、塑料瓶坯（材质PET）】）的生产；矿物质水 、植物蛋白饮料、乳品及含乳饮料、方便米粉类、乳制品、奶粉、肉制品、冰品、果冻、冷冻调理食品、食用油脂、酱油、酱制品、饲料、谷类制品、饼干糕点系列等各种以面粉为原料的食品的生产（未取得食品生产许可证不得从事以上范围的生产经营活动）；预包装食品批发兼零售；食品添加剂的销售；纺织、服装及家庭用品、机械设备、五金产品及电子产品、体育用品及器材、文具用品、其他文化用品、办公用品、饲料、塑料制品、I类和II类（不需持证的）医疗器械的销售；自有房屋租赁；货物仓储（不含危险品和监控品）；统一企业管理咨询；佣金代理（拍卖除外）广告制作服务、发布服务、国内外代理服务；广告设计；企业管理服务。（依法须经批准的项目，经相关部门批准后方可开展经营活动）。

【湖南丽臣实业股份有限公司】 湖南丽臣实业股份有限公司位于长沙市开福区浏阳河路一号，始建于1956年，在长沙市、上海市和广东省建有三大生产基地。

公司是国内表面活性剂、家庭洗涤用品、宾馆洗涤用品专业生产企业，是中国洗涤用品工业协会副理事长单位、湖南省轻工业联合会副会长单位。其中，表面活性剂（新材料）是国内最大的生产企业之一，生产能力24.2万吨/年，其关键设备和工艺技术从国外引进，技术制造等综合优势居行业前茅，产品产销量居国内行业前两位，其中高档产品居首位。洗涤产品生产能力23万吨/年，拥有比较先进的制造优势，产品有洗衣粉、液体洗涤剂、肥皂、牙膏等。公司与宝洁、安利、蓝月亮、和黄白猫等众多国际跨国公司和国内著名企业建立长期合作关系。

公司通过ISO9001质量管理体系认证，表面活性剂系列产品还通过法国贝尔公司的AFAQ质量认证和欧盟REACH（预）注册，公司被湖南省质量技术监督局授予“质量管理体系运行优秀企业”奖、“产品质量监督抽查连续合格企业（2011—2015）”，被授予湖南省“质量信用AAA级企业”。公司拥有奥威、光辉、马头、一匙丽被评为湖南省著名商标，奥威商标被认定为“中国驰名商标”，是国内行业中唯一的驰名商标。奥威牌表面活性剂产品被评为上海市名牌产品。公司生产的表面活性剂、洗衣粉、肥皂、洗洁精等多个产品被授予“湖南名牌产品”。光辉牌洗涤用品被中国轻工业联合会评为2013年轻工竞争力优势品牌产品。

【举办“新三板”挂牌上市辅导培训班】 3月29日上午，由开福区创新创业办、开福区金融办联合主办，开福区中小微企业服务中心承办的“2016年度开福区‘新三板’挂牌上市辅导暨中小微企业金融服务第一期辅导培训活动”在开福区政府726会议举行。开福区30余家中小企业负责人参加辅导培训活动。辅导培训活动主要由财富证券有限责任公司负责人及有关专家现场对新三板业务及全方位综合金融服务做详细讲解，并邀请了开福区已在“新三板”挂牌上市企业——湖南童梦文化股份有限公司相关负责人到现场介绍其在“新三板”挂牌上市过程中遇到的困难和问题。开福区创新创业办主任、区工信局局长王晓文对省、市、区各级政府出台的鼓励企业进入多层次资本市场相应的政策做了全面解读。开福区政府十分重视和关心中小微企业的发展，根据已出台的相关政策，引导金融、电子、生物医药、新材料、食品及文化创意六大产业发展，并选择一批有资质、有条件的拟上市企业进行重点培育和扶持。通过此次活动使参会企业深入认识了我国多层次资本市场的发展现状及趋势，政府对企业进入资本市场相关政策引导以及企业上市挂牌过程中常见问题和解决方式，从而使参会企业能更好地与资本市场对接，充分利用资本市场实现企业更大的发展。

【工信部、省经信委调研湘绣企业品牌建设】 7月21日，工信部“品牌培育专家组”专家、湖南省经信委科技处质量品牌工作负责人、“湖南省工业质量品牌建设专家咨询组”教授一行7人赴沙坪调研湘绣企业品牌建设情况，副区长周桂林及区经信局、区商务局、区工务局、区质监分局的主要负责人参加。专家组一行实地走访玉玲湘绣、伊飞湘绣、金球湘绣三家企业，了解湘绣企业的运营发展情况，对区域品牌建设的想法、存在的困难和问题及对政府工作的建议。然后，召开座谈会，企业家们对湘绣品牌的发展提出很好的意见和建议，部门负责人对区域品牌建设政策支持及相关情况做了解答。专家建议，做好湘绣品牌建设，必须展现历史，讲好故事；立体宣传，加大推介；突显个性，量身定做；培养人才，传承创新；观光休闲，综合开发；放飞梦想，秀出辉煌。

【举办“智汇开福 创享未来”开福区创新创业大赛】 7月8日上午，由区委、区政府主办的开福区创新创业大赛启动仪式在珠江花园酒店举行。本次大赛的举办，将为中小企业、创业团队搭建服务平台，汇聚更广泛的社会资源，促进开福区创新创业活动。开福区创新创业大赛从2016年7月8日正式启动到9月8日截止报名，大赛组委会共收到98家小微企业、45支初创团队共计143家参赛队伍报名。组织专家对参赛项目进行评审，采取评分加异议讨论相结合的方式，选出总分排名前60的项目进入初赛。本次参赛的企业和团队涵盖科技、新农业、移动互联网、物联网、智能制造、新能源及节能环保、生物医药、健康行业、教育、文化传媒等30多个行业。10月9日，初赛选出了20个优秀项目团队进入决赛。10月31日上午，由中共长沙市开福区委员会、长沙市开福区人民政府主办,开福区创新创业工作领导小组办公室承办，长沙市中小企业服务中心协办的“智汇开福，创享未来”2016年长沙市开福区创新创业大赛总决赛在开福区华创国际会议中心举行。决赛诞生了创新创业冠、亚、季军，冠军由中南大学“阿凡提”科研工作室斩获；亚军由湖南淼农环保科技发展有限公司、湖南挚新科技发展有限公司获得；季军为湖南化身科技有限公司、湖南迪赛生物科技有限公司、上海吾游信息技术有限公司。冠、亚、季军分别获20万元、10万元、5万元现金奖励及享受开福区在入驻园区、贴息贷款、培训辅导、资金扶持等方面的优惠政策。省委委员、省知识产权局党委组书记、局长、省科技厅副厅长肖祥清，长沙学院副院长胡石明，长沙市经信委副主任周双恺，中共开福区委书记沈裕谋，中共开福区委副书记、代区长刘拥兵等领导出席颁奖典礼。创客空间、孵化器、创业基地投资方、创业服务平台、创业服务机构代表、创客代表、小微企业共计200余人见证了本次大赛创业者的激情和荣耀。颁奖典礼上10个项目签订了意向落户开福区协议。

（杨　娟）

园区建设

长沙金霞经济开发区

书　记　杨应龙
主　任　袁政国
副主任　刘熙宇　李剑刚　罗　辉
纪工委书记　荣爱华
纪工委副书记　胡仕勇（兼）
青竹湖生态科技（产业）园党工委书记
　　吴正豪
青竹湖生态科技（产业）园主任
　　宋奇志
金霞保税物流中心党工委书记
　　裴文欢
金霞保税物流中心主任
　　侯凌新
经开区管委会办公室主任
　　蔡　哲（2016.9任）
　　骆　炬（2016.9免）
经开区招商合作局局长　张中文
经开区产业发展局局长　刘展宏
经开区建设局局长　梁文一
经开区工务局局长　王　璀
经开区财政分局局长　张迎霞
经开区社会事务局局长　杨立志

【概况】　金霞经济开发区内设办公室、招商合作局、产业发展局、建设局、工务局、财政分局和社会事务局，现有编制31名。2016年，完成规模工业总产值（含商贸物流）465.47亿元，同比增长4.9%；规模工业增加值（含商贸物流）109.43亿元，同比增长8%。其中，纯工业完成规模工业总产值113.79亿元，同比增长4.2%；营业收入94.95亿元，同比下降0.47%。外贸进出口额4.61亿美元，同比下降6.8%；社会物流总额1426.52亿元，同比增长28.53%。财政收入和税收分别完成18亿元和12.33亿元，同比分别下降11.68%和增长17.99%。至2016年，相继获评“中国物流示范基地”“中国示范物流园区”“国家新型工业化产业示范基地”“国家电子商务示范基地”“湖南省十大最具投资价值产业园区”。

实施产业提质工程，产业发展日益壮大。以现代物流为基础、商贸市场为主体、跨境电商为亮点、特色工业为补充，全力打造国家一级物流节点和引领中部的商贸市场群。2016年，园区铺排重点产业项目54个，九州

6月8日上午，中欧班列（长沙-欧洲）统一品牌启用发车

7月8日，湖南金霞现代物流园成功获批国家首批示范物流园区

通、普洛斯、爱尚通程等10个项目竣工投产，香江红星美凯龙、佳海工业园二期、深国际等项目启动建设。新引进老百姓、弘上投资、长沙绿色安全食品交易中心等投资过亿元的项目20个、协议投资87.5亿元，平台项目新注册企业和商户350余家。长沙新北站二期、长沙新港三期加快建设，中欧班列月发车量增加到8列，排名全国第四；金霞保税中心预计完成报关近1万票、货值21.8亿美元，跨境电商综合试点开通进出口B2C业务、完成30万单，金霞保税店实现销售近1亿元，园区成为推进“开放崛起”战略的主阵地和主攻点。抢抓信贷政策相对宽松的机遇，年内共新获银行授信73.88亿元，新增已到位资金35亿元。园区始终坚持以现代物流为基础，拓展延伸商贸市场、跨境贸易、建筑工业化、大健康产业，产业集聚优凸显。现代物流：入驻企业98家，其中AAAAA级10家、AAAA级7家，形成粮食、能源、医药等物流产业集群；商贸市场：打造了引领中部的商贸物流产业生态圈，高岭国际商贸城入驻商户2500家；跨境贸易：打造了中部领先的跨境产贸城，入驻企业87家，长沙金霞保税店建成运营，将陆续向湖南13个地州市复制推广；建筑工业化:打造了湖南领先的“两型”住宅产业化基地。

实施招商质效工程，战略项目抢滩入驻。以构建引领全国的商贸物流产业生态园为目标，锁定世界500强企业、行业龙头企业和上市公司，开展有针对性选商招商。战略招商全年新引进项目投资额在10亿元（含）以上的5个：霞凝货场扩建工程（20.56亿元）、老百姓医药健康产业园（10亿元）、长沙·金霞红星美凯龙家居MALL（10亿元）、长沙绿色安全食品交易中心（10亿元）、弘上投资控股物流总部基地（10亿元）。项目投资额5亿元的2个：湘之杰创新型现代物流中心、湘欧快线国际货运物流中心。项目投资额2亿~3亿元的13个：车聚互联（湖南）汽车销售有限公司、互联网智能终端及云平台、湖南康程物流总部、湖南医药职业中等专业专业学校白霞校区、湖南锦程混凝土有限公司总部、长沙市德邦货运、湖南顺天混凝土有限公司总部、湖南和瑞医药有限公司总部、湖南瑞康医药有限公司总部、长沙红通商贸物流运营中心、芒果车之家二期、长沙耀兴置业仓储、长沙湘顺机械制造。全年共新引进二次招商项目23个，投资额均在5000万元以上。

实施精美园区工程，产城融合不断加快。2016年，园区大力推进品质型园区建设，新启动配套项目39个（含高岭组团路网项目8条道路）、完成投资近23亿元，长青路、大安路、广胜路、裕兴路等项目竣工通车，开福大道、鹅羊路、鹅秀路等项目即将竣工，舒张了园区路网框架，拓展了发展空间。更加注重完善生活性配套，金灿大厦、金霞塔、钱隆国际城市综合体、沙坪公交停保场等项目建成或投入使用，金霞广场、湘江风光带一标段对外开放，金湾小学开学，湘郡培源、湘一立信实验学校启动建设，新增2条公交线路，出入城口、主干道沿线绿化、亮化基本完成，园区城市面貌不断改善，宜居品质不断提高。

实施平台升级工程，竞争优势更为凸显。坚持将核心物流平台作为立园之本，不断拓展平台功能，提升物流效益，涵养核心竞争力。长沙新港三期已经开工建设，现可常年通行千吨级船舶，已发展有7条国际集装箱内支运输线，十余条国际航线。每周进出口航班近30航次，是交通部确定的全国28个内河现代主枢纽之一。2016年，长沙新港完成营业收入8378万元，货物吞吐量537.04万吨，其中集装箱12.11万TEU，件杂散货294.84万吨。长沙传化公路港一期司机之家和物流公寓、A3大仓、信息交易大楼已完成主体建设，城市配送中心、仓储分拨中心已投入试运营；二期主要建设货运班车总站、智能车源中心等，已完成主体建设30%；三期规划建设汽修汽配中心、汽车检测线等。打造全国首家3.0版“智能公路港”，全面解决物流“最后一公里”问题。铁路货运新北站完成建设，现已正式投入运营，月吞吐量25万吨，最高装卸能力50节车厢，已成为南方最重要的货运枢纽站之一和国内商贸流通的重要载体。2016年，霞凝货场完成营业收入8084.1万元，同比增长32.37%，完成货物吞吐量257.5万吨，同比增长25.3%，其中发送货物9918车，约19.2万吨，到达货物53495车，约238.3万吨。长沙金霞保税物流中心是中部首批、湖南省唯一的国家B型保税物流中心，具有保税仓储、国际物流配送、简单加工和增值服务、进出口和转口贸易、口岸和退税、物流信息处理等六大功能，已成为湖南省现代物流和开放型经济发展的重要平台。2016年，长沙金霞保税物流中心监管保税货值18.12亿美元，同比下降50.08%；报关票数8051票，同比下降4.14%；一日游票数5924票，同比增长7.4%；海关征税5.83亿元，同比增长16.37%。

实施政务优质工程，服务效能大幅提升。开展“两学一做”“三严三实”专题教育，大力推进“产业兴园”评选活动，全面实施“一线工作法”和党政领导联点项目制、重点产业项目周工作调度制等工作机制，全方位优化项目服务。2016年，全年召开产业项目调度会和办公会议53次，解决各类问题和困难300余个。完成高岭组团和鹅秀组团等2个片区的控规修编和入库工作；自行组织完成园区“十三五”排水、电力和大城北交通等3个专项规划；完善园区的商业网点规划和园林景观系统规划。全年完成拆迁扫尾项目21个/145.13公顷。实行全程代办制，明确专人负责，推进手续办理，全年完成土地统征储备28宗/233.4公顷，完成土地挂牌出让12宗/95.87公顷。为园区发展奠定了坚实基础。

9月5日，湖南省委常委、长沙市委书记易炼红（右二）到金霞经开区调研

【湖南首趟企业专线货运班列在恩瑞物流发出】 5月25日23时，满载着货物的长沙北—怀化西货运列车从位于金霞经济技术开发区的恩瑞国际物流城缓缓驶出，此次开通的货运专列，每日开行一趟，共20节车皮。这是湖南省内首列铁路物流企业专线班列，开启了湖南园区城际铁路货运物流的先河。铁路快运货物班列是近年来铁路部门助推区域经济发展推出的货运品牌，相对于其他运输方式，具有显著的时间和成本优势，正逐渐改变物流产业链版图。金霞经济技术开发区借力长沙货运新北站、长沙新港码头、绕城高速三大交通资源叠加形成的港口内移、水铁联运、高速助翼、无缝对接货运新格局，打造公路—铁路—水路三位一体多维运输通道，为省内乃至国内货物在长沙的集散中转提供了有力的功能支撑，形成设施先进、方式齐全、运力强大、管理周密的集疏运体系，可有效降低内陆企业物流成本，提高供应链效率。园区先后与宝钢、五矿集

团等企业签约，为其提供仓储配送设施，并与中石化、武钢、马钢、萍钢、湘钢、日照钢铁等达成合作协议，将着力构建长沙北钢铁现货交易中心和塑胶交易市场两大产业集群，现代物流综合体格局呼之欲出，将成为城北举足轻重的商贸物流业支点。

【国内首个家具建材智慧交易平台落户城北】 11月10日，在社会各界的共同见证下，香江集团与红星美凯龙签约实现强强联手，打造的中国家具建材产业智慧交易平台正式启动。此举意味着国内首个家具建材全产业链智慧交易平台正式落户金霞经开区高岭国际商贸城。市政协副主席、市工商联主席彭继球等出席仪式。中国家具建材智慧交易平台的打造，将通过整合全国及本地资源、建立物流体系、导入电商体系、搭建运营服务平台，以及接入金融体系等方式，融合创新，形成行业特有的智慧商贸交易模式，打造中国家具建材体验式智慧购物公园和中部建材家具交易集散平台。该平台的打造对中部建材家具市场乃至全国商贸市场的转型升级有着极为重要的指导作用，也是全国家具建材流通领域首次开启从“商贸”向“智贸”的升级转型。

（胡双玲）

11月10日，香江集团与红星美凯龙联手打造中国家具建材产业智慧交易平台启动暨香江·红星美凯龙签约仪式在香江高岭国际商贸城举行

2016年园区建设项目工作完成情况表

表1

序号	项目名称	建设性质	建设内容	年度建设计划	完成情况
1	开福大道二期(原捞刀河路)	续建	三环线—兴联路，含下穿三环线涵洞，长3380米，宽46米	完成拆迁及路基工程	一标、二标竣工通车；三标、四标完成路基工程
2	大安路	续建	中青路—荷莲路，长1064米，宽32米	竣工通车	4月竣工通车
3	广胜路	续建	青竹湖路—钟石路，长1557米，宽36米	竣工通车	11月竣工通车
4	长青路	续建	青竹湖路—北山大道，长1990米，宽29米	竣工通车	11月竣工通车
5	鹅羊路	续建	咏鹅路—冯蔡路，长997米，宽26米	竣工通车	北段竣工通车，南段进行94区施工
6	鹅秀路西段	续建	湘江北路—芙蓉北路，长1299米，宽36米	竣工通车	一标10月竣工通车，二标完成水稳工程，铺油，12月底前可竣工
7	汤家湖路	新建	芙蓉北路—华宁路，长547米，宽60米	完成路基工程	完成桥梁工程，进行路基施工
8	周南路	新建	书香路—兴联路，长339米，宽16米	完成建设	11月竣工通车。
9	曲湾路	新建	彭家巷路—中青路，长996米，宽26米	启动建设	完成水稳底基层，进行土方及管网施工
10	天井路	新建	大安大道—大明大道，长1201米，宽36米	启动建设	土方施工。
11	兴隆路	新建	兴联路—裕城路，长1928米，宽36米	启动建设	土方施工
12	高岭组团路网	新建	湘辉路、裕兴路、顺达路	启动建设	全部启动建设
13	冯蔡东路	新建	京广铁路桥—彭家巷路，长2113米，宽46米	启动建设	启动建设
14	出入城口美化亮化整治工程	续建	华宁路（新港收费站—青竹湖大道）美化亮化；青竹湖大道（芙蓉北路—中青路）美化亮化；湘江大道（月亮岛大桥—沙河大桥）美化	完成建设	2月完成建设
15	河口小学	续建	净用地面积1.33公顷，总建筑面积1.5万平方米，30个班小学	完成建设	7月完成建设并交付使用
16	湘江风光带（金霞段）	续建	三汊矶大桥—月亮岛大桥，4500米长的滨江景观带、慢行系统、休闲文化广场等建设	完成园林建设	一期完成建设，二期完成60%的乔木种植和园路基础

续表1

2016年园区建设项目工作完成情况表（续）

序号	项目名称	建设性质	建设内容	年度建设计划	完成情况
17	秀峰山公园金霞塔	新建	在秀峰山建设一座抗日烈士纪念塔及一个高36.18米的金霞景观塔	完成建设	11月竣工亮灯
18	鹅羊山公园防火隔离带	新建	占地约68.4公顷，启动绿化、景观、游道及鹅羊道馆、鹅羊塔等配套设施建设	启动建设。	南侧1100米土路基全部拉通
19	新港污水厂配套管网	续建	汤家湖污水D1200-D1500主干管，长2031米	完成建设	因规划方案调整，截至2016年年底，正抓紧施工
20	裕城路南段	新建	兴隆路—捞刀河北路，长209米，宽16米	完成建设	10月竣工通车
21	柏君路（次干道一）	新建	高冲路—冯蔡路，长788米，宽26米	完成前期手续	截至2016年年底，进行土方及雨污水管道施工
22	景明路（次干道二）	新建	龙福路—江鹅路，长1204米，宽26米。现修冯蔡路～高冲路，长670米宽26米	完成前期手续	截至2016年年底，进行土方及水泥搅拌桩施工
23	自明中路	新建	大明路—马湾路，长653米，宽12米	启动建设	截至2016年年底，完成施工交通封闭，清淤和回填土方
24	钟石路	新建	中青路—荷莲路，长1004米，宽24米 荷莲路—广胜路长500米	启动建设	截至2016年年底，进行沥青路面施工
25	竹隐路	新建	兴联路—湘辉路，长207米，宽36米	完成建设	截至2016年年底，进行94区土方施工
26	铁港南路	新建	柏叶路—北二环，长1652米，宽26米	启动建设	启动建设
27	10号路	新建	鹅秀路—植基路，长452米，宽16米	启动建设	启动建设
28	金灿大厦	续建	综合楼	完成建设	完成主楼建设
29	金霞广场（B区）	新建	绿化及广场	完成建设	完成
30	电商大厦7层~8层装修	新建	室内装修	完成建设	完成
31	办公楼一楼装修	新建	室内装修	完成建设	截至2016年年底，完成范围围挡、消防和空调改造
32	排水畅通工程	新建	管网建设	年内启动建设	截至2016年年底，因用地问题正在协调

表2

2016年园区主要经济指标完成情况一览表

指标名称	单位	数值	同比增长
规模工业总产值（含商贸物流）	亿元	465.47	4.9%
规模工业增加值（含商贸物流）	亿元	109.43	8%
规模工业总产值	亿元	113.79	4.2%
工业企业营业收入	亿元	94.95	-0.47%
社会物流总额	亿元	1426.52	28.53%
商贸物流业营业收入	亿元	351.68	6.95%
货物吞吐量	万吨	4213.6	11.13%
批发和零售业销售额	亿元	301.81	19%
住宿餐饮业营业额	亿元	6.72	12.52%
服务业营业收入	亿元	17.14	2.35%
服务业增加值	亿元	4.77	37.57%
实际到位外资	万美元	18454	11.3%
市外境内资金形成固定资产投资	亿元	57.95	36.8%
引进省外境内资金	亿元	25.471	20.3%
外贸进出口额	万美元	46096	-6.8%
财政收入	亿元	18	-11.68%
税收收入	亿元	12.33	17.99%
固定资产投资	亿元	144.92	27%
工业投资	亿元	32.52	1.5%
生产性服务业投资	亿元	93.15	—
工业和生产性服务业投资占固定资产投资的比重	%	—	87.34%

青竹湖生态科技（产业）园

书　　记　吴正豪
主　　任　宋奇志
纪委书记　易树新
副 书 记　黄伟斌
副 主 任　龙广明　王宇州
　　　　　张　纲
办公室主任　张再军

【概况】青竹湖生态科技（产业）园地处开福区最北端，按照“一区一园一中心”的大城北发展体制，青竹湖园区纳入长沙金霞经济开发区统一管理，实行统一规划、建设、招商和投融资。青竹湖组团以创业大楼、芒果汽车架空馆、湖心岛软件园等为中心，重点发展服务外包、电子商务及文化创意等产业，有青苹果数据中心、芒果汽车销售公司、车聚互联汽车销售有限公司（汽车之家）、无极生命科学（长沙）有限公司等重要电商及产业项目入驻。青竹湖中心片区开发建成了绿城·青竹园、橘郡·青竹湖、太阳星城、青竹湖·曦园、中铁·水映加州等生态高端房地产项目。

经济工作。2016年，园区完成财税任务40790万元，完成固定资产投资完成69.4亿元，社会消费品零售总额69亿元，规模以上工业生产总值完成41亿元，服务业营业额完成7亿元，引进省外境内资金113.6亿元，到位外资2.4亿美元。

招商引资。2016年，园区共接待客商来访考察110多批次，签约引进企业11家，其中租赁面积500平方米以上企业3家，5000万元以上重大产业项目1个，挖掘服务外包企业3家。辖区范围内截至2016年年底，已建商业商务楼宇共25.4万平方米（含创业基地写字楼酒店、湖心岛、保税大厦、卓尔、嘉德项目），其中自用或公共服务面积2.4万平方米，已招商（租售）面积约13万平方米，待招商约10万平方米。2016年，楼宇招商方面，全年共签约引进11家，其中租赁面积500平方米以上的3家，5000万元以上重大产业项目一个：湖南车聚互联汽车销售有限公司（注册资金1亿元人民币，租赁面积909平方米）、长沙市魔音娱乐有限公司（租赁面积985平方米）、湖南中航天目测控技术有限公司项目（租赁面积636平方米）。另指导植基社区盘活49亩生产发展用地，成功引进城北机动车检测站和加油站。

项目建设。2016年，园区积极与区发改局、金霞经开区进行工作对接，促进省、市、区下达青竹湖街道27个重大项目建设开发。一是国土手续办理。完成天井小学国土手续和启动天井小学项目前期手续的办理；配合和督促社区进行60号令安置小区房屋产权手续和社区村部楼国土手续的办理，完成3个项目国有土地上房屋产权手续的处遗工作。二是项目建设服务。按照建设计划稳步推进房地产项目，配合市交通投资集团公司建成青竹湖临时公交停保站并投入使用。按区政府及国土部门的要求，完成14处需整改的卫星图斑，完成区级下达的5户危房改造任务，做好农房审批工作。

【2016（湖南）新能源汽车推广应用及产业发展对接会在青竹湖举行】　4月29日上午，2016（湖南）新能源汽车推广应用及产业发展对接会在青竹湖国际会展中心举行。活动就湖南新能源汽车产业发展、推进产业进行对接合作，举行新能源汽车新品推介上市、项目签约等专项活动。国家相关部门领导、省市相关政府领导、中国工程院及中国汽车工业协会的专家、学者代表、新能源汽车运营商、消费者等参加。

【“2016年启程·青竹湖环山骑行赛”成功举办】　11月6日，由长沙青竹湖生态科技(产业)园管理委员会、开福区文体新局主办，芒果汽车承办的“2016年启程·青竹湖环山骑行赛”在耕读小镇——金霞新村举行，200名专业自行车手参加角逐。比赛产生1名冠军、2名亚军和3名季军，获奖选手同时成为“金霞耕读小镇”的首批骑车大使。

长沙金霞保税物流中心

书　　记　裴文欢
主　　任　侯凌新
纪工委书记　王　湘
副 主 任　王　佐（2016.4免）
　　　　　李　燕
　　　　　胡　蓉（2016.9任）
招商部部长　周桂平
财务部部长　曹　宇
办公室副主任　谷向阳　刘宁湘

老挝大米中国首发启动仪式

【概况】 金霞保税物流中心是湖南省开放型经济发展的公共服务平台，规划用地100公顷，其中，一期海关监管区30公顷，已建成10栋保税仓库及配套集装箱堆场，总面积约14万平方米，并在8号仓建设了长沙跨境电子商务监管中心，完善综合办公、出入卡口、隔离围网、视频监控系统、信息管理平台、商务办公等基础设施；二期物流配套区70公顷，已陆续引进物流配送与分销、进口商品交易展示、保税专业市场等相关配套产业。金霞保税物流中心作为海关特殊监管区，享受“境内关外”政策，具有进口保税、出口退税、深加工结转“一日游”、流通性简单加工和增值服务、国际物流配送、进出口和转口贸易、物流信息处理等多项政策功能优势。长沙金霞保税物流中心设有综合服务部、招商部和运营管理部三个部门，共有员工16人,含副县级领导2人，正科级干部4人，副科级干部3人，一般干部6人，政府雇员1人。

全面完成各项指标。商务指标，按要求完成市、区、园区下达的各项商务指标任务。完成对外贸易额4.6亿美元，内联引资形成的固定资产投资45264亿元，引进省外境内资金23920亿元，实际到位外资3640万美元。此外，外贸破零企业15家，外贸倍增企业2家。主营业务指标，2016年，中心累计报关8051票，总货运量6.4万吨，总货值18.3亿美元；海关代征税款5.8亿元人民币，超额完成全年指标任务。据海关统计，金霞口岸区域（含长沙新港、保税中心）通关单量约占全省通关单量的40%。另外，通过金霞保税物流中心政策平台税源商品有电话机零件、处理器、锑矿砂及其精矿、吸尘器和加工机床等，其征税额占全省海关特殊监管区域及主要保税监管场所二线货物内销征税总额比例达80%以上。2016年，金霞跨境监管中心累计完成订单数162.26万单，完成进出口额约6000万元。

着力开展产业招商。已成功引进中湘海外建设、中湘嘉德外贸、和立东升、一达通等132家新入驻企业，其中，电商大厦12家，园区关联企业17家，嘉德及其商户44家，集中办公企业59家。从楼宇载体来看，电商大厦10楼以上对外招租，截至目前已入驻企业45家（含嘉德集团、西班国际、恒峰国际等旗下公司18家），第10层~12层、16层~17层、24层~25层均已租满。从公司业务属性来看，跨境电商企业6家，供应链企业7家，国际货代及物流企业6家，跨境电商服务企业4家，协会3家，金融1家。

强力推进项目建设。在跨境电商监管中心部署了总署版进口系统和智能卡口快速通关系统，并实现批量走单。完成保税一期基础及监管设施整改工作，该项工作完善隔离围网，整改了卡口电子地磅，更新及新增了视频监控设施，并通过海关验收。完成园区仓库地下排水管道的维修工作及新园区仓库的天沟清理工作。完善海关监管辅助平台系统的维保工作，增加了车辆重量备案模块，更精准的对过关车辆进行重量备案，加快了智能卡口通关效率。督促金霞通公司完成跨境电商监管中心进口作业区流水线增加工作，共增加了两条流水线来扩大跨境进口业务量。

建立健全联检协调机制。每半年组织口岸办、海关、国检、国税、外汇、财政等部门召开了联检部门联席会议，共同研究解决中心运营过程中出现的问题。与口岸办、海关、国检等职能部门保持良好的沟通协调，对企业在通关过程中遇到的实际困难，主动了解协调理顺关系，确保高效率运作。主动协调海关支持友联供应链公司做大做强锑精矿业务，为企业搭建临时仓库，缓解企业库存压力。

强化园区管理服务。优化设置，明确职责，制定行之有效的管理制度和园区应急预案，做好日常经营管理，确保园区内无偷盗、火灾、人员伤亡等重大安全事故。开通了香港至长沙的港澳直通车，并保证了业务的持续开展。深入企业，及时了解企业诉求，听取其合理建议，与企业建立良好的互动关系。

【跨境电子商务大学生创新创业孵化基地正式成立】11月8日，长沙金霞保税物流中心与湖南信息学院、湖南金丝路国际贸易有限公司联合共建的政府、企业、学校"三合一"跨境电子商务大学生创新创业孵化基地正式成立。该基地将汇集各方资源，为大学生创新创业提供资金、经验，以及场地等多种支持和平台，大学生们还有机会成为企业合伙人。

【推广复制自贸区经验制度】金霞保税物流中心在全省率先推广复制了自贸区"保税展示交易""进口货物预检验""检验检疫分线监管""负面清单""第三方检验结果采信"等多项海关监管创新制度，分步分类复制推广了"先进区，后报关""批次进出，集中申报""简化通关作业随附单证""智能化卡口验放管理""集中汇总征税"等创新制度。企业平均通关时间由以前的41.78小时降低到15.5小时，通关时间缩短了62.9%，较全国平均通关时间快了10小时。采用汇总征税模式的报关单占进口报关单总数的1/3以上，平均通关时间由21.82小时缩短到2.7小时。

（吴　静）

2016年度封关运行数据统计表

表3

日期	类别	报关票数（单）	货值（万美元）	货运量（吨）	征收税款（万元）	一日游（单）
2009年8月—12月	总业务量	216	2340	9996	1036	31
2010年1月—12月	总业务量	1241	15500	45728	5882	145
	同比增长	91%	121%	53%	89.20%	367.74%
2011年1月—12月	总业务量	2056	34789	53509	8253	431
	同比增长	66%	124%	17%	40%	197.24%
2012年1月—12月	总业务量	2850	61879	54778	10113	1467
	同比增长	38.62%	77.87%	2.37%	22.54%	240.37%
2013年1月—12月	总业务量	4992	94760	58761	19452	2866
	同比增长	75.16%	53.14%	33.63%	92.35%	95.36%
2014年1月—12月	总业务量	7394	173361	98925	45136	5353
	同比增长	48.23%	83.25%	69.36%	136.4%	86.78%
2015年1月—12月	总业务量	8399	311386	58230	50107	5517
	同比增长	13.59%	79.62%	-41.14%	11.01%	3.06%
2016年1月—12月	总业务量	8051	181192	62639	58311	5924
	同比增长	-4.14%	-50.08%	7.87%	16.37%	7.4%
2009年8月10日—2016年12月31日合计		35199	875207	442566	198290	21734

商贸·旅游

区商务和旅游局

局　长　李　旅（2016.4任）
　　　　王辉君（2016.4免）
副局长　刘家庆　邓　婷
　　　　傅驰景
纪检组长　罗　丹（2016.4任）
口岸办主任　黄　兵（2016.10任）

【概况】 开福区商务和旅游局，为区政府机构，内设办公室、招商科、商贸服务科和旅游发展科4个科室，设二级机构口岸办1个，核定行政编制9人，事业编制3人。

商　贸 2016年，全年共实施内联引资项目178个，其中新投产项目124个，新审批外资项目15个，协助办理外资项目13个。全年实际到位省外境内资金97.6亿元，同比增长14.4%；引进市外境内资金行程固定资产267.6亿元，同比增长14.3%，其中区属209.6亿元，同比增长12.5%。

爬坡过坎，力保商务指标争先创优。2016年，深入大型超市、重点住宿及餐饮企业、汽车销售企业等区内各大商贸流通企业开展调研，分析市场，研究对策，营造供需两旺的市场氛围；同时，加大对区内大型楼宇的全面摸排和重点项目建设的服务力度。全年全区实现GDP817亿元，同比增长11.1%。其中，第一产业实现增加值1.7亿元，同比下降38.2%；第二产业实现增加值138亿元，同比增长6.1%；第三产业实现增加值677.3亿元，同比增长12.5%。全年完成财政总收入133.35亿元，同比增长11%；其中完成一般公共预算收入46.02亿元，同比下降9.27%；完成全口径税收收入达到114.03亿元，同比增长15.3 %，税收收入占地方财政总收入的比重为85.51%。

创新模式，全面激发消费活力。2016年，积极探索和创新消费节的举办形式，成功策划主办2016开福消费节系列活动。全年实现社会消费品零售总额726.2亿元，同比增长10%，增速同比下降2.6%。按行业分组，批发业实现零售额124.2亿元，同比增长18.3%；零售业实现零售额540.8亿元，同比增长8.4%；住宿业实现零售额10.5亿元，同比增长4.0%；餐饮业实现零售额50.7亿元，同比增长10.2%。

优化产业结构，促进多元发展。2016年，全区经济结构不断调整优化。全区三次产业结构为0.2：16.9：82.9。在GDP增长中，第一、二、三次产业分别拉动-0.1%、1.1%、10.1%，三次产业对GDP增长的贡献率分别为-1.3%、9.9%、91.4%。全年新增高新技术企业22家，全区实现高新技术增加值177.3亿元，比上年增长7.7%，占GDP比重21.7%。全年专利申请总数3040件，比上年增长35.5%；专利授权1513件，比上年增长23.8%，其中发明专利授权511件，比上年增长22.5%。

积极开展招商活动，成效显著。2016年，组织和鼓励企业参加由省政府组织的中央企业“十三五”战略合作对接会、2016中国500强企业高峰论坛大型节会活动、“楼宇经济2.0”长沙市楼宇专题招商推介会等，并配合做好全区的一些重点招商论坛活动，如配合北辰举办的中国（湖湘）国际养老产业高峰论坛、富兴举办“全球招商会”、以及全区楼宇招商推介会等。全年共实施内联引资项目178个，其中新投产项目124个，新审批外资项目15个，协助办理外资项目13个。全年实际到位省外境内资金97.6亿元，同比增长14.4%；引进市外境内资金形成固定资产267.6亿元，同比增长14.3%，其中区属209.6亿元，同比增长12.5%。

加强对外合作，促进外贸增长。2016年，外商直接投资实际到位资金6.39亿美元，同比增长7.1%，其中区属4.54亿美元，同比增长4.9%。全年进出口总额(海关口径)7亿美元，同比增长-4.4%，其中出口总额5.8亿元，同比增长-1.8%；进口总额1.2亿元，同比增长-20%。全年园区实际到位外资1.85亿美元，同比增长11.3%；引进市外境内资金形成固定资产投资58亿元，同比增长36.8%；引进省外境内资金25.5亿元，同比增长20.3%;税收收入12.3亿元，同比增长18%；园区完成固定资产投资144.9亿元，同比增长27%。

强化市场监管，开展专项整治。着力强化市场监管，特别是对生产安全监管、食品安全监管等方面。严厉打击私宰黑窝点，确保肉及肉制品安全。开展安全生产宣传及专项检查行动，同时，加强对生产者的安全培训，提高安全意识和防范技能。

【时尚开福“2016开福区消费节”盛大启幕】 9月30日上午，时尚开福“2016开福区消费节”盛大启幕。该活动由长沙市开福区人民政府主办、长沙市商务和旅游局指导、开福区商务和旅游局和望麓园街道办事处承办、湖南快乐深度传媒有限公司执行。上百家重点商贸流通企业以及城市综合体强强联盟，消费节期间，全方位开展促销、折扣、满减和抽奖、送礼等让利活动，充分满足群众多样性、个性化和高品质的消费需求。通过与上百家重点商贸流通企业以及城市综合体共同为全城百姓搭建最优消费平台，营造最浓郁的全民嗨购氛围，以进一步扩大开福区外向经济和时尚消费的影响力及知名度。湖南省商务厅副巡视员刘飞，湖南省商务厅运行处副处长李德翼，长沙市商务局副局长陈国礼，中共开福区委副书记、区人民政府代区长刘拥兵等领导出席开幕式。

【举办首届中国（长沙）进出口商品交易会暨开放崛起交流论坛】 11月30日，首届中国（长沙）进出口商品交易会暨开放崛起交流论坛在长沙金霞经济开发区保税大厦举行。省商务厅、省出入境检验检疫局、省贸促会、长沙海关、市商务局、市外侨办、开福区政府、金霞经开区等领导及企业代表共300余人参加。活动还邀请到希腊驻广州总领馆总领事格里戈里奥斯.塔斯罗珀罗斯、巴基斯坦驻广州总领馆总领事阿里.艾哈迈德.阿拉因、埃塞俄比亚广州总领馆副总领事阿德博尔门.洁迈尔美国、美国大使馆农业贸易处主任马克.佛尔德、西班牙巴塞罗那驻湖南办事处首席代表豪梅.帕里斯等特邀嘉宾出席。开福区委副书记、区长刘拥兵为活动致辞，他表示，开福区将以此次进出口商品交易会为契机，继续完善配套设施，提供优质服务，努力创造高效、便捷、安全、和谐的贸易营商环境，进一步建设好开放型平台，进一步服务好长沙乃至全省的开放型企业，在全省开放崛起战略中形成主阵地、当好主力军。

【开福区青年企业家商会成立】 8月2日，长沙市开福区青年企业家商会成立大会暨授牌仪式在湖南友谊投资咨询集团召开。省工商联副主席，市政协副主席、市工商联主席彭继球，市

“开创未来，福满潇湘”香江 · 红星家具建材博览中心全球招商启动大会

委统战部副部长、市工商联党组书记丁文，区委书记、区长沈裕谋等领导出席仪式。大会选举产生青商会第一届领导班子，湖南中立工程机械有限公司执行董事邵帅当选为青商会首届会长。区工商联副主席、湖南高岭建设集团股份有限公司总经理胡锷同志和区工商联副主席、湖南瑞兹家居科技有限公司董事长范四海担任青商会名誉会长。省、市、区领导为青商会选举的第一届领导班子和聘请的名誉会长授牌。长沙市开福区青年企业家商会的成立，为青年企业家搭建学习培训、信息互通、资源共享、交流合作的平台，进一步浓厚创业氛围。

【开福区口岸服务办公室成立】 3月21日，根据开福区机构编制委员会《关于长沙市开福区口岸服务办公室相关机构编制事项的通知》，成立开福区口岸服务办公室。口岸服务办公室的主要职责是：督促指导和综合协调口岸各有关单位的工作，确保口岸正常运行等；负责协调口岸联检单位和全区进出口企业的大通关工作等；负责拟定本区口岸经济和口岸物流发展规划等；负责口岸安全的监督管理等；开展口岸经济运行情况的统计分析和预测预报及信息工作等；组织区口岸相关单位开展文明共建活动等。开福区口岸服务办公室，为区商务和旅游局所属副科级公益一类事业单位，核定全额拨款事业编制3名，其中主任1名。

旅　游　2016年，全区有A级以上景区（点）6个，其中国家AAAA级景区2个，AAA级景区3个；星级旅游饭店9家，旅行社27家，旅行社分社9家，旅游服务网点60家；星级农庄20家。全年共接待游客850万人次，同比增长8%，完成旅游总收入90亿元，同比增长5%。

表4

2016年旅游业经济指标

项目	单位	2016年	2015年	比上年同期增长
接待游客人次	万人次	850	780	8.97%
旅游总收入	亿元	90	85	5.88%

加强资金政策支持和行业指导。统筹安排旅游专项资金，推进旅游项目建设、景区提质以及宣传营销等系列工程。出台《开福区产业发展扶持奖励政策》。制订沙坪绣纺街发展的优惠扶持政策，成立开福区文化（旅游）产业协会，并经常组织开展信息交流、考察学习等活动。

加强旅游景区综合整治。狠抓旅游市场以及行业秩序的监督管理，开展旅游景区综合整治，全区景区建设整体水平大幅度提升。全年空气质量优良率以PM10计为93.96%，以PM2.5计为74.2%，比上年同期提升2.7%。湘江饮用水源保护区水质稳定达标，3个地表水监测断面地表水达标率达100%。区域环境噪声平均为54.6分贝，稳定达标。

2016英国精品购物节(长沙站)开幕

科学规划，推进项目建设。2016年，策划包装全区招商引资项目45个，根据新项目重新制作招商手册。根据全区最新的公共规划，更新和印制了全区招商商务地图，实现项目展示更形象、更具体、更精确。策划包装了沙坪绣坊街、潮宗街历史文化街区、开福寺宗教历史文化区、金鹰文化片区、长沙市三馆一厅等一批旅游重点产业项目，其中入选湖南省招商目录1个，长沙市招商目录3个。

多方联动，强化旅游品牌宣传。坚持以政府宣传旅游形象与企业推介产品相结合，业界推广与公众宣传相结合，充分利用各类旅游交易会、博览会以及新闻媒体，宣传开福旅游。举办“2016开福荷花季”“2016长江中游城市群省会城市旅游展示交流活动”“2016中国长沙湘江杯国际帆船赛暨长沙湘江水上嘉年华”等活动。

【“相约长沙最美乡村”活动走进沙坪街道】 4月23日，2016“相约长沙最美乡村”活动大幕开启，首站走进开福区沙坪街道。以“美丽乡村·相约汉回”为主题的沙坪风情小镇自驾游活动，在沙坪街道汉回村星月岛婚庆园举行。“相约长沙最美乡村”活动由长沙市委、市政府主办，已成为长沙市的一大文化品牌，吸引了百万计长沙市民热情参与。活动当天，主办方推出了“沙坪·汉回景区”的旅游路线，100名亲子家庭、年轻情侣、拍客、时尚达人为主的旅游达人参加“沙坪一日游”活动，参观汉回民俗文化村清真寺、民族团结广场、星月岛婚庆园、铁炉寺、湘绣文化广场和湘绣博物馆。2016“相约长沙最美乡村”活动推出长沙美丽乡村自驾游热门线路，举办“记住·乡愁”首届长沙美丽乡村摄影大赛，推出“乡味·乡愁”长沙市市民福袋，充分挖掘来自民间的、不为人知的美食、美味和土特产。

（张海涛）

重点旅游景点

开福寺

开福寺位于长沙市湘江之滨，是一座殿宇宏伟、气势夺人的千年古寺。开福寺是禅宗临济宗杨岐派的著名寺院，始建于五代时期，历宋、元、明、清各代，数经修缮，有著名的内外16景，是湖南省重点文物保护单位，也是汉族地区佛教全国重点寺院，长沙市佛教协会的所在地。每年春节，开福寺山门外都会举行盛大的庙会。除了祈福和赏灯，还有看戏、猜灯谜、舞龙狮、品美食。此外，湘绣、剪纸、面塑、糖画等级能手也在庙会展示传统手艺，尽显开福寺庙会质朴的民风民俗。

沙坪湘绣文化旅游景区——沙坪小镇（AAA）

沙坪风情小镇是开福区沙坪湘绣文化旅游景区的核心景区，是中国湘绣的发源地，国家AAA级旅游景区。景区依托沙坪湘绣产业和自然资源基础，融合当地特有的湘绣文化、民俗文化，成为国内外知名的以湘绣产业、现代农业、旅游产业为核心的文化旅游特色小镇。

沙坪小镇的核心景区为沙坪绣坊街。街区全长1300米，总建筑面积13.3万平方米。沙坪绣坊街是湖南首席湘绣文化旅游商业步行街，集休闲娱乐、湘绣体验、非遗展示为一体，分布有旅游工艺品展览区、湖湘特色餐饮区、湖湘文化展示区等景点，让广大游客充分领略湘绣文化的无穷魅力。

沙坪湘绣文化旅游景区——汉回民族村（AAA）

汉回民族村是开福区沙坪湘绣文化旅游景区中的特色景区，为国家AAA级旅游景区。汉回民族村是长沙市唯一的少数民族聚居村。全村2000多名居民中，1/3是回族，回族在此生活已有300多年的历史。景区内有民族团结广场、回民清真寺和铁炉寺知名景区，是佛教、伊斯兰教宗教活动场所，尤其是村内保存有具有鲜明回族特色的民居、风俗和独特的饮食文化。在这个山水相映的村庄，汉族和回族村民和睦相处，共同居住，是个以汉回文化为依托、以民俗体验、生态农业、休闲度假为主体，以宗教、美食为配套的新型旅游示范区。

沙坪湘绣文化旅游景区——长沙园林生态园（AAA）

长沙园林生态园是开福区沙坪湘绣文化旅游景区中的重要景区，景区总规划面积为200公顷，截至2016年年底，已开放一期园区66.67公顷，景区内植物资源丰富，森林覆盖率达90%，空气质量极佳，负氧离子丰富。景区把文化、旅游生态的理念与园林融为一体，形成独有的生态文化品牌。是集园林科研生产、花卉展示、科普教育、休闲旅游、户外拓展等多种功能于一体的现代生态园。自2009年开园以来，接待游客突破100万人次，是长沙市科普示范场馆、市青少年素质教育基地。

长沙世界之窗（AAAA）

长沙世界之窗坐落于长沙市金鹰影视文化城，占地40万平方米，是全国首批AAAA级旅游景区之一，中南地区最有影响力的大型文化主题乐园；湖南省最大的旅游、影视、文化、娱乐基地，也是湖南省重要的精神文明建设基地。

长沙世界之窗是由湖南电广传媒股份有限公司、深圳华侨城控股股份有限公司和香港中旅集团共同投资兴建的大型文化主题公园。1997年10月1日试营业以来，长沙世界之窗已发展成为一个融世界各国建筑奇观、五洲风情歌舞表演、大型儿童游乐、先锋时尚活动、水上活动乐园、影视拍摄基地于一体的综合性大型主题乐园。

长沙海底世界（AAAA）

长沙海底世界坐落于浏阳河畔金鹰影视文化城内，占地7公顷。被国家海洋局、中国海洋协会授予“海洋科普教育基地”，也是湖南电视台的影视拍摄基地。海底世界的游览区域由海洋馆（包括极地馆）、科教馆、水上乐园、儿童乐园、儿童乐园五大功能区组成。是一个集观赏、休闲、娱乐、科普于一体，中南地区展示物种最多、节目内容最丰富、参与性最强、最具时尚感的海洋主题公园。并先后获得了“湖南省最佳旅游景点”“长沙市文明示范窗口”等荣誉称号。被国家旅游局授予“国家AAAA级”旅游景区（点）。

铁炉寺

铁炉寺位于开福区沙坪街道汉回村，距长沙市区7500米，相传南宋初年有禅师来此结庐静修，得天人散花、猿猴献供。岳飞出兵洞庭湖时，慕名谒师，宾主谈禅论道，纵论国策，行前植茶树两株而去。康熙年间（1662—1722），百隆普振禅师（1654—1735）平江颜氏子，幼时见羊跪乳，悟母恩难报，遂发离尘之志，依开福寺心辉世祖出家，25岁负钵远游，朝礼名山，广参善士。32岁始居金山，勤修苦参十五载，彻底神悟。康熙四十年（1701）辞返星沙，见铁炉冲云烟缭绕，古茶蔚起，遂发愿于宋禅师结庐处，开山建寺。该处四面环山，西边低阔，中为腹地，形状酷似古人烧饭用的铁炉锅，故禅师为寺命名铁炉。铁炉寺原为和尚主持，1931年正式改为尼庵。

洪山寺

洪山寺位于长沙市开福区山鹰潭自然风景区，紧靠风景如画的捞刀河，依山傍水，风景秀丽。该寺始建于明代，寺庙建筑宏伟，气势非凡，佛光塔高达9层，供奉地藏菩萨。

潮宗街历史文化街区

潮宗街是长沙市著名的老街巷，位于长沙湘江中路与黄兴路两条主干道之间，长1000余米，明清时长沙县署就在潮宗街上。民国时期，出潮宗街、过潮宗门，便到长沙码头，长沙是中国四大米市之一，潮宗街又为长沙著名米市。走进麻石青路的潮宗街，有大韩民国临时政府旧址、时务学堂等著名景点,书社、教堂、戏台、公馆、牌楼、文化比比皆是，让广大游客和市民感受到老长沙历史的记忆。

中山亭

中山亭位于长沙市开福区黄兴北路与中山路交汇处。始建于1930年，现辟有辛亥革命陈列馆，陈设孙中山、黄兴、蔡锷、宋教仁等革命党人史迹。中山亭是省会近现代标志性文物建筑之一。

湖南省博物馆（AAAA）

湖南省博物馆位于长沙市开福区，与烈士公园毗邻，占地面积5.1万平方米，筹建于1951年，1956年，正式对外开放，是湖南省最大的历史艺术博物馆，也是首批国家一级博物馆、中央地方共建国家级重点博物馆、全国优秀爱国主义教育示范基地和湖南省AAAA级旅游景点。

湖南省博物馆藏品达18万余件，尤以马王堆汉墓文物、商周青铜器、楚文物、历代陶瓷、书画和近现代文物等最具特色，并以此打造了6个展示人类优秀文化遗珍的基本陈列。

长沙市博物馆

长沙市博物馆旧馆位于市中心八一路538号，占地4.26公顷，面积达40000平方米。1986年，长沙市博物馆在中共湘区委员会旧址纪念馆的基础上正式成立。长沙市博物馆新馆于2015年12月底搬迁至长沙滨江文化园长沙市“三馆一厅”。

长沙市博物馆作为一座中型综合性的地方志博物馆，它承担着收藏、保管和展示长沙市，以及周边地区各类文物、照片、图书、文献资料的重任。为国家征集收藏了各级各类文物、照片、图书、文献资料共85000余件。其中出土文物10500余件，流散文物28000余件，字画和近现代文物6500余件；各种历史图书文献资料20000余件，各类照片20000余张。经专家鉴定，共有一级文物87件套，二级文物101件套，三级文物2750件套。

烈士公园

烈士公园是长沙市最大的公园，位于长沙城东北部东风路1号，是座集纪念、游览和娱乐的综合性公园。1950年，动工兴建，1953年，正式开放。占地118公顷，其中水面约40%。东面浏阳河环绕，其他三门面向闹市。

长沙市滨江文化园——“三馆一厅”

长沙滨江文化园12月28日开园，“三馆一厅”是包括长沙市博物馆、长沙市图书馆、长沙市规划展示馆、长沙市音乐厅，以及景观塔和周边配套设施在内的长沙滨江文化园建筑群，位于长沙北辰三角洲，西滨湘江、北临浏阳河。

“三馆一厅”总建筑面积约15.5万平方米，其中：博物馆3.42万平方米，图书馆3.13万平方米，音乐厅2.76万平方米，景观塔650平方米，地下架空层5.75万平方米。整组建筑象征了湖南人勇往直前、迎难而上、自强不息的群体性风格。长沙“三馆一厅”位置十分优越、环境优美清新，是广大游客和市民休闲、阅读、养性、欣赏的最佳场地。

大明山庄

长沙大明生态休闲山庄位于长沙市开福区沙坪街道大明村，占地面积36.67公顷，环山抱水，风光旖旎，原始生态和人工雕琢浑然一体，既保留了自然生态美景，又体现出现代建筑之大气和风韵。山庄拥有三星级酒店一栋，雅韵别墅4栋，总建筑面积6000平方米，集餐饮、住宿、会议、茶楼、商务洽谈于一体的特色休闲山庄，是推广农业科技的示范基地。

和道源山庄

和道源位于长沙市开福区沙坪街道，占地40余公顷。山庄以休闲互动健身为主题，布局有生态垂钓、餐饮美食、娱乐休闲、锻炼健身等多种特色的体验项目。山庄环境秀美，闹中取静，是广大市民和游客休闲的绝好场所。

和道源山庄一年四季特色奉献，春天，400棵垂柳同时从尖尖角到郁郁葱葱，红枫林、迷宫园、花圃园也不甘示弱。夏季，阁楼用餐，知了虽吵但抵不过徐徐微风，七彩山鸡也来凑热闹。秋季，看红枫走鸿运，泥土中夹杂着收割的气息。冬天，现场烤全羊，喝一杯和道源自酿纯稻谷美酒，篝火晚会跳出你的激情。

海天山庄

五星级休闲度假山庄——海天山庄位于长沙市开福区沙坪街道海棠村境内，山庄依山而建，占地面积约21.8公顷。山庄各类配套服务设施齐全，是一个集生态苗木种植、农业观光、休闲娱乐、团体会务、修养健身为一体的乡村度假胜地。山庄设有标准套房、豪华套间，共46间98个床位。房内安装有卫星电视及空调让您享受温馨惬意的假日时光；山庄在乌溪村拥有13.33余公顷无公害农产品基地供应自产自销的纯原生态家禽和蔬菜，拥有年出栏600头的生态养猪场，2公顷的原生态土鸡饲养园让您与健康同在；高档次KTV、乒乓球室、健身器材、台球、羽毛球、双人自行车、商场、垂钓让您与娱乐相伴。

楼宇经济

区现代服务业发展办公室

主　任　陈　迎
副主任　冯丹璐

【概况】 长沙市开福区现代服务业发展办公室于2014年10月正式挂牌成立。属公益一类事业单位，现有员工7名，空编2名。

楼宇招商成效显著。2016年，开福区建成楼宇132栋，总面积463万平方米，其中商务面积306万平方米，商业面积157万平方米。全区待招商面积102.5万平方米，其中商务面积59.8万平方

12月14日，区长刘拥兵（右二）调研华创

米，商业面积42.7万平方米。新增500平方米及以上的企业50家，同比增长19%；全年去库存 17万平方米，同比增长11%；新增企业中，金融商务类企业101家，文化创意类企业52家，软件信息类企业47家。德勤、普华永道、中国信达资产、华夏保险、广州证券、58众创、天津市政、奥的斯、北京搜房网、明博教育、蓝猫、善禧等知名现代服务业企业进驻开福区楼宇。

楼宇服务关口前移。为延伸服务臂膀，了解企业需求，指导有楼宇的园区、街道建立楼宇经济综合服务站，将楼宇服务关口前移，为企业提供“一站式”服务。2016年，着力打造楼宇经济改革创新服务点——绿地中心，每周由区现代服务业办、所属街道、绿地商管公司的工作人员进行联合办公，为入驻企业提供政策类、经济类、党群类等相关服务，带动开福区的商务商业楼宇向专业型、智慧型、便捷型转变。由区现代服务业发展办和华尔街中心联合开发的360办公软件也已正式上线运行，将为更多楼宇企业提供更为便捷的线上线下服务。为及时发布楼宇信息，每个季度推出一期楼宇动态报，全面及时收集辖区内楼宇的一手信息资料，从项目介绍、基础数据、资讯动态等方面实时更新全区楼宇资源和信息，深获企业和客商好评。

开展招商推介活动。6月2日，“活力开福·智慧楼宇·共享创新”发展论坛暨开福区楼宇经济促进会授牌仪式活动在世纪金源大饭店举行，会上，区委常委、常务副区长邹犇淼为与会嘉宾做了开福区优质楼宇推介；成立后的开福区楼宇经济促进会，将发挥政府、开发商、企业之间的联动作用，助推楼宇资源招商匹配、楼宇人才建设、规范行业行为等，高效务实地服务于楼宇经济的发展。11月18日，组织开展对话楼宇经济“2.0时代”暨“智慧·互联”长沙现代服务业创新发展活动，副区长李杨在会上做了楼宇政策解读，宣讲开福区支持现代服务业发展的相关政策。华尔街中心、富兴世界金融中心、新湖南大厦、凯乐微谷、华创国际广场等楼宇促进会会员单位进行主题展示。12月8日，首届长沙市楼宇招商推介会举行，近300名国内外知名企业代表和嘉宾共话“楼宇经济”，区现代办组织北辰文化创意产业园、富兴世界金融中心、华创国际广场、湖南电商大厦等开福区重点楼宇参与此次推介会。

活力开福•智慧楼宇•共享创新”发展论坛暨开福区楼宇经济促进会授牌仪式活动

开展考察对接。3月23日赴上海对接德稻集团；9月20日至23日，副区长李扬带领区现代服务业发展办、相关街道及企业的负责人一行先后赴成都、上海、苏州对成都环球中心、成都市楼宇经济促进会、宽窄巷子、上海德稻集团、复地集团、豫园、创瑞投资集团、苏州新沧浪公司等项目进行考察对接和招商推介活动；11月24日，赴上海对接小马创业村、来投吧；12月20日，在驻沪迎新年投资推介会上进行重点楼宇推介。

12月14日，区长刘拥兵（右二）调研新湖南大厦

（宋雄斌）

财税·金融

财政

区财政局

局　长　　刘　勇（2016.8任）
　　　　　李　杨（2016.8免）
纪检组长　张　平
副局长　　宁小群　严　霞
　　　　　李伟新　李铁钊
总会计师　黄　维
非税收入管理局局长
　　　　　王晓莉
乡镇财政管理局局长
　　　　　熊　静（2016.4任）
政府投资预决算中心主任
　　　　　陈　建（2016.4任）
国库集中支付局局长
　　　　　汤　杰（2016.4任）

【概况】　开福区财政局是区人民政府综合管理全区财政收支、主管财政政策、实施财政监督、参与对国民经济宏观调控的职能部门。主要职责是：贯彻执行国家财政政策和法规；编制、执行全区年度财政预决算；制定全区财政管理体制和有关预算管理制度；参与全区宏观经济的决策管理，加强对资金使用的调控和监督；管理区级地方财政各项收入；负责全区国有资产、政府采购监管、国库集中支付、街镇财务监管、重点工程监管、会计管理、财务监督检查等工作。设办公室、预算（国库）科、行政教科文科、协税办、绩效评价科、采管办、经建科、国资办等8个科室和国库集中支付局、财政统发工资中心、非税收入管理局、乡镇财政管理局、政府投资预决算中心等5个二级机构；在职在岗干部职工37人。

全年完成地方财政总收入133.35亿元，同比增长11.01%，其中：全口径税收收入完成114.03亿元，同比增长15.30%；非税收入完成 19.32亿元，同比下降8.97%。全年上划中央、省、市增值税9.47亿元，同比增长6.88%；上划中央、省、市“营改增”增值税17.27亿元，同比增长314.15%；上划中央、省、市企业所得税28.96亿元，同比增长45.16%；上划中央、省、市个人所得税15.72亿元，同比增长16.01%。2016年，区财政局获湖南省“预算绩效管理工作优秀单位”（湖南省财政厅）荣誉称号。

财税收入征管。完善征管机制，制定月度、季度、半年和年度收入组织方案，督促各单位加强收入征管；加强对财政收入形势分析，采取各项财政政策措施，促使财政收入按适度超前的要求及时入库。加强财源培植，大力引进税源企业，努力落实财政扶持政策，全年新引进注册资金50万元以上的企业5416家，兑现企业奖励7086万元。强化收入考核，根据财税新形势修订出台《开福区财税目标管理考核方案》，对收入完成情况“一月一考核、一月一通报”，实现“以考促收”的目标。

非税收入管理。规范财政票据管理，及时开展票据年检和票据稽查，实行“收支两条线”管理；加强非税征管监督检查，全年完成非税收入19.32亿元。

预算支出管理。全年完成区本级一般公共预算支出65.44亿元（含中央、省、市专项追加），增长4.59%，其中民生民本支出54.42亿元，占一般公共预算支出的83.15%。加大对科教文卫事业的支持力度，财政资金优先保障教育强区经费投入，全年预算安排教育经费4.56亿元，同比增长31%；安排社会保障和就业支出1.45亿元，累计发放城乡居民基础养老金2611万元，城乡居民养老保险待遇进一步得到落实；发放城市低保金3453万元，农村低保、五保金1152万元。

强农惠农政策落实。加大对农业和农村的投入，全年对农业农村投入2980万元；规范惠农补贴基础数据采集、发放和管理程序，累计发放补贴20项，发放金额2367万元。

重点项目建设保障。合理调度资金，争取到位市级调度资金17.91亿元，配合相关部门争取省市专项资金9.03亿元，安排重点工程节气资金2.65亿元，确保重点项目顺利推进。

税制改革。按照"营改增"的统一部署，科学测算"营改增"对全区收入的影响，积极协调推进国、地税征管体制改革，促进国地合作办税，确保"营改增"工作5月1日全面推开，直接为企业减轻税负7亿多元。

国库集中支付改革。按照省、市关于街镇国库集中支付改革的要求，扎实做好前期准备工作，12月正式启动全区所有街道国库集中支付改革工作；规范国库集中支付管理，全年140个预算单位共支付25亿元，其中直接支付占98.93%，超过长沙市考核规定8.93%。

政府采购改革。推进政府采购信息化平台建设，将区属150家预算单位纳入平台管理，政府采购全程网上操作，采购公告、中标（成交）结果及时向社会公示；强化预算源头管控，出台《开福区政府购买服务指导目录》，稳步推进政府购买服务工作；全年完成政府采购项目1528个，采购金额2.57亿元。

专项资金管理。出台《开福区财政专项资金分配审批管理办法》，优化专项资金审批程序，提高资金使用效益。完善《开福区预算绩效运行监控管理办法》，对20个重点项目开展绩效评价工作，涉及金额1.16亿元。积极盘活存量资金，对2015年结余资金进行全面清理，共收回结余资金5967万元用于财政统筹。

政府债务管理。妥善处理存量债务，通过预算安排、地方政府债券置换等方式偿还存量政府债务；对PPP项目的财政补贴资金足额编入预算，严格控制新增债务，切实防范和化解债务风险。

重点工程资金监管。积极参加全区拆违控违工作，派出评审员全程做好拆违核面工作；实行三级复核制，完成预算审核项目578个，审定金额48.52亿元，核减9696万元，审减率1.96%；委托中介机构审核30万元以下非邀标项目382个。

国有资产管理。全面开展行政事业单位国有资产清查，摸清了全区的资产家底；出台《开福区企业国有资产监督管理暂行办法》《开福区企业国有资本经营预算试行办法》，逐步构建国有资产管理制度框架。

财政监督检查。认真贯彻相关法规条例，加强对财政内部监督和财政资金监管，对年初预算的执行实行全程监控，确保财政资金的使用安全和效率。以制度规范为基础，建立健全预算编制、执行、监督、绩效考评四位一体的财政资金管理模式。以日常检查与专项监察相结合为手段，建立健全事前审核、事中监控、事后检查的全过程的动态监督机制。强化资金绩效管理，在保障资金安全的基础上，加强对资金使用效益的监督检查。完善内部监督和外部监督相结合的检查机制，充分发挥外部监督的作用。

会计监管。认真贯彻执行《中华人民共和国会计法》，将会计监管与预算管理、财务管理、国库集中支付管理以及财政监督等工作有机结合起来，全面提高会计信息质量。加强会计基础工作，推进内部控制制度建设，开展内部晒账和资金安全检查。

财政管理工作。精心编制《开福区财政发展"十三五"规划》，描绘财政改革发展新蓝图；推进厉行节约，严格控制"三公"经费，认真做好"三公"经费和预决算公开；初步搭建财政内控制度体系，稳步推进行政事业单位内控制度建设。

干部队伍建设。出台《开福区财政局关于开展"工作零差错——服务创一流"活动实施方案》，提高财政工作精细化管理水平；实施全员绩效考核，对科室、二级机构工作完成情况实行“月督查、月通报、季测评、年考核”；开展内部晒账和资金安全检查，确保财政工作制度化、规范化和程序化。进一步精简预算执行、资金审批、资金支付等业务流程，有效避免了预算单位跑空路的现象；局纪检组、办公室不定期对上班纪律和作风进行抽查，将检查结果通报并与绩效考核挂钩；严格执行“首问负责制”“限时办结制”等规定，有效解决“门难进、脸难看、事难办”等现象。

（郑和堂）

开福区2016年财政总收入完成情况表

表5　　单位：万元

项目		工作目标（调整后）	全年累计完成	完成任务进度	同比增长	完成市定任务进度
地税	省地税直属局	34103	33874	99.33%		
	市地税直属分局	8658	10046	116.03%		
	区地税局	384738	390620	101.53%		
	小 计	427500	434543	101.65%		
国税	市国税直属分局	49821	51860	104.09%		
	区国税局	632680	653890	103.35%		
	小 计	682500	705746	103.41%		
税收收入合计		1110000	1140292	102.73%	15.30%	
非税收入		223500	193217	86.45%	-8.97%	
地方财政总收入		1333500	1333509	100.00%	11.01%	101.84%
税收占财政总收入比重			85.51%			

地税

区地方税务局

局　　长　陈学坚
副 局 长　宋绍斌　肖晓华
　　　　　方　勇
纪检组长　邓康路
工会主席　陈中笑

【概况】 开福区地税局担负着开福区16个街道办事处、镇、局的地方税费征收管理工作。下设党支部、办公室、人教科、监审室、收入规划核算科、财务科、征管和科技发展科、税政法规科、风险管理科等9个科室，3个税源管理科，3个直属机构和9个税务分局。现有在职干部212人，退休干部42人。2016年，荣获“湖南省文明标兵单位”“全省地税系统文化建设先进单位”，邓宇丹被评为湖南省2016年度“最美青年卫士”、邓弢被评为湖南省“优秀共产党员”、毛勇红被授予长沙市“十大孝星”。

组织收入稳步增长。组织以税源清理、营业税清零和税款清缴为主要内容的“三清”行动，全面掌握税源底子，为7650户营改增试点纳税人信息交接工作奠定基础；在全面营改增实施之后，推进征管转型，以转型促收入；全年着力打好收入分析、风险推送、税务稽查等系列组合拳，大力挖潜增收。2016年，全年在营改增短收7个月营业税的情况下，仍完成收入总量59.17亿元。

征管基础不断夯实。在个人所得税方面，12万元以上个税自行申报人数10849人，其中湖南广播电视台、湘雅医院，以及长沙银行三家高收入人群较为集中的扣缴户自行申报人数突破6000人，较上年同期增长95%，较上年同期增长两倍。在企业所得税方面，编纂培训课件和案例分析资料，分7期召开企业会计集中培训，进行现场授课，并对企业未申报情况进行通报，通过多种工作方式，汇算清缴面98%。不断强化“小税种大税源”管理理念，将楼宇经济税源纳入常态化管理，房产税和印花税取得突破。在土地增值税方面，采取不动产销售环节预征和项目售后清算相结合的征管方式，深入房地产项目，调查其销售收入规模和税费缴纳情况，针对土地增值税清算工作中的热点、难点，以及争议问题，及时沟通、请示，统一相关政策执行口径，明确清算审核相关要求，提高清算管理的准确性和有效性。成立数据管理团队，对数据质量进行有效管理，夯实征管基础。

征管改革务实创新。2016年，区地税局办税服务中心共发放营改增政策相关宣传资料3500册；开展“便民办税春风行动”，推行“360”办税服务模式，全面落实纳税服务规范；优化“纳税人学堂”，营改增期间，举办9期纳税人培训班，培训纳税人1600人次；制定《机构及税源调整方案》，梳理国、地双方同一业务在系统上的配置差异，全面推行“重点税源重点管、行业税源专业管、一般税源属地管、个体税源综治管、风险管理突出管”点、线、面专业化税源管理模式。设立风险管理科室，调整税源管理机构，对应国地合作模式调整税源管理范围，在区国、地税办税大厅和国税的4个分局实现互派式联合办税，办理业务9500笔，征收税款7400万元。

【“开福地税”官方微信号上线】 4月6日，在开福区局“福”文化推进会上，随着陈学坚局长与省、市局相关领导一起按下启动按钮，“开福地税”官方微信公众号正式宣告上线运行，现场一阵欢呼，随后全场干部一起体验微信摇一摇，更是让活动达到了高潮。为了满足纳税人日益增长的“互联网+税务”需求，开福区局将“开福地税”微信公众号的开通纳入2016年文化建设的主要内容。“开福地税”公众号分为办税指南、税收宣传、征纳互动三大版块，纳税人可以通过手机查询各类税收政策、办税流程，了解开福地税工作动态、查询发票真伪，实现征纳互动。开福区局将加大“开福地税”微信公众号的宣传力度，进一步完善公众号的服务功能，启动“微服务”模式，全面建立大服务格局。

【开福区国、地税深度合作联合推进营改增】 2016年，为全面有序推进“营改增”工作，国、地税双方达成共识，联合成立“营改增”领导小组及多个工作小组：信息协调组负责纳税户的移交及信息交换协调，宣传辅导组负责政策辅导宣传，税款清理组负责营业税清零、增值税及附加首月征缴工作。“营改增”涉及户行业复杂，尤其是生活服务业多为个体户，从未接触过增值税。针对纳税人对单位移交、发票使用、税负高低顾虑大的现状，国税、地税联合开展政策宣传和辅导，联合举办培训班，统一发布营改增最新消息、注意事项，尽量减少营改增对企业带来的影响；利用QQ、微信、渠窗等方式进行广泛宣传，为“营改增”创造良好氛围。区局还紧扣纳税人需求，自编宣传材料，以“营改增里程”“营改增，会计们看过来”等为题制作了专题宣传栏，纳税人对照营改增时间表，要办什么、找谁办、怎么办一目了然。定期召开国地联合会议，了解工作进展，分析处置情况。对营改增纳税人，国地税逐一比对联系人及联系电话，确保数据准确无误，短信告知纳税人注意事项，对新办营业税纳税人随时造册以备移交；对清理出的使用发票纳税人，按所属行业、发票票种、单位及个体详细造册，逐户通知，确保用票户地税发票缴得清、国税发票接得上。

（任　希）

国税

区国家税务局

党组书记	谭小卫	
局　　长	邓志荣	
副 局 长	侯才良	范建革
	王中华	陈仕斌
	田晞由	王立新
纪检组长	罗颖莉	

【概况】 长沙市开福区国家税务局坐落于开福区三一大道273号，现有干部职工228人，其中具有专科以上（含专科）学历的210人，研究生以上学历9人（博士1人），共产党员188人，在职干部平均年龄47.6岁。内设16个行政科室，下辖5个税务分局，担负全区21500多户企业和个体户的国税征管工作。

依法征税，组织收入取得新成绩。面对经济增速放缓、营改增等政策性减收的不利局面，区国税局不等不靠、迎难而上，积极发挥主观能动性，精耕细作，挖潜增收。多管齐下理顺关系，形成税收合力。国税工作不是一项孤立工作，离不开有关部门的支持和协助，为此，区国税局主动向区委、区政府请示、汇报重大工作事项，争取区委、区政府领导的理解和支持；主动加强与财政、地税、工商、法院、检察院、公安等部门的横向联系，寻求协税护税合力。培育税源加强管理，拓宽收入来源。2016年，区国税局组织征管科、法规科、收核科及金霞分局人员成立政策咨询小组，参与金霞开发区经济研讨会,配合区政府开展调研，为招商提供政策支持，积极培育“健康型、潜力型”税源。防范风险堵塞漏洞，做到应收尽收。区国税局坚持以依法征税为核心，通过健全机制防范执法风险，配合执法监督手段，规范执法行为，提升税收执法水平，在依法征税的前提下，认真组织税源清查，全力防范税款“跑冒滴漏”，全年共开展评估60户次，

1月3日金霞税务分局揭牌

查补税款1.2亿元，规范了税收秩序，尽力做到应收尽收，颗粒归仓。2016年，开福区税收收入达114亿元，在市内五区排名第一，领跑全省城区，在全省122个区县中排名第二，超过7个地州市，其中，国税收入65.4亿元，占比57.37%，为开福区经济发展发挥了重要作用。

落实政策，服务大局凸显新亮点。营改增，是一场时间紧、任务重、要求高、难度大的硬仗。区国税局上下一心、知难而进，突破税控收款机业务转换、金融业降税负等难点，全面推开营改增试点。5月1日凌晨，湖南省四大行业营改增首张发票在区国税局成功开出，获得到场省、市国税局领导肯定，湖南卫视新闻联播等省内十几家媒体作了专题报道，广泛宣传了开福精神、开福作为。提前筹划做好工作准备。区国税局出台了《长沙市开福区国家税务局关于加强工程建筑服务税收管理工作的意见》，完善第三产业发票管理办法，对相关工作人员抓好培训辅导，局领导实地开展调研督导，靠前指挥，打好“开好票”“报好税”“分析好”“改进好”等战役，向纳税人积极宣传法规政策，保障了纳税人适应新税制、遵从新税制、受益新税制。加强沟通理顺工作渠道。区国税局加强与财政、地税部门的沟通和协作，积极对纳税人进行纳税辅导，科学缜密地做好数据交接、征管衔接和业务对接的工作准备，理顺了工作渠道，有效减少了工作阻力。落实政策确保工作效果。在营改增税负只减不增的政策前提下，区国税局着眼优质纳税服务，精细化税源监管，高效涵养税源，深处着力，确保纳税人享受政策优惠，轻装前行，最大幅度释放改革红利。

依法治税，征管服务实现新突破。区国税局坚持国地合作、上下联动，全面承接和推进了各项改革顺利开展。国地合作显成效。按照市国税局“突出重点、循序渐进”的原则，区国税局一年来不断推动国地税服务深度融合、执法适度整合、信息高度聚

合，深度融合办税业务，优化办税流程，逐步实现国地税办税服务厅统一对外联合办税，真正实现“进一家门、办两家事”。创新服务惠民生。积极开展“需求大征集 服务大走访”活动，问计、问需于纳税人，全年累计走访企业5000余户，发放调查问卷3877份，为企业提供了良好的服务。

优化管理，干部队伍展现新面貌。在当前约束更多、管理更紧、监督更广、执纪更严的作风建设新常态下，区国税局抓班子带队伍，进一步激发了干部队伍活力。班子建设有力有为。区国税局领导班子切实把党风廉政建设抓在手上，扛在肩上，牢固树立了“抓党风廉政建设是本职，不抓是失职，抓不好是渎职”理念，突出思想建党，强化自觉学习和终生学习理念，突出工作调研，强化理论学习与工作实践结合能力，增强党组织的凝聚力和党建工作的实效性。队伍管理凸显亮点。借全省国税系统“岗位大练兵、业务大比武”、国地合作服务规范升级、营改增全面扩围之机，有针对性地开展10余次业务培训。鼓励干部岗位自学，参加各业务相关考试，干部业务素质得到了检阅和锤炼。在全市岗位大比武中，有熊吉楚、邹恩源、廖建娜3名干部入选市国税局集训队，熊吉楚、邹恩源在全省国税系统比赛中取得“岗位能手”的称号。绩效管理效应初显。以税务系统绩效管理为总抓手,打造全覆盖、立体化的绩效管理模式。在组织绩效方面，建立科学的指标体系，实现执行上级考核与本级考核同步开展,打破“大锅饭”式的管理格局，让绩效考核入脑入心，发挥绩效“指挥棒”作用，切实提高队伍管理水平，推动各项工作有序进行。档案管理卓有成效。区国税局不断推进档案管理工作规范化、科学化、网络化、现代化，使档案管理工作更好地服务税收各项工作。通过前期自查摸底，中期专家现场指导，以及后期积极整改，不断强化领导、严格管理、完善设施、加强利用，档案管理工作取得良好的效果。截至2016年年底，档案室有密集架100立方米，库存档案共10609卷（盒），其中文书档案524卷（盒）、基建档案72卷（盒）、征管档案7540卷（盒）、稽查档案1000卷（盒）、会计档案1543卷（盒）、照片档案2卷（盒），并于9月28日成功创建“省特级档案室”。

夯实基础，文明创建取得新成绩。区国税局一直致力于为全局干部职工提供舒适、整洁的办公环境，不断营造和谐、美好、健康、积极的工作、生活氛围。加快基层分局建设。华夏路税务分局顺利搬迁至新办公场所，办公环境以及办税条件得到极大改善。金霞税务分局正式揭牌成立，办公环境整洁美观，现代化程度高，更大程度上方便了金霞园区纳税人。文体活动丰富多彩。3月1日，联合湖南广播电台潇湘之声频道举办“湘江智汇”第四期创客分享会，一方面向广大有志青年分享成功创业经验，一方面宣传创新创业税收优惠政策；9月，由陈其中、王瑞瑜、龚超组成的代表队在市国税局组织的党内法规知识抢答赛中取得三等奖的好成绩；在“七一”建党节慰问高龄、患病老党员，在重阳节向退休老干部发了慰问信，并组织开展老干部文娱活动，继承和发扬中华民族尊老敬老的传统美德。全年共慰问62人次，慰问金31200元，对8位生活困难家庭补助29000元，对3位特困家庭救助50000元。文明创建卓有成效。区国税局围绕年初争创省级文明标兵单位的奋斗目标，积极准备，逐项逐条落实，在全局范围内及时形成创建氛围，上下联动，把创建工作做为载体深度融入日常工作中。经过全局干部职工的共同努力，省级文明标兵单位已顺利通过验收。东风路税务分局获得“省级文明窗口单位”荣誉称号。

（廖建娜）

金融

区金融工作办公室

主　　任　陈　旻

副 主 任　胡　斌　古　波

纪检组长　罗　丹（2016.4免）

【概况】 长沙市开福区人民政府金融工作办公室为公益一类事业单位，内设四个科室：办公室、金融产业发展科、资本市场建设科和金融监督管理科，有员工11名，其中领导班子成员3名、在职在编干部3名、政府雇员1人、聘用人员4名（含司机1名）。2016年，共引进11家金融机构总部和2家金融服务机构总部，全区已汇聚59家全国性和省级金融总部，其中银行9家，保险11家，证券10家，期货4家，各类分支机构和新型金融机构300余家，涵盖银行、保险、证券、期货、基金、金融租赁、融担、小贷、资产管理、企业集团财务、金融服务等业态，业态覆盖率全市占比90%以上，已形成以金融为主的产业聚集区和商务商贸区。2016年，实现金融业增加值80.03亿元，占地区生产总值的9.9%；实现金融业税收达30.55亿元，占税收总收入的比重达26.79%。

金融商务区建设稳步推进。牵头做好金融商务区领导小组办公室的各项具体工作，全年共组织召开8次领导小组全体成员调度会议，听取金融商务区重点项目的意见，解决项目存在的问题，共收集项目反映问题59个，解决问题42个，涉及路网建设、交通优化、招商宣传、基础配套、棚改征收、亮化提质、招牌设置、奖励政策等多个方面。

金融政策逐步完善。研究制定《开福区促进金融产业发展奖励办法》，鼓励各类新型金融机构、金融服务机构和金融人才的聚集，形成较为完善的政策支持体系，办法已于4月16日正式发文。2016年共落实兑现2015年度金融产业奖励2266.17万元，同比增长31.68%，奖励机构27家（其中金融机构22家、上市企业5家）。

金融监管严格规范。全区共有2家小贷公司和5家融担公司。定期组织专家对小贷及融担公司提交的分类评级报告书进行现场核查，完善管理办法，在其批筹和政策性补贴方面，使用信用征信手段进行风险评估。

风险防控及时到位。打非形势日趋严峻，全区累计受案31起，已立案30起，破案17起，涉及1.2万余名投资人，涉案金额8亿余元。加强工作部署，3月组织召开了全区打非工作动员部署会，印发了《打非工作绩效考核指标》和《2016年打非工作要点》，动员全区各部门共同行动，加大对非吸的打击力度；加强防范宣传工作，以“点面结合，重点突出，注重实效”为原则，开展形式多样的防范非法集资宣传活动，发放各类宣传资料5.6万份，5月在全区广泛开展防范非法集资宣传月活动，邀请律师为街道社区群众开展32场次防范非法集资法律知识讲座；加强风险排查，组织街道办事处对全区2983家投融资类公司进行全面排查，并建立台账；按照市打非工作专办部署积极开展综合清理整治行动，充分利用“金管通”APP互联网金融风险管理平台加强普查和专项检查，落实部门监管责任，做到痕迹化管理；做好接访息访工作，以“积极妥善，维护稳定”为原则，做好群体性事件的预防和处置，维护社会稳定，全年共接访24起，无重大集体上访事件发生。

【湖南首个“保险+期货”创新项目签约落地】 10月20日上午，中华财险&永安期货“保险+期货”创新项目签约仪式在华创国际广场举行，湖南省首个“保险+期货”创新业务模式正式启动，永安期货入驻华创开业迎来良好开端，郑州商品交易所、省发改委、省农委、省金融办、湖南证监局、省期货协会、省保险协会、省银华集团、中华财险、永安期货公司及开福区政府相关领导受邀出席。签约仪式上，中华财险湖南分公司与永安期货全资子公司永安资本签订棉花“保险+期货”创新试点合作协议，同时给该模式的第一位客户——湖南津市银华灵泉棉花专业合作社签发了棉花价格保险保单。棉花“保险+期货”创新试点是2016年中央1号文件提出的要“稳步扩大‘保险+期货’试点”文件精神的贯彻落实，该试点属于郑州商品交易所2016年支持建设的10个“保险+期货”试点之一。“保险+期货”创新项目试点，全国已经开展同类业务的省份不多，在湖南省尚属首次试点，具有重要的创新意义，不仅为合作社（或农户）提供了规避价格风险的工具，稳定了棉花的正常生产经营，还对国家加快推进农产品价格市场形成机制改革具有重要的研究意义。

【普华永道入驻开福区】 7月18日上午，全球领先专业服务机构普华永道正式入驻长沙，成立长沙分所。普华永道（Price Waterhouse Coopers Consulting，PwC）是全球最大的专业服务机构，它由两大国际会计师事务所Price Waterhouse（普华）及Coopers&Lybrand（永道）于1998

年7月1日全球合并而成，普华永道也是全球四大会计师事务所之一，与其并列的其他三大所分别是毕马威、德勤和安永。普华永道已在中国内地及港澳台地区落户26个城市，为客户提供全方位的审计、税务、咨询的高质量专业服务。普华永道中国内地及香港市场主管合伙人林怡仲表示，普华永道将以长沙为中心，服务范围辐射整个湖南省及周边地区，配合湖南省转型发展，提供全方位的专业服务，包括审计、税务和咨询等，特别是在资本市场和企业并购买卖服务，包括对外投资。普华永道中国长沙合伙人陈耘涛表示，公司将借助国内乃至全球的网络优势和客户资源，以长沙为中心覆盖湖南，引入更多的世界领先企业，同时积极服务本地企业，协助企业走向国际舞台。普华永道与中国发展基金研究会在2016年年初合作发布了《机遇之城2016》城市调研报告，其中长沙在“智力资本与创新”纬度中的“创新城市指数”排名第二位。

【举办富兴世界金融中心全球招商及品牌签约活动】 9月8日，由开福区委、区政府主办，湖南富兴集团、湖南富兴置业发展有限公司承办，长沙金融商务区最大全能城市商业综合体——富兴世界金融中心(CFC)正式华丽面市，海内外400多家知名品牌商家代表出席当日的全球招商暨品牌签约系列活动。当日下午，在省、市、区各级领导和与会嘉宾的共同见证下，“百年繁华、全球共享”富兴CFC全球招商大会正式启动，随后进行的品牌电子签约仪式把活动推向高潮。正大集团卜蜂莲花、奥地利欧悦真冰场、优衣库(UNIQLO)、保利国际影院、百胜集团、奇迹健身、MJSTYLE、57°湘、依恋集团等知名品牌商家，与CFC正式签约，结成商业合作伙伴。开福区委副书记、代区长刘拥兵表示，金融商务区集金融总部区、综合商业区和精英生活区于一身，立足长株潭，带动全省，辐射全国，面向国际，具有无与伦比的城市资源优势和政策优势，是省、市、区三级着力打造的金融中心的首航区和重点示范区。热忱欢迎国际国内各行各业的企业家们、品牌商家们和社会各界精英前来考察、投资和发展，共同助推中部战略崛起，把大长沙建设成为中部金融中心和幸福之都。

（袁思维）

金融机构

中国工商银行长沙中山路支行

行　长　罗向红

【概况】 中国工商银行股份有限公司长沙中山路支行位于长沙市开福区中山路76号，是新中国成立后在湖南建立的最早的国家银行服务网点。支行下辖11个网点，内设5个部门，现有员工215名。支行多次获得上级行授予的“金融先进单位”“全国先进基层党组织”“金融服务先进单位”“文明建设单位”“安全保卫先进支行”等荣誉称号。

中山路支行拥有领先的市场地位，优质的客户基础，多元的业务结构，强劲的创新能力和市场竞争力。2016年12月12日，支行营销的长沙市公积金管理中心项目成功落地，并成功发放第一笔住房公积金组合贷款；同年12月21日，支行营销的长沙市物业维修资金管理中心项目成功落地，湖南分行营业部与该单位就物业维修资金自缴业务进行签约。支行全面负责湖南省高速公路建设开发总公司的“临长高速”“潭邵高速”“东常高速”等27个政府还贷性高速公路项目及业务的融资支持，涉及全省参贷行55个，合同余额650亿元。

2016年，中山路支行按照上级行优质服务工作要求，以“服务先行、业绩领先”的工作思路，不断创新工作方法，提升精细化管理水平，创建了一家总行五星级网点、四家四星级网点。下辖湘江世纪城支行成为全省第一家智能化网点，下辖蔡北支行和营业室本部被营业部列为服务标杆网点。2016年12月，蔡北支行接受总行董事长、监事长、行长对网点的“非现场监测”，取得良好的效果，并涌现出了一批优秀的服务标兵，如个人客户经理杨小安历时3个月为客户成功追回被盗款项16万元，省内多家新闻媒体进行报道。

长沙开福农村合作银行

行　长　余江平

【概况】 长沙农村商业银行股份有限公司开福支行（以下简称“长沙农商银行开福支行”）是2016年9月12日由原长沙开福农村

合作银行等五家法人农合（商）行合并组建的股份制商业银行下辖的一级支行。长沙农商银行开福支行下辖一个营业部，15个二级支行，全行在职从业人员164人。2016年获得“2016年度中国银行业文明规范服务千佳示范单位”“湖南省文明单位”“省纳税信用A级单位”等荣誉称号。

长沙农商银行开福支行始终扎根开福区，以服务地方经济发展为己任，坚持充当开福区经济发展助推员、义务招商员、义务协税员“三员定位”服务宗旨不动摇，秉承“美好银行”的办行理念不动摇，一直致力于为辖内最广大民众提供优质金融服务。自营业以来，长沙农商银行开福支行加速创新驱动发展、深化转型提高质量、优化结构提升效益，各项业务发展势头强劲，服务地方实力提升。截至2016年年底，全行各项存款余额为57.38亿元，比上年增长9.47亿元，各项贷款余额为31.94亿元，比上年增加6.42亿元，全年实现总收入3.5亿元，利润总额1.15亿元,缴纳各种税款共计1.41亿元。

在紧抓业务发展的过程中，长沙农商银行开福支行坚持把企业文化建设作为再造竞争优势的战略目标，坚持以人为本，将“心律”与“他律”相结合，“从心出发，以爱为根”，将传统文化的学习融入日常工作中，制定并开展一年一度的技术比武、“述学”“晨会”等学习制度。长沙农商银行开福支行在取得自身长足发展成果的同时，不忘饮水思源，本着“吸开福氧，做开福事”和“大民生，小银行”的服务宗旨，关注社会进步，关注百姓生活，长期将爱心和温暖送进敬老院和儿童福利院，定向支助辖内重病重残儿童，不断传递正能量。“美好银行”的企业文化理念已经潜移默化融入到了每个农商银行人的内心，已经内化为全体员工的归属感和认同感，转化为促进和支撑长沙农商银行开福支行持续健康发展的强大精神动力。

中国银行长沙市松桂园支行

行　长　陈志峰

【概况】　中国银行长沙市松桂园支行（以下简称“中行松桂园支行”）成立于1999年，地处长沙市芙蓉中路一段456号，前身为中国银行长沙市分行，现隶属于中国银行湖南省分行，为湖南省分行六家直属支行之一，其内设综合管理部、业务管理部、风险管理部、个人金融部、公司金融部5个机关部门、支行营业部，下辖14个经营性支行，全行员工总人数约320人。

2016年，中行松桂园支行围绕创新、转型、化解、管控、党建五个方面的工作部署，找准自身坐标，进一步明确责任、强化执行，坚持稳中求进，坚持效益优先，在业务发展和队伍管理上取得较好的成绩。截至2016年年底，支行各项存款余额（不含理财）为113.55亿元，各项贷款余额126.39亿元，其中零售贷款总余额101.01亿元，成为湖南省首家个人贷款余额突破百亿的分支机构。零售贷款规模和客户数量在湖南省中行系统内排名第一。2016年，全行未发生重大违规违纪事件和安全保卫事故；财务管理进一步健全、规范，会计核算质量不断提升；民主管理、队伍建设和工会、党团工作稳步推进。

2016年，中行松桂园支行在持续发展优势产品的基础上，始终坚持个金、公司业务齐头并进，注重均衡发展、提倡开拓创新，支行业务结构、客户结构得到进一步优化，支行整体呈现业务蓬勃发展，内控高效稳健，队伍士气昂扬的良好局面。

中国建设银行股份有限公司长沙湘江支行

行　长　吴向农

【概况】　中国建设银行股份有限公司长沙湘江支行（简称“中国建设银行长沙湘江支行”）成立于1999年，是建行湖南省分行直属的一家二级支行，位于长沙市开福区湘春路169号。下辖营业网点14个，本部职能部门8个，营销团队4个，全行在岗员工总数为

297人。

2016年，中国建设银行长沙湘江支行贯彻建行总行、湖南省分行的战略部署和转型发展要求，挖潜支行现有优势，抢抓各种新机遇，主动适应新常态，转型创新，依规办行，依法治行，加强人本管理，提升团队竞争力，进一步夯实管理和业务发展基础，推动了各项工作快速稳健可持续发展，全年实现无重大违规、无重大安全责任事故、无案件、无重大舆情的“四无”工作目标。

中国建设银行长沙湘江支行立足开福区，服务开福区，将“六个走进”（走进街道社区、商圈市场、商会、综合体和写字楼、园区、政府机关事业单位）活动推动落实到位。2016年，与开福区政府续签战略合作备忘录，在基础设施建设、财政非税、资金存管、代发工资、养老保险、职业年金等领域，实现全方位、立体化合作。“十二五”期间，累计为开福区各类企业投放贷款超过100亿元，获得开福区政府及区内企业的好评。

长沙银行开福支行

行　长　阳鄂湘

【概况】　长沙银行开福支行位处芙蓉北路，更名成立于2015年2月，下辖营业部、华联、浏阳河、兴汉门、四方、东风路6家一级支行，内设公司业务部、零售业务部、风险合规部、运管管理部、综合保卫部和人力财务部6个部门，员工200人。截至2016年年底，支行一般性存款139亿元，其中储蓄存款44亿元，表内外授信余额共96亿元，不良率0.64%，实现经济增加值2.87亿元。2016年，开福支行获评“市级工人先锋号”，获得长沙银行授予的先进基层党组织、先进分（支）行、储蓄贡献奖、利润贡献奖、最佳经营奖等奖项。下辖营业部成功创建省级“三星级文明规范服务示范单位”和市级“青年文明号”；下辖华联支行获“中国银行业文明规范服务示范单位”和“湖南省银行业文明规范服务示范单位”荣誉称号。

业务深耕。全面对接开福重点项目建设，不断扩大信贷投放规模。扎实开展“社区画像”“拆迁画像”，全力深耕开福区域金融业务。通过抓工资代发、特约商户、社保卡、助农取款点等途径，推动资产业务、政务、公司、平台、场景、产品之间的深度联动，提高金融服务的特色化、精细化。通过与政府融资平台密切对接，打通城投、棚改的上下游，实现资金闭环，推动中小企业、拆迁代发等业务。2016年，对区棚改、金霞园区新增信贷投放6.7亿元。2016年，全区在长沙银行政务类存款时点数为17亿元，贷款余额为30亿元，成为开福区政府第一大合作银行。

助力民生。长沙银行开福支行主动与区域内的相关单位、街道、社区、村组联系，圆满完成社保卡10万多张发放任务。大力推进惠农金融进村入户。开福支行与区人社局签订合作协议，以助农取款点与社保服务站共建的模式，实现普惠金融业务借力深耕、全域覆盖。

服务政务。作为开福区的国库代理行，以及开福区非税、社保的主办行，长沙银行开福支行致力于为开福区财政及税务、法院等单位提供结算、直接支付、授权支付、国库结算、公务卡还款以及工资代发等专业化金融服务。为加强政务业务服务，开福支行专门成立政务金融中心。通过实施“政务画像”，进一步清晰了区财政、国库、社保、非税等资金收支的运行规律，提供针对性的特色服务。为节约政务业务的办理时间，开福支行坚持开设政务服务窗口，政务业务一律实行“一站式”金融服务的“绿色通道”。

邮储银行开福支行

行　长　陈军辉

【概况】　邮政储蓄银行长沙市开福区支行成立于2013年9月，位于开福区东风路40号博雅楼。内设综合管理部、综合业务部两个部门，下辖支行营业部、华夏支行、中山路支行、双拥路支行、湘江支行等5个二级支行，拥有营业网点15个，自助设备21台，从业人员129人。截至2016年年底，全支行各项存款20.8亿元，年净增-5.5亿元；累计向开福区投放各类资金共计80多亿元；各项贷款余额43亿元，年净增23亿元；存贷比超200%，是开福区投放贷款最多的银行机构之一。支行多次被省总工会、省市行表彰，曾荣获全国五一巾帼标兵岗、省芙蓉标兵岗、市芙蓉标兵岗、优秀支行等多项荣誉，并多次被市分行评选为先进单位，支行行长被分行评为行长标兵。

开福支行突出“帮大扶小”，做到既坚持特色又履行大行责任。坚持服务“三农”、服务社区、服务中小的市场定位，确立了具有邮储银行特色的小额贷款、小企业贷款“两小”金融服务品牌。推出了林权抵押贷款、建筑器材抵押贷款、再就业小额担保贷款、小企业“接力贷”、互助贷、税贷通等100多项新产品，“一行一品”“一行一式”“公司+农户”“公司+商户”等数十种信贷新模式，建立区域集中一站式审批模式，为“三农”和小微企业提供专属阳光快捷服务。围绕开福区“大北城”建设，配置专项额度，开辟绿色通道。截至2016年年底，支行与恒大雅苑、恒大江湾、恒大半岛、富兴地产、万科城、湘江世纪城、开福万达、自在地、中铁山语城、阳光城等30多个楼盘合作，累计合作项目60个、放款25多亿元，余额21.5亿元。2016年，新增商务贷款7800万元，余额1.7亿元；新增消费贷款11.5亿元，余额21.5亿元；新增小额贷款2107万元，余额4700万元。为湖南省福利彩票发行中心、中国石化湖南分公司、电广传媒等大型企业提供资金归集服务，年归集资金数百亿元。为湘潭城建授信8亿元，放款8亿元；为黄花机场授信2亿元，放款1.5亿元；为恒大集团提供开发贷款5亿元；为长沙万达拟授信8亿元;为先导区拟授信20亿元；为机场集团拟新增授信17亿元；湘投控股、湖南发展、省财政产业基金等项目正在跟进。支行代理开福区财政社保资金、代理非税资金等项目，并与开福区财政局、城建、棚改办、金霞开发区等部门主动联系，对民生银行的资产置换积极洽谈、对一类、二类政府债务置换全力推进，力争为金霞开发区基金项目、开福区棚改项目和其他城市建设工程投放更多贷款。积极推进全省邮储银行税收缴纳落户开福区，受到区委、区政府的好评。

友谊投资咨询集团

董事长 张海岸

【概况】 友谊投资咨询集团成立于2000年，是一家以工程系列服务和商务系列服务为核心，同一行业多个专业综合运营的现代咨询服务机构。集团下辖友谊国际工程咨询有限公司，拥有注册结构师、一级建造师、造价师、招标师、监理工程师等各类资格人员1000余人。主营工程设计、造价、税务、PPP、BIM、信用评级等咨询及招标代理、工程监理、项目代建、财务审计、资产、房地产评估等业务。2016年，工程服务标的突破1300亿元，年审计、评估商务服务客户近十万户。

集团经营稳健增长。集团主营服务业收入保持较快增长，作为咨询行业的领先企业，集团正加速区域化、标准化、股份化战略发展，积极运用BIM等工程管理技术，实现由传统服务业向现代科技服务业转型升级，不断提升核心竞争力和客户服务价值。

区域拓展辐射全国。集团在巩固省内现有业务的基础上，持续开拓省外业务，设立北京总部、湖南本部及天津、南京、广东、广西等分支机构，将业务拓展至上海、天津、杭州、青岛、温州、大连等城市，实现立足三湘、辐射全国的战略布局，为稳步推进全国区域化发展奠定了坚实的基础。

项目监理争先创优。巴溪洲水上公园景观工程、金南家园保障住房一期3#、6#栋工程监理项目等一大批大型综合项目获得委托方或业主的充分肯定，多次获得“全国市政金杯示范工程奖”“湖南省建设工程芙蓉奖”“湖南省优质工程奖”“标准化示范工程奖”等荣誉称号。

文化品牌卓有成效。集团成立党委、团委、民建支部、工会等组织，设立友谊微基金，积极参与捐资助学、扶贫帮困、公益志愿活动；成立年轻人培养发展管理委员会，培养后备人才，增强企业发展后劲。

经济管理与监督

发展和改革

区发展和改革局

局　　长　缪　舜（2016.8任）
　　　　　周朝旭（2016.8免）
纪检组长　苏朝晖
副 局 长　彭建如　蒋三阳
　　　　　武华强
两型办副主任　宁双飞
重点办主任　王晓文

【概况】　开福区发展和改革局成立于2005年5月，由区计划统计物价局改组为区发展和改革局，加挂区物价局的牌子，为区政府的工作机构,核定行政编制15名，事业编制3名。区发改局内设办公室、发展规划科、投资管理科（行政审批科、重大项目稽查）、体制改革科、价格管理科5个职能科（室）；1个派出机构，由价格监督监测局与价格管理科合署办公；设有重点办、能源办公室、价格认证中心3个二级机构。

主要经济指标全面完成。2016年，全区实现地区生产总值817亿元，同比增长11.1%；社会消费品零售总额726.1亿元，同比增长12%；固定资产投资710亿元，同比增长15%；实现服务业增加值677.4亿元，同比增长12.5%；实现地方财政总收入133亿元，同比增长11%，其中税收收入113亿元，占比达85%；居民人均可支配收入达46000元。经济发展结构持续优化，三次产业结构调整为0.2：16.9：82.9。

科学编制经济发展计划。在准确把握区情和深入调研的基础上，编制和下达了全区2016年度的主要经济和社会发展主要预期目标任务，为全区经济工作的科学铺排和全面推进提供了重要决策依据；加强经济形势研判。对区域经济运行情况及时进行监测，分季度开展经济形势分析，为区委、区政府科学决策提供有价值的参考意见和第一手资料；加快推进全区现代服务业发展，开福区服务业占GDP比重已经远远超过市委、市政府提出到2020年达55%的工作目标，实现快速推进。

区委书记沈裕谋（右二）考察开福大道项目建设

重大项目建设有序推进。按照“现实可行、重要紧迫、要素联动”的原则，制订下发了《关于下达2016年开福区重大项目计划的通知》（开办发〔2016〕1号），全年共铺排重大项目153个，年度计划投资233亿元。81个新建项目全部开工，完成项目建设68个；建立县级领导联系项目机制，制订下发了《关于下达2016年开福区重大项目责任领导安排的通知》（开办发〔2016〕3号）文件，全区42位县级领导联系106个重大项目，将项目建设质效与投资计划的完成情况纳入责任领导、业主单位、建设单位、要素服务保障单位和各街道的年度绩效考核，确保项目建设有序推进。全年召开项目建设调度会80次，到香江红星美凯龙、开福大道、长青路、一江两河风光带、双河湾、胜利村农民安置房等项目现场解决问题。下达督查交办函15批次，为渔业路二期、星沙联络道及农民安置房建设解决实际问题100余个。德雅路片区棚改拆迁经验在长沙市委通报、长沙晚报媒体宣传推介。

投资管理精准得力。2016年，共完成30万元以上政府投资项目立项、可研、估算核准等审批事项506次，批复投资总额达79.86亿元；完成30万元以下政府投资项目审批次数146次，批复投资总额达3190万元；完成企业、事业单位投资项目备案172次，投资总额达33.37亿元。通过积极争取，潮宗街街区棚改项目配套基础设施建设项目到位中央预算内资金900万元；清水塘炮后街地块棚改项目（含潇湘华庭棚改定向房源）配套基础设施建设项目到位中央预算内资金1900万元。

“两型”节能卓有成效。先后制定和出台了一系列工作文件和考核办法，对全区2016年度“两型”节能工作进行全面部署和安排。积极整合宣传力量，拓展宣传阵地，深化宣传内容，创新宣传形式，全年共组织各类两型节能宣传活动50余场（次），在《湖南日报》《长沙晚报》、“两型”城市网、长沙“两型”专报等各类媒体刊登两型工作报道38篇（条），向市“两型”办报送工作信息48条；两型标准实施和认证试点工作顺利推进。6家认证试点单位的工作实施方案和进展情况已上报市“两型”办审核并备案。汉回村“两型”村庄认证已通过第三方机构的现场验收；“两型”示范创建提升了新水平。积极开展市区两型示范创建活动，汉回村、江湾社区获评长沙市两型示范单位称号，中山路社区、陈家湖社区、清水塘北辰小学等9家单位（家庭）获评市两型创建单位（家庭）称号；清洁低碳技术推广取得新突破。东风路街道精英路社区和向阳小学光伏屋顶发电站建设项目已建成并实现并网发电。市下达的新开工和已完成住宅产业化建筑面积13万平方米的任务已全部完成；芙蓉北路街道江湾社区承担的“宽带社区”试点建设项目按期完成建设任务，并通过互联网和服务终端形成湘江世纪城居民政务需求与生活需求的互联、互动和信息共享，利用互联网的有效服务手段构建了快捷、高效和精准的网络服务体系，实现政务服务、便民服务、治理服务的智能化，得到了各级领导和居民群众的一致好评，为全市“智慧社区”的建设提供了经验和模式。

价格监管规范有序。集中开展涉企收费政策落实专项检查、教育收费专项检查、商品房销售明码标价专项检查和节假日市场价格巡查，对社会反响大、群众关注度高的停车收费、商品促销和明码标价等热点价格行为进行重点整顿规范，确保价格政策的落实和价格秩序的稳定。以“12358”全国价格举报信息系统和“12345”市民服务热线平台为工作载体，严格举报办理程序，落实限时办结制度，依法查处和妥善办理各级各类价格举报、投诉，有效化解价费矛盾，全年有效处理各类价格投诉举报258件。以健全价格监测网络为基础，完善价格监测点的建设，采取监测点报送与现场采价相结合的方式，真实采集市场价格数据，科学分析价格走势。切实做好价格认证，积极开展价格认证“三为”服务，全年完成各类价格评估443宗，涉及评估标的金额513万元。

区委书记沈裕谋（左三）调研香江红星美凯龙项目

区领导调度湖南广电节目生产基地项目建设

【省“两型”工委督查组督查“宽带社区”项目建设】 11月18日，省“两型”工委副主任周上游任组长的省督查组到芙蓉北路街道江湾社区督查“宽带社区”项目建设情况，市“两型”办、市经信委等单位领导陪同督查。省督查组一行听取江湾社区关于“宽带社区”项目和“首善通”软件建设情况的汇报，参观了智慧社区体验中心，实地察看了社区公共区域的Wi-Fi布点，并就项目运行过程中的有关问题进行交流。省督查组对江湾社区通过互联网和服务终端形成湘江世纪城居民政务需求与生活需求的互联、互动、信息共享，利用互联网的有效服务手段构建了快捷、高效、精准的网络服务体系，实现政务服务、便民服务、治理服务的智能化等方面所取得的成效给予了高度肯定，并对下一步项目的运行提出更高的要求。

【省委常委、市委书记易炼红调研传化公路港项目】 12月23日上午，省委常委、市委书记易炼红率全市“四大家”领导及主要部门负责人实地观摩长沙传化公路港项目。长沙传化公路港项目是传化集团重点布点全国的十大枢纽平台之一，致力在长沙建立起辐射中部的区域物流中心。项目建成后，将集聚1500多家物流企业，新增就业岗位超过2万个，整合逾百万辆货车运力资源，每天吸引上万名卡车司机进场交易，将显著提升物流运输效率，同时降低物流成本40%，节约物流运费约20%以上，每年带动物流及相关收入200亿元；为长沙及周边几万家制造和商贸企业提供优质的物流服务。

（满一斐）

表6

开福区2016年重大

序号	项目名称	业主单位	实施单位	项目所在街道	建设性质	建设内容	起止年限
共153个，不含47个预备项目							
一、政府投资项目（87个，不含36个预备项目）							
（一）保障性安居工程及片区改造开发项目（16个）							
续建项目（10个）							
1	九尾冲定向房源建设项目★	区北城棚改投	区北城棚改投	伍家岭街道	续建	总用地面积112亩，总建筑面积27.5万平方米（含地下室4万平方米）。A区建设7栋住宅，23-32层；B区建设2栋住宅，18和23层；C区建设2栋23层住宅。	2013—2017
2	油铺街S8棚改安置房源建设项目★	区北城棚改投	区北城棚改投	湘雅路街道	续建	占地面积12.96亩，总建筑面积5.12万平方米，建设2栋32层住宅楼。	2014—2017
3	胜利村安置房★	区城北投	区城北投	四方坪街道	续建	总用地面积58.62亩，有效用地面积35亩，总建筑面积约12万平方米,建设4栋34层住宅，1栋6层商业。	2015—2017
4	洪山局福鑫苑安置房★	长沙朝正置业投资有限公司	长沙朝正置业投资有限公司	洪山街道	续建	占地面积358亩，总建筑面积约66.3万平方米（地下建筑面积约11.7万平方米）。一期建设地块东片23栋住宅及两栋商业，总建筑面积约32万平方米；二期建设西片24栋住宅及洪山桥派出所、新塘小学及幼儿园。	2014—2018
5	板塘二期安置房★	区城北投	区城北投	沙坪街道	续建	占地面积50亩，总建筑面积7.1万平方米，建设4栋21层住宅。	2014—2016
6	洪山局双河湾安置房	区城北投	区城北投	浏阳河街道	续建	占地面积291亩，总建筑面积约42万平方米，一期建设南侧106亩地块，建筑面积约22万平方米。	2015—2018
7	荷叶村安置房	区城北投	区城北投	秀峰街道	续建	项目占地面积52.42亩，净用地面积38.776亩，总建筑面积12万平方米，建四栋32层住宅及配套用房	2014-2016
8	清水塘炮后街棚改项目★	区棚改投	区棚改投	清水塘街道	续建	四至范围为国际金融大厦至交通宾馆以东、长沙市一中以南、清水塘路以西、八一桥以北，涉及687户，征收建筑面积约5万平方米。配套建设定向房源582套，修建地下车库，总建筑面积约7万平方米;扩建清水塘小学，总建筑面积约3.5万平方米。	2015—201
9	开福寺周边地块棚改项目★	区棚改投	区棚改投	新河街道	续建	四至范围为湘江大道以东，三一大道以南，黄兴北路以西，开福寺路以北，涉及887户，征收建筑面积10.47万平方米。	2015—201
10	汽电地块和潘家坪路以北棚改项目★	区棚改投	区棚改投	清水塘街道伍家岭街道	续建	四至范围包括芙蓉北路与东风路之间的精英路（潘家坪路以北地段）和汽电宿舍（四季花城以南）区域。先期启动汽电宿舍地块，精英路以东，四季花城以南，湖南省体育局以西，金源小区以北，涉及658户，征收建筑面积6.24万平方米。潘家坪路以北地块四至范围为华创国际广场以东，建鸿达现代公寓以南，沙湖桥街以西，潘家坪路以北。扩建花城小学，总建筑面积约1.35万平方米。	2015—201
新建项目（6个）							
1	中岭安置房建设★	区城北投	区城北投	捞刀河街道	新建	项目位于东支二路以东，高岭路以南，中青路以西，总用地面积97亩，有效用地面积79亩，容积率3.0，总建筑面积约18.5万平方米。	2016—201

项目投资计划表

总投资（万元）		资金来源	2016年计划投资（万元）		截至2015年完成投资(含前期经费)(万元)	半年度建设计划	年度建设计划	新建项目开工季度	竣工项目竣工季度	项目联系人
合计	其中拆迁		合计	其中拆迁						
390003	1064603		2331928	462369	430693					
182503	1064603		902678	462369	430693					
681739	947975		584768	357571	377400					
36559	375800		277995	102150	377400					
35759	57000	自筹	26315	0	101600	完成主体工程	完成项目建设		四季度	邓景灿 13875954977
33500	18500	自筹	7200	0	24500	完成主体至10层	完成主体工程建设			邓景灿 13875954977
49600	16000	市财政及自筹	25000	0	16000	完成正负零以下工程	完成主体工程至20层			谭湘瑜 18569409069
04600	17600	自筹	54000	0	45600	完成一期工程主体至15层	完成一期主体建设，启动二期工程			邓景灿 13875954977
18000	0	自筹	7000	0	11000	完成主体工程	竣工验收		四季度	谭湘瑜 18569409069
37800	25900	自筹	22380	0	25900	完成拆迁	启动建设			邓景灿 13875954977
28700	3000	自筹	8700	0	20000	完成装饰装修及附属设施建设	实现竣工验收		四季度	彭 闪 15084891030
18000	75050	自筹	27000	25050	50000	完成项目征拆工作	启动定向房源建设和学校建设			曹 军 13017316166
20000	94200	自筹	40000	31400	62800	完成项目征拆工作	完成征拆扫尾和用地交付			曹 军 13017316166
0600	68550	自筹	60400	45700	20000	启动项目征拆工作	基本完成项目征拆工作			曹 军 13017316166
45180	572175		306773	255421	0					
4560	2700	自筹	10900	2700	0	完成拆迁	启动建设	四季度		周宏奇 13607316807

续表6

序号	项目名称	业主单位	实施单位	项目所在街道	建设性质	建设内容	起止年限
2	竹隐安置房建设★	区城北投	区城北投	秀峰街道	新建	项目位于竹隐路以东，兴联路以南，总用地面积约52亩，有效用地面积37亩，容积率3.0，总建筑面积约7.4万平方米，可提供安置指标约870个。	2016—201
3	天井安置房建设★	区城北投	区城北投	青竹湖街道	新建	项目位于第二驾考中心以北，60号令安置地以东，松林路以南，总用地面积58亩，有效用地面积50亩，容积率2.0，总建筑面积6.67万平方米。	2016—201
4	潮宗街历史文化街区棚改项目（一期）★	区棚改投	区棚改投	通泰街街道	新建	项目包括潮宗街两厢和青少年宫周边两宗地块。一期启动潮宗街地块，范围为东至黄兴北路，西至湘江大道，北至营盘路，南至中山路，涉及2050户，征收建筑面积约15.1万平方米。	2016—201
5	伍家岭片区棚改项目★	区棚改投	区棚改投	伍家岭街道	新建	项目包括东南角和西北角两宗地块。先期启动东南角地块，范围北至三一大道、西至芙蓉路，南至建鸿达公寓北端，东到国庆巷，涉及1694户，征收建筑面积约12.84万平方米。扩建伍家岭小学，总建筑面积约6400平方米。	2016—201
6	德雅路片区改造项目（一期）★	区棚改投	区棚改投	四方坪街道	新建	项目包括毛巾厂、丝茅冲和保温瓶厂三宗地块。一期启动毛巾厂、丝茅冲地块，其中毛巾厂地块四至范围为东至湖南矿用橡胶有限责任公司，西至德雅路，南至湖南丽臣实业有限责任公司以北，北至冲北路两厢区域；丝茅冲地块四至范围为浏阳河路、德雅路与车站北路三条道路所围合区域，共涉及2096户，征收建筑面积约16.4万平方米。	2016—201
（二）市政基础设施项目（38个）							
续建项目（11个）							
1	捞刀河路二期★	长沙金霞经开区开发建设总公司	长沙金霞经开区开发建设总公司	秀峰街道	续建	三环线～兴联路，含下穿三环线涵洞，长3380米，宽46米。	2015—201
2	大安路★	长沙金霞经开区开发建设总公司	长沙金霞经开区开发建设总公司	沙坪街道	续建	中青路~荷莲路，长1064米，宽32米。	2015—201
3	广胜路★	长沙金霞经开区开发建设总公司	长沙金霞经开区开发建设总公司	沙坪街道	续建	青竹湖路～钟石路，长1557米，宽36米。	2015—201
4	长青路★	长沙金霞经开区开发建设总公司	长沙金霞经开区开发建设总公司	沙坪街道	续建	青竹湖路～北山大道，长1990米，宽29米。	2015—201
5	汤家湖路东段★	长沙金霞经开区开发建设总公司	长沙金霞经开区开发建设总公司	青竹湖街道	续建	芙蓉北路～华宁路，长547米，宽60米。	2015—201
6	鹅羊路★	长沙金霞经开区开发建设总公司	长沙金霞经开区开发建设总公司	秀峰街道	续建	咏鹅路～冯蔡路，长997米，宽26米。	2015—201
7	鹅秀路西段★	长沙金霞经开区开发建设总公司	长沙金霞经开区开发建设总公司	秀峰街道	续建	湘江北路～芙蓉北路，长1299米，宽36米。	2015—201
8	新港污水厂配套管网	长沙金霞经开区开发建设总公司	长沙金霞经开区开发建设总公司	青竹湖街道	续建	汤家湖污水D1200–D1500主干管，长2031米。	2015—201
9	陡岭片区路网	区北城棚改投	区北城棚改投	伍家岭街道	续建	伍岭路：陡岭路～学院路，长320米，宽20米；兴隆路：三一大道～学堂园路，长415米，宽12米。	2015—201
10	洪山片区路网	区城北投	区城北投	浏阳河街道	续建	横河路：福元路～双河路，长690米、宽16米；洪山路：福元路～双河路，长615米、宽37米；腰塘路：车站北路～横河路，长450米，宽16米。	2015—201

总投资（万元）		资金来源	2016年计划投资（万元）		截至2015年完成投资(含前期经费)(万元)	半年度建设计划	年度建设计划	新建项目开工季度	竣工项目竣工季度	项目联系人
合计	其中拆迁		合计	其中拆迁						
24320	4160	自筹	8160	4160	0	完善手续、启动拆迁	完成拆迁，启动建设	四季度		周宏奇 13607316807
31940	4640	自筹	10140	4640	0	完善手续、启动拆迁	完成拆迁，启动建设	四季度		周宏奇 13607316807
28000	197275	自筹	76000	65758	0	启动项目征拆工作	完成项目部分征拆工作	二季度		曹 军 13017316166
98360	171088	自筹	132240	114059	0	启动项目征拆工作	完成项目部分征拆工作	三季度		曹 军 13017316166
08000	192313	自筹	69333	64104	0	启动项目征拆工作	完成项目部分征拆工作	二季度		曹 军 13017316166
23305	79808		180557	67978	45407					
00647	21130		40940	1500	45328					
35300	8400	市财政园区共同投资	12000	0	12500	进行土方工程施工	完成路基工程			周月娥 82346918
4900	1120	自筹	1260	0	3640	完成路基工程	竣工通车		四季度	周月娥 82346918
5480	1680	自筹	1600	0	3880	完成路基工程	竣工通车		四季度	周月娥 82346918
11900	3000	市财政园区共同投资	3600	0	8300	完成路基工程	竣工通车		二季度	周月娥 82346918
9780	1480	自筹	5720	0	2130	土方工程施工	完成路基工程			周月娥 82346918
8230	1000	自筹	4180	0	4050	完成路基工程	竣工通车		四季度	周月娥 82346918
8988	1000	自筹	3600	0	5388	完成路基工程	竣工通车		三季度	周月娥 82346918
3040	0	自筹	1200	0	1840	完成部分建设	完成建设		三季度	周月娥 88482589
3250	1100	自筹	2150	0	1100	完成路基工程	完成建设		三季度	邓景灿 13875954977
6179	850	区城北投和五矿共同投资	3000	0	2000	完成路基工程	完成部分路面工程			樊 云 15116263428

续表6

序号	项目名称	业主单位	实施单位	项目所在街道	建设性质	建设内容	起止年限
11	家园路	区城北投	区城北投	浏阳河街道	续建	福元路～滨河南路，长950米，宽16米。	2015—201
新建项目（27个）							
1	车站北路北延线★	区城建投	区城建投	捞刀河街道	新建	捞刀河大桥～北二环，长3940米，宽46米。	2016—201
2	栖凤路（三一大道-东二环段）★	区城建投	区城建投	四方坪街道	新建	三一大道～东二环，长800米，宽26米。	2016—201
3	胜利村配套路网	区城建投	区城建投	四方坪街道	新建	规划路:东二环匝道～栖凤路，长270米，宽12米；新园路：长470米，宽12米。	2016—201
4	马栏山通道改造工程（含佳亭路）★	区城建投	区城建投	月湖街道	新建	将马栏山下穿三一大道现状通道净宽由5.4米加宽至16米双向四车道。	2016
5	佳园路	区城建投	区城建投	伍家岭街道	新建	栖凤路～学堂园路，长约780米，宽20米。	2016—201
6	福元西路提质改造	区城建投	区城建投	浏阳河街道	新建	实施福元西路路面提质改造和隔离带绿化提质、补种行道树。	2016—201
7	芙蓉北路提质改造一期（浏阳河—捞刀河）★	区城建投	区城建投	芙蓉北路街道	新建	对芙蓉北路捞刀河桥以南，浏阳河以北段（全长3.6公里）进行改造，分为路面提质工程、人行道及两侧绿化提质工程。	2016
8	芙蓉北路提质改造二期（青竹湖大道—沙河桥）★	区城建投	区城建投	青竹湖街道	新建	对芙蓉北路青竹湖大道以北，沙河桥以南段（全长2.8公里）进行改造，对两侧绿化带进行提质改造。	2016
9	彭家巷路北段	长沙金霞经开区开发建设总公司	长沙金霞经开区开发建设总公司	捞刀河街道	新建	冯蔡东路～兴联路，长 1591米，宽46米。	2016—201
10	铁港南路★	长沙金霞经开区开发建设总公司	长沙金霞经开区开发建设总公司	秀峰街道	新建	柏叶路～北二环，长1652米，宽26米。	2016—201
11	竹隐北路★	长沙金霞经开区开发建设总公司	长沙金霞经开区开发建设总公司	秀峰街道	新建	冯蔡东路～湘辉路，长1840 米，宽36米。	2016—201
12	裕兴路（二期）★	长沙金霞经开区开发建设总公司	长沙金霞经开区开发建设总公司	秀峰街道	新建	谊信路～湘辉路，长745米，宽26米。	2016—201
13	翔通路（北支一路）★	长沙金霞经开区开发建设总公司	长沙金霞经开区开发建设总公司	秀峰街道	新建	捞刀河路～竹隐路，长710米，宽26米。	2016—201
14	柏叶路（二期）★	长沙金霞经开区开发建设总公司	长沙金霞经开区开发建设总公司	秀峰街道	新建	铁港路～竹隐路，长864米，宽36米。	2016—201
15	兴隆路★	长沙金霞经开区开发建设总公司	长沙金霞经开区开发建设总公司	秀峰街道	新建	兴联路～裕城路，长1928米，宽36米。	2016—201
16	冯蔡东路★	长沙金霞经开区开发建设总公司	长沙金霞经开区开发建设总公司	秀峰街道	新建	京广铁路桥～彭家巷路，长2113米，宽46米。	2016—201
17	钟石路	长沙金霞经开区开发建设总公司	长沙金霞经开区开发建设总公司	沙坪街道	新建	中青路～荷莲路，长1004米，宽24米。	2016—201

总投资（万元）		资金来源	2016年计划投资（万元）		截至2015年完成投资(含前期经费)(万元)	半年度建设计划	年度建设计划	新建项目开工季度	竣工项目竣工季度	项目联系人
合计	其中拆迁		合计	其中拆迁						
3600	1500	自筹	2630	1500	500	完成拆迁	完成路基工程			郭华杰 13607446208
222658	58678		139617	66478	79					
77000	32000	区财政	50000	32000	0	完成拆迁，启动建设	完成路基工程	二季度		郭华杰 13607446208
10800	7800（含绿化带）	区财政	9000	7800	0	完成拆迁	完成路基工程	四季度		李铭迪 15211099339
1100	200	区财政	900	200	0	完善手续	完善手续，启动建设	四季度		李铭迪 15211099339
2979	0	区财政	2900	0	79	完成部分建设	完成建设	一季度	三季度	邓景灿 13875954977
2500	0	区财政与国防科大共同投资	580	0	0	启动建设	完成部分建设	一季度		郭华杰 13607446208
3580	0	区财政	580	0	0		完成部分建设	四季度		邓景灿 13875954977
12000	0	市、区财政	12000	0	0	启动建设	完成建设	一季度	四季度	郭华杰 13607446208
4000	0	区财政	4000	0	0	启动建设	完成建设	二季度	四季度	郭华杰 13607446208
13902	4388	自筹	5500	4388	0		启动建设	四季度		熊 鹰 88482529
8045	2600	自筹	4500	2600	0	启动拆迁和完善前期手续	完成路基工程	三季度		师红卫 88482536
10711	2100	自筹	3400	2100	0	启动拆迁和完善前期手续	启动建设	四季度		师红卫 88482536
3680	1200	自筹	2200	1200	0	启动拆迁和完善前期手续	启动建设	三季度		师红卫 88482537
3500	1107	自筹	2907	1107	0	启动拆迁和完善前期手续	启动建设	三季度		师红卫 88482536
5908	1865	自筹	3000	1865	0		启动建设，完成路基工程	三季度		师红卫 88482536
10958	1269	自筹	5600	1269	0	启动拆迁和完善前期手续	完成土方工程	三季度		师红卫 88482536
17928	6300	自筹	7700	6300	0	启动拆迁和完善前期手续	启动建设	四季度		师红卫 88482529
4577	1445	中民投出资	3150	1445	0		启动路基工程	三季度		熊 鹰 88482529

续表6

序号	项目名称	业主单位	实施单位	项目所在街道	建设性质	建设内容	起止年限
18	曲湾路	长沙金霞经开区开发建设总公司	长沙金霞经开区开发建设总公司	沙坪街道	新建	彭家巷路～中青路，长996米，宽26米。	2016—2017
19	天井路	长沙金霞经开区开发建设总公司	长沙金霞经开区开发建设总公司	沙坪街道	新建	大安大道～大明大道，长1201米，宽36米。	2016—2017
20	背街小巷提质改造项目★	区市政局	区市政局	相关街道	新建	对内城区街道的多条街巷及其支巷进行提质改造，主要是对网裂、沉塌等基础薄弱部分采用开窗补强，路面处置采用铣刨后沥青罩面，或拆除原有沥青路面后重新铺设，对破损的人行道进行修复，对部分排水管道进行改造和疏浚，并根据实际情况，对道路两厢违章或围墙进行拆除，增设停车位。	2016
21	标准化示范路提质维护项目★	区市政局	区市政局	相关街道	新建	对营盘路（迎宾路至湘江大道）、东风路（营盘路至波隆立交桥）沥青面层网裂、沉塌的路段进行开窗处理，对路面裂缝进行处置，灌注填缝料，采用SA自贴性抗裂贴对路面裂缝进行处理，洒布乳化沥青，采用SMA沥青料进行整体摊铺4cm，对道路交通标线进行重新施划，并对交通路口的交通感应线进行恢复。	2016
22	排水堵点疏浚改造项目★	区市政局	区市政局	相关街道	新建	对未接入社交桥泵站的主排水管道进行改造，拉通接入泵站，并对片区排水体系瓶颈、不完善部位进行提质改造。	2016
23	人行过街设施建设项目★	区市政局	区市政局	相关街道	新建	拟在人流量、车流量大的芙蓉北路周南中学路段、福元东路长大附中北门路段增设人行天桥（湘江大道万达广场路段待定）。	2016
24	中青路大中修项目★	区市政局	区市政局	相关街道	新建	对中青路（中岭立交桥至青竹湖路）西幅道路进行大中修。	2016
25	涝湖垸捞刀河大堤整治工程	区农水局	区农水局	浏阳河街道	新建	堤面沥青硬化，增设麻石栏杆，草皮恢复，绿化点缀。	2016
26	苏托垸楚家湖大堤整治工程	区农水局	区农水局	捞刀河街道	新建	堤面水泥硬化，增设防撞护栏，垃圾清运，绿化点缀。	2016
27	水利设施提质改造工程	区农水局	区农水局	相关街道	新建	将墙板厂泵站进水渠由明渠改造为箱涵；对苏托垸甘嘴坨泵站进水前池进行清淤；对苏托垸4.5公里长堤防进行综合整治维修。	2016
（三）社会民生项目（33个）							
续建项目（7个）							
1	鹅羊山公园	长沙金霞经开区开发建设总公司	长沙金霞经开区开发建设总公司	秀峰街道	续建	占地约1026亩，启动绿化、景观、游道及鹅羊道馆、鹅羊塔等配套设施建设。	2015—2017
2	秀峰山公园	长沙金霞经开区开发建设总公司	长沙金霞经开区开发建设总公司	秀峰街道	续建	在秀峰山建设一座抗日烈士纪念塔及一个高36.18米的金霞景观塔。	2015—201
3	河口小学★	长沙金霞经开区开发建设总公司	长沙金霞经开区开发建设总公司	秀峰街道	续建	净用地面积20亩，总建筑面积1.5万平方米，30个班小学。	2015—201
4	浏阳河小学	区教育局	区北城棚改投	伍家岭街道	续建	总用地面积约26.33亩；总建筑面积1.5万平方米，拟将现有浏阳河小学扩建为24班约8300平方米，并新建9个班幼儿园约2600平方米。	2015—201
5	兴联小学地块土地整理	区城北投	区城北投	秀峰街道	续建	该地块位于九号路以南，芙蓉北路以西，兴联路以北，总用地面积83.87亩，有效用地面积44.77亩。	2015—201

总投资（万元）		资金来源	2016年计划投资（万元）		截至2015年完成投资(含前期经费)(万元)	半年度建设计划	年度建设计划	新建项目开工季度	竣工项目竣工季度	项目联系人
合计	其中拆迁		合计	其中拆迁						
4918	1552	自筹	2050	1552	0		启动建设	四季度		熊 鹰 88482529
8212	2592	自筹	3290	2592	0		启动建设	四季度		熊 鹰 88482529
3000	0	区财政	3000	0	0	完成项目现场勘察、立项、初步设计施工招投标。	完成项目建设	三季度	四季度	刘正伟 15802633965
3000	0	区财政	3000	0	0	完成项目现场勘察、立项、初步设计施工招投标。	完成项目建设	三季度	四季度	刘正伟 15802633965
1000	0	区财政	1000	0	0	完成项目现场勘察、立项、初步设计施工招投标。	完成项目建设	三季度	四季度	刘正伟 15802633965
3000	0	区财政	3000	0	0	完成项目现场勘察、立项、初步设计施工招投标。	完成项目建设	三季度	四季度	刘正伟 15802633965
2500	0	区财政	2500	0	0		完成项目建设	三季度	四季度	刘正伟 15802633965
1500	0	区财政	1500	0	0	启动项目建设	完成项目建设	一季度	四季度	邹双七 13908468077
1000	0	区财政	1000	0	0	启动项目建设	完成项目建设	一季度	四季度	邹双七 13908468077
1360	60	区财政	1360	60	0	启动项目建设	完成项目建设	一季度	四季度	邹双七 13908468077
77459	36820		137353	36820	7886					
55176	31140		43130	31140	5846					
13000	待定	园区和创远共同投资	6500	待定	300	进行游道建设	基本完成游道和园林建设			周月娥 82346918
600	0	自筹	450	0	150	完成建设			二季度	周月娥 82346919
4766	0	自筹	1700	0	3066	完成主体建设			二季度	周月娥 82346918
5000	0	自筹	3000	0	2000	完成主体建设			二季度	熊念东 13637315006
6640	6640	自筹	6640	6640	0	启动拆迁	完成拆迁，挂牌出让		四季度	周宏奇 13607316807

续表6

序号	项目名称	业主单位	实施单位	项目所在街道	建设性质	建设内容	起止年限
6	渔业路及延伸工程社保融资用地	区城北投	区城北投	浏阳河街道	续建	地块位于福元路以北，家园路以西，双河路以东，捞刀河风光带以南。总用地面积439亩，有效用地面积248亩。	2015—201
7	楚家湖污水处理厂	区环保局	区环保局	捞刀河街道	续建	项目设计污水处理量3000t/d.采用“Ano生物接触氧化脱氮除磷工艺”处理污水，出水水质达到《城镇污水处理厂污染物排放标准》（GB18918-2002）中的一级标准的B标准。	2015—201
新建项目（26个）							
1	湘江风光带提质改造★	区城建投	区城建投	相关街道	新建	改造范围分为三段，全长3.2公里，全线设计宽度约30～80米，为湘江大道西侧主辅隔离带外侧至河漫滩临水界面，改造总面积约17万平方米，突出打造银盆岭大桥两侧重要节点（开福寺路至北辰段）。	2016
2	浏阳河风光带（入河口~三一大道段）★	区城建投	区城建投	相关街道	新建	全长4.9公里，对浏阳河入江口至三一大道沿线两岸进行绿化提质改造。含芙蓉北路浏阳河大桥、车站北路浏阳河大桥、二环线洪山桥亮化工程。	2016
3	金融生态区城市亮化与景观改造★	区城建投	区城建投	相关街道	新建	芙蓉中路八一桥至波隆立交桥段（含桥梁、全长约3.5公里）和营盘路烈士公园南门至蔡锷路段（全长约1.1公里）。对道路及道路红线以外两侧各约50米范围，各个交叉路口有重要地标建筑或景观节点的从交叉路口向外延伸50～100米范围进行亮化及景观改造。	2016
4	拆围覆绿工程项目	区城建投	区城建投	相关街道	新建	拆围覆绿工程具体为沿福元路的洪山公园地块、长沙学院地块、珠江花城西侧地块、广大环球地块、双河社区地块、涝湖二期地块、史家坡社区地块、黄兴北路天英地块、东二环163医院西侧地块，总改造面积约91488平方米。	2016—201
5	湘江风光带（金霞段）★	长沙金霞经开区开发建设总公司	长沙金霞经开区开发建设总公司	秀峰街道	新建	三汊矶大桥～月亮岛大桥，4.5公里长的滨江景观带、慢行系统、休闲文化广场等建设。	2016—201
6	出入城口美化亮化整治工程★	长沙金霞经开区开发建设总公司	长沙金霞经开区开发建设总公司	青竹湖街道	新建	华宁路（新港收费站～青竹湖大道）美化亮化；青竹湖大道（芙蓉北路～中青路）美化亮化；湘江大道（月亮岛大桥～沙河大桥）美化。	2016
7	陈家渡中学★	区教育局	区城建投	浏阳河街道	新建	项目北临滨河北路，南至开福一小，西临珠江郦城，东靠万国城。总用地面积4.06万平方米，总建筑面积3.61万平方米，办学规模为48个班。	2016—201
8	植基中学改扩建工程	区教育局	区教育局	青竹湖街道	新建	项目位于青竹湖大道以南、芦湾路以北、华宁路以东、金椅路以西，总用地面积53.94亩，总建筑面积2.87万平方米，办学规模为36个班。	2016—201
9	长沙市一中开福中学	区教育局	区教育局	东风路街道	新建	1. 拆除男女厕所、垃圾站、老食堂等建筑；2. 新建体育馆、二教学楼新建厕所，新建垃圾站，新建标准室外篮球场3个，校园地坪及围墙提质改造等。	2016—201
10	史家坡学校一期	区教育局	区城建投	浏阳河街道	新建	项目位于福元西路以南，车站北路以东，腰塘路以北，五矿沁园金城以西区域，用地面积约80亩，计划建设63个班的九年制义务教育学校。学校统一规划，分两期建设，总建筑面积4.9万平方米，其中一期共24个班。	2016—20
11	四方坪小学改扩建工程	区教育局	区教育局	四方坪街道	新建	用地面积21亩，总建筑面积2600平方米，36个班。	2016
12	山语城二期配套幼儿园二次装修项目	区教育局	区教育局	秀峰街道	新建	对山语城二期配套幼儿园进行二次装修，包括内墙及天棚粉刷、新做墙裙、强弱电改造、地面地板装修、厕所厨房整体装修、功能用房吊顶装修等。	2016

总投资（万元）		资金来源	2016年计划投资（万元）		截至2015年完成投资(含前期经费)(万元)	半年度建设计划	年度建设计划	新建项目开工季度	竣工项目竣工季度	项目联系人
合计	其中拆迁		合计	其中拆迁						
24500	24500	自筹	24500	24500	0	启动拆迁	完成拆迁，启动招拍挂手续		四季度	周宏奇 13607316807
670	0	区财政	340	0	330	完成项目建设，投入运行			一季度	高 勇 84558303
122283	5680		94223	5680	2040					
4000	0	区财政	4000	0	0	完成项目建设（湘雅路-北辰定江洋段）		一季度	二季度	谭 鑫 18175193019
18000	0	区财政	18000	0	0	完成建设		一季度	二季度	谭 鑫 18175193019
8900	0	区财政及社会投资	8900	0	0	完成建设		一季度	二季度	谭 鑫 18175193019
2082	0	区财政	2082	0	0	完成建设		一季度		谭 鑫 18175193019
25500	1200	市财政、园区共同投资	17200	1200	1960	进行二、三期建设	基本完成园林建设	二季度		周月娥 82346918
3000	0	自筹	3000	0	0	完成建设		一季度	二季度	师红卫 88482553
16000	0	市、区财政	6000	0	0	完成拆迁、完善手续	启动建设	四季度		王晓阳 15111396036 彭 意 13707310881
10580	3380	区财政	5000	3380	80	完成前期手续	启动建设	三季度		彭 意 13707310881
4500	0	区财政	2700	0	0	完成前期手续	启动建设	三季度		彭 意 13707310881
2310	0	区财政	930	0	0	完善手续	启动建设	三季度		唐彦博 13875917203
850	0	区财政	850	0	0	完成建设		一季度	二季度	彭 意 13707310881
450	0	区财政	450	0	0		完成建设	三季度	三季度	彭 意 13707310881

续表6

序号	项目名称	业主单位	实施单位	项目所在街道	建设性质	建设内容	起止年限
13	开福区中小学创建“美丽校园”项目	区教育局	区教育局	相关街道	新建	吉祥巷小学、新竹二小等23所中小学校创建“美丽校园”，具体包括完善校舍功能用房、靓化校园整体环境、提质校园绿化景观、打造特色校园文化等。	2016
14	沙坪卫生服务中心（沙坪医院）	区城建投	区城建投	沙坪街道	新建	项目总用地面积为1.6万平方米，净用地面积为12848平方米，建设内容为沙坪医院、社区服务楼及办公用房。	2016—2017
15	新建站厕★	区环卫局	区环卫局	相关街道	新建	新建站厕：沙坪街道板塘村站；捞刀河街道高源村站；秀峰街道大塘村站；四方坪毛家桥站；青竹湖生态园站；三叉矶大桥站；新河路北大桥站；三一大道浏阳河桥东站；三一大道浏阳河桥西站；四方坪胜利村二环桥站；湘江大道捞刀河桥站；伍家岭波隆立交桥站。	2016
16	社区提质改造★	区城管局	区城管局	相关街道	新建	对4-6个社区的建筑立面、绿化、道路、下水和门店招牌等进行整治进行整体提质改造。	2016
17	城市美化亮化工程	区城管局	区城管局	相关街道	新建	对东风路沿线、万家丽（浏阳河大桥至福元路）沿线、三一大道（波隆立交桥至东二环）楼宇亮化和提质。	2016
18	立体绿化★	区园林局	区园林局	相关街道	新建	对四方坪立交桥、北辰人行天桥、福元路天桥（万国城）、芙蓉北路浏阳河大桥、捞刀河桥进行立体绿化建设，具体内容包括中央隔离带、机非分车带护栏悬挂绿化，桥墩、楼梯攀爬绿化及给排水等。	2016
19	道路绿化★	区园林局	区园林局	新河街道	新建	对晴岚路、北辰三角洲及三馆一厅周边道路进行行道树更换及中央分车带绿化提质改造。	2016
20	社区公园★	区园林局	区园林局	相关街道	新建	含围而未建可实施的拆违增绿项目（因市园林局和市城管局未明确具体要求），湘江风光带、月湖公园及已建成社区公园木构件、设施维修工程。	2016
21	环城绿带	区园林局	区园林局	相关街道	新建	西起湘江大道，东至白沙河，总长约12公里，绿带设计宽度为60米，总设计面积约80万平方米。	2016—2017
22	万家丽路两厢及高架桥匝道口区域综合整治项目	区园林局 区工务局	区园林局 区工务局	相关街道	新建	1. 对万家丽路两厢进行综合整治，道路全长约4.4公里，需综合整治面积约55000平方米，主要包括建筑及生活垃圾清除外运、施工材料处理、场内土方平衡、回填种植土、满铺草皮等；2. 对万家丽路高架桥与三一大道匝道口区域绿化进行整治，改造面积约6500平方米。	2016
23	捞刀河、浏阳河河滩复绿工程	区农水局	区农水局	相关街道	新建	对捞刀河、浏阳河水系岸线、滩涂进行综合整治、复绿。	2016
24	沙河南岸绿化	青竹湖街道	青竹湖街道	青竹湖街道	新建	对沙河南岸进行绿化。	2016
25	星月湖湿地公园提质改造	青竹湖街道	青竹湖街道	青竹湖街道	新建	星月湖周边栈道绿化亮化及道路建设。	2016
26	金霞新农村建设	青竹湖街道	青竹湖街道	青竹湖街道	新建	卫生整治、乡村道路建设及道路绿化、路灯安装、房屋屋顶外墙改造。	2016
（四）预备项目（36个）							
1	洪山公园（文体活动中心）	区城建投	区城建投	浏阳河街道	预备	福元路以南、滨河南路以北、陈渔路以东、家园路以西，占地面积1266亩，其中洪山公园占地780亩，浏阳河风光带338.8亩，城市道路及市政设施用地242.15亩。建设内容包括绿化、景观及配套设施。	2016—201

总投资（万元）		资金来源	2016年计划投资（万元）		截至2015年完成投资(含前期经费)(万元)	半年度建设计划	年度建设计划	新建项目开工季度	竣工项目竣工季度	项目联系人
合计	其中拆迁		合计	其中拆迁						
3500	0	区财政	3500	0	0	启动建设	完成建设	一季度	四季度	彭意 13707310881
5500	1100	市、区财政	4500	1100	0	完成拆迁，启动建设	完成主体建设	二季度		熊念东 13637315006
1070	0	区财政	1070	0	0	完成部分建设	完成建设	二季度	四季度	夏新凯 13786165819
5000	0	区财政	5000	0	0		完成建设	三季度	四季度	艾延灿 18684955888
3000	0	区财政	3000	0	0		完成建设	三季度	四季度	艾延灿 18684955888
2800	0	区财政	2800	0	0		完成建设	三季度	四季度	才源 13808458270
1500	0	区财政	1500	0	0	完成手续办理	完成建设	三季度	四季度	才源 13808458270
1500	0	市、区财政	1500	0	0	完成手续办理	完成建设	三季度	四季度	才源 13808458270
待定	0	区财政	待定	0	0	启动建设	完成部分绿带建设	一季度		才源 13808458270
291	0	区财政	291	0	0	启动建设	完成建设	一季度	二季度	才源 13808458270 谭鑫 18175193019
900	0	区财政	900	0	0	启动建设	完成建设	一季度	三季度	邹双七 13908468077
400	0	区财政	400	0	0	启动建设	完成建设	一季度	三季度	才源 13808458270
300	0	区财政	300	0	0	完成项目建设		一季度	二季度	吴展鹏 15580048654
350	0	区财政	350	0	0	完成卫生整治、路灯安装、道路绿化	完成项目建设	一季度	三季度	吴展鹏 15580048654
100000	50000	市投区建	待定	待定			完成前期手续			樊云 15116263428

续表6

序号	项目名称	业主单位	实施单位	项目所在街道	建设性质	建设内容	起止年限
2	滨河北路	区城建投	区城建投	浏阳河街道	预备	新欣路箱涵～双河路，长600米，宽20米。	2016—201
3	伍家岭交通循环改造	区城建投	区城建投	伍家岭街道	预备	以伍家岭立交桥为核心，优化周边路网循环。	2016—201
4	荷叶村安置房二期	区城北投	区城北投	秀峰街道	预备	该地块位于格润路以南、鹅羊南路以北、文慧路以东、植基路以西，总用地面积127亩，有效用地面积99亩，现状容积率为1.8。	2016-2018
5	板塘安置房三期	区城北投	区城北投	沙坪街道	预备	总用地面积111亩，有效用地面积82亩，按容积率2.5计算，总建筑面积15.7万平方米，可提供安置指标1608个。	2016—201
6	金盆丘二期安置房	区城北投	区城北投	青竹湖街道	预备	华宁路以西、汤家湖路以北，总用地面积76亩，有效用地面积58亩，容积率2.5，总建筑面积11.3万平方米。	2016—201
7	双河湾安置小区配套路网	区城北投	区城北投	浏阳河街道	预备	洪山东路：车站北路～家园路，长632米，宽16米；环球东路：车站北路～家园路，长613米，宽16米。	2016—201
8	福鑫苑安置小区配套路网	长沙朝正置业投资有限公司	长沙朝正置业投资有限公司	洪山街道	预备	B-1路：长650米，宽16米；花园路：待定。	2016—201
9	区交警指挥服务中心（金霞中心法庭）	区城建投	区城建投	秀峰街道	预备	芙蓉北路与冯蔡路交汇处，鹅羊山安置小区西南角，东临鹅羊路，北临冯蔡路。总用地面积约19亩，净用地面积15.8亩，总建筑面积26000平方米。	2016—201
10	湘雅路派出所	区公安局	区城建投	湘雅路街道	预备	位于福善园项目以东，凯乐国际以南。	2016—201
11	东风路派出所	区公安局	区城建投	东风路街道	预备	位于德雅路以北，京广线以东。	2016—201
12	板塘二小☆	长沙金霞经开区开发建设总公司	长沙金霞经开区开发建设总公司	沙坪街道	预备	用地面积28.35亩，总建筑面积1.5万平方米，建设24个班小学。	2016—201
13	天井路北延线	长沙金霞经开区开发建设总公司	长沙金霞经开区开发建设总公司	青竹湖街道	预备	庙塘路～新源社区，长1600米，宽36米。	2016—201
14	柏君路（次干道一）	长沙金霞经开区开发建设总公司	长沙金霞经开区开发建设总公司	秀峰街道	预备	高冲路～冯蔡路，长788米，宽26米。	2016—201
15	景明路（次干道二）	长沙金霞经开区开发建设总公司	长沙金霞经开区开发建设总公司	秀峰街道	预备	龙福路～江鹅路，长1204米，宽26米。	2016—201
16	柏曹路	长沙金霞经开区开发建设总公司	长沙金霞经开区开发建设总公司	青竹湖街道	预备	华宁路～植基路，长429米，宽36米。	2016—201
17	鹅秀路（二期）	长沙金霞经开区开发建设总公司	长沙金霞经开区开发建设总公司	秀峰街道	预备	芙蓉北路～鹅羊南路，长1571米，宽36米。	2016—201
18	彩霞路西段	长沙金霞经开区开发建设总公司	长沙金霞经开区开发建设总公司	青竹湖街道	预备	湘江大道～粮四库码头，长291米，宽16米。	2016—201
19	广胜路北段	长沙金霞经开区开发建设总公司	长沙金霞经开区开发建设总公司	沙坪街道	预备	高登路～青竹湖大道，长936米，宽36米。	2016—201
20	荷莲路中段	长沙金霞经开区开发建设总公司	长沙金霞经开区开发建设总公司	沙坪街道	预备	青竹湖路～钟石路；长1534米，宽24米。	2016—201

总投资（万元）		资金来源	2016年计划投资（万元）		截至2015年完成投资(含前期经费)(万元)	半年度建设计划	年度建设计划	新建项目开工季度	竣工项目竣工季度	项目联系人
合计	其中拆迁		合计	其中拆迁						
4600	待定	区财政	待定	待定			完成前期手续			樊 云 15116263428
待定	待定	待定	待定	待定			完成前期手续			樊 云 15116263428
33320	待定	自筹	6600	待定			完成用地手续及拆迁工作			周宏奇 13607316807
待定	待定	自筹	待定	待定			完成前期手续			周宏奇 13607316807
37720	6080	自筹	待定	待定			完成前期手续			周宏奇 13607316807
3100	待定	自筹	待定	待定		启动用地手续	完善用地手续启动规划报建			吴 蔚 13874912456
待定	待定	自筹	待定	待定		启动用地手续	完善用地手续启动规划报建			吴 蔚 13874912456
9800	1500	区财政	1785	1500			完善前期手续			唐彦博 13875917203
待定	待定	待定	待定	待定		完成土地手续	完成报建手续			唐彦博 13875917203
待定	待定	待定	待定	待定		完成土地手续	完成报建手续			唐彦博 13875917203
6700	待定	自筹	待定	待定		完成前期手续	启动建设			王 璀 13723896528
10942	3454	自筹	800	待定			完成前期手续			师红卫 88482529
5485	1653	市财政园区共同投资	400	待定	300		完成前期手续			师红卫 88482529
8712	2092	市财政园区共同投资	600	待定	500		完成前期手续			师红卫 88482529
2934	926	自筹	500	待定	200		完成前期手续			邓杰雄 88482529
10743	3391	自筹	800	待定	500		完成前期手续			师红卫 88482529
884	279	自筹	100	待定	50		完成前期手续			邓杰雄 88482529
6400	2020	自筹	300	待定	250		完成前期手续			熊 鹰 88482529
22898	待定	自筹	1000	待定	0		完成前期手续			熊 鹰 88482529

续表6

序号	项目名称	业主单位	实施单位	项目所在街道	建设性质	建设内容	起止年限
21	大明西路	长沙金霞经开区开发建设总公司	长沙金霞经开区开发建设总公司	沙坪街道	预备	青环路～中青路，长1113米，宽36米。	2016—201
22	高岭路中段	长沙金霞经开区开发建设总公司	长沙金霞经开区开发建设总公司	秀峰街道	预备	昌隆路～竹隐南路，长294米，宽36米。	2016—201
23	顺达路（二期）	长沙金霞经开区开发建设总公司	长沙金霞经开区开发建设总公司	秀峰街道	预备	捞刀河路～竹隐路，长667米，宽20米。	2016—201
24	昌隆路（二期）	长沙金霞经开区开发建设总公司	长沙金霞经开区开发建设总公司	秀峰街道	预备	高岭路～二环线，长659米，宽18米。	2016—201
25	竹隐南路	长沙金霞经开区开发建设总公司	长沙金霞经开区开发建设总公司	秀峰街道	预备	兴联路～二环线，长1170米，宽36米。	2016—201
26	谊信路	长沙金霞经开区开发建设总公司	长沙金霞经开区开发建设总公司	秀峰街道	预备	铁港路～竹隐路，长 928米，宽36米。	2016—201
27	大安大道（二期）	长沙金霞经开区开发建设总公司	长沙金霞经开区开发建设总公司	青竹湖街道	预备	彭家巷北路～中青路西辅道，长984米，宽46米。	2016—201
28	戴家河路	长沙金霞经开区开发建设总公司	长沙金霞经开区开发建设总公司	秀峰街道	预备	秀峰大道～湘江大道，长1085米，宽26米。	2016—201
29	高岭路东段	长沙金霞经开区开发建设总公司	长沙金霞经开区开发建设总公司	捞刀河街道	预备	明秀路～中青路，长275米，宽36米。	2016—201
30	植基路	长沙金霞经开区开发建设总公司	长沙金霞经开区开发建设总公司	秀峰街道	预备	冯蔡路～鹅羊路，长740米，宽36米。	2016—201
31	松林路	长沙金霞经开区开发建设总公司	长沙金霞经开区开发建设总公司	青竹湖街道	预备	天井路～庙塘路，长435米，宽26米。	2016—201
32	吉祥巷片区（中山亭西南角）地块棚改项目	区棚改投	区棚改投	通泰街街道	预备	东至黄兴北路，南至五一大道，西至接贵街两厢、藩城堤及西长街，北至中山路，占地约180亩，涉及约3283户，征收建筑面积约30万平方米。	2016—201
33	东风路汽电地块棚改项目	区棚改投	区棚改投	东风路街道	预备	东风路以东，七条巷以南，六条巷以北，占地约23.12亩，涉及约546户，征收建筑面积约2.5万平方米。	2016—201
34	东风二村地块棚改项目	区棚改投	区棚改投	东风路街道	预备	精英路以东、工商巷以南，东风二村以西，福乐巷以北，占地约40亩，涉及约770户，征收建筑面积约6.75万平方米。	2016—201
35	洪山片区改造项目	区棚改投	区棚改投	洪山街道	预备	浏阳河以北，福元路以南，万家丽路以西，车站北路以东，占地约406亩，涉及约700户，征收建筑面积约10万平方米。	2016—201
36	太平路片区棚改项目	长沙市新河三角洲开发建设有限公司	长沙市新河三角洲开发建设有限公司	通泰街街道	预备	东至藩城提，南至杨家巷，西至太平路，北至中山西路，涉及1288户，征收建筑面积为11.1万平米。	2016—201

备注：★项目为市重大建设项目，☆项目为市重大预备项目

总投资（万元）		资金来源	2016年计划投资（万元）		截至2015年完成投资(含前期经费)(万元)	半年度建设计划	年度建设计划	新建项目开工季度	竣工项目竣工季度	项目联系人
合计	其中拆迁		合计	其中拆迁						
7611	2402	自筹	300	待定	100		完成前期手续			熊 鹰 88482529
2009	634	自筹	80	待定	20		完成前期手续			熊 鹰 88482529
2534	800	自筹	100	待定	20		完成前期手续			熊 鹰 88482529
2253	711	自筹	100	待定	20		完成前期手续			熊 鹰 88482536
8001	2525	自筹	300	待定	100		完成前期手续			师红卫 88482529
6346	2003	自筹	250	待定	80		完成前期手续			师红卫 88482529
8598	2714	自筹	360	待定	150		完成前期手续			师红卫 88482529
5358	1691	自筹	200	待定	100		完成前期手续			师红卫 88482529
1880	593	自筹	100	待定	50		完成前期手续			师红卫 88482529
5060	1597	自筹	200	待定	0		完成前期手续			师红卫 88482529
2148	678	自筹	100	待定	0		完成前期手续			师红卫 88482529
450000	待定	自筹	待定	待定			完成前期手续			曹 军 13017316166
65000	待定	自筹	待定	待定			完成前期手续			曹 军 13017316166
100000	待定	自筹	待定	待定			完成前期手续			曹 军 13017316166
100000	待定	自筹	待定	待定			完成前期手续			曹 军 13017316166
150000	待定	自筹	待定	待定			完成前期手续			曹 军 13017316166

续表6

序号	项目单位	项目名称	建设地点	建设性质	建设内容	起止年限
二、社会投资类项目（66个，不含11个预备项目）						
（一）城市商业综合体项目（17个）						
续建项目（11个）						
1	湖南绿地金融城置业有限公司	绿地中心	清水塘街道	续建	项目占地面积为34.65亩，总建筑面积26万平方米，规划建一栋超高层、两栋办公和一栋商业裙楼，一期两栋办公和一栋商业裙楼，二期建设一栋超高层。	2013—201
2	富兴集团金地公司	富兴金融城★	东风路街道	续建	项目净用地99.6亩，容积率为11，总建筑面积约100万平方米（地下室27万平方米，商业52万平方米），建设1栋约300米高的环球总部大厦，包含超五星级酒店和国际5A甲级写字楼；1栋约250米高的环球金融中心和两栋150米高的环球国贸大厦，以及大型购物中心，商业步行街和高端住宅等。	2014—201
3	湖南华创地产集团有限公司	华创国际广场★	伍家岭街道	续建	项目占地面积58.11亩，总建筑面积30万平方米，包括2栋商业写字楼，1栋超高层五星级酒店和写字楼。	2012—201
4	长沙北辰房地产开发有限公司	北辰三角洲	新河街道	续建	项目占地面积110万平方米，总建筑面积为550万平方米，建设集住宅、酒店、写字楼、商业步行街、商业心为一体的城市综合体。	2007—201
5	湖南盛长安房地产开发有限公司	凯乐微谷电子商务总部基地	伍家岭街道	续建	项目总用地面积约66亩，容积率3.5，总建筑面积约12万平方米，其中写字楼8.5万平方米，商业0.8万平方米，住宅1.05万平方米。	2015—201
6	湖南珠江实业投资有限公司	珠江郦城	浏阳河街道	续建	建设珠江花城二期地块四组团、五组团及华英城市综合体项目。	2015—201
7	长沙市富盾置业有限公司	富兴旺角	洪山街道	续建	项目占地面积22亩，总建筑面积6万平方米，地下室约2500平方米，地上商业约4200平方米。	2014—201
8	长沙复地房地产开发有限公司	复地崑玉国际	湘雅路街道	续建	项目占地面积76.38亩，总建筑面积为24万平方米，其中商业9.6万平方米，建设集住宅、酒店、写字楼、商业裙楼为一体的城市综合体。项目分两期开发，一期建设8栋住宅14万平方米，二期建设1栋商业写字楼。	2011—201
9	湖南晟冉房地产开发有限公司	福晟·钱隆国际	秀峰街道	续建	项目规划用地73亩，总建筑面积22万平方米，主要建设4万平方米商业配套，14万平方米高层住宅，4万平方米办公配套。	2015—202
10	长沙深国投商用置业有限公司	龙湾一号公馆	浏阳河街道	续建	项目占地面积46亩，总建筑面积约5万平方米，建设1栋商业中心和3栋高层住宅。	2013—201
11	湖南英祥房地产开发有限公司	英祥苑（英祥春天）二期	浏阳河街道	续建	项目占地面积112亩，总建筑面积约20万平方米，分两期开发，一期建筑面积13.5万平方米，建8栋住宅；二期建筑面积5.6万平方米，建2栋商业写字楼。	2013—201
新建项目（6个）						
1	湖南福天置业有限公司	福天兴业综合楼	芙蓉北路街道	新建	项目总占地面积为1.34万平方米，容积率2.0，总建筑面积约3.1万平方米。	2016

投资（万元）	资金来源	2016年计划投资（万元）	计划投资资金来源（万元）	年度主要建设内容	项目手续办理进度	新建项目开工季度	竣工项目竣工季度	项目联系人及方式
207500		1429250						
747300		432300						
360000		399000						
60000	自筹	40000	自筹	完成T1栋主体39-44层，玻璃幕墙35层至屋顶。机电安装，园林施工的建设并验收交房			四季度	陈骈旌 13080523311
200000	自筹	100000	自筹	低密度商业、集中商业、T4塔楼主体结构封顶，集中商业和低密度商业主体结构工程验收				李有民 18008470529
00000	自筹	30000	自筹	基本完工	已完成		四季度	宁益群 13487581988
700000	自筹	40000	自筹	E4区开始装饰施工，E6区主体工程基本完工，C2C3区主体结构至正负零。	手续已完善			叶明华 18711035026
72000	自筹	17000	自筹	启动地上部分建设	国土、规划变更手续已办，正办理设计方案调整审查等手续			江　涛 13755014377
00000	自筹	120000	自筹	二期地块四组团住宅、五组团社区商业的主体及装修工程；华英综合体项目地下室及主体工程	二期地块四组团报建手续已办结；五组团动工手续办理中；华英综合体在规划设计阶段			秦　甜 15874066393
15000	自筹	5000	自筹	商业公寓、住宅主体工程			四季度	许东生 13807303525
80000	自筹	9000	自筹	二期项目开发	规划审批中			刘　辉 13707496042
90000	自筹	24000	自筹	完成8号栋商业部分建设	相关手续已完成			曾文杰 13517409540
8000	自筹	5000	自筹	商业部份装饰			三季度	蒋海平 13786125450
15000	自筹	9000	自筹	内部装修、园林绿化			二季度	张漫丽 15274979631
87300		33300						
9300	自筹	9300	自筹	完成3.1万平米建设，实现竣工验收。		一季度	三季度	浣伟龙 15074917222

续表6

序号	项目单位	项目名称	建设地点	建设性质	建设内容	起止年限
2	湖南健郡房地产开发有限责任公司	健郡大厦	伍家岭街道	新建	项目总建筑面积15.1万平方米，主要建设酒店、写字楼。	2016—20
3	长沙域佳房地产开发有限公司	熹福大厦	东风路街道	新建	项目占地19.5亩，总建筑面积3.3万平方米。拟建商住楼。	2016—20
4	湖南君悦环球发展有限公司	君悦新天地	新河街道	新建	项目占地面积29亩，总建筑面积9万平方米，建设1栋商业写字楼、2栋公寓，其中商业2.98万平方米，公寓4.45万平方米，办公楼1.6万平方米。	2016—20
5	长沙理想房地产开发有限公司	红星美凯龙	月湖街道	新建	项目占地面积207亩，总建筑面积50万平方米。其中红星美凯龙家居广场建筑面积约20万平方米。	2016—20
6	金色地标房地产开发有限公司	湖南湘商大厦（滨江华尔街）	新河街道	新建	项目占地12亩，总建筑面积约6.7万平方米。项目分二期开发，一期建设1栋超5A滨江顶级写字楼与高端精品商业MALL；二期建设高端商务公寓与精品商业楼宇。	2016—20
（二）工业项目（7个）						
续建项目（5个）						
1	中民筑友有限公司	中民筑友建筑工业化产业园项目★	秀峰街道	续建	项目位于广胜路以东、荷莲路以西、大安路以南、钟石路以北，总用地面积388亩，有效面积约352亩，主要建设主厂房、四个专业厂房（包括新型建筑材料工厂、成品钢筋工厂、整体浴室及橱柜工厂、精装材料成品工厂）、设计研究中心、产品体验中心、办公楼及生活配套区域等。项目分二期实施建设，一期建筑面积约8.5万平方米，主要建设PC工厂、办公楼、宿舍楼、成品库房各1栋；二期建筑面积约10万平方米，主要建设6栋钢结构厂房、原材料库房、员工宿舍和试验工厂。	2015—20
2	长沙佳海产业园建设投资有限公司	长沙佳海工业园二期★	沙坪街道	续建	项目位于青竹湖路以南，纸笔塘路以北，中青路以东，广胜路以西，规划用地1227亩，建筑面积约100万平方米，分三期开发，其中一期8万平方米已竣工；二期用地564亩，建筑面积约50万平方米，主要建设多层标准厂房、高层生产研发楼及相关生活配套设施，分南北片区建设，其中北片区用地224亩，建筑面积22万平方米。	2014—20
3	湖南山河实业有限公司	长沙医药健康产业园（一期）★	沙坪街道	续建	规划用地628亩，建筑面积约70万平方米，分三期开发，主要建设多层标准厂房及生活配套用房。	2014—20
4	湖南普菲克生物科技有限公司	普菲克综合生产研发中心★	沙坪街道	续建	项目位于中青路以东，自明路以西，新源时代项目以南，欧泊莱木业项目以北。规划用地面积约50.35亩，分一、二期开发，其中一期建筑面积2.4万平方米，主要建设4栋生产车间及1栋倒班楼。	2015—20
5	湖南恒盛瑞通新型建材有限公司	恒盛瑞通新型预制构件生产基地	青竹湖街道	续建	项目占地面积约90亩，主要建设1.8万平方米的钢结构厂房，1万平方米的综合楼和配套用房。	2015—20
新建项目（2个）						
1	苏州辉瑞汇鑫投资管理有限公司	辉瑞控股医药电商产业园	青竹湖街道	新建	项目有效用地面积约76亩，主要建设集医药电商智能配送系统、OTC西药研究中心、配套金融服务中心于一体的综合智能化产业园。	2016—20

投资（万元）	资金来源	2016年计划投资（万元）	计划投资资金来源（万元）	年度主要建设内容	项目手续办理进度	新建项目开工季度	竣工项目竣工季度	项目联系人及方式
0000	自筹	2000	自筹	启动建设	正办理国土费用补缴和总图进窗等手续	四季度		肖太宏 13787196343
8000	自筹	4000	自筹	集中商业和低密度商业主体封顶		二季度		曹 津 13707317282
0000	自筹	4000	自筹	启动建设	已完成方案评审	四季度		黄 文 13924864920
50000	自筹	4000	自筹	启动建设		一季度		李 冰 13875812422
0000	自筹	10000	自筹	完成拆迁征地，完成前期手续，启动建设		三季度		李小银 13574120066
90000		133850						
60000		83850						
50000	自筹	50000	自筹	建设专业厂房和员工宿舍	手续已完善			黄占杰 18874846148
30000	自筹	20000	自筹	启动二期北地块多层厂房和南地块高层厂房主体工程建设	二期北地块报建图审查			祝小勇 18684807696
50000	自筹	6000	自筹	完成一期3号栋主体工程建设			四季度	刘奕奕 13517492878
0000	自筹	2850	自筹	完成1#、3#、4#栋主体建设	已完成各项报建手续。			成 井 13908460832
0000	自筹	5000	自筹	完成项目建设	正在办理规划报建手续		二季度	陈湘华 18670070909
30000		50000						
0000	自筹	10000	自筹	完成土地调规、招拍挂，启动项目建设	已完成土地拆迁	四季度		丁学长 15862430876

续表6

序号	项目单位	项目名称	建设地点	建设性质	建设内容	起年
2	金健植物油有限公司	金健油脂（长沙）港口物流加工园	青竹湖街道	新建	项目占地200亩，主要建设内容为：1. 日处理600吨菜籽油精炼生产线；2. 年产30万吨全自动食用油包装生产线；3. 10万吨油罐、仓库设施；4. 码头及全自动散装油脂输送线一套；5. 综合服务大楼及金健产品配送中心；6. 配套污水处理中心、能源供应中心、包装仓库、辅料仓库、成品仓库；7. 质检大楼以及办公生活辅助等设施。其中一期工程建设期为2016-2017年，主要建设日处理600吨菜籽油精炼生产线、年产20万吨全自动食用油包装生产线、3万吨油罐、办公及辅助设施。	201 —20
（三）商贸物流项目（10个）						
续建项目（6）						
1	传化公路港物流有限公司	长沙传化智能公路物流枢纽港★	沙坪街道	续建	项目位于东至中青路（汤家冲路），南至大明大道，西接李家冲路，北至曲湾路，用地总面积731.68亩，有效用地面积604.08亩，主要建设物流信息交易和物流企业行政办公设施。项目分二期进行建设，一期用地面积264亩，主要建设信息交易大厅、汽车之家、司机之家；二期用地340亩，主要建设信息交易中心、停车场、汽修服务中心和零担交易中心。	201 —20
2	湖南嘉德投资置业有限公司	中部进出口商品展示交易中心★	青竹湖街道	续建	项目位于湘江北路与开顺路交汇处东北角，用地面积260亩，建筑面积24.8万平方米，主要建设集生产、加工、仓储、办公、公寓以及商业配套于一体的产业综合项目。分二期进行建设，一期建筑面积10万平方米，主要建设2栋生产厂房和3栋配套用房；二期建筑面积14.8万平方米，主要建设5栋厂房和3栋仓库。	201 —20
3	长沙通程控股股份有限公司	“爱尚通程”电子商务物流园★	青竹湖街道	续建	项目位于新港大道以东，彩霞路以南，九州通项目以北，铁路专线2号线以西，总用地面积98亩，净用地面积约71亩，主要建设集电子商务总部办公、商务洽谈、线上交易平台基地、线下交易及商品展示中心、支付结算中心、仓储物流配送基地为一体的综合电子商务物流园。	201 —20
4	长沙普霞仓储有限公司	普洛斯金霞物流园★	青竹湖街道	续建	项目位于彩霞路以北、铁路专线2号线与3号线之间，用地面积约160亩，建筑面积约6.2万平方米，主要建设国际化标准的高端物流仓储设施。分二期实施建设，一期占地面积96亩，建筑面积3.3万平方米，主要建设2栋仓库和停车场；二期主要建设1栋仓库。	201 —20
5	湖南天格物资贸易有限公司	中石油西南化工湖南分销基地★	青竹湖街道	续建	项目规划用地64亩，建筑面积5万平方米，主要建设化工产品储存仓库、化工实验室、化工市场及办公楼等生产设施。	201 —20
6	湖南九州通医药有限公司	湖南九州通现代医药物流中心★	青竹湖街道	续建	项目位于新港大道以东、铁路二号专线以西、湘之杰项目以南、保税中心二期用地以北，用地面积约51亩，建筑面积约8.89万平方米，主要建设分拣中心、员工倒班楼、立体仓库等。	201 —20
新建项目（4个）						
1	长沙深国际综合物流港发展有限公司	长沙深国际现代综合物流港★	沙坪街道	新建	项目东至中青路、北至大安大道、南至曲湾路、西至李家冲路，总占地面积690亩，有效占地面积520亩，建成集“总部商务、甩挂运输、集运分拨、现代仓储、电子商务、增值服务、配套齐全”为一体的现代城市物流综合体。一期占地244亩，主要建设集运分拨、现代仓储、综合配套；二期占地276亩，主要建设甩挂运输、总部商务、电子商务、综合配套等。	201 —20

总投资（万元）	资金来源	2016年计划投资（万元）	计划投资资金来源（万元）	年度主要建设内容	项目手续办理进度	新建项目开工季度	竣工项目竣工季度	项目联系人及方式
100000	自筹	40000	自筹	完成拆迁启动建设		四季度		刘 云 13549646275
135400		310000						
285400		92000						
100000	自筹	50000	自筹	完成一期主体工程建设	已办理国土证，年内完成规划许可和施工许可证办理			郭 蕾 13574891615
102000	自筹	20000	自筹	完成仓储物流区9#、10#、13#和加工分装区5B#、6B#的建设	相关报建手续已办结		四季度	屈文琦 13808486859 朱利莎 15874216188
23000	自筹	8000	自筹	完成项目建设	正在办理施工许可		四季度	易 静 13873117068
18800	自筹	8000	自筹	完成B-1建设并投入使用，完成C-1主体建设	总图方案和初步设计正在审批		四季度	周 磊 13865646695
21600	自筹	3000	自筹	完成项目建设	手续已完善		四季度	梁 平 13907311175
20000	自筹	3000	自筹	完成一期工程建设	正在办理施工许可证		四季度	苏学军 13635779077
850000		218000						
120000	自筹	40000	自筹	启动项目建设	正在进行土地拆迁	三季度		付昭宝 13764362781

续表6

序号	项目单位	项目名称	建设地点	建设性质	建设内容	起止年限
2	长沙香江商贸物流城开发有限公司	高岭国际商贸城二期★	秀峰街道捞刀河街道	新建	项目二期地块共分两大块，地块一位于铁港路以东、谊信路以南、竹隐路以西、湘辉路以北；地块二位于捞刀河路以东、高岭路以南、竹隐路以西、北二环路以北。主要建设大型场馆式交易中心，区域内的基础设施、公共公益配套设施等。	2016—201
3	湖南恩瑞投资开发有限公司	恩瑞物流产业园二期★	秀峰街道	新建	项目规划用地100亩，主要建设8万平方米标准厂房。	2016—201
4	湖南金霞粮食批发市场有限责任公司	金霞国际粮油商贸城项目★	青竹湖街道	新建	项目规划用地273亩，分二期建设，一期建设市场贸易区、物流仓储区、展示中心、配套住宅及部分配套服务区，建筑面积约25万平方米（已建成部分物流仓储区及展示中心），其中市场贸易区分为粮油食品交易中心与高端进出口粮油食品交易中心两大交易板块，共计建筑面积达10万平方米，设有铺位约1100间，停车位共计2061个；二期建设市场商务办公区及配套服务区，建筑面积约18万平方米。	2016—201
（四）服务业项目（5个）						
续建项目（4个）						
1	湖南日报报业集团	湖南日报传媒中心★	望麓园街道	续建	项目总建筑面积20.65万平方米（地上建筑面积16.17万平方米，地下建筑面积4.48万平方米），其中：①文化事业大楼（自用办公楼）建筑层数为23层，建筑高度为99.60米，建筑面积约4.9万平方米；②文化产业大楼建筑层数为53层，建筑高度为249.80米，建筑面积约9.35万平方米；③文化展示裙楼建筑层数为5层，建筑高度为23.80米，建筑面积约1.9万平方米；④地下建筑层数为4层，建筑面积约4.48万平方米。	2013—201
2	湖南广播电视台	节目生产基地★	洪山街道	续建	项目规划用地100亩，总建筑面积17万平方米（地下约8万平方米）。主要建1个美术馆，6个演播厅及周边配套设施用房。	2015—201
3	湖南广播电视台	金鹰大厦前广场改造★	洪山街道	续建	项目总建筑面积约12万平方米，地下3层，新建约2800个停车位，一个绿化广场。	2015—201
4	开福城市建设投资有限公司	新河大厦	新河街道	续建	项目占地面积7.3亩，地面建筑1.6万平方米，地下室两层约5000平方米，新建新河派出所。	2015—201
新建项目（1个）						
1	长沙北辰房地产开发有限公司	长沙北辰国际会议中心	新河街道	新建	建设一座4万平方米的会议中心和一座6万平方米的四星级酒店及相关配套设施。	2016—201
（五）公路、水运、站场交通项目（1个）						
新建项目（1个）						
1	湖南龙骧交通发展集团有限责任公司	高岭客运综合交通枢纽工程	捞刀河街道	新建	规划面积180亩，总建筑面积约19.3万平方米，分两期开发，主要建设综合交通枢纽工程，具备“六位一体”功能（长途客运、城市公交、出租、社会停车、邮政及地铁），配套建设加油加气站、充电设施、车辆维保及便民服务设施等。	2016—201
（六）社会民生项目（9个）						
续建项目（1个）						
1	金霞公司	江湾小学★	芙蓉北路街道	续建	用地面积27.3亩，总建筑面积1.47万平方米，48个班。	2015—201

总投资（万元）	资金来源	2016年计划投资（万元）	计划投资资金来源（万元）	年度主要建设内容	项目手续办理进度	新建项目开工季度	竣工项目竣工季度	项目联系人及方式
500000	自筹	150000	自筹	项目一期建成，启动二期开发建设	二期（一）已完成土地拆迁，正准备摘牌；二期（二）正在拆迁	三季度		王璀璨 18674885577
30000	自筹	8000	自筹	完成主体建设	正在办理前期手续	三季度		刘广涛 17707312646
00000	自筹	20000	自筹	启动市场贸易区一期建设	正在办理前期手续	四季度		喻智勇 13548631122
79800		127000						
29800		107000						
20000	自筹	20000	自筹	全面完成项目建设	已完成		三季度	苏冰清 13617311232
50000	自筹	50000	自筹	主体及地下工程				罗 浩 18670079733
30000	自筹	30000	自筹	地下开挖及基坑支护				罗 浩 18670079733
9800	自筹	7000	自筹	完成主体建设				熊念东 13637315006
50000		20000						
50000	自筹	20000	自筹	完成前期手续，启动建设。	已完成方案总图公示	三季度		叶明华 18711035026
10000		50000						
10000		50000						
10000	自筹	50000	自筹	启动建设	拆迁已基本完成，北边地块在办理划拨手续，南边地块即将办完征转手续。	二季度		汤建熙 13875850008
11000		35700						
5000		2000						
5000	自筹	2000	自筹	附属工程 施工	正在办理		二季度	刘新华 13548674188

续表6

序号	项目单位	项目名称	建设地点	建设性质	建设内容	起止年限
新建项目（8个）						
1	长沙北辰房地产开发有限公司	北辰E6区幼儿园	新河街道	新建	用地面积10.39亩，总建筑面积5600平方米，21个班。	201
2	长沙创远置业有限公司	创远小学	秀峰街道	新建	用地面积20.4亩，总建筑面积1.09万平方米，24个班。	201
3	湖南信远智邦置业有限公司	清水塘溪泉湾小学	月湖街道	新建	用地面积20.7亩，总建筑面积1.1万平方米，24个班。	201
4	湖南天景名园置业有限责任公司	天景名园小学	青竹湖街道	新建	用地面积55.05亩，总建筑面积2.96万平方米，48个班小学，18个班幼儿园。	201 —20
5	长沙市天键房地产开发有限公司	芙蓉盛世小学	新河街道	新建	用地面积20.55亩，总建筑面积1.1万平方米，24个班。	201 —20
6	长沙上城置业（绿地）	鹅羊山小学	秀峰街道	新建	用地面积34.8亩，总建筑面积2.96万平方米，36个班。	201
7	长沙市第一医院	长沙市第一医院新住院大楼	望麓园街道	新建	拆除现有建筑，包括院内职工宿舍1、2、3、9、10号栋169户、医院东南面围墙外私房2户及蔡锷路临街门面12户，拆除3#、4#住院楼。项目建成后再拆除5#CT楼、高压氧、太平间、洗衣房、食堂、综合楼、制剂楼、污水处理房等；新建大楼总建筑面积7.54万平方米，地上25层，地下2层，一至六层为门急诊医技区，七至二十五层为标准病房，设置980张病床。	201 —20
8	板塘村委会	板塘商务中心	沙坪街道	新建	项目规划用地6.8亩，总建筑面积2万平方米，地下二层，五层裙楼，塔楼22层。	201 —20
（七）住宅房地产项目（17个）						
续建项目（13）						
1	长沙上城置业有限公司	绿地·海外滩	秀峰街道	续建	项目用地287亩，建筑面积约88万平方米，分三期开发，二期占地面积约为66亩，建筑面积约为14万平方米，主要建设商住楼。	201 —20
2	湖南海洋环球置业有限公司	海洋半岛花园项目	四方坪街道	续建	项目占地229亩，净用地108亩，总建筑面积34万平方米，建筑11栋商品房住宅。	201 —20
3	湖南泓龙置业发展有限公司	金鼎苑	伍家岭街道	续建	项目占地面积25.7亩，总建筑面积约10万平方米，建设4栋高层住宅和2栋多层商业。	201 —20
4	长沙宝瑞房地产开发有限公司	恒大雅苑	洪山街道	续建	项目占地面积约1021亩，总建筑面积150万平方米，项目分七期开发。	201 —20
5	湖南青竹湖国际商务社区开发有限公司	绿城青竹园	青竹湖街道	续建	项目占地面积约1980亩，北片区1000亩为高尔夫别墅，南片980亩为水景别墅区。	200 —20
6	湖南亦成投资有限公司	青竹湖橘郡	青竹湖街道	续建	1号地块134栋别墅、3号地块134栋别墅。	201 —20
7	湖南天景名园置业有限责任公司	太阳星城	青竹湖街道	续建	项目占地面积约570亩，总建筑面积为51万平方米，建设别墅、洋房、高层等。	201 —20

总投资（万元）	资金来源	2016年计划投资（万元）	计划投资资金来源（万元）	年度主要建设内容	项目手续办理进度	新建项目开工季度	竣工项目竣工季度	项目联系人及方式
105000		33700						
2600	自筹	800	自筹	附属工程 施工	已完成	一季度	二季度	李 果 18627592001
5000	自筹	2000	自筹	完成建设	正在办理	一季度	四季度	梁 坚 13973120523
4500	自筹	3000	自筹	完成建设	正在办理	一季度	四季度	黄 灵 18684846607
12000	自筹	4500	自筹	启动建设	正在办理	一季度		杜 丽 13618496628
4500	自筹	2300	自筹	启动建设	正在办理	二季度		揭选松 15576688910
5500	自筹	3500	自筹	完成建设	正在办理	一季度	四季度	戴巧伶 18684777600
62900	自筹	12600	自筹	启动拆迁	已完成规划选址意见书，规划蓝线，国土预审和地籍调查，已发二公告	一季度		柳 进 15873159718
8000	自筹	5000	自筹	启动建设	正在办理	二季度		陈 强 13974902637
934000		340400						
099000		236400						
84000	自筹	15000	自筹	启动项目二期开发建设	土地已获取			胡悦雄 15873191161
00000	自筹	16000	自筹	海洋半岛花园三期10、11号栋建设	三期单体审批正在调整规划			陈克标 18975156992
25000	自筹	8000	自筹	项目主体完工	已完成			王 总 18975164636
30000	自筹	64000	自筹	78-79#栋、40-44#、51-53#栋住宅、部分2#地下室及4#地下室、商铺4#楼、七期地下室及住宅部分	报建阶段			宋君珂 13787125724 邓周立 13787125724
50000	自筹	14000	自筹	完成主体建设				金 祝 13357210666
00000	自筹	20000	自筹	部分完工				陈 亮 13787275878
30000	自筹	4800	自筹	部分完工			四季度	杜 丽 13618496628

续表6

序号	项目单位	项目名称	建设地点	建设性质	建设内容	起止年限
8	湖南金隅阳光投资有限公司	金隅阳光	青竹湖街道	续建	二期32栋别墅以及相应的的园林景观道路建设。	2014—201
9	湖南晟冉房地产开发有限公司	福晟・钱隆世家	秀峰街道	续建	项目规划用地181亩，建筑面积36万平方米，其中，一期规划用地50亩，建筑面积10万平方米，主要建设8栋高层及8栋洋房。	2011—201
10	长沙雅居乐房地产开发有限公司	长沙雅居乐花园	秀峰街道	续建	项目规划用地60亩，建筑面积约13万平方米，主要建设滨江高档住宅和配套设施。	2014—201
11	长沙创远置业有限公司	创远・湘江壹号	秀峰街道	续建	项目规划用地200亩，建筑面积20万平方米，主要建设高层住宅、商业和办公配套设施等。	2013—201
12	中铁房地产集团长沙置业有限公司	中铁•山语城三期	秀峰街道	续建	项目三期二组团开工建设6#–10#栋，配套商业16#栋，建筑面积13.11万平方米，住宅面积10.04万平方米。配套商业16#栋建筑面积1939平方米，地下室面积2.89万平方米。	2015—201
13	湖南顺天房地产开发有限公司	顺天・秀峰和院	秀峰街道	续建	项目规划用地25亩，总建筑面积4.4万平米，主要建设多层电梯洋房及配套设施。	2015—201
新建项目（4个）						
1	长沙金霞开发建设有限公司	恒大御景半岛锦绣苑8#地块	芙蓉北路街道	新建	项目规划用地6.31万平米，总建筑面积33万平方米。主要建设3#栋地上46层，4–5#栋地上44层，6#栋地上46层，7–8#栋地上47层，综合楼1栋及地下室。	2016—201
2	乐万邦房地产开发有限公司	上园项目	东风路街道	新建	项目占地55亩，总建筑面积约12万平方米，拟建商住楼。	2016—201
3	长沙紫荆置业有限公司；长沙恒高房地产开发有限公司	长沙恒基碧桂园	秀峰街道	新建	项目位于兴联路以北，彭家巷路以东，青环路以西，新汽车北站东侧，总占地面积778亩，建筑面积83万平方米，主要用于建设低密度高档住宅小区。	2016—202
4	长沙市天键房地产开发有限公司	天健第三期	新河街道	新建	总建筑面积38.94万平方米。	2016—201
（八）预						
1	迪卡侬（上海）体育用品有限公司	迪卡侬长沙旗舰店暨湖南总部项目☆	秀峰街道	预备	项目规划用地29亩，建筑面积1.5万平方米，主要建设商业店面、室内外运动体验中心及停车场、绿化等。	2016—201
2	长沙乐莎食品有限公司	罗莎蛋糕生产配送基地（罗莎二期）	青竹湖街道	预备	项目规划用地50.45亩，主要建设罗莎蛋糕生产配送基地，包括生产厂房和配送中心。	2016—201
3	嘉里物流（中国）投资有限公司	嘉里物流湖南总部项目☆	沙坪街道	预备	项目位于板塘路以东、中青路以西、家和路以南、大明大道以北。有效面积77.81亩，用于嘉里物流湖南的总部办公、商务洽谈、线上交易平台基地、线下交易及商品展示中心、支付结算中心、仓储物流配送基地。主要建设仓储配送区3.8万平方米，商务综合服务区0.2万平方米。	2016—201
4	长沙市新河三角洲开发建设有限公司	黄兴北路S8地块	湘雅路街道	预备	项目占地面积33亩，规划容积率6.25，性质为商住用地，以“中央商业文化融合区”为核心，拟建设商业步行街、大型超市、大型百货、高星级酒店、专业写字楼、高档住宅等。	2016—201

总投资（万元）	资金来源	2016年计划投资（万元）	计划投资资金来源（万元）	年度主要建设内容	项目手续办理进度	新建项目开工季度	竣工项目竣工季度	项目联系人及方式
180000	自筹	12000	自筹	完成主体建设				彭运良 13875920818
150000	自筹	8000	自筹	完成二期项目建设	手续已完善			曾文杰 13517409540
100000	自筹	28000	自筹	完成4栋高层（32层）主体建设	已完善		四季度	谭香山 13808453233
100000	自筹	24000	自筹	完成2栋高层主体建设，进行山顶别墅区、小学建设	正在办理别墅和学校手续		四季度	梁 坚 13973120523
130000	自筹	17600	自筹	建设项目三期主体工程	工程规划许可证已办结			李 亮 13808431584
20000	自筹	5000	自筹	完成项目建设	正在办理规划许可手续		四季度	宋宏秋 18163707588
335000		104000						
116000	自筹	4000	自筹	3-8#栋、综合楼及地下室一期	已取得总图	三季度		龚 总 18570392209
19000	自筹	12000	自筹	中商业和低密度商业主体封顶		二季度		郑书昌 15173188799
500000	自筹	80000	自筹	完成首期展示区及货量区建设	规划方案待片区控规完成后上报	三季度		邹 浩 13755008515
100000	自筹	8000	自筹	启动建设	正在报批	四季度		钟 卿 15207414323
（11个）								
50000	自筹	10000	自筹	完成前期手续	正在办理相关手续			伏 天 13701705244
10000	自筹	3000	自筹	完成前期手续	已摘牌，正在缴纳土地款			张静宇 13755006879
14800	自筹	3000	自筹	完成前期手续	已完成入园协议签订			全 亮 18684924233
136000	引进战略投资商			完成前期手续				彭甲斌 15674989180

续表6

序号	项目单位	项目名称	建设地点	建设性质	建设内容	起止年限
5	长沙市新河三角洲开发建设有限公司	黄兴北路S12地块	通泰街街道	预备	项目占地面积64亩，规划容积率6.1，性质为商住用地，以“中央商业文化融合区”为核心，拟建设商业步行街、大型超市、大型百货、高星级酒店、专业写字楼、高档住宅等。	2016—201
6	长沙市新河三角洲开发建设有限公司	黄兴北路S13地块	通泰街街道	预备	项目占地面积6.8亩，规划容积率6.5，性质为商业用地，以“中央商业文化融合区”为核心，拟建设商业步行街、大型超市、大型百货、高星级酒店、专业写字楼等。	2016—201
7	长沙市新河三角洲开发建设有限公司	黄兴北路S14地块	通泰街街道	预备	项目占地面积5.1亩，规划容积率7.8，性质为商业用地，以“中央商业文化融合区”为核心，拟建设商业步行街、大型超市、大型百货、高星级酒店、专业写字楼等。	2016—201
8	长沙市新河三角洲开发建设有限公司	黄兴北路S16地块	望麓园街道	预备	项目占地面积43亩，规划容积率8.7，性质为商业用地，以“中央商业文化融合区”为核心，拟建设商业步行街、大型超市、大型百货、高星级酒店、专业写字楼等。	2016—201
9	长沙城投铁路站场迁建开发有限公司	金融生态区Z05-B02地块	伍家岭街道	预备	项目占地面积34亩，规划容积率9.0，拟建设高档商业商铺，金融写字楼等。	2016—201
10	怀化市城建投	怀通大厦	东风路街道	预备	占地5.7亩，拟与湖南移动公司合作建办公用房，一、二楼拟为移动公司营业厅。	2016—201
11	广铁集团	新火车北站二期	青竹湖街道	预备	项目规划用地934亩，主要进行特货作业区、快运作业区、冷藏作业区、笨重作业区、整车作业区、集装箱作业区专线、仓储及配套设施建设，总建筑面积约12万平方米。	2016—201

备注：★项目为市重大建设项目，☆项目为市重大预备项目

总投资（万元）	资金来源	2016年计划投资（万元）	计划投资资金来源（万元）	年度主要建设内容	项目手续办理进度	新建项目开工季度	竣工项目竣工季度	项目联系人及方式
259000	引进战略投资商			完成前期手续				彭甲斌 15674989180
28000	引进意向投资商			完成前期手续				彭甲斌 15674989180
23000	引进意向投资商			完成前期手续				彭甲斌 15674989180
98000	引进大型战略投资商			完成前期手续				彭甲斌 15674989180
53500	引进战略投资商			完成前期手续				卢 婷 13707480311
待定	自筹	待定	自筹	完成前期手续				欧 阳 18973135333
90000	自筹	30000	自筹	完成前期手续	已办理土地统征红线手续和农用地转征审批单，准备启动拆迁。			周 劲 13874997961

工商行政管理

长沙市工商行政管理局开福分局

局　　长　唐劲松
副 局 长　刘金山　戴海明
　　　　　李海祥　刘利军
纪检书记　沈　剑

【概况】 开福区工商分局有干部职工176人（含离退休58人），在职118人（党员99人）；其中机关60人，工商所59人；研究生2人，大学本科68人，大专41人，在岗干部的平均年龄47.4岁。分局设有综合、职能科室14个，基层工商所9个，并指导区个体私营企业协会和消费者委员会的工作。截至2016年年底，开福工商分局依法担负着全区24596户各类企业、378户外资企业、40760户个体工商户以及商品交易市场40个（其中集贸市场23个、专业市场17个）的工商行政管理工作。主要负责全区工商行政管理法律、法规的宣传、监督和执行；依法进行市场准入登记；依法监督和查处全区经济领域中的违法、违规经营活动；依法保护经营者和消费者的合法权益及承担区委、区政府交办的中心工作。

商事登记制度改革纵深推进。按照市局和区委、区政府统一安排，着力推进企业“多证合一、一照一码”和个体工商户“三证合一”改革，推行企业集群注册、简易注销、核审合一便利化举措，积极降低创业门槛，主动简化办事程序。2016年，新办私营企业5837户，比2015年同期增长46.76%;新增个体户7891户，比2015年同期增长23.05%。大力扶持下岗职工、大学生就业，帮助创办各类商事主体1133户，解决就业1800余人。

事中事后监管更加有力。2016年，通过商事主体服务管理平台向相关部门抄送监管信息1561条。对商事主体实行“一周内电子标注，一月内新办回访，两月内动态跟踪”，共回访新设商事主体9306户，电子地图标注户数45646户，标注率为98.55%。完善企业信用信息公示平台建设，改巡查监管为分类抽查，推进年报公示、信用信息公示、异常名录等新的监管举措，公开企业违法记录362条，发布典型案例12个。

重点领域执法力度加大。2016年，开福工商分局以民生问题为重点，开展专项整治。加大查处无照经营力度，组织召开了2次联席会议，出动检查人员460人次，查处无照经营户270户，督促办证2600户。查处各类违法案件69件，公开市场主体违法记录150条，捣毁传销窝点304个，劝返遣散涉传人员841人。

服务企业效能明显提升。开福工商分局为更好地服务园区经济发展，经多方协调，设立金霞工商所；对于园区企业，做到上门服务、跟踪办理，金霞经济开发区已注册企业3258家，个体经营户7347户。全力促进商标广告电商产业的发展，深化商标广告战略。2016年，全区新增注册商标1216件，商标总量较2015年同期增长15.3%；其中有中国驰名商标8家、湖南省著名商标46家、地理标志性商标3家。新增广告经营主体625户，网络经营主体3500户，登记网络交易平台或大型电商8户。办理股权出质44件，帮助企业融资6.45亿元，动产抵押30件，协助企业办理抵押贷款5.02亿元。

（匡年丰）

9月2日，工商部门牵头组织全区各职能部门在月湖街道打击非法传销行动

质量技术监督

长沙市质量技术监督局开福分局

局　长　杨万红
副局长　胡建军　刘　慰

【概况】 长沙市质量技术监督局开福分局为长沙市质量技术监督局派出机构，享有市辖区分局质量技术监督管理职权，管辖长沙市开福区辖区内的质量技术监督工作并行使行政执法监督职能。内设办公室、特种设备监察科、标准计量科、质量和监督科4个职能科室，人员编制7人，设局长1名、副局长2名。

保安全，强力推进特种设备安全监管工作。建立健全长效监管机制。建立特种设备及其他涉安领域监管责任体系，建立健全领导干部带队检查的制度，制定全年安全生产执法工作计划和特种设备宣教计划并报区政府同意，确保安全责任履职到位；实行对各街道的特种设备安全生产考核工作，确保特种设备安全监管工作取得实效；区政府争取增加专项经费37.8万元，确保工作顺利开展。扎实开展各类专项检查工作。领导带队深入一线开展安全检查。全年分局班子成员带队检查共计24次。开展安全生产工作大检查及元旦、春节“两会”期间、节后复工复产、校用特种设备“春雷行动”、特种设备领域道路运输企业专项整治行动和“大排查大管控大整治”及其百日行动、“岁末年初安全生产大检查”等专项检查行动10次。开展“打非治违”“双随机”和“一月一警示、两月一行动”活动。关注民生热点，维护居民权益，积极处理投诉举报工作。深入开展特种设备安全知识进校园、进社区活动和特种设备应急救援演练工作。在世界之窗开展大型游乐设施应急救援演练活动1次，向社区居民及在校师生宣传特种设备安全使用常识、自救常识，发放分局印制的安全乘梯漫画手册3000份、光盘800余盘、《中华人民共和国特种设备安全法》读本2000份。

抓质量，认真开展质量综合管理工作。完成认证认可获证后监管工作。建立健全重点工业产品生产企业、3C认证企业和车辆安检机构的档案，做到日常巡查率达100%，对辖区内“涉安”产品、木地板、危化品及包装容器、水泥输水管、消防产品等生产企业开展专项检查。推进质量强区战略，开展质量品牌培育工作。培育高岭建设集团1家企业申报省长质量奖，培育统一和金湘权2家企业作为省长质量奖后备军，培育并指导6家企业申报湖南省名牌，其中湘江涂料、海外旅游、北源食品、统一企业4家企业成功获得湖南名牌称号，促成4家企业开展质量信用等级评定工作，组织全区15家代表企业负责人召开名牌、品牌企业调研座谈会，共商开福质量发展大计。开展标准化战略推进工作。组织开展小微企业创业创新标准化公共服务活动，共有33家小微企业申报；引导2家企业开展良好标准行为创建；推进企业标准自我声明公开工作，印制了300本《企业标准自我声明公开实施指南》，并向辖区内生产企业进行发放和宣传，并指导企业实施；对企业强制性标准实施情况开展监督检查，全年共检查企业11家。服务民生计量。对辖区内加气站、车辆安全机构、农贸市场、超限超载检测站等重要场所涉及民生的在用强检计量器具进行监督检查；开展农贸市场在用衡器的专项整治，摸清辖区内制造、销售计量器具的单位和个人及农贸市场基本情况并开展免费的培训班。摸清辖区锅炉使用单位的在用可燃气体报警器和压力表的情况，组织3家企业申报计量免检，接收到定量包装监督抽查《检验报告》122份，对其中20份不合格报告均后处理到位。

强监管，严格开展执法工作。全年共出动执法人员1000多人次，共检查单位200多家，检查特种设备2056台（套），与各企事业单位签订《特种设备使用管理承诺书》30多份，书面下达特种设备监察意见指令书20份，处理投诉举报96起，排查特种设备领域安全隐患20处，督促整改18处，隐患闭环整改率90%，对18份不合格定量包装监督抽查检验报告后处理到位，立案查处各类质量技术监督类案件9起，收缴罚没款1.95万元，完成5家不合格产品后处理工作，端掉非法生产假冒电器、非法生产电线电缆、无证生产洗洁精窝点各1个，收缴非法电器产品195件。

促发展，扎实服务全区中心工作。紧扣2016年政府工作分解指标，圆满完成质监考核任务。切实加强了全区“三无”及“老旧”电梯的管护工作，超前完成对15台电梯进行安全技术评估的工作。强力推进质量强区工作，在全市率先成立质量强区工作领导小组，并开展各项工作，为来年市对区质量考核工作打下坚实的基础。深入开展全国食品安全城市创建工作，全面完成食品相关产品30批次抽检任务。关注民生热点，及时有效化解矛盾纠纷，积极做好维稳工作。特别针对藏珑小区、北辰三角洲奥城D2区、兴汉华庭小区、才子佳苑小区二期等4个用梯矛盾突出的小区，组织相关单位和部门召开了电梯安全隐患排查及维权协调会。积极对接市局和区审改办，做好行政审批权限下放的相关工作，商事登记平台处理率达100%。配合区直有关单位开展联合行动。如配合区交通局开展整治道路货运车辆非法超限超载专项行动，与消防大队联合对全区今冬明春火灾防控的消防安全联合检查工作，配合区政府拆违控违，联合月湖街道开展文明城市建设等。

重宣传，树质监良好形象。围绕“谁执法、谁普法”活动主题，开展各类普法宣传活动。利用“3·15”、创建食品安全城市启动周、安全生产宣传周、“世界计量日”、质量月、国家宪法日等重要时间节点开展普法活动，宣传普及《中华人民共和国宪法》《中华人民共和国特种设备安全法》《中华人民共和国产品质量法》《中华人民共和国计量法》《中华人民共和国标准化法》《中华人民共和国认证认可条例》等法律法规，累计发放宣传资料4000份，接受群众咨询500次。配合市、区有关单位开展各类主题宣传培训活动。协助科技局举行了“双打”宣传，摆设宣传展板，发放宣传资料500余份。协助市局举办全区的食品相关产品企业法人代表及质量管理人员培训班2次，培训人员45人次，发放普法宣传资料300份，落实了企业主体责任，与所有食品相关产品企业签订了质量安全承诺书。协助区食安办做好食品相关产品宣传工作，并发放1000余份《科学选择安心使用食品相关产品》《违法行为及其预防》宣传手册。与区工商分局联合举办开福区农贸市场开办方负责人落实主体责任的法律法规培训，并为24家农贸市场免费赠送了标准砝码。向各类新闻媒体报送新闻稿件，展示开福质监风采。全年共向国家、省、市质监局门户网站、区政府手机报、区政府门户网、安监信息平台等媒体报送新闻稿件100条，采纳70条。

重创新，质监工做出特色。全国首个电梯安全综合管理标准化项目试点顺利通过中期验收。11月2日，开福区电梯安全综合管理标准化试点项目顺利通过国标委中期验收并得到与会专家的高度评价，将不断完善体系标准，进一步提高人民群众对电梯的满意度，确保该项目顺利通过终期验收，力争在全省甚至全国推广。全省率先实现“以奖代补”的方式推进电梯安全责任保险工作。通过多方协调与努力，区政府2016年第13次政府常务会讨论通过《开福区推进电梯安全责任保险实施意见》并正式出台了《长沙市开福区推进特种设备（电梯）安全责任保险实施方案》（开政办发〔2016〕78号），政府决定在2018年年底前，每年财政安排30万元用于补贴“两房”“三无”“老旧”电梯购买电梯安全责任保险，并力求在2016年年底，完成“三无”、使用超过15年及以上的电梯投保率达100%；“两房”的在用电梯投保率达100%；学校、幼儿园、医院、旅游景区、商场等人员密集场所的行业主管部门对以上场所在用电梯投保率达100%，全区电梯投保率达到65%的目标。明确将推进电梯安全保险工作纳入对相关部门和街道的安全生产目标考核，三年内，全区电梯投保率基本达到100%。该项工作得到了社会各界的广泛关注和好评，先后有《三湘都市报》《长沙晚报》《湖南日报》《湖南经视新闻》等多家媒体争相报道。搭建全省首个电梯数字化管理平台。区政府2016年第13次政府常务会讨论通过加强电梯管理，与区网格化管理平台整合建立开福区电梯数字化管理平台。实现人员协同、流程协同、数据协同、资源协同，电梯管理和决策高度协同一体化，丰富电梯管理手段，有效预警和防范电梯安全事故的发生，提高全区电梯管理水平，建立科学高效的电梯管理平台，实现电梯创新数字化管理。创新质监宣传工作新方法。在全市开通首个质监微信公众平台，积极向外宣传开福质监，打开质监宣传工作新局面，树立质监部门良好形象。全年共报送信息30多条。

【开展危化品及包装容器专项检查行动】 为深刻吸取“3·19”车辆爆炸事故教训，结合开福实际，3月23日，开福分局出动执法人员对全区开展危险化学品及其包装物、容器专项检查行动。检查组按照“四不两直”的要求检查了辖区内5家生产企业，主要开展“六查”：一查证照是否齐全，是否在有效期内；二查是否超范围生产；三查标识标签是否符合规定；四查原材料及产品进出台账是否齐全、规范；五查涉及委托生产情况是否有协议；六查是否按要求落实企业安全生产“五落实五到位”的要求。检查组对部分企业进货验收、出厂检验台账欠规范的问题当场指出，并提出整改要求。同时，特别强调各生产企业时刻绷紧安全生产这根弦，全面落实企业安全生产主体责任，确保安全，取得良好效果。

【开福区电梯安全管理综合标准化试点项目顺利通过中期验收】 11月3日，受国家标准化管理委员会的委托，湖南省质监局组织省内外五位专家对长沙市开福区申报的第一批电梯安全管理综合标准化试点项目进行中期验收。开福区人民政府党组成员副区长提名人选杨光华及省市质监局相关领导及试点单位相关领导参加评估验收。通过听取创建领导小组办公室工作汇报，到试点单位现场查看，查阅相关体系资料等程序，专家组一致认为试点项目中期验收顺利通过。对开福区人民政府敢于创新，率先在全国开展电梯安全管理综合标准化试点，专家组给予高度评价，针对试点项目存在的问题，专家组提出建议，并希望试点单位将试点项目做精做实，在全区乃至全省、全国广泛推广。

【开福区率先在全市普及“电梯保险”】 11月29日，开福区率先在全市普及“电梯保险”。为消除电梯安全隐患，政府出资，为区内15年以上“三无”(无物业管理、无维保单位、无维修基金)老旧住宅电梯、“两房”(农民安置房、廉租房)电梯在年底全部完成电梯投保。据统计，开福区在用电梯7067台，其中符合财政投保的有236台。此次投保险种包括主险（电梯安全责任保险）和附加险，若不幸发生事故，每台电梯每年最高可获赔300万元，个人单次最高可获赔80万元。为确保电梯安全运行，建立全区“电梯地图”，由区质监部门牵头，对全区电梯进行大清理，建立统一编号、登记6项要素。2016年9月，开福区还下发《推进电梯安全责任保险工作实施意见》，每年安排不少于30万元专项补贴资金。力争到2018年，全区电梯保险覆盖率超过80%。

（吴艳琴）

安全生产

区安全生产监督管理局

局　长　肖铁华

副局长　辜自力　黎伟军　张仕敏

　　　　李长军（2016.9免）

【概况】 长沙市开福区安全生产监督管理局为区政府工作部门，在职工作人员10人，临时聘用人员6人。内设办公室，危险化学品、烟花爆竹安全监督管理科（行政审批科），工贸行业安全和职业安全健康监督管理科，综合监管科（政策法规科）四个职能科室。下设一个二级机构开福区安全生产监督执法大队为全额拨款公益一类事业单位，编制7人，在职工作人员5人。

2016年，开福区安全生产工作按照“落实责任为先、预防事故为主、执法监管为要、四大三基为本”的基本思路，以安全生产“监管执法年”活动为主线，以安全生产“监管执法年”和“三大”行动为抓手，狠抓监管执法，隐患治理、监管创新、安全文化、基层基础建设，全面强化安全生产基础。各类事故有效控制，1—12月全区共发生各类生产经营性事故16起，死亡15人（工矿商贸领域死亡1人，生产经营性道路交通事故死亡15起，其中8.29较大生产经营性道路交通事故死亡4人）。

2016年，全区召开区委常委会、政府常常务会、区长办公会议等20余次会议研究安全生产工

2016年湖南省暨长沙市咨询日活动

作。尤其是“8·29”事故后，更是将安全生产作为政府常务会指定研究的议题，并将国家省市关于安全生产工作重要指示精神，及时传达学习和部署，研究议定重大决策部署20多项，包括全区危化品三年行动、遏制重特大事故、落实国务院巡查整改工作方案和湘政办明电〔2016〕102号文件等重要工作的研究部署。以区委名义印发区领导带队检查工作方案，开展4轮由全体县级领导带队的督导检查，发现和整改问题隐患230起。区委、区政府主要领导分别对各街道、各安委成员单位及道路运输等行业重点企业负责人开展安全生产约谈活动，有效促进企业主体责任落实。

道路交通安全责任更加明晰。为认真汲“8·29”事故教训，全面贯彻湘政办〔2016〕102号文件精神，加强全区道路交通安全生产工作，区委区政府相继制定出台《关于深刻汲取“8.29”较大道路交通事故教训切实抓好G20峰会期间安全生产工作的紧急通知》《关于进一步加强道路运输安全工作的通知》《关于进一步明确道路交通安全工作职责的通知》及区安委制定的《关于深入落实“三条断然措施”确保全区道路交通安全的通知》等文件，对全区道路交通安全责任进行分解，明确各部门各单位道路交通安全监管职责，全区道路交通安全生产责任机制基本建立。同时，还明确全区不再引进高危企业，危化生产单位全部退至二环线以外，烟花爆竹门店由原来70家压减到50家以内，不再审批新的经营门店。加大事故调查处理力度。按照各级关于重点车辆交通安全管理工作的要求，实行生产经营性交通事故每案必查制度，完善安全生产行政问责制度，成立调查组对通洲运输公司“1·12”、青竹湖大道“3·1”“8·29”道路交通事故展开调查，先后对8人进行安全生产行政问责，切实以严格的责任追究倒逼安全生产领导责任的落实。

强化投入保障机制。2016年，安全生产财政预算500万元，道路交通、危房改造、消防安全、公共基础设施等重点行业领域整治工作经费上亿元。安监力量配备增强。增加安委会副主任一名，专门负责安全生产工作，安监局增配执法大队人员，街道安监站人员配备全部达到4人以上。

铁腕推进监管执法。坚持“露头就打”原则，运用“四个一律”高压手段，强化日常监管，扎实推进“打非治违”工作，铁腕推进“监管执法年”活动。检查企业14808家次，排查治理隐患4404处，责令停产停业整顿企业29家，取缔非法生产经营建设单位47家，提请关闭企业1家，暂扣或吊销企业许可证2个，列入黑名单企业5家，经济处罚1054.4万元，没收非法财物价值185.3万元，查处酒驾107起，抓捕涉嫌犯罪人员2人，问责干部8人。

严格执行计划执法。各执法部门制定年度执法计划并报区法制办备案。大力推动街道执法工作，全部采用网上执法，提高执法水平和效率，区安监局、街道安监站共立案查处63起，停产整顿1家，处罚14.47万元。对湖南资远钢材加工贸易有限公司因拒不执行安监局下达的行政处罚决定，在多次催缴无效的情况下，依法申请法院强制执行，有力推进安监执法工作向深层次迈进。

深入开展“三大行动”。全区各级各部门监督检查企事业单位和场所2898家，责令改正停止违法行为928起，责令停产停止建设18家，暂扣有关许可证89个，取缔非法违法企业8家，处罚罚款351.73万元，排查重大隐患306处。道路交通安全方面。制定《“两客一危”车辆清查核实，客货运输企业及站场专项检查方案》，对“三车三场”“两客一危”运输企业、普货运输企业、客运站场及路面运营车辆、110辆校车开展地毯式安全隐患排查。检查18家危货企业和6家客运企业，完善车辆清查台账和检查记录。排查并整改临水、临崖路段，以及城乡接合部、乡村道路1240处隐患。推动执法力量下沉，提高街面见警率，区交警大队、区交通运输局对城乡接合部、郊区公路实行24小时动态巡逻执勤，重拳打击非法营运、超限超载、酒驾醉驾、疲劳驾驶、非法委托或承揽旅游包车等违法行为。“8·29”以来分别在湘一校车公司和汽车北站组织校车安全事故和道路运输安全生产突发事件应急救援演练，更好地普及了司机、乘客、老师、学生的风险防范、避险、自救、互救等应急、管理知识，提高政府部门应对道路运输安全生产突发事件应急处置和应急救援能力；提高车辆安全配备，提高公共安全保障能力，遏制交通事故发生。危化品管控方面。深刻汲取“7·25”黎托大火事故教训，重点对安置小区、物业小区、物流市场和废旧厂房仓库四类场所的危险化学品经营、储存、流转情况加强排查整治。四类场所大排查、大管控、大整治专项行动组织检查人员1452人次，共检查单位、门面、物业小区、居民楼、仓库1621个。清查出67处非法经营场所，40处非法储存场所，全面整改，确保危险化学品经营流通领域排查“无死角”。消防安全方面。重点对易燃易爆危险品场所、超大城市综合体、超高层建筑、地下轨道交通、文物古建筑、居民小区等七类单位场所的火灾隐患进行全面整治。共检查单位160家，督促整改火灾隐患139处，下发《责令改正通知书》102份，下发《行政处罚决定书》3份，下发《临时查封决定书》6份，罚款5.36万元。同时，按照省政府统一部署，对全区烟花爆竹经营门店进行全面整顿，做到只减不增，逐步减小门店数量。建筑安全方面。对市或区监管的132处在建建筑工地的高大支模体系、机械设备、基坑开挖和支护、高处坠落、临时用电等重点部位、环节进行全面排查。检查项目和企业12个，发现和整改隐患16处，对200余台混凝土搅拌运输车采取台账管理，全方位管控。

标准化安监站全部建成。2016年，全区16个街道全部按“六有”标准建设标准化安监站，人财物方面得到有力保障；街道安全生产责任体系逐步完善。街道主要领导、分管副职、其他副职以及各办站所（中心）、派驻单位的安全生产责任范围及工作职责进一步明确。社区（村）安全生产信息员队伍基本建立。为进一步提升基层安全监管能力，开福区出台《关于加强社区村安全生产信息员队伍建设实施意见》（开政办发〔2016〕87号），要求每个社区（村）至少配备2~3名以上安全生产信息员，由街道负责社区（村）信息员招聘、管理、考核、培训、岗位津贴发放等。

2016年，以创建更高水准安全生产示范城区为契机，围绕“强化安全发展观念、提升全民安全素质”，打造全行业领域安全生产宣教氛围。承办省市安全生产月咨询日活动，推出“领导面对面、微信摇一摇”等宣传方式，获评全省安全生产月活动创新奖。设计制作“平安是福、依法治安、三个必须”等系列宣传海报和安全生产公益动漫宣传片在全区范围内投放，全区已投放电子显示屏广告牌365块，基本实现安全生产宣教氛围“四个全覆盖”，即大型户外广告牌、电子显示屏全覆盖；商务楼宇、宾馆酒店会所电梯广告全覆盖；小区电梯、灯箱广告全覆盖；企事业单位全覆盖。通过大力度、全方位、广覆盖的宣传教育，进一步提升全社会安全意识。开通开福安监微信公众号，为辖区企业和各管理部门负责人及社会各界发布安全生产信息。强化企业负责人和管理人员培训，以街道为单位开展普通类企业安全培训5期，发放培训合格证600多人，全区共开展各类安全培训620批次，培训人员9万多人。全年投入安全生产宣教培训经费100万元。

创新安全监管手段。建成危险化学品电子监控监测系统，将25家加油站、1家油库、重点涉危企业、人员密集场所纳入监控范围，实现对生产领域突发事件的监测预警，确保事故应急救援的高效、科学、快速。加强安全生产诚信体系建设应用，严格落实安全生产“黑名单”制度，以区政府名义出台《关于实施工矿商贸企业申报财政资金项目安全联审制度的通知》，将“安全联审合格”作为区财政给予企业资金扶持的前置条件。要求有关部门在财政资金和政策扶持审批时，要将区安委办联审意见作为依据之一，不落实安全生产责任的企业不得享受相关政策和财政资金的扶持，最大限度引导企业安全生产、守法经营，有9家企业因未通过安全生产联审而取消科技资金扶持资格。

（谭大为）

食品药品监督

区食品药品监督管理局

局长（兼区食安委办主任）
李　程（2016.4任）
郭昶虹（2016.4免）
副局长　黎　军
谷任光（2016.9任）
李　珊
纪检组长　汤叶峰（2016.9任）
杨　晓（2016.8免）
区食安委办专职副主任
宋世平（2016.9任）
汤叶峰（2016.8免）

【概况】 2016年，按“三定”要求，开福区食品药品监督管理局定编76人，其中原机关14人、工商25人、卫监6人、街道16人、调入8人、考录2人。领导职数6名：局长1名，纪检组长1名，副局长3名，食安委办专职副主任1名。设办公室、综合管理科、政策法规科(行政审批科)、食品生产流通安全监管科、餐饮服务安全监管科和药械化安全监管科6个科室，已明确分管领导、科室负责人和科室工作人员。内设区食品药品稽查大队（挂投诉举报中心牌子）。下设食品药品监督管理所16个，投入资金，为各基层所购买必要的办公设施设备，确保基层所的正常运转。全区范围内共有各类食品药品生产经营单位近1.2万家。其中，食品生产企业127家，食品流通单位6458家，餐饮单位3763家，大（中）专院校、中小学和幼儿园食堂149个；单体零售药店61家，区级监管医疗机构252家，医疗器械经营企业（零售）55家，保健品经营单位380家，化妆品经营企业616家，是典型的食品药品安全监督管理工作大区。

抓住基本点，打造高效食安。以发挥人的主观能动性为基础，构建了一支科学、高效、专业的食品药品监管队伍。抓机构队伍。机构改革后，迅速完善机构、配备人员、归位职能，制定出台《关于调整食品安全委员会组成人员及成员单位工作职责的通知》，明确全区食安委成员单位为食药监、农水、卫生、工商、城管等19个区直部门和16个街道，由区食安委办负责牵头抓总。出台区、街道监管事权划分方案，16个街道均成立食安办，在社区、村一级组建食安协管员和信息员队伍，实现对全区食品药品的集中统一监管，保证了三级监管体系高效运转。抓素质提升。组织全区食药系统干部开展12次大型培训，聘请国家食品质量安全监督检验中心专家尹华涛教授授课，组织52名干部参加国家食药监总局的学习培训，全面提升监管人员综合素质。抓干事状态。强化跟踪问效和纪律约束，对“不求有功、但求无过”的干部，坚决做到“由事及人、论效问责”。针对少数食药监所担当不够，推进乏力的情况，对所长进行约谈提醒，加强督促指导，确保工作落实。

对辖区学校食堂执法检查

抓准着力点，打造责任食安。围绕创建目标，整合全区资源，构建责任落实、多方联动、保障有力的工作模式，确保明责清、履责实、追责严。落实责任机制。成立开福区创建国家食品安全城市工作领导小组，制定出台《开福区创建国家食品安全城市实施方案》和《创建任务责任分解表》等文件，加大绩效考核分值权重，对发生重大食品安全事故的坚决实行“一票否决”，确保创建工作在基层力度不减、标准不降。强化宣传机制。组织集中宣传，各级各类媒体正面报道近20次；强化网媒宣传，开通开福食安微信公众号，整合开福公众信息网、开福手机报等平台，及时、准确传播创建重大动态、最新精神；善用警示宣传，曝光典型案件，营造强大的整治声势，不断提升食品药品行业的厚德水准。完善保障机制。安排创建工作经费600余万元，实行专款专用和单独列支；推进全区16个食药监所有责、有岗、有人、有手段“四有”标准建设，并将社区、村食品安全协管员和信息员工作补贴纳入财政预算，筑牢基层监管网底。

抓牢根本点，打造百姓食安。维护群众“舌尖上的安全”是创建工作的宗旨，也是评价验收的根本标准。强化日常监管。日常监管全覆盖、动态化，全年下达责令整改通知书1300余份，整改到位率超过90%，依法办理、换发、变更证件2830余家。加大对食品药品违法犯罪案件侦查力度，成功捣毁涉嫌销售有毒有害保健食品窝点20余处，并查封了一批非法经营、无证生产窝点。累计受理食品安全投诉举报280余起，立案207起，结案113起，罚没金额173万元。深化专项整治。开展主体大普查、风险大排查、执法大检查、问题大清查“四查”行动，重点推进豆制品、农村聚餐、农贸市场和中小学校周边食品质量安全等9个专项整治行动。制定“秋风行动”整治方案，对制售问题食品药品的“黑作坊”“黑窝点”，做到“发现一家，取缔一家”，查处“黑作坊”“黑窝点”46处。突出齐抓

督查农贸市场食安创建工作

共管。健全大中型餐饮单位和单位食堂集体约谈制度，强化行业自律和诚信建设。推行“红黑榜”管理，实现信息共享，让违法违规企业“一处失信、处处受制”。健全举报监督体系，出台有关文件，落实违法行为举报奖励政策，调动社会公众、志愿者队伍监管积极性，形成政府、企业、社会“三位一体”的工作格局。

抓出创新点，打造活力食安。坚持以创新激发工作活力，打造了一批特色鲜明、影响力大的工作品牌。开发在线培训考核平台。开发开福食安在线培训考核系统，食品经营者只需通过电脑、手机登录平台，在线学习3个小时，即可免费参加考试，考试合格在网上打印证书，努力实现“让数据多跑路，让群众少跑腿”。全区200多户经营户办结考核合格证明。开展“执法进小区”行动。11月开始，按照横向到边、纵向到底、无缝对接的原则，将全区16个街道范围分区划片，安排基层所，社区食安协管员、信息员180人深入123个网格，对老百姓关注度高、监管比较薄弱的住宅小区餐饮进行专项整治。凡不符合法律法规等相关要求的，一律限期整改；对整改后仍不符合要求的，坚决予以取缔。开展农村集体聚餐监管。针对全区农村范围较广，管理难度较大的问题，新建“农村聚餐管理系统”信息化平台，修改制定《农村集体聚餐监管办法》，建立农村集体聚餐食品安全监管制度。组织全区67名乡村厨师进行食品安全培训和年度健康检查，对46名经考核合格的厨师颁发了上岗资格证。2016年，全区申报备案农村集体聚餐200余起，消除食品安全隐患42个。

【开展安全用药社区行活动】 10月17日，由市食药监局主办、区食药监局、区文明办及老百姓大药房连锁股份有限公司承

办，湘雅路街道协办的2016年长沙市“安全用药月启动仪式暨安全用药社区行活动”在老百姓大药房湘雅分店前坪正式启动，以“安全用药 健康你我”为主题，呼吁社会共同倡导科学合理用药。湖南省食药监局副局长吴公平，省食药监局新闻宣传处处长刘春新，长沙市食药监局局长郭塨，开福区委副书记、代区长刘拥兵等领导出席启动仪式。活动现场，食药监部门工作人员联合老百姓大药房、湘雅医院的执业药师和知名医学专家以现场咨询答疑、讲解真假药品对比知识、展示板宣传、发放宣传资料等方式向市民群众宣传安全用药知识，引导老年人、孕妇、儿童等特殊群体消费者养成严格遵医嘱和按药品说明书用药的习惯，同时引导消费者更加理性的选购保健食品。

【易炼红调研开福区创建国家食品安全城市工作】 8月23日上午，省委常委、市委书记易炼红到开福区调研创建国家食品安全城市工作，实地察看了沙坪街道食品药品监管所和长沙银州食品有限公司，详细了解了基层食药监所建设、运作和管理，米粉生产企业安全管理运行情况。市领导夏建平、廖健，区领导沈裕谋、刘拥兵等领导陪同调研。易炼红强调，基层食药监干部要以舍我其谁的责任担当，切实保障人民群众舌尖上的安全；要建立“百密无疏”的食品监管体系，确保食品监管全覆盖、零死角；要强化属地管理，加强共治共管，群防群治，确保重大食品安全事故零发生。

（陶 金）

统计

区统计局

局 长 陈 新

副局长 陈 涛 晏 昭 谢 桦

统计普查中心主任

唐宇翔（2016.4任）

【概况】 开福区统计局内设办公室、法规科和综合业务科3个职能科室，下设经济调查队和统计普查中心（副科级）2个参公二级机构。核定编制17人，在编在职15人，政府雇员1名，退休1名；其中大学本科以上学历14人，研究生学历3人，中级职称4人。

统计服务功能全面优化。2016年，区统计局充分发挥统计部门的参谋助手作用，深入挖掘普查资料和经济数据的潜力，积极开展专题调查和分析研究，及时为上级部门上报统计信息，提出观点鲜明、参考价值较高的统计分析报告。撰写了《开福区规模工业运行趋势预警分析》《关于全区2016年度“四上”服务业单位申报情况的预警分析》《开福区服务业发展情况分析》《开福区2016上半年固定资产投资形势分析》《2015年开福区GDP能耗分析》等专题分析7篇，其中，《开福区规模工业运行趋势预警分析》《关于全区2016年度“四上”服务业单位申报情况的预警分析》获区领导批示，参谋职能不断深化。加强对市对区绩效考核主要经济指标的预警预测。区统计局认真研究对市区绩效考核指标体系考核办法，每季对指标运行情况进行预警分析；对运行过程中出现的问题，如第三产业增加值增速、当前服务业发展存在的问题进行及时预警。做好服务业发展专项考核数据监测，加强对服务业发展考核涉及的服务业增加值及增速、服务业从业人员情况等专项考核指标的运行监测，及时向相关部门报送数据情况并预警。加强月度经济形势分析，每月对全区重点经济指标的

区第三次全国农业普查综合试点启动仪式在洪山街道举行

运行情况进行分析，并按月发布数据通报，方便各级领导及时了解本区域内各项经济指标运行情况。积极主动协助做好有关民意测评工作，组织开展2016年度社会公认度评估问卷调查活动，了解社会各界对全区各有关单位依法行政和服务工作等方面的满意度以及存在的主要问题，并征求宝贵的意见和建议，为区委、区政府决策提供依据。做好市委、市政府对全市各街道、乡镇的综合性考核“十强十快”评比指导工作，在全市“十强十快”街镇评比中，沙坪街道被评为长沙市2015年度“十快”街道。

业务能力不断提升。做好年报及定期报表工作，数据质量问题零案例。完善报表制度，注重联网直报工作规范，区统计局加强统计信息化，建设联网直报指挥调度中心发挥实效，全区各专业直报率均达100%；完善区、街道（镇）、社区（村）三级统计网络；加强台账规范和机表一致等检查力度，全面规范基层工作，对全区12904家法人单位和2428家产业单位名录库维护；认真落实境外到湖南省工作专家统计调查工作。认真编制《2015年统计公报》《2015年统计提要》，为社会公众提供优质统计产品。

基层基础建设全面加强。2016年，组织完成统计继续教育培训258人，培训时长、培训内容上均有较大突破。加强信息报导，全年共撰写工作动态信息70多篇，其中49条被长沙市统计局采用。开展统计开放日“农业普查福到农家”活动，大力宣传第三次全国农业普查的重大意义，号召社会各界积极支持和配合，为普查顺利实施营造良好的舆论环境。制定统计行风建设工作实施方案成立以局长陈新为组长，副局长陈涛任副组长,各科室长为成员的行风建设工作领导小组，全面负责对区统计系统行风建设工作的统一组织和监督检查。进一步深化“基层统计人员业务培训”学习；联网直报保障体系项目全面完工，全面加强联网直报统计网络的维护，进行安全设备的日常维护。加强统计人员管理，对16个街道、107个社区（村）、近565家驻区报表单位三级统计人员实行在册管理、动态维护。区、街道（镇）、社区（村）、驻街单位四级统计网络健全、队伍稳定、运转高效，为各项统计工作的开展提供支撑。

统计执法与改革有序推进。依法治统，强化统计执法队伍建设。2016年，区统计局在扩大法制宣传、加大执法力度两方面狠下功夫，依托统计法治宣传日等活动，以发放手册、现场咨询、播放资料等形式，将法治宣传生动化、通俗化，增强人们对统计工作的认知和理解，为统计工作注入正能量。严格执行检查流程，做到持证执法、规范执法。2016年，对全区20家单位开展统计执法检查，对5个街道开展统计巡查，进一步规范了全区统计工作。共组织8人参加由区法制办组织的行政执法证培训和考试，加强统计执法队伍建设。推进户籍制度改革，及时公布户籍人口数据，全力做好城乡划分工作。按要求全面、及时、准确地公开政府信息，全年共61条，网上政府服务系统数据同步率100%，无商事及综合治税信息，无网络安全漏洞。

【举办中国统计开放日“农业普查福到农家”活动】 9月18日，开福区第七届“中国统计开放日”宣传活动在沙坪街道汉回村民族广场举办。本届开放日以宣传第三次全国农业普查为主要内容，主题为“农业普查福到农家”，以大力宣传此项国情国力调查的重大意义，号召社会各界积极支持和配合，为普查顺利实施营造良好的舆论环境。宣传活动内容丰富多彩，直面基层，形式别具一格，现场设有农普宣传咨询台和农普宣传展板，组织农普知识抢答和抽奖活动，现场气氛活跃，普查员还深入田间地头与农户们面对面宣传农普知识，发放农普宣传资料和纪念品300余份。通过活动的开展，广大农户不但能了解到政府统计数据的采集和生产过程，学到了实用的统计知识，还可以直观体验便捷、实用的统计产品，零距离了解、观察和感受统计，使统计更好地服务社会，进一步提高统计工作的透明度，从而推动农普工作和统计事业的发展。

（韩金周）

国土资源管理

长沙市国土资源局开福区分局

局　长　幸松柏
副局长　邓朝晖
　　　　尹　忠（2016.5任）
　　　　黎冬梅（2016.3免）
副书记　付　煜
执法监察大队大队长　周　芳
纪检组长　陈　立（2016.4任）
纪检组长、副局长
　　　　陈晓山（2016.4免）

【概况】 长沙市国土资源局开福区分局是直属长沙市国土资源局的一个科级单位，分局现有在职干部职工117人，其中，正式在编干部职工38人，政府雇员1人，聘用人员78人。内设办公室、人事监察室、财务科、用地规划科、地籍科、基建办、拆迁科、信访办8个科室。下设长沙市国土资源执法监察支队开福区大队、长沙市开福区征地拆迁事务所和中心管理所、捞刀河管理所、青竹湖管理所三个基层国土管理所。2016年，长沙市国土资源局开福区分局围绕“保护资源、保障发展、维护权益、服务社会”的工做主题，抢抓机遇，细化目标、责任和措施，推进各项工作目标任务圆满完成。荣获开福区“二○一六年度项目建设先进要素保障单位一等奖”、征地拆迁工作在全市年底绩效考核督查中排名五区第一。

保障发展。保障发展用地。2016年，为开福区争取了62个项目218.66公顷报国务院批准城市建设批次用地指标。申报供应计划52宗，面积223.93公顷。共出让和划拨土地52宗，面积202.35公顷，收取土地出让金14.52亿元。共受理区辅助流程85宗，办结79宗（其中农用地转用和征收38宗，办结35宗，收回和划拨47宗，办结44宗）。认真做好基本农田划定工作。2016年，开福区辖区范围内耕地保有量为2948.85公顷。本次新划入基本农田图斑面积1168.3公顷，涉及全区3个街道、19个村（社区），基本农田落实到户工作已基本完成。节约集约用地。严格节约集约用地管理，协助区人民政府做好了集约节约用地审计工作，经市审计组进行审查最后得分91分。积极开展城镇低效用地再开发工作。开福区低效用地共401宗（33个项目），总面积为185.77公顷。根据低效用地产生的情况，可分为三大类：用途不合理8个项目，面积51.64公顷；局面散乱21个项目，面积为117.20公顷；利用粗放且低效4个项目，面积16.93公顷。低效用地建库工作已完成，正在准备低效地块专项规划。认真开展土地利用规划修编工作。认真开展长沙市开福区土地利用总体规划（2016—2020）修编工作，通过区政府常委会和区委常务会议讨论批准，上报长沙市国土资源局评审。

执法监察。加强闲置土地清查。根据土地市场动态监测监管系统及武汉土地督察局下发的供地项目疑似土地闲置问题情况表，分局对各宗疑似闲置土地逐一进行核实查处，对各类闲置土地分别采取督促开工、土地使用权收回，以及签订补充协议延长动工期限的方式进行处置，处置结果通过武汉督察局和市政府的验收。在土地市场动态监测监管系统中，分局完成土地巡查率100%，消除涉嫌闲置状态的土地共29宗。协助区人民政府制定《开福区2017年闲置土地支帮促工作方案》，尽全力帮助支持闲置土地单位启动开发建设。土地动态巡查和违法案件查处卓有成效。2016年，分局共开展动态巡查669次，下达停工通知书70份，上报至区政府整治办的违法用地案件70宗，并协同区整治办按属地原则及时交办至各街镇处置的案件43宗，做到及时发现及时制止；严控辖区违法用地现象，全年共查处违法用地10宗，均已结案，共收缴罚款51.04万元。土地卫片执法工作扎实推进。开福区违法用地占用耕地占新增建设用地占用耕地的比例3.17%，未被上级约谈问责。

维护权益。征地拆迁。2016年，共实施拆迁项目57个，总征地面积604.53公顷，其中本年新启动项目31个，全年共完成结算项目32个（包括本年新启动项目6个），累计已完成拆迁腾地约294.93公顷，完成拆迁房屋951栋，动迁人口3432人。全年征地拆迁工作推进有力，在全市年底绩效考核督查中排名五区第一。地质灾害防治。2016年5月份，秀峰街道兴联社区秀峰山靠芙蓉北路公交站旁发生一起山体山石崩塌的地质灾害隐患，分局工作人员第一时间赶到现场，通过设置围挡、树立警示牌等防治措施及时消除了安全隐患，未造成人员伤亡。依法行政和信访维稳。办理了行政复议案件9件，行政诉讼案件55件。共处理来信来访及上级转办件21件，共接到“12345”市民服务热线工单16起，全部按要求进行及时回复和调解。较好地解决捞刀河街道罗汉庄村苏松奇多年重复上访积案。

基础工作。村民建房。分局严格按“一户一宅”原则把好审批关，2016年，共审核发放村民住宅建设用地许可证89本。对于在征地拆迁过程中发现的多年前不符合规定办理了村民住宅建设用地许可证和国有土地使用证的，分局专门成立撤证工作小组开展认证及撤证工作。政务信息公开。面对群众越来越强烈的公开诉求，分局加大推行政务公开的力度，确保15个工作日内按时办结需公开事项。2016年，依法受理政府信息公开申请136份，回复及时稳妥。2016年，在市局和区人民政府网站上主动公开预征地公告28条，征地拆迁公告108条，补偿明细22条。档案整理规范。全年共整理档案5010卷，已全部扫描录入计算机管理，共接受373人次档案查询。2016年，共实现财税收入254.84万元。

（刘　莎）

审计

区审计局

局　　长　潘建军
副 局 长　伍树军　金小钢
纪检组长　张　平（2016.4兼任）
　　　　　张龙健（2016.4免）
总审计师　肖亚琴
政府投资审计中心主任　杨铃达

【概况】 长沙市开福区审计局为正科级行政单位，内设办公室、审计一科、审计二科和法制科等4个科室。下属内审指导中心、政府投资审计中心两个二级机构，局机关编制16个，其中行政编制12个、内审指导中心全额拨款事业编制1个、投资审计中心全额拨款事业编制3个。

2016年，共完成审计项目388个，其中：财务审计项目39个，查出违规资金73万元，管理不规范资金76035万元，提出审计建议56条，向区纪委移送案件线索3条；政府投资审计项目349个，送审金额13.4亿元，审计核减金额2.07亿元，核减率15.5%，充分发挥了审计的“审、帮、促”作用。2016年，获得“全区目标管理考核先进单位”“项目建设先进要素保障单位二等奖”等荣誉称号，报送的《开福区教育局局长章俐同志任期经济责任审计项目》获得省审计厅表彰审计项目、获得市审计局优秀审计项目。

持续开展政策落实跟踪审计。对中央、省、市、区重大决策部署贯彻落实情况进行跟踪审计，促进政令畅通，加大组织对稳增长、促改革、调结构、惠民生、防风险政策贯彻落实情况的跟踪审计力度，当好了重大政策落实的“督查员”。配合上级审计部门开展建设用地节约集约利用专项审计、保障性安居工程跟踪审计和人防办下洞费专项资金审计。

财政审计提质增效。不断深化预算执行审计，关注专项资金使用效果，揭示资金运行体制机制上存在的问题和漏洞，推动资金整合，促进完善相关制度机制。同时，牢牢盯住公共资金使用，加强公务支出和公款消费等的审计力度，当好了人民利益的“守护神”。对区本级2015年财政预算执行情况、5个区直部门和1个街道办事处财政预算执行情况（即：区财政局、区人社局、区人防办、原区卫生局(本级)、区疾控中心、湘雅路街道办事处），对芙蓉北路、黄兴北路2个建设指挥部的收支进行延伸审计。

经责审计提质扩面。按照党政同责、同责同审的要求，全面推行党政主要领导干部经济责任同步审计，坚持经济责任审计与离任交接相结合，并在原新港街道办事处书记、主任的任期经济责任审计项目中，首次探索实施领导干部自然资源资产离任审计，取得良好成效。完成7个单位、10名党政领导干部的任期经济责任审计（区人社局原书记、局长文莉任期经济责任审计，区湘雅路街道办事处书记蒋君、主任张华任期经济责任审计，区原卫生局书记、局长肖秀容任期经济责任审计，区原新港街道办事处书记宋明明、主任张武任期经济责任审计，区望麓园街道办事处原书记袁坚、原主任张雄伟任期经济责任审计，区人防办主任鲁碧君任期经济责任审计，区疾控中心原主任曹群良任期经济责任审计），通过经济责任审计，强化对权力运行的制约。

政府投资项目审计成效凸显。围绕全区中心工作，全面把握政府投资项目总体情况，进一步密切各职能部门之间的联系，逐步建立完善工作机制、规范操作规程和管理办法、强化审计质量控制，提升政府投资审计质量，有效避免财政资金损失浪费，提高项目建设资金管理使用效益。完成政府投资审计项目349个，送审金额13.4亿元，审计核减金额2.07亿元，核减率达15.5%。

创新思路为经济建设保驾护航。创新思路对4个招商项目（南山乳业项目、恩瑞物流项目、统一食品生产基地项目、佳海项目）合同执行情况开展绩效审计，通过重点审查招商绩效，对招商引资项目合同执行情况做出综合评估，得到了区委、区政府领导的高度评价，有效促进招商引资项目从量向质的转变；创新开展专项审计有效化解指挥部收尾难题，在开展各项专项审计时，注重揭示苗头性、倾向性问题，及时提出防范和化解风险的建议，区审计局通过开展区政府交办的黄兴北路（五一广场至展览馆路段）和芙蓉北路（原金霞大道）2个建设指挥部的财务审计，迅速加快了项目建设收尾的进度；五项创新促全区内审工作有序发展，通过创新机构设置、考核方式、考核内容、制度建设、激励措施等五个方面，促使全区内审力量进一步充实、地位进一步提高、行为进一步规范、质量进一步提升、热情大力激发。截至2016年年底，内部审计工作已纳入区公共指标绩效考核，在提高全区财政资金的使用效益，保证资金安全上提供了有力保障；创新审计整改检查方式提高审计成果，在总结往年审计整改检查工作的基础上，不断创新审计整改检查方式，建立整改检查跟踪机制和定期汇报机制，大力加强审计整改检查力度。2016年11月，联合区纪委对审计问题整改落实情况进行专项督查，整改结果纳入被审单位年终目标考核，有效促进审计成果的转化。

（方　艺）

交通·公路

交通·农村公路

区交通运输局

局　　长　彭　震（2016.4任）
　　　　　李　程（2016.4免）
党组书记　谢立平
副 局 长　陈振湘　明国强
　　　　　文舜清　刘　平
纪检组长　袁　晖（2016.4任）

【概况】　开福区交通运输局为开福区人民政府直属事业单位。内设机构7个，分别为办公室、财务统计科、农村公路管理科、运政综合科、稽查科、安全监督科、公共客运科，派出机构3个，分别为捞刀河交通运输所、洪山交通运输所、新港交通运输所，全局干部职工31名，退休职工8名，临聘人员38名。2016年，开福区交通运输局各项目标任务均顺利或超额完成，荣获全区项目建设先进要素保障单位三等奖、公路超限治理目标管理红旗单位、先进基层党组织、农村公路养护目标管理优秀单位。

全面提升公路建养。全力推进农村公路建设，提升管养质量。积极开展“四好农村路”建设活动，大力加强农村公路建设，以“建好、管好、护好、运营好”为具体举措，制定《开福区“四好农村路”建设活动实施方案》，明确以“保基本、强服务、惠民生、促发展”为工作方针，着力改造农村道路路网结构，提高农村道路通行能力。并积极与市交通运输局协调，争取农村公路建设和提质改造计划19500米，超额完成10000米农村道路新改建任务。二环线白霞接口至汉沙公路（白霞大道）提质改造项目列入市交通局“四好农村路”建设考核项目，该项目全长2800米，投入资金960余万元，设计标准高，已完成建设。落实养护制度，加大养护管理。2016年，制定《开福区农村公路养护考核细则》，完成白土线路面大修和黄乌线路面中修任务，总计投入资金340余万元，并完成18处水毁地段（滑坡、路肩垮塌等）紧急抢修任务。加强项目建设管理，确保工程质量，根据美丽乡村建设和AAAA级景区建设要求，完成汉沙公路（沙坪–汉回）全线8500米提质改造任务，投入资金1300余万元。积极与市公路局对接，争取沙坪老街（青卫线X037沙坪牌楼至北山段）提质改造计划，该项目全长2900米，投入资金600余万元，已完成建设。狠抓安保设施建设，确保农村道路交通安全，按“三同时”（同步设计、同步施工、同步验收）原则，把安保设施建设列入项目建设中，投入400余万元完成28000米农村公路临水临崖安保设施建设；为深刻吸取“8·29”事故教训，对全区农村道路进行全覆盖地毯式的安全隐患排查，按照农村道路交通安全城市化管理理念，完成996块标示标牌、461块反光镜、831组减速带的安装设置和农村道路9处交通信号灯的设置，确保农村道路交通安全。争取上级补助资金，搞好项目建设协调，积极与市交通局和市公路局协调，争取农村公路建设养护和重点项目建设补助资金，全年共争取上级补助资金1697万元；

10月13日，组织道路运输安全生产突发事件应急救援演练

积极与市交通集团协调，推进北横线（开福段）建设前期手续办理的各项工作。

全面加强行业监管。按照“党政同责、一岗双责”的原则，坚持“安全第一，预防为主，综合治理”的方针，制定、完善区《安全生产总方案》《安全生产监管执法检查计划》《安全监管执法六项制度》。10月13日，在长沙汽车北站西停车坪开展《开福区交通运输局道路旅客运输、道路危险货物运输安全生产突发事件应急救援演练》。2016年，开福区内市管危货企业16家，危险货物运输车辆433台，市管客运企业6家，客运车辆190台；普货运输企业13家，运输车辆4500台（含个体经营车辆），三类维修企业86家（一类、二类维修企业由市局发证管理）。明确由局领导带队，通过定期与突击检查的方式，认真排查全区18家危货运输企业、6家客运企业、134家三类维修企业存在的安全隐患，督促企业落实主体责任。2016年，查处非法运输危货车辆15台，排查公路桥梁安全隐患2起，增设公路安全标示1000余处，修复畅通路面10000余米。查处站场安全隐患68起，其中易爆品3件，易燃品1件。建立主要领导安全生产工作调度机制，实行“一月一调度”。积极推动安全生产监管方式由行政管理模式向依法治理转变，由运动式集中整治向常态化监管执法转变，由主要代替企业排查隐患向通过执法督促企业自觉排查、治理隐患转变，提高企业的安全生产主体责任。

依法打击非法营运。按照“联合整治”的原则，每天安排三个执法小组对汽车北站、湘雅路、湘春路等重点区域和重点路段进行全天候监控。特别是在节假日期间取消休假，重点对汽车北站、世界之窗、烈士公园周边等重点区域进行重点整治，依法取缔和查处非法营运。加强对辖区内线班车旅游包车的整治，2016年，共查扣24台线班车，净化了开福区的道路运输市场。严格按照市区统一执法，同城同标准的要求，严格落实扣车和处罚权责分开，避免一人包办现象，有效维护了行政处罚的公平、公开、公正。全年共查扣非法营运车辆491 台，处罚435台，处罚金额630.77万元。

依法整治超限超载。根据上级决策部署,推进“三位一体”的治超配套场所建设，强化与公安交警、工商、建设、质监、城管等部门积极对接，继续开展城区“三车整治”。采取源头严防、路面严抓相结合的方式，在重点路段、重点源头企业和货运集散地开展专项治理，严抓重罚，进一步净化了全区道路运输市场经营环境。安排三个治超组日夜轮流驻点值守，严格按照“一超四纠”工作方针，做到执法监管全覆盖。治超工作作为“三车”整治工作的重要一环，加强与“三车”整治办的联动配合，做到“联动有力、信息共享”，形成整治长效机制。针对查扣的涉“三车、三场”的超限车辆，一律依法从严查处，就地卸载、顶格处罚、“割除马槽”。按第4次区政府常务会议议定事项要求，完成全区治超信息平台建设，实现资源共享、科技治超。2016年，共查扣违法超限超载运输车辆1014台，处罚894台，处罚金额294.33万元。

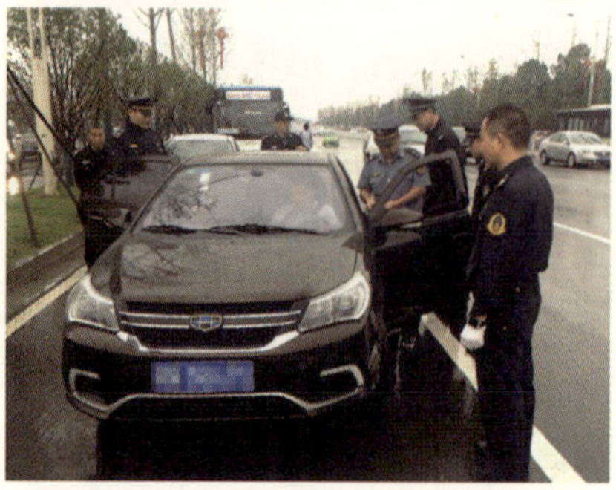

开展打非治违专项整治行动

稳健发展公交事业。结合开福实际，采取指挥前移、时间前赶、任务前推的工作思路，早早吹响任务“冲锋号”，采取“先易后难”“边干边调”设定完成时间表，灵活推进。2016年，完成年度6.85公顷的公交站场选址任务，完成率129%。2016年市对区的公交中途站的港湾式改造目标任务为20个，开福区自加压力，全部完成“20+4”个公交中途站的港湾式改造。根据长交管发〔2016〕2号文件的要求，全区完成大客车专用道建设目标任务20900米。积极协助市交通集团完成全区134个充电桩建设，协助推动沙坪工业园公交停保场和高岭商贸城交通枢纽项目建设。2016年，开通了汽车北站至佳海工业园、海洋半岛至海洋半岛、省委大院至鹅羊山省直机关干部职工住宅小区及青竹湖夜间巴士4条公交线路，进一步优化大城北公交线网，有效填补开福区城北部分地区居民公交出行的空白。

【开展道路运输安全生产突发事件应急救援演练】 10月13日，区交通运输局在汽车北站组织开展2016年道路运输安全生产突发事件应急救援演练活动。市交通运输局安监处处长胡红哨出席演练活动，区安监局、区交警大队、区消防大队、区卫生局、青竹湖卫生院、长沙汽车北站、龙骧客运集团六公司、新源石油长沙分公司、湖南三路科技有限公司等单位参与了此次演练活动。演练现场一辆满载乘客的大巴突然起火，顿时浓烟滚滚，警笛齐鸣，参战队员按预案分工，有序地进入现场救援。通过消防队员紧张战斗，最终，浓烟被扑灭，车上旅客得到平安疏散，受伤人员得到及时救治，使交通事故造成的人员伤亡和财产损失降到最小限度，圆满完成从报警、处置到清理事故现场各个环节既定目标任务。

（黄美荣）

交通·城市交通管理

区交警大队

大 队 长　陈积辉
教 导 员　何志华
副大队长　刘志强　贾　畅
　　　　　李　毅　邓日超

【概况】 开福区交警大队位于蔡锷北路324号，是长沙市公安局交警支队直属单位，主要负责辖区道路交通管理，维护辖区交通秩序，确保辖区道路交通安全畅通的职能部门。大队下设18个中队，其中10个路面中队、7个机关中队、1个分控中心，共有民警170人，职工1人，辅警55人，交通劝导员192人。

严厉查处道路交通违法行为。2016年,共组织开展1578次道路交通违法行为整治行动，出动警车2150趟次，出动警力7890人次，结合《文明出行畅安长沙道路交通综合整治行动方案》，开展持续时间较长、规模较大的针对各类重点交通违法行动12次。通过一系列密集的整治行动，加大道路交通违法行为打击力度，与上年度相比违法打击率提升了12%，事故发生率下降了8.2%。2016年，共查处各类交通违法37.4万余起，路口守法率有明显提升，禁停路段违停现象明显下降。

推行“最大流量运行”理念优化交通组织。最大流量运行理念在于积极疏导交通，发挥道路最大通行能力，从而解决城市拥堵的难题。开福区交警大队借助大交管数据平台推动智能交通城市发展，运用“最大流量运行”发挥道路最大通行能力，辖区内三一大道、车站路、万家丽路等

威武铁骑

安全检查

路口路段交通组织得到优化。通过支路街巷交通微循环、借道左转等一系列交通管理新举措，极大地增加了现有道路通行能力，有力地缓解了辖区交通压力。

提升警卫工作质量。开福区地处出入机场要道，且拥有世界之窗、海底世界、省广电、会展中心、三馆一厅、烈士公园、博物馆、开福寺等大型文化节会及娱乐活动场所。作为长沙市城区五个大队警保卫工作最多的大队，在远端分流、乱源控制，减少管控时间、阶梯式绿波、闸门式管理、滴水式放车、警卫线路选择上积累了一定的经验。2016年，圆满完成一级警卫2批次，4趟，二级警卫16批次，30趟，三级警卫16批次，68趟，保卫任务580次，共计682趟次，未发生一起重大恶性交通事故。

聚焦“安全”，强化事故预防。重点车辆安全生产大排查。为从源头上治理预防交通事故的发生，排除各类事故隐患，2016年，共检查危化品运输企业189家次、汽车客运站15家次、校车单位67家次；对危货车辆单位下达限期整改通知123份次，限期整改车辆1456台次，限期整改驾驶员89人次；对校车单位下达限期整改通知单14份，限期整改车辆14台次；对客运车辆单位下达限期整改通知单43份，限期整改车辆34台/次，约谈企业32家次，查处违法156条次，处罚89条次；查扣非法改装运输车3台，查扣危化品运输车辆3台，督促企业报废车辆15台。事故隐患排查。2016年，重点围绕临水、临崖、临谷“三临”路段以及城郊结合部、乡村道路，交通安全设施不全、道路交通警示、限速、禁停等标志、标线和安全防护、示警设施缺乏路段进行排查，共计排查59处，其中城市道路37处、农村道路22处，包括河堤4处，“三临”21处；通过增设信号灯、路灯、监控设施，完善标志（识）标线，清理视界不良遮挡物等措施，共计治理25处，安全通行条件得到较大改善。

规范处理交通事故。2016年，简易程序办理事故案2956起，同比下降4.5%。刑事立案23起，其中交通肇事罪立案17起，危险驾驶罪（酒驾）立案6起。刑事拘留12人，取保候审20人，批准逮捕3人，移送起诉13人（含往年刑案9人）。事故四项指数稳中有降，立案95起，比上年下降18.1%；事故死亡人数20人，比上年上升33.3%；事故受伤人数87人，比上年下降31.5%；事故直接财产损失50.65万元，比上年下降53.6%。

积极开展交通安全宣传活动。2016年，进学校宣传45场次，进危货企业宣讲89场次，进社区21场次，开展专项行动宣传24场次，主题宣传日活动12次，制作横幅36条，受教育人次达20000余人。发送安全提示短信25000余条，组织媒体报道240余次，开福交警微信公众号87余条，开福交警微博发2000余条，发放交通安全宣传单、禁停禁货、便民服务卡10万余张，粘贴、摆放、悬挂交通安全宣传挂图200张（块）、悬挂标语横幅200条，受教育人数10万余人。

【优化交通组织确保马栏山涵洞拓改顺利】 经过半年时间的施工，备受关注的马栏山通道改造项目于10月11日放开南北双向交通，由仅能通过一台车的涵洞拓宽为双向4车道，且增高至3.6米，旅游客车都能通过。马栏山涵洞通道位于湖南广电中心与三一大道交汇处，原本只是20世纪末修建三一大道时预留的一条机耕道，但随着湖南广电中心、世界之窗、海底世界等相继落户，人流车流迅猛增加，狭窄的通道已无法满足片区交通发展的需求，成为严重的交通堵点。在区委、区政府及上级交警部门的大力支持下，3月底，针对马栏山涵洞通道的改造工程正式动工，工程投资8000多万元，将5.4米宽的原通道拓宽至16米，形成双向四车道，高度也增加至3.6米。此次改造施工将原本狭窄的马栏山涵洞改造成了桥梁，相当于涵洞扩大了约3倍，提升了该区域70%的交通流速，基本解决片区大型活动期间交通拥堵问题。在涵洞施工期间，交警部门在提供交通优化建议、组织施工期间区域交通分流方面做了大量工作，保障了施工期间交通组织和工程顺利完工。

（代　斌）

城乡建设和管理

城市规划

长沙市城乡规划局开福区分局

局　长　刘　军
书　记　曾莫为
副局长　张伏根（2016.9任）
执法大队副大队长
　　　　陈孜孜

【概况】 长沙市城乡规划局开福区分局（以下简称“开福区规划分局”）是长沙市城乡规划局的派出机构，内设综合管理室、审批管理室、规划监察执法大队，共有干部职工16人，其中在职在编人员10人，临聘人员6人。2016年，开福区规划分局获得开福区项目建设先进要素保障单位一等奖、开福区人大常委专题询问满意单位、长沙市规划监察执法大队绩效考核先进大队、长沙市城乡规划局绩效考核先进集体。

突出规划引领作用，以战略眼光谋划城市发展。在城市总体规划的基础上，配合市局全面推进苏托垸片区、白霞片区、竹坡片控规新编，协调推进新河三角洲、朝正垸片区控规修编。针对控规编制各阶段成果，多次对接区政府、市局及设计单位，协调组织区级层面讨论。苏托垸、竹坡、白霞东片控规均已形成送审成果；竹坡、白霞东片正在报市规委会审查；新河三角洲片区已报市规委会审查通过。重点推进了潮宗街历史文化街区和开福寺历史地段规划编制，配合市局开展潮宗街历史文化街区保护规划，已报市政府审定。完成金融生态区周边立体交通和地下空间研究及捞刀河东北片概念性规划的编制，从产业发展等方面对片区控规编制提出合理化引导。2016年，市规划局在全市层面组织进行控规层次城市设计，涉及开福区9片，旨在完善城市功能、落实“四增两减”、对控规要素进行补充和完善。配合开展开福区2段湘江东岸街区层次城市设计，已形成成果报市政府。协助开展美丽乡村（小城镇）微整治。配合推进儿童友好型城市建设行动规划，对清水塘（北辰）小学、营盘路小学周边进行交通及慢行环境改善研究，提出具体规划措施与方案。配合市局及区相关部门开展长沙市历史步道调研和规划设计。

增强效能建设意识，以高效审批提升服务水平。严格规划审批程序，坚持例会制度，实行集体决策，形成例会办理意见。全年接待单位（个人）报建项次共112次，核发建设工程规划许可证40本，审批建筑面积为9.52万平方米;核发验收合格证7本，竣工验收面积3.38万平方米。无越级越权审批行为，案卷正点率、办结率、合格率均为100%。开展60号令农民安置房规划手续办理的扫尾工作。已发证的小区有48个，纳入处遗项目已出具规划意见的有4个，总建筑面积为287.67万平方米，完成工作总量的90.6%；已进窗办理但因资料不齐暂不能发证的小区有9个，总建筑面积约为29.7万平方米；因资料不齐或正在准备资料未到分局进窗的小区有9个，总建筑面积约为12万平方米。支持社区办公用房建设，对辖区内所有规划行政许可项目进行严格把关，凡涉及按要求配备社区办公用房的，均要求其提供协议及相关部门意见后方可办理建设工程规划许可证，协调泊富国际广场、圣爵菲斯小区、绿地海外滩、钱隆世家、金隅·桃园等项目按要求配备了社区办公用房；为上麻园岭社区、福城社区、湘民社区办公用房办理了规划行政许可手续；对寿星街社区、江滨社区、东风一村社区、沙坪街道社区、留芳岭社区等有条件改建的社区办公用房提供规划指导与支持。

践行依法行政理念，以强抓严管树立规划权威。全年批后管理项目共90个，巡查52次，放线47处，正负零检查16次，竣工检查46次，3个环节的检查到位率均为100%，并通过建立在建项目台账，全程主动跟进项目建设，及时提醒建设单位在建设中的注意事项和可能存在的问题并督促建设单位进行整改。下达行政处罚决定书14份，处罚面积2.5万平方米，处罚金额28.793万元;下达停工通知37份,大队上报支队违法建设案件19起。全年现场公示98项，均严格执行批前与批后公示的相关管理规定，对现场公示进行张贴、巡查和拍照取证，有效避免了上访上诉案件发生。完成恒大御景天下城无证建设、中医附二医疗教学综合楼增设夹层等违法建设案件立案调查并上报。组织对捞刀河街道白霞村6栋违规临建共4500平方米进行强制拆除。对家天下、富兴世界金融中心违法建设事项进行专题现场办公，就家天下项目专题向开福区人民政府书面请示，提请责成有关单位迅速联动，确保项目现场全面停工。天程柏年厂房项目钢架结构立柱环节存在移位情况，立即启动执法程序，下达责令停止建设通知书并要求建设单位进行整改，将违法建设行为遏制在萌芽状态。组织对辖区11处到期临时建筑进行清理，对5处过期未拆除临时售楼部进行立案调查和现场勘查，并对当事人下达了限期拆除决定书。其中，位于湘江大道320号建成10年之久梦洁临时售楼部，通过约谈违建单位负责人，由城管、街道、规划执法人员上门联合执法，促使违建单位于2016年6月初自行拆除。其余4处过期临时售楼部中，有2处因仍在进行后期开发暂缓拆除，1处限期2017年2月底前自行拆除，1处正在提请区政府责成城管部门予以强制拆除。全年完成第12、13、14期共计1696处异常图斑，核查上报违法建筑图斑134处，底层面积合计约4.7万平方米，第12期图斑核查工作获得了长沙市城乡规划局、长沙市城乡规划局执法支队的公开表扬。

强化主动服务观念，以真抓实干促进区域发展。全年共出具规划专业咨询意见257份，简易程序认定表881份，认定违法建筑面积共计25万平方米，完成40万平方米国有土地拆违面积认定复核。协助区政府完成拆违面积43万平方米，超额完成2016年32万平方米的拆违任务。深入黄兴北路、火车北站等棚户区改造指挥部开展未登记建筑的认定工作，进行现场查勘、资料查阅和情况研判，全年共完成371户未登记建筑的规划认定。对于2016年开福区重大项目，区规划分局专题研究，分解工作任务，做到责任到人，并分类制定具体工作措施和工作台账，定期督办，反馈意见，全年没有一个项目因规划问题而影响项目建设。对全区重点工程项目如高岭国际商贸城、中民筑友项目、红星美凯龙、湖南日报传媒中心、陈家湖社区提质改造项目等项目进行规划协调，提供优质规划服务。做好相关公共停车设施建设指导，协调指导广电前坪地下公共停车场的规划建设，完成2处临时公共停车楼审批，建筑面积共计4500平方米，完成1处用地面积约5100平方米公交停车场审批；配合区停车办，完成24处5100个公共停车设施建设，超额完成2016年市停车办下达的22处4586个公共停车设施建设任务。针对四方坪街道先福村A区、B区、E组团，雅雀湖农民安置房处遗问题提出规划意见并书面上报了市局，完成市处遗办交给区处遗办的工作任务。积极协调区文体中心、公卫大楼、区中心消防站、青少年文化宫、区交警队办公楼、区环卫垃圾分理场选址工作，对其规划选址工作提供了规划指导。全面完成省人大代表建议1份，市人大代表建议4份，市政协委员提案4份，区人大代表建议5份的办理工作。

（黄怡心）

城乡建设

区城乡建设局

局　长　李红权
副局长　徐建国（兼总工程师）
　　　　刘石泉
　　　　易厚德（2016.05免）
　　　　陈晓蓉
　　　　周　宇（2016.01任）
　　　　熊更姣
　　　　李　兵（2016.05任）
纪检组长　魏　坤（2016.01任）
建筑工程质量安全监督站站长
　　　　刘　芳

【概况】 区城乡建设局内设办公室、市政基础设施建设管理科、总工室（行政审批科）、房产市场科、房屋管理科，5个职能科（室）。下设开福区城市房屋征收和补偿管理办公室、开福区建筑工程质量安全监督站、开福区城市建设监察大队、招投标办公室（与总工室合署办公）、房产管理中心（与房屋管理科合署办公）5个二级机构。共有干部职工52人，其中行政编18人，事业编14人。2016年，区城乡建设局荣获长沙市住房和城乡建设委员会“‘品质长沙’2016长沙城市微改造创意征集大赛优秀组织奖”。

突出下放职权承接，推动技术审查全力开展。全力做好项目前期技术审查工作。2016年，共组织评审项目54个；下达方案设计审查意见12项，初步设计批复16项，施工图审查备案52项。积极推进海绵城市建设。在浏阳河风光带（滨河南路段）和湘江东岸风光带（湘雅路—浏阳河口）设计、建设过程中，采用海绵城市设计理念。在全区新建道路人行道项目采用透水材料，洪水淹没线以上的雨水排水管采用筛孔排水管，多孔雨水井连通大地，确保雨水能及时渗入地下。大力推进地下管廊项目试点。天井路、曲湾路为全市第一次采用管线综合设计的项目，该项目已办理管线综合审批，即将进入实施阶段。组织对柏叶路、竹隐路、翔通路及裕兴路四条道路进行管线综合设计审查，联合富兴集团积极开展金融商务区地下通道项目前期研究。

突出基础设施建设，推动城区功能不断完善。全面做好省市重点工程协调服务。牵头做好轨道交通1号线、3号线、5号线、渔业路延伸工程、星沙联络道等省、市重点项目协调服务，协助解决征收拆迁、施工场地租用问题，有力推动了省市重大项目实施。全力打通断头路、瓶颈路。2016年，潘家坪路、开福寺路、三一大道佳亨路下穿涵洞竣工通车，北辰三角洲片区路网、佳园路等断头路完成建设。万达周边交通微循环改造已完成福庆街、潮宗街、西长街周边交通综合整治，中山路将结合湘江大道快速化改造同步启动建设。积极推进公共停车场建设。2016年，市对区下达考核任务为新建停车场22处，新增停车位4580个，截至2016年年底，共完成三馆一厅、湘江中路湘雅路口停车场等24处7380个停车位建设，超额完成停车场建设任务，有效缓解了停车难问题。大力推进黑臭水体整治工作。2016年，市对区下达的黑臭水体治理任务共12处，截至2016年年底，朝月渠、鸭月渠、浏阳河等12处已完成整治，全面完成整治任务。

突出精美城区打造，推动城乡一体协同发展。“以补促改”全力推进危房改造。2016年，继续实施农村危房改造，共改造农村危房25户，农村困难群众住房条件持续改善。投入“以补促改”城市危房改造资金580余万元，对6处城市危房实施改造，彻底解决城区112户、317名困难群众的住房问题。两型产业化住宅加快落地。牵头编制了《开福区住宅产业化项目实施方案》，积极推动“两型”产业化项目建设，共启动实施了金湾小学、中部进出口加工物流中心二期建设项目两个项目13万平方米“两型”住宅建设，圆满完成市对区的考核任务。征收任务圆满完成。2016年，共实施国有土地上征收项目20个，其中新启动项目10个，扫尾项目10个，涉及征收住户4106户，由城区8个街道及区征收办具体实施。年内启动的伍岭路道路工程、浏阳河小学及幼儿园项目、德雅路道路工程以及车站北路延长线工程等4个项目已全面完成签约，及腾地工作，确保建设工程稳步推进；伍家岭东南角棚改、汽电地块棚改、德雅路丝茅冲棚改、东风二村棚改4个棚改项目已完成92%以上签约率，丝茅冲项目在《市委通报》上专刊推介。潮宗街及八中宿舍2个项目由于地域的特殊性，完成85%以上签约率。流转扫尾项目的签约清零及拆除腾地工作有序开展，炮后街棚改项目、陡岭路两厢棚改及金珑、三维地块项目实现清零腾地。

突出强监管严执法，推动建设行业全面发展。招投标监管水平不断提升。始终坚持招投标标前、标中、标后全方位监督。2016年，共对121个项目进行招投标行政监督和备案，总中标价7.64亿元，节约建设资金4000万元，公开招标率和项目入场率均为100%。建安、房地产行业持续健康发展。加强房地产政策宣传，全力做好全区房地产市场稳控工作，圆满完成200万平方米房产销售任务，全区住宅存量减少至67.65万平方米。积极开展绿色建筑补贴发放工作，完成恒大等7个楼盘1705户、18.16万平方米补贴发放，有力促进房产销售。质安监管不断加强。共为全区19个项目办理了施工许可证，进行质安监管。加强建筑工地日常巡查监管，全年共排查整改隐患160余处；江西“11 · 24”事故后，对全区60个建筑工地进行地毯式排查，共下发整改通知40多份，停工通知20多份，全年未发生一起安全生产责任事故。以文明创建工作为抓手，高标准推动全区建筑工地施工围挡集中整治，共整治项目82个，施工围挡8280米，全区建筑工地面貌焕然一新。建设工程管理不断规范。全面开展建设工程执法整治行动，共出动执法人员178人次，对全区22处在建工地进行执法检查，发出停工整改通知和工作联系函48份，对3起违规装饰装修项目立案调查。物业行业监管不断加强。组织召开全区物业管理工作推进大会，成立区物业管理工作领导小组，全区物业监管体系不断完善，开展全区物业管理法律法规政策培训；全力化解物业矛盾纠纷，妥善处置物业纠纷投诉439件，积极指导万达写字楼、湘江北尚等24个小区业委会成立和换届，完成物业服务企业的资质年度报送初审175家220个项目。共计受理3万元以下一般维修项目54个，拨付金额54万元；受理应急维修项目39个，实际拨付金额100.5万元。积极推进华盛新外滩、馨域大厦小区维修资金划转业主大会自治管理试点。房产办证工作加快推进。2016年，已完成房产处遗项目45个2272户，江滨玫瑰园等8个项目1716户已报市处遗办会审，先福村2000户正在抓紧完善办证资料。燃气日常监管不断加强。不断健全燃气安全管理制度，落实燃气安全行业监管责任，开展燃气安全百日执法行动，开展专项执法行动12次，关停黑气网点19家，共下达整改通知书60余份。全区现已有39家办理便民服务点证，15家办理三级站证，13家站点通过省、市三级站安评。

（罗向好）

【潮宗街欲再现昔日米市繁华盛景】 截至2016年年底，潮宗街片区棚户区改造征拆任务完成过半，2017年年初，完成征拆后，将启动潮宗街历史文化街区的打造。潮宗街因临原长沙西北城门潮宗门而得名，是昔日中国四大米市之一，是迄今长沙市仅存的3条麻石大街之一，长511米，宽9米。潮宗街街区棚户区改造项目（一期），为潮宗街以南的区域。整个潮宗街街区棚改项目范围北至营盘路、南到中山西路、西至湘江路、东到黄兴北路，总用地面积为24.78公顷。潮宗街棚改范围与潮宗街历史文化街区范围重合，2016年7月，《长沙市潮宗街历史文化街区保护规划》进行批后公示，根据规划，历史文化街区分核心保护区、建设控制地带和环境协调区三个层次进行保护。核心保护区范围东起潮宗街东口和永清巷，西至潮宗街西口和福庆街北段，北至潮宗街北侧，南至连升街、三贵街，面积为5.61公顷。核心保护区将严格保护街区原有空间格局，保护街区内建筑的高度、体量、外观形象与色彩，使建筑高度控制在12米以下。保护人文古迹，历史建筑不得拆除。适当将历史上重要时期的教堂和公馆建筑进行复原，打造长沙市具有多元宗教特色的文化旅游区域。

（罗向好）

城市建设投资

区工务局

局　长、区城建投董事长（兼）
　　　　　樊　伟
副局长、区城建投总经理（兼）
　　　　　王晓阳
副局长、区政府投资运营中心主任（兼）
　　　　　刘勇红（2016.4免）
纪检组长　翁远斌
副局长、区城建投副总经理（兼）
　　　　　罗礼芳
副 局 长　张明蓉　杨启军
　　　　　吴展鹏（2016.4任）
区城建投副总经理　黄启明

【概况】 长沙市开福区工务局是开福区人民政府直属事业单位。在编干部职工23人，全额事业23人，领导班子7人，事业编16人，政府雇员4人。内设11个职能科室：即前期工作科、土地开发科、工程管理科、监察审计科、工程造价科、招标管理科、资本运营科、计划财务科、物业管理科、办公室、总工室。

2016年，区工务局狠抓项目建设、土地运作、资金筹措三项工作，在确保完成各项任务的同时，着力谋划好“十三五”规划的各项工作。区工务局科学铺排、扎实推进了保障性房源、基础设施、社会民生及市场类项目建设共计47个，其中市对区考核17个项目已全部开工建设。同时，多个重点工程获得市级奖励，其中板塘二期、福鑫苑项目被评为长沙市优质结构工程，荷叶、福善园项目被评为长沙市绿色施工工地，福善园、福鑫苑项目在2016年3季度市管项目安全生产标准化优良工地考评中名列前茅，福嘉园小区被评为长沙市物业管理优秀示范小区。2016年，区工务局被评为区级项目建设先进业主单位、造绿复绿先进集体。

资金筹措保障有力。强化资金组织，积极拓展渠道，最大限度归集资金，全年筹集资金44.25亿元。其中，融资放款27.14亿元，区财政安排还本付息资金到位3.44亿元；到位住房保障费2.88亿元、结算农民安置房款2.64亿元；做好项目资金回笼，争取市轨道集团车站北路延长线建设资金2亿元、史家坡学校建设专项资金1640万元、实现福泽园售房回款5.7亿元。着力保障支出，量入为出，统筹调度，及时准确支付资金39.2亿元，确保各项重点支出，其中，安排还本付息16.56亿元、基础设施项目3.96亿元、两保项目9.01亿元、棚改项目2.74亿元、沙坪湘绣项目6900万元、兑付货币补贴及延期过渡费1.29亿元；同时，根据区委、区政府工作安排，计划外临时调度支付被征地农民社保资金缺口5亿元。创新资本管理，降低融资成本。创新融资方式，利用宽松的融资环境，成功开展企业债、城市发展基金等多种方式融资，拓宽了融资渠道，实现城建投企业债发行到位17亿元，长沙银行、建设银行城市发展基金到位2亿元。优化传统贷款方式，优先采用无抵押信用贷款，留住土地、房产等优质资产，累计取得长沙银行、厦门国际银行、兴业银行、华融湘江银行、北京银行、农合行15.09亿元信用贷款规模。降低融资成本，通过购买理财产品、开展债务置换等方式降低融资成本达9000万元；用政府债券置换列入政府还本付息的一类债务1.83亿元，有效降低了债务成本；预判形势成功发债，第一期年利率仅4.2%，第二期再创新低，年利率仅3.73%，在第一期的基础上再节约利息3600万元。

土地储备措施得力。2016年，区工务局积极新增土地储备。完成9宗43.07公顷土地用地手续办理，有效保障了农民安置房、基础设施和公益配套项目建设用地需求，同时扩大了土地储备。完成环宇石英砂厂4.47公顷土地收购及产权过户，开福建土地、房产收购项目正在抓紧办理补缴土地出让金及权证过户手续。

项目建设有序推进。2016年，区工务局科学铺排、扎实推进了保障性房源、基础设施、社会民生及市场类项目建设共计47个，其中市对区考核17个项目已全部开工建设。保障性住房项目建设方面，实施建设项目10个，建设面积216万平方米，可提供房屋16262套，包含农民安置房13225套（安置指标16780个）、棚改定向房源2685套、廉租房322套，其中，九尾冲福泽园24.5万平方米棚改定向房源已全面完成建设，福善园5.12万平方米棚改定向房源已完成主体工程建设；板塘二期、荷叶农民安置房项目共计19万平方米已全面完成建设；福鑫苑、双河湾、胜利家园等农民安置房项目正在按计划推进施工，中岭、竹隐、天井等农民安置房项目已于年底开工建设。基础设施项目建设方面，年内实施建设项目13个，其中已完成新建、提质芙蓉北路两河之间路段、芙蓉北路青竹湖大道至沙河桥段、陡岭片区路网、洪山片区路网、栖凤路（二环线至三一大道）、马栏山通道改造（含佳亨路）、佳园路等项目，道路里程合计约13700米；开福大道项目通过边规划、边拆迁、边施工的方式抢抓工期，正在进行沥青路面摊铺，楚家湖桥已完成主体施工，凤羽湖桥已完成承台及拱座施工，北二环下穿工程正在进行便道修筑和管线迁改；西园北里历史步道、胜利家园配套路网、家园路等项目正在如期推进。社会民生项目建设方面，年内实施建设项目11个，其中已完成湘江东岸1800米风光带提质改造、浏阳河沿线9600米风光带提质改造，打造了60万平方米高品质沿江生态公园；实施拆围覆绿项目，包含洪山公园、长沙学院及朝正垸片区等15个地块的改造，增添绿地8万平方米；完成浏阳河小学项目建设并交付使用，为片区就学提供便利；完成金融生态区、浏阳河三桥及人行天桥等亮化工程建设，为品质开福建设增添靓丽夜景；陈家渡中学及沙坪卫生服务中心项目正在按计划抓紧实施；史家坡学校项目已报区政府同意将启动建设计划调整至2017年。市场类项目建设方面，年内实施项目2个，其中沙坪绣坊街项目已完成建设，新河大厦项目正在积极推进施工。预备类项目建设方面，按要求铺排滨河北路、福鑫苑配套路网、区交警指挥服务中心等11个预备项目手续办理。

物业管理不断加强。2016年，成立物业公司总部，搭建组织架构，规范管理流程，统一管理标准，进一步提高服务水平。切实加强安全管理，完善安保制度，安全检查常态化，未发现一起安全事故。北鑫物业公司以创建星级物业为目标，打造安置小区的物业服务标杆。北鑫物业公司负责全区103号令农民安置小区物业管理工作，现承担福润园、益安公寓、福竹园、福嘉园及福港苑5个安置小区物业管理，板塘二期及荷叶2个小区即将竣工交房并纳入管理。加大遗留问题处理，完成丝茅冲水瓶厂8套房产过户及福润园673套房屋栋证办理，启动395套廉租房分户证及农民安置房项目产权栋证办理。2016年，福嘉园小区获评长沙市物业管理优秀示范小区。

管理水平不断提升。2016年，通过信息化管理平台，实现网上文件签批、数据统计、决策调度、监督考核，实施项目信息化管理，进一步提高工作效率。实施《开福区工务局项目负责制实施办法（试行）》，对项目实行“项目+部门”的网络化管理模式，配合电子化信息管理系统，形成新的现代化工程管理机制。实施《长沙市开福区工务局代建单位定期检查及考核办法》及《长沙市开福区工务局代建单位定期检查评分表》，对代建单位工作任务进行量化，进一步明确其工作职责。

【湘江风光带景观提质改造工程竣工】 开福区湘江风光带景观提质改造工程总投资约3000万元。实施范围为湘江风光带从湘雅路口至北辰滨江公园段，全长1800米，面积为8万平方米。2016年上半年，完成建设并对市民开放。该项目以打造开福区湘江段重要的滨水生态公园为目标，在保留现有大乔木前提下，丰富四季景观感受为目标，打造公园式滨水植物景观；建设各类休闲、活动广场，满足游人游赏需求；贯通绿道，优化生态交通，满足市民观景健身需求；为保障防洪安全要求，增设亲水观景平台、亲水休闲栈道，实现亲水功能；对沿线不满足安全防护功能的栏杆进行统一改造。

【浏阳河风光带提质改造工程竣工】 浏阳河在开福区流域总长9600米，围绕滨江岸线功能品质提升，以绿色、人文、休闲、运动为导向，充分利用独特的自然景观和人文禀赋，坚持以人为本，整合资源，系统规划，统筹建设，精心管理，使岸线成为美丽开福的标志性景观轴。2016年，开福区实施的浏阳河风光带范围为从入湘江河口至三一大道段，共包括6分小段（含3座桥梁的亮化）工程，其中北岸为世纪金源段、滨河南路段、月湖公园段；南岸为北辰段、栖凤路段、海洋半岛段，三座桥梁亮化为芙蓉北路浏阳河桥、车站北路浏阳河桥及洪山桥，风光带建设总面积约58万平方米，工程总投资2亿元。2016年上半年，已完成滨河南路段12万平方米建设并对市民开放，其余部分已于2016年年底基本完成建设。

（杨　帆）

城市管理

区城管执法局

局　　长　杨知强（2016.4任）
　　　　　朱旭东（2016 4免）
副 局 长　艾延灿　何爱民
　　　　　雷　鸣　尹洪辉
纪检组长　曹桃平

【概况】 2016年，开福区城市管理和行政执法局内设一办四科，即：综合办公室、业务指导科、社会卫生科、行政审批科、督查考核科。下设二级机构一个，即区城市管理监督指挥中心。核定区城管执法局机关行政编制15名。区城市管理监督指挥中心为全额拨款事业单位，事业编制5名。2016年，荣获长沙市“六五”普法依法治理工作先进单位、长沙市造绿复绿工作先进集体、长沙市文明标兵单位。

基层基础工作全面夯实。核定河堤河滩清扫面积。2016年，对区内“一江四河”（湘江、浏阳河、捞刀河、沙河、白沙河）河堤河滩面积进行测量，总面积为223万平方米，按照属地管理原则，各相关街道对河堤河滩垃圾进行清除。全区共投入背街小巷清扫保洁经费3471万元。在全区范围内实施门前“三包”责任制，“门前山包”责任书签定率100%。完善班子成员联系社区、联点干部（含执法中队、社区干部）包路段、城市协管员包门店的“四位一体”责任体制，制作门前市容环境卫生“四位一体”责任牌4981块，将门前“三包”责任落实到人，清扫保洁到位。抓好协管员管理。组织全区城管协管员进行为期三天的脱产培训。局督查考核科、业务指导科经常采取随机抽查和实地巡查的办法，督查各街道协管员上岗履责情况，提升协管员上岗率和履责率。开展“两创”工作。东风路街道、新河街道被评为2016年长沙市“城市管理示范街道”。2016年，共创建市级“精品社区”10个、“标杆社区”15个、“样板社区”8个。

爱国卫生工作开展扎实有效。积极开展健康教育宣传活动，利用“世界卫生日”“世界无烟日”“艾滋病日”等时机，宣传《湖南省爱卫条例》《长沙市病媒生物防制办法》和相关法律法规,开展健康咨询、健康教育讲座，提高群众卫生意识和自我保健能力。组织爱卫月活动。各街道利用横幅、标语、橱窗、专栏、板报等方式进行宣传，全区制作宣传横幅200余条，更换宣传橱窗150多个，开展20多场集中宣传活动。开展病媒生物防制工作顺利通过省爱卫会对开福区鼠蟑密度控制水平C级达标复查。全年新增10块灭蚊宣传栏、100盏智能太阳能灭蚊双灯和11000个毒饵盒，累计投放毒谷25吨、蜡块（蜡丸）8吨。在夏秋两季，组织3家专业服务公司对全区进行两轮热烟熏杀蟑螂和蚊虫。开展城乡环境卫生整治行动。下发了《开福区城乡环境卫生整洁行动考核及经费下拨办法》《开福区城乡环境卫生整洁行动方案(2016—2020年)》文件，足额拨付城乡环境卫生整洁行动经费。以“百日会战”行动为契机，在3月20日至6月30日期间组织街道开展多次专项整治行动。开展卫生创建工作。创建2个市级无烟单位、15个无烟家庭、3个市级卫生社区、1个省级文明卫生单位和3个市级文明卫生单位。

服务意识和水平不断提升。2016年，区政务服务中心窗口共接待城市管理办事群众3100人次，共办理许可证2606个：其中占用街道两侧和公共场地许可证1756个、城市道路临时占用许可证384个、城市道路临时挖掘许可证180个、临时户外广告（围挡）设置许可证66个、城市树木移伐许可证7个、城市绿地临时占用许可证58个、棚亭占用城市道路许可证155个。办理临时户外广告（招牌）211个、临时设摊夜市规范点2个，做到每个案卷资料齐

提质改造后的陈家湖社区

夜间整治行动，重点整治露天烧烤使用燃煤和木炭行为

全，操作规范，按时办结。2016年，共完成1.5万户自来水户表改造工作，完成市委、市政府制定的自来水户表改造任务。

督查考核工作全面加强。根据工作实际，制定相关的考核办法及细则，确定督查工作的主要内容，特殊节日制定相关督查方案。每月定期对全区重要场所样本点和各街道社区进行集中检查，与数字化及政府办督查室联动，确保督查工作的开展。对市局每月集中检查和区集中检查情况及时反馈，督促相关部门进行落实整改，对未及时整改的街道实行考核扣分，月底通过集中检查、日常工作、数字化工作等三大块考核对街道进行统一汇总排名，每季度对排名情况进行奖惩。

拆违控违和拆后复绿工作强力推进。2016年，严格按照市委、市政府2016年违法建设彻底清零目标，对全区尤其是金霞片区的违法建设情况进行全面的摸底调查，对各类违法建设逐一进行登记造册，并稳妥地开展集中拆违和拆后复绿工作。2016年，全区拆违任务数为1026处，面积为31.95万平方米，截至2016年年底，全区拆除历史违法建设1488处，面积43.39万平方米，拆除新增违法建设26处，面积1.18万平方米，全区拆后复绿增绿项目38个。滨河南路复绿项目得到省、市领导的高度肯定，金霞新村美丽乡村建设取得实效。完成1个无围墙社区，10个无违建社区创建资料申报。

“三车三场”综合整治成效显著。根据渣土扬尘污染工作实际，制定《开福区“三车三场”专项整治实施方案》，组建“三车三场”综合整治工作办公室，通过上门宣传、评审验收、定点值守、设卡拦查、视频监控、联合执法等方式，强化了“三车三场”集中整治。截至2016年年底，共组织专项整治行动82次，出动6120人次、执法车辆530余台次，教育整改“三车”2900余台次，查处“三车”违法违规行为272起，劝导整改195起，办理案件188起，共计罚款138.37万元，其中城管执法大队罚款52.37万元，交警大队罚款49.08万元，交通局罚款36.92万元。全区“三车三场”生产经营秩序进一步规范。

社区综合提质改造有序推进。2016年，全区老旧社区环境综合提质改造项目总投资为2.1亿元，对新河街道陈家湖社区、四方坪街道胜利社区、伍家岭街道浏阳河社区、清水塘街道便河边社区、洪山街道洪西社区、芙蓉北路街道福城社区、秀峰街道鹅羊山社区、青竹湖街道太阳山社区、青竹湖街道金霞村、通泰街西园北里社区等10个社区进行综合提质改造，包括社区道路、下水管网、门店招牌、绿化提质、交通设施等。2016年，全区投资6000万元，完成湘江东岸开福段及出入城口、东风路、万家丽路、浏阳河等景观亮化工程，受到省、市主要领导的高度肯定。

（周　旋）

市容环境

区市容环境卫生管理局

书　　记　陆学龙
局　　长　李俊全
副 局 长　彭　斌　蒋向阳
　　　　　陈　迪
纪检组长　欧文兵

【概况】　开福区市容环境卫生管理局内设机构6个（办公室、督查科、财务科、基建设备科、收运办、安全生产科），下属机构11个（渣土办、机械作业车队、望麓园环卫所、湘雅路环卫所、东风路环卫所、四方坪环卫所、

开福区环卫工人成了大街上一道靓丽的风景

芙蓉北路环卫所、洪山环卫所、青竹湖环卫所、秀峰环卫所、沙坪环卫所）。正式职工541人，其中：局班子成员6人，在职职工165人，内退18人，退休352人。合同制工人2151人，其中管理员158人，驾驶员360人，渣土管理员64人,清扫员1669人。正式职工与合同制工人合计为2792人。

内外城道路维护实现“三同”，推行“五+”常态机制。针对二环外地域分散、作业线太长和难以达到“全覆盖”的问题，重新调整作业范围，设立沙坪环卫所、秀峰环卫所、青竹湖环卫所；以“六定”为原则，推行人工清扫、洒水车、洗扫车、养护车、督查保洁的“五+”常态化机制；组建由机械车队调度的机械作业班，科学安排作业时段和车辆，提高二环线道路洁净度；从7月起，将未纳入年度预算的黄兴北路、万家丽快速通道、潘家坪延长线等17条新建道路、4座人行地下通道（天桥）和楚家湖公共站厕，共计60万平方米面积纳入自主维护，主动作为；将洒水车、洗扫车配置到所，由环卫所根据道路卫生状态结合“六定”，组织维护作业和开展质量控制，确保卫生死角、隐蔽处的清理清洁“无盲区”，实现内外城区同一标准、同一质量、同一考核和品质齐升。

开展“清底”整治，补齐工作短板。4月以来，在保证道路常态化维护同时，动员和部署二环外道路两厢环境的全面整治，多次组织内城环卫所出动人员、机械开展支援，举全局之力，对道路两厢的砖瓦垃圾、杂草脏物和广场摊点、农贸市场的油污顽渍开展全面清除清洗。全年清除主次干道两厢砖瓦垃圾、杂草脏物等14600余保洁车，清理偷倒裸露垃圾堆1210余处，清洗广场、农贸市场、摊点油污顽渍5.3万平方米，使二环外卫生面貌发生了颠覆性的变化。

实行力量下沉，落实“最严”渣土监控。强化和调整夜间工地监管力量，将环卫所20余名渣管员收归局渣土办调度，由局渣管办根据夜间工地分布数量，实行统一分工调度和机动处突；开展一个月的监管员培训教育，正风肃纪和纯洁监管员队伍，辞退5名渣土协管员；加大对工地、消纳场及项目回填区“双岗”监管，严格控制源头污染。重点抓住合理装载、净车出场的合规达标开展治理。对无证工地、非渣土车参与运输加大取缔处罚的打击力度。整治污染路面409处，整治乱倒渣土63处，整治查处工地201处，处置大型垮土82起。配合三车整治办共纠违整治渣土车、砂石车、水泥罐车1704台次。

精准设计施工，全力推进项

2016年9月27日，陈迪副局长在望麓园环卫所为工人进行安全生产教育培训

目建设。按照市城管局4份下达全市公共垃圾站统一采用的压缩设备标准，协调规划设计院加班加点，配合区相关部门重新挂网招标，9月开始，督促施工队伍抢赶进度，节假日、双休日抓紧施工，工程技术人员按责任制对工程质量开展全程监管，6座新建公共站厕、10座垃圾站压缩式运输的提质改造及30座公共卫生间除臭设施安装都在年内竣工验收和交付使用。

满足市民需求，运输实现高效安全。运输车队克服道路拥堵、填埋场阻工和街道拆除垃圾围池后，大量生活垃圾进入中转站带来的压力，完成57余万吨生活垃圾的日产日清。做好了冰冻期间的物资抢运、储备和撒盐除冰工作；餐厨垃圾日收运产量从年初的20吨增加到30余吨，为全市推广中小单位餐厨垃圾集中收运提供了样板，保障了市民食品安全。

优化智慧环卫平台，实现管理转型。在2015年9月首创全省第一家区“智慧环卫”平台的基础上，对基层平台人员进行培训，优化系统链接和无缝管理模式，强化机械作业、人员出勤、维护质量的实时监控，全过程监控车辆行驶线路和油料消耗状态，实现所（队）负责人、管理员、驾驶员与“智慧环卫”平台的双向互联互通，落实人员出勤、作业质量、纪律等动态考核，形成管理与考核的高效结合。

（汤正明）

公共设施建设

区市政管理局

书　记　龙亚雄
局　长　夏圣猛
副局长　刘正伟　吴建红
　　　　郭天仆(2016.10任)
　　　　宋双林(2016.1免)
　　　　戴晓金(2016.10免)

【概况】 区市政局主要负责全区市政道路的日常管理工作，依法行使市政道路临时占道和挖掘的初审初堪工作；辖区内新建道路的市政验收和交接工作及新增排水管网入网验收工作；辖区内市政道路的日常维护，下水井、管的维护与疏通；全区市政维护作业标准的制定、市政维护计划编制和组织实施，市政维护作业质量监督考核；全区市政工程技术业务指导工作；全区无物业化粪池的清掏疏浚工作；全区城区的防汛工作。现有正式职工184人，其中在职86人，离退休87人，内退11人。机构为“一室六科”：综合办公室、生产维护科（下设三个维护队）、路政管理科、工程技术科、督查科、财务科、设备供应科；另有常驻区市政局的市政专业执法队。

路政管理方面。重点抓好路政巡查、路政管理和执法队的执法工作，提高市政设施的完好率。2016年，共办理占道许可证320个，挖掘许可证153个；开展不规范建设项目施工围挡专项整治行动，整改问题33处，更新不规范围挡2100余平方米；报市应急处置中心因自来水抢修、燃气抢修的应急备案123个；开具因自来水、煤气及证后路面恢复的破路通知单共222个；处理数字化案卷198起；对全区主次干道全巡212余次，处理内部巡查发现问题332处；处理市文明办和市城管局督查问题21起；处置非法开挖施工29起。

生产维护方面。2016年，共修补路面14万平方米、维修人行道7万余平方米、调整道路侧平石8000米、疏浚排水管沟38万米、清掏各类井6.1万个/次；累计受理数字化案件4200余件，“12345”热线600余条，城管110案卷150余条，均按要求处置到位。城管110案卷，确保24小时有人接警，并在接警后20分钟内到达现场，90分钟内回复区城管110平台。对不属于市政维护范围，未移交的道路、市重点工程施工造成的破路等难点案卷，及时协调处理，数字化城管结案率99%以上。

项目建设方面。2016年，根据市、区两级政府城管类市政线工作部署，市政局接到项目建设任务17类23个，投资约1.89亿元。其中“社会化路口硬化改造项目”“三一大道南幅拓宽提质项目”“营盘路标准化示范道路提质”“东风路标准化示范道路提质”“陈家湖社区市政设施及交通整治项目”“金霞村环村道路提质项目”“港湾式公交站（一期）改造项目”“港湾式公交站台（二期）改造项目”“东风路（三一大道至营盘路）”“中青路西半幅提质项目”、“支路微循环改造项目”“防沉降井座井盖提质项目”“背街小巷提质改造项目”“湘一外国语学校周边道路微循环项目”“东风路（德雅路至营盘路）人行道提质项目”“芙蓉中路（八一桥至潘家坪路）道路提质项目”和“五一西路（黄兴北路至湘江大道）北侧人行道提质项目”“排水堵点疏浚改造项目”“人行过街设施建设项目”、“大型管道疏浚项目”“老旧化粪池疏浚改造项目”等项目于年内全部完工；“金马路管道改造项目”“齐龙港路断头路新建项目”等2个项目正按照计划安排稳步推进。

防汛应急处置方面。一是完善机构、机制设置。根据市城防指相关文件要求，结合开福区实际情况，进一步完善《长沙市开福区强降雨天气防洪排渍工作预案》，并明确组织领导、响应机制，规范了处置流程。二是强化措施，落实责任。为确保安全度汛，2016年，市政局对全区的渍（堵）点进行全面的摸排，制定应急措施，并协调重点项目建设单位，全面落实防汛责任，确保防汛无死角。与内城区12个街道签订防汛责任书，明确区城防指和各成员单位的职责职能，确保度汛期间能够第一时间发现并进行有效处置。2016年，市政局共出动车辆及排水应急单元200余台次，人员1500余人次，全区未出现大面积、长时间积水情况。

【完成芙蓉中路（八一桥至潘家坪路）提质改造】 为解决芙蓉中路（八一桥至潘家坪路）路面开裂、翻浆、沉塌等病害，改善道路通行能力，提升开福区城区主干道的整体形象，开福区市政管理局组织对芙蓉中路（八一桥至潘家坪路）进行提质改造,项目主要是对沥青面层网裂、沉塌的路段进行开窗处理；对路面裂缝采取灌注填缝料，采用SA自贴性抗裂贴的方式进行处理；采用防沉降井座井盖对全线井盖进行更换提质；将沿线平石改窄；洒布乳化沥青，采用SMA沥青料进行整体摊铺4厘米；对道路交通标线进行重新施划，对交通路口的感应线进行恢复；对两厢局部人行道、空坪进行提质改造。项目总投资约1866.31万元，其中工程主材（沥青料）实施政府采购，约886.97万元，人工、机械及辅材实施服务外包，约979.34万元。该项目由“湖南大学设计研究院有限公司”进行设计，于9月初进场施工，10月底全部完工，工期约60天。

东风路人行道提质改造前后

【完成东风路（德雅路至营盘路）人行道提质改造】 东风路人行道全长约2100米，考虑到东风路北段（德雅路至三一大道）两厢正处于开发阶段，仍有基建施工，而南段（营盘路至德雅路）两厢开发已基本成型，且周边有烈士公园、省博物馆等人流密集的公共场所，因此项目主要是对南段两厢人行道、非机动车道进行综合提质改造，项目内容主要是对东侧人行道进行局部修复；对西侧人行道格局进行重新排布，提质后西侧人行道格局为（由东向西）：2米宽乔木隔离带+3.5米宽非机动车道+2米宽人行道，项目总投资约446万元。项目于8月底进场施工，10月底全部完工，工期约60天。

（魏锦芳）

园林绿化

区园林绿化管理局

局　长　贺华勇

书　记　盛建军

副局长　肖林生　戴晓金

　　　　才　源　范　卓

【概况】 开福区园林绿化管理局为区政府一级职能局，单位性质为公益一类事业单位，机构设置为“一室五科五园区”，即局机关综合管理办公室、绿化维护科、安全督查科、绿化管理科、工程技术科、财务科；下设湘江风光带管理办公室、月湖公园管理办公室、社区公园管理办公室、秀峰山公园管理办公室和青竹湖片区管理办公室共5个生产维护部门。在职职工64人，其中局领导班子6人，机关科室23人，公园管理办公室35人。内退、退休职工75人，临聘人员441人，中共党员47人。用于维护作业车辆数量52台，其中皮卡车19台，水车12台，路面清扫车4台，打药车4台，特殊作用车辆3台，小型货车10台。负责全区468万平方米绿化维护工作。主要职能是负责全区主次干道、社区及公共绿地和区属公园的绿化维护管理，绿化建设的技术指导、全民义务植树的宣传发动及组织实施、花园式单位和绿色社区创建及“绿色城市”建设等工作。

绿化维护工作。根据区委、区政府“精美城区建设”的统一部署，确保精美城区的建设成果，以文明创建和城市管理工作的全面覆盖为抓手，全面加强开福区园林绿化维护作业的精细化、全域化以及长效化的管理。统筹推进，及时铺排调度。截至12月底，各维护生产共计修剪乔木1.45万株、修剪模纹花坛108.31万平方米、修剪绿篱125.49万平方米、修剪草坪约305.24万平方米，清理垃圾640.7万千克、浇水7260万千克、打药141.9万千克、施肥7.85万千克、树木扶正1572株、除杂294万平方米、中耕作围11.61万平方米、抹芽6.95万株、铺草坪砖1850平方米、补种草种11.65万平方米、树木刷白18.01万株。督查监管，问题整改到位。班子成员与相关科室上路巡查，及时发现、处理问题，推进工作进展。督查科每天安排人员上路跟进作业情况，发现问题及时开具督办函，各责任板块及时整改落实并定期回访，确保维护生产中的薄弱环节和突出问题及时整改落实到位。高效办结，提高案卷办理水平。成立专门的数字化案卷处置办公室，配置数字化案卷处置专员（2人）及精细化处置专员（1人），各公园分别配备数字化接收专员，明确案卷现场处置人员，对每一条案卷及时下达、接收、处理、跟进、回复。全年共接收数字化案卷3524条，按期结案数3524条，结案率100%。科学调度，完成开福区维护绿地核量工作。8月16日，根据市财政预决算（投资）评审中心组织的“关于五区环卫市政园林维护经费评审培训通知”的会议精神，对市内五区（环卫、市政、园林维护工作量、经费进行评审）确定新一轮城市管理维护经费基数，迅速成立区专项工作领导小组。根据本次评审方法，以各区申报经费为基础，通过核查经费使用情况，结合实地现场核实的方式进行审核，8月31日前，及时、真实、按质地完成维护绿地的核量工作。

项目建设。2016年，“绿色城市”新增绿地建设项目30个，建设面积137.84公顷；立体绿化建设项目17个，建设面积6.11公顷；专项建设项目12个（其中林荫停车场3个，建设面积0.42公顷；林荫广场1个，建设面积0.4公顷；林荫大道2条，千园之城9个，增花添彩道路2条）。已超额完成全年目标任务。社区公园建设。陈家湖社区公园综合提质整治工程项目，对社区内多个节点的植物、铺装、园建和服务设施进行提质，并统一更换银星路及陈家湖路的行道树，总投资500万元。提质改造效果得到省、市、区各级领导及社区居民群众的好评。2016年，完成洪西和鹅羊山社区公园建设。道路绿化提质改造，包括北辰片区道路、兴联路、北二环、盛世路、新安路、晴岚路等多条主次干道的绿化提质改造。屋顶绿化。依据长沙市园林局《长沙市屋顶绿化示范项目建设实施方案》，对开福区政府、北辰小学、清水塘三小实施屋顶绿化。主题公园的建设。建设北辰滨江廉政文化、月岛河畔社会主义核心价值观两个主题公园。其他项目建设。松桂园路口财富名园前与开福寺路口岁宝百货前两个重要节点增绿提质改造；环城绿带建设项目一期春季补栽；湘江大道至东风路高架桥车行可见范围的立柱彩绘；以往已建成并纳入考核检查的26个社区公园及湘江风光带、月湖公园、秀峰山公园公园设施修复；芙蓉中路（八一桥至伍家岭）和营盘路（湘江大道至年嘉湖隧道）各十字路口、重要节点、车辆出入口及掉头口实施道路彩化改造。

绿化管理工作。2016年，共计办理行政审批41件，接到市、区110接警及市民举报各种占绿毁绿及各种违章124余起，接到市民服务热线工单195件，查勘死危树100余株，已全部进行处理，没有一起投诉。3月上旬至4月中旬在福元路、滨河北路、渔业路、芙蓉北路、青竹湖路、成功村等6个植树基地开展义务植树活动，共栽植香樟、桂花、红叶石楠等1134株乔、灌木，共计新增绿地7245平方米。根据市区关于创建绿色社区的相关指示精神，经社区申报，街道推荐，市林业局绿化委员会检查验收，确定清水塘社区、宿龙桥社区、金鹰社区、胜利村社区、花城社区、江湾社区等6个社区为绿色社区。

【启动屋顶绿化示范建设】9月19日，开福区启动屋顶绿化示范建设项目招标，将在部分公共建筑楼顶进行整体绿化示范建设，首批进行房顶屋顶绿化示范项目建设的建筑分别为开福区政府、北辰小学和清水塘第三小学。总面积1.17万平方米，投资估算998.86万元。主要实施内容包括屋顶覆绿、阳台绿化以及给排水等。这是长沙城区首次大规模的进行屋顶示范项目建设，与一般的屋顶栽种盆栽植物的绿化方式相比，这次绿化将在屋顶区域全面覆土，将屋顶打造为立体、微缩园林景观。既扩大了城市绿色的面积，也对建筑的降噪隔音降尘还有空气更新有好处。

（李　军）

征地工作

区征地办

主　任　苏　武

副主任　余　彬　曹　希

【概况】开福区人民政府征地办公室内设1办3科，即综合办公室、拆迁管理科、安置审核科、财务管理科。征地办核定全额拨款事业编制9名，实有工作人员21名，其中在编人员8名，聘用人员12名，借用人员1名。

2016年，区征地办按照区委“升级发展、成就北富”的目标定位，全面落实“两化融合、三金致强、项目为王、严实治理”的发展战略，全年实现腾地294.93公顷，拆除房屋951栋，动迁3432人，用实实在在的工作成效，确保农村征地拆迁安置工作政策平、大局稳、人事安。征地办得到了市、区各级各部门的一致好评，继续在全市年度绩效考核中取得综合排名一等一名的好成绩，同时被评为全区项目建设先进要素保障单位一等奖。

紧咬目标抓统筹，促进项目腾地提质增效。牢固树立“项目为王”工作理念，坚决维护政策严肃性，严格执行“三公告一登记”“两级审核、三榜公示”“三轮会审”等制度，以103号令及配套政策为衡量尺度，做到全区“一碗水端平”，同时在政策许可的范围内，实行“特殊个案集体研究制”，最大限度维护群众的合法权益，得到了广大群众的支持理解，从而确保项目拆迁工作高强度、高质量、高效率推进。全年共实施项目57个，征收土地604.54公顷，其中：新启动项目30个，征收土地167.2公顷，拆迁房屋625户，动迁人口1991人；续拆项目11个，征收土地62.36公顷；扫尾项目16个，征收土地374.98公顷。全年累计实现腾地294.93公顷，拆除房屋951户，动迁人口3432人，较好地完成区委、区政府下达的各项工作目标任务，保证了车站北路北延线、捞刀河路、霞凝货站扩建工程等省、市重大工程项目的顺利建设。

尽心竭力强保障，促进安置步伐持续加快。始终把安置与拆迁放在同等重要的位置，致力于保障拆迁对象切身利益，严格落实拆迁群众安置政策，积极做好群众安置工作，基本实现“拆得快、安得好”的目标。针对金鹰片区项目扫尾中的70岁以上、因在外租房过渡比较困难的特殊对象，实施即拆即分配安置房，安置群众6户、指标11.5个，切实为群众解忧；完成荷叶、板塘小区分房名册审核，联合区工务局、街道优化分房工作方案，做实分房筹备工作，报区人民政府批准同意后，即可实现分房，届时29个项目747户群众将实现住房分配，安置指标2052.5个。

耐心细致抓审核，促进服务水平稳步提高。严格把关住房安置和货币安置人员名单审核，完成32个项目6485个安置指标（其中：申购保障住房指标数4954.5个，申请货币补贴指标数1530.5个）的审核工作，做到不错不乱；耐心细致审核纳入两保体系人员名单、延期过渡费发放、“半边户”等工作，全年纳入社会保障体系8009人，完成38批次3097.5人、月发放额303.04万元的延期过渡费审核工作；向市局报送了“半边户”资格申请191户，批回资格确认单181户，批准率95%；认真核准申请货币安置人员名单，对接市财政部门，按规定时点报审市级货币补贴资料，审回货币补贴资金2133.08万元，有效减轻区政府安置资金压力；按照政策规定，结合开福区项目实施情况，主动协调市国土局、市征地办，及时申报“两保”用地指标，全年审回46.67公顷，累计审回351.33公顷，做到应报必报、应审必审。

（蒋登凡）

棚户区改造

区棚户区改造办公室

主　任　刘勇红（2016.4任）
　　　　李　茁（2016.4免）
副主任　刘红南　吴建军

【概况】 经区委、区政府批准，2013年9月，成立区棚户区改造办公室，明确为全额拨款事业单位，核定编制5名；同步组建长沙市大城北棚户区改造投资有限公司，负责全区棚改项目的策划、规划、征收、招商、开发等运营工作。2014年7月，根据市棚改统贷平台的要求，成立长沙市开福棚改投资有限责任公司，作为市棚改公司的全资子公司，专门承接国开行棚改贷款资金。棚改办、大城北棚改公司、开福棚改投实行“多块牌子、一套人马”，合署办公。棚改办和棚改公司内设办公室、项目部、财务部、工程部。2016年，荣获开福区“六个走在前列”大竞赛暨绩效考核一等和项目建设先进业主单位。

推进征拆工作。全年累计完成棚户区改造3900户、改造58.1万平方米，完成投资48.94亿元，分别占年度任务的108.33%、102.29%、101.45%，同比均创新高。新启动的伍家岭片区、汽电地块、德雅路片区项目征收签约达95%以上，实现当年签约、当年进入征收扫尾阶段。

抓好资金保障。通过统贷平台、市级配套、中央预算内投资和中央棚改补助资金、区级财政投入等途径，共筹资56.2亿元，争取金融授信17亿元，放款3.4亿元，申报专项建设基金，正推进30亿元规模的开福棚改基金融资授信。

加速项目建设。全市统贷平台首个“四增两减”项目清水塘炮后街项目做好了开工前的准备。潮宗街城市设计和修建性详细规划设计已完成，修建性详规上报市局待批，开福寺文化公园正在规划设计。

推进棚改购买服务。完成望麓园巷、太平路片区等8个棚改项目包装，顺利纳入政府购买棚改服务笼子。

【市长胡衡华调研开福区棚改工作】 5月4日，长沙市委副书记、市长、市安居工程和棚户区改造工作领导小组组长胡衡华率队调研开福区棚改工作，实地察看了清水塘炮后街棚改项目、历史步道、开福寺及周边地块等棚改项目，并随即召开调研会议。刘新程、黎春秋等市领导，廖建华、沈裕谋等区领导及相关市直单位负责人陪同调研。市长胡衡华对开福区棚改工作成效表示高度肯定，指出开福区作为全市棚改大区，近几年来，开福区自我加压，主动作为，通过棚改工作的持续推进，提升了城市品质，改善了人居环境，赢得了群众的理解和支持，也体现了干部的担当和水平。对下步棚改工作提出要求，他强调，一个城市的进展是渐进式的，要把“四增两减”和“有机棚改”有效的结合，在征拆工作中要讲究方式方法，要坚持依法、阳光的工作方法，让群众在棚改中真正得到实惠。会上还对黄兴北路建设、潘家坪路拓改及两厢棚改项目、太平路片区棚改项目、开福寺周边地块棚改项目等具体问题进行明确。

（许惠玲）

城市管理综合执法

区城管公安大队

队　长　江　南
教导员　张　平

【概况】 开福区城管公安大队下设两个中队，编制为20人。负责区内城市管理综合执法治安、法治宣传教育，刑事、治安案件的侦破和治安纠纷的调处，协同做好城市管理综合执法等工作。

强化保障机制，满意度不断提升。2016年，区城管公安大队进一步加强与城管协同配合，实行联合办公、联合执法，健全“协作同步、两位一体”长效工作机制。

全年协助区城管执法大队、区交通局、区农林水利局及各街道办事处等部门，开展各类整治行动650次，出动警力2488人次。现场调解纠纷20余起，取缔违规消纳场所3家，处置撬锁案件20余起，协助查获违规私家运营车辆300余台，查获违规“三车”40余台。健全“协作同步、两位一体”长效工作机制。各中队需要警力调配必须提前一天报方案，再由大队进行调派警力。这样一来，大队即可全面了解各中队的各项行动整治情况，可以更好安排部署警力使用，在提升警力的最大使用率的同时，适时缓解事多人少，警力不足的问题。

完善制度保障，推行“提前介入”工作模式。2016年，大队以联勤机制为基础，全面推行四个“提前介入”。开福区西长街水产品市场货物装卸导致道路堵塞，为疏导交通，大队协助区其他部门10月每日凌晨至7时安排四名警力蹲点守候，确保交通秩序畅通。湘雅路沿街店外经营一直是一块难啃的“硬骨头”，为确实保障整治工作的到位，大队安排民警协同湘雅路城管执法中队开展店外经营整治工作，化解纠纷10余起，及时制止3起可能引发的恶性群体事件。清水塘炮后街棚户区改造项目有几户未动迁的被征收户，情绪激动，大队根据实际情况，为防止意外的发生，在警力紧张的情况下，提前安排警力开展24小时轮班值守，确保征收工作顺利进行。以打击促管理，有效维护执法权威性。大队在加强执法保障的同时，充分发挥公安的打击职能，对于阻碍执法、破坏园林、环卫、市政设施的违法犯罪行为给予严厉打击，绝不手软。

打防并重，凸显打击职能。2016年，区城管公安大队共侦破各类刑事案件12起，刑事拘留13人，行政拘留2人，逮捕13人，移送起诉6人，取保候审1人，监视居住1人，摧毁2个新疆籍扒窃团伙。办理行政案件1起，行政拘留1人。重拳打击新疆籍扒窃犯罪。新疆籍扒窃犯罪嫌疑人一直盘踞在五一商圈、东塘商圈、火车站商圈人流量较大，人口相对密集的繁华地带频繁作案，包括在韶山路、芙蓉路、八一路、五一路、车站路等主干道上沿街进行扒窃。大队根据线索，开展打击新疆籍扒窃犯罪嫌疑人专项行动。2月28日，大队抓获涉嫌扒窃的犯罪嫌疑人艾克木·巴拉提，破获扒窃案件2起；同年4月11日和4月8日大队分别破获吐沙古丽·阿不力米提等三人和合塔尔·达吾提等三人的新疆籍扒窃团伙，抓获嫌疑人6名，破获扒窃案件3起。以技侦手段为先导，提升办案效率。根据区公安分局网页提供的发案数据，以及作战平台提供的视频资料，定期组织民警开展案件研讨会，为破案打好基础。同时大队主动作为，以视频侦查情报会商为手段，通过“DQB”大情报系统，整合警力，专案攻坚，业务工作取得明显成效。

（张　平）

区城市管理综合执法大队

大 队 长	杨知强（2016.5任）
	朱旭东（2016.5免）
教 导 员	聂新伍
副大队长	陈　焰　胡　丹
	何世林　周继元
纪委书记	胥动军（2016.5免）
工会主席	张　群（2016.5免）

【概况】 长沙市开福区城市管理综合执法大队内设办公室（副科级）、法制科（副科级）、政工科、督查科共4个科室，履行专业职能的中队设拆违控违中队、渣土中队、餐厨垃圾中队、特勤中队、市政中队、园林中队共6个中队，依街道设置的中队设芙蓉北路中队、捞刀河中队、沙坪中队、清水塘中队、东风路中队、伍家岭中队、四方坪中队、秀峰中队、浏阳河中队、青竹湖中队、通泰街中队、望麓园中队、湘雅路中队、新河中队、洪山中队、月湖中队共16个中队。截至2016年12月底，共有在编在岗干部职工212人。2016年,荣获开福区2016年度建设更高水准全国文明城市工作先进单位、2016年度开福区平安建设先进单位。

2016年，开福区城市管理综合执法大队以全面贯彻落实中央城市工作会议精神为契机，紧紧围绕升级发展、成就北富的总定位，不断创新工作思路，积极应对体制改革，巩固完善工作机制，切实改进工作作风，努力提高工作绩效，不断推动全区城市管理执法水平迈上新台阶。

强根固基，提升队伍综合素

违章广告牌整治

质。大队始终把加强队伍建设放在工作的中心地位，努力造就一支依法行政、文明执法、执法为民的高素质队伍。加强思想政治教育。大队把开展“两学一做”教育作为2016年思想政治工作的重点，采取专题讨论、网络自学、互动座谈等多种形式，有针对性地解决党员队伍在思想、组织、作风、纪律等方面存在的问题，真正做到把党的思想政治建设抓住日常、严在经常，开展规范化中队建设。为实现队伍建设正规化、执法工作法治化、区域管理精细化、队务管理制度化、基础设施标准化的目标，大队从年初开始就在全大队范围内开展规范化中队创建活动，制定下发《规范化中队办公室建设标准》《规范化中队内务标准》《队容风纪规定》和《车辆管理和驾驶人管理制度》，并按照建设标准投入大量人力、物力、财力，软硬件建设和队伍形象得到大幅提升。加强执法业务培训。大队通过集中授课的方式，引用“讲授法”“案例研讨法”等多种形式，组织人员全面系统地学习法学理论和执法实务，将法律法规与执法技巧有机地结合起来，运用各类案例详细分析讲解，不断提高执法人员的综合素质和业务能力。

正面引导，营造和谐舆论氛围。城市管理单靠城管执法部门是远远不够的，关键在于充分借助笔头、镜头的力量，加大社会舆论的宣传与引导力度，形成良好的城管执法社会氛围。2016年，大队被省市各级新闻媒体正面宣传报道25次，制作展板橱窗20块，悬挂横幅167条，发放传单11100份，开展宣讲2次，尤其是和清水塘街道联合举办的“世界环境日”宣传活动，大队在烈士公园通过发放资料、展板展示、现场咨询、有奖竞答等多种形式让更多市民了解到城管执法和环境保护的关系，既展示了城管“为民执法”的良好形象，又提升了群众守法护法的意识，为城管执法行为营造出更加良好的社会氛围。同时，通过新闻舆论的监督作用，对违规收集餐厨垃圾、新增违法建设、四方坪乱摆夜宵摊担等违法违规问题进行曝光，产生良好的社会影响。

多措并举，全力深化最严执法。大队对照1月下发的《长沙市城市管理工作考核办法》，加大专项整治力度，努力打造城市品质样板区，截至12月底，全大队共办理一般程序案件3182起，处罚96.1万元。其中:违法建设整治方面，大队共组织拆违行动321次，出动执法力量3.12万人次，拆除违法建筑1705处，拆除面积45.44万平方米。渣土扬尘整治方面，劝导整改200余起，办理案件222件，罚款61.54万元。户外广告整治方面，全年共承办违章户外广告招牌案件31起，拆除违章户外广告招牌170处，面积合计2.12万平方米。市容环卫整治方面，劝导整改乱吐乱扔3600余起，办理案件182起，罚款3940元；劝导整改乱贴小广告57起；劝导整改门前三包2000余起，办理案件1428起，罚款15.77万元；劝导整改店外经营1200余起，办理案件39起，罚款9800元；劝导整改占道设摊经营2200余起，办理案件1089起，罚款12.41万元。市政管理整治方面，劝导整改占道破路45起，办理案件43起，罚款1.98万元。交通管理整治方面，劝导整改机动车违停3000余起，办理案件817起，罚款8.17万元；劝导整改非机动车不按规定停放300余起。餐厨运输整治方面，共计出动执法人员200余人次，出动执法车辆50余车次，立案调查20起，处罚非法收集运输餐厨垃圾1.26万元。配合区相关部门开展各类综合整治方面，开展道路交通、环境保护、扬尘污染、“三车三场”等各类整治共计150余次；参与防冻除雪、抗洪防汛、维护稳定、开福寺安保等各类重大活动保障45次。城乡环境综合整治方面，根据“卫生大清理、违章大拆除、秩序大整治、基础大提质”的工作任务，集中力量对三一大道、营盘路、东风路、湘江大道、福元路、北二环、芙蓉路、万家丽路、中青路、青竹湖路沿线的流动摊贩、店外经营、占道经营、违章户外广告招牌、乱牵乱挂、夜市扰民等违法行为进行专项整治，开展集中行动60余次，出动人员6000余人次，通过全方位的综合整治，城乡环境得到明显改观。

执法队员对店外经营进行劝导和整治

勇于担当，服务全区中心工作。全力配合各重点项目工程。2016年，共组织大型拆违行动206次，出动执法力量2.1万人次，联合公安、消防等相关职能部门先后拆除了金霞片区、朝正垸片区、火车北站片区、黄兴北路片区的违法建设，拆除了社区提质提档改造中的违法建设，有效改善了脏乱差现象，保障各重点项目的顺利建设。强势推进综合整治。重点围绕芙蓉北路、福元路、万家丽路、中青路道路两厢以及苏家托、朝正垸两大片区开展集中拆违和重点拆违，共组织行动103余次，出动1.4万人次。积极应对突发事件，全力以赴做好各项服务保障工作，维护全区经济社会发展大局，圆满完成省市主要领导考察开福区线路沿线市容秩序的保障、强拆现场突发性事件处置、开福寺庙会、国际马拉松比赛、省市党代会维护秩序保稳定等工作任务。

【开展处罚决定网上公示】 2016年，开福区城市管理综合执法大队法治工作严格对照《政府信息公开条例》的规定，坚持以公开为常态、不公开为例外的原则，建立信息公开平台，将擅自占用人行道停放机动车抄牌处罚案件、流动摊担案件、门前三包案件、违法运输处置、建筑垃圾案件等处罚决定书进行全面网上公示，违规违法行为普遍下降，取得良好效果。

【大队负责人出庭应诉，展示依法行政良好形象】 2016年，为全面贯彻《全面推进依法行政实施纲要》精神，按照《长沙市行政负责人出庭应诉工作办法》的要求，积极落实行政首长出庭应诉制度，大队领导全年共出庭应诉12次，通过负责人在法庭上和对方当事人平等对话、理性辩论，增强了行政机关领导人的法律意识、化解了人民内部矛盾，实现法律效果与社会效果的统一。2016年，处理各类行政复议和行政诉讼案件12起。在复议答辩和行政应诉中，认真研判案情，积极和各方协调，冷静应对，复议维持率和诉讼胜诉率均为100%，有力维护法律的权威，依法行政深入执法的每个细节。2016年，开福区城市管理综合执法大队再次取得开福区行政执法案卷评查第一名的优良成绩。

（胡　丹　段治中　刘　波）

环境保护

区环境保护局

局　　长　戴紫艳（2016.9任）
　　　　　缪　舜（2016.8免）
副 局 长　李鹤群　高　勇
　　　　　刘　声
纪检组长　孙杨克

【概况】 长沙市开福区环境保护局是开福区人民政府行政组成局，内设4个科室（办公室、法规综合管理科、污染物总量控制科、科技自然生态保护科），下设2个二级机构（环境监察大队和环境监测站），2016年，共有干部职工27人，其中在编人员25人，政府雇员2人。局机关共核定人员编制8名，共有人员10人，环境监察大队共核定人员编制8名，共有人员6名。环境监测站共核定人员编制5名，共有人员11名。

推动大环保格局的形成。以绩效考核为“指挥棒”，发挥区环委会办公室统筹协调作用，通过完善考核体系、细化考核要求、加强宣传引导等措施，推动区环委会各成员单位进一步履行环保工作职责，完成市下达至区政府的项目建设（28个）、环境质量改善、环境执法监管、宣传教育等环保绩效考核任务，全年空气质量优良率74.2%，优良天数270天，比2015年增加12天；湘江开福段水质达到水环境功能区标准，完成浏阳河综合整治，浏阳河2016年水质达标率较2015年提高16.7%（以地表水Ⅳ类水为标准）；区域噪声达标率100%；全年未发生环境污染等级事故，未发生因群众投诉而导致的环境事件，保障了区域环境安全。区环委会牵头抓总、环境保护责任单位各负其责的大环保工作格局进一步形成。

空气质量持续提升。组织“清霾季·春风行动”、大气污染防治“冬病夏治”、大气污染防治特护期等专项行动，有效提升了全年空气质量。开展燃煤区综合整治，组织散煤销售点和藕煤生产作坊取缔行动，取缔藕煤生产作坊9家，对辖区内200余家使用散煤的个体工商户进行专项整治，完成5台燃煤锅炉拆除或清洁能源改烧任务，停用（或报废、移装）老旧锅炉25台，完成福城、王家垅、营盘街3个社区天然气改造。严控建筑施工扬尘，出台《开福区建筑工地2016年，大气污染特别防护期联合整治行动实施方案》（开政办发〔2016〕81号），督促建筑工地严格按照要求落实“5个100%”等抑尘措施，有效控制建筑施工扬尘；组织挥发性有机物污染专项整治，检查企业136家，完成24家加油站油气回收装置安装、6家4S店挥发性有机物整治。开展餐饮油烟、露天烧烤、垃圾秸秆禁烧、烟花爆竹禁限放等专项整治行动，督促12家商户安装了油烟净化装置，整治违规夜市158起，依法取缔违规夜市70多处。

（邹　霞）

实施“碧水”行动。开展浏阳河开福区段、捞刀河开福区段水环境质量调研，形成《浏阳河、捞刀河开福区段水环境质量分析报告》。开展金竹河水环境质量调研，初步掌握了金竹河地表水环境质量现状的第一手资料，并形成《金竹河（莫家坝）水环境质量调研报告》。金竹河沿河各街道在督促下，迅速开展整治行动，清理了沿河垃圾和河内漂浮物。完成2016年度黑臭水体整治工作任务，按照“控源截污、内源治理；活水循环、清水补给；水质净化、生态修复”的技术路线，优质高效地完成黑臭水体（一期工程）的整治技术方案及前期手续办理、项目施工，顺利推进鸭月渠、北排渠等12处黑臭水体整治。开展浏阳河综合整治、楚家湖综合整治、水上餐饮整治、小洗涤等违法小企业清退等整治行动，完善新港污水处理厂配套管网建设，建立流域排口管理、河道清障、河滩清洁、岸坡复绿和固体垃圾清理等长效管理机制，从源头上解决水上餐饮问题，进一步提升了区域水环境质量。

开展“静音”行动。开展社会生活、工业、建筑工地3个领域的噪声项目治理，完成新华健康、恒盛建材等6家单位的噪声治理。在芙蓉北路凤亭路社区创建了噪声控制示范区。组织“三考”静音专项行动，共出动执法人员150余人次，出警12次，对考点周边的商店、工地、娱乐场所等噪声源单位进行全天候巡查，严格控制噪声污染，给广大考生营造一个良好的备考、考试环境。全年共收到噪声投诉181件，受理率、处理率、回复率均达到100%。

（邹　霞）

加强固体废弃物污染防治。成立开福区危险废物专项整治工作领导小组，制定《开福区危险废物专项整治工作方案》。开展涉及危险化学品和危险废物的企业单位的全面排查，强化对危险废物处置单位的监管，严格执行危险废物申报登记、转移管理制度。对非法转移危险废物、无危险废物经营许可证或不按照规定收集、贮存、利用、处置危险废物等环境违法行为依法严肃查处。召开了大型的危险废物工作培训会议，对全区所有产生危险废物的工业企业和医院，以及4S汽车店进行培训学习，建立健全危险废物管理台账和档案55家，并纳入日常监管。

（邹　霞）

持续推进污染减排。对全区工业源、农业源、生活源、集中式处理设施源及国家重点监控企业开展环境统计。根据环境统计数据，开福区2016年化学需氧量、氨氮、二氧化硫、氮氧化物总量分别为：360.15（其中工业和生活295.78）万千克、68.74（其中工业和生活61.6）万千克、33.34（其中工业10.21）万千克，2.61（其中工业0.54）万千克。严格执行《长沙市建设项目主要污染物总量指标管理实施细则》，从严控制工业企业的新增排放量，规范实施新改扩建项目总量审核。积极开展结构减排和管理减排工作，搬迁了湘江涂料丝茅冲厂区，实施开福污水处理厂提标改造。加强开福区、金霞经济技术开发区、新港镇日常监管，确保稳定运行，出水达标排放，要求其按时按规上传污染源自动监控数据、自行监测结果。督促相关街道加快完成新港污水处理厂配套管网建设，加快项目环保验收进度。

（周　良）

严格环境审批和环境准入。根据《中华人民共和国环境保护法》《中华人民共和国大气污染防治法》等环保相关法律法规，经开福区法制办审核，开福区环境保护局行政许可事项共有5项，分别为建设项目环境影响评价文件审批、竣工环境保护验收、排污许可证（水、大气）的核发、危险废物经营许可证核发、建设项目防治污染设施的拆除或闲置批准审批，以上许可事项均由开福区纪委监督实施。2016年，共审批建设项目环境影响评价文件143个，办理竣工环境保护验收 70个，核发排污许可证17本，每个

6·5环保日摄影展

项目均严格按照窗口入窗—现场踏勘—科长审查—主管副局长审核—局长批准的流程予以审批，审批完成后结果予以公示，根据新《中华人民共和国环保法》要求，建设项目环境影响报告书、建设项目环境影响报告表均达到了审批前公示10个工作日的要求。2016年9月1日，新《中华人民共和国环境影响评价法》实施，环境影响登记表实行备案管理，《建设项目环境影响登记表备案办法》发布前的过渡期间采用纸质备案，过渡期后在政府网站首页增加了备案系统入口和公示入口，实行网上备案。

（张　伟）

环境监察与执法力度不断加强。对全区551个环保违规建设项目进行清理整治，通过整顿规范一批、完善备案一批、淘汰关闭一批，全区纳入整治的环保违规建设项目全部按时限、按要求整治到位，消除环保违规项目风险。制定日常监管计划，全区188家重点监管单位责任到人，分类分级全覆盖监管，消除环境安全隐患。开展大气污染防治特别防护期、冬病夏治、执法大练兵等行动200余次，出动执法人员1800余人，严厉打击环境违法行为，解决一批存在的突出环境问题。建设环保移动执法系统，综合运用联合执法、重点执法、计划执法、交叉执法、突击检查、夜间执法、两法联合办案等多种方式，保障了环保执法的公正性和准确性，提高办案质量和效率，实现环保案件2个第一例，即第一例行政拘留、第一例查封、扣押。依法、依规、及时办理和答复环境信访件，并成立环保信访案件督查组，对重点案件办理情况进行现场督办，复查群众反复投诉、污染时有反弹的企业的整改落实情况，务求每起案件都让群众满意。及时有效处理环境污染投诉393件，回复率及处理率100%，全年未发生群体性赴京上访、重大群访事件。推动7家企业购买环境污染责任保险。全区共征收排污费100.05万元。

（邹　霞）

开福区境内新监测点位纳入国家环境监测网络。根据《湖南省环境保护厅关于抓经做好湘江流域主要一级支流水质自动站建设工作的函》文件精神，完成浏阳河入湘江口、捞刀河入湘江口两个断面水质自动站站房建设，并于2016年3月通过站房土建工程验收，12月完成水质自动站运营设备整体验收，截至2016年年底，水质自动站已正式运行。浏阳河入湘江口、捞刀河入湘江口建成后将对捞刀河、浏阳河流域水体主要污染物进行自动取样、分析监测，真实反映水质情况，确保开福区、湘江流域及其下游人民群众的用水安全。按照区域环境噪声监测要求，一年两次对开福区17个噪声控制点位的区域环境噪声进行监测，获得有效监测数据34组，全年区域噪声平均值54.6分贝。

（周　良）

实施环境经济政策。开展排污权有偿使用和交易，完善排污许

对餐饮门店违规排放下达现场监察文书

可制度、主要污染物排污权有偿使用和交易机制，实现14家新建项目总量核定、2家工业企业排污权交易，新改扩建项目排污权按交易率100%。根据企业环境行为信用评价实施要求，对开福、金霞污水处理厂、湘江涂料等27家企事业单位开展环境行为信用评价，并将评价结果对社会公布。通过引导公众参与环境监督、银行等市场主体了解企业的环保信用和环境风险、构建环境保护“守信激励”和“失信惩戒”机制等主要措施，逐步形成以信用机制督促企业履行环保法定义务的工作局面。

（周　良）

实施清洁能源改烧。根据《长沙市人民政府关于扩大高污染燃料禁燃区范围的通告》（长政发〔2014〕41号）精神，开福区内禁止燃烧原煤和煤质燃料以及重油、渣油等高污染燃料，各有关单位和个人应使用天然气、液化石油气混空气、人工煤气、液化石油气、轻质柴油、电等清洁能源。结合开福区实际情况，制定大气污染防治措施，认真做好禁燃区内大气污染防治的监督管理工作，支持、引导开福区内的单位和个人使用清洁能源。对辖区内单位进行逐户排查，对核

实确认的长沙市开福区湘辣妹食品厂、长沙老兵调味品有限公司、湖南地宝龙装饰材料有限公司、长沙市开福区四友食品厂等四家单位责令其限期整改，认真督促整治单位积极开展燃煤锅炉综合治理工作，完成开福区内燃煤锅炉拆除或改烧清洁能源工作。

（张　伟）

开展环保执法大练兵。根据湖南省环保厅、长沙市环保局关于开展环保执法大练兵活动的文件要求，制定下发了《开福区环境保护局环境执法大练兵活动实施方案》，成立由局长为组长的大练兵活动领导小组，共出动执法人员127人次，在全区范围之内检查企业86家，下达《责令改正违法行为通知书》8份，立案查处了沙坪街道大明村和捞刀河街道白霞村4家废机油收购点，对4家废机油收购点的设备、物资进行查封扣押。

（彭　韬）

开展全区散煤集中整治行动。制定《散煤集中整治工作方案》，按照“全面整治、坚决取缔、恢复生态”的原则，大力开展禁燃区燃煤集中整治行动。联合街道、社区、城管开展联合行动12次，出动执法人员138人次，劝退了浏阳河街道、捞刀河街道的9家散煤制售点，对83家使用散煤的经营商户的煤炉进行收缴。同步，开展夜间联合执法，于主要路口设卡，对散煤运输车辆进行拦截，打击散煤制售违法行为。加强对辖区内散煤制销点巡查，坚持露头就打，严防死灰复燃，持续保持集中整治高压态势，切实杜绝高污染燃煤制售点滋生。

（彭　韬）

实现全区水上餐饮全退出。根据《长沙市水上餐饮专项整治工作方案》文件精神及整治工作研讨会要求，区政府制定《开福区水上餐饮专项整治执法行动方案》，组织召开调研会，迅速和市环保局进行对接，层层发动，部署工作，逐步落实。经逐一排查，发现全区共有水上经营船舶3艘，均为本地船舶，没有办理合法的审批手续，为非法经营，8月6日下午，由各单位组成的水上餐饮专项整治联合执法队共140余名队员，对停靠在湘江三汊矶大桥水域和非法从事水上餐饮经营的3艘渔船进行集中整治。8月7日至10日，区环保执法监察大队和相关部门不间断对船主进行约谈和做工作，在政策和疏导谈话中，船主于11日上午将船只驶离长沙水域，并且表示不再从事水上餐饮，12月6日，秀峰街道对渔民转产转业的渔船进行集中销毁，至此，已全面取缔违法水上餐饮船舶。

（刘晟）

宣传教育影响力不断提高。构建区环委会、街道、社区、学校、公益组织、企业六维宣传教育体系，在湖南联合餐厨成功创建“湖南省环境教育基地”并授牌，以区委、区政府名义设立2块大型户外环保广告牌，通过120块LED显示屏、22块巡回宣传展板、144个宣传专栏、5万份宣传资料多方位展示环保形象。“6·5”世界环境日期间，采取“环保搭台，大家唱戏”的形式，由环委会牵头，组织34项内容丰富（书画摄影、征文比赛、歌舞小品、环保公益品设计赛、环保时装秀等）、形式多样（大型集中宣传，设点分散宣传、环保知识巡展、志愿服务等）、影响力强（省、市、区多名主要领导参加，群众知晓率和参与率高创历史新高）的宣传活动，全年在《湖南日报》、湖南经视、《长沙晚报》等主流媒体组织环保正面宣传306次，开福区环保影响力不断提升。

（王　俊）

对现场偷排的泥浆进行取样

社会管理和服务

民政

区民政局

局　　长　张　检
副 局 长　谢　礼　黄　拉
纪检组长　肖文中
副局长（兼救助管理站站长）
陈　衡
社会救助局局长（兼副局长）
朱　静
副局长（兼社会工作局局长）
张金华

【概况】开福区民政局机关及下属单位共有编制26名，其中行政编制10名，事业编制16名，内设有办公室、计划财务科、基层政权和社区建设科、救灾救济科、双拥优抚退伍安置科、社会事务科、社会福利与慈善科7个职能科室，下设有开福区社会救助局、开福区生活无着人员救助管理站、开福区社会工作局3个二级机构，开福区老龄工作委员会由区民政局管理，开福区慈善会秘书处设区民政局，由区民政局承担区慈善会日常工作。

最低生活保障。严格按照《长沙市居民最低生活保障试点试行办法》《长沙市社会救助申请家庭收入计算评估指导意见》等文件精神，全面落实各项低保政策。2016全年，累计保障城市低保58512户次、99826人次、发放低保3468.42万元；累计保障农村低保22994户次、43496人次、发放低保金1160.23万元。全面推行低保金社会化发放，由银行代发低保资金，确保低保资金的安全运行和低保家庭每月按时领取低保金。

医疗救助。认真执行《长沙市困难居民医疗救助办法》文件要求，提高救助比例及封顶线，注重大病救助，降低小病救助门槛，做到分层次实施救助。2016年，共救助困难群众2091人次，支付医疗救助资金735.4万元。

特困人员供养。全面提高特困人员保障工作水平，规范管理服务，切实保障特困人员基本生活。根据省、市《关于开展特困人员精准认定工作的通知》文件精神，对全区在册的原“城市三无”对象、原“农村五保”对象、孤儿三类对象进行重新认定，截至2016年年底，全区共有城市三无对象198人（其中：集中供养86人、分散供养112人），农村五保对象338人（其中：集中供养31人、分散供养307人）；继续引入长沙市开福区创乐福家庭综合服务中心负责敬老院管理工作，进一步提升院务管理水平和运营效果。

基层政权和社会建设。出台《开福区关于调整社区专职工作人员工资的通知》文件，进一步加强社工人才队伍建设。2016年，全区新增持证社工115人。积极开展全市和谐社区、服务品牌创建，2016年，共打造5个全市和谐示范社区（捞刀河街道中岭社区、望麓园街道荷花池社区和营盘街社区、清水塘街道四季花城社区、芙蓉北路街道江湾社区）、7个全市和谐精品社区（新河街道紫凤社区、通泰街街道湘春路社区、望麓园街道水风井社区、芙蓉北路街道江滨社区、捞刀河街道捞刀河社区、东风路街道德雅路社区、新河街道幸福桥社区）和6个社区服务品牌（湘雅路街道上麻园岭社区幸福速递、东风路街道浏河社区“一零一”

助业站、伍家岭街道科大佳园社区亲子训练营、望麓园街道富雅坪社区“六心”富雅，幸福不打烊、芙蓉北路街道江滨社区爱的教育、捞刀河街道中岭社区银帆驿站），共拨付区级社区工作经费和惠民资金8000万元。2016年，全区新注册登记社会组织12家，备案社区社会组织81家，全区共有社会组织1013家，公益慈善类社会组织35家。2016年4月，成立开福区社会组织服务中心，主要负责全区社会组织的孵化培育、能力建设、政策咨询等工作，将开福区社会组织孵化基地选址留芳岭社区。完成对长沙市开福区建筑业协会、长沙市开福区生态休闲观光农业协会、长沙市开福区房地产行业协会3家行业协会的脱钩试点工作。

慈善工作。抓好慈善救助项目实施，全面推进慈善工作。积极协助市慈善会开展助学、助医、助孤，金叶情·心连心，以及友阿知青困难帮扶等常规性救助项目，区本级慈善会安排了18.2万元开展慈善助学、低保户尿毒症救助等救助活动，惠及各类困难人群120人次。配合市慈善会申报了43名友阿困难知青帮扶和5名特大病医疗救助。为全区18名卷烟经营困难户和其他困难户申报了金叶情·心连心项目，争取了救助资金1.8万元。做好第十一届“长沙慈善日宣传活动”，组织全区各基层单位开展形式多样、内容丰富的爱心捐赠及宣传活动，营造慈善发展氛围。

殡葬管理。加强殡葬改革宣传，殡葬管理更加规范。2016年3月，启动殡葬宣传月活动，出动宣传车6台次，展出板报10余块，印发宣传资料百余份，重点宣传中办、国办《关于共产党员带头推动殡葬改革的意见》。加强白事理事会建设，通过居民自治、协会自律，引导居民文明治丧，无违法土葬，火化率达100%。惠民政策全面落实，对全区617名丧者家属发放殡葬补助资金64.028万元。

社会福利工作。社会福利工作有序推进，全面提升养老服务水平。利用社区办公服务用房改造，提质了一批社区养老服务中心建设，新建5家街道老年人日间照料中心，2家社区居家养老服务中心，全区现有社区养老服务中心22家，街道老年人日间照料中心11家。对13名散居孤儿监护全面到位，生活费及时足额发放，生活得到切实保障。

救助管理。生活无着人员救助管理站严格执行省市民政厅局的相关文件要求，组织开展“夏季送清凉”“冬季送温暖”“两会两节”、文明创建、开福寺祈福安保等多项救助专项整治工作。2016年，共救助2641人次，其中医疗救助流浪乞讨人员200多人次，未成年人24人次，上街主动劝导救助800余人次。发放棉被137床、衣物437 件(套)、鞋子363双、方便面115箱、矿泉水304件（箱）。启用寻亲网，向全国救助管理机构推送受助人员寻亲信息，安装站内全方位监控，完善消防通道应急设备，完成2015年、2016年度流浪乞讨人员救助资料的整理、归档工作。

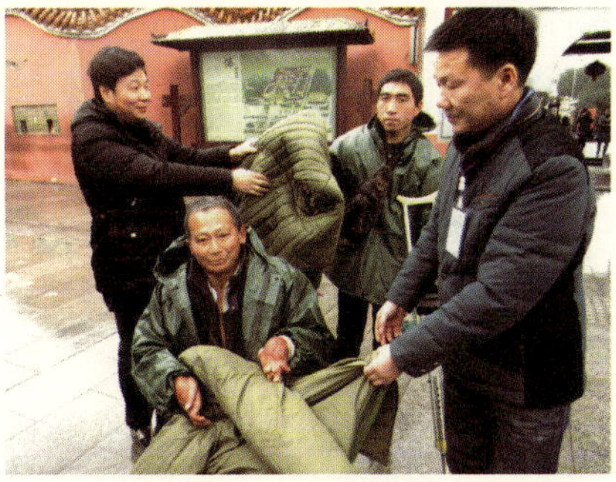
12月，为生活无着流浪乞讨人员送防寒物资

救灾救济。完善冬春、旱灾、突发灾害应急救助和灾后恢复重建工作规程，严格救灾款（物）下拨、发放管理，确保“三无户”和重灾群众生活不出问题。在区应急办的指导下，完善自然灾害救助应急预案；由省减灾委主办，省减灾委办公室、长沙市人民政府、长沙市开福区人民政府承办的湖南省“5·12”防灾减灾日集中宣传活动仪式在开福区洪山桥社区月湖公园东广场举行，积极参与筹备、协调等工作。组织开展应急减灾知识宣传、演示和演练，通过设置展台等方式进行应急知识宣传，共发放《公众应急手册》500册、应急知识宣传挂图200余份。进一步规范救灾救济款物管理使用。市拨85万元的救灾资金全部采取社会化发放方式，通过银行打卡直接发放到受灾群众手中；市拨专项物资全部发放到社区雷锋超市，专项救助困难群众。为开福区居民购买民生保险，由保险公司承担自然灾害和见义勇为所致的赔偿责任，提高民生保障水平和自然灾害自救水平，年保险资金91.74万元，全部由区财政承担。关注民生，抓好帮扶救助和春节走访慰问工作。春节期间，区民政局牵头组织开展走访、慰问活动，全区各级各部门共走访

慰问困难群众10000余户，发放慰问金和慰问物资折合800余万元。继续对全区82名20世纪60年代精减退老职工按标准发放救济金，全面落实省市相关政策。积极开展“综合减灾示范社区”创建活动，青竹湖街道湖畔社区成功创建国家级综合减灾示范社区。

双拥优抚及退伍安置工作。做好退役军人安置工作，落实抚恤优抚政策。全区按照农村每户每年6000元、城镇每户每年15000元的标准将义务兵家庭优待金发放到位，全年共发放义务兵家庭优待金517万元。截至2016年年底，开福区登记在案的各类优抚对象共1756人，其中新评各类优抚对象197人，共发放各类优抚资金 2924.7万元。建立专门军人档案保管室，安排专人将各类新增人员数据录入优抚信息管理系统，对信息发生变化和不完整数据进行更新完善，做好信息核对处理，确保享受待遇人员与系统数据保持一致。2016年，接收秋季退役士兵125人，冬季退役士兵38人，符合政府安排工作24人，安排到位24人，占总人数16%。符合教育培训163人，组织培训30人，培训率18%。

老龄工作。落实好老年人优待政策，保障老年人的基本权益。“老年优待证”办理做到随到随办，高龄老人生活补贴按时足额发放。全年共办理老年优待证4765本，接受咨询4523起，发放高龄津贴724万元，其中：80~89岁的所有老人1088人，每人每月发放高龄津贴50元；90~99岁的所有老人1208人，每人每月发放高龄津贴100元；年满100周岁以上老人15人，每人每月发放高龄津贴300元；积极创建城乡养老服务示范点，全年开福区创建省级城乡养老服务示范点4个（东风路街道东风一村社区养老服中心、四方坪街道金帆社区养老服务中心、湘雅路街道上麻园岭社区养老服务中心、伍家岭街道陡岭社区养老服务中心）、市级城乡养老服务示范点2个（秀峰街道宿龙桥社区养老服务中心、清水塘街道清水塘社区养老服务中心）。全力推进老年风险防范机制的建立，申请财政出资12.5万元为全区2787人五类特殊困难老人（农村“五保”老人、城市“三无”老人、城乡低保老人、失独老人、重点优抚对象）办理老年人意外伤害保险。

婚姻登记。规范登记程序、流程，认真做好婚姻登记工作。全员统一着装配牌上岗，婚姻登记与婚姻服务实现“机构、人员、场地、收费”四分离。2016年，共受理结婚登记4606对，补发结婚证902对，离婚登记1895对，补发离婚证161本，登记合格率、准确率均达100%。

地名普查。推进开福区第二次全国地名普查工作，对开福区域范围内地名及相关属性信息进行全面的调查、补充、完善。2016年1月，组织各职能部门、街道、社区专干召开第二次全国地名普查推进会议；2月，组织各街道地名普查专干召开学习填写“地名目录调查表”的培训会；对各街道，社区的相关工作人员进行地名普查知识的培训和宣讲，并逐级分发地名普查登记表，回收率高达98%，并与各相关职能部门联系，调取地名普查所需相关资料；2016年4月，进行开福区第二次全国地名普查服务外包工作招标，通过公开招标，深圳市爱华勘测工程有限公司以总金额96万元中标，外包单位于6月20日进场，7月20日，开始外业工作，收集地名调查目录16000条，完成外业调查、定位、拍照的地名有12757条，其中地名标志信息1208条，完成16个乡镇街，共107个社区(村）的外业工作。地名文化属性信息，审核5279条，录入1000条，程序化处理2500条。2016年11月，聘请五名开福区老干部、老专家作为区地名文化专家，撰写《长沙市开福区历史文化地名信息资料》，详细描写了开福区历史地名文化。2016年12月，成功通过市级地名普查验收。

福彩工作。规范全区福利彩票销售管理，按照“安全运行、健康发展”的工作方针，积极推进福彩销售工作，2016全年，共计销售8756.4万，其中松桂园厅5478万，军人厅3278.4万。全年促销活动相继开展“乐享中福，礼送三春”“感谢有你，感恩回馈”“公益视频票，端午献真情”“缤纷夏日，中福有礼”“感恩回馈，中福有礼”等多次回馈彩民的促销宣传活动，力度大，回馈多，销售效果明显。2016年，在荷花池、中山路、蒋家垅三个社区开展“福彩进社区”的大型主题公益及广告宣传，通过慰问辖区特困城市管理员、特困环卫工人、弱势低保户等群体，以及开展大型舞台文艺表演、游戏互动，现场布置彩票宣传板，发放福彩公益宣传折页、小礼品等系列活动，扩大了福利彩票的社会影响。2016年年初，重新编制了中福厅员工守则，明确经理负责制，制定员工奖惩办法，实行员工薪酬绩效考核制；健全内部制度，安全规范常态管理，落实防火防盗、安抚问题彩民等安全问题，做好周边城管、公安等部门相关协调工作，创建警民共建安全单位；提高大厅建设，在两厅新增刮刮乐柜台，军人厅上电脑彩票，增加动物总动员、双色球等多彩种，增强彩民购彩体验；年中对两厅进行安全隐患排查，更换老化线路，进行局部整修。

【民政部验收社会治理和服务创新试验区结项】 2016年是第二批全国社区治理和服务创新实验区结项验收之年，开福区围绕“推进社区社会工作队伍建设、强化社区治理服务人才支持”的主题，实验探索社区社会工作的岗位设置、培养管理、考核评估机制，形成以社区社会工作促进社区治理与服务的措施和方法。8月，正式启动实验区结项验收工作，围绕实验主题总结归纳开福区实验区结项报告、书稿和各社区优秀典型案例。10月，国家民政部委派专家验收组进行实地验收，实地考察中岭、江湾、陈家湖、富雅坪和科大佳园社区，通过听取汇报、查阅资料、交流提问等形式，充分了解开福区实验区建设情况，并对实验建设成果给予高度评价。

（黄　红）

卫生和计划生育

区卫生和计划生育局

局　　长　陈　殷
副 局 长　李国良　吴向阳
　　　　　王湘虹　晏　强
纪检组长　杨国慈
副局长兼红十字会常务副会长
　　　　　曾静铉

【概况】 2016年，区卫计局核定行政编制15名，内设综合办公室、法制法监科（行政审批科）、财务规划科、医政医管科、公共卫生科、计划生育基层指导科、计划生育家庭发展科、流动人口计划生育服务管理科8个职能科室。下设财务集中核算中心、区妇幼保健计划生育服务中心、区疾病预防控制中心、区卫生计生综合监督执法局、区计划生育药具管理站、区人民医院（已转型为通泰街、望麓园街道社区卫生服务中心）6个二级机构，其中前5家为全额拨款单位，后1家为差额拨款单位。开福区作为一个医疗大区，辖区内有丰富的医疗资源。驻区省部级医院4家，市级医院4家，其他各类医疗机构320余家。包括政府举办的基层医疗卫生事业单位15家、社区卫生服务站30家、村卫生室40个。

2016年，开福区荣获新一轮全国计划生育优质服务先进单位、全国全省计划生育协会工作先进集体、全省计划生育工作优秀单位，开福区卫计工作在全市卫生计生大会上作典型发言，并获评全市妇幼健康优质服务示范区，全区基本公共卫生服务在全市年度绩效考核中排名优秀等次。

机构优化整合。街道成立卫计办，统筹组织管理辖区卫生计生工作；优化整合妇幼保健计划生育服务资源。成立区妇幼保健计划生育服务中心，各街道社区卫生服务中心内设计划生育服务科室，对生育证、孕产妇保健手册等实行一站式登记办理；更名成立区卫生计生综合监督执法局，全面开展卫生计生执法监督工作。

医卫强区快速推进。基础设施建设不断完善。捞刀河街道社区卫生服务中心电梯改造及维修项目11月底完工验收；浏阳河街

4月13日，长沙市一医院名医工作室捞刀河工作站启动

道社区卫生服务中心（民营）正式投入运行，新的区公卫大楼已完成择址并将纳入2017年全区重点建设项目实施，沙坪街道社区卫生服务中心新址建设已进入装修报建审查。全国新一轮计划生育优质服务示范区及全国基层中医药工作先进单位创建工作已申报、启动，计划生育特殊家庭无陪护病床服务已全面启动运行，在全市率先探索，全面推行具有开福特色的家庭医生签约服务"356"模式。启动了2016年全区基层医疗机构医技人员公开招聘工作，新聘28名人员；全区内全科医生总量增至135人；全区备案登记中级及以上职称医师多点执业35人次。优质医疗资源下沉社区。建立名医工作室。依托市一医院，在东风路、捞刀河2个中心建立名医工作站；争取省中医附二院支持，建成洪山、伍家岭中心2个名中医工作室，让居民群众在家门口就可看"名医"。组建中医联盟。启动了社区中医联盟建设，所有社区卫生服务中心成为省中医附二的基层指导单位，在名师带教、规范化培训、基层巡讲、名中医工作室、多点执业、信息共享和绿色转诊渠道等七个方面实施全方位帮扶。建设了医疗联合体。青竹湖、东风路和捞刀河三个街道社区卫生服务中心分别与市中医院、市一医院建成了"医疗卫生联合体"，逐步落实了派驻医师"全日制"、设立下派专家工作站、建立住院联合病房、建立医生多点执业等共建内容。

做实惠民利民举措。着力在基础层面"保基本"。开福区在全市率先探索，投入专项资金450余万元，全面推行具有开福区特色的家庭医生签约服务"356"模式，针对不同重点人群提供"三项惠民措施，5项优先服务和6类免费实事"，严格落实12项免费基本公共卫生服务项目，截至2016年年底，签约服务覆盖超过12万人。着力在联防联控上"建机制"。进一步完善人感染H7N9禽流感、艾滋病、结核病、诺如病毒感染性腹泻等重点传染病的联防联控机制，全年高效处理3起突发公共卫生事件。全年安排惠民资金近300万元，在全省率先实行二类疫苗零利润销售，以及全程冷链配送，有效保证了接种安全。着力在应急救护项目上"求突破"。率先在全市成立街道应急救护联盟，开创全民应急救护培训新模式。全区层面开展应急救护技能进机关、进社区、进学校、进工地等活动，培训达40多场次，新增资质救护员100余人，覆及居民群众1万多人。

计生发展态势良好。2016年，全区出生人口5698人，人口自然增长率5.8‰，符合政策生育率99.5%，出生人口性别比106：100，统计准确率99%，综合治理到位率98%以上，计划生育工作群众满意率95%。开福区获评新一轮全国计划生育优质服务先进单位，实现"国优"13连冠、"省优"15连冠目标。积极推进一次性登记、一站式办证、全程化服务的办证模式，实现办证及时率100%，办证零投诉。巩固推进基层群众自治示范区创建成果，全区有8个社区获评国家级基层群众自治示范社区。累计投入经费340余万元，将孕前优生检查、妇女两癌检查、产前筛查和新生儿疾病筛查等10个项目纳入免费公共服务范围。免费孕前优生健康检查任务完成率105%，农村"两癌"检查任务完成率107%，全区孕产妇死亡率持续十年保持为零水平，0～5岁以下儿童死亡率控制在1.9‰，获评"长沙市母婴安全保障工作先进区""长沙市妇幼健康'十免十优'服务工作先进区"。全面落实国家、省、市计划生育家庭奖扶政策，建立计划生育特殊家庭关怀扶助机制，扶助标准提高到每人每月800元，落实"三优两免一陪"服务、家庭医生签约服务和电子保姆"一点通"等服务，健全全程关爱服务体系，率先在全省启动"失独家庭"门诊医疗补助项目，并为符合条件的36户失独家庭落实政府代缴每人每年500元居民养老保险金。深入推进流动人口卫生计生基本公共服务均等化，加强重点治理、协同管理、区域协作，提升了流动人口服务管理水平。

开福特色成效显著。"互联网+"基层群众自治模式在全国推广。在"三民计生"的基础上，不断深化居民自治模式，利用信息手段和民间组织开展群众自治，网上组织、层级自治构成了"互联网+"的计生群众自治模式。"互联网+"计生基层群众自治模式得到中国计生协领导的充分肯定，中央电视台《朝闻天下》栏目进行综合报道，并在全省计划生育基层群众自治经验交流会上作典型发言。特殊人群服务拓展了新的内涵。率先在全国全省开展围绝经期妇女免费取环项目，共为950名围绝经期妇女提供了免费取环服务，探索建立的

“政府倡导、群众免费、专家指导、一条龙服务”模式，得到国家卫计委的充分肯定。关注计划生育失独伤残群体，形成“政府牵头、部门联动、社会参与”的计生特殊家庭帮扶机制。《中国人口报》以“开福区计生特殊家庭养老无忧”为题对开福区做法进行宣传推介。网上社区破解高层楼宇服务管理难题。建立“掌上世纪城”和“智慧社区”，打造“社区、计生协会、派出所、物业公司、辖区单位”“五位一体”管理新平台，打通了服务群众“最后一公里”，破解了城市封闭式高层住宅小区计生管理服务难题，其经验和做法得到省市计生部门的充分肯定并在全省推介。医改领域“开福模式”成关注焦点。家庭医生签约服务、中医联盟、“名（中）医工作室”、医联体建设和应急救护培训等相继被《湖南日报》《长沙晚报》、红网和新湖南等媒体报道30余次，尤其是综合报道《家庭医生+医疗联合体,长沙开福区打造医疗新特区》相继被新华社、新湖南、腾讯、红网等媒体报道。《长沙市开福区瞄准基层医改难题全面发力—家门口放心看病》等在湖南日报“改革最前线”栏目进行经验推介。

（闻　华）

疾病预防控制

区疾病预防控制中心

书　记　郑晟晖
主　任　林　玲

【概况】开福区疾病预防控制中心（CDC）于2003年3月组建，是政府全额拨款事业单位，隶属开福区卫计局，承担全区疾病预防控制、突发公共卫生事件处置、预防接种管理、救灾防病、食品风险监测预警、卫生监测检验、健康教育、健康促进、从业人员健康体检考核评估督查、卫生学评价及基层医疗机构疾控工作业务培训指导考核等工作。

调整职能回归公益本源。考虑疾控中心的专业性、公益性，经区政府审批，从2016年11月1日起，中心停止预防性健康证办理工作，将体检职能下移至具有预防性体检资质的医疗机构，并取消全部监测项目的收费，改为免费监测，行政和业务支出均由政府财政全额保障。通过部门优化调整，将原体检科人员充实到业务线科室，使疾病预防控制工作进一步理顺，在与各医疗机构共同搭建的三级防病网络中发挥更加主动、积极的作用。

各类突发事件科学处置。2016年，妥善处置卫生应急事件32起，网络直报单位共报告传染病卡10622张，审核率100%，及时审核率99.87%，报告率100%，及时报告率99.88%。2016年，开福区共报告死亡病例5480例，全年未发生急性传染病暴发流行。

三大传染病管理得当。血吸虫病防控方面，2016年，完成106.96万平方米的查螺、灭蚴工作和744人的查病任务，全年无急血病例发生。艾滋病防控方面，2016年，开福区HIV/AIDS随访检测比例为98.3%（408/415），配偶检测率为98.2%（56/57）。HIV感染者和AIDS病人接受结核病检查比例为99.5%（408/410），均超过全省平均水平，暗娼干预302人，达到省市考核要求。在东风路、四方坪街道社区卫生服务中心设置两个艾滋病自愿咨询门诊，方便群众就近咨询和筛查。结核病防控方面，共发现结核病新涂阳患者99例，任务完成率173.68%；活动肺结核患者共发现304例，任务完成率192.40%。2015年同期共登记98名新涂阳患者，其中84名治愈，涂阳治愈率85.71%；登记初治涂阴患者170例，其中151名完疗，完疗率88.82%。

免疫规划工作成效显著。开福区在全省率先实施二类疫苗“零利润”销售的惠民政策，区疾控中心和基层接种点不再进行二类疫苗的费用加成，使开福区同种二类疫苗价格比其他区县降低30%左右，区政府每年至少投入200万元的专项经费用于补助全区各基层接种点二类疫苗的接种服务费。截至2016年年底，全区共计销售二类疫苗102759剂次，让利于民131.9万元。区疾控中心配备了一台疫苗冷链专用车（20万元），冷链配送覆盖至全区25个疫苗接种点。提升基层接种点硬件设施，为辖区各接种门诊下拨了一批工作用移动硬盘、扫码枪和疫苗冷链专用冰箱（21万元）。

监测采样工作开展顺利。2016年，完成检测餐具样242批次、食品样122批次、公共场所样646批次；医疗机构消毒监测共检测214家，采样778批次；托幼机构消毒监测共检测38家，采样320批次。对40批次新鲜蔬菜和15批次的米粉进行采样检测，5—10月份开展海产品、水产品的卫生监测工作，共采样60批次。根据市疾控中心的专项监测要求，加强了对二次供水和末梢水的监测力度，全年检测水质样（包括直饮水、二次供水等）监测采样265批次，同时对全区中小学校直饮机水进行卫生监测，总监测覆盖率100%。食源性疾病监测方面，辖区内共哨点医院4家，哨点监测任务450例，2016年完成任务数471例，完成率104.7%。

实验室检测任务圆满完成。2016年，参与了省疾控和省质量技术监督局组织的各种实验室间比对活动，致病菌、麻疹风疹和水样中铁的质控考核结果为优秀，沙门氏菌检测能力验证结果为满意，顺利通过三年一度的生物安全备案校验工作。完成全区实验室的生物安全备案摸底工作，进一步规范了全区的实验室检测工作。

质量控制工作进一步夯实。完成日常工作报告的审核和归档工作，全部按规定发出报告无差错事故。全年共出具餐具检验报告55份；环境卫生类检验报告152份；食品检验报告46份；水质检验报告350份；医疗器具检验报告239份。调试和启用新的LIMS质控管理系统，进一步加强中心质量控制的信息化建设。

健康教育工作亮点突出。组织开展形式多样的健康教育活动，组建8个健康教育专家巡讲团，定期深入社区开展健康教育和健康促进活动。2016年，全年共组织参与各类宣传活动182场，覆盖人群4.2万余人，印制新版66营养要素等宣传资料共3万余册。培训健康指导员200名，通过考试合格率100%，知识普及率100%。

（闻　华）

妇幼保健

区妇幼健康计划生育服务中心

所　长　易　娟

【概况】 开福区妇幼保健计划生育服务中心是开福区卫生计划生育局的二级机构，属全额拨款全民事业单位，地处新河路217号。设有办公室、保健部、财务后勤科、妇保科（计划生育技术服务科）、儿保科、医技科、健教科、信息资料科、外线科、综合门诊科。开展妇女保健、儿童保健、婚姻保健、生殖保健、计划生育技术服务、社区卫生（内、外、儿、牙科门诊）服务、基层培训等业务。区妇幼保健计划生育服务中心在职职工30人，其中业务人员23人，保健科室人员23人；全区16个街道共有社区卫生服务中心15个，配备妇幼专干68人，其中妇保专干35人，儿保专干33人；40个行政村卫生室全部承担相应的妇幼保健工作；辖区助产机构6家，其中县级以上助产机构5家，均配备有妇幼信息专干。

儿童保健工作。巩固儿童保健合格区创建成果。开展儿童早期发展促进及儿童康复工作，完善高危儿、发育偏离儿童的管理、促进及干预。加强0~6岁儿童健康管理工作。0~6岁儿童建档率91.55%，血红蛋白检测率88.7%。控制5岁以下儿童死亡率。加大儿童意外伤害防范知识的普及；加强驻区助产机构新生儿复苏适宜技术推广；开展5岁以下儿童死亡专项信息质控；完善新生儿死亡评审工作制度和儿童急救网络。全面落实新生儿疾病筛查和新生儿听力筛查工作。2016年，新生儿听力筛查率99.81%，新生儿疾病筛查率99.84%。规范托幼机构卫生保健管理，建立托幼机构卫生保健员网络体系，健全托幼机构卫生保健工作质量控制体系，托幼机构卫生保健工作质控率100%。

妇女保健工作。加强孕产妇健康管理工作。2016年，孕前优生健康检查、婚检、叶酸发放、产科门诊共收集2602人，做好了建档、随访、产后访视工作，孕产妇建档率99.86 %，系统管理率95.55%,产后访视率98.98%。制定针对“全面二孩”政策执行中高危孕产妇管理预案，全年管理高危孕妇4439人，20分以上高危孕妇788人。全年共有农村孕产妇1015人，住院分娩补助1000人，补助率98.52 %。全区共有6400人参加婚检，婚检率90.50%，检出疾病443人，疾病检出率6.92%。地中海贫血防控，全年共初筛49103人，阳性9580人,基因检测4667人，阳性1132人,产前诊断人数262人，阳性人数20人。辖区内管理的孕产妇产前筛查人数为8286人，产前筛查率为95.65%，筛查阳性率3.42%。农村妇女病“两癌”筛查任务数4645人，全年共完成宫颈癌筛查4671人，患病人数1836人，患病率39.30%，乳腺癌检查4028人，发现乳腺癌1例。农村妇女病查治完成5716人，查出患病人数2432人，患病率42.54%。

计划生育技术服务工作。推进国家免费孕前优生健康检查项目。通过多种形式做好孕前优生宣传工作，提高孕前优生知识知晓率。严格按照项目要求为全区育龄夫妇提供19项优质服务。

2016年，共完成孕前优生健康检查3062人。做好高危人群出生缺陷干预工作。指导基层对高危目标人群提供染色体G显带分析、孕中期B超检查、孕中期βHCG+AFP二联酶标检测筛查等优生遗传免费检测服务。2016年，孕中期B超检查、孕中期βHCG+AFP二联酶标检测筛查9人，出生5人，均健康，4人未分娩。

健康教育工作。全区18所孕妇学校全面达标，全年参加婚前健康教育培训5781人次，发放宣传资料6000余份，孕妇学校培训4961人次，参与率97.6%，参加父母学校培训14810人次。为基层开发健康教育材料13种，其中包括《宝宝完美无缺》《世代幸福工程》《十免十优便民服务指南》3种精美读本。举办健康知识讲座和健康咨询活动16次，共发放各类宣传资料2万余份。

卫生计生监督执法

区卫生计生综合监督执法局

局　长　曹群良

【概况】　开福区卫生计生综合监督执法局于2016年8月31日成立，依法开展公共场所卫生、饮用水卫生、学校卫生、医疗卫生、职业卫生、放射卫生、传染病防治、计划生育和中医服务等9项行政执法工作，涉及日常监管、行政许可、行政检查及处罚、受理举报投诉、处置突发公共卫生事件、督办两非案件及社会抚养费征收等方面。

规范医疗服务市场秩序。打击非法行医，整顿医疗市场秩序。联合区政法委、区公安部门开展2次打击非法行医专项行动，共检查医疗机构320家，取缔非法行医、无证行医的医疗机构3家（次），立案查处12家，处罚金额2.7万元，没收违法所得2660元，没收药品、器械共15箱，价值约15000元。强化机构校验和中心卫生院考核。2016年，医疗机构校验采取现场校验的方式，全年共现场校验367家，整改105家，其中不合格15家，立案查处12起，对门诊部及以下（包括村卫生室）的医疗机构监督覆盖率为100%。联合开展母婴保健技术服务暨计划生育综合治理等三项专项检查。联合区妇幼保健所的专家对区级发证单位共26家进行母婴保健技术服务专项检查，责令不合格母婴保健技术医疗机构立即停业，限期整改8家。

提升公共场所监管水平。开展5次专项检查行动和1次重点监督检查，检查公共场所单位1100家次，责令整改83家，立案处罚11起，共计罚款24500元。开展省卫生城市复评专项检查，相关单位在省级卫生城市复查中全部达标。

确保学校师生健康安全。全区现有学校66所，托幼机构112所。开展春秋季专项检查、农村学校自建设施专项检查、预防近视专项检查、重点违法行为专项检查、学校及周边监督检查、学校卫生监督综合评价等一系列检查。共检查学校及托幼机构500余家次，责令整改107家次，警告3家，进一步提升了学校卫生管理工作质量。

加强传染病防控专项监督。开展传染病专项检查。全年对驻区各类医疗机构开展防控人感染H7N9.手足口病防治传染病专项执法检查，共检查医疗机构30家次、学校及幼儿园100家次。对驻区医院、社区卫生服务中心（站）、公共场所进行一次艾滋病防治专项检查，共检查公共场所18家，落实艾滋病防治措施、疫情报告和宣传工作。加强对医院消毒、院感工作的监管。进一步规范消毒产品进货验收制度，一次性卫生用品及购销疫苗的单位进行卫生监督。

保障群众饮水卫生安全。设立专门的生活饮用水监督科室，开展管网末梢水监测卫生监督、二次供水专项检查、农村集中式供水单位专项监督、学校直饮水自备水专项整治、涉水产品卫生监督等专项检查。对辖区内16家学校自建设施供水单位、63家学校直饮水单位、80家二次供水单位全面检查，及时排除安全隐患。

规范卫生行政许可行为。进一步推行政务公开，简化办事程序，2016年，新（换）发公共场所“卫生许可证”277本。建立高效投诉处理机制。全年受理各类投诉举报35起，投诉及时处理率100%，及时反馈率100%，群众满意率100%。

住房保障

区住房保障局

党组书记　李　茁（2016.4任）
局　　长　王中柱
副 局 长　邱　波
　　　　　周　波（2016.4任）
纪检组长　吴丽芳

【概况】开福区住房保障局内设综合办公室、登记管理科、住房管理科三个科室，为区政府下设的直属事业单位。在职工作人员23人，退休人员208人，临聘人员6人。

2016年,围绕区委、区政府实现“两个率先”和加快建成“五区”发展战略，以“服务提升年”为主题，加大保障性住房供给，科学调配房源，切实服务棚改，住房保障服务流程，服务设施进一步优化，住房保障资格办理效率进一步提高，住房保障社会公认度进一步提升，着力解决3000户城市户籍住房困难家庭的住房问题。

加强住房保障登记与审核。2016类住房保障批复3956户，其中廉租房实物配租282户，廉租住房租赁补贴111户，经济适用房货币补贴88户，经济适用房购房资格94户，公共租赁住房23户，棚户区安置补贴资格1211户，清理取消相关保障资格235户，出具半边户查询情况242户，来访咨询接待2580人次。把服务区内重点工程及棚户区改造作为全区工作重中之重，建立“住房保障绿色通道”服务各项目指挥部，对各项目住房保障申请对象提供的资料随到随审。全年完成住房保障资格审批共办结1413户，其中廉租房实物配租77户，经济适用房货币补贴8户金额48万元，经济适用房购房资格94户，公共租赁住房23户，棚户区改造安置补贴资格1211户，金额1.8亿元。办理农村征地重点工程半边户在本辖区未享受住房保障情况证明242户。

做好廉租住房租赁补贴资金发放。2016年，全区在册廉租住房租赁补贴户数1122户2394人，其中无房户824户1596人，住房困难户298户798人。全年享受廉租住房租赁补贴对象各月均有户数和人数的增减变化，与2015年相比总量减少了45户172人。全年累计发放租赁补贴资金390.91万元。2016年1—8月高校毕业大学生自主创业及就业廉租住房保障对象3人，每月发放大学生自主创业及就业廉租住房租赁补贴480元，共计发放3840元；9—12月保障对象2人，每月发放320元，共计发放1280元，全年合计发放5120元。

做好公共租赁住房管理。截至2016年年底，全区管理公共租赁住房3092套15.03万平方米，涉及11个楼盘:福润园，楠熙筱苑，新诚小区、山水新苑、麓谷锦和园、诚兴园、谷山庭院、鄱阳小区、凤凰苑、凤凰佳园、粟塘小区。已配租安置2847套，其中617套定向配租给金霞经济开发区园区内企业。全年共收缴222.41万元公共租赁住房租金至市安居工程非税账户。保持对公共租赁住房违规行为打击常态化，坚决杜绝转租、转借，擅自调换，改变用途等违规现象，全年对管辖楼盘进行巡查150次，走访2800户，查处违规行为51件。对已不符合保障条件强占公租房的对象适时启动法律程序腾退公租房工作，维护公共租赁住房正常运营秩序。实施公共租赁住房管理服务社会化，委托有资质的社会运营机构参与，实现小区管理有序，租户安居乐业，惠民工程取得实效。

稳妥推进职工住房补贴。2016年，职工住房补贴审批发放工作，涉及区直机关及街道80家单位，对各单位报送的相关材料分二批次共2782人分别进行审核后报市房改办核准批复，共计补贴资金3434.04万元。同时对区教育系统的遗留问题分三批共53人报市房改办核准批复，共计补贴资金69.01万元。

实施长沙传化公路港公租房项目。该项目为2016年区纳入省市公租房项目，建设单位为长沙传化公路港物流有限公司，项目位于开福区沙坪街道板塘村，计划投资1.68亿元，建设公租房652套，建筑面积30642平方米。按照公租房专项补助资金执行按工程进度发放补助资金的规定，采取现场查勘，从严审核，据实拨付，全年拨付专项补助资金350万元。

做好棚改征收的房源保障。把参与服务区内重点工程及棚户区改造作为全局工作重中之重，明确由局长带队，分管副局长驻守项目，派出精兵强将深入一线对接服务，切实做好房源保障。着力解决棚改征收特殊个案。全年重点工程及棚户区改造被征收对象3209户，其中1925户需得到住房保障，通过主动服务，科学捕排，全年为1413户被征收对象办理了相关保障手续。对部分特殊困难家庭，争取上级部门支持，以政府认定的方式，提标扩面办理住房保障12批次278户。组织市安居棚改领导小组参加的现场办公会，对福泽园房源调配，定向房源棚改安置补贴及货补延期，福善园项目纳入棚改安置补贴范围，经适房去库存，住房保障前置流程审批时间调整，降低公租房租金标准等进行调研，为棚房工作创造更有利的征收环境。开展“棚改房源大集市”活动，为棚改被征收户选择房源提供便利，并以专人对接模式，持续跟踪进度，全年促成签约214户。针对本区经适房存量优势，加强与市住房保障局协调，面向全市棚改项目分配，经适房去库存已从年初的503套降至189套，为棚户区改造项目提供了重要的房源保障。

（邓国安）

社会保障

区社会保障管理中心

主　任　孔　飙

【概况】　长沙市开福区社会保障管理中心，为副科级参照公务员法管理的全额拨款事业单位，编制19名，是长沙市开福区人力资源和社会保障局下设的二级机构，负责全区养老保险、医疗保险、失业保险、工伤保险、生育保险等社会保障工作以及企业退休人员社会化管理服务工作。

企业职工基本养老保险。2016年，全区的企业养老保险基金征缴收入110160万元，完成目标任务62000万元的178%；企业养老保险参保人数4.1万人，完成目标任务3.8万人的108%；企业养老保险实际缴费人数4.1万人，完成目标任务3.6万人的114%。离退休人员基本养老金按时足额发放，社会化发放率100%；全年基本养老保险覆盖率达到100%。2016年，共计为10627名离退休人员进行养老金调待。调待前人均退休金为1405.57元，调待后人均退休金为1511.09元，人均退休金增加了125.65元。

城乡居民基本养老保险。2016年，城乡居民基本养老保险征缴收入341.88万元，完成目标任务285万元的120%；城乡居民养老保险参保人数4.38万人，完成目标任务4.15万人的106%。

信息化建设。2016年，开福区社会保障卡持卡人数为17.8万人，完成目标任务17万人的105%。为推动开福区信息化建设，2016年，成立开福区社会保障卡管理服务中心，并配备了信息专员，推动政府公共服务“一卡通”。

【企业退休人员养老金领取资格认证新举措——手机认证】　随着信息化水平的提升，企业退休人员养老金领取资格认证方式向多元化转变。社区认证、申请社区上门认证、自主网络认证、信函认证（表格认证）等多种认证方式，可供退休人员自主选择，简单快捷。手机APP认证是2016年新增的便民措施。2016年，凡是进行人脸建模的退休人员，均可采取手机APP认证方式。即使老人不会操作也不要紧，只要老人本人在身边，子女、亲友都可以帮助其完成认证。认证完毕后可在APP的认证记录里查看到用户认证结果。需要注意的是，一个手机号只能为一位退休人员注册。如果有多个人员需要认证，可以用其他家人的手机号注册并完成认证。开福区各街道社区通过张贴通知、发放宣传资料、广播等形式让更多的居民了解这项便民措施。

【青竹湖街道和捞刀河街道获评“长沙市城乡居民基本养老保险经办服务示范点”】　12月20日上午，在全市城乡居民基本养老保险乡镇(街道)经办服务示范点总结暨业务培训会议上，通报了2016年经办服务示范点创建结果。青竹湖街道和捞刀河街道被评为2016年长沙市城乡居民基本养老保险街道经办服务示范点。随着城乡居民基本养老保险的不断发展，开福区大力推进经办管理服务规范化，不断提升经办服务水平，着力构建经办规范、流程统一、管理高效、服务到位的城乡居民养老保险经办服务体系。此次获评示范点的两个街道在引领基层城乡居民养老保险经办工作中发挥了积极带动作用，有力地提升了全区城乡居民养老保险经办工作水平。

（彭妮娜）

医疗保障

区医疗保险管理服务中心

主　任　柳义军

【概况】 长沙市开福区医疗保险管理服务中心为副科级参照公务员法管理的全额拨款事业单位，编制9人，是长沙市开福区人力资源和社会保障局下设的二级机构，负责全区职工基本医疗、职工生育保险、城乡居民基本医疗保险工作，以及本辖区内二级医院的监管审核工作。

2016年，为750家单位，3872人次办理了社会保险参保手续，发放了医保卡15000余张和职工医保手册13000余本；度征地项目中，共将8009人纳入社保，包含第一年龄段（不满16周岁的人员）。医保退休一次性补缴手续办理415人次，补缴金额853万余元。2016年，灵活就业人员医保新参保及续保6344人，异动减少2352余人；城乡居民医保参保人数18万余人，登记率达到100%；区级异地报账共支付医疗保险医疗费用484万元，其中职工医保253万元，城乡居民医保200万元。2016年，异地生育保险支付费用31万元；发放生育津贴和一次性生育补助金558人次，金额631余万元。

加强监管及审核。协同长沙市医保局对所辖11所定点医疗机构进行监管，完成医疗保险付费方式改革工作。2016年，共计抽查20家定点医疗机构，抽查病历300余份；根据社会保险年审工作要求，开福区医疗保险管理服务中心对区属机关各部门，教育系统各单位，以及街道（乡镇）等下属单位的社会保险基数进行年度审核，确保了基金的征缴和参保人员待遇的落实。2016年，全区机关、教育系统、街道等共有190余家单位完成医保年审工作。

【举办“社保一卡通·方便您一生”宣传活动】 为进一步推广社保一卡通的发放工作，普及社保、医保、就业、劳动维权的相关知识，让居民增强维权意识、了解相关政策，11月17日，开福区人社局在湘雅路街道泊富国际广场举办“社保一卡通 方便您一生”为主题的大型户外宣传活动。本次活动以人社政策互动问答、抽奖活动、微信摇一摇抢红包、现场咨询、文艺汇演等为内容，广泛宣传社会保障卡、养老保险、医疗保险、就业、劳动监察等人社知识。开福区社保中心、开福区人力资源管理中心和开福区劳动保障监察大队在现场设置咨询台，为群众热情解答社保、医保、就业和劳动维权等人社政策。

【长沙市城乡居民大病保险全面实施】 为完善城乡居民医疗保障制度，健全多层次医疗保障体系，提高重特大疾病保障水平，减轻人民群众大病医疗费用负担，开福区医疗保险管理服务中心按照《长沙市城乡居民大病保险实施方案》文件精神，多措并举，积极推行城乡居民大病保险。加大宣传。积极向街镇社区传达文件精神，并通过网络平台将政策予以公布。通过多种宣传方式，让每一个符合政策的参保居民都能够享受到大病补助。2016年，开福区大病保保险参保率和覆盖率均为100%。专业承办。采取商业保险机构承办大病保险的方式，提高大病保险运行效率、服务水平和质量。开福区医疗保险管理服务中心在社保大厅设立大病保险服务窗口，配备专职工作人员。大病保险补偿报销制度与基本医疗保险报销制度衔接，简化报销手续，为参保人员提供“一站式”即时结算服务。多管齐下。对2015年符合大病保险政策的参保人员，所发生的大病费用进行追补，对2016年符合政策的大病费用予以报销。2016年，共对2015-2016度符合政策的342人次的大病医疗费用进行了追补，共补报大病保险医疗费用384万元。2016年，开福区城乡居民所发生的大病保险费用，全部纳入市级统筹管理的大病保险管理系统，参保人员出院时直接在医院进行报销。

（彭妮娜）

教育 · 科技

教育

区教育局

局　　长　谭树茗
纪委书记　王众思
副 局 长　彭　意　龙　舟
　　　　　王　平
主任督学　毛建高

【概况】 开福区教育局内设办公室、基础教育科、民教幼教科、组织人事科、学校安全科、规划建设科、计划财务科及监察审计科8个职能科（室）；设区教育科研培训中心、区少年宫、区教育考试中心、区教育后勤服务中心、区教育集中支付核算中心及区现代教育技术中心等6个二级机构。2016年，开福区辖区内共有义务教育阶段学校63所，在校学生59667人，其中区属公办中小学54所（小学47所、中学6所、九年一贯制学校1所），民办九年一贯制学校1所，省级公办初中3所，附中、附小5所。区域内共有注册幼儿园114所，在园幼儿共计19702人。

2016年，开福教育继续保持全国义务教育基本均衡区和全省教育强区，获评全国“全民终身学习活动周”优秀组织单位、湖南省教育学会“十二五”教育科研课题管理先进单位、湖南省校园武术段位制推广先进单位、湖南省中小学教师培训工作先进单位。成功举办公民教育优秀课题成果展示活动，完成省委教育工委、省教育厅“湖南省平安校园建设先进县市区”立项工作。学校特色建设全面发展。新增长雅中学、清水塘实验小学创建全国青少年校园足球特色学校；新竹二小成功创建“湖南省安全文明校园”；清水塘北辰小学、周南秀峰学校成功创建市级“两型创建学校”；周南秀峰学校、向阳小学获评市级“节能示范校”；清水塘实验小学建成全市首个“安全体验教室”；清水塘实验小学和望麓园小学成功创建“长沙市安全文明校园”；开福区第一小学等29所中小学（幼儿园）成功创建“长沙市平安校园”；周南秀峰学校成功创建“长沙市毒品预防教育活动示范学校”；开福区第一小学获“长沙市首届青少年学法用法知识竞赛学校团体现场答题赛”第一名；长沙市一中开福中学获“长沙市安全在我心中征文竞赛活动”学校优秀组织奖。

优化学校规划建设，以开放发展拓展教育资源。实施“三年行动计划”。浏阳河小学、金湾小学、山语城幼儿园建成投入使用；开福区实验小学、创远小学等5个项目完成主体建设；陈家渡中学、史家坡学校等14个项目启动办理土地征拆、规划设计等前期工作。推进“美丽校园”创建，完成北雅中学等23个“美丽校园”创建工作。建设标准化学校，投入资金约5747万元，完成包括北雅中学、新竹小学等5个长沙市重点民生实事项目在内的共计18所标准化学校建设工作。教育环境优化。成立由区委政法委牵头，分管副区长及相关区直部门参与的创建工作领导小组，完成省委教育工委、省教育厅“湖南省平安校园建设先进县市区”

立项工作。完善平安校园建设隐患排查治理“三自”管理平台建设；加强学校（幼儿园）标准化传达室的建设；配齐配足校园保安，加强校园保安管理；实施“明厨亮灶”工程，加强食品安全监督，一系列举措优化教育发展环境。

提升教育教学质量，以绿色发展引领教育风尚。教育品牌打造。组织开展公民教育学科渗透竞赛等系列主题活动，评选优秀子课题，成功举办公民教育优秀课题成果展示活动，面向全市推介公民教育研究成果。开展主题读书活动，与市新华书店联合举办“家校互通 亲子共读”大型公益读书活动，开展全区教育系统第二届“书香校园 快乐暑假”教师主题读书活动。全区通过验收或挂牌的特色项目学校增加至43个，占比80%，逐步构建了多元特色格局。新竹二小创建市特色项目学校，清水塘三小创建市“区域教育特色项目”，清水塘北辰、周南秀峰学校创建市“两型”示范单位，开福一小、金鹰小学创建市“绿色”示范单位。学生素养提升。组织全区中小学生参加“三独”比赛、艺术展演、阳光运动会、篮球、足球联赛等竞赛，组织开展团队、体育、科技、艺术、卫生等主题活动40多个。成功承办长沙市定向越野比赛、小学生计算机操作比赛、长沙市校园足球联赛。开福携手爱心基金共筹集爱心基金408165.2元，举办第九季、第十季爱心捐赠活动，发放242000元资助242位贫困学生。承办长沙市“文明校园”创建启动仪式和未成年人思想道德建设等17次省市区文明创建主题活动，清水塘北辰小学在长沙市音乐厅成功承办《长征组歌》少年版走进校园音乐会。终身教育发展。全年全区新增注册人数3459人，总学分达9582分；全区立项特色课程39个，年度表彰奖励特色项目26个；望麓园街道社区学校成功创建为全国社区教育示范街道；江湾社区成为长沙市首批两个精品社区建设单位之一，科大佳园等3个社区创建为长沙市示范性社区学习中心；成功举办全民终身学习活动周启动仪式。教学质量推进。开展“联片教研”“送教下校”和“订单式”教研服务，对开福区一小等30多所小学和所有中学进行分层调研，指导教学提质工作。构建教师成长体系。开展青年教师“新蕾杯”、骨干教师“园丁杯”、名优教师“名师课堂”教学竞赛或展示活动、“星城杯”青年教师教学基本功比赛。

落实规范招生政策，以共享发展促进教育公平。规范招生工作。成立各级招生工作领导小组，建立区政府牵头、多部门参与的招生工作联席会议制度，制定下发实施办法和联席会会议纪要。招生联席制度经验在全市推广。科学划分学区。按照确保公平和相对就近入学原则为每所学校科学划定学区范围，并在全市独家率先公开征求意见，确保公开、公平、公正。面对媒体主动发声，依法依规处理开发商和业主诉求。年度招生工作平稳有序，全区无一例公办择校，无一例违规招生，无一例大班额，所有学校全面消除了超大班额。进城务工人员子女教育资源实现全覆盖，有效解决8382名进城务工人员子女入学的问题，妥善安排76名残疾生进入区内学校随班就读。

加强教师队伍建设，以创新发展激发教育活力。创新人才引进模式，招聘免费师范生6名，面向全国选调骨干教师12名，全市率先公开招聘编外合同制教师91名。超额完成教师交流任务。校长教师交流89人，占符合交流人数的36.03%；其中骨干教师交流人数31人，占比35%，超额完成市政府下达的交流任务。加强了校长教师培训。成功举办书记党建培训、中小学校长“现代学校制度建设”培训等11个培训班，合计培训802人，占全区在职教师总数的41%，与国家教育行政学院联合举办中小学校长“现代学校制度建设”培训班，与开福区委党校合作举办基层党组织书记党建暨“长征精神”学习培训班，获评2016年度湖南省中小学教师培训工作先进单位。组织开展“新蕾杯”“星辰杯”等教学竞赛和展示活动，搭建教师展示平台，逐步构建教师成长体系。推进实施“三名人才工程”，在原组建的 8个名师工作室基础上，又培养认定3个名师工作室，名师成员达160人。

常态抓好其他工作，以和谐环境保障教育发展。完善安全管理机构、明确责任、健全制度，着力完善三防工作，全面提升平安校园建设水平，获评2016年—2018年“湖南省平安校园建设先进县市区”创建单位。推进学前教育普惠发展。新增13所普惠性民办园，全区共有普惠性民办园64所，民办普惠园加公办园占全区园所总数的68.4%，全年区级财政奖补普惠性民办园经费达300万元。规范教育后勤服务。实施“明厨亮灶”工程，加强食品安全和食堂管理。对学生校服订购和春秋游等采取购买服务的模式进行市场化操作，完成8家学生校外实践活动旅行社和2家校服企业的准入审批。落实全面从严治党“两个责任”。组织观看廉政教育片、组织对新调整行政班子和机关干部进行集体廉政谈话，全面开展国有资产清查和任中、离任经济责任审计以及专项资金审计工作，加大立案查处力度，严肃责任追究。充分运用监督执纪“四种形态”，各单位基层党组织设立纪检委员，切实履行好全面从严治党党委的主体责任和纪委的监督责任。

【举办公民教育优秀课题成果展示活动】 4月28日，“区域特色绽放精彩，公民精神点亮未来”——长沙市德育工作项目化管理推进会暨开福区公民教育优秀课题成果展示活动在开福区清水塘北辰小学顺利举行。活动围绕开福区开展的“践行核心价值观，培养合格小公民”课题研究，回顾与总结了“十二五”规划期间公民教育实践研究的经验和成绩，展示并推广了子课题研究成果，明确“十三五”规划课题研究努力的方向。湖南省教科院、长沙市教育局、长沙市教科院的领导专家以及来自全市的教育行政人员、专家、校长、教师，共计200余人参加此次活动。长沙市教育局副局长缪雅琴介绍了长沙市首创德育项目化管理的基本情况，对开福区公民教育课题成果的完成和德育品牌的完成给予了充分的肯定。

【省委常委、市委书记易炼红调研“网络联校”工作】 9月9日，省委常委、市委书记易炼红到开福区清水塘北辰小学调研长沙市基础教育“网络联校”工作，长沙市教育局党委书记、局长卢鸿鸣，区委书记沈裕谋，区委副书记，代区长刘拥兵，区委副书记谢伟峰，区政府副区长提名人选杨光华等领导陪同调研。省委常委，市委书记易炼红亲自参与了开福区刘友华数学名师工作室教学研讨和“网络联校”教育活动，充分肯定开福教育在“校校成优校，师师做良师，生生皆成才”方面取得的成绩，勉励开福教育，继续推进长沙教育事业发展，为培养长沙未来人才不断向前迈进。

学校介绍

长沙市开福区金沙小学

校　长　李洪波

长沙市开福区金沙小学位于白沙河畔，始建于1968年，1997年由长沙卷烟厂捐资原址扩建并更名为金沙小学。学校占地面积10800平方米，建筑面积2702平方米，实验室、微机室、图书室、阅览室、舞蹈室、心理咨询室，以及劳技、美术、书法等专用活动室配备齐全。金沙小学是开福区委、区政府和教育主管部门重点投入的一所极富开福地域特色的农村样板学校。

“小”校园里做“大”文章。学校规模虽小却蕴藏着深厚的文化底蕴，并力求创新，与时俱进，逐步探索形成“育人为本，素质为重，关注终身发展”的办学模式，让孩子天天快乐，让教育处处精彩。在这种文化的浸润之下，学校先后被授予长沙市标准化学校、长沙市合格学校、长沙市绿色学校、长沙市乡村少年宫、长沙市“两型”示范校、长沙市经典诵读·规范汉字书写教育双特色校、排球特色项目校、长沙市中小学生劳动实践基地、省级“十一五”课题优秀实验校；先后荣获长沙市第八届中小学生运动会小学组女排冠军、区艺术展演比赛一等奖、区集体长绳比赛一等奖、连续3年获得区教育系统目标考核一等奖，连续2届毕业年级被评为长沙市中小学先进班级等荣誉称号。

德才兼备的教师队伍。学校坚持以教师发展为本的理念，以师德、师能建设为两翼，提倡做一专多能、师德高尚的学习型教师，逐步提高教师队伍的整体素质。在教师评价中，坚持一评教师师德；二评教学能力；三评教学质量。定期开展“读书心得”“公开课”“研讨课”等活动，积极打造学习型教师团队。杨洪获评1998年长沙市优秀教师、王项珲获评2013年长沙市友谊农村教师优秀奖、邬灿伟获评2015年长沙市友谊农村教师优秀奖和开福区第二届十大魅力教师、黄秋月老师获评2016年长沙市十大魅力教师提名奖和开福区第三届十大魅力教师及感动开福人物，2016年11月入选2016感动中国之感动湖南人物候选人。

特色教学提升学校发展的档次。学校根据自身实际，开设种植、排球、书法和经典诵读特色课程，形成特色种植、校园排球和经典诵读·规范汉字书写教育的特色化办学格局，并打造了促进农村学校内涵发展的亮点和品牌。截至2016年年底，拥有40余块室外菜地和60平方米温棚的专业化菜园，以及拥有10余个品种近400平方米的规模化果园，标准化的设施和课程化的管理，让学生在学校劳动实践基地快乐的学习、实践，极大培养了学生的劳动意识、环保意识、生态意识，打造了极具自然特色的魅力课堂。

乡村少年宫助推农村学校素质教育。学校乡村少年宫成为学生学习发展的“第二课堂”，音乐舞蹈室、书法美术室、劳技室、书香阅览室、棋艺室、排球活动室等活动精彩纷呈。学校组织教师自编教材，根据学校实际情况对课程内容进一步丰富，让孩子们能各有所长，各需所长。

长沙市开福区四方坪小学

校　长　浣润姣

四方坪小学位于四方坪浏阳河畔，雅雀湖旁，是一所师资精良、管理精细、整体精美的市级示范化学校。学校拥有教职员工103人，36个教学班，1734名学生。

学校以“生命为本，文化立校”为办学理念，以“做可爱可敬的中国人”为育人宗旨，以“办一所孩子们喜欢的学校”为办学目标，从课程设置、校园活动、办学特色三个维度对育人目标进行建构。在德育活动方面，继承传统，更注重创新；注重能力，更丰富学生社会实践。做一个有道德的人，续写雷锋日记；“畅想新年，快乐追梦”“开学发送减负礼”“小小志愿者在行动”“清明网络签名祭英烈”“同心共筑中国梦”“社区环保节能我参与”等活动，影响深远。四方坪小学有着“管理精、校风好、质量高、特色明、校容美”的良好形象，得到了社会和家长的广泛认可。先后获得全国科学教育基地、湖南省红领巾示范化学校、湖南省安全文明学校、湖南省优秀课题实验学校、长沙市精神文明先进单位、长沙市绿色学校、长沙市校本管理先进单位、长沙市体育项目传统学校、长沙市安全文明单位、长沙市现代教育技术实验学校、长沙市消防安全综治工作先进单位、长沙市模范职工之家、长沙市标杆红旗大队、长沙市小学数学“校本研训一体化”优秀教研组、区教育科研先进单位、区校外教育先进单位、区科技工作先进单位、区花园式单位、区绿色学校、区少先队示范性队室等荣誉称号。学校已成为一所环境优美、教育设备先进、教育科研成果显著、特色鲜明的市级示范性小学。在特色教育方面。学校走艺术化发展道路，已成为开福区艺术特色学校；被长沙市体育局挂牌为羽毛球后备人才基地；学校打造科技机器人特色项目，注重学生综合素质的培养，全面推进素质教育。

长沙市开福区马栏山小学

校　长　方　欣

马栏山小学位于开福区月湖街道马栏山社区，是2010年在学校原址上新建的一所新城区配套学校，占地面积7470平方米，校舍建筑面积5992平方米，绿化面积2241平方米。学校共有教学班19个，学生829人，教师45人，其中市级骨干教师2人，高级教师2人，平均年龄32岁。

学校紧紧围绕“致力于每一位学生的健康成长”的办学理念、“马栏·花儿朵朵开”的培养目标开展工作，教育教学质量稳步提升，办学特色不断彰显，获得领导、家长、社会的一致好评。

学校先后被评为湖南省文学艺术特色学校、湖南省书法实验学校、长沙市文明标兵单位、长沙市常规管理先进单位、长沙市优秀少先队集体标兵、长沙市德育研究先进集体、长沙市安全文明校园、长沙市绿色示范学校、长沙市两型学校、长沙市“雷锋号”示范班组、长沙市心理健康示范学校、长沙市“定向越野”体育传统项目学校。学校市“十二五”规划课题《以心理健康为切入点的家校沟通策略研究》顺利结题。学校“马栏·花开”少年宫被评为长沙市级城市少年宫，少年宫社团在各级各类比赛中崭露头角，校园剧《我可以飞》荣获开福区艺术展演特等奖。学校开设了《“定向越野”运动启蒙》特色课程，并编写了校本教材，组建“定向越野”竞赛队，学校女子组在省、市定向越野竞赛中分别获得第二、三名的好成绩。学校开设了“心晴花园”心理健康咨询服务室，成功举办长沙市首届心理游戏节和“绘本悦童心 亲子共成长”长沙市心理绘本节活动，中国文明网等十多家媒体进行报道。

长沙市开福区国庆小学

校　长　张润清

国庆小学位于伍家岭国庆新村红领巾巷16号，1994年，由开福区政府斥资新建，2000年，创建长沙市示范性小学。学校占地面积8100平方米，建筑总面积3833平方米。学生470人，在职教师24人。学校先后被评为教育部国培计划小学骨干教师培训实践基地、全国科技体育传统学校、全国校园足球特色校、湖南省示范性家长学校、湖南省综合实践活动常态实施先进学校、湖南省、长沙市防震减灾教育示范学校、长沙市义务教育标准化学校、长沙市经典诵读示范学校、长沙市校本研训示范学校、开福区校外教育先进集体、教育科研先进单位、校本培训先进单位、体育工作先进单位等。

抓师德、促研训，教师队伍素质整体提升。学校开展“发现身边美丽教师”的师德特色活动和读书心得交流活动。学校注重“科研兴校”，动员教师全员参与课题研究。《引领亲子阅读，促进学生、家长、教师共同发展的研究》《改造薄弱学校，构建“一校二区”学习共同体的研究》2016年9月荣获湖南省教育学会课题评优三等奖。《运用现代信息技术，辅助小学生统计学习的研究》获湖南省电化教学课题优秀奖。

抓学习、促活动，学生素质全面发展。学校坚持每年举行全体师生共同参与的“魅力国庆”校园艺术节、读书节、体育节、科技节活动。通过每一个节、每一项活动，给每一个学生带来一个成长的机遇，让他们享受成长的幸福，促进师生共同成长。

学校致力于打造校园特色、提升办学品质，以“足球特色”成为开福区第一批特色项目学校，长沙市体育传统项目学校。先后获得开福区小学生足球比赛甲组冠军、乙组亚军；长沙市小学生足球比赛第四名、体育道德风尚奖；全国少儿足球邀请赛第七名的好成绩。

长沙市开福区史家坡小学

校　长　杨静萍

史家坡小学创办于1917年，其前身为李家祠堂小学，距今已有逾百年历史。学校地处浏阳河畔，占地面积10560平方米，建筑面积2744平方米。学校现有教学班14个，学生732人，教职工40名，其中大学本科学历36人，大专学历4人，小学高级教师16人。学校2003年挂牌为长沙市现代教育技术实验学校，2006年，挂牌为开福区规范化学校，2014年，挂牌为长沙市经典诵读特色学校，2015年，挂牌为开福区经典诵读特色项目学校，2016年，被评为长沙市红十字会可口可乐平安校园项目基地。

学校始终坚持“强化管理、重在育材、彰显特色”的教学理念，教育教学工作井然有序，教学质量稳步提高。学校坚持抓经典诵读特色项目建设工作，营造积极向上、清新高雅、健康文明的校园书香文化氛围。2014年10月13日，市委宣传部、市文明办、市教育局、共青团长沙市委、区文明委主办的“展红领巾风采 做孝老爱亲少年” 中华经典诵读暨纪念中国少年先锋队建队65周年大型活动由该校承办，长沙文明网、长沙未成年人网、长沙晚报、长沙新闻频道进行专题报道。

学校以新课改为重点，着重抓好课题实验的研究。学校承担的市级课题《农村小学生良好学习习惯的培养研究》于2008年顺利结题；省级课题《小学生课内外阅读整合的有效策略研究》于2015年顺利结题，荣获湖南省教育学会“十二五”教育科研课题二等奖。

长沙市开福区望麓园小学

校　长　李　丹

望麓园小学位于蔡锷北路与营盘路的交汇处，与省参事室、省文化厅、田家炳实验中学为邻。学校始建于1916年，前身由陈氏族学、邮电职工学校、北区二保校三所学校组成。1984年，更名为开福区望麓园小学，至今已有百年历史。学校占地面积3181平方米，有6个教学班，功能室14间，学生总人数近300人，在职专任教师15人，1位市级骨干教师。

学校始终坚持以育才为己任，以“质朴、坚毅、文明、进取”为校训，把“培养有责任感的小公民”作为学校的育人目标。在“用心灵贴近心灵，以关爱传递关爱”办学理念的指导下，以“丰厚学生人文素养，张扬学生鲜明个性”为宗旨，依托“城市学校少年宫”平台，根据学生需求，利用校内外优质教育资源，开设了提升学生人文素养和培养学生兴趣爱好两大类共22门课程，让全校每一个孩子乐学、乐玩、享受生命的喜悦。

构建“学校、家庭、社区”三结合的德育网络。通过“小志愿者社团”特色项目的建设，开辟德育工作新途径、新思路，促进学校德育工作规范化、系统化、科学化发展，提升学校办学内涵。学校小志愿者社团活动曾在“人民教育”微信号、长沙市“校长之家”微信号予以报道。学校先后获得湖南省第二届少年儿童绘本创作大赛“优秀组织奖”、第五届“书香湖南——‘中国梦·汉语美’系列读书活动组织奖、长沙市第八届“创作杯”青少年儿童作文大赛一等奖、市文明单位、市绿色学校、市红旗大队、市标准化实验室建设合格学校、市平安校园、市区模范职工之家、市中小学德育研究先进集体、开福区教育系统先进基层党组织、区教育科研先进单位、区教育技术装备工作先进单位、开福区公民教育先进单位、区“两型”示范创建工作先进单位、开福区大课间比赛一等奖、区中小学生艺术展演区赛一等奖、区中小学生班级合唱比赛一等奖等多项荣誉称号。

长沙市开福区三角塘小学

校　长　张羽飞

三角塘小学始建于1938年，建有3006.6平方米的绿化面积、200米环行塑胶跑道、23间设备齐

全的功能室、3.82万册藏书的图书室。近年来，学校“排球特色文化”初见成效、“小交警特色项目”持续发展、“名优教师”展露风采。学校先后荣获“全国畅通工程安全文明示范学校”等各级各类集体奖项300余项。《湖南日报》、湖南卫视、长沙新闻频道等新闻媒体多次对学校先进的教育教学工作经验进行报道。

排球文化特色彰显。1996年，三角塘小学被定为长沙市排球传统体育项目学校。学校定期组织全校性排球比赛，自创特色排球操，实现人人参与排球训练，人人懂排球知识的良好效果。在全国阳光体育展演活动中，学校排球特色文化得到充分展现，连续十二次蝉联长沙市小学女子排球竞赛冠军。

小交警活动大展英姿。作为全国畅通工程安全文明示范学校，学校每一名学生均配备了正规的小交警服饰，人人都会交警手势操。少年交警队接受了国家公安部副部长、交管局局长杨钧的检阅和督导，接受全国畅通工程安全文明示范学校验收。在湖南省“白手套”助学岗启动仪式上，三角塘小学作为全省唯一的小学代表参与。少年交警队荣获全国百佳中队号、长沙市“我最满意的一项少先队活动”荣誉称号。

创新高效砥砺奋进。近几年来，学校投资95万元建设电子书包教室，完成“美丽校园”建设工程。在教育教学方面，“三主四式”教学模式教学成果得以推广，湖南省家长学校研究会“十二五”规划课题《家校协作，利用优秀电影提升学生个人心理品质》顺利结题，并被评为优秀；信息化课题《三角塘小学空间建设研究》顺利结题，并申报全国“百十千万工程”示范学校，《以班级文化建设为载体，培养合格小公民》的课题成果在长沙市德育推进会中进行展示与交流。在素质教育方面，学校以“让学生健康快乐地成长”办学理念为核心，通过丰富的活动，特别是艺术教学，培育学生综合素养。舞蹈《和谐阳光》荣获湖南省第八届少儿才艺网络大赛一等奖，长沙市中小学艺术展演比赛一等奖；班级合唱荣获长沙市中小学生班级合唱比赛二等奖，班级器乐荣获开福区艺术展演一等奖。

长沙市开福区植基中学

校　长　彭军辉

植基中学是一所全日制农村初级中学，创办于1912年，当时名为李氏女子简易职业学校。1925年，由当地的一些社会名流集资创办成私立新民高级小学，1949年，学校更名为植基完小。1957年开始办初中，更名为植基中学。1968年起办高中，同时停办小学，1980年停办高中只办初中至今。

学校校园总面积26668平方米，教学班7个，在校学生341人，有专任教师29人，其中本科28人，大专1人，高级职称5人，中级职称23人。2005年，学校被授予“长沙市示范性学校”光荣称号；2007年，学校成为周南中学“对口支援”学校，挂牌“长沙市周南中学分校”，成为周南中学“对口直升生”的优秀生源基地；2012年挂牌区体育“中长跑”特色学校，2013年，学校被授予长沙市校务公开民主管理示范单位。

学校不断加强教师队伍建设，强化立德树人意识，狠抓常规管理，各项工作齐头并进、协调发展，学校教育教学成绩稳步上升，毕业班会考一次性合格率逐年提高。2016年，初三毕业会考一次性合格率81.43%，位居全区同类学校前列，荣获全区中考团体奖，语文、文综、提前学科获学科奖，提前学科获学科进步奖；教师获得的各种奖励达82人次，学生参加各科竞赛活动共有137人次获奖；公民教育子课题《提升初中学生公民道德素养的研究》和市级课题《提升农村初中英语阅读能力的实践研究》顺利结题，并荣获市级课题成果二等奖。

2015年，开福区委、区政

府启动开福区学校建设“三年行动计划”，对学校进行就地改扩建，计划用地面积3.6公顷，建筑面积28700平方米，班级规模36个，总投资17580万元。两年以后，植基中学将成为一所环境优美、功能齐全、设备先进、高标准的现代化优质公办初级中学。

长沙开福区中岭小学

校　长　吴春花

中岭小学位于捞刀河畔，长沙市东二环和北二环交汇处，中青路以西。学校始建于1945年，是长沙市四县五区第一所农村市级示范性学校。现有教学班级14个，在校学生653名，专任教师35人，其中副高级教师1人，一级教师18人，大专以上学历100%。校园占地面积12542平方米，校舍面积4050平方米，学校配备有“七室一场”功能室及多媒体教室、风雨操场、200米环形塑胶跑道及轮滑运动场等。

学校先后被授予为长沙市“乡村少年宫”示范点、市现代教育技术实验学校、市文明单位、长沙市推行办事公开制度示范单位、市“阳光体育”示范学校、市校本研训示范校、市科技工作先进集体、市级基础教育课程改革样板校建设学校、长沙市防震减灾科普示范学校、湖南省现代教育技术实验学校、省红领巾示范性学校、省轮滑运动基地学校、中国轮滑运动示范学校、全国阳光体育轮滑神州校园行基地学校、中国福利彩票公益金支助乡村少年宫项目单位。

学校始终秉承“顺应天性，释放个性，尚美怡情，益智养德”的办学理念，以培养“有梦想、敢拼搏、扬个性的现代小公民”为育人目标，积极打造学校文化名片，即清新雅致，打造灵动鲜活的环境文化；育人为先，建立以生为本的管理文化；生命在场，构建与生命对话的课程文化；诲人不倦，建立潜心治学的教师文化；氤氲书香，叩问生命的阅读文化。

以弘扬乡土文化、传承艺术瑰宝为主线的系列乡土文化特色项目建设成效显著。在民间剪纸、走近湘绣、趣味泥塑、铿锵腰鼓、舞龙舞狮、少年武术等系列活动的持续开展中引导学生传承中华文化，感受家乡乡润乡情的魅力。

开展轮滑运动项目，激发学生敢于拼搏的意志力。自2009年以来，中岭轮滑小将在省市级、国家级等竞赛项目中

纷纷崭露头角，在长沙市第八届运动会上夺得四金三银三铜，曾获得湖南（衡阳）2014湖南青少年轮滑锦标赛第三名、2015年湖南省第六届“智美杯”全民健身节暨X-TECH速度轮滑邀请赛速度轮滑团体第一名、2016湖南省青少年轮滑联赛“株洲站”MX/TAKINO邀请赛团体第二名。

科技·知识产权

区科学技术局（知识产权局）

局　长　周　砾
副局长　陶新力
　　　　李　文（兼科协主席）
　　　　肖　芳　谭红星

【概况】 长沙市开福区科学技术局（加挂知识产权局、区科学技术协会两块牌子），内设办公室、科技发展科、知识产权科，有工作人员10人。

创新创业如火如荼。2016年，开展区级创新型单位创建，认定福元路社区、新湘路社区、吉福街社区、中民筑友科技集团、科大附小、四方坪小学6家区级创新型单位。组织区级创新创业大赛，奖励获奖单位最高20万元的现金及享受在入驻园区、贴息贷款、培训辅导、资金扶持等方面的优惠政策。搭建“开福科技创新平台”网站，入驻科技企业261家，科研服务机构298家。推进“双创”载体建设，推进“青芒创客空间”“湖南医药创新孵化中心”等创新载体及佳海工业园、医药健康产业园、北辰文化创意园、青竹湖创新创业大楼等园区、楼宇形成“众创空间、孵化器、园区”完整的创新创业链。

自主创新有效提升。2016年，组织企业实施国家、省、市各类科技计划项目累计立项35项，共争取上级扶持经费616万元。本着重点扶持和配套支持的

原则，受理区科技项目63项，严格按照初审、专家评审、会审、征求意见、区政府审批、公示等程序，对34个项目进行立项扶持共计485万元。加强与长沙学院、四川大学、中南大学的产学研合作，区政府与长沙学院签订了全面产学研合作协议，协助区内企业加强校企联动，嘉德集团与长沙学院签订校企合作协议、长沙健康产业园与四川大学开展对接、沙电电气成为湖南汽车工程职业学院的产学研合作基地，区内企业技术合同成交额2.06亿元。结合科交会助推科技成果转化，科交会上收集发布技术需求7项、融资需求5项、人才需求3项，拟签约项目7项，拟签约金额2565万元。

高新产业快速发展。扎实推进高新技术产业强基工程，积极开展科技型中小企业备案、科技小巨人申报工作，通过开展高新培训、引导培育，2016年，新增高新技术企业15家,全区高新技术产业总产值436亿元，实现增加值177亿元，高新产业增加值占GDP 比重21.7%。发挥企业在研发投入、技术改造、成果转化等科技创新活动中的主体作用，强化企业创新主体地位，通过引导社会创新资源向企业聚集，促进创新产品的研发和规模化应用，提高企业核心竞争力，涌现了一批高技术企业。中民筑友自2015年成立，2年时间申请专利1030件，参与了科技部“十三五”重点研发计划“绿色建筑及建筑工业化”重点专项课题，并获评湖南省首个“装配式建筑工程研究中心”；三能房屋获评“全国装配式建筑科技示范项目”；湖南粮科院获评“市级中小微企业技术服务平台”。中建西部、中民筑友、戎腾科技、胜昊电子、兴迈通信、奋发计算机6家企业获评长沙市科技创新小巨人企业。

军民融合深度推进。2016年，出台《开福区深入推进军民融合创新创业暂行办法》文件，依托国防科大驻区优势，打造华创国际广场军民融合创新创业示范基地，凯乐微谷军民融合研究院、国科高精军民融合产业园等逐步实施，构建了“3+X”军民融合发展模式。精准对接国防科大军转干部开展创新创业服务，引进了湖南国科咨询、湖南格艾德电子，深圳楠菲微电子、中航星集团、天剑海洋、国科高精集团等军民融合企业。组织军转干部座谈、考察企业、调研产业基地等，围绕军转干部的学术研究、成果交流等专题，全年组织开展34场次沙龙对接。

创新管理不断加强。实施“科技特派员”工作，与国防科大、长沙学院开展互访，建立科研、转化对接关系。2016年，组织开展科技产业发展培训、科技项目管理培训、科技服务沙龙等活动十余场。组织一批科技企业负责人赴厦门大学开班学习，通过学习企业创新理念，观摩沿海发达地区的先进企业，提升了全区产业的创新意识，进一步增强企业转型升级、创新发展的活力。强化知识产权管理，出台《开福区专利补助实施办法（试行）》，对申请的发明专利进行补助奖励，通过引导和鼓励企业和个人加大研发，申报专利，将研发成果知识产权化，提升全区发明创造的热情。结合“4·26”知识产权日开展“知识产权运用和保护讲座培训”和“加强知识产权保护运用，支撑创新开放高地建设”等宣传活动，全年专利申请3040件，同比增长35.5%，授权1513件，同比增长23.81%，申请和授权保持了较高的增长。

【召开军民融合创新创业座谈会】 5月17日上午，在科大佳园社区三楼会议室召开了“军民融合·创新创业”座谈会。座谈会上，科大佳园社区自主择业军转干部代表围绕在创新创业过程中遇到的瓶颈、创业公共服务平台建设、政策落实、创业区域配套等方面进行发言和讨论。国防科技大学政治部干部处处长董远中建议推动军民融合，需要精准、以点带面、市场模式推进。区经信局、区科技局、区人社局、伍家岭街道等部门主要负责人纷纷表态，提出下一步要当好“联络员”“信息员”“推销员”，大力推进开福区军民融合产业发展。区委副书记谢伟峰要求：做好自主择业军转干部创新、创业、就业服务，责无旁贷，意义深远；为自主择业干部创新、创业服务好，任重道远；科大自主择业干部创新创业如火如荼开展，各级各部门强化大局意识和责任意识全力支持。

【创建开福科技创新平台】 区科技局委托长沙诺为信息技术

有限公司打造的“开福科技创新平台”网站于8月正式上线。该平台旨在搭建一个科技服务机构与企业用户间信息沟通、服务沟通的桥梁，致力于将更多科技服务机构的专业服务、特色服务、价值服务、优惠服务更加便捷、有效地推广给更多的企业用户，满足其在创新创业过程中的人才、资金、技术、设备及其他专业服务需求，帮助其降低创新创业成本，提升技术创新效率与水平。在服务模式上，区别于传统服务平台的“类黄页”模式（功能仅限于服务资源信息的发布与展示），本平台将引入需求定向推送、订单招标、在线支付、第三方托管、服务评价等一系列功能，并开发与PC端网站配套的移动端APP，可极大地提升平台用户体验及相互间的沟通与对接效率。平台拟涉及的服务品类主要包括研发设计、仪器设施、技术转移、检验认证、创业孵化、知识产权、科技金融及科技咨询等八大类。截至2016年年底，全区有261家科技企业入驻平台。

（邓　军）

表7　**2016年开福区企业争取上级科技项目汇总表**

序号	企业	项目	扶持金额（万元）	项目类别
1	长沙海商网络技术有限公司	技术交易合同补贴	11	市两创专项
2	长沙和坊电子科技有限公司	技术交易合同补贴	0.2	市两创专项
3	长沙胜昊电子科技有限公司	技术交易合同补贴	3	市两创专项
4	湖南黑马生态技术有限公司	技术交易合同补贴	1.4	市两创专项
5	湖南华虹医药网络发展有限公司	技术交易合同补贴	1.6	市两创专项
6	湖南泰阳网络科技有限公司	技术交易合同补贴	12.8	市两创专项
7	湖南省粮油科学研究设计院	小微企业粮食产后公共技术服务平台	133	市两创专项
8	开福生态休闲观光农业协会	省农村专业技术协会	10	省级基层科普行动计划专项
9	新河街道友谊社区（三角洲社区）	创建社区科技服务联盟	5	市科协第一批
10	湖南金欧农业科技有限公司	市级科普示范基地	8	市科协第一批
11	湖南金欧农业科技有限公司	适合开展精准扶贫计划的克氏原螯虾繁养殖技术的研究与推广	10	市科协第二批
12	伍家岭街道陡岭社区	老旧社区特色科普活动	5	市科协第二批
13	望麓园街道水风井社区	市级科普示范社区	5	市科协第二批
14	湖南长重机器股份有限公司	大气污染防治技术开发与应用-工业高温烟气PM2.5高效净化关键技术研究及装备的产业化	50	市第一批
15	湖南粮食集团有限公司	农产品精深加工、安全监测与现代储运技术—优质稻低温储藏系统及关键设备开发	50	市第一批

续表7

2016年开福区企业争取上级科技项目汇总表

序号	企业	项目	扶持金额	项目类别
16	长沙沙电电气股份有限公司	汽车发电机关键技术的新型生产工艺研发	20	市第二批
17	湖南顺天建设集团有限公司	再生混凝土透水铺装技术研究	20	市第二批
18	湖南锐星光电设备有限公司	新型高效节能的LED影视灯具的技术研究	15	市第二批
19	长沙美日生科技有限公司	节粮型猪用消化酶的复合优选及产业化	15	市第二批
20	湖南然润堂中药有限公司	多效养生甘麦菊花代用茶的开发	15	市第二批
21	湖南善禧文化传播有限公司	基于女性DIY数字衍生品及生活管理的新型智能服务平台建设	15	市第二批
22	长沙甚好农业科技有限公司	科技特派员	10	市第七批
23	长沙市开福区竹坡水产养殖有限公司	科技特派员	10	市第七批
24	长沙金欧国瑞农业合作社	科技特派员	10	市第七批
25	湖南主导科技发展有限公司	基于无接触式污水传感器的智能水泵控制器的研究与开发	20	市第一批事前补助
26	湖南高铁时代数字化科技有限公司	轨道交通车辆模拟驾驶仿真实训系统开发	20	市第一批事前补助
27	长沙桑尼重型装备股份有限公司	4G-Bluetooth蓝牙随车起重机关键技术研发及产业化	20	市第一批事前补助
28	长沙紫荆花涂料有限公司	水性仿大理石涂料研究	15	市第一批事前补助
29	湖南鑫材合金有限公司	高强高韧大型铝合金异形件的研究与开发	15	市第一批事前补助
30	长沙拓沃工程机械设备有限公司	基于传统型基础处理设备的新型适用型桩工设备的开发	15	市第一批事前补助
31	长沙雷邦电子科技有限公司	城市污泥处理系统开发	15	市第一批事前补助
32	中民筑友有限公司	装配式混凝土剪力墙结构技术体系的研究与开发	15	市第一批事前补助
33	湖南省当代湘绣艺术研究院	湘绣传统技艺研发创新推广与人才培训平台建设	15	市第一批事前补助
34	长沙市开福湘绣研究所	湖南民族文化产品交易平台	15	市第一批事前补助
35	湖南赛恩斯科技发展有限公司	高效便捷型实验室废水综合处理一体化装置的研究与开发	15	市第一批事前补助
合计			616	

文化·体育

区文化体育新闻出版局

局　长　王　艳
副局长　陈　林
副局长、文化馆馆长
　　　　成　娟
文化市场综合执法局局长
　　　　彭　超（2016.4任）
文化市场综合执法局副局长
　　　　黄建华
图书馆馆长
　　　　彭　葳

【概况】　在2011年政府机构改革中，由原区文化体育局更名为区文化体育新闻出版局。在编干部22人，区核定临聘人员8人。局下设办公室、体育科、市场科三个科室和文化市场综合执法局（正科级参公事业单位）、文化馆（副科级事业单位）、图书馆（副科级事业单位）和文物管理所四个二级机构，行使文化、体育、文物管理、文化市场综合执法、扫黄打非、新闻出版等工作职能。2016年，荣获区绩效考核一类单位、长沙市扫黄打非先进集体、长沙市不可移动文物安全管理先进单位、长沙市文明单位、区先进基层党组织、区党建工作先进单位等多项荣誉。

构建现代公共文化服务体系。突出阵地引航。紧扣国家公共文化服务标准化试点工作，落实文化民生实事工程，把区、街、社区（村）三级文体阵地建设作为构建现代公共文化体育服务体系"第一要务"。区文体活动中心已经第18次政府常务会确定选址，集文化馆、图书馆、全民健身中心于一体3万平方米的综合体即将启动建设。投入48万元，在烈士公园南门建立城区面积最大、藏书最多的24小时街区自助图书馆，其率先建立与成功运行为全市构建公共服务阅读空间做出引领和示范。争取市区两级投入60万元，新建湘雅路街道1个市级示范性综合文化站；投入40万元，提质沙坪街道1个市级示范性综合文化站，面向群众免费开放。投入36万元，提质湖畔、四季花城等12个社区（村）文化服务中心，引进民营企业参与文化阵地共建，建立开福区首家政企合作的左岸图书分馆，基层文化承载力日益强劲。驱动服务引擎。坚持"以文惠民、以文育民、以文乐民"的理念，将惠民服务送到群众家门口。创新宣传手段，建立"文体新开福"公众微信平台，共推送信息102期、168条，点击量达6万余次，开设"文化志愿者团队微信群""图书馆粉丝读者营"，群众"以文交友""以文会友"，扩大"朋友圈"，赢得了美誉度；推出"文化大篷车""开福大讲堂""全民健身节""书香行动""文艺培训"等活动上百场，开展"五进五送"免费送电影1200余场、送戏34场；以政府购买服务组织游泳场馆、体育场所暑期免费开放，服务人数上万人。在开福区，群众能享受"月月有书读、周周有戏看，天天有艺学、时时能健身"的文化体育福利，幸福感在家门口升级。增强文艺引力。紧扣建党95周年、长征胜利80周年、浏阳河文化艺术节等主题，开展第十三届"湘江韵律"系列群众文化活动，承办"醉美浏阳河·神奇九道湾"长沙市首届浏阳河文化艺术节闭幕式暨大型声乐套曲《浏阳河颂》音乐会；组建95人合唱团队参加全市“庆祝建党95周年‘红旗颂’大型群众合唱赛”，荣获了金奖和优秀组织奖；参加社会主义核心价值观原创广场舞展演，荣获了市二等奖；举办“百姓大舞台、有艺你就来”才艺比赛、“杜鹃花”艺术展演月、“激情棚改 北城颂歌”主题专场音乐会等，展示文化魅力，讴歌时代精神。坚持品牌引领。坚持以人民为中心进行品牌打造，开展“百团、百品、百星”评选活动、“湘江韵律”系列群众文化精品节目展演，组织张世敏、张洁等艺术家围绕“欢乐潇湘 品质长沙 幸福开福”主题进行文艺创作，重点打造的原创新作《中国的四季》《星火》《关公的大刀》在长沙市“欢乐潇湘 品质长沙”展演中荣获1金2银，《中国的四季》登上湖南省“欢乐潇湘”舞台，荣获银奖；在其他群文赛事中，开福区荣获国家级奖项14个，省级奖项9个，市级奖项8个，通泰艺术团的《绿鸟鸟》获得“全国中老年文艺走进港澳暨第二届香港国际文艺交流大赛”金奖；春晖艺术团的《把一切献给党》荣获第二十届“激情梦想 美丽草原”艺术大赛金奖；芒果树艺术团的《洞庭如歌》荣获首届“湘江杯”才艺邀请赛金奖等，文化影响力不断增强。

构建现代公共体育服务体系。设施建设大提速。全面贯彻落实《中华人民共和国体育法》和《全民健身条例》，扎实推进街道全民健身中心建设、体育健身器材配备等重点实事工程。争取市、区投入300余万元，高标准完成四方坪街道全民健身中心室建设，成为浏阳河畔最大、最具特色的体育公园；为基层配送安装全民健身设施120套，现已全部安装完毕，城区15分钟、农村30分钟健身圈日益完善。系列活动更出彩。坚持引领推动全区全民健身活动多元化、系列化、品牌化开展，突出全民性、参与性、互动性，围绕“活力开福·率先星城”的主题，开展5大板块15项内容的全民健身系列活动，从4月持续到11月，先后举行自行车骑行赛、“公仆杯”篮球赛、女干部健步走、羽毛球友谊赛、趣味运动会、定向越野教学赛、气排球教学赛、冬泳、龙舟赛等活动赛事，掀起全民健身热潮，《湖南日报》《长沙晚报》等各级媒体进行跟踪报道，为开福发展凝聚人心、聚集人气。服务模式常创新。采取政府购买服务的模式，组织游泳场馆向中小学生免费开放，开办足球、篮球、羽毛球等免费课程，举办健身秧歌、瑜伽等社会体育指导员培训班；整合利用社会体育资源，组织参与2016长沙国际马拉松赛、“公益体彩·赢在社区”全民健身赛、“体彩大乐透”全民健身知识赛、“百城千村健身气功交流展示”等活动。开福区人民政府荣获长沙国际马拉松赛先进单位称号。

强化文物保护。文物保护注重历史文脉。全面落实文物保护主体责任，完善区、街、社区文物安全巡查、管理责任机制，按照《开福区不可移动文物安全管理年度考核办法》，对街道、社区文物保护工作进行定等考核，组织三级文保员开展专题培训会，加强文物安全保护意识和业务能力；对茶馆巷9号公馆、红墙巷75号等不可移动文物进行改造和修缮；认定公布龙王庙、东岳宫古井、青少年宫古城墙3处不可移动文物；完成第一次可移动文物普查，共上报、登录可移动文物268套件，占全市系统外可移动文物登录数28%，居全市第2位。项目服务注重紧扣中心。争取市文物局支持，在旧城提质改造过

24小时自助图书馆开馆

程中，全力服务黄兴北路棚改、潮宗街、开福寺历史文化街区等重点项目建设，参与制定潮宗街历史文化街区保护规划方案和修建性详规，进行文昌阁庙保护和西园北里历史步道前期研讨，启动了东岳宫考古发掘，发掘了一号、二号放生池，出土了明嘉靖、成化年间瓷器残片、清末铜钱等文物，对研究长沙宗教文化及建筑具有重要价值和意义。非遗传承注重融入生活。推进非遗项目生产性保护、数字化记录保护、传承人抢救性保护，开展地方戏曲剧种普查，挖掘自然门功夫等民间技术技艺，制作项目录像片，纳入市级非遗项目名录；举办非遗宣传展览、展示、展演活动，开展"非遗进校园、进社区"活动，把剪纸、武术等非遗项目纳入学校、企业的教育培训体系，文化遗产进入大众视野、融入现代生活，实现"活态"保护与传承。

强化文化市场管理：行政审批高效能。推进商事登记制度改革，加强商事主体监管信息平台应用，强化文化市场事中、事后监管，推进"宽进严管""先照后证"，完善文化市场准入和退出机制，不断优化窗口服务效能，提升服务管理水平，对进驻窗口办理的7个行政审批、6个行政备案和2个行政确认项目进行审查。服务窗口全年共接待群众1200余人次，受理办结行政许可申请102件，审核涉文企业232家，普查登记艺术品经营单位200余家，办结率和满意率达100%。日常监管常态化。以文化市场监管为重点，构建文化市场"四级联动"网格化管理工作机制，全年共出动检查人员5000余人次，检查涉文场所3200家次，办理行政处罚案件32起，办结"12345"市民服务热线工单130件，办结率达100%，形成上下联动、部门协同、社会参与的文化市场监管体系，打造文化市场监管开福模式，在全市推介。重点整治有力度。以文明创建、"扫黄打非"等工作为抓手，在节会、假期等重要时段，联动市、区等执法部门进行综合施策、联合执法，开展"清源、净网、护苗、秋风2016"扫黄打非专项整治行动和网吧、校园周边、出版物市场、"春雷""三考静音""阳光暑期"等重点整治行动，严厉打击违法违规经营行为，保持"严管重罚"的高压态势，确保文化市场文明、平安、稳定。产业升级成效好。着力服务"一城一带一园"（金鹰文化城、浏阳河文化旅游产业带和北辰文化创意产业园）项目建设，配合做好规划设计、招商服务、宣传推介等工作，推动湖南日报传媒中心、绣坊街等一批省、市重大文化项目建设；组织文化企业参加深圳文博会、动漫游戏展、招商推介会等活动，引进善禧文化、奇葩互动、泊富文化投资基金、武林风等一批重大文化企业、文化项目入驻；引导清水塘发条网咖等25家网吧成功升级，文化服务业成为区域经济发展的"压舱石"。

国家文化部政策法规司巡视员李红琼（左四）、省文化厅厅长李晖（右四）一行来开福区调研传统文化传承与创新工作

【"文体新开福"微信公众号正式开通】 3月23日，由区文体新局建立并自行运行的微信公众平台"文体新开福"正式开通上线，通过"微资讯""微推荐""微动态"三大板块，传播

“活力开福•率先星城”2016年开福区全民健身节系列活动启动式暨“骑乐无穷”自行车骑行活动

文体新资讯，推荐文体新信息，展示文体新动态。全年“文体新开福”微信公众号共推送信息102期、168条，点击量达6万余次，群众“以文交友”“以文会友”，进一步扩大“朋友圈”，创新了文化宣传手段。

【文化部巡视员李红琼、省文化厅厅长李晖调研开福区传统文化传承创新工作】 4月14日，文化部政策法规司巡视员李红琼、省文化厅厅长李晖、副厅长肖凌之一行来开福区调研传统文化传承创新工作。区委副书记、区长沈裕谋，区委常委、宣传部部长舒全球，副区长何惠风，以及省市文化部门相关负责人陪同调研。调研组实地考察了沙坪湘绣博物馆和江湾社区综合文化服务中心。李晖指出，湘绣产品有着深厚的历史文化底蕴，在传承传统技艺的同时，注重产品的设计创新，包括样式，图案、色彩都要紧贴消费者的需要，这样的产品在市场上才更有竞争力。李红琼高度肯定开福区在传承和发展传统文化中取得的显著成效，要求在现代公共文化服务体系建设中，进一步推进“互联网+文化”的发展，加大传统文化与互联网平台的有效结合，努力实现传统文化的创造性转化、创新性发展，让文化发展成果惠及更多人民群众。

【“活力开福·率先星城”2016年开福区全民健身节系列活动启动】 4月24日，由长沙市体育局、开福区人民政府主办，长沙金霞经济开发区、开福区文体新局、高岭国际商贸城承办的“活力开福·率先星城”2016年开福区全民健身节系列活动启动式暨“骑乐无穷”自行车骑行活动在高岭国际商贸城成功举行。省体育局局长李舜，市人民政府副市长何寄华，省赛车协会主席冯湘江，湖南体育产业集团党委书记谭鸥、湖南体育产业集团总经理陈彬，区领导沈裕谋、舒全球、袁政国、李正元、何惠风、陈再武及省、市、区相关领导出席启动式，来自省内各赛车骑车俱乐部、省会大中专院校、开福区驻区企业、机关、街道及社区等800余位骑行爱好者参加。启动式由副区长何惠风主持，区委常委、宣传部部长舒全球致辞，副市长何寄华宣布“全民健身节系列活动”正式启动，省体育局局长李舜为骑行活动鸣枪发令，《湖南日报》《长沙晚报》等各级媒体进行跟踪报道。

【24小时街区自助图书馆开馆】 6月3日，“流动书吧·行走开福”进社区暨开福区24小时自助图书馆开馆仪式在开福区烈士公园南门前坪举行。省委宣传部理教处处长殷晓元，市委宣传部副部长李卫政，市文广新局党委委员贺平生，市委宣传部理教处处长王青，市图书馆馆长王自洋、副馆长张军，区委常委、宣传部部长舒全球，区人大常委会副主任李正元、副区长何惠风等领导出席开馆活动。截至2016年年底，24小时自助图书馆共接待读者2万余人，借还书1.3万余册，其率先建立与成功运行为全市构建公共服务阅读空间做出引领和示范。

（刘莎莎）

街　道

望麓园街道办事处

书　　记　孙铁龙
主　　任　雷凌湘
副书记、纪工委书记、人大工委主任
　　　　刘　川（2016.9免）
副书记、政协联络处主任
　　　　彭英明（2016.6免）
副 书 记　杨贵忠（2016.9任）
　　　　赵潇枭（2016.9免）
人大工委主任
　　　　胡　容（2016.10任）
纪工委书记　张　博（2016.9任）
政协联络处主任
　　　　盘剑华（2016.10任）
副 主 任　任新臣
　　　　黄永忠（2016.10任）
　　　　李银华（2016.10任）
　　　　谷任光（2016.10免）
组织委员　罗　芬（2016.10任）

【概况】 望麓园街道位于长沙市开福区南端，东起芙蓉中路，西至黄兴北路，北抵湘春路，南起中山路，总面积1.2平方千米。2016年年底，街道辖荷花池、水风井、营盘街、富雅坪及中山路5个社区。2016年，街道人口总数52936人，常住人口37508人，流动人口15428人，出租户4276户。街道办事处内设机构9个（党政办、经济办、城管办、民政办、卫计办、安监站、综治办、食安办、财政所），在职在编的工作人员共49人（其中行政编13人，事业编32人，待编4人）。街道辖区内中学2所，小学4所，幼儿园6所。2016年，街道荣获“开福区2016年度项目建设工作先进街道”“开福区2016年度城市征收工作先进街道”“开福区建设更高水准全国文明城市工作先进单位”。“望麓园拆违增绿打造居民休闲健身广场项目”拆控违全区第一。

2016年，完成财政税收7.37亿元，完成固定资产投资任务数27.6亿元，完成社会消费品零售总额93.17亿元。街道有商务楼宇19幢，商业面积48.37万平方米，421家企业入驻。2016年，5家企业税收关系转入街道，新引进企业46家，引进10亿元的外资重大产业项目1个。楼宇空置率从年初的13%降至年底的8%。召开企业联

3月2日，在望麓园街道长沙市开福区“好人大本营”工作站挂牌暨好人志愿服务队成立仪式现场

谊会4次，解决企业反映的困难和问题22个。完成工商联换届，推介18名企业精英加入望麓园街道商会。项目建设稳步推进，2016年，续建项目3个，新建项目4个。潮宗街棚改征收任务527户，2016年，完成签约365户。

2016年，拆除围墙1500米，拆除违章建筑18处，无一处新建违章。制定并出台《望麓园街道城市管理工作考核办法（试行）》和《望麓园街道城管协管员管理办法（试行）》。在管理标准上，制定13项重点整治标准，坚持日督查、月讲评，排出名次，兑现奖惩。引导居民群众参与城市管理各项行动，全街1475家门店及19家物业公司全部签订门前“三包”市容责任书。2016年，开展环保知识讲座8次，发放环保宣传资料1万份，联合环保局开展2次高污染燃煤整治行动，取缔辖区内使用散煤等高污染燃料门店20家。

2016年，街道充分利用惠民资金，为居民添置公共晾衣架，改造下水道，维护、更换节能照明设施等好事、实事80余件。打造从天到地的安防模式，建成社区微型消防站2个，为老旧居民楼栋安装270套安防系统。全年最低生活保障8286人次，累计发放低保金280万元，救助金39万元，高龄补贴金72万元，残疾人补贴15万元；退役人员及老战士补贴18万元，走访慰问金5万元；城镇新增就业2080人，就业困难人员再就业465人，城镇登记失业率2.11%，充分就业社区建成率100%；新增经适房10户、廉租房补贴15户。2016年，出生425人，符合政策生育率100%，性别比124：100，自然增长率3.3‰，办理流动人口生育证20例，办理一孩生育服务登记证329本，办理二孩生育服务登记证172本，流动人口孕检率98%，统计准确率100%。落实各类奖励、扶助经费50万元。针对失独老人开展“病床无陪护”服务，创建“名医工作站”，成立长沙市首个“红十字急救联盟”。

2016年，街道按照社区提质提档三年行动计划要求，投入300万元对社区提质改造，着力打造富雅坪“书香社区”、水风井“人文社区”、荷花池“绿色社区”，中山路“先锋社区”、营盘街“市井社区”为主的一居一品新街区，如：对营盘街社区崇圣里的绿化休闲广场进行提质改造；对营盘街社区红墙巷103号、105号、107号宿舍围墙及违章建筑进行拆除，一楼宿舍墙面进行粉刷及门窗更换，前坪摊铺沥青混凝土及部分进行绿化改造；对水风井社区局关祠26沿线的围墙进行拆除，对沿线楼栋进行粉刷，线路、照明等设施进行整理，改善周边环境，力争未来两年逐步形成“一居一品”的格局。建成荷花池“诚立身”主题文艺公园、赐闲湖仿古文化巷、辛弃疾爱国主义教育基地等文化品牌。开展送书进社区、送戏进社区等文化惠民活动，精心组织编排《我为开福唱新歌》《热巴鼓舞》等八个原创节目参加湘江韵律，获得好评。

2016年,组建由街道巡防队员、社区平安志愿者、义务巡防队员和驻街单位保安等1700余人组成的“红袖章”队伍，白天以“红袖章”、专业巡防队员为主分地域巡防，晚上户籍民警着装和专业巡防队员分片巡防。通过信息员、楼栋长收集信息逐级“报”；动员综治专干、户籍民警面上“查”，发挥驻街单位、物业公司、门店联手“防”，共计收集上报各类涉稳信息200余条，都及时得到处理化解。对多年来的老上访户及黄兴北路棚改征收遗留户等建立一人一档，明确“五包一”人员和措施，约谈7名重点对象，全年实现“零进京非访”。2016年，调解各类矛盾纠纷125起，调解成功率100%。街道与社区、社区与门店分别签订食品安全目标责任书。全街食品药品经营主体共1193家，已全部录入湖南省“四查”系统。全街共划分26个食品安全管理网络，组建5名食品安全协管员和26名食品安全信息员社区监管队伍。2016年，街道与各部门、各社区及辖区生产经营单位共90家签订安全生产目标管理责任书。利用“网上执法”系统进行现场检查28家企业，行政处罚7家，罚款3200元。街道工委书记、办事处主任约谈30家企业负责人，分别带队开展5轮安全生产检查，其他班子成员每月开展安全生产检查，共检查企业86家，发现并整改隐患17处。开展对烟花爆竹、危险化学品、粉尘防爆、有限空间的“春雷行动”和“飓风行动”，街道出动人力330余人次，共检查企业、单位128家，发现安全隐患37处，整改37处。取缔无证经营烟花爆竹经营门店1家，取缔六堆子100号和茅亭子一条巷非法液化气供应点。全年未发生一起食品安全、安全生产责任事故。

【成立开福区“好人大本营”工作站】 3月2日下午，开福区“好人大本营”工作站挂牌暨“好人志愿服务队”成立仪式在望麓园街道荷花池社区道德文化广场举行。此次活动由长沙市文明办主办，开福区委宣传部、区文明办、望麓园街道承办。湖南省文明办副主任李力明、省文明办志愿服务处处长李仕铭，长沙市委宣传部副部长、文明办主任郑力虎、开福区委常委、宣传部部长舒全球等领导出席活动。敬业奉献中国好人、好人大本营“营长”、荷花池社区书记余柳英现场讲述“好人大本营”成立初衷及目的。按照助人为乐、诚实守信、见义勇为、敬业奉献等类型，组建5支志愿者服务队伍，每队由一名“中国好人”带队，参与社会公益事业，提供志愿者服务。

【“诚立身”主题公园亮相城北】 7月19日，在开福区好人大本营“诚以立身、信以致远”诚信教育实践活动上，望麓园街道“诚立身”主题公园在荷花池社区揭牌亮相，成为“厚德开福”建设的一张名片。该主题公园内有道德讲坛广场，广场周边是古香古色改造一新的文化墙，图文并茂展现社区“功德之星”事迹，展示我国自古以来的诚信典故。市委宣传部副部长龙钢跃、团市委书记陈计伟、开福区委副书记、区长沈裕谋等领导出席活动。

（鲁红雨）

清水塘街道

书　记　曾　亮（2016.9任）
　　　　范晓军（2016.9免）
主　任　黄雅晖
副书记　黄　伟
副书记、政协联络处主任
　　　　罗海嵩（2016.9免）
人大工委主任
　　　　孙艳文（2016.9任）
副主任 政协联络处主任
　　　　廖连兵（2016.10任）
副主任　邓恒阳
　　　　黄　巍（2016.10任）
　　　　荣佳平（2016.10任）
组织委员　杨　丹（2016.9任）
纪工委书记　兰　涛（2016.9任）

【概况】 清水塘街道地处长沙市开福区南部，南接八一路，北抵德雅路，西临芙蓉路，东达迎宾路，辖清水塘、芙蓉路、便河边、四季花城四个社区，总面积2.45平方千米，常住人口27260人，其中城镇常住人口23150人，流动人口4110人。三、街道内设党政办、经济办、综治办、城管办、社会事务办、卫计办、食安办、安监站、财政所9个机构，在职在岗人员48人，其中行政编制13人，动态行政编1人，事业编制33人，待编1人。辖区内有中国银行湖南省分行、中国邮政储蓄银行湖南省分行等金融机构；省体育局、省新闻出版局、省出版集团、省博物馆、省展览馆等文化产业单位；中共湘区委员会旧址、烈士公园等红色旅游景点；省政协、省委统战部、省交通厅等机关大院；有中学1所，小学2所，幼儿园3所。

2016年，全街完成地方财政收入16.1亿元，为年计划的100.3%；完成市外境内固定资产投资15.33亿元，为年计划的100%；完成实际

长沙“寻找最美志愿者”国是家主题文化街启动仪式

到位外资5800万美元，为年计划的100%；完成外贸进出口额6800万美元，为年计划100%；新增限上企业1家，外贸倍增企业2家，外贸企业破零企业1家。

2016年，绿地金融城项目主体工程已全面完成，T2、T3栋已交付使用；做好了炮后街棚改征收项目扫尾工作，截至2016年年底，完成私房签约户624户，签约率95.7%，完成公房签约32户，签约率100%，完成单位签约9个，签约率100%，除交通医院未搬迁外，其他房屋已全部拆除倒地；强力推进汽电棚改征收项目，该项目自2016年5月9日正式启动签约以来，截至2016年年底，完成私房签约233户，签约率92.5%，协议已过审的230户，过审率99.6%；腾房222户，占已签约数的95.3%。

2016年，街道组织开展30次专项整治行动，集中整治辖区范围内的流动摊贩、夜市扰民等违规行为。深入开展综合宣传，对新增违建“零容忍”，加大对违建的监管、整治力度，组织拆违专项整治行动25次，拆除各类违法建筑27处，累计拆除历史违法建设1296.22平方米。组织单位、门店、沿街住户成立门店自治协会，与门店逐一签订“门前市容环境卫生责任书”，开展“星级门店”“精美楼栋”等评选活动，将门前“三包”责任落实到门店、单位。10月13日，清水塘街道成为全市开展垃圾分类试点工作的10个街道之一，街道在清水塘社区全面开展生活垃圾分类试点，倡导“垃圾分类，从我做起;低碳生活，全民参与”，推动垃圾分类深入到生产的每个环节、生活的每个领域、生态的每个角落；街道通过召开垃圾分类宣传动员会、印制发放生活垃圾分类指导手册、制作生活垃圾分类板报等方式，大力宣传倡导低碳环保理念；街道将垃圾分类知识列入学校课程，让老师跟着学校走，学生跟着老师走。街道还依托“首尚清水塘”微信服务平台，及时发布垃圾分类收集、分类投放的相关知识和信息。垃圾分类居民知晓率达9成以上，一中宿舍区已逐渐从试点成为全市的示范。在全市6月、11月街道城市管理考核排名中，街道取得排名第三的好成绩。

2016年，全街城镇新增就业人数2114人、失业人员再就业425人、就业困难对象再就业354人、零就业家庭动态就业援助100%、新增农村劳动力转移就业200人、城镇登记失业率2.12%、新增创业主体数631户、带动城乡就业人数3178人、扶持大学生创业人数30人、充分就业社区创建率100%、技能培训和创业培训200人。社会保险覆盖面不断扩大，企业养老保险新增参保人数183人，城乡居民养老保险征缴完成率135.8%，为860名符合高龄老人发放生活补贴，低保应保尽保、动态管理，为176户260人发放社会补助。办理大病救助49户，办理临时救助7人次，发放救助金4600元，接待办理各类住房保障4户。举办两场大型的关爱残疾人活动，分别是关注轻度智障人士的全国首家轻度智障人士就业培训倡导店启动及“情暖三冬，其乐融融”国际残疾人日志愿结对帮扶活动。

街道教育事业蓬勃发展，2016年年末，有幼儿园3所，在园幼儿600人，专任教师67人；小学2所，在校学生1153人，班额23个，专任教师65人，小学适龄儿童入学率100%，小升初升学率100%，九年义务教育覆盖率达100%；普通高中1所，在校生3800人，班额72个，专任教师336人。街道三支群众文艺团队，参加开福区“湘江韵律”广场文化系列活动6次，并推荐优秀节目2个；协助区文体新局开展“流动书吧 行走开福”进社区暨开福区24小时自助图书馆开馆仪式活动；向区委宣传部推荐《梦从山寨来》和《啦啦操》两个舞蹈节目参加“欢乐潇湘 品质长沙”开福区第十三届“湘江韵律”广场文化系列活动节目展演，成为全区唯一选送两个优秀节目的街道，受到广泛好评。梳理、整合、公开和落实全街各项计生利益导向政策，全年共发放五项奖扶资金33.906万元，受惠群众258人；落实城镇独生子女父母奖励计生发放2.144万元，惠及群众23人，奖扶对象上报准确率100%，资金发放到位率100%。立足网络平台传播，坚持办好“首尚清水塘”微信平台，充分运用街道官方微博“红色祥地”，对街道发展动态、好人好事、工作亮点及时报道，截至年底共转发微博8000条，发表转载博客600篇；围绕棚改征收、拆违控违、文明创建精心策划红色服务、鑫晨婚姻家庭服务中心等服务品牌；主动与省、市媒体对接，挖掘打造经济发展、志愿服务、社会管理、民生改善等方面新亮点、新品牌，全年在各类新闻媒体正面宣传报道40次。

2016年，整合和吸收综治、司法、纪检、武装、文化教育、公安等资源，成立街道综治工作中心和街道维稳办公室，形成“平安联治、治安联防、矛盾联调”的平安建设长效机制，重点抓好“两节”“两会”期间的安全大排查，为全街经济社会发展提供良好的治安环境。建立首问责任制，通过矛盾调处中心、群众工作站和“一推行四公开”活动，设立专门的信访室，化解了涉军群体王紫剑信访积案，同时，在“全国两会”“杭州G20峰会”等重要会议召开期间实现赴省进京信访“零”发生的工作目标。建立街道主管领导每季度带队检查、行业主管领导每月带队检查安全生产工作制度，共组织各类安全检查36次，出动检查人员400人次，其中大检查16次，专项检查和抽查8次，检查各类企业、娱乐场所、学校350家次，发现各类安全隐患33处，并全部督促整改到位，全年未发生一起安全生产责任事故。

【成立全国首家轻度智障人士就业培训倡导店】 11月11日，全国首家轻度智障人士就业培训倡导店在清水塘街道成立。这家名叫“憨儿乐·茶物语”的小吃店，是在中国宋庆龄基金会、湖南省妇女联合会和湖南省残疾人联合会及众多爱心企业和爱心人士支持下创建的，旨在倡导社会各界关心智障人士就业，以社区为中心建立支持体系，帮助轻度智障人士在社区实现支持性就业，实现在社区融合生存的目标。它将为湖南省智障人士家庭及智障人士提供免费的创业管理及就业技能培训，以及智障人士支持性就业辅导，帮助智障人士及家庭实现在社区支持性创业和就业，倡导智障人士在社区就业融合生存，通过建立支持体系，帮助智障人士在社区快乐就业和生活。

【湖南“国是家”主题文化街揭牌】 为深入培育和践行社会主义核心价值观，强化国家和民族意识，激发民族志气，增强凝聚力，引导未成年人热爱祖国，大力弘扬爱国主义精神，引导市民崇德、尚德，形成见贤思齐、德行天下的良好风尚。11月18日上午，湖南“国是家”主题文化街揭牌仪式，在红色起源地长沙市开福区清水塘路举行。“以家为家，以乡为乡，以国为国，以天下为天下。”这句来自《管子·牧民》的经典诗文，诠释了长沙清水塘“国是家”主题文化街的定义。主题文化街用原创性的主题设计、别致的文化墙，以及醒目的公益广告等形式，集中展示“24字核心价值观”。此外，主题文化街还展示了青年毛泽东在18岁便表现出来的忧国忧民的思想情怀和“利国福民”的改革抱负；长沙市第一中学“以天下国家为己任”的教学思想；心存善良点点滴滴帮助他人的“报亭爷爷”蔡宗义事迹等。

【红色服务站专为居民解难】 7月13日上午，长沙市开福区清水塘街道清水塘社区红色志愿服务站建成投入使用，作为“中共湘区委员会”旧址的传承，该服务站依托党员及党员志愿者，成立“红袖章”“红艺术”“红课堂”“红领巾”“红绶带”“红十字”和“红扳手”7支红色志愿服务队，同时设有爱心救助基金会、消费维权帮帮团、暑期“一帮一”帮帮团、家政服务中心、邻里都管会、两型促进会及创业者联盟等7个组织，也是清水塘街道、清水塘社区在全体党员中开展“两学一做”学习教育搭建的一个平台。

（黄婷　肖丽娟）

湘雅路街道

书　　记　宋明明（2016.8任）
　　　　　蒋　君（2016.8免）
主　　任　骆　炬（2016.9任）
　　　　　张　华（2016.9免）
副 书 记　李　智（2016.8任）
　　　　　马子房（2016.9免）
人大工委主任　任　伟（2016.9任）
党政办主任　龚莎莉（2016.9免）
副主任、政协工作联络处主任
　　　　　陈芝社（2016.9任）
组织委员　粟拱华（2016.9 任）
副 主 任　李　诚　黄　毅
纪工委书记　唐爱民（2016.9 任）

【概况】 湘雅路街道行政辖区面积1.27平方千米，东至芙蓉中路，与清水塘街道相邻；南到湘春路，与望麓园街道、通泰街道接壤；西临湘江中路；北部接竹山园，与新河街道搭界。辖上麻园岭、留芳岭、新湘路、三角塘、百善台、文昌阁6个社区居民委员会、202个居民小组，总人口数约5.8万人，其中城镇常住人口4.5万人，流动人口1.3万人。街道办事处内设机构10个（党政办、党建办、经济办、城管办、社会事务办、卫计办、安监站、综治办、食安办、财政所），在职在编的工作人员共44人（其中行政编12人，事业编32人）。街道辖区内有6所幼儿园、3所小学。2016年，街道荣获开福区收入组织工作先进单位、开福区平安街道、开福区国有资产管理工作绩效考核先进单位、开福区政协优秀联络站。

经济发展形势喜人。2016年，完成财税收入全口径2.73亿元；完成社会消费品零售总额29.21亿元；完成固定资产投资40.5亿元，实际到位外资6110万美元。全年新入驻楼宇企业数目标任务37家，实际完成44家，租购面积500平方米以上企业目标任务4家，实际完成7家。成立楼宇工作小组，并制定相关工作制度，制作楼宇服务手册，开展2次楼宇推广宣传活动，每月及时更新楼宇网络信息平台数据。11月，宇成开福广场开盘销售，引进五星维也纳商务酒店（10层，12000平方米）、安信投资（2层，2400平方米）。

棚改征收有序推进。2016年，潮宗街项目（一期）总任务为494户（楼栋396户、独栋98户），完成签约361户、占比73.08%（楼栋323户、占比81.57%；独栋38户，占比38.78%）；S10-2-1地块83户，完成签约78户，占比93.7%；成立黄兴北路棚改项目一期、二期、三期扫尾工作领导小组，2016年，化解15户遗留问题。筹备文昌阁至东屯渡地下配套工程（文昌阁站）建设项目及湘雅路口（花鸟虫鱼市场）地块棚户区改造项目，完成项目范围内被征收户情况摸底调查。

城市管理更加精细。狠抓制度管理和执行，健全常态维护机制，建立督查考评机制，完善绩效管理机制。创建市级城市管理示范街道，每月开展精美小区、精美街巷、精美庭院、精美楼栋、星级门店评选活动。开展常态化环境整治。2016年，街道共投入105万元用于市场整治、招牌广告整治、堆物清理、垃圾清运、拆除违章。各社区投入近70万元用于空中线网整治、晾衣架安装、修补设施、配备垃圾桶。以大王家巷、湘雅医院周边为重点，整治店外经营和流动摊担，规范经营秩序，纠正店外经营1800家次，取缔流动摊担300人次，拆除违规广告牌242处，清理牛皮癣2000多处。开展“百日大会战”行动。加强背街小巷和居民小区道路保洁，强化人机配合作业，每周五开展卫生大清理，清运堆物、垃圾400多车。全年拆违61处，3807.46平方米。

社会保障应保尽保。2016年，累计发放6942户11575人低保金额392.87万元。经适房货币补贴5户，经适房实物配租19户，棚改安置补贴160户，公共租赁实物配租19户，廉租房补贴12户，低收入认定88户。建成了文昌阁老年人日间照料中心。推动社区居民充分就业。新增灵活就业、新增参保2063人；失业人员再就业人数675人，零就业家庭动态就业援助100%完成，城镇登记失业率2.08%，扶持大学生创业30人、充分就业社区创建率100%、创业培训30人、企业养老保险征缴基金、城乡居民养老保险征缴6.13万元、工伤保险参保人数、社保信息化建设100%达标，工资集体协商单位60个。11月17日，联合市、区人社局在泊富广场共同举办“人社政策惠星城，便民服务进社区”活动，将民生服务惠及基层。全街符合政策生育率为99.6%，统计准确率为98.5%；全面提升优质服务水平，完成免费优检150对，妇女病查治848人，办理生育服务登记证等各类证件600多本，为计生家庭购买保险13万余元，落实优惠政策奖励96.72万元；严格依法行政，查处违法生育和两非案件各一起，征收社会抚养费12万元。无偿献血270人次。

安全生产扎实有效。街道时刻绷紧安全生产这根弦，定期开展安全生产大排查。抓好安全生产月宣传，省市多家媒体7次正面宣传报道街道建筑安全、消防安全、校园安全等工作开展情况。抓好网格化管理，6个网格配备24名安全信息员。开展专项治理行动15次，检查大小企业、门店563家次，发现各类隐患72处，整改到位50处。开展“监管执法年”活动，办案10起，罚款5300

元。组织机关和督促企业开展消防安全演练13次。重点开展联运危房整改工作。大力开展食品安全城区创建活动，发放食品安全宣传册页、资料1.2万份，办理健康证1247本、办理餐饮证382本，食安执法进小区58家取缔5家。2016年，创建泊富“食品安全卫生示范街”，省市多家媒体宣传报道。联合老百姓大药房开展“2016年长沙市安全用药月暨安全用药社区行活动”，得到省市区食药局一致认可和居民群众的好评。全年未发生一起安全生产、食品药品安全责任事故。

社区建设全面推进。加强社区办公服务用房建设，三角塘社区、文昌阁社区的办公服务用房已验收投入使用，留芳岭社区和上麻园岭社区的办公服务用房主体已完成，即将验收和投入使用。逐步优化交通环境，修建麻园岭社区公共停车场、铁佛东街停车场，在湘江大道和湘雅路交叉口的东南角建设生态停车场。协调相关部门，打通湘雅医院周边道路交通微循环。开展“感恩父爱 传承家风”父亲节主题活动，通过言传身教、亲子互动，让好家风好家训得到发扬扩大；开展长沙市“名师经典进基层”市民学习主题活动，聆听名家讲述经典，感受中国好人力量，穿梭在古今之间，品茗“心安是吾乡”的文化内涵；开展长沙未成年人“文明交通”体验日活动，以提高学生交通安全意识和文明出行意识，培养学生文明交通行为习惯。

综治维稳扎实有效。明确“五包一”工作人员各自责任和工作要求，切实维护辖区社会环境平安稳定。全面走访军队退役人员，严格落实优抚政策，妥善安置公益性岗位，切实解决他们的困难。通过密集上户约谈，深入了解信访对象情况，寻找突破口，尽一切可行方法进行帮扶、安抚和化解。2016年，街道辖区矫正人员12人，其中缓刑8人，假释1人，暂予监外执行3人。针对每位矫正对象成立矫正小组成员，制定个性化的矫正帮教计划。司法所累计组织开展矫正人员集中学习12次、个别谈话教育50余人次、组织公益劳动90余人次、社区矫正对象思想汇报100余人次。开展各种法律六进宣传12次，普法涉及面5000余人，开展“法治进社区”活动。“点靓湘雅”微信公众号向居民群众提供微普法、微服务。

【举办“亮身份、亮职责、亮承诺”活动】 5月24日，开福区湘雅路街道工委在泊富国际广场主办“亮身份、亮职责、亮承诺”——“两学一做”学习教育主题活动，全体党员佩戴党徽、重读入党誓词，党员代表现场书写党章，社区志愿者带来快板表演、大合唱……丰富多彩的活动，获得大家点赞。湘雅路街道工委打造“亮身份、亮职责、亮承诺”学习教育特色品牌，要求全体党员树立党员形象，认真履行职责，争做先进表率。亮身份，即要求全体党员在开党的会议时佩戴党徽，街道政务服务中心窗口党员8小时内佩戴党徽，并在非公企业党组织中开展“亮身份、树形象”授牌活动。亮职责，即要求全体党员书写党章，并分类评选出“最具特色党章书写稿”“最工整党章书写稿”；上级带下级，通过讲党课，把党章党规、系列讲话精神落实到每个党支部。亮承诺，即要求所有党员向所在党支部签订“党员公开承诺书”，组织青年党员开展争当“四为青年”演讲赛。

【维吾尔族女老板长沙开餐厅结对帮扶贫困户】 3月26日，在开福区湘雅路街道百善台社区深巷内，“丝路明珠”维吾尔族清真小餐馆午后刚歇，老板阿达来提带着妹妹提着大袋小袋的干果、水果和羊肉出了门。“今天是我们来长沙开餐馆4周年纪念日，送点东西去看看‘亲戚’家双胞胎小家伙。我们本是一家人！”走在路上，操着带有乡音的普通话，阿达来提笑着说。她说的“小家伙”，就是自己结对帮扶的贺清明家的一对双胞胎。这位女老板入驻百善台社区开餐馆才半年，结对帮扶的汉族“亲戚”就有4家。她不仅自己一直在帮扶身边的贫困家庭，还发动在长沙的新疆维吾尔族创业老乡一起献爱心，她是‘维汉一家亲’的榜样。有了阿达来提等新疆爱心人士的加入，街道“手牵手、一起走”结对帮扶活动，已成为维汉“手牵手、一起走”的真实写照。

（李　奕　陈秋萍）

伍家岭街道

书　记　黎　琴
主　任　易福龙
纪委书记、政协联络处主任
　　　　张　燚
人大工委主任
　　　　谢俊灿
工委委员　龙文彪
副主任　谢险峰
　　　　李建波（2016.4免）
　　　　贺伟毅　罗　洋
　　　　杨秋华（2016.4任）
　　　　赵红胜（2016.10任）

【概况】伍家岭街道地处长沙市开福区中部，东与开福区四方坪街道为邻，南连东风路街道，西临新河街道，北接芙蓉北路街道,总面积6.01平方千米，总人口50796人，其中常住人口39976人，流动人口10820人，辖科大佳园、浏阳河、蒋家垅、紫荆园、建湘新村、陡岭社区和花城7个社区。街道在编人员48人，其中行政编制10人，事业编制28人，工勤编制10人，内设7个机构，党政办、综治办、计生办、经济办、财政所、城管办、民政办。街道获评“长沙市红旗街道”“长沙市政府立法基层联系点”“2016年湖南省优秀社区卫生服务机构”、长沙市“六好”（乡镇）街道工会等荣誉。

2016年，全年完成财税收入6.13亿元，社会消费品零售总额60亿元，固定资产投资56亿元，规模以上工业总产值2.2亿元，工业投资7.2亿，内联引资21亿元，利用外资3800万美元，新增限上商贸企业3户，新引进楼宇企业35家，完成企业社会化职能分离移交10家。华创国际广场2号、3号栋引进了中国人寿、平安、德勤、普华永道会计师事务所等20余家优质企业，年底，1#栋幕墙工程完成95%，2号、3号栋完工并部分交付使用，11月商业街的影院、餐饮、超市等商铺陆续开业。健郡大厦4号栋已完成正负零，2号、3号栋已在基础施工。宜家湘颂南北两区6栋房屋基本竣工，正进行绿化和附属配套设施建设，凯乐微谷电商总部1号、2号栋商务楼已钢结构施工，到地面4层，洋房住宅正进行基础施工。

围绕史上“最严格、最精细、最到位”的城市管理工作要求，积极作为，深入开展城市环境综合整治。2016年，共拆除芙蓉路顶违规招牌11处，近600平方米，铲除玻璃帖子32处，拆除违规灯箱、电子显示屏41个；共组织各类整治行动近300次，共教育各类违章行为7800余起，办理行政处罚案件280余起，罚款金额39350元，其中重点整治人行道乱停车辆，抄牌320余台次；在学堂园路人行道、波隆立交桥匝道人行道、东风路高架桥匝道人行道增设拦车立柱270余个，在花城红色商贸城、蒋家垅农贸市场周边新划停车位近500余个，进一步规范了车辆停放；圆满完成区政府下达的2011.69平方米全年拆除任务基础上，自加压力，对有碍观瞻、影响市容市貌和存在安全隐患的98处，3268.23平方米违建进行拆除；共发现新建违建6处，卫星图斑及数字化5处,132.48平方米，实现辖区新建违建“零增长”，历史违章负增长。

2016年，伍家岭片区棚改征收项目（东南角地块）共涉及被征收房屋54栋，单位16家，私房593户，总建筑面积约为10.44万平方米，7月3日正式启动签约，在3个月奖励期内实现签约564户，签约率达95%，长沙县供销宿舍、泰阳商城7号和8号仓库以及泰阳商城主楼相继拆除倒地，是全区签约速度最快的棚改项目。浏阳河小学及幼儿园建设项目完成签约倒地，伍岭路项目开始基础施工。

注重“打、防、控”一体化，纵向到底、横向到边、责任到人，建设了专群结合的治安防范网络，形成街道、社区、楼栋三级巡防网络，加大对危化企业、学校周边、在建工地等重点部位和上访户、帮教对象等重点人群的管控力度，全力维护社会稳定。加大了对历史遗留问题和社会矛盾的化解力度，逐步将锦和嘉园小区、长城汽车电器厂综合楼、红色渔场、天都小区等遗留问题予以理顺，消除了极大的不稳定因素；2016年，共调解矛盾198件，成功率100%；全年与各部门、各社区、社区与安全生产责任成员单位分别签订了《2016年安全生产责任书》2000余份；聘请省消防协会专家到广圣阳光酒店、湖南省美如画彩色印刷有限公司、今天连锁酒店、长沙市瑞利冷食实业有限公司进行安全生产知识讲座，开展消防应急演练。科大佳园社区、紫荆园社区对企业负责人和居民进行安全生产常识培训3次，下发安全生产、消防安全宣传资料560余份。6月13日，在伍家岭市民文化广场举办以“强化安全发展理念、提升全民安全素质”为主题的2016年伍家岭街道安全生产月活动启动仪式，在6月安全生产月活动中，街道、社区共制作了板报7块、横幅20条、标语140条，发放各类安全宣传材料500多份。全年未发生一起安全生产责任事故。

全年累计低保户数5980户，累计人数10418人，累计发放低保金额3669042元；各项优抚政策都落实到位，优抚款及时足额发放，发放优抚对象、参战人员补贴、节日慰问、立功受奖奖励等优抚款共577183元；严格按政策落实特困户大病救助，全年实施大病医疗救助185人次，发放救助金807974元；办理低收入认证且通过的是121户，出具无房证明321户，经济适用房货币补贴36户，廉租补贴81户，廉租房44户；实施精神病人药物救助416人，精神病人强制住院救助6人；临时救助100人次，累计发放救助金50873.32元；街道下岗失业人员实现再就业661人，完成全年计划的120%，就业困难人员再就业590人，占全年计划的107%，为105名就业困难人员实施就业援助；社保补贴返还218人，累计金额154万余元；为404名失业人员办理《就业失业证》，对自主创业的下岗失业人员提供150万元的小额贷款，还款率保持了100%。

围绕“加大力度，夯实基础，创新特色，争先进位”的工作思路，正确面对新情况，努力适应新形势，积极探索新机制，推进社会事业全面发展。2016年，服务管理户成员信息人口数16102户，服务管理常住人口数39585人（育龄妇女9407人），流入人口11597人；计划生育家庭特别扶助对象89人，计生低保奖扶47人，发放特扶总金额42.72万元；登记一孩生育服务证227本，登记二孩生育服务证178本，及时办结率100%；健康卡采集录入人数38676人，占服务管理人口数39659人的97.52%。群文活动异彩纷呈，全年举办6期幸福社区节，丰富居民精神文化生活。全年在中央、省、市媒体上稿112篇，其中中国文明网上稿27篇，省级媒体42篇。强化安全生产宣传教育和隐患排查力度，全年组织10次安全生产大检查，与重点企业负责人安全警示约谈2次，全面排查道路交通安全隐患，妥善处理福利出租车公司拟停运事件，及时化解矛盾纠纷，街区大局和谐稳定。

【创新“两学一做”党建工作模式】 浏阳河社区结合智慧党建工作模式，利用互联网+微信公众平台，由社区党委书记根据“两学一做”学习计划录制党课内容，并定期在微信公众号上发布，解决年轻党员、在职党员上课难的问题。将优秀微党课录制成碟片，送到行动不方便的老党员家中，让老党员不出家门也能参加“两学一做”学习教育，进一步做到学习无盲区、组织无盲点；陡岭社区以“两学一做”学习教育为契机，依托红色教育基地，通过组织党员“参观一批革命遗址、在革命遗址前宣一次誓、上一堂革命情怀党课、过一次红色组织生活”的先锋行动。让党员寻找革命足迹，重温红色记忆，不忘初心，进一步增强党组织的凝聚力和战斗力；花城社区党委从“两学一做”学习教育开展以来，通过建立“党员服务群众直通车”，设立多个志愿岗位等服务载体，带动广大党员积极亮身份、作承诺，充分发挥党员的先锋模范作用，为群众服务。组织开展“读红书 唱红歌”“重温誓词·知识抢答”“未成年人手绘新二十四孝 优秀家庭分享孝道家风建设”“建设厚德开福 传播孝道文化”主题幸福社区节”等主题活动，丰富辖区群众文娱生活，打造家庭和美、邻里和睦、人际和谐的良好氛围。

【浏阳河社区提质提档】 浏阳河社区面积0.78平方千米，居民10980人，党员216人，是一个集老旧开放式小区、新型商业小区及厂矿企业于一体的混合型社区，社区党委以“五零”社区创建为目标，全面推进社区提质提档。2015年至2016年，先后投入80万元实施社区标准化建设，配备一站式服务大厅、党员活动室、居民文体活动中心等功能站室。针对石油厂宿舍无人管理、设施陈旧的老大难，社区争取上级支持，投入700余万元，改造房屋下水管道、化粪池，拓宽、修复路面3000平方米，增添绿化景观500平方米，增设机动车停车位70个、晒衣架20个，小区环境焕然一新；并在社区办事大厅设置便民服务点和一站式服务台，配备复印机、茶水桶、查询机等便民设施，引入家电维修、水电安装等专业服务团队，开通了社区服务热线电话和社区微信公众号，实施“一门式”受理，一站式服务。居民遇到漏水、停电等困扰居民的生活烦事，一个电话就能得到解决。为就近服务群众，社区积极争取物业公司、企业单位场地支持，在三个物业小区建立居民活动中心、在工矿企业设立志愿者服务点、在开放式小区设置便民服务站。以党员为骨干组建“美家园环保志愿队”“红袖章治安巡逻”“金牌管家团”“校外学堂”等12支志愿者服务队伍，在社区开展环保、治安、助学等志愿服务，为居民提供贴心服务。

【举办幸福社区节活动】8月31日下午，伍家岭街道蒋家垅社区“少一点随性，多一片蓝天”幸福社区节暨长沙市开福区“绿色志愿家庭”活动在波隆立交桥下市民文化广场举行，长沙市文明办副主任丁德喜，长沙市文明办志愿服务处处长袁军，开福区委常委、宣传部部长舒全球，文明办主任罗海嵩出席，伍家岭街道全体机关干部、社区干部，以及居民群众共计300余人参加。本次活动以“少一点随性，多一片蓝天”为主题，是关爱他人、关爱社会、关爱自然的“三关爱”志愿服务活动的重要组成部分。宣传带动青少年加入“环保小卫士”志愿者行列，寒暑假定期开展环保志愿服务，清洁社区环境，提升环保意识，并现场颁发聘书；为前期评比出来的模范“绿色志愿家庭”授牌，“绿色志愿家庭”代表与楼栋长代表签订环保公约，激发参与热情，鼓励更多家庭加入环保行动，全面提升小区环境品味；现场还展示了未成年人环保作品，开展环保知识抢答，普及了居民环保知识。

【升级社区服务 打造幸福佳园】　科大佳园社区按照区、街总体部署，积极创新工作机制，全面提升社会治理工作水平，以服务群众为工作重点，依托网格化管理，创新管理服务模式，围绕“全面提质提档”的总体要求，以建设服务型党组织为抓手，以“五零”创建为契机，加大投入、分步推进，不断提升社区服务效能，大大提升了居民群众的归属感、幸福感。社区把街道招聘的4名专职网格民情员下派到网格开展工作。对网格内的各类事件及时处理，处理不了的上报街道进行处理，并跟踪事件进展情况。上报形式坚持实用高效、便于工作的原则，在利用“PDA”手机终端的基础上，采取照片、短信、视频、电话和口头汇报等多种形式，确保信息及时报送；社区于3月正式开通“佳园在线”微信公众号，以“佳园在线”微信公众号为载体，实行政务公开，明确操作流程，每天推送四条动态信息，推动信息化建设和信息共享；社区充分调动、激发居民参与学雷锋志愿活动的主体积极性、主动性，制定志愿服务活动的各项规章制度。在对队员的管理上，全部予以造册登记，详细记录每个会员的年龄、特长技能等信息。对表现优异、成绩突出的志愿者团队和个人颁发证书并给予奖励，带动更多人积极参与到志愿服务活动中去，促进志愿服务到楼进户，实现志愿服务居民群众“零距离”。

（吴晓玲）

新河街道

书　记　梅文辉
主　任　张　武（2016.10任）
　　　　殷建锋（2016.10免）
副书记、政协联络处主任
　　　　王小明
副书记　李东海
人大工委主任
　　　　杨　剑
副主任　李　宏　封新跃
　　　　聂义平
组织委员　张正军
纪工委书记　贺迎春

【概况】　新河街道东临芙蓉北路与伍家岭街道相接，南接百年湘雅与湘雅路街道相邻，西望湘江，北眺浏阳河。街域总面积6.14平方千米，总人口5.4万人。88个基层党组织，1944名中共党员。街道有行政、事业编共49人，内设机构有党政办、社会事务办、城管办、卫计办、综治办、经济办等6个。街道辖设三角洲、幸福桥、开福寺路、紫凤、华夏路、陈家湖、栖凤路等7个社区。辖区内有文化中心“三馆一厅”、千年古刹“开福寺”、紫凤公园，有长沙市长雅中学、清水塘北辰小学、开福区紫凤小学、六幼天骄幼儿园、二十一世纪幼儿园、君悦幼儿园、幸福桥小天使幼儿园等学校，有1所区级妇幼保健医院。2016年，“街区制”陈家湖模式经验在《人民日报》头版重点报道，并得到省委深改组发文推介，实现全省首个无围社区。2016年，街道获评长沙市城市管理示范街道，综合治理与卫计工作均获得市级先进单位。基层党建特色明显，创新有力，民生福祉不断改善，队伍也得到了充分的锻炼。2016年，街道取得一系列新成绩，获得了一系列新荣誉，实现“十三五”规划精彩开局。

新河街道辖区内商业、服务业、企业发达，截至2016年年底，共有法人单位947家，个体工商户1165家，2016年完成财税8.12亿元，完成固定资产投资65亿元，各项指标同比均呈上升趋势。2016年，建成商务楼宇13栋，入驻楼宇的规模企业新增13家。北辰文化创意产业园引进湖南省动漫协会，已有46家知名动漫企业入驻。

2016年，按要求落实了“三会一课”“党员积分制”管理、民主评议党员及处置不合格党员、党费收缴等工作。在街道书记项目的带动下，每个社区确定了一个社区书记项目，发挥书记带头抓党建的示范效应。积极开展街道“两学一做”学习教育工作，注重发挥党员队伍模范作用，加强了非公党建，组建湖南省澳鑫商品交易有限公司党支部、北辰渔人投资公司党支部和开福区君悦幼儿园党支部。加强了阵地建设，社区办公用房场地得到落实，7个社区有4个达标验收，3个正在实施过程中。为构建新河街道大党建工作格局，选拨了一批德才兼备的人员参与到社会管理，将“共建”融入理念中、落实在工作中。2016年，新河街道大工委成功举办以“党建新河”为主线的长沙第三届琼花艺术节，突出党建引领的龙头作用。“中国梦·福汇新河”党建宣传特色品牌活动一直在民情“茶”吧延续，共举办79期。

开福寺周边棚改征收项目共涉及553户，仅剩2户私房和1个单位未签约。随着地铁1号线的开通，开福寺站和北辰站已正式投入使用，黄兴北路已于春节前实现全面通车，城际铁路已于11月试运营。投资8000万元的陈家湖社区综合提质改造项目，一期工程于3月10日启动，3个月时间全面竣工，献礼建党节，拆除了8家单位和35栋居民小区楼栋的全部围墙和违章建筑，新增绿化面积5000平方米，新增停车位200余个；二期工程提质改造于10月20日进场施工，春节前全部完工。紫凤社区“人造板厂宿舍”小区提质改造项目涉及违章337处，截至12月底，违章已全部签约，大部分已拆除。新河大厦已开工建设；潘家坪路与P1地块棚改征收项目已经完成前期摸底工作，已发布第三公告；北辰集团投资18亿元的长沙国际会议中心已奠基开工。

2016年，街道拆除违章共计600多处，面积约8600平方米，超额完成全年任务，并对拆违空地进行复绿、提质改造等，复绿提质面积5000平方米。配合陈家湖社区综合提质改造，两期共拆除围墙2000米，新增停车300余个。数字化城管取得突破性进展，解决一些历史遗留问题，联合处理数字化城管案卷中管理类和执法类案卷1万多条。高层亮化广告牌得到有效整治，拆除违规广告、招牌、发光字、电子显示屏等6000多平方米。按精细化管理的要求，每周进行2次专项整治行动，对违章摊担进行依法暂扣，取缔流动摊担930余个。规范建设华夏路夜宵一条街，通过环评验收。坚持创建管理双举措，积极申报创建市级城市管理“示范街道”，并通过长沙市城市管理工作“示范街道”的考核验收，获得长沙市城市管理工作“示范街道”荣誉称号。

2016年，根据社区的实际情况重新科学划分了网格，新增了5个网格，现已共有40个网格。建立健全网格民情员管理制度，开展网格民情员培训，建设网格信息化指挥中心，规范网格化管理。按照“条块结合，以块为主”的属地管理原则，联合区直相关部门进行安全隐患及治安情况的排查50余次。加大矛盾调节处理力度，2016年共调处社区矛盾纠纷200余起，调处成功率100%。安全生产落到实处，扎实开展“打非治违”专项行动，落实领导带头安全大检查，与企业谈心等制度，定期开展突击检查，排除隐患，注重人防技防，对不符合安全生产要求的企业坚决予以取缔，对辖区内无证经营的两家液化气站给予强制关闭。2016年，街道辖区未发生安全生产责任事故及食品安全事故。迎接了国务院安委会成员检查，整体情况良好。全面落实“领导包案”化解和“五包一”稳控措施，开展约谈化解工作，针对全国两会等特护期，做到街所联动，多措并举，把约谈化解和稳控工作制度化、常态化，确保街道平稳和谐。继续保持了“平安街道”荣誉称号。

以服务群众为宗旨，就业、养老、医疗、住房等各项政策落实到位，积极开展就业招聘活动，解决居民群众就业难问题。按照上级工作要求做好了3户渔民转产转业工作。五险扩面人数进一步增加，低保评定公平公正，做到应保尽保。2016年，街道全年累计发放低保3332户、5588人次、低保金184.1万元；大病救助64人，救助金额约27.4万元。组织无偿献血活动，鼓励居民积极参与，先后献血179人。打造“福文化”品牌，开展幸福家庭评选。开展“协会欢乐颂，紫凤一家亲”活动，普及健康知识、推行健康生活方式、扩大计生协会的影响。继续采取购买专业社工服务，培育社会组织，开展交流培训活动，指导社会组织开展社会公益及志愿者服务活动。

【北辰三角洲跨街天桥竣工】 1月8日上午，一座长70.8米、宽6.5米的跨街天桥在北辰三角洲横四路竣工。这座看似普通的人行天桥，却是世界首座全预制拼装超高性能混凝土（一种活性纳米无机复合材料）桥梁。也就是说，不仅它的混凝土由具有超高强度和韧性的特殊材料制成，而且它是先在工厂预制，然后拖运至现场，在10小时内拼装搭建而成的。中国工程院院士聂建国、陈政清及多位土木工程专家共同见证了这座天桥的诞生。

【举办“中国梦·福汇新河”长沙市第三节琼花艺术节】 4月8日，“中国梦·福汇新河”长沙市第三届琼花艺术节开幕式在开福区紫凤公园隆重举行。此次艺术节是由长沙市园林管理局、中共开福区新河街道大工委主办，开福区新河街道办事处、长沙市紫凤园管理处承办。此次艺术节系列活动的开展，旨在深化“中国梦·福汇新河”党建宣传及群众文化品牌，弘扬社会主义核心价值观，吸引全社会共驻共建以琼花为主题的文化公园，让艺术节成为湘江产城融合带上的又一张精美文化名片，同时成为社区社会组织展示的大舞台，为实现经济强街、文化名街、品质靓街、幸福新街营造浓厚的氛围。省文明办副主任熊科文、省文联副主席周祥辉、市政协副主席龚振湘、省文明办未成年人工作处处长史锋、省文明办创建处领导李俊平、市文明办副主任丁德喜、市基层党建工作领导小组办公室常务副主任晏成方、市园林局党委副书记、副局长李伟、市文广新局副局长张明清、区委常委、宣传部部长舒全球、副区长何惠风等领导参加此次活动。

【省委常委、市委书记易炼红调研社区提质提档】 7月11日上午，省委常委、长沙市委书记易炼红到新河街道陈家湖社区，就老旧社区提质改造和街区制示范点建设工作进行调研。陈家湖社区是长沙首个实现“无围”提质的社区。通过拆违建、拆围墙，拓宽拉通道路，形成“两纵两横”的内部道路格局，小区内车行畅通无阻、停车规范有序，灰白相间的住宅楼与周边环境相得益彰，原本违建围墙挤占的公共空间变身为社区公园，成为了居民们娱乐休闲的好去处。走进社区，易炼红和居民亲切交谈，询问社区的改造是否令大家满意。他指出，长沙要用3年时间，把所有的老旧社区提质提档，成为畅通、清洁、靓丽、幸福的“品质社区”。

（秦远鹏）

东风路街道

书　记　毛　毅（2016.10任）
　　　　田　营（2015.9免）
主　任　王　强
副书记　刘桐开
副书记、政协联络处主任
　　　　常　青
人大工委主任
　　　　彭　礼（2016.11任）
副主任　周飞跃　夏大石
　　　　马雄辉
　　　　高小军（2016.4任）
组织委员　王雄球（2016.10任）
纪委书记　陈鑫敏（2016.10任）

【概况】 东风路街道位于长沙市开福区东南部，东邻车站北路，南接德雅路，西至芙蓉中路，北达三一大道，总面积5.6平方千米，辖东风路、精英路、王家垅、砚瓦池、德雅路、蚌塘、浏河、国防科大等8个社区，共351个居民小组。2016年，总户数21702户，总人口51672人，其中流动人口6016人。东风路街道办事处内设办事机构7个，分别是：党政办、经济办、综治办、城管办、卫计办、社会事务办，下设二级机构2个，分别是：两保站和政务服务中心。行政编制11人，事业编制34人，实有在岗人员51人。辖区有新时代广场、好来登酒店、华府一航线、观园国际、欧波港湾等楼宇；金融企业有北京银行、渣打银行、新韩银行、平安财险、鲁银融资租赁有限公司；驻街单位有湖南省民政厅、省社会科院、省招标局、省长线局、省电视台、省电影公司、市综合开发公司等。

2016年，完成税收任务52995万元，为年计划106.73%，其中地税8770万元，国税44225万元；新增注册企业328家，新增规上企业4家，房产销售面积21878平方米，全年各项经济指标超额完成。街道配合区政府举办富兴金融中心全球招商大会，卜蜂莲花大型超市、保利国际影院、欧悦

区委书记沈裕谋（左一）、区委常委、宣传部部长舒全球（右二）看望中国好人杨德才

真冰溜冰场、57度湘等100家企业签约入驻。2016年，街道在金融商务区新引进企业240家，其中外资企业1家，注册资金在500~3000万元的有57家，200~500万元的有85家。2016年，完成社会消费品零售总额26.86亿元，完成固定资产投资32.85亿元,完成规模以上工业产值4.72亿元。

2016年，街道在建项目2个，汽车城上园项目和富兴金融城续建项目。富兴金融城项目，相关手续已全部办理，3栋写字楼结构封顶，11月开盘销售；汽车城上园项目拟建5栋商住楼和1所幼儿园，其中3号栋、4号栋和5号栋全部封顶，5号栋共计384套，已销售110套，商业铺尚未开盘。完成三维3栋、7栋共24户的安置工作，三维地块棚改征收工作全部完成，腾出地块1.33公顷。推进精英路棚改扫尾，累计签约腾房305户，余3户未签约。推进社会化职能分离工作，市属企业第一批、第二批、第三批共12家企业均签订协议，完成交接，物业服务移交到社区，组织税务、工商、社区对辖区70余家投资公司进行清查，推进遗留问题处置工作。

2016年，拆除违章18处，面积4652.33平方米；拆除违规广告招牌17处，130平方米；绿化提质16处，870平方米；修补破损路面40处,420余平方米；开展综合整治200余次，纠正店外经营行为1760余起，劝导流动摊担2100余个，整治夜市摊档500余个，查处人行横道乱停车行为190余起。筹集投入资金900余万元，实施东风路二条巷、四条巷、七条巷道路提质，完成13处楼栋间道路提质，完成胜利街、老动物园前坪微循环改造，新增停车位35个，提质打造社区微花园2处。2016年，街道获评“长沙市城市管理示范街道”荣誉称号。

2016年，全街最低生活保障723户1162人，全年累计发放低保金506万元，办理困难居民救助166人次63万元，开展2次就业招聘活动，发放失业保险金1914人次226万元，发放高龄补贴1318人次72万元，全街7个社区完成创建残疾人明星社区。2016年，辖区常住人口46930人，其中育龄妇女10017人，流动人口7091人，其中育龄妇女3135人。办理流动人口婚育证明7人，一孩生育证11本，办理二孩生育服务证119本，多孩生育服务证1本。妇科检查1000余人次，优生检查166对，全年出生388人，符合生育政策出生率99.48%，发放独生子女费23.38万元，扶助特殊对象149人，71.52万元。

2016年，街道贯彻落实“安全第一，预防为主，综合治理”的方针，加强安全教育，排查安全隐患，杜绝安全漏洞，共整治建设工地、特殊行业、危化品经营门店安全隐患20余处，确保街道全年安全生产事故“零发生”，通过市级标准化安监站验收。全年接待来访群众32批69人次，回复率100%，完成重大活动及节假日特护期间维稳任务，化解信访案件一起，没有新增信访案例。街道司法所创新打造“131”公共法律服务平台，调处化解群众矛盾纠纷，开展社区矫正工作，确保街道社会大局持续稳定。2016年，街道获评“湖南

省模范司法所”“长沙市综治先进街道”。

【湘江涂料厂房搬迁】 5月15日，湘江涂料厂房整体搬迁至河西望城经开区，并在马桥河路以东、赤岗路以南征地1.5公顷，投资8.3亿元，建设3万吨/年高档涂料生产装置和18栋现代化厂房，实现现有装置的异地搬迁和技改。

【长沙首个“131”公共法律服务平台揭牌】 9月27日上午，长沙首个“131”公共法律服务平台揭牌仪式在开福区东风路街道举行。“131”公共法律服务平台即一个司法所、三个工作站、一个矛盾调处中心。该平台将重点关注特殊人群、青少年的法治教育，并开设“小喇叭普法”课堂，增强青少年的法治观念。活动由法治开福建设领导小组、区司法局、区教育局等单位联合东风路街道办事处举办，长沙市司法局党委副书记骆正平，开福区委常委、政法委书记蔡冰，区委常委、宣传部长舒全球等领导出席仪式。当日，开福区青少年法治宣传教育周也随之启动。

【老旧院落提质改造，获居民点赞】 11月14日，来自王家垅社区冷库宿舍的严丹、柳柏英两位居民代表向社区党委送上“为民排忧解难”锦旗，真情感激社区党委对冷库院内改造的关心和支持。冷库宿舍院落始建于20世纪70—80年代，老院落难免“骨质疏松”，改造老旧院落，是民心所向。王家垅社区党委积极争取政府支持，对冷库宿舍进行提质改造，通过围墙的美化亮化、基础设施的修缮、化粪池以及水表的改造、活动室的新建等，给居民提供良好的宜居环境。居民赠送锦旗的行为让社区工作人员颇为感动，同时也看到自己身上所担负的责任，更激发全体成员的工作热情，大家纷纷表示，今后一定把工作做得更好，为居民做更多的好事、实事，让群众更满意，生活得更幸福。

【精英路拉通】 2016年6月，精英路（潘家坪路—支路一）建成通车。道路全长1214.76米，道路等级为城市支路，设计车速30千米/小时，路面结构为沥青混凝土路面，排水按规划采用雨污分流制,规划路幅宽度为20米，为双向四车道，方便周边居民出行，打通道路的微循环。

（贺平美）

通泰街街道

工委书记　于文韬
办事处主任　邓宜春
工委副书记、人大工委主任
　杨　佳（2016.8免）
　吴新辉（2016.9任）
工委副书记　易海军（2016.9任）
办事处副主任　王晓工（2006.6任）
　毛善永（2016.9任）
　范治东（2016.9任）
纪工委书记　周剑兰（2016.9任）
副主任、政协联络处主任
　魏先科（2016.9任）
组织委员　夏菁阳（2016.9任）

【概况】 通泰街街道位于长沙市中心城区，东部由北向南，依次与开福区望麓园街道、芙蓉区府后街街道相邻；南部与天心区坡子街街道接壤；西部濒湘江，与岳麓区望月湖街道隔江遥对；北部与开福区湘雅路街道搭界。总面积约1.05平方千米。辖轩辕殿、盐道坪、吉福街、连升街、寿星街、湘春路、西园7个社区。截至2016年年底，辖区总人口37503人，人口自然增长率–4.2‰。2016年，街道荣获“湖南省安全生产示范性街道”“长沙市经济社会发展十快街道”“长沙市经济社会发展十强街道”“长沙市社会管理综合治理红旗单位”“长沙市人口和计划生育工作模范单位”“开福区目标管理考核先进单位”“长沙市文明单位”。

2016年，围绕财税目标任务，抓实财源建设、税收组织、财务管理等工作，确保经济又好又快发展。全年完成财税6.82亿元，完成固定资产投资39亿元，完成社会商品零售总额38亿元，外贸进出口总额 1353.6万美元，内联引资为16亿元，到位外资为3763.2万美元，新增限上企业3家。楼宇新增企业任务数75家，实际新增企业181家。同时，街道充分利用商务楼宇资源促进提质提效，成立专门队伍加大对重点写字楼、重点企业的优质服务，实现经济增长速度和运行质量同步提升。2016年5月，潮宗街棚户区改造项目启动签约，截至2016年年底，共签约362户，完成总任务458户的79%。此外，对黄兴北路两厢、五一西路沿线的规划与开发建设，街道也积极对接有关部门，健全完善重大项目服务机制，为工程推进创造条件，做到早启动、早落地、早实施、早见效。

牢固树立“严管城市就是厚待市民、厚植优势”的理念，推进城市管理标准化、精细化、常态化。坚持集中整治与持续整治相结合，先后组成70人的整治队伍，对西长街水产批发市场早市进行历时一个月的通宵集中整治，并在此基础上成立20多人的专门队伍实施历时数月的持续巩固整治，通过强力疏导和持续整治，五一西路车辆占道批发经营行为已取缔，西长街沿线门店经营秩序规范；对辖区南片进行背街小巷交通改造，打通交通微循环，提升背街小巷车辆通行能力，建成万达对面大西门大型生态停车场、大地金墅停车场、五一中央领域停车场等多个停车场，有效缓解了老城区停车难的问题；全面清理广告招牌，2016年，共拆除违规广告招牌及楼宇发光字21处，1460平方米；对摸排出的124家“住改商”门店中，对严重扰民、污染环境的单位及门店发放整改通知书，监督其限期整改到位，对无证经营的单位、门店进行取缔，维护了经营秩序，净化了社区环境。

2016年，共采集核对社会保障信息2600人，并做好了社会保障一卡通的发放工作。全年城镇新增就业人数2027人次，失业人员再就业人数450人，实现就业困难对象再就业500人次，城镇登记失业率控制在2.3%；组织辖区内企业职工内部培训150人，组织辖区内30名失业人员参加一期创业培训班，扶持近5年高校毕业大学生自主创业30人；发放失业保险金领取存折125人，累计办理失业保险金领取人员每月领取资格认证2460人次，全年新增办理“就业失业登记证”266人，认定就业困难对象149人；全年共为企业退休人员办理养老金领取资格认证4886人次，对全街23家企业开展薪酬调查，居民养老保险参保实际缴费率100%。截至2016年年底，城乡居民医疗保险实际参保缴费6720人，发放廉租房补贴44户，廉租房实物配租65户，发放经适房货币补贴12户（其中2户为拆迁户），另有12户已享受廉租房补贴的家庭正在集中统一办理转廉租房实物手续。2016年，全街在册低保总户数1291 户，2238人，累计发放低保金933万余元，办理大病救助253人、救助金额81.97万元，办理住房保障低收入认定 148户。2016年，出生227人（含流动人口），符合政策生育率100%,性别比90.76%，自然增长率-4.2‰，办理一孩生育证171例，办理二孩生育证71例，居民健康卡录入39908人,录入率达97.87%，免费孕前优生健康检查129对，完成育龄妇女妇科病普查898人。

2016年，街道牢固树立“稳定是政绩，平安是财富”的工作理念，切实加强重点矛盾问题排查力度，参与省内现场维稳17次，接访劝访46次，进京接访15次，成功劝说拦截进京上访12次，重点打击多次赴京非访的人员2人；化解市级交办重点信访积案3件，针对所有上访人员的诉求，街道均给予答复，并做出相应处理，得到上访人员的肯定。充分发挥街道治安巡防队的作用，协助公安机关做好了加大对治安形势严峻的区域，案件高发的地段的巡逻，有效地控制了辖区内各类案件的发案率。各社区警务室和小区物管均加强对本辖区的社会治安巡逻、包点巡逻，提高社会治安防控力度，加强辖区小区内安全检查，及时宣传教育住户做好房屋防盗和人身安全保护。以街道综治办牵头，成立由派出所、文化、卫生、城管、学校等部门组成的学校周边治安专项整治工作领导小组，制定方案措施，构建了“以群防群治队伍为骨干，以三道防线为重点，以校地共建为基础”的校园治安防控体系。对辖区范围内开展地毯式安全排查整治，针对辖区内无证经营销售烟花爆竹门店、危险化学品存放点、特别是液化便民供应点进行重点整治，及时发现安全隐患，督促整改并实施关停，举全街之力，创建省级安全生产示范街道。2016年，辖区未发生一起安全生产责任事故。

2016年，街道严格落实《长沙市社区全面提质提档三年行动计划（2016—2018年）》要求，立足辖区实际，坚持硬件软件两手抓，全面推进社区提质提档。西园社区被列为长沙市三年提质提档重点社区之一，同时也是长沙市社区微更新项目之一。社区内有不可移动文物点8处，包括“李觉公馆”、左宗棠祠石山、清代古墙等。由于该社区属于老旧社区，居民无固定区域晾晒衣服，大部分私宅无室内厕所，消防通道狭窄，设施不全，安全隐患大；辖区内的周南实验中学、明德华兴中学之间无停车位，部分教师及学生家长将车辆停放在泰安里两侧的道路旁，放学时间道路交通堵塞严重。为了让居民享受舒适便利的生活环境，实施社区的提质，西园北里两厢改造、完善社区服务阵地、建设西园历史步道等各项工作都在有序进行当中。吉福街社区依托万达广场，拓展市民文化广场、党建文化长廊、梦想孵化馆、“归家之路”党员活动室等服务阵地。西园社区打造居家养老服务中心。湘春路社区通过提质改造，打造居家养老、党建活动室、绿色网吧、未成年人活动室等阵地。

【红领驿站“益企”成长】 2016年，街道立足万达楼宇非公企业多的实际，抓好非公企业党建，打造了“红领驿站‘益企’成长”项目，不仅与长沙市企业联合商学院合作，定期开展各类企业需要的培训，同时每月举办各类公益活动，如“腊八粥飘香 寒冬送温暖”“寒潮来袭 社区真情送上门”“践行核心价值观长沙市开福区党员志愿者‘两学一做’志愿服务主题活动”“关爱蓝嘴唇 让爱不罕见”“志愿助残 你我同行”“企业党员齐参与‘两学一做’大家谈”等主题活动，促进企业、党员及骨干个人的成长，发挥标杆作用。

【成立“小鬼当家”课余生活俱乐部】 2016年，开福区通泰街街道湘春路社区党支部及社区居委会联合明德华兴中学团委、滨江餐饮协会及大学生志愿者组成的志愿服务团共同为社区的青少年们组建“小鬼当家”课余生活俱乐部。11月15日上午，市关工委主任董学生，副主任姚五零一行到湘春路社区调研“小鬼当家”特色项目，开福区委组织部部长晏成方、区委工关委主任戴源等相关领导陪同调研。市工关委主任董学生对“小鬼当家”项目给予高度肯定，希望关心下一代工作进一步发挥优势、补短板，特别在特色项目的发掘和打造上不断创新，挖掘典型。湘春路社区和连升街社区的基础条件和阵地建设，并召开工作调研会。

（刘　欢）

四方坪街道

书　　记　李　智
主　　任　贺华勇（2016.10免）
　　　　　陈红升（2016.9任）
副书记、人大工委主任
　　　　　周　强
副 书 记　王　丹
副主任、政协联络处主任
　　　　　黄卫国
副 主 任　张文俊　黄永革
　　　　　宋　娜（2016.9任）
　　　　　彭　超（2016.9免）
组织委员　袁玉宝
纪工委书记　滕双春（2016.4任）
党政办主任　胡　蓉（2016.9免）

【概况】 四方坪街道地处开福区中南部，东部及东南部临浏阳河，与开福区月湖街道一衣带水；南部以浏阳河为界临芙蓉区；西部以车站北路为界与东风路和伍家岭街道毗连；北部临栖凤路濒浏阳河下游，与开福区浏阳河街道隔河相望。街道下辖科大景园、丝茅冲、李家冲、金帆、四方、四季美景、左岸、滨江、胜利19个社区，总面积3.91平方千米，总人口82379人，其中城镇常住人口48612人，流动人口33767人。辖区内有小学1所（四方坪一小），中学1所（国防科大附属中学）。街道办事处内设机构19个，党政办、综治办（含安监站）、经济开发办（含食安办）、社会事务办（劳动保障站）、卫生和计生办、城管办、综合开发办、创新办、先福红色遗留办、财政所，归口管理福安垸水利管理所。街道正式在编在岗工作人员54人，其中街道班子成员10人。街道办事处驻德雅路1488号鑫政大厦。

2016年，完成财政税收4.15亿元，为年计划的107.7%；内联引资全年完成12.52亿元，为年计划的100.2%；到位外资全年完成2200万美元，为年计划的100%；社会零销售品总额全年完成102.2亿元，为年计划的100.1%；固定资产投资全年累计完成46亿元，为

长沙图书馆左岸分馆开馆

年计划的100.4%。完成3家规上企业的申报工作。楼宇经济年度任务新入驻企业24家，租购面积500平方米以上的企业1家，全年实际完成楼宇入驻25家，完成任务的104.2%；湖南德荣医疗实业发展集团有限公司租购1646平方米入驻永通佳苑A栋13楼1301房，完成租购500平方米以上企业任务的100%。街道全年新引进注册资金2000万元以上的公司7家，培育区级税收过5000万元的君泰大厦商业楼宇。组织筹办“福满星城”购物消费节、“十大品牌特惠来袭，聚划算惠全城”车展等活动。全年组织2次打非专题讲座。

丝茅冲棚改领跑开福。2016年街道将德雅路片区棚改（丝茅冲地块）一期项目作为征拆工作的重中之重来精心组织、稳步推进。面对棚户区改造时间紧、任务重的实际情况，街道抽调精干人员，全力以赴做好征收工作。该项目自4月6日发布征收范围公告（一公告），7月6日正式启动签约。截至2016年年底，已签约754户，签约率92.3%。胜利村城中村改造完成扫尾。为推进扫尾和工程建设的顺利进行，经过指挥部上下的齐心协力，截至2016年年底，胜利村城中村改造项目中未签订协议的12户，已签订9户，剩余3户；已签协议未开倒地证的16户，已有12户开倒地证并倒房，剩余4户。胜利村安置房建设（胜利嘉园农民安置房）和栖凤路建设已经进场施工。其他项目顺利推进。四方坪立交桥立体绿化、三一大道楼宇亮化和提质、浏阳河河滩复绿等项目已经全面完成；胜利村配套路网正在建设中；海洋半岛三期项目正在手续审批中。辖区内的地铁3号线工程正在有序推进。

2016年，街道加强对辖区主次干道、背街小巷的环境整治工作。清理卫生死角、树穴杂物、楼院“牛皮癣”等2万余处；开展“门前三包”落实专项检查180余次，规范取缔城区占道经营、超范围经营行为1300余次，清理城区各类流动摊贩800余人次。围绕“清、拆、围”三方面的工作任务狠抓落实，对农安小区影响市容环境的30余处露天棚、自建货棚进行彻底拆除；对胜利村农民安置房项目（一期、二期）范围的违法建筑实施30天的拆违大行动，拆除违法房屋37处，面积逾2000平方米。2016年，全年共拆除违章建筑3781.18平方米，完成全年任务的121%。针对辖区四方商贸城、毛家桥水果批发市场和旧货市场等城市管理难点，联合区城管大队、街道城管中队、派出所、社区等单位，共计开展专项整治13次。7月，对四方坪旧货市场进行为期一周的消防隐患、市场秩序整治，市场脏乱差状况明显改观。

2016年，全年街道共发放低保金249.34万元，特困医疗救助67人次，共计24.44万元，审批临时救助对象220人，发放救助金13万元。全年为社区拨转社区工作经费共计527.88万元，惠民资金180万元，另争取居家养老平台建设费38万元。2016年，共办理无房证明、无公租房证明108户；住房保障廉租房实物配租共办理18户；廉租房租赁补贴9户；经适房货币补贴12户。为37名精神病患者办理了药物救助。每季按时发放高龄老年费，为500多位80~89岁老人发放33万余元，为30多位90~99岁老人发放4万余元。全街为55岁以上老人购买意外保险723份，为五类特殊困难老人购买意外保险215份。全面贯彻落实“单独两孩”政策，联合湖南省妇幼保健院专家对现行计生政策和法规制度以及高龄妇女优生优育进行广泛的宣传，依托健康指导员和社区健康志愿者讲师队伍，积极开展“健康知识”巡讲活动。2016年，切实推进老人、孕产妇、慢病患者、残疾人、儿童等人群管理，规范和完善电子健康档案。加强慢病专档管理，加大控烟工作力度，为创建国家级慢病综合防控示范区打下良好的基础。

2016年，街道加大平安建设宣传力度，开展平安进家庭、进社区、进单位等一系列活动，以提高广大群众的知晓率、参与率和支持率，共发放各类平安建设宣传资料和宣传手册1万余份，综治民意调查满意度大幅度提升。狠抓群防群治和重点整治工作。街道将社会防控和压发案工作为重点，进一步推进“红袖章”工程，预防和减少辖区内的发案。街道重点整治了四方商贸城和四方旧货市场，治安状况明显好转。全面落实“领导包案”化解和“五包一”稳控措施，开展约谈化解工作，针对全国两会等特护期，做到街所联动，多措并举，把约谈化解和稳控工作制度化、常态化，确保街道平稳和谐。2016年，街道实现零进京上访登记，零进京非访的目标。安全生产落到实处，扎实开展“打非治违”专项行动，落实领导带头安全大检查，与企业家谈心等制度，加大对企业安全生产的巡查监管，加强安全生产及食品安全检查。2016年，街道辖区未发生安全生产责任事故及食品安全事故。

截至2016年年末，辖区有文化馆(站)1个，文化活动中心11处；公共图书馆(室)12个，建筑面积1200平方米，藏书2万册；有俏军嫂等群众性艺术团体8个；建成雅雀湖、先福、左岸、制药厂、胜利、四方共6个社区公园。辖区有体育场地5个，运动场3个，游泳池4个。社区全部安装了健身器材，经常参加体育活动的人员占常住人口的60%。社区全部安装了健身器材，经常参加体育活动的人员占常住人口的 65%。截至2016年年末，辖区有幼儿园20所，在园幼儿3225人，专任教师314人；小学2所，在校生3346人，专任教师161人，小学适龄儿童入学率100%；初中1所，在校生1900人，专任教师115人，初中适龄人口入学率100%，小升初升学率100%，九年义务教育覆盖率达100%。2016年年末，辖区有各级各类医疗卫生机构8个，其中医院1所，疾病预防控制机构1所，城市社区卫生服务中心1所，社区卫生服务站5所，有专业卫生人员58人，其中执业医师21人，执业助理医师6人，注册护士20人。全面实施国家基本药物制度，实行基本药物零差率销售；城乡居民规范化电子健康档案建档率为87.8%。2016年，街道举办“推进就业、促进棚改、改善民生”招聘会，为棚户区下岗、失业人员送技能、送岗位，切实提高就业率；举办“保护母亲河 爱护新家园”“保护水资源，守护母亲河”“中医中药健康行”大型健康义诊、“安全生产月”等系列活动，在中国文明网、湖南都市、《长沙晚报》等中央、省市媒体多次宣传报道。

【四方坪街道举办“保护水资源、守护母亲河”节水宣传活动】 3月19日上午，为纪念第24届“世界水日”，培养青少年节约水资源、保护水环境、减少水污染等方面的意识和社会责任感，长沙市文明办、开福区文明委、开福区文明办、开福区农水局、四方坪街道、四方坪小学、左岸社区、新中新儿童发展中心在月岛公园共同举办“保护水资源、守护母亲河”节水宣传活动，200余名中小学生、志愿者参加本次活动。

【长沙图书馆左岸分馆正式开馆】 4月21日，长沙图书馆左岸分馆正式开馆，分馆配备了青少年阅览馆、成人阅览馆、电子阅览室、心理咨询室、睦邻中心等机构。该馆由长沙图书馆、四方坪街道、左岸社区与新中新儿童发展中心合力共建，是开福区首家有民营企业参与运作的图书馆。

【“福开四方”微信公众号正式上线】 8月30日，“福开四方”微信公众号正式上线，四方坪街道有了自己的自媒体。“福开四方”微信平台设置红映四方、福满四方、民议四方三个板块，进一步拓宽党建工作渠道，扩大了基层党建影响力，密切了街道党员干部与群众之间的互动联系。

（赵蓉）

芙蓉北路街道

书　记　张雄伟（2016.10任）
　　　　魏建良（2016.09免）
主　任　廖紫君
副书记　严　禹
副主任、政协联络处主任
　　　　谢新飞（2016.04任）
人大工委主任
　　　　刘　飞（2016.11任）
副主任　杨日平
　　　　刘　丹（2016.10免）
　　　　李良军　雷元喜
　　　　宋　娜（2016.10免）
纪工委书记
　　　　龚莎莉（2016.11任）
组织委员　黄格男

【概况】 芙蓉北路街道位于福城路与金马路交汇处，是开福区治所在地，东起京广铁路，毗邻浏阳河街道；西至湘江东岸，与岳麓区观沙岭街道隔江相望；南抵浏阳河，与新河街道相邻；北滨捞刀河，与秀峰街道一水相隔。全街三面环水，又称“江湾半岛”。街道总面积3.45平方千米，辖江滨、欣城、福城、凤亭、金泰路、江湾、盛世路7个社区居民委员会。内设机构“六办一所”，分别是党政办、经济办、卫计办、城管办、综治办、社会事务办、财政所，其中党政办下设创新办。在职在编干部42人，“两保”“三员”等区、街聘用人员108人，社区两委成员61人。街道党工委辖基层党组织47个（社区党委7个，支部40个），共有党员748名。2016年年底，辖区总人口74311人，其中城镇常住人口57801人，流动人口16425人，男性37133人，女性36306人，汉族67582人。辖区内有中学1所即北雅中学，小学1所即清水塘第二小学，在建小学1所即江湾小学，有资质的幼儿园18所。

2016年，街道完成全口径税收2.74亿元，其中区国税完成1.54亿元，区地税完成1.2亿元，完成年度任务的114.12%，排名全区第四。社会零销售品总额完成38.76亿元，固定资产投资完成33.2亿元，规模工业总产值完成3.76亿元，工业投资完成2.51亿元，实际到位外资完成3100万美元，内联引资完成13亿元，外贸进出口完成2000万美元，街道各项经济指标均按进度完成，多项经济指标提前超额完成。重点项目建设加速推进。2016年，街道新建项目1个，续建项目8个，其中，政府投资类项目3个，社会投资类项目6个。福天兴业综合楼完成主体建设，正进行室内装饰施工；恒大御景半岛项目销售房屋面积达到14.18万平方米，八号地块正在主体施工中；世纪春天二期综合楼实现销售6046平方米；江湾小学已完成主体建设；湘江路迎霞路口、凤亭路口地下通道已建成并投入使用；中科城提标改造进入扫尾阶段；鑫远水务综合楼、初沉池、生物滤池都在同步施工中；芙蓉北路浏阳河至捞刀河段道路提质改造及浏阳河至湘江入口风光带提质改造工程全面完成；欣城社区、福城社区、江滨社区环境综合提质改造工作基本完成，社区面貌焕然一新。支援四方坪街道棚改拆迁。街道按照区委、区政府的指示，配合全区征拆中心工作，从4月开始，由街道工委副书记带队，抽调20名精干力量组成工作组支援四方坪丝茅冲棚改拆迁，工作组总任务数172户（其中楼栋户158户），楼栋户完成签约156户，签约率99%，余下2户已进入司法强征程序。

严管理，打造精美街区。2016年，街道优化城管考核办法，完善安置小区流动摊担疏导点管理体制，成立开放式物业办和湘江世纪城综合整治队，对主次干道、背街小巷、区政府周边的环境卫生进行全面整治，全年开展整治行动50余次，实际拆除违章建筑2769平方米。改造了湘江世纪城轮廓线、提质了盛世路亮化景观、建设了环保无烟示范街，全力做好了市第十三次党代会、中国500强企业高峰论坛等重大活动的环境卫生保障工作，城市管理“12345”热线投诉明显减少。8月，街道在全市城市管理综合考评中获得第三名的好成绩。为落实2016年餐饮油烟专项整治工作，街道创建了无烟示范街，对示范街内12家餐饮店的烧烤炉全部更换为环保型无烟非碳烧烤炉。对辖区内12处工地项目扬尘污染进行摸底，并建立台账。根据《长沙市创建国家食品安全城市实施方案》，开展“食品药品监管执法进小区行动”，对辖区学校周边、农贸市场及水果蔬菜市场、餐饮店等食品安全进行专项整治。全年发放食品安全宣传册4000余份，调查问卷2000余份；取缔黑作坊3家；下令整改6起，办理食品经营许可证32份，小餐饮登记证10份，处理投诉案件3起。抓提质，推进社区建设。2016年，解决2个社区办公用房达标建设，完成3个社区环境综合提质改造，启动3个社区全面提质提档。盛世路社区租用富湾国际800平方米的办公用房完成装修并投入使用。福城社区新建一栋3层1500平方米的办公用房，完成主体建设。江滨、欣城、福城纳入社区环境综合提质，拆除了违法建筑物，规范了门店招牌，整治了居民楼屋顶及立面，修缮了社区基础设施，全面提升社区环境。江滨、江湾、盛世路社区按照社区提质提档三年行动中8大计划28项目82标准，在硬件软件上“两手抓、两手硬”，社区形象整体提升。优网格，服务全面工作。街道是全区第一批网格化管理试点单位，按照“1+5+x”模式，全街划分为40个网格，每个

凤亭社区开展环保知识竞赛活动

网格配备1名专职网格民情员，入户走访，录入信息。全年街道网格中心全街总录入人口数为73753人，新增录入人口7537人，收集、受理各类事件13472件，主要是城市管理类、社会治安类、公共服务类事件，办理办结率95.5%，群众满意率95%以上。2016年，网格化管理考核排名全区第一。

遗留问题加紧解决。原马厂近4000名农民生产安置用地算大账工作取得实质突破，经艰难协商，金霞公司及恒大集团就生产安置用地处置总价2亿元正式签订合同，资金将尽快到位。60号令农民安置房产权证办理全面推进，92栋安置房栋证办理所需资料已到市房产局进窗，另有22栋安置房待市房产局测绘队出具测绘报告即可办理栋证，江滨玫瑰园2栋231户办理所需资料已全部收齐送至处遗办。江湾片区路灯照明全面修复。社会大局和谐稳定。街道对遗留拆迁户和投资受损户的重点对象采取“五包一”责任制，科学施策，重点化解积案，全年共调处矛盾纠纷72起，调处成功72起，成功率100%，没有发生一例到市赴省赴杭州进京的上访事件。严格按照省市区要求加强安全生产痕迹化管理，实施地毯式无盲点排查，强化“安全生产监管执法年”及“三大行动”的督促检查，全年检查了各类行业总计73家单位，辖区未发生一起安全生产责任事故，未发生一例群死群伤事件。《长沙晚报》专题报道街道“创建‘五零’护航平安”。民生服务质效提升。认真落实惠民政策，进一步加大弱势群体救助力度，街道社会救助工作坚持“以人为本、服务至上”的原则。经动态管理，截至2016年年底，在册低保户43户57人，月发放低保金21574元，全年累计发放低保金250962元；发放各类物价及节日补贴9160元。全年筹集各类民政救助资金79万元，救济360人次；不断完善社会保障体系，加大就业培训力度，城镇新增就业人数2132人，扶持大学生创业人数30人。全街现有育龄妇女常住8989人、流口4399人，全年常住出生596人，流口出生150人（本地提交31人），符合政策生育率为99.18%，统计准确率99%以上，自然增长率8.9‰。针对“全面二孩”政策的调整和群众需求，街道利用“首善通”软件和基层计生协会开展网上办证和政策宣讲，形成“互联网+”的计生居民自治新模式，迎接了国家流口司、省计生协会、银川市卫计委等地卫计部门、计生协会的调研观摩。幸福厚德氛围浓厚。街道举办“欢乐一家亲”文艺会演、“厚德开福、向我看齐”“江滨社区网络春晚”等系列大型宣传活动，儿童安全、禁毒宣传、应急救护、消防演练、敬老助老、道德讲堂等活动深入社区、学校、企业。2016年，街道在市级以上新闻媒体报道62篇，其中中国文明网报道9篇，《湖南日报》报道2篇。社会管理创新发展。1月25日至2月4日，长沙新闻频道分三期系列报道“五零”街道建设成果。街道搭建“芙蓉北路首善通”微信公众号、微网站、微服务综合平台，开设“政务快递”“生活快车”等栏目，党员学习、政务服务、邻里活动等信息一目了然，为居民提供“互联网+”智慧政务的服务。江湾社区作为智慧社区试点单位，建成了100平方米的智慧社区体验中心，电子政务服务区、智能化开放式书吧、“线上两代表一委员工作站”等大受居民欢迎。

【15千克重铁笔书写“中国梦”】 1月8日，全国社区网络春晚开福区专场暨“我们的节日·春节”——“邻里互助·守望和谐”主题活动在芙蓉北路街道欣城社区举行，著名铁笔书法家杨跃进的铁笔书法表演，铺开宣纸，提神运气，三手指捏着的15千克重铁杆毛笔如走龙蛇，不出10分钟，遒劲有力的“中华民族伟大的复兴中国梦”12个大字跃然纸上，引得观众们啧啧称奇，在欢动的掌声中让社区提前感受到了春节的洋洋喜气。“写得好字的人有很多，但能用这么重、这么长的铁笔写出漂亮的字真的少见，非常了不起！”看完铁笔书法表演，来自衡阳市的周贤冬老人竖起了大拇指。杨跃进此次书法表演用的铁笔重15千克，为练就这番“铁功夫”，他已坚持了30多年。全国社区网络春晚由中国志愿服务联合会、中国社区发展协会、社区志愿服务全国联络总站联合举办。在开福区专场演出活动中，欣城社区还为孤寡老人送上米、油等物资。

（刘达敏）

洪山街道

书　记　杨兴高（2016.9任）
　　　　朱旭东（2016.4任，2016.8免）
　　　　周桂林（2016.2免）
主　任　黄长科（2016.9任）
纪工委书记、人大工委主任
　　　　谭尚丰（2016.4免）
副书记　王　海（2016.4任）
副主任　柳双林　李铜强
　　　　刘玉娥
　　　　朱有元（2016.4任）
人大工委主任
　　　　罗小红（2016.9任）
纪工委书记
　　　　唐伟胜（2016.9任）
副主任、政协联络处主任
　　　　李少林（2016.9任）
组织委员　袁　露（2016.9任）

【概况】 洪山街道位于长沙市开福区东南部，东部与长沙县星沙镇相邻；东南部与月湖街道接壤；西南部频浏阳河，与四方坪街道隔河相望；西部与浏阳河街道毗连；北部临捞刀河，与捞刀河街道隔河相对。街道总面积9.05平方千米，常住人口2.5万人，辖洪西、金鹰、洪山桥、洪雅四个社区。内设党政办、党建办、经济办、城建办、城管办、综治办、卫计办、社会事务办、安监站（食安办）、财政所等10个职能部门，下设政务服务中心。核定编制31人，实际在编在岗31人。辖区内有月畔湾、圣爵菲斯、藏珑·湖上国际花园、恒大雅苑等12个小区；湖南广播电视台、兴旺集团、洪山建筑有限公司等大小单位1500家；幼儿园9所、小学2所、中学1所、大学1所；湖南省军区装备修理所、长沙民兵仓库两家军事管理单位，世界之窗、海底世界、洪山寺、月湖公园等旅游景点。

街域内产业特色鲜明，以湖南广电为龙头的文化传媒产业，以恒大雅苑、藏珑·湖上国际花园等为代表的房地产业，以食膳庭院为代表的餐饮业，不断发展壮大。商务楼宇有已建成的有福天月畔湾商住楼、广电金鹰影视文化城，在建的有富兴旺角、维一星城原山国际，拟建的有藏珑酒店公寓、恒大商业综合体，楼宇经济目前还处于培育阶段。全年完成总税收15.08亿元，完成固定资产投资54.6亿元、规模工业总产值4.55亿元、社会消费品零售66.07亿元，主要经济指标任务圆满完成。

朝正垸城中村改造二期、四期、六期3个项目扫尾工作，街道成立专门班子，坚持刚性执行政策、严格法律程序、着力解开拆迁户心结、加大综合施策、开展精准行动等措施推进扫尾，3月以来，共倒房25栋29户，二期已全面清零，四期仅剩一户正在走限期腾地司法程序，六期两户正在走限期腾地司法程序。福鑫苑农民安置房二期项目仅余谢小平户正在走限期腾地司法程序。湖南广播电视台节目生产基地补征项目于2月24日启动，4月20日项目内6栋11户全部签约，实现二公告期内目标清零，5月上旬全部倒房腾地。金鹰大厦前广场改造、恒大雅苑等重点项目进展顺利。

对洪缘安置小区万家丽路沿线房屋进行立面改造、画线规范小区停车位、疏浚小区化粪池和下水管道；对小区绿化整体提质，正在建设1个社区公园。严抓拆违控违，全年共计拆除违建31处，共计19367.07平方米；重拳整治广电周边、洪山路、长大附中流动摊贩违法占道经营497起；强力整治因大雨导致的福元路北侧边坡流沙流失问题；完成第十一届中国金鹰电视艺术节等重大节庆活动期间的城市外围管控工作，广电周边摊贩明显减少，获得广电周边居民好评，湖南公共频道、湖南都市频道进行专题宣传报道。2016年，在全市抽检交叉考核评比中，洪山街道综合成绩4月排名全市第二；在全区城市管理月考核中，洪山街道3月排名全区第二、7月排名全区第一。

组织工作人员开展消防安全演练

全年共计发放城乡低保金22万元，医疗救助15人次，共计14万元；走访慰问各类对象191户，发放慰问金11万元；城镇新增就业人数1639人，失业再就业人数120人，就业困难对象再就业人数57人，为35名失业人员办理社保补贴，补贴金额9.9万元。启动家庭医生签约服务工作，共计8329人次签订服务协议，签约率18.5%，重点人群签约率30%，全区考核排名第一。全面推进社区办公服务用房达标建设，洪雅社区、金鹰社区办公用房已交付使用。

积极开展矛盾纠纷排查，对重点对象实施包案稳控措施，化解矛盾纠纷29起。全年受理12345热线工单304件，处理答复298件，余6件正在处理,满意率达97.5%。加强司法所建设，司法所规范化水平大力提高。11月，经过县市区司法局、市州司法局考核推荐和省厅审查评定，省司法厅授予洪山街道“湖南省规范化司法所”称号。狠抓安全生产，重大节假日期间对街域内加油站、联合餐厨、建筑工地、畅达物流等进行安全生产隐患排查，对校园安全隐患进行全面排查，联合交警、派出所在上下学时间段对校园周边安全巡查。全年未发生一起安全生产责任事故。

【圆桌议事会项目被评为省级同心项目】 根据区委统战部开展“四同创建”活动的总体部署，洪山桥社区通过搭建“圆桌议事会”议事平台，探索促进党领导下的基层协商民主，探索实践平等、多元、互动的社区社会治理模式，寻找居民群众利益的最大公约数，取得实实在在效果，成功创建为长沙市“同心社区”。《潇湘晨报》《长沙组工通讯》《长沙党建》、开福手机报进行推介，多次接受中办通讯、市区各级观摩。

（何　晓）

月湖街道

书　记　田　营（2016.9任）
　　　　易文斌（2016.9免）
副书记　申　波
人大工委主任
　　　　方云南（2016.9任）
　　　　曾君湘（2016.4免）
纪工委书记　刘晓健
副主任、政协联络处主任
　　　　周可佳（2016.9任）
　　　　唐立志（2016.9免）
副主任　肖军群
　　　　隆井江
　　　　胡　剑（2016.4任）
组织委员　罗　坚

【概况】 月湖街道位于开福区东南部，北靠三一大道，毗邻月湖公园，东面与长沙县和芙蓉区接壤，西、南面浏阳河蜿蜒而过，万家丽北路贯穿其中,辖6个社区（鸭子铺社区、朝阳社区、月湖社区、马栏山社区、舟桥路社区、溪水湾社区），归口管理朝正水利管理所,全街总面积6.56平方千米。现有家庭总户数8289户，总人口2.2万人，其中常住人口1.8万人，流动人口4984人。街道内设机构11个，党政办、党建办、经济办、卫生和计生办、城建办、社会事务办、综治办、城管办、财政所、安监站、食安办，下设政务服务中心，街道在编在岗工作人员43人。辖区内有楼盘小区、农民安置小区10个，驻有武警湖南省总队、湖南省高速公路管理局、解放军舟桥84团（75105部队）、长沙公共卫生中心等数十家企事业单位，有小学2所，幼儿园17所。

2016年，月湖街道完成国民生产总值19.8亿元，比上年增长10%；人均国民生产总值80016元，人均可支配收入23833元；完成固定资产投资30.5亿元，比上年增长13%；实现社会消费品零售额15.3亿元，比上年增长13.9%；完成规模工业产值6.8亿元，比上年增长8倍；完成内联引资7.14亿元，到位外资1000万美元，外贸进出口105万美元。全年引进各类企业193家，新增限上商贸企业3家，新增规模工业1家，全街第三产业从业人员共7595人；第三产业增加值8.27亿元，比上年增长11%；住宿和餐饮业营业额1.09亿元，比上年增长5%；银行各项存款余额14.96亿元，比上年增长10%；人民币贷款余额42.75亿元，比上年增长11%；保险公司原保险保费收入7472万元，比上年增长20%。全年完成全口径财政税收9946万元（其中国税收入5132万元，地税收入4814万元），完成进度全区排名第三。

征拆工作有序进行，朝正垸片区城中村改造项目，累计已拆除合法房屋共计1500余栋，拆除违章建筑130万平方米，其中一期、三期、五期项目签约率98.2%，完成一、三、五期扫尾房屋98栋中的73栋。完成开福巡警大队业务用房建设项目，拆迁面积1384平方米并倒房腾地。完成马栏山七期项目的调查摸底工作。重点项目快速推进，街道为朝正垸水环境整治、财富名园二期、红星美凯龙等重点项目，从拆迁腾地、综治维稳、项目服务等全方位提供优质服务保障，工程建设顺利进行；配合完成万家丽两厢及高架桥匝道口区域综合整治；服务协调马栏山通道改造工程建设确保10月正式通车；按要求完成朝月渠、月主渠的整治工作，完成目标任务。

拆违复绿成绩显著，按照全市大拆违行动要求，朝正垸片区城中村改造项目内违章全面清零，共拆除项目外违章46处约1.1万平方米，拆违后清场48.2万平方米,复绿3.67万平方米。组织拆除三一九大道南侧靠金马大市场的违章钢架棚约1200平方米，美化入城口环境。组织开展“百日行动”，对农安小区进行集中整治，进一步提升农安小区环境品质。加大城乡环境卫生基础设施投入，推动环境卫生管理城乡一体化进程。提质提档初见成效，按照社区实际分类施策，加强农安小区物业管理和基础设施建设，对新析置的两个社区高标准建设；对严重影响周边环境的朝阳沙场进行关停，拆除沙场部分建筑，依法查封全部设备。

2016年，城镇新增就业人数1010人、失业人员再就业185人、就业困难再就业155人、零就业家庭动态援助100%、新增农村劳动力转移就业152人、城镇登记失业率3%、新增创业主体数482个、带动城乡就业人数3000人、扶持大学生创业人数25人、充分就业社区创建率100%、技能培训和创业培训共110人。城镇居民医疗保险新增363人，发放失业保险金56.74万元，居民养老保险生存认证1002人。街道城乡低保共计9户16人次，年度审核累计退出5户9人次；农村居民低保共计32户53人，年度审核停止享受8户18人。医疗大病救助共计救助五保三无、低保、特困户27人次，救助金额17.17万元。各类优抚优待对象64人，全年共计代发优抚金28.42万元。在册精神病人38人，全年药物救助共计94人次，救助金额1.03万元。对社区居民450人进行春节走访慰问，慰问金14.72万元，米、油、面共224套。为95名符合条件残疾人申请生活补贴和护理补贴工作；做好朝正垸城中村改造五期项目医社保工作及一期、三期、五期收尾项目的医社保工作。

街道紧紧围绕创建“平安月湖”工作重点，扎实推进街道综治工作规范化建设，形成以街道综治为龙头，各职能部门为依托，街道、社区干部为基础的上下联动的综治防控体系，维护街道社会的和谐稳定；社会管理创新走上正轨,全年对网格化管理人员进行两次系统的业务培训，为网格员配备一批新的移动终端；6个社区建立综治维稳工作站和人民调解委员会，配备专职调解人员；组织开展马栏山社区安全整治行动；联合各相关单位开展打击传销专项行动；组织开展辖区内企业、旅馆、网吧、游戏机室、棋牌室等经营场所安全大排查大整治行动8次，发放隐患整改通知书165份，发放宣传资料1000余份，签订安全生产责任书1000余份；11月，组织开展“四类场所”化学危险品大排查大管控大整治集中行动“回头看”。2016年，全年未发生一起安全生产责任事故，无一起群体性上访事件发生。

2016年，按程序对辖区22个支部完成换届选举工作；街道承办长沙市文明旅游宣传活动、五四青年节环月湖公益跑等重大活动，参加区文体知识竞赛取得全区第一名的好成绩。全面推进妇幼健康“十免十优”服务，为育龄妇女开展妇女病查治，妇检率95%；孕前优生健康检查93对；免费产前筛查68人、新生儿疾病筛查106人，共报销金额4.13万元；五项奖扶对象共计968人，发放各项奖励资金合计24.32万元，其中独生子女保健费发放960人，发放金额为21.79万元。组织开展食品安全“利剑行动”和“秋风行动”专项整治，共出动车辆30台次，参加人员150人次，检查门店共计200家，下发隐患整改通知书13份，上门为各门店办理健康证400本。

【陈向群、张文雄调研马栏山创意集聚区项目】 6月3日，省委常委、常务副省长陈向群，省委常委、宣传部部长张文雄等在长沙调研马栏山创意集聚区项目，长沙市委副书记、市长胡衡华，市委常委、宣传部部长张湘涛，副市长黎春秋，市政府秘书长谭勇陪同调研。马栏山创意集聚区规划用地280公顷，位于长沙市开福区朝正垸鸭子铺，北到三一大道，东至万家丽北路，西南两面为浏阳河九道湾环绕。陈向群一行先后到马栏山创意集聚区项目规划现场、湖南广电节目生产基地、金鹰大厦，分别调研了解项目实施进度、节目制造流程、产业发展规划等。在听取项目建设情况汇报后，陈向群强调，马栏山创意集聚区项目规划起点要高，特色要鲜明，定位要清晰，将项目打造成独具湖南特色、具有国际影响力的视频制造产业园区。要以视频制造的横向拓展、纵向延伸为发展方向，突出传统视频与互联网视频结合，产业链与技术链、资金链、人才链结合，构建良好产业生态。要以VR(虚拟现实)、AR(增强现实)技术和大数据研发应用为突破口，满足文化娱乐、教育医疗、尖端制造等现代经济生活需要。要围绕视频产业聚集和上下游产业链延伸，积极运用创投、并购，大力发展以文化创意产业金融为主要内容的现代服务业。陈向群要求，要充分利用“广电湘军”品牌优势在全球范围内精选合作伙伴，创新招商模式。省、市、区政府及相关部门在配套基础设施建设、资金政策等方面给予支持。张文雄同时强调，马栏山创意集聚区项目是湖南省文化发展与科技创新的大事，要统一思想，把马栏山创意集聚区建设作为践行五大发展理念的试验田、示范区，作为“十三五”规划落地的务实措施，作为推进湖南省文化产业集团化、信息化、国际化的重要抓手。要精准定位，既要借鉴经验，又不简单复制，以创意为核心、文化为根本、科技为关键，形成自身特色。要群策群力，坚定决心，一步一个脚印，把各项工作落细落实。

（张磊琪）

浏阳河街道

书　记　朱旭东（2016.8任）
　　　　毛　毅（2016.8免）
主　任　殷建锋（2016.9任）
　　　　陈红升（2016.9免）
副书记、副主任、政协工作联络处主任、武装部长
　　　　王开文
副书记　肖　杨
人大工委主任
　　　　邱自力（2016.9任）
组织委员　许攀芳
副主任　王登攀
　　　　肖　亮（2016.4任）
　　　　刘学锋（2016.9任）
纪工委书记
　　　　严许锋（2016.9任）

【概况】 浏阳河街道位于浏阳河与捞刀河二水环绕的自然湾区，东至东二环，西至京广铁路，总面积为5.9平方千米，常住人口7536户、17910人，流动人口5766人，辖毛家垅、双河、陈家渡、史家坡、福元路等5个社区。街道内设机构10个,党政办、党建办、经济办、卫计办、城建办、社会事务办、综治办、城管办、安监站、财政所，归口管理涝湖水利管理所。街道在编在岗工作人员39人。辖区内有楼盘小区、农民安置小区10个；有解放军163医院、湖南珠江实业投资有限公司、湖南旷代房地产开发有限公司等数十家企事业单位；有小学3所、幼儿园11所。

2016年，浏阳河街道紧紧围绕“升级发展、成就北富”的奋斗目标，把握新形势，践行新理念，构建新格局，推动新发展，以钉钉子精神抓党建、推拆迁、促项目、化积案、惠民生，展示了新面貌、新作为，在2016年目标管理绩效考核中，浏阳河街道自成立以来首次跻身全区一类街道，基层党建典型经验获省委组织部肯定，双河湾保障住房全面开工建设，全年综治民调工作排名全市街镇第一，创建成市级“安全生产示范街道”，党政办获评全市党办系统先进单位，福元路社区创建成市级“文明创建示范社区”。

2016年，各项经济指标稳中有进，完成财税收入3.03亿元，比上年增长8.3%；完成固定资产投资60.18亿元，比上年增长1%；完成社会消费品零售总额9.38亿元，比上年增长11.5%；完成市外境内实际完成固定资产投资5.8亿元，比上年增长13.8%；实际利用外资1616万美元，同比增长8.8%；完成外贸进出口112万美元。产业发展平稳向好，珠江郦城、龙湾一号公馆、英祥苑3个重点产业项目全面完成投资和形象进度，万国城MOMA、万科城、沁园金城、江景华府等8个楼盘销售价

福元路社区举办“传承长征精神，弘扬优良家风”文化活动

量齐升，全年实现商品房销售面积25万平方米；加大招商引资力度，大力扶持楼宇经济发展，全年新增企业328家，福元路首个集中商业综合体——河马公园开业，全国知名律师事务所——湖南银联律师事务师入驻万科城金MALL坊。

2016年，共实施重点项目18个，双河湾农民安置房项目新签约合法房屋3户，仅剩1户未签协议，完成率99.7%；完成已签房屋的倒房腾地工作，协助完成项目地勘钻探作业、围墙施工和清表开工行动，着力维护建设环境，项目全面启动基础建设。渔业路延长线及车站北路捞刀河大桥扩征项目全面完成拆迁扫尾清零任务，正在全线施工。渔业路隧道项目完成拆迁扫尾任务和2栋线外代征房屋签约腾房工作，项目正在抓紧施工。家园路项目在二公告内即完成所有签约任务和倒房腾地工作，项目已围挡开工建设。洪山路网项目实现清零倒房腾地，并开工建设。浏阳河风光带、福元西路提质改造、涝湖垸捞刀河大堤整治等项目均如期完成并投入使用。

2016年，在福元路新设减速带，在珠江花城小区内设立循环车道，在滨河南路沿线新建3个停车坪、设置4个交通信号灯；在涝湖一期、二期农安小区新增停车位400个，更换沟盖板2300多块，对化粪池、管道进行全面疏浚；在捞刀河堤下新增停车位200多个。加强黑臭水体整治，共退养7户牲畜515头；对东排渠等重点堵段实施了截污纳管、清淤及垃圾清理工程。对洪山家园、涝湖一期、二期进行彻底整治，清理堆物1800多处、910多车。落实门店市容环境卫生“四位一体”责任制，加强巡查管控，共处理“门前三包”类违章6200处。2016年，共拆除违法建筑34处、2.54万平方米，杜绝新建违章。启动滨河北路沿线破土复绿立面整治和滨河南路北沿线造绿复绿工程，造绿面积2.9万平方米。做好散煤销售点和藕煤生产作坊的排查工作，取缔5家无证散煤小作坊。扎实开展非法“住改商”整治，万国城小区一楼麻将馆全部关停。

2016年，全街城镇新增就业人数1100人，无零就业家庭，城镇登记失业率控制在3%以内；城乡居民养老保险征缴基金5.83万元，完成率129.6%。按要求完成陈家渡社区老年人日间照料中心建设任务。深化改革全面推进，创新探索“民办公助”模式，建设全区首家民办街道社区卫生服务中心——浏阳河街道社区卫生服务中心，在全市率先推出“全科医生家庭契约式服务”项目，实施生育服务证、孕产妇保健手册“一站式办证”“一体化服务”“一盘棋管理”。双河社区、史家坡社区新办公服务用房完成装修并入住办公，打造社区公共服务示范点。加强对清水塘三小、开福一小、史家坡学校及辖区幼儿园的周边环境治理，打造“福元民乐团”社区教育特色教育课程。大力发展群文团队，组织举办“炫彩氧气彩虹跑”等群众性文化体育活动30多场次。超额完成献血任务24人，辖区没有发生重大疫情和公共突发事件。落实防汛责任制，积极应对持续性强暴雨天气，辖区内未出现较大以上险情和人员伤亡。按时完成渔民转产转业工作。深化更高水准文明城市创建工作，先后组织开展“守望邻里情 欢喜闹元宵”“欢乐端午节 粽情浏阳河”“同聚同品同乐中秋喜乐会”“弘扬长征精神 传承优良家风”等志愿服务活动，被中央、省、市主流媒体宣传报道。成功创建成市级“安全生产示范街道”，全年没有发生安全生产责任事故。加强食品药品安全执法排查，杜绝食品安全事故发生。

加强矛盾纠纷排查化解，街道综治工作先进经验在《长沙晚报》专题报道，并在《长沙政法综治动态》作为典型经验推介。

全面落实从严治党责任，精心组织开展“两学一做”学习教育，健全“周五课堂”，班子成员轮流讲党课，举办“8090后”青年党员座谈会和专题知识竞赛，组织400余名党员参加《准则》和《条例》集中考试活动，大力推进“心之桥”书记项目，5个社区分别建设“党群连心室”。认真落实党风廉政建设“两个责任”，推进纪检监察工作一体化建设，举办集体廉政谈话、党风廉政建设和作风纪律讲评会，组织干部职工到长沙廉政警示教育基地参观学习。严格执行“三重一大”制度，实行万元以上资金集体审批，压缩“三公”经费，坚决纠正“四风”，全年共下发督查通报10期，共处理党风廉政信访案件3件，查处党员干部作风纪律问题4起。人大、政协积极履职，圆满完成五届人大、政协换届选举工作。

【评选“四个‘十佳’党员”】 1月4日，浏阳河街道举行“四个‘十佳’党员表彰大会”，从街道603名党员中评选出“十佳项目建设先锋”“十佳为民服务先锋”“十佳文明创建先锋”“十佳促进和谐先锋”共40位优秀党员予以表彰，引导全街广大党员树立“先锋”意识和“标杆”意识，激励广大党员亮身份、当排头、争楷模、打硬仗，在经济发展、拆违控违、项目拆迁、文明创建、促进和谐等工作中发挥先锋模范作用，展示共产党员新形象。

【在全市率先试点“全科医生家庭契约式服务”】 5月4日，浏阳河街道举行“健康教育与促进工作暨全科医生家庭契约式服务启动仪式”，副区长何惠风为浏阳河街道健康教育与促进工作委员会授牌并讲话。首批30余名居民与浏阳河街道社区卫生服务中心的服务团体当场签约，从即日起享受12项免费服务、20多项个性化服务；并在全市率先实施生育服务证、孕产妇保健手册“一站式办证”“一体化服务”“一盘棋管理”。全科医生家庭契约式服务在便民利民惠民的同时，也创新了基层社区卫生服务模式。

【荣获2016年湖南省社会管理综合治理民意调查长沙市乡镇（街道）第一名】 按照湖南省委社会管理综合治理办公室的要求，2016年6月、10月，湖南省统计局民意调查中心采用计算机辅助电话访问方式，分上半年、下半年对全省城乡居民开展“全省社会管理综合治理民意调查”，调查结果显示，浏阳河街道在2016年全省社会管理综合治理民意调查中排名长沙市乡镇（街道）第一名。

（曾令文）

秀峰街道

书　　记　徐路明（2016.4任）
　　　　　杨知强（2016.4免）
主　　任　曾君湘（2016.4任）
人大工委主任
　　　　　甘培虎（2016.9任）
　　　　　陈印鑫（2016.9免）
政协联络处主任
　　　　　甘浩文（2016.9任）
　　　　　吴群辉（2016.9免）
纪委书记　罗　军（2016.9任）
党政办主任　莫　琳（2016.9免）
副 主 任　刘　丹（2016.9任）
　　　　　谢建阳　莫茂庭
组织委员　谢刚毅

【概况】 秀峰街道地处开福之北，东接青竹湖街道石长铁路，南至捞刀河，西临湘江大道，北抵三环线，距离地铁1号线开福区政府站仅3分钟车程，未来地铁1号线北延线将贯穿秀峰南北。秀峰街道山清水秀、风光旖旎，自然生态环境得天独厚，原生态植被覆盖率33%，居全区第一，水资源和岸线资源丰富。辖区东西最大距离5840千米，南北最大距离6150千米，总面积21.5平方千米，辖湘荷村、宿龙桥社区、戴家河社区、兴联社区、新大塘社区、竹隐社区、鹅羊山社区、湘民社区8个社区（村），街道内设“六办”（党政综合办公室、经济发展办公室、人口和计划生育办公室、城市建设与管理办公室、社会管理综合治理办公室、社会事务办公室）“两中心”（公共服务中心、农业技术综合推广服务中心）“一所”（财

政所）。2016年年末，辖区内总人口为23392人，其中常住人口18294人，流动人口5098人。街道所属中学1所，小学4所、幼儿园12所。

2016年，街道全年重大项目41个，占全区重点项目总数的四分之一。其中政府投资类29个（预备项目12个）、社会投资类12个。在车站北路北延线项目中，街道组织精兵强将快速推进征拆，该项目自2016年2月28日发布二公告开始签约，仅三天就完成60户合法户签约，占总数的45%，17天全面完成合法户协议签订。截至12月，车站北路北延线、高岭组团二号地项目、交通投一期项目、长沙市第六水厂项目、高岭综合交通枢纽项目、竹隐安置小区建设项目、鹅秀路项目、次干道一项目、次干道二项目、竹隐北路香江段已完成项目拆迁，鹅羊路项目、香江项目、十号路项目正抓紧扫尾，公交投项目二期、戴家河生产发展用地项目、滨江三期项目正在签约腾地。

2016年，街道持续加大招商引资力度，积极引进香江红星地产公司、红星美凯龙家具广场有限公司等强实力项目单位。积极主动想办法盘活兴联、戴家河及竹隐社区的生产发展用地。继续做好招商引资基础工作，积极开展企业走访活动，多次上门与中石化长沙分公司、国中医药、国药控股等单位对接服务，定期召开企业经济工作会议和业务培训，解决企业实际困难和问题，引导企业把批发额转为零售额，提高社零指标对全区的贡献率。全年新增长沙忆江南文化创意有限公司、长沙长万凯茶叶销售有限公司2家限上商贸企业;新增湖南长大检测有限公司、湖南友谊联合会计师事务所、湖南友谊房地产评估经纪有限公3家限上服务业企业;新增长沙洁韵卫生用品有限公司1家规模以上工业企业。全年完成税收收入4.53亿元，其中国税1.93亿元，地税2.6亿元。完成固定资产投资71.53亿元，绝对值排名全区第一；完成房屋销售面积53.26万平方米；完成规模工业总产值2.21亿元，完成社会消费品零售总额82.63亿元。

扎实推进社区标准化硬件建设，实现社区标志、机构门牌、服务窗口、宣传栏目、信息查询终端“五统一”；解决居民用气难问题，为1563户居民安装了天然气管道；打造了宿龙桥、戴家河社区“10分钟居家养老生活圈”，做到开门见绿、推窗见景、百米见园；严格管控新公司选址，整治“住改商”；加速戴家河社区城中村改造试点，完成集体经济改制和股权配置，使村民变居民、农民变“股”民，去年底集体经济收益分红900万元；新建新大塘社区站厕1座；新建兴联社区母山小区、宿龙桥社区湖湘市场2个农贸市场。开展城乡环境综合整治，重点整治主次干道、背街小巷、农安小区脏、乱、差现象。拆除违章违规广告、店招85块，铲除牛皮癣、小广告5000多条；出动大型机械集中对高冲路、冯蔡路、茶园路、秀峰大道等地的建筑垃圾、废弃土进行清理平整。2016年，累计清理垃圾渣土2000余车；清除生产发展用地种菜、堆物、违章亭棚和渣土，拆除违章建筑251处，面积9.9万平方米；对流动摊贩、店外经营、占道经营、违章户外广告招牌、乱牵乱挂、夜市扰民等违章行为进行专项整治，采取减免费用等照顾性优惠政策劝导流动商贩入市经营。全年共下发各类法律文书500多份，清理规范店外经营2100多处，规范治理流动商贩2300多人次，引导20多名失地农民流动商贩进入了门面经营，较好地解决占道经营，沿街叫卖问题，流动经营、占道经营明显减少，城市管理与流动商贩的矛盾得到有效解决；对渣土扬尘进行集中治理，组织专门的巡查及监管队伍，每天21:30—次日3:30进行值班守点。在湘粤村出入口设置了限高门，并对违规卸土区域进行挖沟设障，安排城管中队加强巡逻值守，始终保持了对扬尘污染治理的高压态势。对主次干道实行“三化”。结合精美城区建设，以“规划控绿、清脏播绿、拆违建绿、择空补绿、见缝插绿、垂直挂绿”为主要内容，实施美化、绿化、亮化工程，对海事局、开发商楼盘等芙蓉路两厢实施亮化，完成沿江风光带、山语城、芙蓉路两厢、楚天逸品、戴家河社区、井坡社区公园、湘江一号、绿地、工商局两侧和秀峰公园边坡造绿共计33.33公顷，芙蓉北路东侧造绿占地约2.67公顷。

强化社会救助服务体系，保障弱势群体生活。进一步加强对困难群体的关爱帮扶，认真做好困境儿童、空巢老人、残疾人、失独家庭等群体的权益保护和困难救助工作，截至2016年年底，街道共有居民低保304户；年审取消低保户13户；提标户数220户，新增低保5户，真正意义上实现动态管理下的“应保尽保”。发放残疾人两项补贴共计34.55万元，全年申报大病救助108人，救助金额共计60.21万元。城镇新增就业人数1080人，新增灵活就业人数812人，失业人员实现再就业165人，就业困难对象实现再就业152人，零就业家庭动态就业援助100%，街道城镇登记失业率2.07%，充分就业社区建成率100%，新增农村劳动力转移就业800人，扶持大学生创业30人。新增创业主体620家，带动城乡劳动者就业人数3000人。申报办理“就业失业登记证”428本，申请就业困难人员认定330人。办理就业困难人员社保补贴48人次，补贴金额18.02万元，其中养老保险补贴25人次，13.61万元；医疗保险补贴23人次，4.41万元。企业养老保险新增参保人数209人，征缴基金236.5万元；城乡居民养老保险参保人数5349人，征缴基金32.41万元；城乡居民医保征缴基金548万元。为2015年及2016年一季度符合大病保险补偿条件的40余人申请补偿；社保卡累计发放7460张。

突出重点确保食品安全，做到网定格、格定责、责定人。积极深入社区、农村、企业、学校、工地开展“五进”活动宣传。对全街的中小学及幼儿园、食品流通和餐饮服务企业进行摸底排查，为150家食品经营店建立台账，切实做到“监管底子清、风险情况明、问题发现准、防范处置早”；联合湖南省肿瘤医院、中南大学湘雅医学院附属肿瘤医院、新港卫生院开展以“健康秀峰、健康生活、科学防癌”为主题的专题科学讲座，开展两次妇科病普查及农村妇女两项免费防癌检查，惠及育龄群众5500余人，完成免费孕前优生检查120对。顺利完成“长沙市流动人口协同治理重点单位”“湖南省级优秀执法示范窗口”初步验收工作。开展电工维修、保洁、保安、物业等专题培训，实现“家门口上班”的需求；积极对接项目，优先本地人员就业。开展“关爱农民工，服务均等化”主题活动，为农民工发放电风扇、夏天防暑药品，提供生育保健、避孕节育、应急知识、法律维权等各项服务。做好渔民转产转业工作，相继完成资产评估116户，签订协议109户；做好畜禽养殖退出工作；建立森林防火应急队和巡山队，出动宣传车50余次，制作防火宣传牌50块，横幅35条，标语300张，板报800余条，发放防火宣传资料2500余份，签订森林防火家庭联防承诺书4000余份；做好动物防疫、检疫工作，全年没有发生重大疫情；扎实开展安全生产大排查，全年未发生一起安全生产责任事故。

深入贯彻落实中央、省、市党代会精神，把思想和行动统一到区第五次党代会确定的目标任务上来，充分利用微信、QQ、宣传栏、电子显示屏等媒介对文件报告进行全方位解读；深入开展党建品牌打造。在全街开展“书记面对面、发展实打实”党建品牌创建活动，在有条件的社区实行“党建O2O”服务模式创新，探索“党建+”智慧党建，将竹隐社区建成市级党建示范点。发挥广大团员青年生力军作用，用党建带团建，团建促党建；树立正确用人导向。坚决向“为官不为”开刀，向“懒政怠政”亮剑，传导压力、激发动力，打造敢抓敢管、善于破难、敢于担当的“狮子型”干部团队，在全街形成“群狮”奋进、争先恐后、干事创业的良好局面；通过开设年轻干部讲坛、深化“青蓝结对”、落实村级后备干部提前上岗等方式，促进年轻干部成长；持续强化作风建设。从严从实加强干部管理，依法依规依纪办事，建设风清气正的政治生态。强化“马上就办、办就办好”的工作力度；深入开展“两进三访四必问五保障”活动。发挥人大代表、政协委员参政议政作用，启动千年古刹“竹隐寺”改扩建工程，提升秀峰文化内涵与底蕴。

【全球家居建材交易平台落户高岭国际商贸城】 5月21日，首届中部（高岭）建材家居批发交易会，在长沙金霞高岭国际商贸城隆重开幕，一个全产业链的全球建材家居交易平台正式落户长沙。交易平台营运后，将集商品展示、交易、设计、创意研发、物流配送、信息服务、电子商务、会展等功能于一体，汇集全球商品流、人才流、资金流、信息流，运用数据信息及电商平台，真正做到“买全球，卖全球”。按照规划，高岭国际商贸城项目将是集市场集群化、电商产业化、仓储物流一体化、业态多元化、功能复合化、硬件现代化、管理专业化为一体的全产业链第五代专业市场。涵盖小商品、酒店用品、烟酒副食、轻纺百货、五金机电、建材家具、家具家饰、汽车配件及装潢用品等43大专业市场群。平台成熟后，高岭可容纳10万商家，集12大功能分区、30大服务平台于一体，汇聚全球十万品牌数百万种商品，将成为以长沙为核心，辐射湖南、湖北、江西、贵州、广西、重庆等省市自治区，影响3亿多消费人群的批发直销总部集散平台，届时可为社会提供35万个就业岗位，年交易量将过千亿元，推动长沙商贸物流转型升级筑起“新海拔”。

（胡泽海）

捞刀河街道

书　记　范晓军（2016.9任）
　　　　刘　勇（2016.8免）
主　任　吕宏凯
副主任、政协工作联络处主任
　　　　易建威
副书记　尹红霞
人大工委主任
　　　　谢含滋(2016.9任)
副主任　王　辉
　　　　谢　俊（2016.10任）
　　　　金星刚
　　　　颜　艳（2016.10任）
组织委员　易　清
纪工委书记　董　鹏

【概况】 捞刀河街道总面积41.5平方千米，总人口2.91万人，其中常住人口2.25人，流动人口0.66万人。街道辖捞刀河社区、高岭社区、中岭社区、罗汉庄村、白霞村、凤羽村6个社区（村）。辖区内共有6所学校，其中1所中学（沅丰坝中学）、5所小学（高源小学、大星小学、中岭小学、凤羽小学及教学点、清水塘实验小学），有1所幼儿园（第三幼儿园）。驻街二级机构为捞刀河街道水利管理所。街道内设党政综合办公室、经济发展办公室、卫生和计划生育办公室、城市建设与管理办公室、社会管理综合办公室、社会事务办公室、农业技术综合推广服务中心、财政所、公共服务站、安监站共10个内设机构。街道在编在岗工作人员41人。2016年街道获评开福区2016年度收入组织工作先进单位。

2016年，完成全口径财政预算收入10532万元，完成全年任务的137%，其中国税7407万元，地税3125万元；完成固定资产投资36.47亿元；完成社会产品零售总额10.81万元，完成规模以上工业总产值9.16亿元，全面完成区委下达的全年经济指标任务。坚持在税源培植和优化服务上下功夫，切实做好企业特别是一些重点纳税企业的跟踪服务工作；主动与深圳三源色文化传播有限公司、龙骧永通、湖南百孝养老服务有限公司等企业总部对接，将其税务关系转移至开福区或者在开福区注册子公司并办理税务登记，完成11家企业税务关系变更至开福区。建安建材产业持续保持强势地位，顺天建筑集团、高岭建筑集团每年均有项目荣获“鲁班奖”；高岭国际商贸城、沙河堤亚纳湾为主的中高档地产楼盘陆续建设，商业地产实现快速发展；打造了高源村葡萄种植园、大星村益生态提子园等特色农业示范点。

2016年，开福大道拆迁腾地基本完成，该项目共征地24.27公顷，拆迁合法房屋105栋141户，违章29户，动迁人口432人。香江2.2期征拆项目接近尾声，香江

2-2期项目涉及高岭村和捞刀河社区，分长河一期、长河二期、当代二期三个地块，共征收27.87公顷，共拆迁216栋301户。星沙联络道项目青苗发放、杆线迁移、迁坟等工作全部完成，施工进展顺利；紫荆小区、大地服装、大地智能小区及大地智能扩征项目清表工作已全部完成。高岭交通枢纽项目南地块全部完成协议签订工作，提前完成任务；中岭保障住房已完成前期手续，10月启动建设。同时，积极对接市区相关部门，配合做好苏托垸污水处理厂的前期准备工作。

2016年，以“城乡环境综合整治百日大会战”为契机，因地制宜实施路面清扫大提质、垃圾焚烧大整顿、违章建筑大拆除、卫生死角大清理、市容秩序大改造、水域污染大防治、涉污企业大排查、农户卫生大评比等城乡环境综合整治八大专项行动，安排洒水车对主次干道路面进行集中清洗，提高路面清洁干净度；更换150个环保垃圾箱，垃圾不入池、焚烧垃圾、垃圾爆棚等现象明显改善；完成市区督查交办问题清单整改2批次44处和街道巡查问题1000处，环境问题明显减少；党员干部开展志愿清扫200余次，5000余人次，清理堆物、杂草、垃圾和废物1000万千克，卫生状况明显改观。加大城镇基础设施建设，完成龙潭小区提质改造、楚家湖路的提质改造和苏托垸大堤、廖家渡大堤、盐船洲大堤4600米的道路硬化；按时按质建成高岭社区公园并投入使用，完成楚家湖污水处理站建设并投入运行。对高岭社区向家湾小区、中岭社区龙潭小区乱搭乱建的乱象进行集中整治，拆除违章亭棚、违章广告牌等70处，面积4500余平方米，拆除违章135处，面积8.83万平方米，同时取缔2个农村赶集市场，经营秩序明显好转。

2016年，不断完善社会治安防控网络，建立健全应急管理体系，群众的社会安全感和治安满意度大幅提高。采取党政班子联户包案的方式，着力化解基层信访难题及遗留问题，2016年成功化解了10个遗留信访问题。大力整治破坏和影响发展环境的人和事，有效遏制了犯罪现象，确保一方平安。汲取“8·29”道路交通安全事故教训，连夜开展道路安全隐患排查治理工作，第一时间增设“8·29”事故现场交通设施，在苏家托大桥下道路两侧加装限宽墩，增设交通警示标志。分两批次排查辖区内交通安全隐患问题216条，根据实际情况，增设交通警示标志、减速带、反光镜等交通安保设施，提高辖区交通安全系数。利用彭家巷高架桥桥下空间划设机动车停车场和摩托车停放处，联合区交警大队对彭家巷社区和卫星桥的交通拥堵问题进行疏导，开展营运客车、载货汽车、校车和“三车、三场”排查治理工作，保障道路正常运输秩序。民生为本，社会事业齐头并进。安稳民身。2016年，安全生产、食品安全监管成效明显，全年未发生一起较大的安全事故。

2016年，养老、医疗、失业、生育四项保险覆盖面不断扩大，养老参保11412人，其中到龄领取待遇3397人，100%到村认证；城乡医保参保17510人，新农村合作医疗参合率100%。全面落实优抚救助，足额发放各类优抚、救助、激励等各类政策资金729.99万元，完成农村危房改造26户，开展扶贫帮困4次；规范农村“三资”的管理，确保各项惠农政策的落实；切实提升卫生计生优质服务，全面落实生育关怀、奖励扶助、新筛产筛等优惠政策，全年发放独生子女保健费和农村奖励扶助金69.11万元。在盘活村（社区）两安用地上下功夫，协助村（社区）逐步消化村级债务问题，将高岭生产发展用地纳入城中村改造，利用政府和社会资金进行盘活。

深入开展文明创建，精心组织庆祝建党系列活动、学雷锋系列主题活动等；大力宣传道德模范，开展“新乡贤”评选表彰活动；新建白霞村综合文化服务中心，为群众开展群文活动提供便利的场所；积极组织群众参加“校园文化进社区”、湘江韵律、红歌会等文化活动，丰富群众的精神文化生活。延续2015年“领头雁”工程，把加强街道班子及村支部书记执行力建设确定为2016年度党建书记项目，着力解决“软执行”“慢执行”“懒执行”“乱执行”等突出问题。抓党员队伍带头，引导和号召全体党员将先锋模范和表率带头作用体现在具体事务上，做到在征地拆迁中带头签协议，带头倒房，带头做其他拆迁户思想工作；在拆违控违中带头签订承诺书，带头拆除违章；在环境整治中带头搞好门前屋后卫生，带头不引进涉污企业等。对捞刀河社区、白霞村两个基层党建示范点进行深化提质，重点打造彭家巷社区“搭建‘三银’平台，争当服务先锋”基层党建示范点；借助合并村以强带弱、软弱涣散党组织整顿等有利契机，对捞刀河村党支部进行整顿，取得良好效果。

【捞刀河街道“组合拳”整治城乡环境】 2016年3月以来，开福区捞刀河街道采取政府引导、财政补贴的方式，发动菜农改种荷花，苏托垸水域范围荷花种植面积扩大到333.33公顷，成为改善生态效益、促进城乡品质提升的“荷花走廊”。同时，捞刀河街道城乡环境八大专项整治行动组合推进，开展路面清扫大提质、垃圾焚烧大整顿、违章建筑大拆除、卫生死角大清理、市容秩序大改造、水域污染大防治、涉污企业大排查、农户卫生大评比等八大专项整治“百日会战”行动。随着八大专项整治行动持续推进，取缔街道范围内的农村赶集市场，对彭家巷龙潭农贸市场、毛家桥水产市场、高岭向家湾安置小区等违章广告牌、违章亭棚进行拆除整治；拆除露天垃圾池，配备移动式环保垃圾箱119个。此外，仅苏托垸就关停豆腐制作、米粉加工、小食品等小作坊40多家，清退10多家废品收购点和堆场。居民的文明素养，也在共治共享中得以全面提升。

【开展“新乡贤”评选活动】 为进一步促进社会主义核心价值观扎根乡村、推进乡村治理现代化，充分发挥农村优秀基层干部、道德模范、身边好人等“新乡贤”示范引领作用，潜移默化影响和引导民众的价值取向和行为规范，着力营造崇德向善、见贤思齐、德行天下的社会风尚，2016年10月，街道在全街开展“新乡贤”评选活动。根据公平公开公正的原则，经本人自荐、群众推荐、集体引荐共推选了22名优秀人士，通过组委会审定评选出12名“新乡贤”。评选发展“新乡贤”，旨在发展乡贤文化，弘扬乡贤义举，凝聚乡贤力量，充分发挥“乡贤”的声望、经验、学识、专长、财富等资源优势，引领和带动更多民众支持、参与到街道建设大潮中，传递捞刀河信心、展现捞刀河担当、贡献捞刀河力量，助推街道升级发展。

（李　锦）

沙坪街道

书　记　邹　畅
主　任　陈　峰（2016.4任）
　　　　李　旅（2016.4免）
副书记、人大工委主任
　　　　曹　雄
纪工委书记、政协联络处主任
　　　　王伟华（2016.9免）
副主任、政协联络处主任
　　　　胡海飞（2016.9任）
副主任　王科林　梁为超
　　　　杜卫峰
　　　　王亚平（2016.9免）
纪工委书记　刘　莎（2016.9任）
组织委员　杨　艳（2016.9任）
党政办主任　杨夏女（2016.9免）

【概况】 沙坪有“中国湘绣之乡”的美誉，是“湘绣原产地，星城后花园”，是开福区重点打造的集旅游休闲、文化产业、健康养生的综合旅游景区。2016年，长沙市全面启动乡镇区划调整改革合并村工作，街道由原有的1个社区居委会（沙坪社区）、12个行政村（钟石村、茶子山村、自安村、板塘村、大明村、成功村、双湖村、竹坡村、告塘村、海塘村、汉回村、乌溪村）调整为2个社区居委会（沙坪社区、中青社区）、5个行政村（钟山村、檀木岭村、汉回村、竹安村、双塘村），总面积47.5平方千米，是开福区面积最大的街道，常住人口18659人，流动人口3329人，境内有长沙地区唯一的少数民族村——汉回村，村中有回族422人，占街道总人口的2.27%。辖区有幼儿园2所，小学4所，中学2所（含现代职业中专）。街道内设机构11个，党政综合办公室、经济发展办公室、卫生与计划生育办公室、城市建设办公室、城市管理办公室、社会管理综合治理办公室、社会事务办公室、财政所、农业技术综合推广服务中心、食品安全办公室、安监站，设有编制39名，实有69人（在职在编40人，两保人员6名，党务工作者12人，大学生村干部1人，临聘人员10人），离退休人员19人，社区（村）两委成员68人。2016年沙坪街道档案室荣获“档案管理省一级”、汉回村农家书屋荣获“省示范农家书屋”、授予汉回村“省级同心乡村”、沙坪街道荣获长沙市“美丽乡村建设先进单位”、檀木岭村荣获“湖南省美丽乡村示范村”。

2016年，全年完成税收1.29亿元；完成规模工业产值72.1亿元，同比增长2.7%；完成社会固定资产投资55.56亿元，同比增长6.7%；完成社会消费品零售总额12.37亿元、工业投资31.52亿元、内联引资7.176亿元、外贸进出口278万美元、利用外资1100万美元。街道现有规模工业企业60家，限上企业18家，服务业2家。新增规模工业企业3家、限上商贸企业6家。宣传非法集资活动的危害，排查辖区内20多家金融企业，开展打击非法集资法律讲座2次，设置宣传咨询点2处，发放宣传资料、张贴宣传告示等。

2016年，扫尾项目3个，扫尾总面积56.02公顷，拆迁人口468人。针对老项目中的历史遗留问题，街道指挥部确定一个问题一个方案，组建由联村干部、村“两委”成员、群众代表组成的清理遗留问题工作班子，负责对征地拆迁中遗留问题分期、分批逐步化解到位，共化解历史遗留问题18个，完成广胜南路、传化二三期和深国际项目的145拆迁户的转户、两保办理工作，让相关拆迁户及时享受了失业保险金或退休金待遇，确保拆迁户拆迁后的生活保障。新启动项目有5个，分别是自明路、嘉里、雄雕预购件、沙坪公共卫生服务中心项目、深国际二期，征地面积35.68公顷，拆迁户数77户。协调经开区、项目单位和所在村居，做好项目的落地和开工建设工作，广胜路按期建设通车，传化一期施工建设进展顺利，深国际一期项目交地建设，中民筑友项目按照投资进度投入生产，带动地方经济的发展。截至2016年年底，长沙深国际综合物流港项目投入资金1.5亿元，长沙传化物流港投入资金5.5亿元，长沙佳海工业园投入资金7.5亿元，中民筑友长沙工业园投入资金6亿元。

2016年，项目内外共拆除拆违86处，拆除总面积56990.15平方米。其中项目内拆除65处、拆除面积47570.36平方米，项目外拆除21处，拆除面积9149.79平方米。整治长青路、汉沙路沿线户外广告及门店招牌多、乱、杂、破等突出问题，拆除长青路、汉沙路沿线违规广告及招牌70余处、拆除违章亭棚18处；出动吊车、挖机、货车等机械设备15台/次，对拆除后产生的垃圾进行及时清理，出动洒水车、垃圾清运车86台/次，共清运垃圾120余吨，清理堆物50余处，道路两厢环境得到明显改善。针对房前屋后环境卫生、店铺外占道经营、一店多招、乱搭乱建亭棚等情况开展整治，出动挖机10台/次、货车50台/次、拆除违章建筑46处，清理建筑堆物和建筑残渣100余车。开展“百日会战”综合整治行动，出动挖机20余次、运输车26次，打捞水面漂浮物18车；组织环境卫生清扫行动50余次，清理白色垃圾300余吨，清理牛皮癣500余处，清理路边堆物280余处。开展集市专项整治行动，板塘村、大明村、告塘村、竹坡村等6处赶集市场进行彻底清除，劝阻乱占乱摆行为，确保绕镇公路周边交通安全畅通，为群众的出行及周边环境卫生创建良好的条件。

推进造绿复绿工作，以“政府主导，社会参与；属地管理，条块结合；规划先导，城乡一体；科学绿化，注重实效；因地制宜，适地适树；尊重自然，色相季相变化”的造绿工作基本原则，以“规划控绿、清脏播绿、拆违建绿、择空补绿、见缝插绿、垂直挂绿”为主要内容，完成沙坪街道环城绿带生态圈建设，范围覆盖三环线沿线的中青社区和汉回村的8个村民小组，沿三环线3000米两边各60米的造绿范围内，流转和纳入管护范围的田地山林15.54公顷。结合檀木岭村建设规划，现场确定16个基础设施建设项目，先后投入500余万元对长青路、汉沙路檀木岭村路段进行提质改造，修建集游玩灌溉于一体的水渠1100米，修建大小活动广场4个，绿化停车节点4处。两次对4000米长的成功撇洪渠系进行清淤提质改造，投入资金1000万余元，投入60余万元对开福小（2）型水库成功水库进行整修加固，确保农业生产旱涝保收和安全度汛。开展精美庭院建设，规范农户房前屋后菜地果园、树木花草、灯光亮化等布局；实施绿化景观打造，投入10万余元对檀木岭主要路段进行亮化，安装节能型路灯20盏，道路绿化面积8200平方米，栽植各类苗木24万株，投入资金700万元对105户民居进行房屋的立面改造。檀木岭村成功创建长沙市市级为民办实事示范村，并作为长沙市排名第二的村庄参加湖南省省级

“美丽乡村”评比。开展长株潭地区重金属污染耕地质量提升与修复工作，通过对达标生产区和管控专产区稻田水分管理538.07公顷，耕地深翻耕面积420公顷，播撒石灰102.5万千克，发放叶面阻控剂8265瓶，种植绿肥3360千克，用于降低土壤重金属活性，改善土壤结构，达到提升耕地质量和修复治理污染耕地。2016年，农机购置补贴共完成1户，5台，补贴金额5.95万元。

2016年，全年排查发现不稳定因素及社会矛盾纠纷71件，处置71件，调处成功71件；接待各类法律咨询服务46人次，受理网上信访件11起，全部按期给予答复和处理。为街道党工委办事处提供决策建议4条，接受4条，报送4起法律援助，回复信息公开共3件，协助处理行政诉讼案件4件。开展法治讲座、咨询等普法形式10起，受益人群包括干部、学生、人民群众等达1万余人次，发放普法宣传手册、读本等普法资料2万余册，接收社区矫正对象9名，解矫9名。

辖区内共有企业340家，其中，烟花爆竹有11家，高危行业4家，八大工贸行业中，木材、玻璃加工厂34家，食品加工厂39家，机械制造业81家，其他轻工业171家。2016年，街道组织村居、企业签订安全生产责任状、诚信承诺书共235份，发放安全自治公约200余份，组织各种业务培训8次。按照2016年“安全生产月”活动要求及“关于营造创建更高水准安全生产示范城区良好氛围”文件要求，在沙坪湘绣广场等企业设置显示屏，大明大道和长青路交界处设置广告牌，进行安全生产法律法规、安全标语、安全常识等内容的宣传教育，发放安全生产宣传手册2000余份，辖区村居、各企业悬挂安全生产横幅和宣传标语26条，张贴安全生产温馨提示20处、公布举报电话，提高广大群众和员工的安全意识。运用执法软件开展月执法检查，根据诚信制度，黄牌警告制度、黑名单制度对执法检查的重点内容、频次进行规范，截至2016年年底，12家企业进行约谈，下达纸质文书限期整改企业9家，电脑执法下达限期整改企业10家，其中对湖南联兴管业科技有限公司、长沙善多邦建筑装饰材料有限公司进行立案处罚。全年未发生一起安全生产责任事故。

2016年，城乡低保户519户，971人，其中三无五保对象123户，136人，集中供养15人，共发放低保金303.2万元；城乡医疗救助56人次，发放资金39.8万元，大病救助63人，救助金额39.8万元，临时救助94人次，救助金额6.02万元；对特困家庭的15名大中专和高中生进行扶助，资助4.5万元；完成农村危房改造10户；享受高龄补贴共有354人，发放高龄补贴2.39万元；新增养老保险261人，工伤保险214人，医疗保险261人、生育保险214人，失业保险214人，发放失业保险金27.2万元；退休人员养老金资格认证234人，医保参保人数15001人，参保率100%，城乡居民养老保险参保人数11202人，3255人享受了养老待遇，发放永保卡4294张，农村居民普遍实现病有所医，老有所养。

2016年，全年出生220人，人口出生率11.79‰，死亡人数139人，人口自然增长率4.34‰；办理一孩证270本（其中流动人口一孩证12本），再生育证170本，独生子女父母光荣证446本；登记办理“一孩生育服务证”153本（其中流口办证12本），“独生子女证”398本，“流动人口婚育证明”6个，“二孩生育证”92本，办证审核准确率100%，反馈及时率100%。安排居民健康卡信息采集工作，建立健康卡信息18656人建卡率96.5%。新增农村奖扶对象82名、农村特扶对象3名、独生子女保健费对象332名、放弃再生育奖励37名，新增合计454名。大力宣传新政策、新法规，督促卫生服务中心每月对村级医生进行业务培训，邀请市级医疗卫生工作专家来街道开展大型的卫生知识讲座5次，举办讲座43次，义诊9次，组织对村医培训10次，受教育群众近1.5万人次。参加无偿献血群众251人，献血10.04万毫升血。

【“法治中国·湘江论坛暨竹韵清风诗书画绣展”】 5月29日，由中国行为法学会、中南大学、中共长沙市委宣传部主办的“法治中国·湘江论坛暨竹韵清风诗书画绣展”活动在长沙市博物馆拉开帷幕。该活动旨在凸显湘韵，发扬湖湘文化，由“法治中国·湘江论坛暨诗书画绣展”开幕式、“竹韵清风”诗书画绣展创作交流会、第三届“法治中国·湘江论坛”活动，以及“竹韵清风”诗书画绣展四个活动构成。其中，“竹韵清风”诗书画绣展创作交流会于5月29日下午在沙坪街道伊飞湘绣馆内举办，10位中国著名书画家不但现场即兴创作，还与相关湘绣企业代表就湘绣如何和书画结合、如何传承与创新等问题进行座谈交流。

【开学第一课“关爱留守儿童.振兴中国梦”】 8月30日上午，沙坪街道在自安完小开展“开学第一课”关爱留守儿童、振兴中国梦沙坪街道志愿者活动。邀请了中国楹联家学会会员、长沙楹联家协会常务理事吴广波授课。志愿者们为“留守儿童”进行一对一结对辅导，交流了解他们生活、学习状况，给予孩子们精神上的安慰并送上文具盒、笔记本、水彩笔等学习用品。志愿者与孩子们合影留恋，还将电话号码留给了留守孩子，纷纷表示今后将继续关注孩子们的成长，使他们在遇到困难时能有人帮、有人助，使他们真切感受到社会的关爱。沙坪街道党工委委员、党政办主任杨夏女表示，此次活动只是一个开端，今后，志愿服务队会将不定期组织类似的活动，并进一步扩大志愿服务人员及活动范围，将爱播撒到更多需要关爱的地方去，为构筑文明和谐社会奉献一分力量。

【相约长沙最美乡村，体验自驾乐趣】 4月23日，以“美丽乡村·相约汉回”为主题的沙坪风情小镇自驾游活动暨2016“相约长沙最美乡村”活动正式启动。活动当天，沙坪街道推出了“沙坪汉回景区”的旅游路线，100名亲家庭、青年情侣、拍客、时尚达人为主的旅游达人参加“沙坪一日游”活动，参观汉回民俗文化村清真寺、民族团结广场、星月岛婚庆园、铁炉寺、湘绣文化广场和湘绣博物馆。在民族团结广场，一场“汉回集市”吸引了大家的注意力，沙坪特色农副产品小吃、沙坪精湛的手工艺品、具有特色的创意作品得到游客达人们的广泛关注。2016年，沙坪汉回村获评湖南省美丽乡村示范村和长沙市为民办实事新农村示范村等称号。

（莫　晶）

青竹湖街道

书　记　吴正豪
主　任　宋奇志
纪工委书记
　　　　易树新
政协联络处主任
　　　　黄伟斌
副主任　龙广明　王宇州
　　　　张　纲　袁　波
　　　　黄永忠（2016.10.10免）
党政办主任　张再军
工委委员　陈贻勤　刘昌成

【概况】 青竹湖街道地处开福区北大门核心地段，东连沙坪街道，西濒湘江，南抵秀峰街道和捞刀河街道，北靠龙飞岭与望城区桥驿镇相连，东北部毗邻长沙县北山镇，西北部与望城区丁字湾街道隔沙河相望，总面积41平方千米，常住人口约4.2万人。2016年，区划调整后，街道下辖青竹湖畔、金霞新村、新安寺、霞凝港、金盆丘、新太安、植基、天胜、彩霞、霞凝、新源11个社区。机关设6办1所2中心（党政综合办公室、经济发展办公室、卫生和计划生育办公室、城市建设与管理办公室、社会管理综合治理办公室、社会事务办公室、财政所、公共服务中心、农业技术综合推广服务中心），在职在编人员58人。辖区有幼儿园5所，小学5所，中学2所。2016年，街道获评“全国模范人民调解委员会”“2016年度长沙市城乡居民基本养老保险经办服务示范点”“开福区优秀基层党组织”等。

2016年，街道新增规模以上工业企业2家，新增限上商贸企业4家，新增服务业3家。截至2016年年底，辖区共有“四上”企业63家，包括规模工业企业23家，商贸社零企业15家，建筑房地产企业8家，服务业企业17家。2016年，街道累计完成财税任务40790万元，规模以上工业生产总值完成41.8亿元，固定资产投资完成63.7亿元，社会消费品零售总额完成69亿元，服务业营业额完成8亿元。新引进入驻楼宇企业11家。

拓宽招商渠道，扩增优质客户。年内接待客商来访考察110多批次，签约引进企业11家，其中租赁面积500平方米以上企业3家，5000万元以上重大产业项目1个，挖掘服务外包企业3家。社区“两安”用地盘活取得突破。

植基社区约3.27公顷生产发展净用地得以盘活，0.5公顷已引进加油站，其余2.77公顷已引进北城机动车检测站。优化企业招商服务。积极支持芒果汽车加强营销推广、做大做强，支持臻一公司打造空间美学馆。积极协助辖区房地产开发商盘活现有资源，推动橘郡·青竹湖项目与恒大地产以及太阳商贸城（国建·天馥）项目与安徽恒泰集团的合作，促进辖区房地产业良性发展。

强力推进项目征拆。完成霞凝货场二期、老百姓大药房、天井保障住房、金健油脂、深国际二期、汤加湖路西段共6个项目的征拆和腾房倒地，做到拆得下、稳得住、拆得快。强力优化项目服务。组建项目服务小分队，服务推进重大项目27个，总投资达127亿元。普洛斯金霞物流园、“爱尚通程”电子商务物流园、中石油西南化工湖南分销基地、九州通现代医药物流中心等项目实现投产运营，德邦物流成功入驻普洛斯，绿城·青竹园、恒大·林溪郡、太阳星城、青竹湖·曦园等4个地产项目销售火爆。

深化城乡环境综合整治。街道坚持以深化精美城区建设为统揽，进一步创新管理方式、建立长效机制，扎实开展城乡环境综合整治“百日会战”和“四清”工作。同时，街道结合实际，创新建立“青竹湖街道商品砼智能辅助监控示范点”，通过“互联网+管理指挥中心”模式，建立混凝土搅拌站环境综合整治的长效机制。率先试点推行农村垃圾上户分类全收集，对辖区4370个农村户实施垃圾集中收集转运。打造青竹湖路“城管示范路”，增加道路两厢绿化和亮化，修整路面、改善通行，设置示范创建牌，制定路段管理责任分解表，完善奖惩机制，坚持常态化整治，保持良好路容路貌。积极开展“三年造绿大行动”，完成沙河大堤南岸原沙河桥建设工程指挥部、原牛力搅拌场、华宁路高速路口3处共约1.7万平方米的复绿。按要求配合做好辖区三环线5500米环城绿带建设，新增绿化面积近133.33公顷。全面推进金霞新村“美丽乡村”建设。认真落实市、区美丽乡村示范村建设要求和部署，成功创建“市级美丽乡村示范村——金霞新村”，完成“一村两园”和“金霞耕读小镇”基础设施建设，30余家媒体报道。

促进劳动就业。2016年，街道城镇新增就业人数1012人，下岗失业人员再就业113人，就业困难人员再就业107人，新增农村劳动力转移就业人数812人，扶持46人大学生创业，创业培训110人次。城镇登记失业率3%，继续保持低位运行。强化民生保障。启动广胜、植基、彩霞3个社区办公服务用房。做好社会救助工作，累计发放城乡低保6260户，11750人，303.52万元，推进老年人日间照料中心建设，殡改火化率达100%。提升公共文化服务。建设完善青竹湖畔等社区综合文化服务中心，加强对体育健身器材的维护管理和植基、霞凝港等社区文物保护。积极开展“元宵喜乐会”“绿色简约，和谐邻里”钓鱼比赛、“五四”结缘书香 线上线下助力全民阅读“启程·青竹湖”环山骑行等主题活动30余次，《长沙晚报》、长沙新闻频道等主流媒体正面报道80余条次。支持教育强区。辖区范围共有幼儿园5所，完全小学5所，初级中学2所，学生达6984人，教师540人。2016年度，街道重点做好学校及校园周边安全生产检查、综合治理工作，维护学校、幼儿园正常秩序。组织实施“湖湘文化讲坛”社区特色课程项目做好无证民办教育机构摸底调查。支持民办教育，支持青竹湖湘一立信实验学校和湘郡培源学校建设。开展农业农村工作。完善防火预案，签订森林防火责任书。加强巡山守卡，强化宣传，加强防火培训。调整健全动防工作机构和预案，开展春防普注，应注率均达100%。开展生猪退养、能繁母猪死亡赔付、病死畜禽无害化处理，未发生重大动防疫情。核实录入耕地地力补贴数据，开展耕地重金属污染治理，完成勘灾摸底、农机购置补贴宣传，未出现农机安全事故。健全防汛组织机构，完善应急预案，备足防汛物资器材，检修霞凝泵站机器设备，确保排渍顺畅。加大对河堤和水库值班值守，确保安全度汛，实施水利冬修工程，完成全部21户渔民转产转业签约。推进社区提质。落实《开福区社区全面提质提档三年行动计划》要求，积极推进湖畔社区、新太安社区和新安寺社区提质提档，通过完善社区基础设施、优化服务功能、提升人居环境，争取湖畔社区创建示范。截至2016年年底，青竹湖畔社区已完成人防、物防、技防建设，完善小区门禁、消防设施，疏通地下管网，油化社区道路，增设十余处停车泊位，提质1000平方米绿化带，设置电动汽车充电装置，改造社区办公用房。新太安社区规范80平方米“一站式办公大厅”，推进长铜路道路亮化提质，湘一外国语学校周边“道路微循环”，整改升级综合楼一楼超市、农贸市场及太阳山小区地下污水管网，提质小区绿化，划定停车位，新建停车场，缓解“停车难”。新安寺社区完成南城坡路段“白改黑”工程，以及道路亮化提质工程，整治下水管网、补栽补种绿化带。

严抓安全生产。严格按照市省区关于安全生产工作的决策部署和会议要求，深入开展安全生产大排查、大管控、大整治。充分发挥街道安委会综合监管职能，狠抓打非治违和企业三级安全标准化建设，共开出执法检查100余份，责令整改隐患30多处。积极组织开展消防救援、校园安全等应急救援演练和安全管理知识培训，强化安全生产宣传教育，浓厚平安创建氛围。制定安全生产示意图，对重点企业、重点隐患进行标注，方便管理。全年未发生一起安全生产责任事故。抓好综治维稳。按照区信访维稳调度会议要求，严格落实重点对象“五包一”制度，结合“一推行四公开”“百日大走访”和群众工作日等活动，狠抓重大突出矛盾和信访问题集中排查化解，实现“零”非访进京。积极开展“平安街道”创建，重点将新安寺社区、新太安社区和湖畔社区纳入“平安社区”建设。加强法治宣传力度，选优配强巡逻力量，完善群防群治体系，确保社会治安稳定。

【“唱童谣 做月饼 爱心家庭与留守儿童共度中秋”】 9月11日下午，“忆儿时童谣，与留守儿童共庆中秋佳节”活动在青竹湖街道金霞新村社区举行，全市10个爱心家庭与留守儿童联欢。参加活动的小朋友参观了金霞新村长沙童谣文化墙，一起唱童谣、忆童趣、做月饼，弘扬中华传统文化。

【市委常委、市委统战部部长谭小平调研霞凝古镇建设工作】 12月7日下午，市委常委、市委统战部部长谭小平到青竹湖街道专题调研霞凝古镇建设工作，区领导沈裕谋、刘拥兵、舒全球、何惠风、朱江等陪同调研。谭小平一行实地考察老霞凝码头、配电所、霞凝港学校等公共设施，以及现存的文物点，对霞凝古镇的历史沿革、人文特征进行详细了解。谭小平强调，要充分发挥老街特色，古街建设应坚持“保护古街，建设新区，发展旅游，振兴经济”的总体思路和“修旧如旧，以存其真”的原则，健全完善配套设施，保留古建筑遗产，发挥其传递历史信息的功能。

（黄 畅）

文件选编

中共长沙市开福区委员会 长沙市开福区人民政府 关于印发《关于加快发展养老服务业的实施办法》的通知

开政发〔2016〕1号

长沙金霞经济开发区管委会，洪山管理局，青竹湖生态科技（产业）园管委会，金霞保税物流中心，各街道办事处，区属有关部门：

现将《关于加快发展养老服务业的实施办法》印发给你们，请认真遵照执行。

长沙市开福区人民政府

2016年1月14日

关于加快发展养老服务业的实施办法

为进一步完善开福区基本养老服务体系，推进老年人社会福利事业发展，完成全市养老服务业综合改革试点工作任务，根据《长沙市人民政府关于加快发展养老服务业的实施意见》（长政发〔2015〕1号）和《长沙市人民政府办公厅关于印发〈长沙市养老服务业综合改革试点的实施方案〉》（长政办函〔2015〕6号）文件精神，结合开福区实际，制定本方案。

一、指导思想

以不断满足老年人口日益增加的养老服务需求为出发点和落脚点，按照政策扶持、政府引导、市场推动、社会参与的总体思路，积极探索养老服务新途径，形成以家庭为核心，以社区为依托，以专业化服务组织为载体，采取政府帮扶、自我购买、机构服务的模式，为有需求的各类老年对象提供以生活照料、应急救援、医疗保健、文化娱乐等为主要内容的养老服务，逐步形成老年人平安养老、健康养老、幸福养老的社会服务氛围。为加快建成“五区”，实现“两个率先，领跑三湘”做出贡献。

二、总体目标

以完善居家养老服务和推进养老设施建设为抓手，到2020年，全面建成以居家为基础、社区为依托、机构为支撑、社会为主体的设施齐备、功能完善、规模适度、布局合理、覆盖城乡的养老服务体系。居家养老服务设施覆盖100%的城市社区和60%以上的农村社区，每千名老年人拥有养老床位数40张以上，全区养老床位总数达4000张，养老服务信息管理系统实现市、区、街道、社区四级互联互通，居家呼叫服务和应急救援服务实现城乡全覆盖。打造2~3个省、市养老服务综合示范品牌，扩大养老产业规模。为老志愿服务广泛开展，敬老爱老助老养老传统和文明新风得到弘扬。

三、主要任务

（一）加快健全养老服务体系

1．全面发展居家养老服务网络。建立健全以企业和机构为主体、社区为纽带、满足老年人各种服务需求的居家养老服务网络。培育和发展居家养老服务企业和机构，上门为居家老年人提供助餐、助浴、助洁、助急、助医、法律援助等定制服务。推进城乡老年人助餐点建设。进一步完善区居家养老服务信息平台、呼叫服务系统和应急救援服务网络建设，扩大基本养老服务覆盖率。（区民政局、区司法局、区商务和旅游局、区卫计局、各街道办事处）

2．不断发展社区养老服务。社区无偿提供办公服务用房，引入各类专业化、社会化的养老服务组织，为社区老年人开展日间托老、医疗康复、集中就餐、文体娱乐、老年学习等符合老年人需求的养老服务项目。发挥社区公共服务设施的养老服务功能，加强社区养老服务设施与社区服务中心及社区卫生、文化、体育等设施的功能衔接，发挥综合效益，社区各类具有为老年人服务功能的设施都要向老年人开放。2017年年底，全区各街道至少建成一所符合标准的日间照料中心或小型养老机构，每个街道均要建成2个以上符合标准的居家养老服务中心。(区教育局、区民政局、区文体新局、区卫计局、各街道办事处)

3．推进公办保障性养老机构建设。按照消防安全达标要求，对区敬老院进行提质改造，办理养老机构设立许可证。推进区社会福利中心建设，到2017年年底，建成一家床位达300张以上的医养结合型的区社会福利中心并投入使用，推动与洪山街道社区卫生服务中心医养结合的融合发展。继续推进公办养老机构运营管理改革工作，按照公建民营等运营模式，进一步规范政府购买机构养老服务，重点为城市“三无”老人和农村五保老人提供无偿供养和护理服务，为低收入家庭的失能半失能老人和失独老人提供低偿服务。完善公办养老机构入住评估轮候和财政补贴制度。（区民政局、区财政局、区卫计局、区工务局、各街道办事处）

4．推动社会力量兴办养老机构。统筹规划，引导各类所有制投资主体进入养老服务领域，建设一批布局合理、规模不一、档次各异的社会办养老服务机构。鼓励社会力量举办规模化、连锁化和家庭化小型养老机构。鼓励社会资本对企业厂房、闲置校舍、宾馆、招待所、公办后勤服务设施等进行整合改造，用于养老服务。鼓励有条件的养老机构或医疗机构改造成医养融合的老年护理院。鼓励养老机构内增设医疗保健机构。鼓励房地产公司等发展养老地产，开办营利性或公益性养老机构。支持有意向的投资商按养老布局规划启动项目建设。（区城乡建设局、区民政局、区卫计局、工商分局、规划分局、国土分局、各街道办事处）

（二）统筹发展城乡养老服务设施

1．加快社区养老服务设施建设。支持建设老年人日间照料中心和居家养老服务中心等养老服务设施，按照人均用地不少于0.1平方米的标准，分级规划设置养老服务设施。新建小区按照每百户30平方米的标准配建养老服务设施，与住宅同步规划、同步建设、同步验收、同步交付使用。养老服务设施的配建应相对独立，要按照无障碍设施工程建设相关标准和规范，推动和扶持老年人家庭无障碍设施的改造，加快推进坡道、电梯等与老年人日常生活密切相关的公共设施改造。已建成社区无养老服务设施或现有设施面积没有达到每百户20平方米标准要求的，各街道要制定计划，逐年通过购置、置换、租赁等方式开辟养老服务用房，2020年年底前全部达标。（区城乡建设局、区城管局、区残联、公安分局、规划分局、国土分局、消防大队、质监分局、各街道办事处）

2．发展农村养老服务设施。充分利用闲置的学校、乡镇办公楼和村民服务中心、医院用房，以及民房等资源，按照村办养老服务中心（幸福院）、家办托老所等形式，推进农村养老服务设施建设，将农村幸福院建设和运营纳入区财政资金补贴范畴。（区民政局、区财政局、各街道办事处）

（三）加强养老服务人才队伍建设

1．加强培训，提高待遇。对养老服务从业人员开展职业技能培训，推动职业资格认证和持证上岗制度。努力提高养老护理员的社会地位和工资福利待遇，区人社部门适时发布养老护理员工资指导价位，推动建立工龄补助制度，依法缴纳养老保险等社会保险费。支持办好养老护理员节，推选参评全市“十佳护理员”和“百名优秀护理员”。（区民政局、区财政局、区人社局、各街道办事处）

2．增设公益性岗位。在公办养老机构和街道、社区（村）为老服务机构中开发公益性岗位，优先安排以特困人员为重点的就业困难人员，对吸纳就业困难人员比例不低于60%的为老服务机构，按照相关政策给予社保补贴和岗位补贴。（区民政局、区财政局、区人社局、各街道办事处）

（四）发挥为老服务社会组织作用

1．积极培育为老服务社会组织。老年协会是为老服务社会组织的中坚力量，已建成的日间照料中心和居家养老服务中心所在的街道和社区均须建立老年协会。到2017年年底，各街道、社区、村均要建立老年协会，实现市、区、街、村（社区）四级老年协会全覆盖。支持专业为老服务机构深入社区、在居民家门口举办家庭化、小型化和规模化、连锁化养老机构。鼓励将街道日间照料中心和社区居家养老服务中心交由专业化养老机构运营。支持基层老年协会开展自我管理、自我服务、组织邻里互助。到2017年年底，全区各类社会养老服务组织达100家。（区民政局、各街道办事处）

2．鼓励开展为老志愿服务。积极动员、组织、引导企事业单位、社会公益组织、大中学生和市民为有需要的居家老年人提供各种公益性服务，引导和扶持各类为老服务社会公益组织开展志愿服务活动，培育志愿服务品牌。各街道要成立志愿者俱乐部，加强对志愿者队伍的组织和管理，逐步建立居家养老服务志愿者的管理激励机制，进一步调动社会志愿者参与居家养老服务的积极性。（区教育局、区民政局、区工会、团区委、区妇联、各街道办事处）

3．建立、健全居家养老服务的管理制度和评估体系。指导各为老服务组织加强内部管理，建立健全规章制度，明确服务标准、服务流程和服务人员的工作职责，制定奖惩措施，实现规范服务。组建由居家养老专业组织、有关部门专业人员和老年人代表组成的评估员队伍，建立街道、社区居家服务评估体系，对居家养老服务对象、服务队伍、服务质量和社会反响等进行全方位评估。（区民政局、各街道办事处）

（五）大力发展养老服务产业

按照国家产业发展政策要求，支持企业围绕老年人的衣食住行医和文化娱乐等需要，开发安全有效的康复辅具、服装服饰等老年用品用具和服务产品；引导银行、保险等金融机构开发适合老年人的理财、保险等产品。鼓励房地产商建设集老年住宅、老年公寓、老年医院、老年社区于一体的养老服务综合体。积极拓展适合老年人特点的文化娱乐、体育健身、老年大学、休闲旅游、社区商业、健康服务、法律服务、精神慰藉等为老服务。（区老干局、区城乡建设局、区司法局、区文体新局、区卫计局、区商务和旅游局、区金融办、规划分局、国土分局、各街道办事处）

四、扶持政策

（一）完善土地供应、税费政策

1．将养老服务设施建设用地纳入城镇土地利用总体规划和年度用地计划，并在国有建设用地供应计划中予以优先安排。新建养老服务设施用地依据规划单独办理供地手续的，每宗地面积原则上不超过3公顷；集中配建医疗、保健、康复等医卫设施的，不得超过5公顷。养老服务设施用地转让，其地上所建养老服务设施应整体转让，不得分割转让和分割销售。严禁将养老设施建设用地改变规划条件进行房地产等经营性用地项目的开发，对于拟改变土地用途的养老服务设施用地应当由政府收回处置。（区城乡建设局、区民政局、区卫计局、工商分局、规划分局、国土分局、各街道办事处）

2．由民政部门认定的非营利性养老机构建设养老服务设施，与公办养老机构执行相同的土地使用政策，可依法使用国有划拨土地或者集体建设用地。对利用单位自有用地兴办养老服务设施项目的，若符合城市规划及养老产业专项规划的有关要求可采取协议出让方式供地，年限均不超过50年。享受划拨用地政策的非营利性养老机构，可变更为营利性养老机构，变更性质时，可办理协议出让（租赁）土地手续，补缴出让金（租金）。（区城乡建设局、区民政局、区财政局、工商分局、规划分局、国土分局）

3．2015年开始，对社会力量提供的床位数在200张以上的养老服务投资项目，可列入区级服务业重点项目，优先给予用地保障。鼓励将闲置的厂房、仓储用房、学校、培训中心、度假村、农庄等存量房产和土地改建为养老服务设施，支持使用农村集体建设用地兴办养老服务机构。（区发改局、规划分局、国土分局、各街道办事处）

4．养老服务机构确有困难并提供了残疾人就业岗位的，依照《湖南省按比例安排残疾人就业规定》，可以到区残联申请减免残疾人就业保障金。争取市相关部门支持，落实养老机构用水、用气（燃料）等与居民用户实行同质同价，用电按居民生活用电计价等优惠政策。（区发改局、区城乡建设局、区残联、各街道办事处）

（二）完善医养融合政策

按照市卫计、人社部门支持老年护理院发展政策要求，鼓励社会资本举办老年护理院，为失能半失能老人提供医疗服务。有条件的养老机构，可申请设立医疗机构或老年护理院，符合条件的可纳入医保定点范围；不具备内设医疗机构的养老机构，支持与周边医院、社区医疗卫生服务机构共同合作、资源共享。养老机构内设医疗机构聘用医生、护士、药剂师等卫生技术人员，在资格认定、职称评定、技术准入和推荐评优等方面，享受与公立医疗机构同等待遇。（区民政局、区人社局、区卫计局、各街道办事处）

（三）完善区财政补助政策

1．居家养老服务补贴。新建（改扩建）日间照料中心和居家养老服务中心分级分类给予补助，经市、区验收达标，日间照料中心建设补贴按照一类、二类标准，区财政一次性分别补贴10万元、8万元，运营补贴按照一类、二类标准，区财政每年分别补贴5万元、4万元。城区居家养老服务中心运营补贴按照一类、二类标准，区财政每年补贴3万元、2万元。（区民政局、区财政局）

2．居家养老政府购买服务补贴。对本区户籍且居住在本区的城区困难老年人实施基本养老服务补贴，服务补贴以政府购买服务的方式实施，按照政府购买养老服务相关要求，由街道委托专业养老机构或为老服务组织提供服务。年满60周岁的失能半失能低收入家庭老人以及百岁老人，可申请每月300元的服务补贴；年满60周岁的失能半失能低保老人、失独低收入老人，年满70周岁的低保老人、失能半失能低收入老人，可申请每月400元的服务补贴；年满60周岁的失能半失能散居“三无”老人，年满70周岁的散居“三无”老人、失独低收入老人，获市级以上劳模称号的低收入老人，可申请每月500元的服务补贴。服务对象申请，由社区（村）初审，街道审核，区民政局审批，服务补贴区财政承担2/3，服务补贴由区民政局按季拨付至各街道。上述对象入住养老机构的，服务补贴可抵扣入住费用。农村散居五保和其他特困老人的基本养老服务补贴按每人每月300元的标准执行。（区民政局、区财政局、各街道办事处）

3．养老机构建设财政补贴。对社会力量兴办的养老机构，财政部门每张床位按照新建1万元，改建5000元的标准给予建设补贴，其中区财政分别承担6000元和3000元。（区民政局、区财政局）

4．社会办养老机构运营补贴。公办民营和社会办养老机构收住本市户籍社会寄养老人的，财政部门按实际入住老年人数每床每月补贴160元，其中区财政承担96元。（区民政局、区财政局）

5．财政补贴保险。将全区“三无”、五保、低保、重点优抚对象、“失独老人”意外伤害险纳入区财政补贴范围，列入老龄事业资金预算。（区民政局、区财政局）

6．区级福彩公益金支持养老服务业发展。区级福彩公益金50%以上用于养老事业，并随老年人口增

长逐步提高投入比例。（区民政局、区财政局）

五、工作措施

（一）加强组织领导

成立开福区发展养老服务业工作领导小组，负责全区养老服务业发展的总体设计、统筹协调、整体推进和督促落实，由区人民政府区长任组长，常务副区长、分管副区长任副组长，区政府办、民政、发改、建设、财政、老龄、规划、国土资源、教育、卫计、人力资源和社会保障、商务、文体新、工务、工商、税务、金融、质监、公安、消防等部门为成员单位，领导小组办公室设在区民政局。调整原区居家养老服务指导中心为区养老服务指导中心，承担对全区养老服务业发展的指导工作，负责促进开福区养老服务业健康快速发展。

（二）健全体制机制

区直各相关部门、各街道要高度重视养老服务业发展，切实履行统筹规划、政策扶持、资金引导、典型示范、监督管理等职责，研究制订加快推进养老服务业发展的政策措施，认真落实养老服务业发展的相关任务要求，形成齐抓共管、整体推进的工作格局。区民政部门要牵头履行业务监管职能，加强宏观引导、行业规范、业务指导、信息发布和监督管理。区老龄工作机构要发挥综合协调作用，加强督促指导工作。区发改部门要将养老服务业发展纳入国民经济和社会发展规划，支持养老服务设施建设，要探索建立科学合理的养老服务定价机制。区财政部门要逐步建立符合养老服务业发展需要的公共财政投入增长机制。区人力资源和社会保障部门要制定养老服务公益性岗位细则，加强医疗保险定点管理、养老服务人员管理、职业技能培训与鉴定工作。区卫计部门要研究医养结合服务模式，提升医疗服务能力。区规划、国土、建设部门要编制规划、落实政策，统筹养老服务设施建设和土地供应。区税务部门要落实税收优惠政策。区商务旅游、金融、文体新、教育、公安、消防、质监、工商等部门要按各自职责创新政策，加大对养老服务业的扶持力度。

（三）强化督促检查

从2016年起，将养老服务业发展重点任务分解并纳入对各街道办事处和区直相关部门年度绩效考核，确保责任到位，任务落实，领导小组办公室要加强对区直相关部门和各街道办事处工作情况的督促检查，及时向区政府报告，区政府适时组织专项督查。

长沙市开福区人民政府
关于印发《长沙市开福区人民政府行政复议委员会工作规则（试行）》的通知

开政发〔2016〕16号

长沙金霞经济开发区管委会，洪山管理局，青竹湖生态科技（产业）园管委会，金霞保税物流中心，各街道办事处，区属各部门：

《长沙市开福区人民政府行政复议委员会工作规则（试行）》已经区人民政府同意，现印发给你们，请认真贯彻执行。

长沙市开福区人民政府

2016年4月22日

长沙市开福区人民政府行政复议委员会工作规则（试行）

第一条 为规范长沙市开福区人民政府行政复议委员会（以下简称行政复议委员会）的工作，根据《中华人民共和国行政复议法》《中华人民共和国行政复议法实施条例》《国务院关于加强法治政府建设的意见》（国发〔2010〕33号）、《国务院法制办公室关于在部分省、直辖市开展行政复议委员会试点工作的通知》（国法〔2008〕71号）、《湖南省人民政府关于印发〈湖南省法治政府建设十二五规划〉的通知》（湘政发〔2011〕12号）、《湖南省人民政府办公厅关于印发〈湖南省行政复议工作规范化建设实施意见〉的通知》（湘政办发〔2012〕105号）、《长沙市人民政府关于进一步加快法治政府建设的决定》（长政发〔2010〕16号）的精神，结合开福区实际，制定本规则。

第二条 行政复议委员会是区人民政府负责审理行政复议案件、指导本区行政复议制度建设工作的审议机构，主要职责是审议区人民政府重大、复杂、疑难行政复议案件，研究本区行政复议工作中的重大事项。

第三条 区政府行政复议委员会由主任委员、常务副主任委员、副主任委员和委员组成。主任委员由区长担任，常务副主任委员由分管法制工作的副区长担任，副主任委员由区政府法制办主任担任。委员分为常任委员和非常任委员，常任委员由区政府法制办有关人员担任，非常任委员从法律职业人士、相关专家学者等中间选聘。非常任委员实行聘任制，任期三年，由区政府统一聘任。非常任委员出现本规则第二十一条规定的情形之一的或无正当理由拒不参加行政复议委员会全体会议、案件审理会议的，可以由区政府解聘。

第四条 行政复议委员会办事机构为行政复议委员会办公室，设在区政府法制办，由区政府法制办主任兼任办公室主任。

复议委员会办公室的主要职责：

（一）联系行政复议委员会委员；

（二）起草行政复议委员会文件；

（三）负责行政复议委员会组成人员的调整工作；

（四）组织承办行政复议委员会全体会议、行政复议案件审理会议及其他有关会议；

（五）制作行政复议委员会全体会议的会议决议和会议纪要；

（六）向行政复议委员会报告年度工作情况；

（七）负责行政复议案件的数据统计、分析研究工作；

（八）依照行政复议法律、法规规定的权限和程序对有关行政机关提出行政复议意见或建议；

（九）具体负责行政复议决定执行的相关工作；

（十）办理行政复议委员会交办的其他工作。

第五条 行政复议委员会通过召开行政复议委员会全体会议和行政复议委员会案件审理会议开展工作。

行政复议委员会全体会议负责研究本区行政复议工作中的重大问题；行政复议委员会案件审理会议负责审议重大、复杂、疑难行政复议案件。

第六条 行政复议委员会全体会议每年至少召开一次，原则上每次会议需有2/3（含2/3）以上的行政复议委员会组成人员出席才能召开。

全体会议的议题，由行政复议委员会办公室提出，报行政复议委员会主任委员或者副主任委员确定。

行政复议委员会办公室应当在全体会议召开前将会议日期、地点、审议事项、会议议程通知行政复议委员会委员。

行政复议委员会全体会议结束后应当形成会议决议或会议纪要，分别报送区政府领导和行政复议委员会组成人员。

第七条 行政复议案件有下列情形之一的，由行政复议委员会案件审理会议审议：

（一）事实、证据认定存在较大争议的案件；

（二）专业性较强、难度较大的案件；

（三）涉及重大公共利益的案件；

（四）社会影响大或者容易引起矛盾激化的案件；

（五）法律关系复杂，法律适用存在较大争议的案件；

（六）主任委员、副主任委员提请行政复议委员会审议的其他案件；

（七）其他需要审议的案件。

第八条 行政复议委员会案件审理会议一般应当在案件受理后40日内进行。讨论案件受理问题和管辖权争议的，应当在收到行政复议申请后3个工作日内进行。

第九条 需要召开行政复议委员会案件审理会议的，由案件承办人提议，由行政复议委员会主任委员或者副主任委员决定召开。案件审理会议由副主任委员或者其指定的组成人员主持，行政复议委员会办公室根据审议事项和委员的专业特点选定参加案件审理会议的非常任委员，并可邀请分管相关涉案单位工作的区政府行政负责人参加案件审理会议。

第十条 行政复议委员会办公室应当在复议委员会案件审理会议召开的7日前，将会议方案、会议议题和案件初审报告等材料送交参会委员和受邀请的区政府分管负责人。

讨论案件受理问题和管辖权争议的案件，行政复议委员会案件审理会议不受前款规定的期限限制。

第十一条 参加行政复议委员会案件审理会议的委员应当向行政复议委员会递交《委员声明书》，声明不具有《长沙市开福区人民政府行政复议委员会委员守则》规定应当回避的情形。具有应当回避情形的，应当在会议召开3日前主动向行政复议委员会办公室提出回避申请。

讨论案件受理问题和管辖权争议的案件，行政复议委员会案件审理会议不受前款规定的期限限制。

第十二条 参会委员认为需要查阅待审议的行政复议案件的案卷材料，或者需要行政复议委员会办公室补充提供待审议的行政复议案件相关材料的，可以向行政复议委员会办公室提出，行政复议委员会办公室应当提供相应的便利。

第十三条 参会委员应当在行政复议委员会案件审理会议召开的3日前，向行政复议委员会办公室提交对案件初审报告中审议事项的书面意见。

行政复议委员会办公室应当在行政复议委员会案件审理会议召开的1日前，将参会委员提交的书面意见汇总报送会议主持人。

讨论案件受理问题和管辖权争议的案件，行政复议委员会案件审理会议不受前两款规定的期限限制。

第十四条 行政复议委员会案件审理会议审议行政复议案件，按下列程序进行：

（一）案件承办人汇报案件情况；

（二）主持人提出待审议事项；

（三）参会委员和受邀请的区政府分管负责人进行审议并发表意见；

（四）参会委员对待审议事项进行表决；

（五）由主持人总结审议情况并按表决结果对案件的审理提出处理意见；

（六）参会委员和受邀请的区政府分管负责人在案件审理会议笔录上签名。

第十五条 案件承办人在案件审理会议上汇报案情，应当包括以下内容：

（一）案件基本情况；

（二）案件承办人调查、核实的事实、证据、依据及相关材料情况；

（三）案件存在的问题或者争议焦点；

（四）案件初审意见；

（五）其他需要说明的问题。

第十六条 行政复议委员会案件审理会议审议行政复议案件时，半数以上的参会委员认为有必要对该行政复议案件进行听证或者补充调查核实证据的，行政复议委员会案件审理会议应当决定中止案件审议，待听证或者调查核实证据结束后继续审议。

第十七条 行政复议委员会案件审理会议议决行政复议案件时实行一人一票制，以参会委员过半数的表决通过审议事项。表决未过半数的或出现相同票数时，由行政复议委员会案件审理会议主持人确定倾向性的审议意见。

第十八条 行政复议委员会办公室应当在行政复议委员会案件审理会议结束后制作行政复议案件审议报告，报行政复议委员会案件审理会议主持人签署。行政复议委员会办公室根据行政复议案件审议报告拟写行政复议决定，经复议委员会办公室主任审核后，报复议委员会主任委员、常务副主任委员和区政府分管负责人审批。

第十九条 除本规则第七条规定以外的行政复议案件，由区政府法制工作机构审理，行政复议决定由行政复议委员会办公室主任审核后，报复议委员会主任委员、常务副主任委员和区政府分管负责人审批。

第二十条 通过行政复议委员会案件审理会议审议的案件，涉及同意撤回行政复议申请、复议中止、复议终止等事项的，相关审批权限仍依照法律、法规规定由行政复议机关或机构行使，无需经行政复议委员会案件审理会议讨论决定。

第二十一条 行政复议委员会委员不得有下列行为：

（一）违反国家、省、市、区有关保密规定；

（二）以行政复议委员会委员身份从事与审议案件无关的事务或对有关单位和当事人施加影响；

（三）其他有碍复议案件审议的行为。

第二十二条 行政复议委员会工作经费由区财政纳入区政府法制办公室部门专项预算予以保障，并按照专款专用原则开支。区政府行政复议委员会的办公场所由区政府解决。

第二十三条 本规则由行政复议委员会办公室负责解释。

第二十四条 本规则自发布之日起施行。

长沙市开福区人民政府关于印发《开福区计划生育特殊家庭扶助关怀办法》的通知

开政发〔2016〕36号

长沙金霞经济开发区管委会，洪山管理局，青竹湖生态科技（产业）园管委会，金霞保税物流中心，各街道办事处，区属各部门：

《开福区计划生育特殊家庭扶助关怀办法》已经区人民政府同意，现印发给你们，请认真贯彻执行。

长沙市开福区人民政府

2016年9月14日

开福区计划生育特殊家庭扶助关怀办法

第一章 总则

第一条 为全面贯彻党的十八大和十八届三中、四中、五中全会精神，坚持以人为本工作理念，根据《中华人民共和国人口与计划生育法》《湖南省人口和计划生育条例》《长沙市人民政府关于进一步做好计划生育特殊困难家庭扶助关怀工作的实施意见》等有关规定，制定本办法。

第二条 计划生育特殊家庭（指独生子女死亡或伤残且伤残等级达到三级以上，未再生育或收养子女的家庭，以下简称计生特殊家庭）扶助是针对计生特殊家庭实施的帮扶、救助制度。

第三条 建立计生特殊家庭扶助标准动态调整机制，根据经济社会发展水平，实行特别扶助制度扶助标准动态调整。

第二章 扶助对象范围

第四条 享受本办法规定扶助的计生特殊家庭应是开福区城镇或农村居民户籍且同时符合以下条件的合法夫妻：

（一）夫妻均为1933年1月1日以后出生。

（二）女方年满49周岁。

（三）只生育一个子女或合法收养一个子女，持有“独生子女父母光荣证”或独生子女证明。

（四）现无存活子女或独生子女被依法评定为残疾（伤病残达到三级以上）。

第三章 扶助对象的确认程序

第五条 计生特殊家庭扶助对象按下列程序确认：

（一）本人提出申请；

（二）社区、村（居）委会和街道办事处进行资格初审；

（三）区卫计局审批并公示；

（四）市级卫生计生行政部门备案。

独生子女死亡的，需提供乡级以上医疗卫生机构或公安机关或户口所在地村（居）委会出具的死亡证明，宣告死亡的，提供法院做出的宣告死亡判决书；独生子女残疾的，需提供第二代“中华人民共和国残疾人证”，等级为三级及以上。

第四章 经济扶助

第六条 自2016年1月起，计生特殊家庭特别扶助金提高到每人每月800元。扶助金由上级财政和区财政按上级文件规定的比例承担。由区财政局委托计划生育奖励扶助金的代发机构建立扶助对象个人账户，直接发放到人。（责任单位：区财政局）

第七条 特别扶助金不影响其按规定享受计划生育其他奖励扶助政策。计生特殊家庭申请城乡居民最低生活保障、特困人员供养或其他生活困难补助，在核算其家庭收入时，特别扶助金及按规定免计的其他费用，不计入家庭收入。（责任单位：区民政局、区卫计局）

第八条 对女方年满49周岁的独生子女死亡家庭，在子女死亡当年发放一次性抚慰金10000元。（责任单位：区财政局、区卫计局）

第九条 对计生特殊家庭遭遇意外事件、重大疾病及其他原因生活出现困难，符合临时救助条件的，按规定给予临时救助。（责任单位：区民政局）

第五章 医疗扶助

第十条 市、区两级公立医疗机构，为计生特殊家庭开通就医“绿色通道”，提供“三优两免一陪”服务（优先就诊、优先检查、优先住院，门急诊免挂号费，市级定点医院提供就诊陪同服务、住院免陪护费。对疑难、急重症需转上级医院诊疗的对象提供转诊服务的对象优先提供转诊服务。（责任单位：区卫计局）

按分级诊疗原则，在基层医疗机构落实首诊服务，需住院治疗的计生特殊家庭成员可选择到定点医院凭身份证和“长沙市计生特殊家庭爱心服务证”办理住院手续，优先安排住院治疗。由区政府安排计生特殊家庭无陪护病房分级护理服务费专项资金，按照全市统一支付标准予以资金保障。（责任单位：区财政局、区卫计局）

第十一条 区卫计局及各街道办事处要督促辖区内各社区卫生服务中心将计生特殊家庭纳入健康管理重点对象，建立健康档案，开展随访服务和健康指导，优先开展全科医疗团队签约服务。（责任单位：区卫计局、各街道办事处）

第十二条 将已纳入特困供养（指无生活来源，无劳动能力，无法定赡养、扶养、抚养人或赡养、扶养、抚养人无赡养、扶养、抚养能力的城乡居民）、最低生活保障家庭成员和其他城乡特困对象范围的计生特殊家庭纳入医疗救助，按照医疗救助政策办理。（责任单位：区民政局）

第十三条 已纳入城乡居民基本医疗保险的失独家庭对象在定点基层医疗机构所发生的符合规定的普通门诊医疗费用，由区财政局给予每人每年300元医疗补助。（责任单位：区财政局、区卫计局）

第十四条 对符合计划生育“爱心助孕”援助条件的计生特殊家庭，可以在指定医疗机构免费享受一次免费助孕服务。（责任单位：区卫计局、各街道办事处）

第六章 养老保障

第十五条 参加城乡居民养老保险的计生特殊家庭对象，由区政府代其缴纳全部不低于最低缴费档次标准的养老保险费。参加城乡居民养老保险的失独家庭对象按每人每年不低于500元的标准参保，由区政府进行养老保险费补贴。扶助对象达到领取养老保险年龄的，政府不再代缴。（责任单位：区人社局）

第十六条 计生特殊家庭对象符合城市“三无”、农村“五保”条件的，纳入特困人员供养范围。自愿集中供养的，优先安排到城市社会福利院和农村敬老院集中供养；不愿集中供养的，按有关规定落实分散供养经费。不符合城市“三无”、农村“五保”条件的，可以自愿申请到城市社会福利院和农村敬老院进行社会寄养，对于在开福区城市社会福利院和农村敬老院进行社会寄养的对象给予优先优惠。（责任单位：区民政局）

第十七条 对年满60周岁以上的计生特殊家庭成员发放老年护理补贴，每人每月200元，所需资金由区财政全额承担。（责任单位：区财政局）

第十八条 将低收入失独家庭纳入居家养老政府购买服务的范畴，60岁以上提供每月不低400元的居家养老上门服务，70岁以上提供每月不低500元的居家养老上门服务。为计生特殊家庭提供应急呼叫、生

命监护、亲情问候等服务。（责任单位：区民政局）

第十九条 计生特殊家庭扶助对象死亡的，符合惠民殡葬条件的免除殡葬基本服务费用。（责任单位：区民政局）

第七章 帮扶关怀

第二十条 建立监护人和联系人制度。依托全员人口信息系统和计生特殊家庭信息系统，加强动态监测和汇总分析，为帮扶关怀提供数据支撑。将失去民事行为能力的计生特殊家庭成员纳入成年监护制度，计生特殊家庭成员均为无民事行为能力或限制民事行为能力的，由其所在单位或者住所地的社区（村）在关系密切且愿意承担监护责任的对象中指定监护人。（责任单位：区民政局、区卫计局）

户籍地或居住地的社区（村）为计生特殊家庭建立信息档案，实行联系人制度，及时沟通情况，了解需求，实行精准帮扶。（责任单位：区卫计局、各街道办事处）

第二十一条 对符合条件的住房困难的城镇计生特殊家庭，优先纳入公租房保障范围。对住房困难的农村计生特殊家庭，优先纳入农村危房改造范围，按照规定给予一定的资金补助。（责任单位：区住保局、区城乡建设局）

第二十二条 在实施扶贫搬迁、扶贫小额信贷、产业扶贫、就业促进等扶贫政策或项目时，对计生特殊家庭优先；在发展特色产业、完善基础设施、贴息贷款等政策或项目时，对计生特殊家庭优惠；在发展种植、养殖、农产品加工、手工艺品制作等产业时，向计生特殊家庭倾斜。（责任单位：区农水局、区人社局）

第二十三条 计生特殊家庭的残疾独生子女优先享受高中阶段助学金，鼓励参加职业技能培训，对符合条件的人员按照规定给予相关政策扶持，优先安排医疗康复项目，优先适配基本型辅助器具。（责任单位：区残联、区教育局）

第八章 社会关怀

第二十四条 充分发挥各类社会组织、企事业单位、群众自治组织，特别是基层计划生育协会、志愿服务组织、社会工作专业服务机构等的积极作用，以心理疏导和精神慰藉为重点，开展社会关怀活动。（责任单位：区计生协、区民政局、团区委）

各街道办事处通过购买服务等方式，聘请心理专家或社会工作者对计生特殊家庭进行心理干预和疏导服务，组织开展各种活动，引导和帮助其积极面对生活。（责任单位：各街道办事处）

第二十五条 建立长期结对帮扶机制，实施一对多结对，每名计生特殊家庭与一名计生协会会员、一名志愿者、一名机关干部结对，负责精神慰藉、走访慰问、排忧解难、紧急救助等工作，每年由社区（村）根据实际情况动态调整结对人员，及时告知计生特殊家庭。（责任单位：区计生协、团区委、各街道办事处）

第二十六条 区民政局为“失独老人”购买意外伤害险，纳入区财政补贴范围。由省计生协会为女方年满49周岁的计生特殊家庭夫妻，每年购买一份综合保险（包括人身意外伤害、重大疾病、住院补充医疗等险种）。基层计划生育协会要协助做好保险理赔工作。有条件的地方可为计生特殊家庭办理其他种类的保险业务，增强计划生育家庭抗风险能力，提高家庭保障水平。（责任单位：区计生协、区民政局）

第二十七条 社区组织志愿者服务队伍为计生特殊家庭扶助对象进行临终关怀。在敬老院去世的由敬老院办理丧葬；在民间养老机构或居家养老去世的，按照相关殡葬管理的相关政策法规办理。（责任单位：区民政局、各街道办事处）

第九章 扶助资金来源及管理

第二十八条 区政府按照相关政策规定，设立计生特殊家庭扶助资金，纳入年度区级财政预算，落实经费保障，强化监督管理，切实提高资金使用效益。各街道办事处结合本地实际安排必要工作经费。（责任单位：区财政局）

第二十九条 区、街道两级可分别设立计生特殊家庭扶助专项公益关怀资金，对计生特殊家庭当年遭遇意外事件生活出现重大困难时，及时提供救助，在重大节日里开展慰问活动。（责任单位：区财政局、区民政局、区卫计局、各街道办事处）

第十章 组织领导

第三十条 提高思想认识。各有关部门要切实承担责任，对计生特殊家庭“建档立卡”，按照“精准扶助、精细关怀”的原则，结合实际制订具体实施方案，确保投入到位、工作到位、监督落实到位。

第三十一条 明确部门职责。区卫计局要将计生特殊家庭扶助关怀工作纳入计划生育目标管理责任考核体系，做好部门之间的工作协调和政策对接，牵头组织各项政策落实情况的督查工作；区财政局要做好资金拨付、监管等工作，确保特别扶助金及时到位；区民政局要在城乡低保、收养子女和养老保障等方面加大扶助力度；区住房保障局和区城乡建设局要在落实公租房、农村危房改造方面给予倾斜扶持；各级计划生育协会在实施生活关怀、精神关怀，筹措、募集计划生育公益金或生育关怀基金等方面发挥作用。

第三十二条 强化资金保障。各级财政部门要将政策规定的计生特殊家庭扶助所需资金足额纳入预算，落实经费保障，强化监督管理，切实提高资金使用效益。鼓励和支持各地建立人口基金或生育关怀基金，重点用于帮扶计生特殊家庭。

第三十三条 加强舆论引导。各单位、各部门要注意把握好宣传方式，既要主动宣传政策和工作推进情况，又要尊重计生特殊家庭的隐私，密切关注舆情，正确引导舆论。要及时总结推广各地好的经验和做法，积极宣传先进典型，努力营造全社会关心、帮助计生特殊家庭的良好氛围。

第三十四条 区、街道、社区（村）设立举报电话，鼓励公民和社会监督。

第十一章 附则

第三十五条 本办法自2016年10月15日起施行。

长沙市开福区人民政府关于印发《开福区农业“三项补贴”改革实施方案》的通知

开政发〔2016〕2号

长沙金霞经济开发区管委会，洪山管理局，青竹湖生态科技（产业）园管委会，金霞保税物流中心，各街道办事处，区属有关部门：

《开福区农业“三项补贴”改革实施方案》已经区人民政府同意，现印发给你们，请认真贯彻执行。

长沙市开福区人民政府

2016年1月26日

开福区农业“三项补贴”改革实施方案

为做好开福区农业“三项补贴”改革工作，根据《湖南省农业“三项补贴”改革试点方案》（湘政办发〔2015〕72号）精神，结合开福区实际，制订本实施方案。

一、农业“三项补贴”改革的重要意义

自2004年起，国家陆续出台了农业“三项补贴”政策，我省为鼓励双季稻生产于2011年出台了双季稻补贴政策。这些政策为保障国家粮食安全和调动农民种粮积极性，发挥了巨大的政策效应，成效显著。随着“三农”形势的深刻变化，补贴的政策效应逐步递减，政策效能逐步降低，迫切需要改革完善。

农业“三项补贴”改革既是接轨国际农业补贴规则的需要，又是转变农业发展方式的需要，更是调动种粮农民积极性的需要，当前，农业“三项补贴”已经演变成农民的收入补贴，一些农民即使不种粮或者不种地，也能得到补贴，而真正从事粮食生产的种粮大户、家庭农场、农民合作社等新型农业经营主体，却很难得到除自己承包耕地之外的补贴。农业“三项补贴”改革切中了原有补贴政策“平均施力”“吃大锅饭”的要害，通过提高补贴的指向性、精准性和实效性，建立“谁多种粮食，就优先支持谁”的良性财政扶持机制，加快推动形成激励种粮新局面。

农业“三项补贴”改革事关农民群众切身利益和农业农村发展大局，事关国家粮食安全和农业可持续发展大局。各级各部门要充分认识农业“三项补贴”改革的重要意义，统一思想，加强配合，扎实工作，确保农业“三项补贴”改革任务圆满完成。

二、农业“三项补贴”改革的主要内容

根据中央、省、市统一部署，本次改革试点核心内容是将农业“三项补贴”合并为农业支持保护补贴。一是将全部种粮农民直接补贴和农作物良种补贴资金，以及农资综合补贴（含我省的“双季稻补贴”）存量资金的80%，用于耕地地力保护。二是将农资综合补贴存量资金的20%，加上农业“三项补贴”的增量资金，统筹用于支持粮食生产适度规模经营。

（一）耕地地力保护补贴

1．补贴对象。补贴对象为所有拥有耕地承包权的种地农民。

2．发放要求。享受补贴的农民要做到耕地不撂荒，地力不降低。一是对已作为畜牧水产养殖场使用

的耕地、林地、成片粮田转为设施农业用地、非农业征（占）用耕地等已改变用途的耕地，以及长年抛荒地、占补平衡中“补”面积和质量达不到耕种条件的耕地，不再给予补贴；二是引导加强农业生态资源保护，主动改善地力，鼓励种植绿肥、施用有机肥、秸秆还田，不露天焚烧；三是耕地地力保护补贴资金采取财政“一卡通”的方式直接补贴到户。

3.发放依据。在国家未改变补贴资金发放依据之前，我省仍以计税面积内的农作物实际种植面积和每年的双季稻播种面积作为补贴发放依据。省农业厅将根据卫星遥感监测数据对上述面积进行核实。2015年，耕地地力保护补贴将根据区农业林业水利局提供的2014年计税面积内的农作物实际种植面积和双季稻播种面积进行发放。

4.发放的标准。

（1）计税面积内种植一季农作物的耕地地力保护补贴标准为每亩每年105元；

（2）计税面积内种植双季稻的耕地地力保护补贴标准为每亩每年175元；

（3）计税面积外种植双季稻的耕地地力保护补贴标准为每亩每年70元。

（二）粮食适度规模经营补贴

1．补贴对象。补贴对象为主要粮食作物的适度规模生产经营者，重点向种粮大户、家庭农场、种粮农民合作社、粮食生产社会化服务组织等农业生产新型经营主体倾斜。其中：种粮大户、家庭农场按耕地流转面积进行支持，小规模种粮大户和家庭农场的耕地流转面积为2~13.33公顷，中等规模种粮大户的耕地流转面积为13.33~100公顷，大规模种粮大户的耕地流转面积为100公顷以上；种粮合作社、粮食生产全程社会化服务组织根据其实际经营、服务面积进行支持。

2．支持方式。由区财政局和区农业林业水利局根据省市要求和《关于加强粮食和农业生产工作的通知》（开政办发〔2011〕12号）另行制订。

三、农业“三项补贴”改革的组织实施

（一）工作职责

区财政局主要负责农业“三项补贴”改革实施方案的拟定、项目审核、资金拨付和监督考核等工作；区农业林业水利局负责相关基础数据采集审核、任务落实、项目组织和监督考核等工作，负责协助区财政局制定实施方案。各涉农街道办事处是农业“三项补贴”改革的实施主体，由行政正职负总责，建立健全工作机制，明确工作责任，密切部门合作，确保农业“三项补贴”改革的各项工作落实到位。村委会（含涉农社区居委会）负责补贴面积的统计、核实和公示，对统计上报数据的真实性、准确性负责。

（二）实施步骤

1．宣传阶段

各涉农街道办事处要认真做好新政策的宣传和解释工作。2015年是农业“三项补贴”改革试点的第一年，补贴发放时间晚于往年，各地务必做好农民群众的宣传工作，赢得群众理解支持。

2．数据采集阶段

根据《湖南省财政厅关于做好我省耕地地力保护补贴发放及相关数据上报工作的通知》（湘财乡函〔2015〕7号）文件要求，2015年发放面积以区农业林业水利局提供的2014年计税面积内的农作物实际种植面积和双季稻播种面积进行发放。各涉农街道在根据《关于开展2014年粮食补贴面积核定工作的通知》（开财联〔2014〕4号）文件已统计的2014年面积数基础上进行如下审核：

（1）核减不符合补贴发放要求的面积数。对已作为畜牧水产养殖场使用的耕地、林地、成片粮田转为设施农业用地、非农业征（占）用耕地等已改变用途的耕地，以及3年以上长年抛荒、占补平衡中“补”的面积和质量达不到耕种条件的耕地不再给予补贴。对符合上述情况的面积需在2014年已统计面积的基础上进行核减，村委会逐户填报“开福区2015年耕地地力保护补贴信息表”（见附件）。

（2）核对计税面积，耕地地力保护单季种植补贴面积不得大于土地承包人的原计税面积。耕地地力保护双季稻补贴面积按计税内种植面积和计税外种植面积分别核对。

3．公开公示阶段

基础数据采集后，村委会（含涉农社区居委会）对统计到户的“开福区2015年耕地地力保护补贴信息表”进行公示，公示期不得少于7天，公示内容包括农户的补贴面积、补贴标准、补贴金额等，接受群众监督，确保公示内容与实际补贴发放情况一致。村委会（含涉农社区居委会）需拍摄公示照片，并将公示

影像资料报所属街道办事处留存。各涉农街道办事处应联合对村公示情况进行督查，确保公示到位。

4. 审核上报录入阶段

（1）各村委会（含涉农社区居委会）将公示无误的统计到户的“开福区2015年耕地地力保护补贴信息表”按时上报所属街道办事处；

（2）各涉农街道办事处对基础数据进行审核，按一定比例抽查复核农户信息，审核后对基础数据表签字盖章，将统计到村（社区）的汇总表和统计到户的基础数据表交区农业林业水利局审核；

（3）区农业林业水利局审核后，在统计到村（社区）的汇总表上签字盖章，并将到户的基础数据表和到村（社区）的汇总表返还相应街道办事处，并同时将统计到区、街道的汇总表交区财政局；

（4）各涉农街道办事处收到经区农业林业水利局核实后的基础数据表及汇总表后按要求及时录入基础数据。街道办事处需在规定的时间内完成录入数据的上报工作。

5. 补贴发放阶段

区财政局向区农业林业水利局下达耕地地力保护补贴资金指标，区农业林业水利局将耕地地力补贴需要发放的资金拨付至“一卡通”补贴专户，由区财政局将补贴资金直接拨付到农户“一卡通”账户。

四、农业“三项补贴”改革的保障措施

（一）建立补贴公示制度。各村委会（含涉农社区居委会）要将以后各年度农户一季农作物和双季稻种植情况等在村务公开栏进行公示。公示内容包括农户的耕种面积及农作物、计税面积、补贴面积、补贴标准、补贴金额等，接受群众监督，各涉农街道要设立、公开举报电话，确保公示内容与实际补贴发放情况一致。

（二）建立考核检查制度。区对街道办事处、街道办事处对村（社区）、村（社区）对基础数据统计员都要建立严格的考核检查机制，落实责任，严格奖罚，对工作绩效优秀的街道办事处、村（社区）、统计员要给予奖励和表彰；对工作不负责，数据、信息不准确、不真实的街道办事处、村（社区），除扣减工作经费外，还要按有关法律法规予以追究。

（三）妥善处理补贴信访。对于补贴信访案件，各涉农街道办事处应在规定时间内办结，涉及一季农作物和双季稻、抛荒面积、改变用途等基础数据有异议的，由相关街道办事处负责答复处理；涉及补贴发放时间、标准、金额等由相关街道办事处负责答复处理；各相关街道办事处不得拖延、推诿。因相关街道办事处、村（社区）工作原因造成市级以上上访的，要追究街道办事处相关责任人的责任。

（四）适当安排工作经费。为确保该项工作的开展，安排适当工作经费，用于基础数据登记员会议、培训、宣传等开支和常年性工作开支。

（五）差错、过错责任追究。农业支持保护补贴基础信息采集人员、街道办事处相关人员不认真履行职责，不如实搜集、核实农户相关信息，伪造、变造、虚报、谎报农业支持保护补贴相关信息，造成农业支持保护补贴基础信息不真实、不准确的，予以追究责任。对拒不支持配合农业支持保护补贴基础信息调查登记导致相应补贴不能及时发放的，相关责任由农户自行承担。对提供虚假信息骗取国家财政补贴的农户，由区农业林业水利局依照相关法律法规处理。触犯刑律的，依法追究刑事责任。

五、农业“三项补贴”改革的长效机制

区直相关部门、各涉农街道办事处要以此项改革为契机，建立健全农业支持保护补贴的长效机制，夯实基础工作，确保党和国家惠农、强农政策落实到位。

各村委会（含涉农社区居委会）要明确专人对本村（社区）农户承包耕地每年的耕种、流转、抛荒、毁损、灭失等情况进行适时登记，审核汇总，公开公示，及时上报。

各涉农街道办事处要加强抽查巡查，全面掌握各涉农村（社区）农户承包耕地的抛荒、流转、双季稻种植、耕地变性等情况，严格审查村上报基础数据的真实性和准确性。

区农业林业水利局、区财政局要及时做好常年补贴工作的安排部署，按时汇总上报本区相关数据和情况，加强对涉农街道办事处该项工作的检查监督，建立健全考核机制，明确奖惩措施，严格奖罚到位和责任追究，确保中央、省、市强农惠农政策的贯彻落实。

区监察、审计等部门定期对农业三项补贴改革政策执行情况进行监督与检查，查处相关违纪违规行为。

报刊摘登

新华网 NEWS

2016年1月21日

记者李丹 周勉

国际 中央媒体

老挝大米首次对中国批量出口

2016年“一带一路”中老粮食合作成果发布会暨老挝大米中国首发仪式21日在湖南长沙举行，老挝大米从此正式进入中国市场，这也标志着老挝正式开始对中国批量出口大米。

老挝大米进口方、湖南炫烨生态农业发展有限公司董事长徐国武介绍，首批进口到中国的老挝大米有88吨，将于首发仪式之后正式通过线上线下面向全国发售。

“老挝至今保持着原生态的种植方式，大米年产量极低，仅150公斤/亩。”徐国武说，“这批老挝大米破碎率低于2%，香米纯度大于96%，外观漂亮、口感绵软，是绿色生态产品。”

据了解，湖南炫烨生态农业发展有限公司2015年3月通过申请获得了国家发改委批复的老挝唯一自有基地返销粮配额指标8000吨。

去年10月27日，国家质检总局批复同意该公司老挝全资子公司炫烨（老挝）有限公司生产的老挝大米出口中国。目前，该公司与老挝沙湾拿吉省农业厅合作建设了一个2000多公顷的水稻示范型产业化生产基地。

湖南省商务厅厅长徐湘平表示，“一带一路”战略目的是要强化与沿线国家的经贸合作，发挥互补优势，促进双边和多边的互利共赢。老挝大米项目是湖南省对接“一带一路”战略行动方案的重点支持项目。

老挝农林部种植司司长维莱苏在首发仪式上说，老挝农业由于原生态、无污染吸引了包括中国在内的很多外国投资者，而大米一直是老挝的重要农业产业。希望以此次老挝大米输华为开端，将更多包括大米在内的农产品出口到中国，为老中两国的农业合作做出贡献。

2015年中国进口大米量继续攀升。据海关总署统计的数据显示，2015年1至10月中国累计进口稻谷和大米266万吨，比去年同期增长31.3%，进口金额为73.027亿元，比去年同期增长21.4%，其中越南位居中国大米进口国首位。

2015年4月，国务院批复同意设立湖南湘江新区,这是中部地区的首个国家级新区，也是整个长江经济带沿线第六个国家级新区。湖南、湖北两省签署《长江中游城市群战略合作协议》，明确合作目标、重点与机制。湘、鄂、赣三省召开长江中游城市群水运合作联席会议，着力谱写三省水运发展新篇章。政策好发展空间更大，长沙新港必将迎来新一轮发展高潮。

“未来，长沙水运发展不可限量，湖南水运发展更是不可限量。湖南地处东部沿海地区和中西部地区过渡带、长江开放经济带和沿海开放经济带接合部，必将敞开南北两口，打开东西大门，依托黄金水道，推动形成联通长三角与珠三角、对接丝绸之路经济带和海上丝绸之路的开放新格局。”杨应龙对本报记者说。

集聚全球资源，打造国际一流跨境保税直购体验中心

中国金霞物流谷—长沙金霞保税店位于长沙金霞保税区,地处水陆空三港枢纽,依江、临港、靠站，是发展保税物流和贸易的“黄金码头”。

该项目由长沙金霞经济开发区的金霞保税物流中心与湖南嘉德集团联手打造，按照“一馆一特色、一馆一风情”的要求，将4栋馆分别定位为“金霞馆”、“欧洲馆”、“韩国馆”、“澳新馆”，分为“一般贸易进口直销区”、“跨境商品体验区”、“出口商品区”和“海外轻餐休闲文化体验区”几大板块，采取一般贸易进口、保税展示交易、跨境直购体验三种运营模式，进行招商和经营布局。

全国人大代表、长沙市市长胡衡华在接受中国经济时报记者采访时说：“在进一步对外开放形势下，中国金霞物流谷、长沙金霞经济开发区、长沙金霞保税店要致力于担当缔造中部跨境电商新名片的光荣使命，通过线下体验店的方式，境内境外无缝对接，为长沙市民提供货真价实物美价优的进口商品，市民在家也可以海淘。”

目前，海关、商检、外汇、银行等机构已全部入驻园区办公，实行报关、报检、外汇、结算等一站式办公，企业通关、结算十分便捷高效，物流成本和通关成本可以降低20%—30%。

此外，该项目被期待为开福区、长沙市、湖南省重点打造的湖南进出口贸易的新平台、新名片，将用高标准打造成发展湖南开放型经济，服务湖南、中部地区的进出口商品展示交易平台，力争成为湖南和中部地区进出口贸易商品、企业、人员和资本的集散地。

本报记者获悉，由金霞保税物流中心与嘉德集团联手打造的“金霞跨境产贸城”，致力于打造全省唯一的外贸综合服务平台，被列入湖南省人民政府对接“一带一路”战略行动方案开放型公共平台项目。而跨境电商产业园的成立，将培育出一批具有较大规模和较强竞争力的跨境电子商务龙头企业，致力于将湖南打造成为全国跨境电子商务洼地。

按照“政府搭台、市场运作、整合资源、高效运行”的原则，湖南跨境电商产业园选址金霞开发区金霞组团核心区域，以保税中心为基点，进行资源整合和规划布局，主要分布在园区芙蓉北路、青竹湖路、新港大道三条主干道两侧，占地面积2平方公里，主要规划“一楼三区”。

跨境贸易保税功能区依托长沙金霞保税物流中心，建立跨境贸易保税功能区，服务于跨境电商企业，并在区内建立跨境电子商务监管区进行圈区管理，确保实现跨境电子商务通关、结汇、退税等监管服务无缝对接，化繁为简、便捷通关。跨境电子商务综合服务区主要为电商企业提供仓储、快递、物流、办公、金融、商业配套和信息等产业链服务。

跨境电子商务规划发展区规划总面积为166.9万平方米。分为近期发展区和远期发展区，为电商企业的聚集发展、电子商务规模企业的入驻留足空间。

胡衡华告诉记者，金霞重点瞄准与跨境贸易电子商务运营相关的网商、电商、支付商、贸易商、物流商等开展选商、招商，成功引进邮政速递、广州卓志、三湘集团等跨境电商运营企业和香港天赐网、阿里巴巴、湖南嘉德、西班酒业、厦门优传等跨境电商经营企业，并有嗨淘网、步步高云猴、深圳泽汇、中兴通讯等企业意向入驻，预计今年底将入驻60余家跨境电商企业。

中国金霞物流谷:项目立园、产业兴园、全面推进国家级现代物流园区建设

过去的五年,对于金霞经济开发区来说，是不平凡的五年，也是艰辛的五年，更是硕果累累的五年。

长沙市开福区委书记廖建华告诉本报记者，“十二五”期间，长沙金霞经济开发区在长沙市委、市政府和开福区委、区政府的正确领导下，紧紧围绕“打造千亿级产业，争创国家级园区”的奋斗目标，以“产业兴园”为工作主线，以“壮大现代物流、培育商贸市场、提速都市工业、建设两型园区”为工作路径，全面推进国家级现代物流园区建设，圆满完成了“十二五”规划确定的各项目标任务，为“十三五”时期经济社会发展奠定了坚实基础。

经济实力大幅提升，跨越发展势头强劲。五年来，园区累计完成固定资产投资424.32亿元、工业总产值1574亿元、规模工业增加值319.31亿元、物流货物吞吐量1.21亿吨、物流主营业务收入1222.44亿元，年均分别增长23.99%、34.22%、35.7%、39.63%和40.02%，工业总产值、规模工业增加值、物流货物吞吐量、主营业务收入等指标实现五年翻两番，年财政收入和年总税收分别突破20亿元和10亿元大关，均为“十一五”末期的约3倍，在2014年长沙市绩效考核中居省级园区第1名。

“国家级经济技术开发区申报工作取得实质性进展，已经省、市上报国务院并由国务院批转商务部办理，园区对外形象、区域价值、战略地位全面提升，展示了蓬勃向上、跨越发展的强劲态势。”廖建华说。

战略项目抢滩入驻,招商引资成效显著。五年来，园区立足战略招商，聚集发展势能，打造投资洼地，共引进重大战略性项目40个，引进投资总额达300亿元。其中投资过50亿元的企业1家、过10亿元的9家、过亿元的25家;上市公司16家,世界500强企业5家。

产业发展日益壮大，集聚集群规模形成。五年来，园区以现代物流为基础、商贸市场为主体、都市工业为补充，按照“一主两辅”的产业布局和“一体两翼”的空间布局，走特色建园、差异发展之路，产业“千百十”工程得到全面实施。园区实现入驻企业350家，其中世界500强企业7家、央企9家、上市公司24家、5A级物流企业10家、中国驰名商标6个;税收过千万元的15家、过亿元的3家，培育和壮大了粮食、能源、医药、钢贸等四大“百亿级”物流产业集群。

基础配套日臻完善，产城融合全面推进。五年来，园区始终坚持“两型”引领、推动产城融合，每年按计划实施“十大市政道路”和“十大配套工程”，全面加速五宜（宜居、宜业、宜商、宜学、宜游）城区建设。共完成投资17亿元，新修市政道路25条，通车里程17公里，

金霞经开区负责人调研园区产业发展情况。

新拓展城区面积 15 平方公里。新开发房地产项目 20 个，完成楼盘建设 265. 8 万平方米。高岭综合交通枢纽签约落地，新开通公交线路 7 条。

平台通道提质拓展，窗口效应引领开放。五年来，园区按照省、市的战略部署，全面打造口岸集中区和湖南外向型经济平台。2012 年，长沙火车货运新北站一期建成运营，铁路运能达 1670 万吨／年；2013 年，长沙新港开通至上海港的“五定班轮”，新增至美、欧、日、韩等 27 条国际集装箱航线。长沙火车霞凝货运站开通至广州、深圳的“五定班列”，启用了铁路口岸和“无水港”，班列重箱运费节省 25%；2014 年，长沙火车霞凝货运站至德国杜伊斯堡、俄罗斯莫斯科、乌兹别克斯坦塔什干的“湘欧货运快线”建成并实现常态化运营。

2015 年，长沙新港三期完成拆迁启动建设，湖南省首个跨境电商产业园正式揭牌，跨境电商监管中心建成投入使用，进出口业务容量达每天 2 万单，长沙金霞保税店建成开业，湖南跨境产贸城打造全省唯一的外贸综合服务平台，从南北、东西，水上、陆上，线上、线下连通了国家“一带一路”，全面打通了湖南对接上海自贸区、融入长江经济带的大通道，成为中部地区首位的对外开放高地。长沙金霞保税物流中心五年累计完成报关 2. 4 万票、货运量 36 万吨、货值 52 亿美元、海关征税 11. 3 亿元，实现保税主营业务年均增长 25%。

内生动力显著增强，社会大局和谐稳定。五年来，园区理顺体制，创新机制，提升效能，全面激发发展内生动力。2014 年 1 月，开福区委、区政府实施“一区一园一中心”的运行体制，由开发区统领大城北发展，实行规划、招商、土地、财政和建设上的“五统一”，大城北发展进入体制最为顺畅的“黄金期”。

金霞联检大厅建成运行，海关、商检、外汇、税务、工商、银行等全面入驻，通关环境更为便捷，政务服务大幅提升。大力实施“人才兴园”战略，累计引进专业技术人才 45 名，为国家级园区建设做好了人才储备，强化了人才支撑。

深入开展党的群众路线教育实践活动和“三严三实”专题教育活动，干部作风面貌大幅改善，树立了“为民务实清廉”和敢于担当、敢于负责的良好形象。创新实施金霞片区拆迁指挥部统筹拆迁、信托融资、土地联合储备等征地、拆迁和投融资机制，累计新增和续贷资金约 30 亿元、拆迁土地约 7440 亩、动迁人口 7252 人、统征土地 5430 亩、联合储备 1530 亩、完成土地出让 3558 亩，要素聚集和保障能力明显加强。

中国金霞物流谷“十三五”战略：“谋划”千亿产业版图、助推中国物流产业跻身世界前列

盘点“十二五”，园区步入了发展快车道，实现了跨越发展、品质发展。面对“十三五”，金霞该如何掌握未来五年、激发发展信心？

杨应龙提出，“十三五”规划要符合经济发展规律，要把握发展态势，抢抓发展机遇，站在未来的高度对园区进行科学定位。金霞要以“打造千亿级产业，争创国家级园区”为发展目标，以打造“两中心一高地”为发展定位，建设“国家级现代物流中心、国家级商贸集散中心和湖南对外开放的高地，全力打造中国金霞物流谷，并将中国金霞物流谷上升到国家战略层面进行顶层设计和谋划，助推中国物流产业跻身世界前列。”

中国金霞物流谷“十三五”发展目标：“千亿级产业”是指金霞物流主营业务收入实现千亿元，“国家级园区”是指金霞成功申报国家级经济技术开发区。发展定位：国家级现代物流中心、国家级商贸集散中心和湖南对外开放的高地。

中国金霞物流谷“十三五”主要任务是：

在产业方面，大物流带动大商贸，大商贸实现大口岸，大口岸实施大平台，大平台形成大板块，大板块形成大繁荣。大物流是基础、大商贸是主体、大口岸是平台、大板块是特色；在建设方面，科学规划、差异发展，在完成规划修编的前提下，对交通、电力、管网、绿地和公园进行整体规划；要提速建设，量力而行、尽力而为；要夯实基础、配套齐全，打造一流景观工程，构建产城融合、幸福和谐的园区。

“在‘十三五’期间，我们物流行业收入要达到一千亿元的目标。”金霞经开区管委会主任袁政国在接受中国经济时报记者采访时说，目前金霞经开区正重点布局“全产业链物流”，锁定瞄准高端供应链企业和项目，实现多式联运、多网融合、多元并举，全面构造国家级物流中心。而纵观金霞大物流产业布局，千亿级产业、百亿级板块、十亿级企业的版图正在壮大。

同时，园区全面建设物联网、铁海联运枢纽，发展以大宗生产资料为主的现代市场群，提升经济效益的产出率和与区域经济的融合度，实现物流产业的总体提质提效，致力于将园区全面打造成为中部物流之都。而这一步步坚实的努力，也为新的更高目标打下了坚实的基础，追求“物流行业收入达到一千亿元”的目标也就水到渠成。

人民网 people.cn

2016年7月23日　湖南　中央媒体

记者 匡滢

2016英国精品购物节长沙站开启 带你享受经典英伦文化

长沙市民想要零距离接触最纯正的英国味道，感受经典的英伦文化？7月22日-31日，由商务部外贸发展局、湖南省商务厅、英中贸易协会（CBBC）、长沙市人民政府共同主办的“2016英国精品购物节（长沙站）”集结众多最潮的英国品牌、最IN的皇室御用品牌，打造属于都市生活家的精致体验。

据悉，此次购物节是英国购物节活动第二次在长沙举办。今年的英国精品购物节（长沙站）将延续去年的模式，为期10天，共有89个英国品牌参与，展品类别近20种，涵盖汽车、箱包、服饰、母婴、家居、家电等类别。顾客不仅能在皇室御用品中领略尊贵，也可以随Vendula品牌的原创时尚用品追逐潮流，可以从Byford Holdings等品牌男士用品中窥见绅士风流，也能从Jagua、Land Rover等名车中追逐奢华；或者在MEE、道尔顿品牌中发现创意——当然，你还可以轻松找到习主席访英时在契克斯庄园品尝的Greene King IPA精酿啤酒，体验一下正宗的英国乡村酒吧风情。

7月22日-31日期间，现场还精心准备了多场活动，捷豹、路虎、MINI、迈凯伦等知名英国汽车品牌将在7月23、24和27日进行车队环城巡游；购物节开幕式和活动期间的周末晚间，“披头士之夜音乐专场音乐会”都将盛大开启，外籍乐队演绎披头士经典曲目，还将穿插魔术、舞蹈等精彩内容，让你大饱眼福。此外，购物节期间，全场消费满额便可进行抽奖，最高可获得由凯撒旅游提供的英国双人游，其余ICITY储值卡，代金券、风情小礼品等你来拿。

新华网 NEWS

2016年7月8日　电讯　中央媒体

记者 刘晋源

长沙市开福区启动创新创业大赛

8日上午，由长沙市开福区委区政府主办的创新创业大赛正式启动。

据悉，本次大赛参赛条件为：具有高成长性和投资价值的小微企业并且需满足成立时间不超过3年、年销售额不超过2000万元人民币、无知识产权纠纷、经营规范、社会信誉良好的条件。除小微企业外，还包括具有创新创业精神的创业团队，也需要满足拥有合法的知识产权、无知识产权纠纷、核心团队成员不少于3人、赛后6个月成立企业的条件。本次大赛不区分项目类别。

主办方介绍，大赛流程分为报名—海选—赛前辅导—初赛—精英特训—决赛6个环节。开福区还成立了以区人民政府区长为组长的创新创业工作领导小组，出台了《创新创业在开福三年行动计划》等文件，每年安排5000万创新创业专项资金，支持初创小微企业的发展，而且为本届大赛获奖项目免费提供办公场地、会议室、路演室等。

长沙市开福区区委副书记、区长沈裕谋表示，本次大赛是为了加快实施创新驱动发展战略，适应和引领经济发展新常态，搭建为中小企业、创业集团服务的平台，让更多的优质企业落户开福区。

89个英国本土品牌，包括Vendula、By ford Holdings、Jagua等，将涵盖汽车、箱包、服饰、母婴、家具、家电等近20个展品类别。

除购物外，本次购物节还在现场推出多种英伦品牌体验和互动活动。消费者不仅有机会现场体验正宗的英国绅士剃须，还可以品鉴上乘的苏格兰威士忌，其中包括首次进入中国的、世界上浓度最高的磐德瑞威士忌，以及其他英国特色饮品。

另外，此次购物节还设置了一系列的音乐、文化等主题活动。对于爱车一族而言，7月23、24和27日可以在长沙看到车队环城巡游，参与的汽车品牌包括捷豹、路虎、MINI、迈凯轮等知名英国汽车品牌。购物节期间，每天下午顾客都可以参与英式下午茶专场活动，周末晚间还会举行“披头士之夜音乐专场音乐会”。

湖南省商务厅巡视员周船表示，此次购物节不仅为湖南人民提供一个全面认知英国商品与英国文化的平台，同时也将提供一个英湘贸易交流的契机，有利于英国与湖南企业之间的交流合作。

据悉，2016年英国精品购物节在中国一共登陆九个城市，包括泉州、南京、长沙、海口、广州、深圳、厦门、福州、太原

新华网 NEWS

2016年8月9日

记者 左栀子 李依环

湖南 中央媒体

长沙地铁开启“大美湖湘锦绣地铁”湘绣非遗文化展之旅

今天下午，2016年“大美湖湘·锦绣地铁”湘绣非遗文化展在长沙地铁一号线南门口站与市民上演了一次唯美的邂逅。上百件湘绣作品参展，给七夕节中的长沙增添了一份独特的湘绣韵味，展览吸引了各个年龄层的市民驻足观看。

据悉，此次活动时间为8月9日—8月29日。除有“湘绣小镇”主题于站厅亮相，长沙地铁还精选湖南省沙坪湘绣博物馆中的图文资料丰富站厅创意文化墙。红墙黄瓦，古色古香的墙面上展示了《历史溯源》、《技艺针传》、《湘绣小镇》、《匠心甄选》四大篇章，前三章用图文并茂的形式介绍了湘绣的“前世今生”。而《匠心甄选》中，长沙地铁首次将灯箱创意改造成美丽的橱窗，与展柜一起，共同陈列来自开福沙坪湘绣小镇的百件作品。市民朋友们置身于一个地铁站厅中，便能感受延续传承2500年的手作工艺。

湖南省工艺美术大师、湖南省非物质文化遗产传承人的毛珊女士出席现场组织起趣味的“湘绣学堂”，与现场小朋友们一起进行刺绣DIY互动，让湘绣的“丝线魅力”也能传递给下一代。一位小朋友指着一幅湘绣作品兴奋地对家长说，“妈妈，这是爱晚亭，我们之前去过的！”。

湘绣作为“四大名绣”之一，历史可追溯到2000多年前的春秋战国时期。纷繁复杂的刺绣技术凝聚了湘女们的勤劳智慧和对美好生活的赞美。

精美的湘绣作品吸引了不少乘客驻足拍照。

小朋友也被展出的湘绣作品《爱晚亭》所吸引。

央广网 www.cnr.cn

2016年12月14日 湖南 中央媒体

记者 姜文婧

湖南省工商联举办湘商大讲堂 探索创新发展与转型升级新战略

昨天下午，由湖南省工商联主办的湘商大讲堂之“2017年宏观经济展望与策略主题报告会”在长沙市开福区举办。

在报告会上，著名经济学家、清华大学经济管理学院教授魏杰作了题为“2017年宏观经济走势与结构调整”的主题报告，深刻诠释当前的宏观经济形势和经济的新增长点。他指出，过去中国经济的两大支撑点传统制造业和房地产行业亟需结构调整与转型升级，战略性新兴产业、服务业、现代制造业将成为经济的新增长点，为企业家把握未来投资战略指明了方向。

会上，开福区人民政府就区情特点和产业优势、重点招商项目及相关内容进行了推介。友谊投资咨询集团与合诚股份介绍了“BIM”“PPP”“智慧工程”等新形势下的工程技术创新和新模式。

报告会后，与会企业家纷纷表示受益匪浅，对当前经济形势和企业发展策略有了较为清晰和清醒的认识，只有加快传统产业提质升级，培育新技术、新模式，把握供给侧结构性改革的契机，企业才有发展的新动力、新机遇。

中国新闻网 中新网 WWW.CHINANEWS.COM

2016年5月24日 地方 中央媒体

记者 付敬懿

长沙又唱浏阳河文旅产业迎新擎

“浏阳河，弯过了几道弯，几十里水路到湘江……”一曲优美动听的歌曲，让世界记住了湖南浏阳河。刚刚闭幕的“醉美浏阳河神奇九道湾”2016长沙首届浏阳河文化艺术节，让浏阳河的旋律在长沙街头再次响起，让世界听到浏阳河九道湾的动人故事。

醉美浏阳河的千年沉淀

诞生于上世纪50年代初的湖南民歌《浏阳河》及衍生调《又唱浏阳河》传唱南北，熟悉的旋律曾勾起无数海外游子的思乡之情。5月1日起，一系列以浏阳河为主题的活动拉开浏阳河文化梦想的序幕，长沙民众纷纷沉醉于“浏阳河”的浪漫情怀中。

开幕式情景演出《浏阳河上》，用古今人物的亘古对话演绎浏阳河的千年历史，大型声光电实现时空话剧场、田野场和山水场三大演出空间与情境，舞台灯、水、楼、人影像交相辉映，为观众全景呈现最美湖湘印象。

520花火音乐节则以“浏河之恋”结合“520网络表白日”，现场大型声、光、电交织万朵玫瑰花海、“红桃心”楼宇投影，与空中焰火、船只舞台、灯光作品交相呼应，为市民呈现最浪漫的视听盛宴。

大型民俗舞台剧《浏水人家》围绕“一首歌，一条河，一座城”展开，以一位世代生活在浏阳河畔的放排艄公为视角，讲述了四个美丽的民间传说故事，把浏阳河流域独有的山水神韵、民俗民风、建筑特色、非物质文化遗产等内容浓缩为一体，通过歌、舞、戏剧等艺术表现形式和多媒体手段，向观众展示出一幅浏河两岸优美的人文风情画卷。

23日晚的《浏阳河颂》音乐会，作为艺术节的压轴大戏以不同的音乐体裁讲述浏阳河千年的故事。远古的《浏水号子》、客家山歌《九伢子》搬上交响舞台；95位二胡乐手搭配交响乐团，响起《又唱浏阳河》的熟悉旋律……一曲曲情深义长、气势磅礴的旋律，让听众深深沉醉于艺术的梦幻中。

浏阳河文化艺术节以打造“不负浏阳河天赐之美，追逐艺术梦想，共建品质长沙”的文化名片，展示“山水洲城品质长沙”新形象为目标，促进了浏阳河文化沉淀的深挖，推动浏阳河流域的文化发展，为星城长沙塑造又一个文化活动新品牌。

天赐之美造经济新引擎

浏阳河九道湾，一湾一美丽，湾湾有故事。这条河曲折延绵220多公里汇集南阳城遗址、马王堆汉墓、陶公庙、谭嗣同故居、黄兴故居等山水、人文、历史于一体，坐享得天独厚的资源禀赋。然而浏阳河却未能向世人充分展示过她的魅力与价值。

城因河流而诞生，河因城市而闻名。世界许多城市把沿江沿河流域作为战略发展重点区域，打造产业带以拉动全流域发展。2015年4月，长沙市以“不负天赐之美”的要求，举全市之力、集各方之智加快浏阳河文化旅

《浏阳河颂》音乐会。

游产业带建设，打造开放型经济新引擎，走出内陆城市的创新求变、持续发展之旅。

“要向世界讲述浏阳河九道湾的动人故事。”湖南省委常委、长沙市委书记易炼红曾多次强调，浏阳河弯弯曲曲九道湾缠绕着长沙，承载着几代人对这座城市的依恋，也是得天独厚的宝贵自然资源。随着近年来长沙经济社会的发展，交通区位优势凸显，创新创意氛围浓厚，文化旅游产业走势强劲，特别是近两年一系列国家级战略平台落户长沙，打造浏阳河文化旅游产业带其时已至。

长沙市委副书记、市长胡衡华在《政府工作报告》明确提出，要把推进浏阳河文化旅游产业带建设，作为2016年工作重点之一。按照《浏阳河文化旅游产业带规划研究》初步方案，200多公里的文化旅游产业带，将深度挖掘文化内涵，打造精品旅游产品，搭建更多优质载体，将浏阳河流域打造成为一个链条式的全流域旅游目的地，推进长沙现代服务业，特别是文化旅游产业的转型升级，成为长沙新的靓丽名片。

建言献策展望百年大计

高品质的建设需要科学规划、国际视野和顶层设计，如何让浏阳河成为世界游客的旅游目的地，一些知名文化学者、创意设计大师们也几经“头脑风暴”，为浏阳河文化旅游产业带发展献计献策。

“以专业的眼光超前谋划，让专业的团队来为浏阳河产业带建设出谋划策。”中国知名文化学者、教育家易中天说，浏阳河是长沙的母亲河，是不可再生资源，开发浏阳河是百年大计，利在当代，功在千秋。

作为经济学专家，中央党校副校长王东京则强调浏阳河文化旅游产业带顶层设计中的“产业意识”和消费导向。他说，当前中国面临经济下行压力，长期稳定发展要依靠消费这驾“马车”。如何创造下一个消费热点是其发展的重要问题，浏阳河文化旅游产业带设计建设过程中不仅需要体制创新、科技创新，还需要消费创新。

清华大学外籍教授、知名建筑设计大师彭培根认为，在产业带建设过程中可对浏阳河进行控制性总体规划、生态文明和生态安全规划和交通规划，尤其是先规划好永久绿地和永久禁建地。“它们今后必将是最富有生命的区域，一定要保护好这些天赐宝地。”

中国科学院院士、北京大学前校长周其凤认为，文化旅游产业带建设成败的关键所在是“水”的保护，尽管产业带建设核心主要位于下游部分，但没有上游对水质的保护，产业带建设就无法取得预期效果。着手地方立法对浏阳河进行保护和成立浏阳河保护基金，是产业带可持续发展的成功保障。

长沙市也给予浏阳河文化旅游产业带建设强大的资金支持和项目支撑。该市拟在2020年前，在浏阳河流经的区县（市）乡镇（街道）策划包装164个项目，计划投资1728.66亿元，让“醉美浏阳河、神奇九道湾”成为长沙的靓丽风景线。

中国新闻网 中新网 WWW.CHINANEWS.COM

2016年7月8日 湖南 中央媒体

记者 向一鹏 李叶

2016年长沙市开福区创新创业大赛启动

为搭建中小企业、创业团队服务平台，让更多优质项目落户开福区，8日，以“智汇开福，创享未来”为主题的2016年长沙市开福区创新创业大赛启动。

据了解，本次大赛分为报名、海选、赛前辅导、初赛、精英特训、决赛等六个环节，其中海选50个入围项目，初赛选出20个入围决赛项目，决赛选出10个获奖项目。大赛设一、二、三等奖和优胜奖，最高奖金为20万元。

本次比赛严格规定了小微企业类和初创团队的参赛条件。前者需要具有高成长性和投资价值，成立时间不超过3年，年销售额不超过2000万元人民币；后者则是拥有合法知识产权，核心团队成员不少于3人，赛后6个月内成立企业。

近年来，开福区大力实施创新驱动战略，致力打造创新创业活力区，出台了一系列支持创新创业的文件，支持初创型小微企业的发展。

“开福区是长沙市区域金融中心，电子信息、新材料、移动互联网等产业也发展得很好。”长沙市政协副主席、市工商联主席彭继球表示，广大创新创业者将在比赛中获得成长。

湖南日报

2016年4月11日 头版 头版头条

记者 张颐佳 周云武

一带一路金码头

——长沙市开福区倾力发展外向型经济纪实

在外贸规律性“最冷”的第一季度，长沙市开福区外贸同比增长约10%，实现进出口总额2亿美元以上。

湘江北去，通江达海，坐拥“北去”福地、黄金码头。开福区区委书记廖建华今年初提出战略性构想：开福区的“十三五”将尽情释放“特色优势”，充分利用区位优势、资源优势、平台优势转化为开放优势，让开福区成为服务全省开放型经济的引领新区。

开福区——连通海陆丝绸之路的金色飘带。

树立一个理念——走独特发展之路

沿湘江往北，可见霞凝港码头红色的起吊机正繁忙作业，每周有通往欧美、日韩、澳非的50多个国际集装箱在这里吞吐；码头两公里外的东面是长沙火车新北站，两列满载湖南特色产品的国际货运列车，正呼啸着奔向德国杜伊斯堡和乌兹别克斯坦塔什干；货车飞驰，塔架旋转，我省首个智能公路港雏形初现，与港口、铁路咫尺之隔。

作为长株潭城市群核心腹地的开福区，是全省唯一拥有水、陆、空、铁、管五元一体立体交通运输网络的区县，开福人依托自己独特的资源禀赋和交通优势，树立开放兴区理念，奋力打通国内国外的物流通道，真正实现我省货物在开福区快进快出大进大出，成为我省对接“一带一路”的排头兵，发展外

繁忙的长沙新港气势非凡。

向型经济的“桥头堡”。

搭建一个平台
——各方聚力保税中心

2015年12月19日，我省首个跨境保税店在开福金霞开业，当天就创下了日销售3000万元人民币的惊人业绩，开业3个多月以来，已经累计吸引了65万余人次参观采购。从2005年金霞保税物流中心开始申报，到2009年通过国家四部委验收，再到保税仓建设、跨境电商试点、湖南进出口商品交易展示中心打造，依托政策和区位优势，如今，保税物流中心已与跨境电商监管中心、保税展示交易中心、港口铁路通道融为一体，互联互通，成为我省口岸功能最全、进出口业务量最大的海关监管平台。2015年，报关单量达33697份，占到全省的35%。

在金霞保税物流中心仓储区，记者看到，药品、电子元件、智能玩具等货物，都分门别类的躺在自己的“小单间”里，蓝思科技、三一重工、中车集团等280多家企业、3000多种商品通过“保税中心”享受“境内关外”政策，实现了进口保税、出口退税、深加工结转、国际物流配送的“一日游”。在这里，货物实行24小时内通关政策，实现“一次申报、一次查验、一次放行”，成为我省开放型经济发展的重要公共产业平台。

如今，中部地区、乃至全国各地有进出口业务的企业，也纷纷瞄准了这个码头。

扛起一种担当
——修建外贸“高速公路”

10年前，发展占地广、税收低、回报慢的物流业常被人诟病为“不务正业”，如今，依托大物流而衍生的钢贸、粮食、能源、医药均已在开福区形成“百亿级”物流产业集群。“十二五”期间，开福金霞完成外贸进出口总额8.5亿美元，全区到位外资24亿美元，保税主营业务实现25%的年增长率。

湖南，太需要一个这样的平台了。

去年，湖南进出口商品交易展示中心被列为《湖南省人民政府对接“一带一路”战略行动方案（2015——2017年）》重大开放平台项目，省商务厅正式授予“湖南省外贸总部基地”和“湖南省跨境·产贸园”，成为全省唯一的外贸综合服务平台。

市民通过跨境直购享受更实惠的商品，企业通过“一日游”获得优惠的政策。“湘欧快线”一年迈入全国5强，长沙新港以14万标箱稳居内河港口首位，金霞保税中心实现湖南人零距离“买卖全球”的梦想。

在开福区区委副书记、区长沈裕谋的心中有这样一幅蓝图：在开福区搭好两个平台，一是由港口、铁路、公路等组成的物流互通实物平台，一是利用“互联网信息技术+政策支持”组成的非实物平台。“两个平台的交互融通，好比修建了一条湖南通往境外的‘经济高速公路’，大平台、大通关、大配套，让开福区融入‘一带一路’、长江经济带、长江中游城市群三大国家战略，为中部再造一座工业服务新城，全面加速湖南，实现物流全球！”

开福区，担起了这个责任！

湖南日报 2016年1月20日 9 市州头条

记者 张颐佳

金霞，湖南对外开放桥头堡

金霞保税物流中心、湖南跨境电商产业园、“五定班列”、“五定班轮”、湘欧国际快线……近年来，金霞经济开发区通过搭建开放平台，培育开放主体，拓展开放通道，通江达海，横跨亚欧。金霞，已然成为我省对接“一带一路”和“长江经济带”，发展外向型经济的桥头堡。

占地1500亩的金霞保税物流中心有六大功能区：保税仓储、国际物流配送、简单加工、增值服务、进出转口贸易、出口退税和物流信息处理。依托“境内关外”的运作模式，有300多家企业的3000多种货物通过这里流向世界。

它们可搭乘海轮，9个落成和7个在建的千吨级泊位，使港口吞吐能力达40万标箱、件杂货200万吨、滚装汽车1.5万辆。它们可登上火车，铁路货运新北站是南方重要的货运枢纽站，月吞吐量25万吨。不久，他们还将进入国内最先进的3.0“智能公路港”管理，资源利用获得最优分配。

开福区区委常委、金霞经开区党工委书记杨应龙说：“我们将充分利用平台优势，构建成江海联运、铁海联运、陆海联运、陆空联运的立体口岸开放体系，倾力打造成国家级现代物流、商贸集散中心。”

告别去日本买“马桶盖”时代

2015年12月19日，金霞保税店开业当日销售突破3000万元，湖南告别去日本买“马桶盖”的时代，成功打造了我省第一个进出口商品交易展示中心。目前金霞引进了快乐购、西卡贸易、睿祥科技、中美电视购物等10余家电商企业，包括电子商务大楼、电商保税功能区、电商综合服务区和电商规划发展区的湖南跨境产业园已初具规模。

在园区已引进的330家企业中，世界

500强企业7家，央企9家，上市公司24家，金霞大力培养外向型产业，一个以现代物流为基础、商贸市场为主体、跨境电商为亮点的产业集群正逐步形成。

去年完成进出口总额5.88亿美元

2015年1月，“湘欧快线”物流公司成立，9月实现每周一列常态化运营，10月出现“爆仓”，12月发展为每周两班。业内把这条快线誉为一匹“黑马”，开行不到一年已位列全国5强。定点装车、定行线路、定车次、定发班时、定价格的“五定班列”，打造了我省首个铁路“无水港”，实现了一次报关、一次检查、一次放行的沿海港口功能内移。

湘阴、常德、永州等地20多家日韩食品加工企业生产的水果、蔬菜通过长沙新港，7天可在日本、韩国超市上架，韩国刚生产出的化妆品，通过保税中心，15天可以摆上湖南居民的化妆台。

2015年，金霞完成进出口总额5.88亿美元，实现到位外资1.66亿美元，完成跨境电商40余万单、货值近5000万元。

湖南日报 2016年11月17日 15 市州头条

记者 张颐佳

金融业、文创业成为中流砥柱

开福区：财税双双过百亿

今天，记者从长沙市开福区获悉，今年1至10月，开福区财政总收入和税收收入，分别达到120.8亿元和103.5亿元，位列全省城区第一位。

记者从省统计局了解到，前三季度，全省122个县市区中地区生产总值增长超过10%的有6个，其中开福区增速达11.3%，且已持续6个季度保持两位数增长。从财税收入结构看，开福区今年税收收入突破百亿元大关，金融业和文化创意产业作出了突出贡献，分别贡献税收达23.8亿和19.5亿元。金融业和文化创意产业双双超过房地产成为开福区“健康型”税收的中流砥柱。

开福区地区生产总值的快速增长，得益于全区服务业的快速发展。近年来，开福区积极整合优势产业，完善现代服务业产业布局，力促集聚连片发展，已形成了金融商务、物流商贸、文化创意等特色产业稳步发展的良好局面，打造了金融商务区、金霞经开区、金鹰文化区“三金”名片，基本建成湖南金融商务中心、中部物流商贸中心、全国文化创意旗舰。今年前三季度，开福区服务业增加值为487亿元，占地区生产总值比重达79.8%，已经超越一些沿海发达城区的服务业占比，对地区生产总值增长贡献率达88.7%。以芙蓉中路为主轴构建的8平方公里的长沙金融商务区，汇聚了58家全国性和省级金融总部，引进了300余家分支机构和新型金融机构，覆盖了长沙90%以上的金融业态。在“金融强区”发展战略的强力推动下，该区三季度共实现金融业增加值56.8亿元。

长沙金霞保税店。

湖南日报　2016年4月11日　5　整版报道

记者 张颐佳

对接全球“经济高速”

奔跑吧，开福！

2013年11月初，习近平总书记考察湖南时提出“一带一部”战略定位，要求湖南发挥东部沿海地区和中西部地区过渡带、长江开放经济带和沿海开放经济带结合部区位优势。“一带一部”定位了湖南改革发展的新坐标，为我省主动对接国家“一带一路”对外开放战略，主动融入长江经济带明晰了方向。

2015年，湖南迎来了开放型经济时代，全省进出口总额年均增长12.9%，机场旅客吞吐量超过2000万，新开通国际航线40条，湘欧国际货运班列实现常态化运营。开福，在省会长沙扼湘江北上之要津，全省60%以上的集装箱在这里起航，横跨欧亚的“快线”从这里出发，众多的外贸企业更是选择在这里“安家落户”。硬件平台、软件平台、政策红利，开福，通江达海，买卖全球，正以崭新的姿态，骄人的步伐，成为了我省对接世界的“经济高速”，发展外向型经济的“湖南样本”。

五运一体 大道通途
全省唯一水、陆、空、铁、管五元化立体交通运输网络

长沙新港、长沙火车货运站、京珠高速、长永高速、京广铁路、武广高速铁路、长石铁路、107国道、319国道贯穿全境，从开福区到黄花国际机场，到长沙高铁站仅20分钟车程，是全省唯一集铁路、公路、水运、航空和管道五种物流元素于一体的区域。利用这些得天独厚的优势，开福人打造了我省首个铁路“无水港”，开辟了27条“五定班轮”国际航线，一个辐射中部的智能公路枢纽又即将为“大

物流”增添浓墨重彩的一笔。

铁路联通“陆上丝绸之路”

定点装车、定线运行、定时定车出发、定价运输，在长沙货运新北站，长沙霞凝至深圳的“五定班列”本就是一条全国“示范线”，以其便捷、高效、优价成为我省对接沿海城市的一条运输命脉。2014年10月，火车北站又添一新军——贯通陆上丝绸之路的“湘欧快线”。

一次报关、一次验收、一次放行，湘欧快线运行一年多以来，实现南北双向齐发，北线经满洲里出境，途经俄罗斯、白俄罗斯、波兰，最后抵达德国杜伊斯堡，全程11905公里，约16—18天；南线出阿拉山口，经哈萨克斯坦，抵乌兹别克斯坦塔什干，全程6476公里，约11天。从最初的“一周一班”，到如今的一周“两到三班”，“爆仓”的湘欧快线已经成为我省乃至周边省份通往丝绸之路的一条“金光大道”。

新港畅航全球“新常态”

2015年5月，一批7000吨的钢材从衡阳走铁路运抵火车北站，短驳运2公里直接到长沙新港码头出海，不但运时运力运费都创下了新低，也开启了新港首批“水铁”联运钢材的新模式。据科学统计，如果水运的费用为1，那么公路是其5倍，铁路是其15倍，航空是其20倍，运量大、承载强、费用低一直是水运无可比拟的优势。从1998年长沙新港选址至今，已经发展有7条国际集装箱内支运输线，开辟了韩国、日本、美西、欧洲、澳洲、非洲、南美东、地中海等数十条国际航线。

不管你何时到长沙新港，这里都一片繁忙，每周有50多个国际集装箱航班在这里吞吐，全省60%以上的出口集装箱在这里起锚，“五定班轮”（定装卸港口、定运输线路、定班轮船期、定运输时间、定全程运价）也由此入湘江转长江通达世界，“湖南制造”畅航全球已不再是梦想，而是开福水运的“新常态”。

节约物流成本40%的智能公路港

当“水铁联运”已样本般开启我省运输新模式，马上即将加入的“智能公路港”必将再次刷新湖南物流新速度。去年11月，中国企业500强的物流领军巨头传化集团，将其全国十大网络枢纽平台布局开福，投资10亿元，占地604亩打造我省首个、辐射中部的智能公路港。

今秋落成后，预计将聚集1500多家物流企业，整合百万辆货车的运力资源，降低货车空载率50%，降低商贸及制造业企业40%以上的物流成本，“仓—运—配—交易”将在这里一站式完成，更重要的是，公路港与紧邻的货运新北站、长沙港遥相呼应，三港互通、多式联运，我省物流规模化、信息化、集群化发展在开福正奔向新的高地。

网罗天下 买卖全球
物流＋互联网跨境贸易　全省唯一外贸综合服务平台

快速而专业的“多港联运式”物流通道，铸就了开福的钢筋铁骨，而一个依托“互联网+”技术网罗天下的跨境贸易平台，更丰满了开福外向型经济的血与肉。“十二五”期间，开福金霞保税中心累计完成报关2.4万票、52亿美元，主营业务实现了25%的年增长。跨境电商服务试点顺利推进，监管中心、联检大厅建设完成，金霞跨境产贸城、湖南跨境电商产业园、中部（湖南）进出口商品交易中心（简称IECC），全省唯一外贸综合服务平台，一个个大手笔，从水上陆上、线上线下全面连通了“一带一路”，在开福奏响了我省大步“走出去”的最强音。

“境内关外”保税仓供不应求

货物还没有走出国门，却减免了关税、增值税和流通税，货物在这里“打个圈”就视同“海龟”，可以享受退税和优惠政策，在开福区的金霞有一片14万平方米的蓝色仓储，叫金霞保税物流中心保税仓，当下，已是一片供不应求的喜人盛况。

开福金霞保税物流中心作为国家批准设立的海关特殊监管区，享受“境内关外”政策，企业通过货品在保税区“一日游”，具有了进口保税、出口退税、深加工结转、国际物流配送、进出口和转口贸易、物流信息处理等多项政策功能优势，企业通关速度、便利程度和物流成本大大节约。今年前两个月，通过保税中心报关1238票，与去年同比增长15.81%，主营业务和转型业务都出现了双增长，越来越多的企业青睐和看好这个平台。

“跨境直购”等同国内网购

随着扫码条发出“滴滴”一响，一批由澳洲快递到湖南的牛排、奶粉就顺利通过长沙跨境电子商务监管中心，等待配送入户。与传统的“海外购”相比，无需再走繁琐的快递报关纸质身份证明、逐票缴纳税费、手工填写物品申报单等步骤，只需用鼠标在跨境直购平台点击完成交易，就可以像普通国内电商购物一样，随时查询配送进度，等待商品上门即可。

而与商场货物相比，跨境直购只需支付10%的“个人行邮税”（目前税费50元以下减免），而正常的跨境产品除了17%的增值税，还有3%的关税，价格上有明显优势，信息透明、通关率高、风险低、时间短，随着跨境电商进出口双通道在开福金霞的开通，湖南人足不出户，即可网罗天下、买卖全球。

三个月引来65万余人次体验、消费

品一杯欧洲原装进口的红酒，敷一张韩国刚到港的面膜，闻一闻新西兰牧场的奶香……在开福这不是一个梦想，因为在我省首家保税店里都可以实现。沿湘江往北，在金霞保税中心有四栋风格迥异的建筑，他们分别是“金霞馆”、“欧洲馆”、“韩国馆”和“澳新馆”，水果食品、酒水饮料、奶粉日化……货品琳琅满目，应有尽有。无论你是现场提货带走，还是线下下单待48小时送货上门，开福金霞保税店都开启了湖南人一种全新的消费体验。

开业三个多月以来，金霞保税店共计吸引了65万余人次体验、消费，俨然已经成为我省进出口贸易的新平台、新名片。

中部新宠 领跑三湘
5 年内实现进出口百亿美元 “开放模式”影响三湘

改革开放以来，一代代开福人励精图治、不懈奋斗，取得了令人瞩目的成就，在国家“一带一路”、长江经济带、长江中游城市群三大国家战略的指引下，开福人又主动担起了当好全省开放型经济和长沙东部开放型经济走廊桥头堡的重任。按照“港、产、城”融合模式，推进临铁、临港经济一体化，提升物流枢纽功能，创新大开放机制，争取省市支持，借鉴先进经验，开福区委书记廖建华掷地有声地提出了：“3—5 年，在开福要实现 100 亿美元的进出口贸易额，形成中部地区颇具影响力的开放型产业集群，让一个引领提升我省经济外向度的‘外贸综合体’在开福先声夺人。”

发挥区位优势 打造对外开放引领区

在开福区委副书记、区长沈裕谋看来，“开放”不是空喊口号，它是一个地方现代化与否的基本特征，它是口岸、交通、保税是否搭好的平台，它更是一届领导班子根植于心，拓墨于纸，践行于实的久久为功。

今年是“十三五”的开局之年，秉承“创新、协调、绿色、开放、共享”的五大发展理念，开福人将建成“对外开放引领区”作为五大发展目标之一。在开福区的“十三五”规划中这样写道：融入三大国家战略，发挥区位优势，打造对外开放引领区。基本建成区域性综合交通物流枢纽体系，加快培育对外经济合作新优势，开放功能日益完善，服务省市开放型经济发展的能力和水平全面提升。

物流 + 平台 形成 4 大百亿级产业集群

高岭国际商贸城、长沙医药健康产业园、卓尔电商总部基地、中部进出口商品交易中心……依托大物流基础，开放大口岸平台，开福以其独辟蹊径的筑巢模式，已经引来了“群凤共舞”，传化、普洛斯、中民筑友等一批知名的物流企业和上市公司纷纷选择城北，如今，钢贸、粮食、能源、医药均已在开福形成“百亿级”物流产业集群。

中国物流示范基地、国家电子商务示范基地、国家新型工业化产业示范基地、国家 B 型海关保税物流中心、湖南十大最具投资价值产业园、长沙市服务外包示范基地……一块块裹挟着政策红利的“金字”招牌，被奋勇当先、实干善为的开福人摘入囊中，一个“千亿级”商贸流通新北城指日可期。

“开放模式”拓印“湖南样本”

在“一带一路”大背景下，开福物流全球的优势和跨境电商、保税中心的成功，已经成为全省开放型经济发展中不可或缺的重要部分，是湖南通江达海，对外开放的重要平台和通道，而开福区这样成功的“开放模式”，也正预备在全省拓展延伸。

今年 2 月，由省商务厅牵头，市场运行处、外贸处、欧洲处、省口岸办等多部门参与协调，将把开福金霞保税中心最炙手可热的“湖南名优特商品出口馆”及“进出口商品展示交易展示中心体系”拓印到全省其他 13 个市州，作为我省今年发展开放型经济的重要事项。张家界、郴州、岳阳、株洲等相关市州负责同志，多次来长学习和交流。

大口岸、大通关、大平台、大产业，多元开放的北城福地，正全速奔跑，致强崛起！

长沙新港等待出航的集装箱。

高岭国际商贸城全景效果图。

湖南日报 2016年5月21日 6 整版报道

记者 张颐佳

“极”撼中部

——全球家居建材交易平台落户金霞

什么是“极”？

是顶端、是尽头、是至高点，是大到最宽泛，聚到最融通。

在万物生长的五月，一个建材家居交易平台的“极核”在长沙城北应运而生，从此，中国建材家居的“第五极”将在中部湖南崛起！

首届中部（高岭）建材家居批发交易会，今天在长沙金霞高岭国际商贸城隆重开幕，一个全产业链的全球建材家居交易平台正式落户长沙。3天盛会，迎来了2800家来自全国的参展商，将推出数以百万计的单品，50万套新款建材家居将首次在这里亮相，这场中部最大规模的建材家具行业盛会，预计将有超过10万人次光顾。

开福区委书记廖建华满怀欣喜地说：“积极响应‘供给侧结构性改革’的号召，立足长沙，辐射中部。凭借着开福区突出的产业基础条件和物流配套优势，全球家居建材交易平台落户金霞必将掀开长沙商贸物流发展新格局，成为我省承接建材家居产业聚合升级的第一高地。”

【线下“极致”大平台】
提供35万就业岗位
辐射中东部3亿消费人群

为响应国家“十三五”规划和“一带一部”战略定位，推动供给侧改革，省委、省政府和长沙市委、市政府大力推动商贸物流转型升级发展。投资500亿元，总规模960万平方米的高岭国际商贸城，一直备受各方关注，是长沙市政府指定的市场外迁承接地，被列为2014-2015年“长沙市重点项目”、“湖南省重点项目”、“国家电子商务示范基地”。

去年8月7日，省委书记、省人大常委会主任徐守盛一行来到高岭考察项目建设情况，调研高岭商贸发展模式。去年12月10日，省委常委、长沙市委书记易炼红、市长胡衡华等再到高岭，希望以其先进的规划理念和运营模式，推动长沙专业市场、现代商贸的快速崛起。作为省市区三级“商贸转型升级”重点项目，高岭国际商贸城从立项到规划建设，都承载着殷殷的期盼和重托。

众所周知，目前我国的建材家居行业有四大集群，分别是：南有广东乐从、北有河北香河、东有江苏蠡口、西有四川成都，而中部地区却一直缺乏特大型的产业集群。湖南长沙作为中部核心，在国家现代物流“三横五纵”战略格局中，位于长三角至西南横轴和京广纵轴的结合点，得天时地利人和。而开福金霞作为我省通江达海对外开放的窗口，是长沙最集中的商贸物流中心，其大口岸、大通关、大平台、大产业，“物流全球”的产业集群龙头地位进一步凸显。

开福区委副书记、区长沈裕谋说：“全球建材家居交易平台定位为全国建材家居一级批发总部。交易平台营运后，将集商品展示、交易、设计、创意研发、物流配送、信息服务、电子商务、会展等功能于一体，汇集全球商品流、人才流、资金流、信息流，运用数据信息及电商平台，真正做到‘买全球、卖全球’。”

从2014年7月完成土地摘牌，高岭一直以“每年100万平方米的开工量，每年100万平方米的开业量”创造着“开福速度”。2016年，是高岭国际商贸城的“运营元年”，随着建材家居城、食品城、小商品城陆续开业，曾经僻静的一隅，已经在开福之北拔地而起一座“城中城”。

按照规划，高岭国际商贸城项目将是集市场集群化、电商产业化、仓储物流一体化、业态多元化、功能复合化、硬件现代化、管理专业化为一体的全产业链第五代专业市场。涵盖小商品、酒店用品、烟酒副食、轻纺百货、五金机电、建材家具、家居家饰、汽车配件及装潢用品等43大专业市场群。

平台成熟，高岭可容纳10万商家，集12大功能分区、30大服务平台于一体，汇聚全球十万品牌数百万种商品，将成为以长沙为核心，辐射湖南、湖北、江西、贵州、广西、重庆等省市，影响3亿多消费人群的批发直销总部集散平台，届时可为社会提供35万个就业岗位，年交易量将过千亿元，推动长沙商贸物流转型升级筑起“新海拔”。

【线上“极核”新商铺】1铺4店 全国首个商贸4.0智贸平台

为了这次盛会，很多商家从两个多月前就开始布置、装潢，准备货品。然而，这场建材家居的盛宴，并不因时间到期就会戛然而止。去年7月，国家相关部门接连发布《关于积极推进“互联网+”行动的指导意见》、《关于智慧物流配送体系建设的实施意见》和《关于促进大数据发展的行动纲要》，鼓励流通企业发挥线下实体店的物流、服务、体验等优势，推动实体与网络市场融合发展。流通领域迎来了“互联网+商贸”的新发展格局。

去年8月，运营高岭国际商贸城的香江集团，有前瞻性的在长沙举行了“开启商贸4.0打造中国智贸区—中国智慧商贸战略”，在我国第一次战略性的提出了商贸4.0的构想。将通过“互联网+”行动计划，在高岭这块“试验田”上，用线上平台的极核构建永不打烊的盛会。

什么是“商贸4.0”？

香江集团董事局主席刘志强打了这样一个比喻，如果你是刚购置了新房的小A，你不懂设计，不懂装修，但你可以登录商贸4.0智贸平台，将房间户型、尺寸、喜欢的装修风格等输入平台系统。几分钟后，你就会获得多个在线设计师提供的个性化装修方案，以及数个智贸平台大数据分析后推荐的备选方案。只要点击自动合成的效果图，相关材质、价格、特点将实时介绍，比对后，你就可以轻松选择一套最优方案下订单。

该订单提交到智贸平台后，自动通过后台大数据分析，自动匹配派单到相关生产商，并自动跟踪每天订单动态。某装修公司接到了订单，马上根据设计方案安排装修施工，材料商接到订单实时安排材料供给，家具厂商实时安排生产。装修时间较过往省下了三分之二，装修成本省了一半……

如果将传统的以个体经营为特征的商贸称之为1.0时代，那么以集群为特征的商贸就是2.0时代、以渠道为特征的商贸是为3.0

高岭国际商贸城。

时代。“商贸 4.0”是在传统商贸全产业链基础上，借助“互联网”技术，实现的“线上线下一体化、仓储物流一体化、全产业链一体化、全服务链一体化”的新型智能商贸生态圈。它不仅将促进传统商贸向现代流通业转型发展，促进传统商贸与互联网深度融合，更将打造一个高品质、多业态、配套全的现代商贸物流市场。

开福区委常委、长沙金霞经济开发区党工委书记杨应龙说：“商贸 4.0，已不仅仅是生意的范畴，而是以生意人为中心，构建一个完整的、互补性强的生态圈。”利用互联网、物联网、服务网等现代信息技术，让实体的商贸市场和网络的虚拟交易相互融合，通过商品贸易的全产业链，实现生产者、销售者、购买者、服务者之间的智慧匹配，最大限度地降低商品流通成本,实现多方利益的最大化。

通过资源整合和优化，“商贸 4.0”将会让 960 万方高岭国际商贸城成为“南品北上第一城、东品西进第一城、湘品崛起第一城”，杨应龙预计，未来，位于长沙金霞经济开发区的高岭国际商贸城，不仅将成为“商贸 4.0”模式和中国首个智贸区开创者，更将成为中部商贸物流的“掌门人”。

以高岭国际商贸城为龙头,以能源、粮食、医药、钢贸为轴心，以阿里巴巴电商平台促进传统商贸与互联网深度融合,我们可以预见，“大金霞”品牌商贸全产业链配套集群的蓝图正徐徐铺开，定将助推长沙城北腾飞，成为中国中部最具全球影响力的商贸资源高地和交易成本“洼地”，实现“千亿级国家级商贸集散中心”宏图伟业。

四大亮点聚集中部最大建材家居馆

亮点一：规模极大

展会设置了 2000 余个展位，展馆总面积达 15 万平方米，参展商来自湖南、湖北、广东、四川、河北、江苏、浙江、福建等多地。展会面积之广、参展企业之多，都居于近年来中部建材家居行业之首。

亮点二：品类极多

这是我国首个泛家居全品类交易会，将汇集建材、家居、家电、家装、家纺等 43 大业态，数百万单品，其中有 50 万套新款建材家具产品，将在展会首次亮相并同步上市，佛山照明、欧特朗照明、箭牌卫浴等被用于 2016 巴西里约热内卢奥运会场馆建设的明星产品也将集中向市民展示。

亮点三：价格极低

因本次中部建材家居批发交易会首次落地长沙，经大会组委会特批，展会推出了零售与批发同价活动，以吸引周边市民前往展会参观购物，组委会承诺，展会期间，市民采购批发价格并不限量供应。以某品牌卫浴为例，零售价 3000 元的品牌坐便器，批发价格仅需 600 多元；某品牌安全防盗门零售价 3000 多元，批发价只需 900 多元。

亮点四：补贴极强

大会邀请了中部六省 150 市县建材家具商场、代理商、经销商、政府采购、企事业单位、工程机构、集体等前来批发采购，期间将为采购商提供高达 2000 元 / 单的物流补贴、额外最高 20% 的提货补贴及相关政策扶持与免费大巴接送。展会期间，现场还将赠出 10 万斤大米，抽取 500 万元现金等活动普惠市民。

湖南日报 2016 年 7 月 7 日 4 整版报道

记者 张颐佳

中部“华尔街”金融新高地

——8 平方公里湖南金融商务区在开福崛起

中信银行、渣打银行、新韩银行……

中国人寿、新华保险、申万宏源……

永安、德勤、普华永道……

北起浏阳河、南止八一路、西临湘江边、东到东风路，以芙蓉中路为主轴构建的 8 平方公里金融商务区，汇聚了 54 家全国性和省级金融总部以及 300 余家分支机构和新型金融机构，涵盖银行、保险、证券、期货、基金、小贷、资产管理、企业集团财务，覆盖了长沙 90% 以上的金融业态。

八街九陌，熙熙攘攘……

这是个有故事的圈，财富的传奇在这里续写。

这是个有高度的圈，城市的海拔在这里刷新。

这是个有温度的圈，金融强省的梦想在这里腾飞。

开福，一块“淌金”的沃土，正以全新的面貌，傲人的姿态肩负起中部“华尔街”的历史使命，铸就湖南金融商务的新高地。

开福区委书记廖建华满怀欣慰地说：“如今以长沙金融商务区为核心的金融总部基地，以青竹湖服务外包示范区为主体的金融配套服务基地，以金鹰文化城、金霞经开区、苏托垸片区和历史文化街区共同构建的‘一核一谷四中心’的金融空间布局已初见端倪，在开福，物流、文化、科技、环保、电商等重点产业已与金融形成很好的联动格局，芙蓉中路这片‘金融洼地’的迅猛成长，必将为长沙乃至整个湖南经济的内涵式发展驻入源源动力。”

这是一个有故事的圈

54家金融总部、300多家分支机构、全球四大会计师事务所在此聚集

曼哈顿的华尔街长不过一英里，却因汇聚了纽约证券交易所、联邦储备银行等多家金融巨头而闻名遐迩。被国际金融界人士誉为“纽约最美的地方”。

如果把同一思路置于省会长沙，这“最美的地方”非芙蓉中路莫属。

“先有开福寺，后有长沙城。”自古，开福区就是商贸繁荣、巨贾云集之地。

金融交易的频繁程度是直接反映一个地区、区域乃至国家经济繁荣能力的重要指标，它像整个经济的“血脉”一样，渗透在全社会的方方面面。在我省加快新型工业化建设步伐中，在长沙建成区域性中心城市的背景下，现代金融产业发展日新月异，成为最具前景的朝阳产业。

沿主轴芙蓉路从八一桥一路往北，长沙银行总部、中国银行湖南总部、农业银行湖南总部、中国邮政储蓄银行湖南总部……短短4公里内，70多家支行以上的银行机构，200多处金融网点星罗棋布。

在这里，中、农、工、建比邻而居，平安、招商、华夏、浦发隔路相望，渣打、新韩、花旗、汇丰等外资银行接踵而至，申万宏源、方正证券、中国人寿，数十家证券、保险公司，更是纷纷抢滩，把这里当做攻占湖南市场的“桥头堡”。

2011年11月，韩国最大的商业银行新韩银行落子湖南，对比了政策、配套、门脸、交通等多方因素后，选择在开福新时代广场安了家。从零开始起步，到去年贷款超过20亿元，韩资银行对未来信心满满。

同样，目前国内规模最大的综合类证券公司之一，申万宏源证券2012年在开福区芙蓉中路锦绣华天7楼开设了一个营业部，2014年，总公司智慧地察觉到湖南必是一块掘金的热土，4月设立了湖南分公司。今年5月，公司规模继续扩大，在开福区政府金融办的帮助下，他们刚租下了天健·金融广场新的办公楼。湖南分公司总经理綦新河充满自信地说“因为政府极好的配套政策和扶持，公司从最初亏损400万元，经过短短四年时间，我们今年预计将实现盈利近4000万元。”

银行来了，证券来了，同样被称为“经济警察”的会计师事务所也来了。

众所周知，“经济警察”只会扎堆出现在汇聚人流、资金流的商贸繁盛之地。全球四大知名会计师事务所之一的安永2015年首先在北辰地标开设分所，接着普华永道、德勤纷至沓来，如今，最后一家毕马威前脚也迈入了开福的怀抱。

2011年3家，2013年4家，2015年14家，今年上半年已有9家……截至今年6月，有36家金融机构的总部或分公司在这个圈落户，其中有27家是首次在湖南设点。目前，开福金融商务区已经汇聚了54家大型金融机构总部或区域性总部，各类分支机构300余家。

摩肩接踵的车水马龙，杯盏交错的流光溢彩，一个个金融商业的“金色”故事在开福续写传奇。

这是一个有高度的圈

高规划成就金融为核，居职一体“四大功能区”

228米，268米，300米……驻足芙蓉中路与湘雅路的交会口，向南，是欣欣向荣的泊富广场，是三足鼎立的绿地中心，是高耸入云的湖南日报传媒大厦……向北，富兴环球金融中心、华尔街中心、华创国际广场一次次刷新了长沙的新海拔。

大城北起，鳞次栉比。

造型独特、风格迥异的高档商务写字楼如雨后春笋般在开福区拔地而起，北辰三角洲、开福万达广场、天健金融广场……一批占据黄金地段，办公、通讯、消防、安保、楼宇全部实现自动化系统的5A甲级写字楼以城市地标建筑群的傲人身姿，成为开福金融商务区发展楼宇经济、集聚现代服务业的重要载体。

按照省、市、区立足长远的高起点、高品质、高规划布局，老火车北站以及黄兴北路棚户区改造，开福金融商务区将腾挪出2000余亩土地，作为中部区域金融中心的核心发展区，将建设打造芙蓉路金融总部区、黄兴路商务文化融合区、滨江高端商务商业区和东风路国际精英社区“四大功能区”，规划建设500万平方米的高端写字楼，形成以金融为核心、居职一体、自我循环的完整金融商务区域。

一条芙蓉路，半城金融门。

芙蓉中路金融核心区目前累计出让的200亩土地，引进吸引了绿地、华创、北辰、万达、泊富等高端商务楼宇建成。预计今年底，开福区建成交付的楼宇将达到140栋，总面积突破490万平方米。广泛吸纳各类金融机构和国际知名企业、酒店、世界驰名品牌入驻，培育一批税收亿元级楼宇、一大批税收千万元级楼宇，力争到2018年实现楼宇经济税收达到80亿元，产业集群、产业集聚效应和规模效应初步显现。

位于浏阳河与湘江交汇处的北辰三角洲，是我省体量最大的城市综合体，以550万平方米集商务办公、文化旅游、动漫游戏、养老健康、大型商业、会议会展等六大产业于一体。

位于芙蓉路与湘春路交接西北角的泊富国际广场，拥有长沙最大“天幕”，无论清晨或者傍晚，这里总是人头攒动、摩肩接踵。开业仅一年多，已经进驻了华为、三星、中国银联、新华保险、北京汽车等20家世界五百强和国内五百强企业。

同样还在这条路上的华创国际广场，300米的海拔，雄踞芙蓉路的第一高度。这里除了拥有5A甲级写字楼，还进驻了法国索菲特五星级酒店、翡丽环球奢侈品购物中心和光华里时尚购物步行街。平安、人寿、西部证券、西部航空、普华永道均把湖南分公司总部设在这里。

这是一个有温度的圈

专项金融鼓励扶持资金，每年不低于6000万元

我省“十三五”规划把长沙作为“一带一路”重要节点城市、“一带一部”首位城市、长江中游城市群中心城市，把“做大做强”开放型经济、金融业、服务业作为经济结构进一步优化的重要指标。

今年3月14日，省政府公布了《湖南省人民政府办公厅关于成立湖南省金融改革发展领导小组的通知》，省委常委、常务副省长陈向群任组长。

6月2日，湖南省《关于加快金融业改革发展的若干意见》指出，要努力实现地方金融实力明显增强、融资结构明显改善、金融服务能力明显增强、金融发展环境明显优

金融商务区。

化……

6月27日，省委书记、省人大常委会主任徐守盛，以“最高规格”会见了18位来湘挂职的金融人才，并在我省首次安排到市州挂职任副市、州长。

一场波澜壮阔的金融改革，在湖湘大地上徐徐展开。

作为湖南的省会，心忧天下、敢为人先的长沙再次站在金融改革的潮头浪尖。

在长沙市“十三五”规划的白皮书上这样写道：突出发展金融要素市场，培育壮大融资租赁、离岸金融结算、跨境投融资等新业态，建立健全区域性股权交易市场，加快打造区域性金融中心。开福金融商务区计划投资300亿元，占地8平方公里，将集省市区三级政府之力，万千宠爱在一身。

为了扶持金融商务的蓬勃发展，长沙市和开福区两级政府设立产业发展专项资金，市本级每年筹措资金不低于6000万元，鼓励新设和引进金融机构，鼓励金融要素和金融人才聚集，支持企业发展和创新。

2014年，开福区委、区政府出台了《开福区经济发展奖励暂行办法》和实施细则，2016年4月，又新推出《开福区促进金融类产业发展奖励办法》，从购房到装修、从人才奖励到安家落户，从经济贡献到股权投资，对金融机构的落户给予了全方位的支持。2011年到2015年，开福区委、区政府共兑现金融机构奖励6000余万元，彰显了区委、区政府打造“金融强区”的拳拳之心。

2014年，开福区在全省率先成立了服务楼宇的“现代服务业发展办公室”、2016年成立了“楼宇经济促进会”，以写字楼为单位，全程跟进楼内企业的物业、证照、税收、奖补、政策扶持等，提供全方位“保姆式”服务。并在企业融资、投资、理财、上市、改制、风头等方面网罗“圈内”最便捷的人力资源和金融资源，避免恶性竞争，优化金融环境，鼓励抱团发展。区金融办积极为金融机构搭建融资服务桥梁，针对企业的需求，收集整理了全区25家金融机构的产品资料，精心制作金融产品手册，对全区中小微企业免费发放；建立了区重点项目数据库，涉及192家项目单位，总规模达370.99亿元，有效地促进金融机构参与区域项目建设。

金融是个圈，是个彼此为依托的“生态圈”，“圈内”很多企业家座谈时说，选择“黄金”芙蓉中路，就成就了2公里范围内“一切皆有可能”。融通天下的集聚效益在这里聚合，现代服务业的成长在这里焕发勃勃生机。

2015年,开福区金融产业增加值76亿元，相比2011年38.5亿元，增长幅度为97.4%，实现金融业全口径税收30亿元，相比2011年10.59亿元，增幅为193%，占全口径税收的30%。金融业指标实现翻番。今年1-5月，开福区金融业完成税收16.3亿元，占区域税收的比重达到30%，税收贡献继续稳居开福区首位。

“立足长沙、服务全省、辐射中部、面向全国。”开福区委副书记、区长沈裕谋把16字定位确定为芙蓉中路区域性金融中心的目标。他满怀期待地说：“力争到‘十三五’末，在开福金融商务区实现金融机构的多元化、金融产品的多样化、金融业务的特色化和金融服务的精细化。让开福金融商务区成为湖南乃至中部的金融新高地。”

人民日报 2016年8月28日 头版 中央媒体

记者 刘磊 颜珂

长沙社区全面提质提档

幸福在家门口升级

刚到湖南省长沙市陈家湖社区工作的那个春节，余乐过得有些尴尬。居民求助电话接二连三："家里的下水道堵了，怎么过节？"

麻烦不止于此。道路坑洼，房屋漏水，管理无序……那阵子，老旧社区的通病正集中爆发。

如今的陈家湖焕然一新：房屋"洗脸打粉"，管网"血脉畅通"，新建的社区公园里，跳广场舞的居民越来越多。

像陈家湖那样，今年长沙基层社区全面提质提档，市民的幸福感在家门口升级。

年头久，功能不能旧

十多年前入住梅溪湖街道阳明山庄社区的李繁英，这几年明显感到房屋老化带来的"不良反应"——墙面斑驳像"大花脸"，屋顶和墙面渗水让人忧心。"当年普遍没有交房屋维修基金，经费从哪来？"作为小区楼栋长，李繁英有心无力。

长沙有589个城市社区，老旧社区不少。年头长了，社区的硬件功能也在"老去"。市委主要领导数次调研，要求"目光向下"："城市的发展，不能只把目光聚焦在光鲜的大马路和高楼大厦上，要让发展的'阳光'洒向所有背街小巷和基层社区。"

今年开始，长沙每年对50个老旧社区实施提质改造，阳明山庄首批受益。

房屋"大花脸"不见了，渗水问题断了根；道路不再雨天泥、晴天灰；在有限的空间见缝插针挤出300多个车位……变化洋溢在社区书记柏玉娥的笑脸上："终于啃下了这么多年来的老大难"。

级别低，服务不能低

一楼办事大厅敞亮通透，办事窗口一字排开，这里是望城坡街道长华社区服务中心。"以前办事大厅在二楼，一楼作为经营性物业对外出租。"社区主任张荣国说，为方便群众办事，经营开始为服务"让路"。

提质改造后的陈家湖社区。

阅览室、志愿者工作站、社区养老室……走进其中一间，一名志愿者正带着社区的孩子们开展暑期"主题阅读"。"家门口就有这样的活动，哪还用带孩子去外面？"骆丽说。

社区"级别"最低，服务群众的距离却最近。服务阵地怎么建？长沙一手摸家底、补短板，加大投入，服务阵地面积增长近13万平方米；一手定标准、列规范，去年完成240个社区服务阵地规范化建设，今年又有近100个社区纳入其中。

公共资源也在下沉。在东塘街道牛婆塘社区，周建湘腰椎手术后只能卧床休养，没想到还有大医院医生上门回访问诊。长沙让大医院与基层医疗机构结成"医联体"，既能双向转诊，也有"名大夫"社区坐诊。

力量小，活力不能少

桔子洲街道学堂坡社区书记余海艳从家到办公室，快走不过5分钟，而她往往得花上半个小时。途中，拉家常、问情况、讲问题的群众，让她的脚步一缓再缓。在社区工作16年，余海艳被群众称作"社区110"。"群众有事找我们，是对我们的信任。"今年"七一"前夕，她所在的学堂坡社区党支部，获评全国先进基层党组织。

"带着责任干，带着感情干，依法依规干，提升能力干"，社区干部人数少、力量小，活力却不少。提质提档两个多月时间，柏玉娥常忙到深夜，瘦了6斤。

居民看在眼里，记在心里。学堂坡社区化粪池堵了，居民孙立明主动揽起了活，找公司，谈价格。长华社区的蒋箴茂老人牵头办起"民生直达站"，情况反映，纠纷调解，设施维修，能办就办。

"虽然辛苦，但换来居民的尊重和支持，值了！"柏玉娥说。

光明日报 2016年5月22日 头版 中央媒体

记者 郭俊锋

长沙少数民族聚居村

湖南省长沙市开福区汉回民族村是长沙市唯一的少数民族聚居村，也是“全省少数民族特色村寨”保护与发展试点单位。图为5月21日，记者航拍的民族村新貌。

工人日报 2016年10月23日 2 中央媒体

记者 罗筱晓 方大丰

拆了围墙，消了心墙

对于住在湖南省长沙市开福区政府周边的居民来说，在过去的一年半里，区政府机关大院成了他们散步、锻炼的新去处。随着去年4月底拆除了环绕大院的围墙，开福区政府正式向普通民众开放。

开福区政府不是一个特例。自2015年3月长沙市公布《长沙市拆墙透绿增绿实施方案》后，市、区两级已有115家机关单位拆除了大院围墙，并将院内的公共区域向市民免费开放。

作为全国首座大规模拆除机关大院围墙的城市，拆墙工程在消除政府机关“神秘感”、为市民带来便利的同时，也面临着公共资源、资金投入和安全等方面的协调问题。

10月17日晚上7点，开福区政府的自动大门敞开着，人群进进出出都不会受到保安的询问与阻拦。大院里路灯已经点亮，每隔十几米就能看到三三两两晚饭后来散步的市民。沿着靠近马路的步道一路走下去，记者注意到，开福区政府过去由栏杆和石柱建成的通透式围墙已经消失了踪影，取而代之的是及腰高的绿色植物。

在政府旗台边的开阔空地上，70岁的刘大爷一边活动筋骨，一边叮嘱在附近玩耍的小外孙女要注意安全。“在拆墙之前，这里是不对外开放的，我要散步只能去附近的湘江边或是绕着政府的外墙转一圈”，在附近小区住了四年多，过去刘大爷总觉得区政府是很神秘的存在。

去年4月，刘大爷首先是注意到区政府动工推倒了环绕大院的围墙，接着就在政府门口的《告市民书》上看到了大院对外开放的消息。“一开始是胆子大的人试探着往里走，后来晨练的、散步的就都来了。”

现在，刘大爷每天都要到政府大院溜达好几次，有时还会带上笛子来吹上一曲过过瘾。同样带着女儿来玩耍的袁女士告诉记者，每到周末，这片空地上全是溜旱冰、骑单车的小孩子，“除了这个大院，附近能真找不到能让小孩子活动的场所了。”

自从 2015 年 3 月在全市机关范围内推行“拆墙透绿”政策以来，截至目前，像开福区政府这样拆掉围墙、对外开放的的市级、县区以及街道机关单位已有 115 家，开放绿地面积近 32.5 万平方米，相当于 45.5 个标准足球场大小。

开放一年多，在刘大爷眼里，现在的开福区政府大院已成为家门口的社区公园，而这也正是“拆墙透绿”行动的首要目标。长沙市园林局风景园林高级工程师杨曦坤一直参与了该项工作的推进，他在接受采访时表示，要向服务型政府转型，首先就要把如天堑般隔在市民与机关之间的实体围墙打掉。

杨曦坤用坐落于山丘之上的长沙市委党校给记者举了个例子。今年 5 月开始拆墙时，市委党校只拆除了平地上的 600 米围墙，剩下 1000 米与地面有高差的围墙则以“拆除意义不大”为由保留了下来。

“这样显然没有达到效果”，在市委督查室的坚持下，市委党校又进一步拆掉了通透式围墙上的栏杆，并在空隙处种上了植物，但依然没能达到要求。最终，结合地理位置和教学需要，学校又在原来 3 道大门的基础上增开了 6 个出入口，“拆墙”才得以完成。

杨曦坤告诉记者，围墙不管是实体的还是通透的，无论是高还是低，只要存在，都要尽量拆掉。据了解，现在每到晚上，为此，学校还专门安装了音响和照明灯。

尽管如此，在政策实施之初，仍有少数机关单位质疑拆墙的意义。有的认为这是劳民伤财；有的提出“我们的大门本就是开放的，拆不拆墙都无所谓”；还有的讨价还价希望拆一面留三面。面对“我的地盘我做主”的阻力，负责推进该项工作的市委督查室和园林局采取了“点对点”督查、“地毯式”核查的方式，坚决将拆墙行动推行了下去。

政策实施一年半以后，除具有特殊保密需求的市教育考试院、市检察院等少数单位以外，长沙市直、区直单位的围墙已基本拆除。

作为全国首座大规模拆除机关大院围墙的城市，长沙“拆墙透绿”工程已取得了阶段性成果。但墙拆了，问题也来了。

今年上半年，长沙县园林局下午刚拆掉了围墙，当天晚上就遭遇了盗窃。盗贼从被拆除的围墙进入大院，敲碎办公室的玻璃偷走了几台电脑。“电脑不值钱，但是安全隐患让我们不放心啊。”杨曦坤还记得园林局工作人员的担忧。

虽然只是个案，但大多数机关大院在拆掉围墙的同时都增加了安保方面的投入。除此以外，对外开放后新增的配套设施以及水、电等开销，也成为让许多单位纠结的焦点。记者了解到，目前为止，除了 11 家市直机关和 1 家垂管机关在“拆墙透绿”及后续开放工作中获得了资金补贴外，其余百余家单位仍暂行“谁所有谁负责”的政策，自行负担相关费用。

据杨曦坤介绍，围绕“拆墙透绿”行动的配套工作正在积极展开：财政方面，各区县政府将为此做出专项预算；安保方面，公安系统也将在相应位置增加“天网”分布；如果条件允许，还会将开放绿地直接划归到各区园林局统一管理，“这样既减轻了单位负担，也是对‘开放型街区’的一种探索。”

据悉，接下来，长沙的拆墙工程将进一步延伸到省属机关单位，并力争通过拆墙，打通更多的封闭道路，增强城市流通性。

新华网 NEWS

2016 年 11 月 6 日

记者 邓梦菲

中央媒体

青竹湖环山骑行赛热力开赛 百余骑手探寻金霞小镇

11 月 6 日上午，“2016 年启程·青竹湖环山骑行赛”热力开赛。200 名专业自行车手从青竹湖芒果汽车出发，前往金霞耕读小镇。

本次参赛选手年龄从 18 岁到 66 岁不等。选手们在近 20 公里的山路赛道上不仅挑战了突如其来的弯道和坡道，还在骑行过程中目睹了青青山色、袅袅炊烟的都市田园景象。

金霞耕读小镇作为本次骑行赛最主要的赛区，正在积极创建长沙市级“美丽乡村”。小镇同时也是开福区发展战略中将重点打造的六个“特色小镇”之一。小镇依山傍水、风景秀丽，从长沙市区驱车半小时即可抵达。

据了解，本次比赛诞生了 1 名冠军、2 名亚军、3 名季军，这 6 名选手除了获得奖品外，还将成为“金霞耕读小镇”的首批骑车大使，带领更多喜爱自然、向往田园生活的人们走进小镇，感受乡村之美。

本次比赛由长沙青竹湖生态科技（产业）园管理委员会、开福区文体新局主办，芒果汽车承办。

中国文化报 2016年2月16日 7 中央媒体

记者 张玲

湖南长沙开福区农家书屋

为农民提供贴心服务

刚刚过去的猴年春节期间，湖南省长沙市开福区沙坪街道自安村农家书屋读者络绎不绝，有外出务工返乡过年的青年、放寒假的孩子，还有村里的老人和妇女。

近年来，开福区把农家书屋建设作为新农村建设的重要项目列入为民办实事重点工程全力推进。到2015年，该区30个行政村已建成标准化农家书屋31家，基本形成了"政府主导、社会参与、自主管理、村民共享"的农家书屋体系。

据了解，开福区已成立由区文化体育新闻出版局、区图书馆为成员单位的农家书屋工程领导小组，各镇、村也相应成立了领导小组确定专人具体负责农家书屋建设，形成了区、镇、村三级上下贯通、协调互动的工作机制。

2015年，开福区学习先进经验，制定了《长沙市开福区农家书屋星级评定管理办法》，明确了农家书屋评星定级的各项具体标准，并制定相应奖惩措施。此外还制定了科学规划，保障充足的财政投入。除前期建设资金外，目前开福区每年都投入一定的经费为农家书屋购置图书、添置设备等。2015年，区财政共投入17万元，为31家农家书屋配备了3100余册图书，为每个农家书屋配备10余种报刊杂志，并采取以奖代补的形式对评定出的星级农家书屋给予一定的资金奖励。记者了解到，除政府主导投入外，开福区还努力吸引社会力量参与，多条腿支持农家书屋的长期生存和发展。

在政府主导、社会参与的基础上，开福区农家书屋主要以农民自主管理、自我服务的模式进行管理和运行。在个人自愿的基础上，农家书屋管理员由村民民主推荐，农民自己选出的书屋管理员更了解农民的需求，可以竭尽所能为村民们提供更加贴心的服务。

开福区图书馆馆长彭葳告诉记者，开福区每年都举办一次农家书屋管理员培训班，对管理员进行业务指导和培训。"我们希望通过培训班的举办，进一步加强对农家书屋的管理，提升农家书屋管理员的服务质量和业务水平，建立农家书屋长效管理机制，充分发挥农家书屋的功能作用。"彭葳说，"我们还把农家书屋管理员请到图书馆现场观摩学习，并定期对农家书屋进行监督检查，对优秀的农家书屋管理员进行表彰奖励。"

以农家书屋建设为依托，开福区文体新局和图书馆以丰富学养、陶冶情操、养成文明行为、促进社会和谐为目的，精心指导，深入辅导，组织各农家书屋开展多种形式的读书、用书活动，倡导全民阅读新理念。该区在全区农家书屋中组织开展"我的书屋·我的梦"征文评选活动；在捞刀河街道罗汉庄村举办"生活方式成就健康人生"知识讲座；在沙坪街道自安村开展"小天使"读书活动，将儿童读物送到留守儿童和困难家庭儿童手中。

捞刀河街道高源村葡萄种植户胡新辉就是将在农家书屋阅读的有关葡萄种植技术，直接用于提高自家葡萄园种植水平，使葡萄的亩产值从1.46万元增加到3万元，"农家书屋确实为我们农家人带来了帮助。"胡新辉还说，自己已经从书中学习了葡萄酒的酿制方法并用于实践，增加了葡萄种植的收入进项。

《瞭望》新闻周刊 2016年5月14日 中央媒体

记者 段羡菊 阳建

长沙棚改货币化"减压"楼市去库存

伴随着春暖花开，长沙楼市的景气也在上升。长沙市岳麓区某楼盘置业顾问说，今年以来看房、买房的人明显增多，"到了周末更是忙得电话都接不过来"。

房地产市场的复苏，让长沙去库存压力逐渐减弱。当中，棚改货币安置催生的购房需求，已成为引领去库存的"生力军"。

长沙市大胆尝试打通棚改安置与住房保障、化解库存的供需通道，既推进了棚改，又消化了存量，为楼市持续调整下的我国棚改带来新思路。

自我加压跑出棚改"加速度"

2001年以来长沙市开始推进棚改，2009年陆续启动大规模改造，特别是2014年以来打响棚改攻坚战，计划用4年时间基本完成城区集中成片棚户区改造。2015年更是自我加压，棚改跑出"加速度"。

截至2015年底，长沙市通过棚改使住房条件改善的家庭累计16.54万户。其中，2015年开工项目82个、31206套，项目、改造户数和面积均创历年之最，比湖南省年度任务高出61%。记者调查发现，长沙棚改的高效、快速推进，离不开一系列创新的工作机制。

政策保障先行，依法阳光征拆。近年来，长沙先后制定和完善了17个拆迁规章、规范性文件、配套制度，同时以体制内干部、外聘专业人才组建了征收工作管理队伍，确保规范、专业。而且，棚改所有环节全部公示，并邀请棚改户担任特邀监督员，做到全程"阳光操作"。

长沙市黄兴北路棚改项目指挥长周志军说，该项目征收创新出房源工作"四一模式"，即一站式审批保障资格、一个系统管理棚改房源、一批团购商品房安置、一项房屋装修服务，并打造了全国首个棚改项目网上服务专栏，有效推进了工作。

针对调动改造户积极性的难点，长沙市探索对补偿方案适当就高，对被拆迁人保障面积标准、奖励标准、减免支持等方面，在政策许可的范围内给予最大优惠，并辅以特殊奖励。比如，私有房屋拆迁户选择货币补偿并按期签协议腾地，给予每平方米200元的支持重点项目建设奖励。

桐梓坡大板房项目是2015年长沙市一次性启动单体最大的棚改项目，具有社情民意复杂、困难群体多、房屋面积小、临时建筑多等特点，棚改难度相当大。针对上述特点，当地街道组织了"接地气"的预征收调查，安置方案充分考虑群众意见，在第一阶段就实现了高达98.3%的签约率。

"在政府引导下，所有征拆户全部选择货币安置方式。项目征收过程中不仅未发生一起群体性上访，还收到群众送来的35封感谢信和7面锦旗。"岳麓区银盆岭街道工委书记张淳说。

棚改安置与去库存需求"对接"

针对棚改最关键的安置问题，长沙创新地将棚改与住房保障相结合，坚持货币安置与实物安置并举，多渠道筹措安置房源。特别是在2015年楼市库存攀升的情况下，长沙市积极引导支持棚改户购买商品房，打通了棚改安置与化解库存的供需通道，实现了推进棚改、改善民生、稳定楼市的多赢效果。

据了解，2015年初长沙楼市库存量高达1921万平方米，去化周期长达18个月。

长沙市住保局副局长黄家兴表示，在棚改任务与楼市库存压头下，基于棚改户中低保户和低保边缘户比例高达75%的现实，长沙提供实物与货币补偿两种安置方式，一方面将棚改与住房保障相结合，广泛筹措中低价位商品房、租赁房等保障性房源，另一方面推出货币安置补贴，引导棚改户购买消化商品房。

长沙市对符合条件的棚改对象每户发放15万元安置补贴，支持他们购买市场性房源。据统计，2015年长沙市共办理棚改安置补贴资金审核5980户。目前，长沙棚改户中有近60%已购买或计划购买商品房，全市2015年通过棚户区改造促进住房消费约200万平方米，合计约118亿元。一些区政府不仅安排团购优惠商品房，还为成功购房者额外提供1.5万至3万元补贴。

74岁的龚福珍住在岳麓区桐梓坡，两年前因患乳腺癌导致家里生活困难。她告诉记者，此次桐梓坡大板房棚改她家52.49平方米的房子折合补偿款50.89万元，同时拿到货币安置补贴15万元，另外还申请了搬迁困难补助、大病救助共4万元。"除去花40万元购买一套97平方米的商品房，家里还有30万元资金结余，生活更有期待。"

在货币安置方案的引导下，大量楼市库存被棚改安置需求而消化。有关房地产研究机构的报告显示，2015年长沙市房地产销售面积增长32.13%，其中内六区增长51.30%，目前的去化周期已缩短为10个月。

"长沙的探索与实践证明，棚改安置完全可以与消化楼市库存对接，进而惠及整个房地产业和城市。"湖南省委常委、长沙市委书记易炼红说。

以棚改为提升城市品质的重要抓手

一直以来部分地方棚改项目忽视了质量，一些低品质棚改项目面临着沦为新的"贫民窟"的风险。相反，长沙在大力推进棚改项目的同时，注重从规划、建造、分配、管理等方面提升项目品质，把棚改视为提升城市品质的重要抓手。

长沙提出，棚改要以增加公共绿地、公共空间、配套设施、支路网密度和减少居住人口密度、开发强度的"四增两减"为导向，坚持与城市立体化改造、保护历史文化相结合，做到既前瞻又务实。这不仅改善了市民居住条件，还增强了中心城区承载能力，提升了城市品质。

"内五区棚改完成后，将增加公益'四类'用地105公顷。"长沙市住房保障局棚改处副处长罗军桥说。

3月初召开的长沙市安居工程和棚户区改造工作领导小组会议透露，长沙将抓好临江、临景棚户区改造，坚持"高起点规划、高标准建设"实施沿湘江两岸棚改项目，打造"百里滨水走廊"形象展示带。同时，将推进"有机棚改"，重点实施以潮宗街、太平街为代表的棚改项目，通过挖掘历史文化资源，大力实施历史文化街区提质，建设具有湖湘文化标识和历史文化底蕴的街区。

不仅如此，长沙还将凸显地域特色，推动城镇老旧住宅区综合整治工程，重点实施望城区铜官镇、长沙县春华镇、浏阳市大瑶镇、宁乡县滨江片区等集镇棚改项目，着力打造一批特色小镇。

在周志军看来，棚改是否成功关键在于以下几个因素是否实现：群众居住条件是否改善、城市品质是否提升、经济社会是否发展。"黄兴北路是长沙人的百年梦，这个棚改项目的实施，将可以人均增加10多平方米的住房面积，特别是弱势群体最得实惠。"

棚改品质，还体现在诸多"无形"领域，比如征收过程中的依法行政程度。黄兴北路棚改项目指挥部探索对征收工作人员出台了"质量评价体系"，要求他们先交质量保证金，凡是在征收过程中没有遵守政策，没有做到依法依规，就要扣除保证金。"这是目前为止长沙市依法行政水平最高的棚改项目。"周志军说。

人民网 people.cn

2016年1月7日

记者 万丽君

湖南

中央媒体

“都市赶集”活动举行 居民享受“家门口”实惠

“集市开到了家门口，实惠又方便！”今天上午9点，“都市赶集 情系民生”社区活动在长沙市开福区芙蓉北路街道福城社区举行，不仅让居民享受到优质的商品，也增强邻里之间的互动，促进社区市民交往。

“集市”上，烤羊肉、炒板栗等各种干货年货琳琅满目。早上8点半，不少居民早早在入口排起了队，家住福城社区的胡嗲嗲想给家里置办点年货：“充分照顾到我们老年人腿脚不方便的情况，在家门口就能买到实惠的东西，非常方便。”

活动组委会负责人表示，“都市赶集”活动让百姓不仅能在城市里感受到传统赶集的乐趣，还能以最低的价格买到最优质的商品，并且在赶集中形成良好的信息、爱心、正能量社区平台。

“所有的商家都是经过价格对比的，想给社区居民最实惠的商品。”福城社区党总支书记彭佳告诉记者，社区在统筹经济社会全面协调发展中，高度关注民生，都市赶集是社区众多惠民活动中的一个，“不仅能促进社区经济发展，还能方便居民。”

“蛋糕很好吃，非常感谢你们给我过生日！”活动当天，正值现年58岁的张兴荣老人生日，社区相关领导为张兴荣送上了蛋糕和生日祝福。同时，省市有关部门领导还在活动现场慰问了10位社区老人，给他们送上慰问物资。

据悉，此次“都市赶集 情系民生”社区活动将持续50次专场活动，在长沙市各大社区举行。奖品由长沙市日用品商会提供，奖品都是居民生活中时常用到的日用品，此外还能收获“都市赶集”现金券。

人民网 people.cn

2016年4月24日

记者 李芳森

湖南

中央媒体

相约长沙最美乡村，体验自驾游的乐趣

以“美丽乡村·相约汉回”为主题的沙坪风情小镇自驾游活动在回族舞蹈《金色汤瓶》等节目的倾情演绎下拉开帷幕，同时，2016“相约长沙最美乡村”活动正式启动。市委常委、宣传部长张湘涛宣布开幕，副市长廖健为沙坪街道颁发自驾游热门线路牌匾。

活动当天，主办方推出了“沙坪汉回景区”的旅游路线，100名亲子家庭、年轻情侣、拍客、时尚达人为主的旅游达人参加了“沙坪一日游”活动，参观汉回民俗文化村清真寺、民族团结广场、星月岛婚庆园、铁炉寺、湘绣文化广场和湘绣博物馆。

据悉，沙坪汉回村获评湖南省美丽乡村示范村和长沙市为民办实事新农村示范村等称号，来这里，感受最美乡村。

当天上午，在民族团结广场，一场“汉回集市”吸引了大家的注意力：沙坪特色农副产品和小吃、沙坪精湛的手工艺品、具有特色推出了“乡村旅游资源认筹”活动，市民朋友可以现场认筹菜地，今后也可认筹果树、家禽、家畜等乡村资源，有机会当一回“都市农夫”。

据了解，后期汉回村还将以汉回合作社为平台，进一步推出农村土特产配送、农家土鸡、土猪、牛、羊认筹、农家乡村房屋等多模式认模活动。

今年“相约长沙最美乡村”活动将推出长沙美丽乡村自驾游热门线路，为向往乡村生活的都市人提供了一份“休闲菜单”，举办“记住·乡愁”首届长沙美丽乡村摄影大赛，推出“乡味·乡愁”长沙市民福袋，充分挖掘来自民间的、不为人知的美食、美味和土特产。

新华网 NEWS

2016年4月11日

记者 罗杰斯

中央媒体

长沙市开福区实现“民生保险”全覆盖

近日，开福区民政局与人保财险长沙开福支公司签定“两元民生保险”保险协议。该保险由开福区财政出资，以开福区人民政府作为投保人，按照户籍人口数，为全区所有居民投保。保险责任包括自然灾害公众责任所致伤害、见义勇为救助以及在开福区辖区范围的公共场所发生火灾导致的人身伤亡事故，个人最高可获赔付20万元，累计赔偿限额高达1000万元。至此，开福区近五十万居民不花一分钱便拥有了一张由政府编织的“民生保护网”。

民生保险的责任包括因暴风、暴雨、崖崩、雷击、洪水、龙卷风、森林火灾、旱灾、雪灾、泥石流、突发性滑坡、冰雹灾害等自然灾害及在上述自然灾害中的抢险救灾行为及公共场所发生火灾导致的人身伤亡和在开福区辖区内的见义勇为行为所导致的人身伤亡均由中国人保财险承担保险金给付的责任。

开福区民政局负责人表示，在开福区开展“民生保险”，通过借助商业保险的经济补偿机制，以固定的保险费支出替代不确定的救助补偿开支，放大了财政资金的使用效应，为开福区广大人民群众提供更加全面的综合性保险保障服务，助力开福区民生改善，提升了公众的安全感和幸福感。

人保财险长沙市分公司负责人指出，民生保险既是借助保险职能深度参与社会管理，对人民福祉的有力保障，也是构建和谐社会，弘扬社会正能量的有力抓手，对全面建成小康社会具有实实在在的推动作用。中国人保财险将以此次民生保险项目开展为契机，加强对开福区范围内风险特征和民众诉求的收集分析，继续创新开发其他民生类险种，将与政府的合作推向纵深，助力开福区民生保障品质的提升。

近年来，开福区围绕“宜居宜业、精致精美、人见人爱”的建设目标，打造民生事业升级版，持续加大民生投入，重点推进“三区三体系”建设，坚持保基本、兜底线、促公平、可持续，健全更高水平的社会保障体系，通过发展民生事业让工作和生活在开福的民众更有尊严、更加体面，增强了民众对开福的归属感、认同感、责任感、幸福感，使辖区居民能够共享改革发展成果。

光明日报

2016年1月7日

记者 禹爱华

中央媒体

长沙：社区兴起“都市赶集”热

7日上午9点，“都市赶集 情系民生”社区活动在长沙市开福区芙蓉北路街道办事处、芙蓉北路街道福城社区举行，这已是“长沙都市赶集”的第二场了，第一场是在开福区月湖社区办。

赶集曾经是农村的一个集市活动，如今赶集到了大都市的社区。活动成为居民家门口的嘉年华狂欢节，而“家门口的淘宝”的都市赶集模式不仅让居民享受到优质的商品，也享受到了邻里之间的互动，促进了社区市民交往，一改过去住在一起的居民从不往来的现象，细致入微的服务，使人们增进了了解和信任。

此次活动由长沙市工商联红星日用品批发大市场商会（长沙市日用品商会）、湖南真格文化产业发展有限公司联合主办。开幕式上，活动组委会负责人表示，为了传统文化的传承，让百姓不仅能在城市里感受到传统赶集的乐趣，还能以最低的价格买到最优质的商品，并且在赶集中形成良好的信息、爱心、正能量社区平台，“都市赶集 情系民生”社区活动将创意、健康、实惠产品及爱心送到了城市社区居民的手上，实实在在为老百姓提供不一样的温馨。

光明日报

2016年5月15日

记者 唐湘岳

头版

中央媒体

“碰壁”人生照样精彩

——中学教师杨德才失明以后

19年前，中学教师杨德才因车祸失去光明，离开了讲台，但他的人生没有因“碰壁”而失去光彩。他开拓人生的新领域，不仅学会手艺成功创业，而且还不遗余力教育青少年，帮助有困难的群众，宣传、培育、践行社会主义核心价值观。在5月15日全国助残日到来之际，我们向读者推荐杨德才的故事和他的“碰壁理论”：“只要心中有阳光，有信仰，‘碰壁’人生照样精彩。”

开福区月岛社会主义核心价值主题公园。

2008 年 9 月 17 日本报刊登通讯《杨德才“追光”》，讲述了长沙市七中教师杨德才因车祸意外失明后自立自强的故事。他的一句话给记者留下极深印象:“只要心中有阳光，有信仰，‘碰壁’人生照样精彩。”

记者再一次遇到杨德才是今年 5 月 11 日上午,百名盲人聚集湖南省长沙市岳麓山下，向山顶缓慢前行。带队的正是杨德才——长沙市爱康残疾人就业服务中心理事长、长沙市残疾人阳光音乐团负责人、爱康盲人按摩院院长。

靠近阳光

岳麓山顶，杨德才为残疾人和游客作励志讲话。

“‘我爱长沙’穿身上，长沙盲人会自强，热爱生活跟党走，努力工作奔小康。”杨德才打响自己创作的快板《欢乐的麓山》。

一年半前，阳光音乐团就诞生在岳麓山上。那天杨德才组织盲人徒步攀登岳麓山，到达山顶，杨德才冒出一个想法——成立一个残疾人音乐团，名字就叫阳光音乐团，宗旨是以歌会友，实现自我，奉献社会，不取报酬。

几天后阳光音乐团正式启动，成员是来自湖南省内的 120 位盲人。排练场地是长沙市精英路社区闲置的一个房间。2015 年 8 月 15 日，音乐团在开福区老干部大学成功举行纪念反法西斯战争胜利 70 周年红歌义演，至今已义演了 8 次。

打开杨德才随身的布包，里面装了十几种药，四条毛巾。他身患冠心病、脑腔梗等多种疾病，35 次住院治疗，5 年来每晚都要靠插氧气管入睡。

杨德才对记者说：“1998 年，在我双目失明悲观得想跳楼的时候，认识了在湖南中医药大学附一院住院治疗的中科院教授杨佳，她也双目失明，却摸索着在电脑上备课，后来还去国外深造，获得博士学位并回国奉献。她永不放弃的精神是穿透我灵魂的阳光。去年 5 月，我去北京参加全国志愿助残工作会议暨阳光使者表彰大会又遇见她，我告诉她我也自力更生了，还帮助了一些人。以前觉得离她的精神世界很远，现在我向她靠近了许多。”

“碰壁理论”

在爱康残疾人就业服务中心，7 个盲人正在学推拿。

杨德才已经手把手培训了 383 名残弱人士就业，从不收培训费，还免费提供食宿。

2015 年，杨德才组织员工对长沙市开福区 599 户盲人家庭进行走访，了解到有 12 名视力残疾人有学推拿实现就业的愿望，于是把他们接来培训了 3 个月。

2008 年，屈妙从长沙县二中毕业，拿到大学录取通知书那天，却突然双目失明了。家里花了十几万元做手术没治好，她变得自闭。2012 年，屈妙在电视里听到杨德才帮助盲人的新闻，想办法联系上了他。“因为治病，家里穷了，杨老师接收了我，教会我自食其力，更重要的是他用那套‘碰壁理论’让我燃起了生活的希望。”

记者在杨德才的电脑中找到他的“碰壁理论”：“人们害怕碰壁。一怕被实实在在的墙壁碰得头破血流，二怕被现实生活中的人生险恶碰得晕头转向，三怕让工作事业上的挫折碰得自信全无。失明后我经常碰壁，可我也得益于碰壁。有形的墙壁是我前行的保姆，离开它仿佛置身万丈深渊的边缘，寸步难行；无形的墙壁是我的忠诚伴侣，经常去碰碰它，会增强我的感知，明亮我的心眼，丰富我的阅历，指导我的行动方向。它还会告诉我不畏艰难，坚韧不拔。”

守住信仰

2015 年，杨德才给东风路的困难户发放了 1000 张爱心卡，持爱心卡可享受免费推拿按摩服务两小时。按摩院总共才 11 个技师，有时持爱心卡来的人占满位置,影响了收入。员工有些不理解，杨德才说：“困难家庭很不容易,平时身上有点不舒服都舍不得花钱治疗，帮助他们损失点收入值得。”

杨德才对别人慷慨，对自己苛刻。衣服穿了 10 年，有碗大的洞、衣领袖口都磨烂了边还不准员工丢；上下班背着一个烂布包，肩带缝过好几次；给员工宿舍装空调，自己房里却不装；住着老房子，从不搞装修，家里的门框都被他碰破了好几处。谈及生活，杨德才总是说：“不要追求奢华，烂布襟里藏好人。”

杨德才成立德才青少年社区教育与关护中心，利用节假日免费为社区学生进行文化辅导和素质教育，19 年来开展辅导活动 439 次，免费授课 1300 多个小时；举办道德讲堂，为街道、学校、企业、监狱服刑人员及社区矫正对象免费讲座 83 场，累计听众 3 万多人次。

会计算了一笔账，杨德才按摩院创业 11 年，总营业额 665 万元，盈利只有 79200 元。7 万多元的利润加上几十年的积蓄全部被他用于培训残疾人就业、免费为残弱人士提供保健服务、组织阳光音乐团和爱心团队。

“躺在银行卡上的数字是没实际意义的，把所赚到的每一块钱用于公益，这钱才有意义。有信仰，就得守住。我的信仰是什么？我是共产党员，当然是为人民服务呀！”54 岁的杨德才对记者说。

经济社会统计资料

开福区2016年国民经济和社会发展统计公报

2016年全区上下深入贯彻习近平总书记系列重要讲话精神，落实五大发展理念，把握经济新方位，围绕建设国家中心城市和“强盛、精美、幸福、厚德”的新开福，统筹推进稳增长、调结构、促改革、惠民生，经济社会实现平稳向好发展。

一、综合

初步核算，全年全区实现GDP817亿元，同比增长11.1%。其中，第一产业实现增加值1.7亿元，同比下降38.2%；第二产业实现增加值138亿元，同比增长6.1%；第三产业实现增加值677.3亿元，同比增长12.5%。

全区三次产业结构为0.2：16.9：82.9。在GDP增长中，第一、二、三次产业分别拉动-0.1%、1.1%、10.1%，三次产业对GDP增长的贡献率分别为-1.3%、9.9%、91.4%。

全年共完成财政总收入133.35亿元，同比增长11%；其中完成一般公共预算收入46.02亿元，同比下降9.27%；完成全口径税收收入达到114.03亿元，同比增长15.3 %，税收收入占地方财政总收入的比重为85.51%。

二、农业和农村经济

全年累计完成农林牧渔总产值3.62亿元，同比下降37.7%。其中，完成农业产值2.4亿元，同比下降40.9%；完成牧业产值1.03亿元，同比下降25.8%；完成渔业1810.5万元，同比下降43.1%。全年粮食种植面积2350公顷；粮食总产量达1.53万吨。生猪出栏5.73万头，家禽出笼9.24万羽，水产品产量1420吨。

三、工业和建筑业

全年累计完成规模工业总产值188.4亿元，增速同比下降5.8%；实现规模工业增加值44.5亿元，同比增长6.6%，增速同比上升0.2%。龙头企业支撑作用明显，全年工业总产值过亿元的企业达 30家，完成工业总产值154.4亿元，占全部规模工业总产值的81.9%。股份制经济占据主导地位。全年股份制企业完成工业总产值125.4亿元，占全部规模工业总产值的 66.6%。全年新增规模工业企业10家，为全区工业经济的发展注入了新动力。

全区具有资质以上等级的总承包和专业承包建筑企业及劳务企业67家，完成建筑业总产值313.4亿元，同比增长3.1%；实现建筑业增加值80.6亿元，同比增长6.9%；房屋施工面积1526.3万平方米，同比下降-11.2%；房屋竣工面积765.2万平方米，同比增长17.9%。

四、固定资产投资

全年累计完成固定资产投资710.3亿元，同比增长15.1%，增速同比下降2.3%。全年累计完成工业投资

95.8亿元，同比增长15.2%。

全年完成房地产开发投资150.8亿元，同比增长78.7%；完成商品房销售面积275.6万平方米，同比增长64.5%；其中住宅销售面积225.9万平方米，同比增长73.9；完成商品房销售额214.8亿元，同比增长67.9%。

五、贸易

全年实现社会消费品零售总额726.2亿元，同比增长10.0%。增速同比下降2.6%。按行业分组，批发业实现零售额124.2亿元，同比增长18.3%；零售业实现零售额540.8亿元，同比增长8.4%；住宿业实现零售额10.5亿元，同比增长4.0%；餐饮业实现零售额50.7亿元，同比增长10.2%。

全年限额以上批发零售企业累计实现零售额居前五的类别为中西药品类、石油及制品类、汽车类、粮油食品烟酒类、服装鞋帽类，分别实现零售额 83.7亿元、81.8亿元、35.7亿元、22.9亿元和10.9亿元，分别增长 27.0%、-2.0%、22.4%、6.5%和-4.0%，对社会消费品零售总额增长贡献率分别为26.9%、-2.5%、9.9%、2.1%、-0.7%。其中：中西药品类、汽车类较2015年增速提高10.7%和33.6%，贡献率较2015年提高13.3%和14.7%。中西药品销售、网络汽车销售已成为开福区的行业特色。

六、经济合作

全年共实施内联引资项目178个，其中新投产项目124个，新审批外资项目15个，协助办理外资项目13个。全年实际到位省外境内资金97.6亿元，同比增长14.4%；引进市外境内资金形成固定资产267.6亿元，同比增长14.3%，其中区属209.6亿元，同比增长12.5%；外商直接投资实际到位资金63900万美元，同比增长7.1%，其中区属45446万美元，同比增长4.9%。全年进出口总额(海关口径)7亿美元，同比增长-4.4%，其中出口总额5.8亿元，同比增长-1.8%；进口总额1.2亿元，同比增长-20%。

全年园区完成规模工业总产值（含商贸物流）465.5亿元，同比增长4.9%；规模工业增加值（含商贸物流）109.4亿元，同比增长8%；商贸流通企业实现社会物流总额1426.5亿元，同比增长28.5%；营业收入351.7亿元，同比增长7%；货物吞吐量4213.6万吨，同比增长11.1%；服务业企业完成营业收入17.1亿元，同比增长2.4%；增加值4.8亿元，同比增长37.6%；园区实际到位外资18454万美元，同比增长11.3%；引进市外境内资金形成固定资产投资58亿元，同比增长36.8%；引进省外境内资金25.5亿元，同比增长20.3%；税收收入12.3亿元，同比增长18%；园区完成固定资产投资144.9亿元，同比增长27%。

七、教育和科学技术

全区共有区属中学7所，在校学生8542人；小学47所，在校学生 32061人；幼儿园114所，其中公办园15所，局属公办园6所。全区小学、初中适龄人口入学率均达100%，小学辍学率为0 %，初中辍学率控制在0%以内，城乡义务教育秋季“一费制”全免率达100%，政策范围内农村义务教育阶段学生杂费免除率达100%。全年共接收外来务工人员子女8382名，占全区中小学生人数的21%。全年新建和启动新建学校7所（其中楼盘配套学校4所）,扩建学校1所，并对23所中小学进行运动场提质建设、校园文化建设和维修改造。

全年新增高新技术企业22家，全区实现高新技术增加值177.3亿元，同比增长7.7%，占GDP比重达21.7%；人均科普经费达到1.5元。全年专利申请总数达3040件，增长35.5%，专利授权1513件，增长23.8%，其中发明专利授权511件，增长22.5%。

八、文化、体育和卫生事业

年末，全区拥有群众艺术表演团体156（77家注册团体）个，文化馆1个，公共图书馆1个(含10个社区、村图书分馆)。共有晨晚练点500处，全年开展全民健身活动200余次，参加人数20万人。公共文化服务不断完善，已建成31个农家书屋、62所社区未成年人绿色网吧、69个示范性社区文体活动中心。

全区共有各类医疗卫生机构327个，新增21个，其中一级及以上医院28个，疾病预防控制机构1个。卫生技术人员13975人，床位9402张,新增62张。

九、环境保护和安全生产

全年空气质量优良率以PM10计为93.96%，以PM2.5计为74.2%，较2015年同期提升2.7%。湘江饮用水源保护区水质稳定达标，3个地表水监测断面地表水达标率达100%。区域环境噪声平均为54.6分贝，稳定达标。

全年共发生安全生产事故23起，各类安全生产事故死亡14人，其中工矿商贸事其他故死亡1人、经营性道路交通事故死亡13人。

十、人口、人民生活和社会保障

年末，户籍人口总数47.58万人。按人口性别分:男：23.12 万人，女：24.26万人。2016年，全年全区合法生育率达99.5 %，出生婴儿男女性别比为106：100，计划生育免费技术服务到位率达100 %。

全年居民人均可支配收入45719 元，比上年增长8.3%。居民消费支出为29999元，比2015年增长13%。

年末城镇登记失业率为2.08%；全年新增城镇就业人员7721人，失业人员再就业4855人，就业困难人员就业2529人，农村劳动力转移就业1314人；城镇零就业家庭实现动态就业援助达100%。参加企业职工基本养老保险人数达4.1万人，基本养老金社会化发放率达100%；参加城乡居民养老保险人数达4.38万人。

年末拥有敬老院1家，有床位86张，入住老人65人。街道社区服务中心16个，社区公共服务中心98个。全年发放城乡居民最低生活保障金4603.6万元，居民得到政府最低生活保障143322人次，其中城市居民最低生活保障99826人次，农村居民最低生活保障43496人次。

1.本公报数据为初步统计数。

2.地区生产总值、各产业增加值绝对数按现价计算，增长速度按可比价计算。

3.规模以上工业统计范围为年主营业务收入2000万元及以上工业企业。

4.固定资产投资（不含农户）统计范围为计划总投资500万元及以上项目。

附：综合图表

开福区2008—2016年年区生产总值及增速

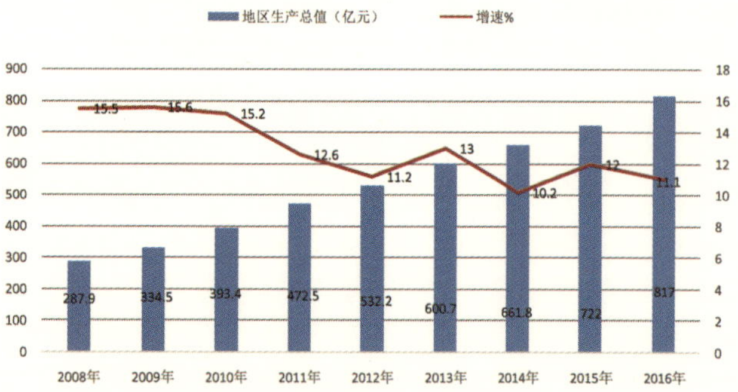

说明：2008年GDP历史数据根据第二次经济普查结果进行调整。

开福区2008—2016年地方财政收入、2008—2016年财政总收入

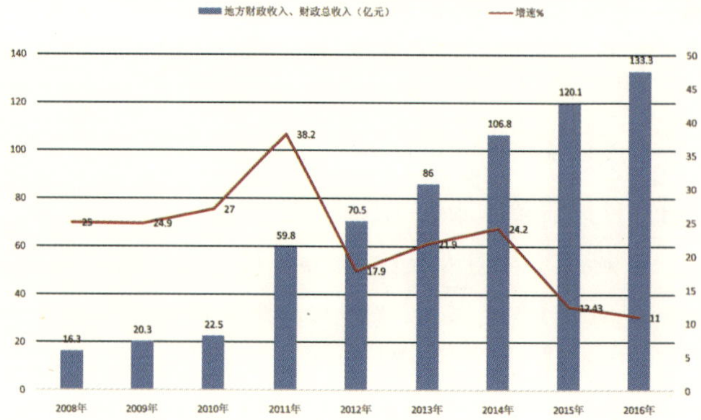

开福区2008—2016年年区生产总值及增速

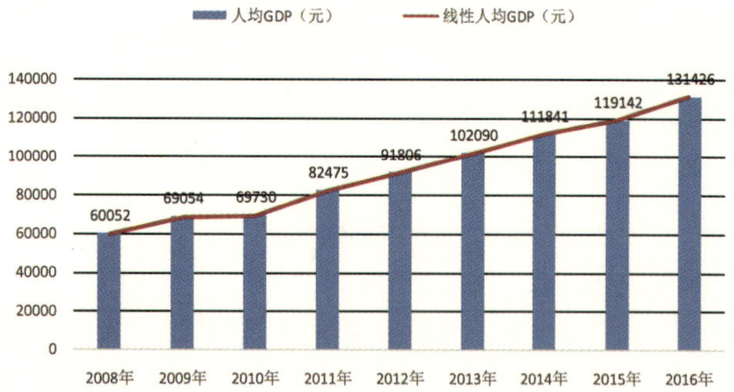

开福区2008—2016年全社会固定资产投资

说明：2012-2014年固定资产投资项目不含跨区项目。

开福区2016年三次产业占比结构图

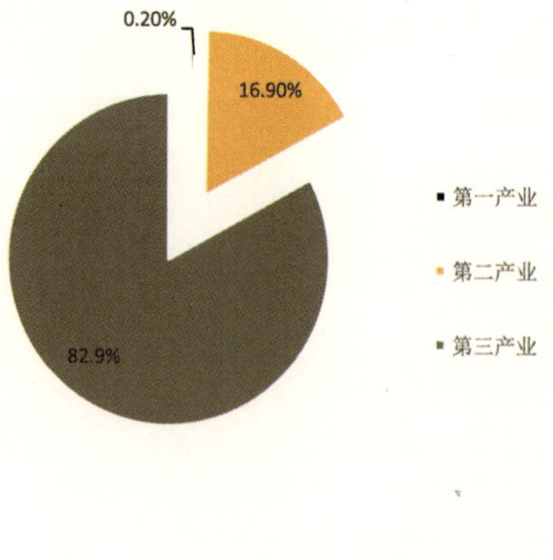

开福区2008—2016年社会消费品零售总额